# L'HOMME DE NEIGE

PAR

GEORGE SAND

— Tous droits réservés —

Nous prions le lecteur de vouloir bien entrer avec nous au cœur du sujet de cette histoire, comme il fait quand, au théâtre, la toile se lève sur une situation que les personnages vont lui révéler.

De même, et par conséquent, nous le prions de pénétrer avec nous d'emblée dans le centre de la localité où se passe l'aventure, avec cette différence qu'au théâtre le rideau se lève rarement sur une scène vide, et qu'ici, le lecteur et moi allons nous trouver quelques instants tête à tête.

C'est dans un local assez bizarre et peu réjouissant que nous voici transportés : salle carrée, régulière au premier coup d'œil, mais dont un des angles rentre évidemment plus que les trois autres, pour peu qu'on observe le carré du plafond de bois sombre, dont les solives en saillie sont engagées plus que de raison dans le coin qui répond au nordest.

Cette irrégularité est, d'ailleurs, rendue plus frappante par la présence d'un escalier de bois dont la rampe se découpe en balustres d'une menuiserie assez recherchée, ouvrage d'un caractère massif qui paraît de la fin du XVIᵉ siècle ou du commencement du XVIIᵉ. Cet escalier monte six marches, se repose à un petit palier, tourne carrément, et va engager la dernière de ses six autres marches dans la muraille. Il y a eu là autrefois, évidemment, une porte qui a été supprimée. Les dispositions de l'édifice ont été changées ; on eût dû supprimer également l'escalier, qui ne sert plus qu'à encombrer l'appartement. Pourquoi ne l'a-t-on pas fait ? Telle est, cher lecteur, la question que nous nous adressons l'un à l'autre. Malgré cette preuve de respect ou d'indifférence, la pièce que nous explorons a conservé intact son antique confort. Un vaste poêle circulaire, où depuis longtemps on n'a pas allumé de feu, sert de support à une très-belle pendule dans le genre de Boule, dont les vitres ternies et presque irisées par l'humidité envoient dans l'ombre des reflets métalliques. Un joli lustre de cuivre, dans le goût hollandais, descend du plafond, et, couvert d'une épaisse couche d'oxyde, ressemble à un bijou de malachite. Onze bougies de cire, intactes bien que jaunies par le temps, se dressent encore dans ces vastes bobêches de métal qui avaient l'avantage de ne pas laisser perdre une goutte de cire, et le désagrément de répandre sur le bas de l'appartement une ombre épaisse, tandis que toute la clarté était renvoyée au plafond.

La douzième bougie de ce lustre est consumée jusqu'aux trois quarts. Cette circonstance nous frappe, ami lecteur, parce que nous regardons toutes choses avec attention ; mais elle aurait fort bien pu nous échapper à cause de l'étrange ornement qui couvre en partie le lustre et ses bougies, et qui retombe en plis opaques le long de ses branches. Vous croyez peut-être que c'est un lambeau d'étamine grise jeté là jadis pour préserver les cuivres. Touchez-y, si vous pouvez y atteindre : vous verrez que c'est un amas quasi parchemineux de toiles d'araignée couvertes de poussière.

Ces toiles d'araignée sont, d'ailleurs, partout, le long des cadres enfumés des grands portraits de famille qui occupent trois parois de l'appartement ; elles forment aux angles des murs des festons superposés avec une sorte de régularité, comme si, sous la forme d'une araignée, quelque parque austère et diligente eût entrepris de tapisser ces lambris déserts et d'en voiler le moindre recoin.

Mais, d'araignées, vous n'en trouverez pas une : le froid les a endormies ou tuées, et, si vous êtes forcé, ce que je ne vous souhaite pas, de passer la nuit dans cette lugubre salle, vous n'aurez même pas, pour vous distraire de la solitude, le bruit régulier de l'insecte travailleur. La pendule, dont le tic tac ressemble à celui de l'araignée, est également muette. Son aiguille est arrêtée sur quatre heures du matin, Dieu sait depuis combien d'années !

Je dis quatre heures du matin, vu que, dans le pays où nous voici, la sonnerie des anciennes horloges indiquait parfois la différence des heures de la nuit avec celles du jour, par la raison qu'en ce pays nous avons des jours de cinq heures, et, partant, des nuits de dix-neuf. Pour peu que la fatigue du voyage

vous procurât un long sommeil, vous risqueriez de ne pas savoir, en vous éveillant, si vous êtes au lendemain ou au surlendemain de votre arrivée. Si la pendule était remontée, elle vous le dirait ; mais elle ne l'est pas, et Dieu sait si elle pourrait l'être.

Dans quel pays sommes-nous donc? Nous allons le savoir sans sortir de la chambre. Sur tout le haut de la paroi irrégulière à laquelle se soude l'escalier, et dont plus de la moitié inférieure est revêtue, comme les autres, d'un lambris de chêne, nous voyons de grandes pancartes placées là peut-être à cause de leur forme. Plus larges que hautes, elles meublent la portion du mur que ne couvre pas la boiserie. Elles y sont donc reléguées plutôt qu'exhibées, et il nous faudra monter les douze marches de cet escalier engagé dans la muraille pour nous convaincre que ces longues bandes de parchemin, coloriées dans les tons les plus durs, sont des cartes de géographie ou de navigation, et des plans de villes fortes.

L'escalier nous conduit précisément à la hauteur de celle de ces cartes qui représente la localité, et qui a été mise là sans doute pour pouvoir être consultée au besoin, ou pour masquer la place d'une porte supprimée.

Ce gros serpent vert qui monte au milieu du tableau, c'est la mer Baltique. Je présume que vous la reconnaissez à sa forme de dauphin à double queue, et aux innombrables déchiquetures de ses fiords, golfes étroits et sinueux qui entrent profondément dans les terres et les rochers.

Ne vous égarez pas du côté de la Finlande, qui est là enluminée en jaune d'ocre : cherchez sur l'autre rive la partie moyenne de la Suède coloriée en lie de vin, et vous reconnaîtrez, à ses lacs, à ses rivières, à ses montagnes, la province de Dalécarlie, contrée encore passablement sauvage à l'époque où ce récit va nous transporter, c'est-à-dire au siècle dernier, vers la fin du règne bénévole et tracassé d'Adolphe-Frédéric de Holstein-Gottorp, ancien évêque protestant de Lubeck, marié ensuite à Ulrique de Prusse, l'amie de Voltaire, la sœur de Frédéric le Grand ; enfin, autant que je puis croire, nous sommes en 1770.

Un peu plus tard, nous verrons l'aspect de cette contrée. Qu'il vous suffise quant à présent, cher lecteur, de savoir que vous êtes dans un vieux petit château perché sur un roc, au beau milieu d'un lac glacé ; ce qui naturellement doit vous faire supposer que je vous y transporte en plein hiver.

Un dernier coup d'œil sur la chambre pendant qu'elle est à nous ; car, toute triste et froide qu'elle est, on va bientôt se la disputer. Elle est meublée de vieux siéges de bois assez artistement travaillés, mais massifs et incommodes. Un seul fauteuil relativement moderne, c'est-à-dire un fauteuil du temps de Louis XIV, couvert d'une soie jaunie et tachée, mais encore assez moelleux et d'une forme commode pour dormir, semble fourvoyé dans l'austère compagnie de ces chaises vermoulues à grands dossiers, qui, depuis plus de vingt ans, n'ont pas quitté la muraille. Enfin, dans un angle opposé à celui de l'escalier, un vieux lit à quatre colonnes torses, garni de rideaux de soie usée, ajoute par son délabrement à l'aspect sinistre et désolé du local.

Mais retirons-nous, lecteur. La porte s'ouvre, et vous êtes forcé désormais de vous en rapporter à moi pour savoir de quels événements passés et futurs je viens de vous montrer le théâtre.

## I

Il y avait un bon quart d'heure que l'on frappait et sonnait à la porte extérieure du gothique manoir de Stollborg; mais la bourrasque soufflait si fort, et le vieux Stenson était si sourd!... Il était bien servi par son neveu, qui avait l'oreille moins dure; mais ce neveu, le blond et colossal Ulphilas, croyait aux esprits et ne se souciait pas d'aller leur ouvrir. M. Stenson (l'ancien régisseur du baron de Waldemora), malingre et d'un caractère mélancolique, habitait un des pavillons du vieux castel délabré et délaissé dont il avait la jouissance et la garde. Il lui sembla bien que l'on frappait à la porte du préau; mais Ulphilas lui fit judicieusement observer que les lutins et les *trolls* du lac n'en faisaient jamais d'autres. Stenson reprit en soupirant la lecture de sa vieille Bible, et alla se coucher peu d'instants après.

Si bien que ceux qui frappaient s'impatientèrent jusqu'à faire sauter le pêne de la serrure, entrèrent dans le préau, et, trouvant un péristyle étroit au rez-de-chaussée, s'introduisirent avec leur âne jusque dans la salle ci-dessus décrite, et que l'on nommait la *chambre de l'ourse*, à cause de l'animal couronné sculpté sur l'écusson armorial au-dessus de la fenêtre à l'extérieur.

La porte de cette chambre était fermée ordinairement. Elle ne l'était pas ce jour-là, circonstance particulière dont s'inquiétèrent fort peu les survenants.

Les nouveaux hôtes du Stollborg étaient deux personnages assez étranges. L'un, couvert de peaux de mouton, ressemblait à ces fantômes informes qui servent d'épouvantails contre les oiseaux dans les jardins et chènevières; l'autre, plus grand et mieux tourné, ressemblait à un brigand italien de bonne humeur.

L'âne était un bel âne, robuste, chargé comme un bœuf, et tellement habitué aux aventures de voyage, qu'il ne fit aucune difficulté pour monter quelques marches, et ne témoigna aucun étonnement de se trouver sur un plancher de sapin au lieu de rencontrer la litière d'une écurie. Pourtant il était malade, le pauvre âne, et ce fut là la première préoccupation du plus grand des deux voyageurs qui le conduisaient.

— Puffo, dit-il en posant sa lanterne sur une grande table qui occupait le milieu de la chambre de l'ourse, Jean est enrhumé. Le voilà qui tousse à se fendre les poumons.

— Parbleu, et moi! répondit Puffo en italien, c'est-à-dire dans la même langue dont s'était servi son compagnon : croyez-vous, patron, que je sois frais et gaillard depuis que vous me promenez dans ce pays du diable?

— J'ai froid aussi, et je suis las, reprit celui que Puffo appelait son patron; mais de quoi servirait de nous plaindre? Nous y voilà, et il s'agit de ne pas s'y laisser mourir de froid. Regarde si c'est bien là la chambre de l'ourse dont on nous a parlé.

— A quoi la reconnaîtrai-je?

— A ses cartes de géographie et à son escalier qui ne mène à rien. N'est-ce pas ainsi qu'on nous a dit là-bas à la ferme?

— Je n'en sais rien, répondit Puffo. Je n'entends pas leur chien de patois.

En parlant ainsi, Puffo prit la lanterne, puis l'éleva plus haut que sa tête et dit avec humeur :

— Est-ce que je connais la géographie, moi?

Le patron leva les yeux et dit :

— C'est bien ça. Voilà les cartes, et ici, ajouta-t-il en enjambant lestement l'escalier de bois et en soulevant la carte de Suède qui se présentait devant lui, voilà l'endroit muré. C'est bien, Puffo, ne nous désolons pas. La chambre est bien close, et nous y dormirons comme des princes.

— Je n'y vois pourtant pas... Ah! si fait, voilà un lit; mais il n'y a ni matelas, ni couchette, et on nous avait parlé de deux bons lits!

— Sybarite! il te faut des lits partout, à toi!... Voyons, regarde s'il y a du bois dans le poêle, et allume le feu.

— Du bois? Non, il y a de la houille.

— C'est encore mieux. Allume, mon garçon, allume ! Moi, je vais m'occuper de ce pauvre Jean.

Et, prenant un lambeau de tapis qui traînait devant le poêle, le patron se mit à frotter l'âne si résolument, qu'en peu d'instants il se sentit tout réchauffé lui-même.

— On m'avait bien averti, dit-il à Puffo, qui allumait le poêle, qu'au delà du 52e degré les ânes souffraient du froid ; mais je ne le croyais pas. Je me disais que l'âne était moins délicat que le cheval, qui vit en Laponie... et, d'ailleurs, celui-ci est d'une si belle santé et d'un si bon caractère !... Espérons qu'il fera comme nous, et qu'il n'en mourra pas pour quelques jours. Il n'a pas encore refusé le service, et la pauvre bête porte docilement sur son dos ce que deux chevaux ne porteraient peut-être pas sans se faire prier !

— C'est égal ! reprit Puffo agenouillé devant le poêle, qui commençait à gronder et à faire mine de se bien conduire, vous auriez dû le vendre à Stockholm, où il faisait envie à tant de gens.

— Vendre Jean ! pour qu'il soit empaillé dans un musée ? Ma foi, non ! Voilà une année de bons services qu'il m'a rendus, et je l'aime, moi, ce fidèle serviteur. Qui sait, Puffo, si j'en pourrai dire autant de toi dans un an ?

— Merci, patron Cristiano ! ça m'est égal. Je ne suis pas pour le sentiment, moi, et je me moque bien de l'âne, pourvu que je trouve à boire et à manger quelque part.

— Ça, c'est une idée. Le sentiment n'empêche pas l'appétit, et j'ai aussi une faim de tous les diables. Voyons, Puffo ; soyons judicieux et récapitulons. On nous a dit au château neuf : « Il n'y a pas de place ici pour vous. Quand vous viendriez au nom du roi, vous ne trouveriez pas un coin grand comme la main pour vous loger. Allez voir à la ferme. » A la ferme, on nous a dit la même chose ; mais on nous a donné une lanterne en nous montrant un chemin frayé sur la glace du lac, et en nous conseillant d'aller au château vieux. Le chemin n'était pas joli, j'en conviens, à travers ces tourbillons de neige ; mais il n'est pas long. Dix minutes de marche tout au plus !

— Il faut pourtant que tu te décides à repasser ce bout de lac, si tu veux souper.

— Et si on nous renvoie de la ferme comme on nous a renvoyés du château neuf ? On nous dira peut-être qu'il y a trop de monde à nourrir, et qu'il ne reste pas un morceau de pain pour des gens faits comme nous.

— La vérité est que nous n'avons pas bonne mine. C'est ce qui me fait craindre d'être reçu à coups de fusil par ce bon M. Stenson, le vieux régisseur qui demeure quelque part ici, et qui est fort maussade, à ce qu'on assure ; mais écoute, Puffo : ou le bonhomme dort serré, puisque nous avons pu enfoncer la porte du préau et arriver jusqu'à cette chambre sans obstacle, ou le vent fait un bruit qui couvre tout. Eh bien, nous allons nous introduire furtivement dans sa cuisine, et c'est bien le diable si nous n'y trouvons pas quelque chose.

— Merci, dit Puffo, j'aime encore mieux repasser le lac et aller à la ferme. Là, les gens, quoique affairés, étaient fort polis, tandis que le vieux Stenson est méchant et rageur, ce qu'il paraît.

— Suis ton inspiration, mon bon Puffo, et marche ! Apporte, s'il se peut, de quoi nous réchauffer l'estomac ; mais écoute encore, ô mon sublime compagnon ! écoute bien une fois pour toutes...

— Qu'est-ce qu'il y a ? dit Puffo, qui s'était déjà disposé à sortir en resserrant les ficelles au moyen desquelles ses peaux de mouton tenaient à son corps.

— D'abord, reprit Cristiano, tu me donneras le temps d'allumer une des bougies de ce lustre avant d'emporter la lanterne.

— Et le moyen de les atteindre ? Je ne vois pas beaucoup d'échelles dans votre damnée chambre de l'ourse !

— Tiens-toi là, je vais grimper sur tes épaules. Tu es solide ?

— Allez ! Vous n'êtes pas bien lourd !

— Vois-tu, mon camarade, dit le patron debout, les deux pieds sur les larges épaules de Puffo, se tenant d'une main à une des branches du lustre et de l'autre s'efforçant d'arracher une des bougies de la bobèche, sans se faire tomber dans les yeux les toiles d'araignée chargées de poussière ; je n'ai pas précisément l'honneur de te connaître. Il y a trois mois que nous voyageons de compagnie, et, sauf un peu trop de goût pour le cabaret, tu ne me parais pas un méchant garçon ; mais il se peut que tu sois une franche canaille, et je ne suis pas fâché de te le dire...

— Eh ! dites donc, vous ! reprit Puffo en se secouant un peu, si vous vous dépêchiez là-haut, au lieu de me faire de la morale ? Vous n'êtes pas si léger que je croyais !

— C'est fait ! répondit Cristiano en sautant lestement par terre, car il lui avait semblé sentir chez son camarade la tentation de le laisser tomber ; j'ai ma bougie et je continue mon discours. Nous sommes pour le moment deux bohémiens, Puffo, deux pauvres coureurs d'aventures ; mais, moi, j'ai coutume de me conduire en homme d'esprit, tandis que tu prends quelquefois plaisir à te comporter comme une bête. Sache donc qu'à mes yeux la plus grande sottise, la plus basse platitude qu'un homme puisse faire, c'est de s'adonner au métier de larron.

— Où m'avez-vous vu larronner? demanda Puffo d'un air sombre.

— Si je t'avais vu larronner en ma compagnie, je t'aurais cassé les reins, mon camarade ; c'est pourquoi il est bon que je t'avertisse une bonne fois de l'humeur dont je suis. Je t'ai dit tout à l'heure : Tâchons de nous procurer à souper par persuasion ou par adresse. Cela, c'est notre droit. On nous fait venir dans ce paradis de neige pour réjouir de nos talents une nombreuse et illustre société. On nous envoie l'argent du voyage; si nous ne l'avons plus, ce n'est pas notre faute. On nous promet une bonne somme, dont je prétends te faire part généreusement, bien que tu ne sois qu'apprenti où je suis maître ; nous devons nous tenir pour satisfaits, à la condition toutefois qu'on ne nous laissera pas mourir de froid et de faim. Or, il se trouve que nous arrivons de nuit et dans un moment où l'illustre société soupe, où les recommandables laquais ont envie de souper, et où les voyageurs attardés ont tort de vouloir souper. Avisons donc à souper aussi ce soir, afin d'être en état de tenir demain nos engagements. En faisant main basse sur quelques plats et quelques bouteilles, nous n'offensons pas le ciel, et nous ne sommes pas des imbéciles; mais, en fourrant des couverts d'argent dans nos poches et du linge sous le bât de notre âne, nous ne ferions que des âneries, vu que les couverts d'argent ne valent rien dans l'estomac, et que le linge se coupe quand on le cache sous un bât. Est-ce entendu, Puffo? Récolte de vivres, c'est légitime ; mais point de vol, ou cent coups de bâton sur tes côtes ; telle est ma manière de voir.

— C'est entendu, répondit Puffo en levant les épaules; il y a assez longtemps que j'écoute pour ça ! Vous êtes un fameux bavard, vous !

Et Puffo s'en alla avec la lanterne, assez mécontent de son patron, lequel avait bien quelques motifs de soupçonner sa probité, ayant trouvé parfois, dans son bagage d'artiste ambulant, divers objets dont Puffo lui avait assez mal expliqué la soudaine propriété.

Ce n'était pourtant pas sans raison que, de son côté, Puffo avait accusé Cristiano d'être bavard. Il était du moins grand causeur, comme tous les hommes doués d'une forte vitalité intellectuelle et physique. Puffo subissait l'ascendant d'un esprit et d'un caractère infiniment supérieurs à sa faconde triviale et à ses instincts grossiers. Il était plus robuste du corps, et, lorsque Cristiano menaçait, lui grand et mince, ce Livournais trapu et musculeux, il comptait sur son influence ou sur son agilité plus que sur sa vigueur corporelle, qui, bien que notable, était moindre.

Cristiano, resté seul, s'abandonna à son innocente prédilection pour son âne. Il l'avait débarrassé de son bagage dès son entrée dans la salle de l'ourse. Il rangea dans un coin ce bagage, qui consistait en deux caisses assez grandes, en un faisceau de légers montants de bois blanc avec leurs traverses démontées, enfin en un ballot de toiles et de tapisseries assez fraîches, bien roulées dans un fourreau de cuir. Tout cela, c'était son matériel d'artiste, son industrie, son gagne-pain. Quant à sa garde-robe, il n'en était point embarrassé. Elle consistait en une poignée de linge qui tenait dans un mouchoir, et en une souquenille de gros drap qui servait de couverture à Jean quand elle quittait le dos de son propriétaire. Le reste de ses effets était sur son corps, savoir une sorte de cape vénitienne passablement usée, un haut-de-chausses en étoffe grossière, et trois paires de bas de laine chaussées les unes sur les autres.

Cristiano, pour se livrer à son rangement d'installation, avait dépouillé sa cape, son bonnet de laine et son chapeau à larges bords. C'était un mince et grand garçon, d'une figure remarquablement belle, ombragée d'une masse de cheveux noirs en désordre.

Le poêle commençait à faire sentir sa chaleur, et le jeune homme au sang vif était, d'ailleurs, fort peu sensible au froid. Il allait donc par la chambre en bras de chemise, comme on dit, et prenait ses mesures pour passer la nuit aussi commodément que possible. Ce qui l'inquiétait, ce n'était pas de trouver ou non les lits qu'on lui avait annoncés : c'était de savoir où Jean trouverait le boire et le manger.

— J'ai été bien sot, se disait-il, de ne pas songer à cela en passant au château neuf et à la ferme ; mais le moyen de penser à quelque chose quand le vent vous souffle des aiguilles de glace dans les yeux ! A la ferme, on nous disait (et, à présent que j'y songe, on nous le disait d'un air très-narquois) que nous trouverions de tout en abondance au vieux château, pourvu qu'il plût au vieux Stenson de nous ouvrir; or, il paraît que la chose ne lui plaisait pas, puisque nous avons été forcés d'ouvrir nous-mêmes. Allons, à tout risque, il faut savoir comment le cerbère de cette maison prendra la chose. Après tout, j'ai ma lettre d'admission dans ma poche, et, si l'on veut me chasser d'ici encore, je montrerai les dents.

Sur ce, Cristiano remisa Jean avec son bagage sous l'enfoncement que formait la saillie de l'escalier de bois, et, comme il cherchait, muni de sa bougie, un clou ou une cheville quelconque pour attacher l'âne, il vit qu'une porte s'ouvrait dans le lambris, juste au fond de cette logette, et pénétrait dans l'angle défectueux de la chambre.

Comme il n'avait guère remarqué cette irrégularité de plan, il ne se rendit pas compte s'il entrait dans un passage pratiqué dans un mur épais ou entre deux murs accolés par le haut. Il avait poussé la porte secrète, car c'en était une, sans s'attendre à la trouver ouverte, et, voyant qu'elle n'était retenue par rien, il s'en allait à l'aventure avec précaution. Il n'eut pas fait trois pas, que sa bougie s'éteignit. Heureusement, le poêle flambait, et il put l'y rallumer, tout en écoutant avec un certain plaisir le sifflement aigu et plaintif du vent engouffré dans le passage secret.

Cristiano avait l'esprit romanesque, et se plaisait aux poétiques fantaisies. Il lui sembla que les esprits enfermés si longtemps dans cette salle abandonnée se plaignaient à lui d'être dérangés dans leurs mystères, et, comme, d'ailleurs, il craignait que le froid n'aggravât le rhume du pauvre Jean, il eut soin, en sortant, de repousser la porte derrière lui, après avoir remarqué qu'elle était extérieurement garnie de forts verrous, mais que son propre poids suffisait pour la faire adhérer à son encadrement.

Nous les laisserons marcher à la découverte, et nous introduirons un autre voyageur dans la chambre de l'ourse.

Celui-ci entre aussi par surprise; mais il est accompagné d'Ulphilas, qui l'éclaire avec respect, tandis qu'un petit laquais, tout de rouge habillé, les suit en grelottant. Ces trois personnages s'entretiennent en dalécarlien, et sont encore dans le préau, Ulphilas avec une figure effarée, les deux autres d'un air impatient.

— Allons, Ulph, allons, mon garçon, assez de politesse; éclairez-nous jusqu'à cette fameuse chambre et occupez-vous bien vite de mon cheval. Il est tout en sueur, pour nous avoir hissés en traîneau sur le reidillon de votre rocher. Ah! le bon cheval! Pour dix mille rixdallers, je ne voudrais pas le perdre.

Ainsi parlait à Ulphilas le premier avocat de la ville de Gevala, docteur en droit de la faculté de Lund.

— Comment, monsieur Goefle *, vous voulez passer la nuit ici? Mais y songez-vous?...

\* *Gevala, Gefle, Gesle, Goefle*, sont le nom de la même ville, selon la manière d'écrire. Par une coïncidence fortuite, l'avocat dont il est ici question portait le nom de la ville où il exerçait.

— Tais-toi, tais-toi. Je sais que ça contrarierait le brave Sten; mais, quand je serai installé, il faudra bien qu'il en prenne son parti. Prends mon cheval, te dis-je... Moi, je saurai bien trouver mon chemin.

— Comment, monsieur l'avocat, vous venez comme ça de nuit, tout seul, avec votre petit-fils?...

— Nigaud! tu sais bien que je n'ai pas d'enfants! Allons, toi, petit Nils, aide-moi donc à dételer ce pauvre Loki. Tu vois bien qu'ici on babille, et rien de plus. Voyons, remue-toi; es-tu gelé pour un reste de voyage de trois ou quatre heures, à la nuit tombée?

— Laissez, laissez, monsieur Goefle, il est trop petit, dit Ulphilas sensible au reproche de l'avocat. Prenez à droite la première porte, mettez-vous à l'abri; moi, je vous réponds du cheval.

— Bah! la neige ne tombe plus. C'est une petite bourrasque qui a adouci le temps, reprit M. Goefle, qui, par profession et par goût, n'était pas moins causeur que Cristiano; je n'ai pas eu froid du tout, et, pourvu que je mange un bon gruau et fume une bonne pipe avant de me coucher... Voyons, Nils, porte donc quelque chose là-bas, dans la chambre; ça t'occupera, ça te réchauffera. Dors-tu déjà? Il n'est pas plus de sept heures.

— Ah! monsieur Goefle, dit le petit laquais en claquant des dents, il y a si longtemps qu'il fait nuit! et moi, la nuit, j'ai toujours peur!

— Peur! de quoi donc? Allons, console-toi : dans cette saison-ci, les jours augmentent d'une minute et demie.

Tout en causant ainsi, M. Goefle, qui était un homme d'environ soixante ans, sec, actif et enjoué, mettait lui-même son cheval à l'écurie, tandis qu'Ulphilas remisait le traîneau, rangeait le harnais garni de clochettes, et que le petit Nils, assis sur les paquets, continuait à grelotter sous la galerie de bois qui entourait le préau.

Quand M. Goefle se fut assuré que son cher Loki, l'élégant et généreux petit cheval auquel il avait donné le nom du Prométhée de la mythologie scandinave, ne manquerait de rien, il se dirigea d'un pas assuré vers la chambre de l'ourse.

— Attendez, attendez, monsieur l'avocat, lui dit Ulphilas, ce n'est pas ici. La chambre à deux lits, qu'on appelle la chambre de garde...

— Eh! parbleu! je la connais bien, répondit M. Goefle, j'y ai déjà couché.

— Peut-être, mais il y a longtemps. Elle est maintenant si délabrée...

— Eh bien, si elle est délabrée, tu me feras un lit dans la chambre de l'ourse.

— Dans la chambre de...?

Ulph n'osa point achever, tant lui sembla inouïe l'idée de M. Goefle; mais, reprenant courage :

— Non, monsieur l'avocat, non, dit-il, cela ne se peut pas, vous vous moquez! Je vais chercher la clef de l'autre chambre, qui est peut-être moins mal tenue que je ne pensais (mon oncle y entre quelquefois), et, puisqu'il y a une autre porte sur la galerie, vous n'aurez pas le désagrément de traverser la chambre... que vous savez.

— Comment! depuis le temps que la porte de l'escalier est murée, cette pauvre chambre de l'ourse n'a pas encore perdu sa mauvaise réputation? Allons, Ulph, mon garçon, tu es par trop bête pour ton âge, et je t'ordonne de m'ouvrir par ici, tout de suite. Il fait trop froid pour attendre que tu ailles chercher les autres clefs, et, puisque tu as...

— Je ne l'ai pas! s'écria Ulphilas. Je vous jure, monsieur Goefle, que je n'ai pas plus la clef de l'*ourse* que celle de la *garde*.

En discutant ainsi, M. Goefle, accompagné d'Ulphilas, qui l'éclairait à contre-cœur, et de Nils, qui lui marchait sur les talons, était arrivé à la première porte du donjon, au rez-de-chaussée duquel était située la chambre de l'ourse. Cette porte ne fermant que par un verrou extérieur, l'avocat avait pénétré sans obstacle dans le court vestibule, monté les trois marches et poussé la porte de l'*ourse*, qui céda à sa main impatiente et s'ouvrit toute grande avec un cri si plaintif, que Nils recula d'épouvante.

— Ouverte! Elle était ouverte! s'écria Ulphilas en pâlissant autant que sa face rouge et luisante était susceptible de pâlir.

— Eh bien, après? dit M. Goefle. C'est M. Stenson qui sera venu s'y promener.

— Il n'y vient jamais, monsieur Goefle. Oh! il n'y a pas de risque qu'il y vienne!

— Alors, tant mieux. Je peux m'installer sans le gêner et sans qu'il s'en aperçoive. Mais que me disais-tu donc? on vient ici, puisque le poêle flambe!... Je vois ce que c'est, monsieur Ulphilas Stenson! tu as loué ou promis cette chambre à quelqu'un que tu attendais. Ma foi, tant pis! Il n'y a pas de place au château neuf, il faut qu'il s'en trouve ici pour moi! Mais console-toi, mon pauvre garçon, je te payerai aussi bien que n'importe qui. Allume ces flambeaux... c'est-à-dire va chercher de quoi les garnir, et puis apporte des draps, la bassinoire, tout ce qu'il faut, et n'oublie pas le souper, au moins! Nils t'aidera, il est très-adroit, très-vif, très-gentil. Voyons, Nils, exerce-toi; trouve tout seul la chambre où nous devons coucher, la *garde*, comme dit Ulphilas. Je sais où elle est, mais je ne veux pas te le dire. Cherche, fais-nous voir que tu es intelligent, monsieur Nils!

Le bon M. Goefle parlait dans le désert : Ulph était comme pétrifié au milieu de la chambre, Nils se cuisait les mains le long du poêle, et l'avocat faisait tout seul son installation.

Enfin Ulph poussa un soupir à faire tourner les moulins et s'écria d'un ton emphatique :

— Sur l'honneur, monsieur Goefle, sur mon salut éternel, je n'ai loué ni promis cette chambre à personne; pouvez-vous avoir une pareille idée, sachant les choses qui s'y sont passées et celles qui s'y passent encore! Ah! pour rien au monde, mon oncle Stenson ne voudrait consentir à vous laisser ici! Je vais l'avertir de votre arrivée, et, puisque l'on ne vous a pas gardé votre appartement au château neuf, mon oncle vous donnera le sien au château vieux.

— C'est à quoi je ne consens pas, répondit M. Goefle; je te défends même de lui dire que je suis là. Il saura demain que je m'y trouve on ne peut mieux : la chambre de garde est un peu petite; c'est tout ce qu'il faut pour dormir. Celle-ci sera mon salon et mon cabinet de travail. Elle n'est pas gaie; mais, pour trois ou quatre jours, j'y serai au moins tranquille.

— Tranquille! s'écria Ulph, tranquille dans une chambre hantée par le diable?

— A quoi vois-tu ça, mon ami Ulph? dit en souriant le docteur en droit, tandis qu'au froid de l'hiver le froid de la peur s'unissait pour donner le frisson au petit Nils.

— Je vois ça à trois choses, répondit Ulph d'un air sombre et profond. La première, c'est que vous avez trouvé la porte du préau ouverte, quand, moi, je l'avais fermée après le coucher du soleil; la seconde, c'est que la porte de cette chambre était ouverte aussi, chose que je n'ai pas vue depuis cinq ans que je suis venu ici soigner et servir mon oncle; la troisième, et la plus incroyable, c'est qu'on n'a pas allumé de feu ici depuis vingt ans, et peut-être davantage, et que voici le feu qui brille et le poêle qui chauffe!... Enfin... attendez, monsieur le docteur, voilà sur le plancher de la cire tout fraîchement répandue, et pourtant...

— Et pourtant tu viens de la répandre toi-même, car tu tiens ta lanterne tout de travers!

— Non, monsieur Goefle! non! ma chandelle est une chandelle de suif, et ce que je vois là sous le lustre... attendez!

Et, levant la tête, Ulph fit un cri d'horreur en s'assurant qu'au lieu de onze bougies et une demie, le lustre n'en avait plus qu'une demie et dix.

L'avocat était d'un naturel bienveillant et optimiste. Au lieu de s'impatienter de la préoccupation d'Ulphilas et de l'effroi de Nils, il ne songea qu'à s'en divertir.

— Eh bien, vive Dieu! dit-il d'un ton très-sérieux, cela prouve que les kobolds se sont installés ici, et, s'il leur plaisait de se montrer à moi, qui ai désiré toute ma vie de faire connaissance avec eux, sans avoir jamais pu en apercevoir un seul, je m'applaudirais d'autant plus d'avoir choisi cette chambre, où je dormirai sous leur aimable protection.

— Non, monsieur le docteur, non, reprit Ulph, il n'y a point ici de kobolds; c'est un endroit triste et maudit, vous le savez bien, un endroit où les trolls du lac viennent tout déranger et tout gâter, comme de méchants esprits qu'ils sont, tandis que les petits kobolds sont amis des hommes et ne songent qu'à leur rendre service. Les kobolds conservent et ne gaspillent pas. Ils n'emportent rien...

— Au contraire, ils apportent! Je sais tout ça, maître Ulph; mais qui te dit que je n'ai pas à mon service particulier un kobold qui m'a devancé ici? C'est lui qui aura pris la bougie pour allumer le feu, afin de me faire trouver en arrivant un local réchauffé; c'est lui qui m'avait ouvert les portes d'avance, sachant que tu es un grand poltron et que tu me ferais longtemps attendre; enfin c'est lui qui va t'accompagner et t'aider à m'apporter à souper, si tu veux bien en avoir l'intention, car tu sais que les kobolds n'aiment guère les nonchalants et ne servent que ceux qui ont bonne volonté de servir les autres.

Cette explication ramena un peu de calme chez les deux auditeurs; Nils osa interroger de ses grands yeux bleus les sombres parois de la salle, et Ulph, après lui avoir remis une clef qui ouvrait l'armoire de la chambre de garde, se décida à sortir pour aller préparer le souper.

— Allons, Nils, dit l'avocat à son petit laquais, nous ne voyons guère avec cette méchante lanterne qu'on nous laisse; tu feras les lits plus tard; tu vas, en attendant, défaire la malle. Pose-la sur la table.

— Mais, monsieur le docteur, dit l'enfant, je ne pourrai pas seulement la soulever; elle est lourde!

— C'est vrai, reprit l'avocat; il y a des papiers dedans, et c'est très-lourd.

Il mit lui-même, avec un peu d'effort, la malle sur une chaise, en ajoutant :

— Prends au moins la valise aux habits. Je n'ai apporté que l'indispensable; ça ne pèse rien.

Nils obéit, mais il ne put jamais ouvrir le cadenas.

— Je te croyais plus adroit que ça! dit l'avocat un peu impatienté. Ta tante me disait... Je crois qu'elle t'a un peu surfait, la bonne Gertrude!

— Oh! reprit l'enfant, je sais très-bien ouvrir les malles quand elles ne sont pas fermées... Mais dites-moi donc, monsieur Goefle, est-ce vrai que vous avez un kobold?

— Un quoi? un kobold? Ah! oui, je n'y étais plus, moi! Tu crois donc aux kobolds, mon garçon?

— Oui, s'il y en a. Est-ce qu'ils ne sont jamais méchants?

— Jamais, d'autant plus qu'ils n'existent pas.

— Ah! vous disiez pourtant...

— J'ai dit cela pour me moquer de cet imbécile. Quant à toi, Nils, je ne veux pas t'élever dans ces sottises-là. Tu sais, je ne veux pas seulement faire de toi mon domestique, je veux te donner un peu d'éducation et de bon sens, si je peux.

— Pourtant, monsieur Goefle, ma tante Gertrude y croit bien, elle, aux bons et aux méchants esprits!

— Ma gouvernante croit à ça? Elle ne s'en vante pas devant moi! Voyez un peu comme les gens nous attrapent! Elle fait l'esprit fort, quand j'ai le temps de causer avec elle... Mais non, va, elle n'y croit pas; elle dit ça pour t'amuser.

— Mais ça ne m'amuse pas, moi; ça me fait peur! ça m'empêche de m'endormir!

— En ce cas, elle a tort. Mais que fais-tu là? Est-ce ainsi que l'on défait une valise, en jetant tout par terre? est-ce ainsi que le pasteur de Falun t'a enseigné le service?

— Mais, monsieur Goefle, je ne servais pas le pasteur. Il m'avait pris seulement pour jouer avec son petit garçon, qui était malade, et nous nous amusions bien, allez! Nous faisions toute la journée de petits bateaux de papier ou de petits traîneaux avec de la mie de pain!

— Ah! ah! c'est bon à savoir, ça! dit le docteur en droit d'un air courroucé; et Gertrude qui me disait que tu t'étais rendu si utile dans cette maison!

— Oh! monsieur Goefle, j'étais bien utile!

— Oui, pour les bateaux de papier et les traîneaux de mie de pain! C'est très-utile assurément; mais si, à l'âge où te voilà, tu ne sais pas faire autre chose...

— Mais, monsieur Goefle, j'en sais bien autant que les autres enfants de dix ans!

— De dix ans, bourreau? tu n'as que dix ans? Et ta tante qui t'en donne treize ou quatorze! Eh bien, qu'est-ce que tu as, imbécile? Pourquoi pleures-tu?

— Dame, monsieur le docteur, vous me grondez ! Ce n'est pas ma faute si je n'ai que dix ans.

— C'est juste ! Voilà ta première parole sensée depuis ce matin que j'ai le bonheur de te posséder à mon service. Allons, essuie tes yeux et ton nez ! Je ne t'en veux pas. Tu es grand et fort pour ton âge, c'est toujours ça, et, ce que tu ne sais pas, tu l'apprendras, n'est-ce pas ?

— Oh ! oui, monsieur Goefle. Je ne demande pas mieux !

— Mais tu l'apprendras vite ?... Je suis fort impatient, je t'en avertis !

— Oui, oui, monsieur Goefle, j'apprendrai tout de suite.

— Sais-tu faire un lit ?

— Oh ! je crois bien ! Chez le pasteur, je faisais toujours le mien tout seul !

— Ou tu ne le faisais pas du tout ! N'importe, nous verrons ça.

— Mais, monsieur Goefle, ma tante me disait, quand elle est venue à Falun pour me mettre en route avec vous, ce matin : « Tu n'auras rien à faire au château où tu vas avec ton maître. Il y a dans le château de M. le baron de... de... »

— De Waldemora.

— Oui, oui, c'est ça ! « Il y a de belles chambres toujours propres et un tas de domestiques qui font tout. Ce que M. Goefle veut, c'est qu'on soit là pour commander à sa place, et il ne veut plus emmener François, parce que François ne reste jamais dans sa chambre. Il va boire et se divertir avec les autres laquais, et monsieur est obligé de courir partout et d'appeler pour demander ce qu'il lui faut. Ça le dérange. Monsieur n'aime pas ça du tout. Toi, tu seras bien sage ; tu ne le quitteras jamais, tu entends bien ? Tu le feras servir, et on te servira aussi. »

— Ainsi, dit le docteur, voilà sur quoi tu as compté ?

— Dame ! je suis bien sage, monsieur Goefle ; je ne vous quitte pas, vous voyez ; je ne vais pas courir avec les grands laquais du château !

— Il vaudrait mieux !... Mais je t'en défierais bien là où nous sommes.

— Il n'y a donc pas, pour aller au château neuf, d'autre chemin que le lac ?

— Non vraiment ; sans quoi, je vois bien que tu serais déjà avec les grands laquais galonnés.

— Oh ! non, monsieur Goefle, puisque vous ne voulez pas ! Mais comme c'était beau là dedans !

— Où donc ? à Waldemora ?

— Oui ; c'est comme ça qu'ils appellent le château neuf... Oh ! monsieur Goefle, c'était bien plus joli qu'ici ! Et il y avait tant de monde ! Je n'y avais pas peur !

— Fort bien, monsieur Nils, ça vous tournait la tête, à vous, ce palais plein de monde, de bruit, de flambeaux, de dorures, de désordre et de mangeaille ! Quant à moi, ce n'est pas mon goût de passer la nuit au bal et d'attendre au lendemain le hasard d'une chambre à partager avec quatre ou cinq jeunes fous pris de vin ou de querelle ! J'aime à manger peu, mais souvent et tranquillement, à dormir quelques heures, mais avec sécurité. Et, d'ailleurs, je ne suis pas venu ici pour me divertir, moi. J'ai des affaires importantes à régler pour le compte du baron ; il me faut ma chambre, ma table, mon écritoire et un peu de silence. Je trouve maussade, ce cher baron, d'avoir oublié, au milieu de ses fêtes et réjouissances, que je ne suis plus un jeune étudiant avide de musique et de valse ! Je lui en dirai ma façon de penser demain matin. Il eût dû me faire préparer cet appartement-ci, ou tout autre, loin du vacarme et à l'abri des importuns ! Il n'a tenu à rien que je ne reprisse le chemin de Falun, quand j'ai vu l'étonnement des laquais à mon arrivée et leur embarras pour me caser convenablement ; mais la neige m'a fait peur, et, d'ailleurs, Loki avait chaud ! Je me suis rappelé heureusement qu'il y avait au vieux Stollborg une chambre endiablée dont personne ne voulait, et que l'on n'offrait à personne. Nous y voilà, nous y sommes bien. Demain, Nils, tu m'ôteras toute cette poussière et ces toiles d'araignées. J'aime la propreté, moi !

— Oui, monsieur Goefle, je dirai ça à M. Ulph, car je ne suis pas assez grand pour nettoyer là-haut !

— Oui, je vois ça. Nous le dirons à Ulph !

— Mais dites donc, monsieur Goefle, pourquoi est-ce qu'on appelle la chambre de l'ourse, cette chambre-là ?

— C'est un nom comme un autre, répondit M. Goefle, qui, occupé à ranger ses papiers dans le tiroir de la table, jugea bien inutile d'expliquer le blason à M. Nils.

Cependant il s'aperçut bientôt d'un redoublement de frayeur chez l'enfant.

— Voyons, qu'est-ce que tu as ? lui dit-il avec impatience. Tu ne fais que me suivre pas à pas, et tu ne m'aides à rien ?

— C'est que j'ai peur des ours, répondit le brave Nils, et vous avez parlé de la grande ourse à Falun avec M. le pasteur. Je l'ai bien entendu !

— Moi ! j'ai parlé de la grande ourse ? Ah ! oui, c'est vrai ! Le pasteur s'occupe d'astronomie, et nous disions... Mais rassure-toi, vaillant jeune homme !

Nous parlions de la constellation de la grande ourse qui est dans le ciel.

— Ah! elle est dans le ciel, la grande ourse! s'écria Nils tout joyeux. Alors elle n'est pas ici? Elle ne viendra pas dans cette chambre?

— Non, dit en riant l'avocat. Elle est trop loin, trop haut! Si elle voulait descendre, elle se casserait les pattes. Donc, tu n'en as plus peur?

— Oh! non, plus du tout! Pourvu qu'elle ne tombe pas!

— Bah! elle est attachée là-haut par sept clous de diamant d'une belle taille, va!

— C'est donc le bon Dieu qui l'a clouée parce qu'elle était méchante?

— Probablement! A présent, tu ne la crains plus?

— Oh! non! fit Nils avec un geste profondément sceptique.

— Alors va-t'en chercher Ulph pour lui dire...

— Monsieur Goefle, vous avez aussi parlé de l'homme de neige!

— Oui. Ah çà! tu écoutes donc tout ce que l'on dit, toi?... C'est agréable!

— Oh! oui, monsieur Goefle, répondit Nils ingénument! j'écoute tout, moi!

— Et qu'est-ce que c'est, selon toi, que l'homme de neige?

— Je ne sais pas. M. le pasteur vous disait tout bas en riant : « Vous allez donc voir l'homme de neige.

— Il voulait parler d'une montagne qui s'appelle comme ça, apparemment.

— Oh! que non! Vous avez dit : « Est-ce qu'il marche toujours aussi droit? » Et le pasteur a répondu : « Il chasse toujours sur son lac. » Oh! je comprends bien le suédois, allez! aussi bien que le dalécarlien!

— D'où tu conclus...?

— Qu'il y a, sur le lac où nous avons passé tout à l'heure, un grand homme de neige qui marche!...

— C'est ça! et qui est suivi d'un grand ours! Tu as de l'imagination, petit! Est-ce un ours blanc ou un noir?

— Je ne sais pas, monsieur Goefle.

— Il faudrait pourtant savoir ça avant de nous décider à souper dans cette chambre. S'ils allaient venir se mettre à table avec nous!

Nils vit bien que M. Goefle se moquait de lui, et il se mit à rire. Le docteur s'applaudissait de son moyen de guérir les enfants de la peur, lorsque Nils, redevenu tout à coup silencieux, lui dit :

— Monsieur Goefle, allons-nous-en d'ici! C'est un endroit bien laid!

— Très-bien! s'écria l'avocat avec humeur. Voilà les enfants! J'ai la bonté d'apprendre à monsieur que l'ourse est une constellation, et il a beaucoup plus peur qu'auparavant!

Nils, voyant son maître fâché, s'en prit encore une fois à ses yeux. C'était un enfant gâté et cependant craintif. M. Goefle, bon par excellence, se persuadait et se plaisait à dire qu'il n'aimait pas l'enfance, et que, si quelque chose le consolait de ne pas avoir songé au mariage en temps utile, c'était la liberté d'esprit assurée à ceux qui n'ont pas l'ennui des marmots et la responsabilité de leur avenir. Cependant la vive sensibilité dont il était doué, et que les enthousiasmes et les excitations du barreau n'avaient fait que développer à son insu, lui rendait insupportables les chagrins et les pleurs des êtres faibles, si bien que, tout en grognant contre la sottise de son petit valet, tout en se confirmant dans sa passion pour les discussions éclairées ou subtiles qui gagnent les causes quand on parle à des hommes et qui les compromettent quand on parle à des enfants, il s'efforça de consoler et de rassurer celui-ci; il alla même jusqu'à lui promettre que, si la grande ourse se présentait à la porte de la chambre, il lui passerait son épée au travers du corps plutôt que de la laisser entrer.

M. Goefle se pardonna ce qu'il appelait son absurde condescendance en sentant un joli récit de sa soirée au Stollborg s'arranger de lui-même dans sa tête pour le divertissement de ses amis de Gevala.

Cependant Ulph ne revenait pas. Qu'il lui fallût du temps pour trouver de quoi souper dans le modeste ménage de maître Stenson, M. Goefle le concevait; mais qu'il ne rapportât pas de lumière, c'était un oubli impardonnable.

Le bout de chandelle allait finir dans la lanterne, et l'avocat, qui avait toujours la main blanche et la manchette irréprochable, n'osait toucher à ce vilain ustensile pour s'éclairer autour de la chambre. Il prit pourtant ce parti pour aller voir si, dans la pièce voisine, il ne trouverait pas quelque provision ou quelque reste de bougie dans l'armoire dont Ulph lui avait laissé la clef. Nils le suivit en le tenant doucement par le pan de son habit.

Ces deux chambres, qui pour M. Goefle en ce moment représentaient la jouissance d'un seul appartement, étaient séparées l'une de l'autre par l'épaisseur d'un très-gros mur et par deux portes solides. M. Goefle connaissait bien la localité; mais il y avait si longtemps qu'il n'avait eu affaire dans l'intérieur, qu'il eut quelque peine à trouver la première de ces deux portes. Il la cherchait en face de celle par laquelle il était entré, et il avait raison ; mais, au lieu d'être sur le même alignement, elle était sur la gauche, et dissimulée dans la boiserie, comme celle que Cristiano avait découverte par hasard sous l'escalier, et dont le docteur ni Ulphilas ne soupçonnaient l'existence. Ce système de portes bien closes et sans serrures apparentes n'était cependant pas une affectation de mystère : c'était tout simplement l'exécution soignée d'un revêtement de menuiserie, exécution qui devient presque un art dans les pays froids.

M. Goefle, une fois en possession d'une chambre à deux lits qui avait été remise à neuf une dizaine d'années auparavant, et qui était assez confortable, n'eut pas la peine de chercher dans l'armoire. Le premier objet que ses yeux rencontrèrent en se portant sur la cheminée, fut une paire de lourds flambeaux à trois branches portant chacun trois bougies entières. Il était temps ; le bout de chandelle expirait dans la lanterne.

— Puisque nous voilà sûrs de ne pas rester dans l'obscurité, dit M. Goefle au petit, faisons tout de suite notre ménage ici. Allume le feu, je tirerai les draps de l'armoire.

Les draps étaient placés sur les lits avant que Nils eût réussi à autre chose qu'à remplir la chambre de fumée. Quand il fut question de faire ces lits, qui étaient fort grands, il n'imagina rien de mieux que de monter dessus pour atteindre le milieu du traversin. M. Goefle eut fort envie de se fâcher ; mais, voyant que cela n'amènerait que des pleurs, il se résigna à faire tout seul non-seulement son lit, mais encore celui de son petit laquais.

Il n'avait jamais fait cette besogne, et pourtant il allait en venir à son honneur, lorsqu'il fut interrompu par un bruit formidable partant de la chambre de l'ourse, dont les portes étaient restées ouvertes. C'était comme un hurlement âpre, éclatant, et cependant burlesque. Nils se laissa tomber à quatre pattes et trouva prudent de se cacher sous le lit, tandis que M. Goefle, l'œil écarquillé et la bouche ouverte, se demandait d'où pouvait provenir un pareil chant.

— Si, comme je le crois bien, pensa-t-il, c'est quelque mauvais plaisant qui veut m'effrayer, il imite d'une singulière façon le grognement de l'ourse. C'est bien plutôt la voix de l'âne qu'il reproduit, et cela dans une rare perfection ; mais me prend-il pour un Lapon de s'imaginer que je n'aie jamais entendu braire un baudet ? Allons, allons, Nils, dit-il en cherchant son petit laquais, il n'y a point là de magie ; allons voir ce que c'est.

Mais Nils se serait fait tuer plutôt que de bouger ou seulement de répondre ; et M. Goefle, ne sachant ce qu'il était devenu, prit le parti d'aller seul à la découverte.

Il ne fut pas peu surpris de se trouver face à face avec un véritable âne au milieu de la chambre de l'ourse, un bel âne en vérité, tel que jamais il n'en avait vu en Suède, et d'une si honnête figure, qu'il était impossible de lui faire un mauvais accueil et de prendre sa visite en mauvaise part.

— Eh ! mon pauvre ami, lui dit en riant M. Goefle, d'où sors-tu ? Que viens-tu faire en ce pays, et que viens-tu me demander ?

Si Jean eût eu le don de la parole humaine, il eût répondu que, caché sous l'escalier, où personne n'avait eu l'idée de regarder, il avait fait un somme en attendant avec confiance le retour de son maître ; mais que, ne le sentant pas revenir et commençant à avoir grand'faim, il avait perdu patience et pris le parti de défaire la corde, qui l'attachait fort peu, pour venir demander à souper à M. Goefle.

Celui-ci devina sa pensée avec une grande perspicacité, mais ne comprit pas comment Ulph, qu'il supposait chargé de la garde de cet âne, lui avait donné pour écurie la redoutable chambre du Stollborg. Il bâtit un monde de suppositions dans sa tête. Cet animal étant une rareté dans les pays froids, le baron, qui avait un attelage de rennes, autre rareté dans cette région, trop froide pour les ânes et pas assez froide pour les rennes, y tenait probablement beaucoup, et avait dû charger les gardiens de son vieux château de le soigner et de le tenir dans un local bien chauffé.

— Voilà pourquoi, se dit M. Goefle, j'ai trouvé le poêle allumé. Mais pourquoi Ulph, au lieu de me dire tout bonnement la vérité, a-t-il fait semblant de croire la chambre hantée ? Voilà ce que je ne m'explique pas. Peut-être avait-il reçu l'ordre de calfeutrer une écurie *ad hoc*, et, ne l'ayant pas fait, peut-être a-t-il voulu cacher sa négligence, espérant que je me dégoûterais de la chambre ou que je ne m'apercevrais pas de la présence de cet étrange compagnon... Quoi qu'il en soit, ajouta M. Goefle en s'adressant gaiement à Jean, dont la figure le divertissait, je t'en demande bien pardon, ô mon pauvre âne, mais je ne suis pas disposé à te garder si près de moi. Tu as la voix très-belle, et j'ai le sommeil fort léger. Je vais te conduire auprès de Loki, dont le voisinage te réchauffera, et dont tu voudras bien, pour cette nuit, partager le souper et la litière. Allons, Nils ! ici, mon enfant, il faut m'éclairer jusqu'à l'écurie !...

Ne recevant aucune réponse, M. Goefle fut obligé de retourner dans la chambre de garde, de découvrir la cachette de Nils, de l'en tirer par une patte et de l'apporter, bon gré, mal gré, sur le dos de l'âne. D'abord M. Nils, se croyant à cheval sur l'ourse fantastique, fit des cris perçants, d'autant plus qu'il n'avait jamais vu d'âne, et qu'il n'était pas moins effrayé des longues oreilles de Jean qu'il ne l'eût été des cornes du diable ; mais il se rassura peu à peu en voyant la douceur et la tranquillité de sa monture. M. Goefle lui mit en main le flambeau à trois branches, il tira lui-même l'âne par la corde, et ils sortirent tous trois du donjon, se dirigeant vers l'écurie, en suivant, le long du préau couvert de neige, la galerie de bois, à auvent moussu, qui en faisait le tour.

En ce moment, Ulph sortait du pavillon habité par son oncle, et se dirigeait vers le donjon, portant d'une main une lanterne, de l'autre un grand panier rempli des ustensiles nécessaires pour mettre le couvert de M. l'avocat. Cette fois Ulph était aussi désireux de rentrer dans la chambre de l'ourse qu'il avait été naguère contrarié d'y entrer. C'est qu'il éprouvait cet invincible besoin de société qui s'empare d'un homme épouvanté par la solitude. Voici ce qui était arrivé à Ulph.

En vrai Suédois, Ulph était la prévenance et l'hospitalité mêmes ; mais, depuis quelques années qu'il habitait la sombre masure du Stollborg, en compagnie d'un personnage morne et sourd, le pauvre Ulph était devenu si superstitieux et si poltron, qu'après le coucher du soleil il ne manquait jamais de se barricader dans sa chambre, résolu à laisser périr dans les glaces et dans les neiges quiconque lui faisait entendre une voix suspecte. Si M. Goefle n'eût trouvé la porte du manoir ouverte par le vigoureux poignet de Puffo, et si Ulph n'eût pas reconnu la voix de l'avocat dans le préau, l'estimable docteur en droit eût été certainement forcé de retourner au château neuf, dont il redoutait si fort le bruit et l'encombrement.

Après l'avoir introduit dans le donjon, Ulph s'était un peu tranquillisé. Il s'était même dit que tout était pour le mieux, vu que, si M. Goefle voulait affronter le diable, c'était son affaire, et qu'il valait encore mieux le recevoir que d'être forcé de le reconduire au château neuf, ordre qui eût entraîné pour le pauvre guide la fâcheuse nécessité de revenir seul sur le lac, peuplé de gnomes effroyables. Heureusement, le vieux gardien du Stollborg, malingre, frileux, habitué à dormir de bonne heure, s'était enfermé dans son pavillon, situé au fond d'une seconde petite cour, et dont les fenêtres, donnant sur le lac, n'avaient pas vue sur le préau. Il n'y avait donc guère d'apparence qu'endormi ou non, il se doutât de la présence de son hôte avant le lendemain matin. Après mûre réflexion, Ulph avait résolu de ne pas l'avertir et de préparer de son mieux le souper de M. Goefle. Sten était fort sobre ; mais il était l'objet des plus grandes attentions de la part de son maître, le baron de Waldemora (propriétaire, comme on l'a vu, du château neuf et du vieux donjon), qui avait donné, une fois pour toutes, les ordres les plus précis à son nouvel intendant pour qu'il fût pourvu largement au bien-être du vieux et fidèle serviteur de sa maison.

Ulph aimait à bien vivre, et, remarquant que son oncle renvoyait, par discrétion et par esprit d'ordre, le superflu des provisions qu'on lui apportait du château neuf, il s'était arrangé pour tout recevoir sans l'en avertir. Il avait donc un certain coin mystérieux dans la cuisine où il cachait ses richesses gastronomiques, et une certaine petite cave, creusée dans le roc, bien fraîche en été, bien tiède en hiver, où s'amoncelaient, derrière certaines tonnes vides, des bouteilles de vieux vins, objets d'un grand prix, à coup sûr, dans une contrée où la vigne est une plante de serre chaude.

Ulph n'était pas cupide ; c'était un honnête garçon qui, pour rien au monde, n'eût fait argent des présents du baron à son oncle. Même il avait le cœur bon, et, quand il pouvait retenir un camarade, il lui faisait part mystérieusement de ses dives bouteilles, heureux de ne pas être forcé de boire seul, ce qui rend l'ivresse triste. Cependant l'apparition, non pas d'une ourse, comme le croyait Nils, mais d'un fantôme lamentable dans le donjon, était une chose trop avérée pour que le pauvre Ulph pût garder un seul convive après le coucher du soleil. Alors il prenait le parti de *s'achever*, pour se donner du cœur, et c'est alors que lui apparaissaient les méchants trolls et les *stroemkarls*, qui tâchent d'emmener leurs victimes dans les cascades pour les y précipiter. C'est probablement pour ne pas être tenté de les suivre que le judicieux Ulphilas buvait jusqu'à perdre entièrement l'usage de ses jambes. Il y avait bien, dans la nombreuse suite du baron, des laquais esprits forts et cosmopolites qui ne croyaient à rien ; mais Stenson les haïssait tous plus ou moins, et son neveu Ulph partageait ses antipathies.

Donc, Ulphilas Stenson avait de quoi faire bonne cuisine à M. Goefle, et il n'était pas maladroit pour frire et rôtir. Après tout, la gaieté de l'avocat l'avait un peu ranimé, et il se promettait de faire une bonne petite causerie en le servant ; mais ses idées riantes furent tout à coup troublées par des bruits étranges : c'était comme des frôlements furtifs dans l'épaisseur des murs, comme des craquements dans les boiseries; vingt fois la poêle lui tomba des mains, et il y eut un moment où il lui sembla si bien que ses soupirs de terreur avaient un écho moqueur derrière lui, qu'il resta trois bonnes minutes sans oser respirer, et encore moins se retourner.

C'était là la cause de son peu d'activité dans la confection de ce repas tant désiré. Enfin, ayant, tant bien que mal, parachevé son œuvre, il descendit à la cave pour y chercher le vin. Là de nouvelles angoisses l'attendaient. Au moment où, convenablement chargé, il allait sortir de ce sanctuaire, une grande figure noire glissa devant lui. Sa lanterne s'éteignit, et les mêmes pas mystérieux qui l'avaient tant effrayé dans la cuisine montèrent rapidement avant lui les degrés de la cave. Ulph faillit s'évanouir; mais il reprit encore une fois courage et regagna sa cuisine, où il laissa ses casseroles *mijoter* leur contenu sur les fourneaux, résolu d'aller, sous prétexte de couvert à mettre, se guérir de son effroi auprès de M. Goefle.

C'est au moment où, chargé de ses ustensiles de service, il suivait la galerie de bois, qu'il se trouva face à face avec la bizarre apparition que présentait le docteur en droit, coiffé de son bonnet de nuit, et tirant par le licol un animal étrange, impossible, une bête qu'en véritable paysan dalécarlien de cette époque, Ulph n'avait jamais vue, dont peut-être il n'avait jamais entendu parler, et sur cette bête, qui projetait le long de la galerie l'ombre de ses oreilles gigantesques, une triple flamme portée par un petit diable rouge, que M. Goefle avait bien voulu faire passer pour son laquais, mais qui ne pouvait être que le kobold en personne, le démon familier que l'avocat s'était vanté d'avoir sous ses ordres.

C'en était trop pour le pauvre Ulph. Il estimait les kobolds, mais ne souhaitait point les voir. Il posa d'une main défaillante son panier par terre, et, virant de bord, il alla s'enfermer dans sa chambre en jurant par son salut éternel qu'il n'en sortirait de la nuit, dût l'avocat mourir de faim et le diable manger le souper destiné à l'avocat.

Aussi ce fut bien en vain que M. Goefle l'appela. Il n'en reçut pas de réponse, et prit le parti de mettre l'âne à l'écurie, de s'emparer du panier abandonné, et de retourner mettre son couvert, avec l'aide de Nils, dans la chambre de l'ourse.

— Allons, se dit-il, la philosophie est nécessaire en voyage, et, puisque voici des verres, des couverts et des assiettes, espérons que ce lunatique a l'intention d'y joindre quelque victuaille. Attendons son bon plaisir, puisqu'il n'y a pas moyen de faire autrement, et débouchons toujours ces bouteilles de bonne mine.

Nils ne mit pas trop mal la nappe, il ne laissa pas ralentir le poêle, et M. Goefle se sentait remis en possession de sa belle humeur naturelle, lorsque Nils commença à prendre des poses molles et brisées qui témoignaient d'une subite invasion de sommeil.

— Secoue-toi un peu, lui dit l'avocat; il s'agit de manger. Tu dois avoir faim.

— Hélas! oui, monsieur Goefle, répondit l'enfant; mais j'ai tant envie de dormir, que je ne pourrai jamais attendre que vous soyez servi et que vous ayez fini de manger. Tenez, voilà du pain et des confitures de mûres sauvages; laissez-moi en goûter un peu; après ça, j'aurai la force de vous servir.

M. Goefle ouvrit lui-même le pot de confitures, et Nils s'assit sans façon à la place destinée à son maître, tandis que celui-ci chauffait ses pieds refroidis par le voyage à l'écurie. M. Goefle était aussi actif d'imagination que de paroles. Quand il n'avait plus occasion de causer, il travaillait dans son esprit ou partait joyeusement pour d'agréables rêveries, si bien qu'au bout d'un quart d'heure, la faim le tiraillant de nouveau, il se retourna pour voir si Ulph était enfin de retour avec quelque plat plus solide que les confitures; mais il ne vit que le petit Nils profondément endormi, la tête sur la table et le nez dans son assiette.

— Allons, allons! lui dit-il en le secouant. Tu as mangé, tu dormiras plus tard! Songe à me servir; va voir si Ulph...

Mais il était inutile à M. Goefle de formuler sa pensée. Accablé par l'impérieux sommeil de l'enfance, Nils était debout, les yeux hagards, et trébuchant comme un homme ivre. M. Goefle en eut pitié.

— Allons, va te coucher, dit-il, puisque tu n'es bon à rien!

Nils s'en alla vers la chambre de garde, s'appuya contre la porte, et y resta, dormant debout. Il fallut le conduire à son lit. Là, ce fut un autre embarras. Monsieur n'avait pas la force d'ôter ses guêtres. M. Goefle ôta les guêtres de son laquais, ce qui ne fut pas facile, les guêtres étant justes et les jambes amollies par le sommeil.

M. Goefle allait le hisser dans son lit lorsqu'il s'aperçut que le drôle s'y était fourré tout habillé.

— Que le diable t'emporte! lui dit-il; t'ai-je fait faire d'avance ces beaux habits neufs pour coucher avec? Allons, vite, debout, et prends la peine de te déshabiller, c'est bien le moins!

Nils, remis, bon gré, mal gré, sur ses pieds, fit d'inutiles tentatives pour se déboutonner. La tante Gertrude, charmée d'avoir un crédit ouvert pour le faire équiper en petit laquais avant de le présenter à son maître, lui avait fait faire des hauts-de-chausses de peau d'élan et une veste de drap rouge si bien coupés, qu'il y était tassé comme dans une gaine, et que M. Goefle lui-même eut grand'peine à l'en faire sortir. Il lui fallut le prendre sur ses genoux devant la cheminée, car durant cette opération l'enfant grelottait. M. Goefle avait beau enrager et maudire Gertrude de lui avoir donné un pareil serviteur, l'humanité lui défendait de le laisser geler. Et puis Nils le désarmait par sa gentillesse. A chaque reproche de son maître, il répondait naïvement :

— Vous verrez demain, monsieur Goefle, je vous servirai bien, et puis je vous aimerai bien !

— Ce sera toujours ça ! répondait le bon docteur en le bousculant un peu. C'est égal, je préférerais être un peu moins aimé et un peu mieux servi !

Enfin Nils était couché, et M. Goefle se remettait en route vers son problématique souper, lorsque l'enfant le rappela sans façon pour lui dire d'un ton de reproche :

— Eh bien, monsieur, vous me laissez donc là tout seul !

— En voici bien d'une autre ! s'écria l'avocat. Il te faut de la compagnie pour dormir ?

— Mais, monsieur Goefle, je ne dormais jamais seul dans ma chambre chez M. le pasteur de Falun, et surtout ici où j'ai peur... Oh ! non, tenez, si vous me laissez là, j'aime mieux dormir par terre dans la chambre où vous serez !

Et Nils, réveillé maintenant comme un chat, sauta hors du lit, et fit mine de s'en aller en chemise avec son maître dans la chambre de l'ourse. Pour le coup, M. Goefle perdit patience. Il gronda ; Nils se remit à pleurer. Il voulut l'enfermer ; Nils se remit à crier. Le docteur prit un parti héroïque.

— Puisque j'ai fait cette sottise, se dit-il, d'avoir cru qu'un enfant de dix ans en avait quatorze, et de m'imaginer que Gertrude avait un grain de bon sens dans la cervelle, il me faut en porter la peine. Cinq minutes de patience et ce maudit galopin sera endormi, tandis que, si j'excite ses esprits par ma résistance, Dieu sait combien de temps il me faudra l'entendre gémir ou brailler !

Il alla donc chercher un de ses dossiers dans la chambre de l'ourse, non sans maudire l'enfant, qui le suivait pieds nus et voulait à peine lui laisser le temps de trouver ses lunettes ; puis il fut s'asseoir devant la cheminée de la chambre de garde, dont il referma les portes sur lui, vu qu'il n'y faisait pas très-chaud, et, après avoir demandé narquoisement à Nils s'il n'exigeait pas qu'on lui chantât une chanson pour le bercer, il s'ensevelit dans ses paperasses, oubliant le souper, qui n'arrivait pas, et l'enfant, qui ronflait de tout son cœur.

II

Que faisait Cristiano pendant toutes les péripéties de l'installation de M. Goefle ? Le lecteur a bien deviné que le lutin railleur, errant autour du pauvre Ulph dans la cuisine et dans la cave, n'était autre que notre aventurier à la recherche de son souper. Les douleurs et les angoisses d'Ulphilas lui avaient permis de prendre, presque sous son nez, les mets les plus portatifs de la cuisine. Quant à la cave, il avait été moins heureux. En soufflant la lumière du poltron, il s'était trouvé dans une si complète obscurité, qu'il avait craint d'être enfermé à jeun dans ce souterrain, et qu'il avait rebroussé chemin au plus vite, se consolant par la pensée qu'il reprendrait les bouteilles montées par Ulph dans un moment plus favorable.

Durant le quart d'heure qu'il avait perdu à explorer avec précaution le passage secret du salon de l'ourse (passage dont nous parlerons plus tard, et d'où il ne sortit pas sans peine, pour s'introduire furtivement dans le logement de M. Stenson), notre aventurier n'avait pu signaler l'arrivée de M. Goefle. Il pensa donc que les apprêts du souper étaient en vue du vieux régisseur. Puis, avant de reprendre possession du local qu'il s'était choisi, il avait voulu se mettre en quête du souper de son âne, et il avait été dans la petite cour attenante à l'enceinte du préau quelques moments après le dernier accès de terreur d'Ulphilas, et il n'avait pas pu jouir de la réjouissante apparition de M. Goefle en bonnet de nuit, conduisant triomphalement l'âne à l'écurie, avec son kobold en habit rouge. Comme il explorait tout et ouvrait toutes les portes qui n'étaient pas trop cadenassées, Cristiano découvrit enfin celle de l'écurie, et se réjouit de voir maître Jean soupant de bon appétit et foulant une épaisse litière de mousse sèche, en compagnie d'un joli cheval noir qui paraissait l'accueillir de bonne grâce.

— Vraiment, pensa Cristiano en caressant le noble

animal, les bêtes sont parfois plus raisonnables et plus hospitalières que les hommes. Depuis deux jours que nous voyageons dans ce pays froid, Jean a été un sujet d'étonnement, de peur ou de répugnance dans plusieurs maisons et villages de paysans, et moi-même, malgré les mœurs affables du pays, me voilà tombé dans je ne sais quel repaire d'esprits chagrins ou préoccupés, où je suis forcé d'aller à la maraude comme un soldat en campagne, tandis que ce bon cheval, sans demander à Jean la raison de ses longues oreilles, lui fait place au râtelier, et le considère d'emblée comme un de ses semblables. Allons, Jean, bonne nuit, mon camarade! Si je te demandais qui t'a amené ici et servi à souhait, tu n'aurais peut-être pas la complaisance de me répondre, et, si je ne te voyais attaché par la corde, je penserais que tu as eu l'esprit d'y venir de toi-même. Quoi qu'il en soit, je vais faire comme toi et souper sans aucun souci du lendemain.

Cristiano referma l'écurie et rentra dans la salle de l'ourse, où l'attendait l'agréable surprise d'un couvert servi en belle vaisselle et en lourde argenterie, sur une nappe bien blanche, sauf quelques taches de confitures laissées par Nils autour de son assiette.

— Tiens! se dit gaiement l'aventurier, ils ont fini, ou bien ils ont commencé par le dessert! Mais qui diable s'est installé là en mon absence? Puffo n'eût pas été si délicat que de mettre un couvert; ce n'est guère son habitude en voyage. D'ailleurs, il est allé chercher fortune au château neuf; autrement, je l'eusse rencontré dans mon exploration du vieux château. Et puis je n'ai jamais compté sur ce camarade-là pour la moindre assistance. S'il a trouvé, dans une cuisine quelconque, un coin pour s'attabler, je suis bien sûr qu'il ne songe guère à moi, et j'ai fort bien fait de songer à moi-même. C'est égal, si, par hasard, il revenait dormir ici, il ne faut pas que le pauvre diable gèle à la porte de ce manoir.

Cristiano alla rouvrir la porte du préau, que Ulph n'avait pas manqué de refermer après l'arrivée de M. Goefle, et il revint avec la résolution bien arrêtée de se mettre à table n'importe avec qui, de gré ou de force.

— C'est mon droit, se disait-il encore; la table est vide, et j'apporte de quoi la remplir agréablement. Si j'ai ici un compagnon, pour peu qu'il soit aimable, nous ferons bon ménage ensemble; sinon, nous verrons qui des deux mettra l'autre dehors.

En devisant ainsi, Cristiano alla voir si on n'avait pas touché à son bagage. Il le trouva rangé dans le coin où il l'avait caché et où personne ne l'avait aperçu. Il examina alors la malle, la valise et les effets de M. Goefle, épars sur des chaises, le linge bien plié, tout prêt à être emporté dans quelque armoire, les habits étendus sur les dossiers des siéges pour se défriper; enfin la valise vide, sur le couvercle de laquelle il lut ces mots: *M. Thormund Goefle, avocat à Gevala et docteur en droit de la Faculté de Lund.*

— Un avocat! pensa l'aventurier. Eh bien, ça parle, un avocat! ça doit toujours avoir un peu d'esprit ou de talent. Ce me sera une agréable compagnie, pour peu qu'il ait le bon sens de ne pas juger l'homme sur l'habit. Où peut-il s'être fourré, cet avocat? C'est quelque invité aux fêtes du château de Waldemora, qui, comme moi, aura trouvé la maison pleine, ou qui, par goût, aura choisi ce romantique manoir pour son gîte, ou bien plutôt c'est l'homme d'affaires du riche baron, car, en ce pays de castes et de vieilles haines, les bourgeois ne sont peut-être pas invités à se réjouir avec les nobles. Que m'importe! L'avocat est sorti, voilà ce qu'il y a de certain. Il aura été causer avec l'ancien régisseur, ou bien il est dans cette chambre à deux lits dont on m'a parlé, et dont je ne vois point la porte. La chercherai-je? Qui sait s'il n'est pas couché? Oui, voilà le plus probable. On aura voulu le servir, il aura refusé, se contentant de confitures et ne souhaitant que son lit. Qu'il dorme en paix, le digne homme! moi, je m'arrangerai très-bien de ce grand fauteuil, et, si j'ai froid... parbleu! voilà une magnifique pelisse fourrée et un bonnet de voyage en martre zibeline qui me garantiront le corps et les oreilles. Voyons si j'y serai à l'aise!... Eh! oui, fort bien! pensa Cristiano en endossant la pelisse et en coiffant le bonnet. Quand je songe que j'ai travaillé dix ans à des choses sérieuses pour ne pas avoir de quoi revêtir d'un bon manteau mon pauvre corps, aujourd'hui fourvoyé dans les régions hyperboréennes!

Cristiano avait étalé ses provisions sur la table, savoir: une langue de Hambourg fort appétissante, un jambon d'ours fumé à point et un superbe tronçon de saumon fumé et salé.

Pour manger plus à l'aise, il allait se débarrasser de la toilette de voyage du docteur, lorsqu'il lui sembla entendre un bruit de clochettes passer sous l'unique fenêtre de la salle de l'ourse. Cette grande fenêtre, située vis-à-vis du poêle, était cependant garnie d'un double châssis vitré, comme dans toutes les demeures confortables, anciennes ou modernes, des pays septentrionaux; mais le châssis extérieur attestait l'état d'abandon du Stollborg. Presque toutes les vitres étaient brisées, et, comme le vent avait cessé, on entendait distinctement les bruits extérieurs, les masses de neige nouvellement tombée se détachant des anciennes couches solidifiées et s'effondrant avec un son mat et mystérieux le long des rochers à pic, les lointaines clameurs de la ferme sur la rive du lac, et les gémissements plaintifs des chiens saluant de malédictions inconnues le disque rouge de la lune à l'horizon.

Cristiano eut la curiosité de voir le traîneau qui sillonnait, si près de son refuge, la glace du lac, et, ouvrant le premier châssis, il passa la tête par le châssis brisé pour regarder dehors. Il vit distinctement une fantastique apparition glisser au pied du rocher. Deux chevaux blancs magnifiques, conduits par un cocher barbu et habillé à la russe, emportaient légèrement un traîneau, qui semblait briller comme une pierre précieuse aux nuances fugitives. Le fanal, placé très-haut sur l'élégant véhicule, simulait une étoile emportée dans un tourbillon, ou plutôt un feu follet acharné à la poursuite du traîneau. Sa lumière, projetée en avant par le réflecteur d'or rouge, lançait des tons chauds sur la neige éclairée en bleu par la lune, et irisait la vapeur flottante autour des naseaux et des flancs de l'attelage. Il n'y avait rien de plus gracieux et de plus poétique que ce char sans roues qui semblait être celui de la fée du lac, et qui passa comme un rêve sous les yeux éblouis de Cristiano. Sans nul doute, en traversant Stockholm et les autres villes du pays, il avait déjà vu des traîneaux de toute sorte, depuis les plus luxueux jusqu'aux plus humbles ; mais aucun ne lui avait semblé aussi pittoresque et aussi étrange que celui qui s'arrêta au pied du rocher ; car, il n'y avait plus à en douter, un nouvel hôte, opulent cette fois, venait prendre possession ou connaissance de la silencieuse retraite du Stollborg.

— Le traîneau m'a donné un joli spectacle, pensa Cristiano ; mais que le diable emporte ceux qui sont dedans ! Voilà, je parie, une anicroche grave au paisible souper que je me promettais !

Mais la malédiction expira sur les lèvres de Cristiano : une voix douce et vraiment mélodieuse, une voix de femme, qui ne pouvait appartenir, selon lui, qu'à une femme charmante, venait de sortir du traîneau. La voix disait, dans une langue que Cristiano n'entendait pas, et qui n'était autre que le dialecte de la localité :

— Crois-tu donc, Péterson, que tes chevaux pourront monter jusqu'à la porte du vieux château ?

— Oui, mademoiselle, répondit le gros cocher emmitouflé de fourrures ; la neige de ce soir les gênera bien un peu, mais d'autres y ont passé déjà : je vois des traces fraîches. N'ayez pas peur, nous monterons.

Les abords du Stollborg, que M. Goefle avait traités de *roidillon*, consistaient en un véritable escalier naturel, formé par les feuillets schisteux et inégaux du rocher. En été, il y eût eu de quoi estropier chevaux et voitures ; mais, dans les pays du Nord, l'hiver rend tout passage praticable et tout voyageur intrépide. Une épaisse couche de neige glacée, solide et unie comme le marbre, comble les trous et nivelle les aspérités. Les chevaux, ferrés en conséquence, escaladent les hauteurs et descendent avec aplomb les pentes ardues ; le traîneau verse peu et presque toujours sans danger. En quelques minutes, celui-ci était à la porte du petit manoir.

— Il faudrait sonner avec précaution, dit la voix douce au cocher. Tu sais, Péters, je ne voudrais pas être vue par le vieux régisseur, qui peut-être redit tout à son maître.

— Oh ! il est si sourd ! répondit le cocher en mettant pied à terre. Ulph ne dira rien, c'est mon ami. Pourvu toutefois qu'il veuille ouvrir ! Il a un peu peur la nuit ; c'est tout simple, le château...

Péterson allait probablement parler des apparitions du Stollborg, mais il n'en eut pas le temps. La porte s'ouvrit comme d'elle-même, et Cristiano, tout aussi bien emmitouflé que le cocher, grâce à la pelisse et au bonnet fourré de l'avocat, se présenta sur le seuil.

— C'est bien, le voici, dit la voix douce. Rangetoi par là, Péterson, et, je t'en prie, ôte les clochettes de tes chevaux ! Je te l'avais tant recommandé ! Prends patience, mon pauvre garçon ; je ne te ferai guère attendre.

— Prenez votre temps, mademoiselle, répondit le dévoué serviteur en essuyant les glaçons de sa barbe ; il fait très-doux ce soir !

Cristiano ne comprit pas un mot de ce dialogue, mais il n'en écouta pas moins avec ravissement la voix douce, et il présenta son bras à une petite personne tellement enveloppée dans l'hermine, qu'elle ressemblait à un flocon de neige plus qu'à une créature humaine. Elle lui adressa bien la parole, toujours en dalécarlien, et sans qu'il pût deviner quels ordres elle lui donnait ; mais c'étaient des ordres, il n'y avait pas à en douter à l'intonation, quelque douce qu'elle fût. On le prenait donc pour le gardien du vieux manoir et, comme en aucun pays le ton du commandement n'exige d'autre réponse que la pantomime de la soumission, Cristiano se trouva dispensé de comprendre et de répondre, durant le court trajet qu'il eut à franchir avec la petite dame, sous la galerie qui conduisait de la porte de la cour à celle du donjon.

En la menant vers la salle de l'ourse, Cristiano

obéissait à un instinct d'hospitalité, sans savoir si elle accepterait sa bonne intention. Il avait de même obéi à un instinct de curiosité en allant à sa rencontre, et, dans cet instinct-là, il y avait aussi celui de la galanterie, encore tout-puissant à cette époque sur les hommes jeunes ou vieux, dans quelque monde qu'ils fussent classés.

Cependant la jeune dame, qui avait suivi son guide, fit un mouvement de surprise en se trouvant dans la fameuse chambre.

— Est-ce donc là la salle de l'ourse? dit-elle avec un peu d'inquiétude. Je n'y étais jamais entrée.

Et, comme Cristiano, faute de comprendre, ne lui répondait pas du tout, elle le regarda à la lueur de l'unique bougie placée sur la table, et s'écria en suédois :

— Ah! mon Dieu! ce n'est pas Ulphilas! A qui donc ai-je l'honneur de parler? Est-ce à M. Goefle en personne?

Cristiano, qui comprenait et parlait très-bien le suédois, se rappela rapidement le nom écrit sur la valise de l'avocat, et, tout aussi rapidement, il s'aperçut qu'enveloppé de la défroque dudit avocat, il pouvait bien se divertir, fût-ce pour un instant, à jouer son rôle. Étranger, isolé, perdu dans un pays dont, par des circonstances toutes particulières que nous saurons plus tard, il parlait la langue, mais où il ne tenait à personne et n'était pas forcé de prendre la vie au sérieux, il trouvait naturel de s'amuser quand l'occasion s'en présentait. Il répondit hardiment et à tout hasard :

— Oui, madame, c'est moi qui suis maître Goefle, docteur en droit de la Faculté de Lund, exerçant la profession d'avocat à Gevala.

En parlant ainsi, il trouva sous sa main un étui à lunettes qu'il ouvrit à la hâte. C'étaient les lunettes vertes que mettait l'avocat en voyage pour préserver ses yeux de la fatigante blancheur des neiges. Charmé de cette découverte, que la providence des fous semblait jeter sur son nez, il se sentit parfaitement déguisé.

— Ah! monsieur le docteur, lui dit l'inconnue, je vous demande mille pardons, je ne vous voyais pas; je n'ai, d'ailleurs, jamais eu le plaisir de vous voir, et je vous prenais pour le gardien du Stollborg; précisément je lui ordonnais, en lui promettant une gratification qui a dû vous faire rire, de vous demander pour moi un moment d'entretien.

Cristiano s'inclina respectueusement.

— Alors, reprit l'inconnue, vous m'autorisez à vous entretenir d'une affaire... un peu embarrassante... un peu délicate?

Ces deux mots sonnèrent à l'oreille de l'aventurier d'une façon si réjouissante, qu'il oublia le moment de vive contrariété causée à son appétit par cette visite inattendue, pour ne plus songer qu'au désir de voir la figure de la visiteuse, enfoncée sous son capuchon d'hermine.

— Je vous écoute, répondit-il en prenant un ton grave : un avocat est un confesseur... Mais ne craignez-vous pas, si vous gardez votre pelisse, de vous enrhumer en sortant?

— Non, dit l'inconnue en acceptant le fauteuil que lui offrait son hôte; je suis une vraie montagnarde, moi, je ne m'enrhume jamais.

Puis elle ajouta naïvement :

— D'ailleurs, vous ne me trouverez peut-être pas mise convenablement pour la conférence que je viens solliciter d'une personne grave et respectable comme vous, monsieur Goefle; je suis en toilette de bal.

— Mon Dieu! s'écria Cristiano étourdiment, je ne suis pas un vieux luthérien farouche! une toilette de bal ne me scandalise pas, surtout quand elle est portée par une jolie personne.

— Vous êtes galant, monsieur Goefle ; mais je ne sais pas si je suis jolie et bien mise. Ce que je sais, c'est que je ne dois pas vous cacher mes traits, car toute défiance de ma part serait une injure à votre loyauté, que je viens invoquer tout en vous demandant conseil et protection.

L'inconnue détacha son capuchon, et Cristiano vit la plus charmante tête qu'il eût pu s'imaginer : un vrai type suève, des yeux d'un vrai bleu saphir, de fins et abondants cheveux d'un blond doré, une finesse et une fraîcheur de carnation dont rien n'approche dans les autres races, et, à travers la pelisse entr'ouverte, un cou élancé, des épaules de neige et une taille fluette. Tout cela était chaste comme l'enfance, car la mignonne visiteuse avait tout au plus seize ans et n'avait pas fini de grandir.

Cristiano ne se piquait pas de mœurs austères; il était l'homme de son temps, mais non celui du milieu hasardé où il se trouvait jeté par les circonstances. Il avait de l'intelligence, par conséquent de la délicatesse dans l'esprit. Son regard s'arrêta tranquille et bienveillant sur cette rose du Nord, et, s'il avait eu quelque pensée perfide en l'attirant dans la tanière de l'ourse, cette pensée fit vite place à celle d'une aventure enjouée ou romanesque, mais honnête, à coup sûr, comme l'aimable et candide visage de sa jeune hôtesse.

— Monsieur Goefle, reprit celle-ci, encouragée par l'attitude respectueuse du prétendu avocat, à présent que vous connaissez ma figure, qui, je l'espère, n'est pas celle d'une méchante personne, je dois vous dire mon nom. C'est un nom qui vous est bien connu... Mais je suis intimidée de vous voir rester debout, quand, moi, je suis assise sur l'unique fauteuil de cette chambre. Je sais le respect que e dois à un homme de votre mérite... j'allais dire de votre âge, car je m'étais, je ne sais pourquoi, habituée à l'idée de vous voir très-vieux, tandis que vous me paraissez beaucoup plus jeune que le baron.

— Vous me faites trop d'honneur, répondit Cristiano en enfonçant sur ses yeux et le long de ses joues le bonnet fourré à oreillettes rabattues ; je suis vieux, très-vieux ! Il n'y a que le bout de mon nez qui puisse paraître jeune, et je suis forcé de vous demander pardon de ne pas me découvrir en votre présence ; mais votre visite m'a surpris... J'avais ôté ma perruque, et me voilà forcé de vous cacher comme je peux mon crâne chauve.

— Ne faites donc aucune cérémonie, monsieur Goefle, et daignez vous asseoir.

— Si vous le permettez, je resterai debout près du poêle à cause de ma goutte qui me tiraille, répondit Cristiano, qui se trouvait placé ainsi la tête dans l'ombre, tandis que la maigre clarté de la bougie se portait tout entière sur son interlocutrice. Veuillez me dire à qui j'ai l'honneur...

— Oui, oui, répondit-elle vivement. Oh! sans m'avoir jamais vue, vous me connaissez bien ! C'est moi qui suis Marguerite.

— Ah! vraiment? s'écria Cristiano du ton dont il eût dit : « Je n'en suis pas plus avancé. »

Heureusement, la jeune fille était pressée de s'expliquer.

— Oui, oui, reprit-elle, Marguerite Elvéda, la nièce de votre cliente.

— Ah! ah! ma cliente...

— La comtesse Elvéda, sœur de mon père le colonel, qui était l'ami du malheureux baron?

— Le malheureux baron...

— Eh! mon Dieu, le baron Adelstan, dont je ne prononce pas sans émotion le nom dans cette chambre, et qui a été assassiné par des mineurs de Falun... ou par d'autres! car, enfin, monsieur, qui sait? êtes-vous bien certain que ce fussent des ouvriers de la mine?

— Oh! pour cela, mademoiselle, si quelqu'un peut jurer sur l'honneur qu'il n'en sait rien du tout, c'est votre serviteur, répondit Cristiano d'un ton pénétré, qui, interprété autrement par la jeune fille, parut la frapper vivement.

— Ah! monsieur Goefle, dit-elle avec vivacité, je le savais bien, que vous partagiez mes soupçons !

Non, rien ne m'ôtera de l'idée que toutes ces morts tragiques dont on a parlé, et dont on parle encore tout bas... Mais sommes-nous bien seuls? Personne ne peut-il nous entendre? Tout cela est si grave, monsieur Goefle !

— En effet, la chose paraît grave, pensa Cristiano en allant voir si la porte d'entrée était fermée, et en affectant la démarche d'un vieillard ; seulement, je n'y comprends goutte.

— Il fit de l'œil le tour de la salle, et n'aperçut pas plus qu'il ne l'avait encore fait la porte de la chambre de garde, qui était fermée entre M. Goefle et nos deux personnages.

— Eh bien, monsieur, reprit la jeune personne, comprenez-vous que ma tante veuille me faire épouser un homme que je ne puis m'empêcher de regarder comme l'assassin de ma famille?

Cristiano, n'ayant pas la moindre notion des faits en question, prit le parti de pousser aux éclaircissements en abondant dans le sens de sa nouvelle cliente.

— Il faut, dit-il un peu cavalièrement, que votre tante soit folle... ou quelque chose de pis !

— Ah! pardon, monsieur Goefle, ma tante est une personne que je dois respecter, et je ne l'accuse que d'aveuglement ou de prévention.

— Aveuglement et prévention, peu m'importe à moi ! Ce que je vois clairement, c'est qu'elle veut forcer votre inclination.

— Oh! cela, assurément, car j'ai horreur du baron ! Elle ne vous l'avait donc pas dit?

— Tout au contraire ! Je croyais...

— Oh! monsieur Goefle, pouviez-vous croire qu'à mon âge j'eusse le moindre goût pour un homme de cinquante-cinq ans?

— Ah! oui-da! il a cinquante-cinq ans par-dessus le marché, le personnage à qui l'on vous destine?

— Vous faites semblant d'en douter, monsieur Goefle ! Vous savez pourtant bien son âge, vous qui êtes son conseil, et l'on dit même son ami dévoué... mais je n'en crois rien.

— Oh! parbleu! vous avez bien raison. Je veux être pendu si je me soucie de lui ! Mais comment l'appelez-vous, ce monsieur-là?

— Le baron? Vous ne savez donc pas de qui je vous parle?

— Non, sans doute ; il y a tant de barons dans ce monde.

— Mais ma tante vous a bien dit...

— Votre tante, votre tante !... Est-ce que je sais ce qu'elle dit, votre tante? Elle ne le sait peut-être pas elle-même !

— Hélas! pardonnez-moi: elle ne le sait que trop! c'est une volonté de fer. Il est impossible qu'elle ne vous ait pas fait part de ses projets sur moi, puisqu'elle prétend que vous les approuvez!

— Moi, approuver qu'une charmante enfant comme vous soit sacrifiée à un barbon?

— Ah! vous voyez bien que vous savez l'âge du baron!

— Mais de quel baron encore une fois?

— De quel baron? Faut-il vous nommer l'homme de neige?

— Ah! oui-da! il s'agit de l'homme de neige? Eh bien, j'avoue que je n'en suis pas plus avancé.

— Comment, monsieur Goefle, vous ignorez le surnom du plus puissant, du plus riche, en même temps du plus méchant, du plus haïssable de vos clients, le baron Olaüs de Waldemora!

— Quoi! le propriétaire de ce château?

— Et du château neuf, sur l'autre rive du lac, et de je ne sais combien de mines de fer, de plomb ou d'alun, et de plusieurs vallées, forêts et montagnes, sans compter les champs, les bestiaux, les fermes et les lacs; le seigneur enfin d'un bon dixième de la province de Dalécarlie! Voilà les raisons que ma tante me donne du matin au soir pour me faire oublier qu'il est vieux, triste, malade, et peut-être chargé de crimes!

— Tudieu! s'écria Cristiano tout étonné, voilà un aimable personnage chez qui je me trouve!

— Vous vous moquez de moi, monsieur Goefle! vous ne croyez pas au crime!... C'était donc pour me railler que vous disiez tout à l'heure?...

— Ce que je disais tout à l'heure, je suis prêt à le redire; seulement, je voudrais savoir de quel crime vous accusez mon hôte.

— Je ne l'accuse pas; c'est la rumeur publique qui m'a habituée à voir en lui l'assassin de son père, de son frère, et même celui de sa belle-sœur, la malheureuse Hilda!

— Comment! rien que ça?

— Mais vous savez bien qu'on le dit, monsieur Goefle; n'avez-vous pas été chargé dans le temps...? Non, je me trompe, c'est votre père qui a dû être l'avocat du baron Olaüs dans ce temps-là. Le baron a produit je ne sais quels actes... On n'a rien pu prouver contre lui; mais jamais on n'a su la vérité et jamais on ne la saura, à moins que les morts ne sortent du tombeau pour la dire.

— Cela s'est vu quelquefois, répondit Cristiano en souriant.

— Vraiment, vous croyez...?

— C'est une manière de dire qui appartient au vocabulaire de ma profession; vous savez, quand une preuve inattendue, une lettre perdue, une parole oubliée...

— Oui, je sais; mais on n'a rien retrouvé, et, depuis quinze ou vingt ans, le silence et l'oubli se sont faits. Le baron Olaüs, soupçonné et haï d'abord, est venu à bout de se faire craindre, et tout est dit. A présent, il pousse la confiance et la présomption jusqu'à vouloir se remarier. Ah! que Dieu me préserve d'être l'objet de ses poursuites! Il a, dit-on, beaucoup aimé sa femme; mais, quant à la baronne Hilda, on croit généralement...

— Que croit-on?

— Je vois que ces histoires de paysans n'ont pas été jusqu'à vous, monsieur Goefle, ou bien vous en riez, puisque vous voilà installé tranquillement dans cette chambre.

— En effet, il y a quelque histoire là-dessous, répondit Cristiano frappé d'un souvenir récent. Les gens de la ferme me disaient ce soir : « Allez-y et racontez-nous demain comment la nuit se sera passée! » Il y a donc un lutin, un revenant...

— Il faut croire que, fantôme ou réalité, il y a quelque chose d'étrange; car maître Stenson lui-même y croit, et le baron peut-être aussi; car, depuis la mort de sa belle-sœur, il n'y a, dit-on, jamais remis les pieds, et même il a fait murer une certaine porte...

— Par ici, dit Cristiano en montrant le haut de l'escalier.

— C'est possible, je ne sais pas, répondit Marguerite. Tout cela est très-mystérieux, et je vous croyais au courant de choses que j'ignore. Je ne crois pas aux revenants!... Pourtant je ne voudrais pas en voir, et rien au monde ne me déciderait à faire ce que vous faites en voulant dormir ici. Quant au baron, que l'histoire du diamant soit vraie ou fausse...

— Ah! ah! encore une histoire?

— Celle-là est la moins vraisemblable de toutes, j'en conviens, et je ne peux pas m'empêcher de rire en vous la répétant. On raconte dans les chaumières des environs que, par amour pour sa femme, qui était aussi méchante que lui, il a confié son corps à un alchimiste, qui l'a fait réduire dans un alambic, et qu'il en est résulté un gros diamant noir. Ce qu'il y a de certain, c'est qu'il porte au doigt une bague étrange que je ne peux pas regarder sans terreur et sans dégoût.

— Ce qui est bien la preuve! dit Cristiano en riant; mais jugez donc si un pareil sort vous était réservé! Je sais bien qu'il ne pourrait sortir de l'alambic où vous cuiriez qu'un joli diamant rose de la plus belle eau; mais ce n'en serait pas plus gai pour vous, et je vous conseille de ne pas vous exposer à la cristallisation.

Marguerite éclata de rire; les échos de l'antique salle répétèrent ce rire frais et enfantin d'un façon si mystérieuse, qu'elle eut peur tout à coup, et, redevenant triste, elle dit d'un ton découragé :

— Allons, c'en est fait, je le vois, monsieur Goefle, vous êtes un homme aimable et spirituel, on me l'avait bien dit; mais, en espérant que vous penseriez comme moi, et que vous seriez mon appui et mon sauveur, je m'étais bien trompée. Vous pensez comme ma tante, vous traitez de rêverie tout ce que je viens de vous dire, et vous repoussez la plainte de mon cœur! Que Dieu me prenne en pitié, je n'ai plus d'espoir qu'en lui!

— Ah çà, voyons! répliqua Cristiano, ému de voir de grosses larmes couler sur ces joues si fraîches et tout à l'heure si riantes, vous ne comptez donc pas sur vous-même? Que venez-vous me raconter là? Vous m'annonciez une confession délicate, et tout se borne à m'apprendre qu'on vous présente un parti qui ne vous convient pas et un futur qui vous est antipathique. Je m'imaginais recevoir la confidence d'un amour... ne rougissez pas pour cela! Un amour peut être pur et légitime, quand même il n'est pas autorisé par l'ambition des grands parents. Un père, une mère peuvent se tromper, mais il est pénible de combattre leur influence. Vous, vous êtes orpheline!... Oui, puisque vous dépendez d'une vieille tante... Je l'appelle vieille, et vous secouez la tête! Mettons qu'elle soit jeune... Elle en a sans doute la prétention! Moi, je ne m'y connais plus apparemment! Je la croyais vieille. Si elle ne l'est pas, raison de plus pour l'envoyer... je ne veux pas dire promener, mais faire de meilleures réflexions, tandis que vous demanderez conseil à quelque vieil ami, à M. Goefle... c'est-à-dire à moi, enfin à quelqu'un qui puisse vous faire épouser l'heureux mortel que vous préférez.

— Mais je vous jure, mon cher monsieur Goefle, répondit Marguerite, que je n'aime personne. O Dieu! il ne manquerait plus que cela pour être à plaindre! C'est bien assez de haïr quelqu'un et d'être obligée de souffrir ses assiduités.

— Vous n'êtes pas sincère, ma chère enfant, reprit Cristiano, qui arrivait à jouer avec conviction et une sorte de vraisemblance le personnage de M. Goefle : vous craignez que je ne redise vos confidences à la comtesse, ma cliente!

— Non, cher monsieur Goefle, non! Je sais que vous êtes plus qu'un homme d'honneur, vous êtes un homme de bien. Tout le monde vous considère, et le baron lui-même, qui pense mal de tout le monde, n'ose parler mal de vous. J'ai tant d'estime et de confiance en vous, que je guettais votre arrivée ici, et il faut que je vous dise comment l'idée de vous voir m'est venue : ce sera vous dire en deux mots mon histoire, que ma tante ne vous a peut-être pas racontée bien exactement.

» J'ai été élevée au château de Dalby (dans le Wœrmland, à une vingtaine de lieues d'ici), sous les yeux de ma tutrice, la comtesse Elfride d'Elvéda, sœur de mon père. Quand je dis sous ses yeux... Ma tante aime le monde et la politique. Elle suit la cour à Stockholm, et les affaires de la diète l'intéressent plus que moi, qui, depuis ma naissance, vis dans un assez triste manoir avec une gouvernante française, mademoiselle Potin. Celle-ci heureusement est très-douce et m'aime beaucoup. Ma tante vient, deux fois par an, voir si j'ai grandi, si je parle bien français et russe, si je ne manque de rien, et si le rigide pasteur de notre église veille bien à ce que nous ne recevions jamais d'autre visite que la sienne et celle de sa famille.

— Et ce n'est pas gai?

— Non; mais j'aurais tort de me trouver malheureuse. Je travaille beaucoup avec ma gouvernante, je suis assez riche et ma tante est assez généreuse pour que je ne souffre d'aucune privation; puis mademoiselle Potin est aimable, et, quand nous nous ennuyons, nous lisons des romans... oh! des romans très-honnêtes et très-beaux, qui nous font oublier notre solitude et nous montrent toujours le crime puni et la vertu récompensée!

— Comptez là-dessus!... C'est égal, il n'y a pas de mal à le croire et à se conduire en conséquence... Mais, dans cette solitude et à travers ces pages de roman, aucun joli garçon ne s'est glissé dans la maison ou dans la cervelle, en dépit du pasteur et de la tante?

— Non, jamais, je vous le jure, monsieur Goefle, répondit Marguerite avec candeur. Cependant je peux bien vous dire que mon esprit s'était formé une certaine image du mari que ma tante m'a tout à coup annoncé il y a huit jours, et que, quand elle m'a montré M. le baron Olaüs de Waldemora en me disant : « C'est lui, soyez aimable! » je l'ai trouvé si différent de mon rêve, que je n'ai pas été aimable du tout.

— Je le conçois. Alors votre tante?...

— S'est moquée de moi. «Vous êtes une sotte, m'a-t-elle dit. Une fille bien née ne doit jamais se mettre l'idée de l'amour en tête. On ne se marie pas pour aimer, mais pour être une grande dame. J'entends que vous soyez baronne de Waldemora, ou bien je vous jure que vous resterez prisonnière toute votre vie dans ce château, sans voir âme qui vive. Je ferai plus, je chasserai mademoiselle Potin, qui a la mine de vous donner de mauvais conseils. Décidez-vous ; je vous donne un mois. Le baron nous invite à aller passer les fêtes de Noël* dans sa riche résidence en Dalécarlie. On s'y amusera beaucoup. Ce ne seront que chasses, bals et spectacles. Vous prendrez là une idée de sa richesse, de son crédit, de son autorité, et vous reconnaîtrez que vous ne pouvez jamais espérer un mariage plus brillant et plus honorable. »

— Alors... vous avez dit oui ?

— J'ai dit : « Oui, allons en Dalécarlie, puisque vous me donnez un mois de réflexion. » Je n'étais pas fâchée de voir un pays nouveau, des fêtes, des figures humaines enfin. Seulement, depuis huit jours que nous sommes dans ce pays, je vous jure, monsieur Goefle, que je trouve le baron encore plus désagréable qu'il ne m'avait semblé le premier jour.

— Mais vous allez rencontrer chez le baron,... si ce n'est déjà fait, quelque personnage moins fâcheux, à qui vous ouvrirez votre cœur, comme vous le faites en cet instant, et qui vous donnera l'espoir du bonheur et le courage de la résistance, bien mieux que ne sauraient le faire les conseils d'un vieil avocat !

— Non, monsieur Goefle, je n'ouvrirai mon cœur à personne que vous, et je ne prendrai certainement aucune confiance dans les personnes que je pourrai rencontrer au château de Waldemora. Je vois très-bien que le baron les a habilement choisies parmi des obligés ou des ambitieux qui le craignent ou le flattent, et tous ces gens-là, sauf quelques personnes excellentes qui ne me font pas la cour, se courbent devant moi comme si j'étais déjà la femme de leur patron ! Je ne sens que du mépris et de l'éloignement pour ces courtisans de province, tandis que j'ai foi en vous, monsieur Goefle ! Vous êtes l'homme d'affaires du baron, mais vous n'êtes pas son homme lige. Votre fierté et l'indépendance de votre caractère sont bien connues. Vous voyez ! ma tante n'avait pas réussi à me tromper. Elle me disait que vous approuviez toutes ses idées, et je pouvais m'attendre à trouver en vous un persécuteur plein d'ironie et de mépris pour mes rêves romanesques ; mais le frère de mademoiselle Potin, qui est gouverneur dans une famille de votre province, vous connaissait particulièrement. Vous savez bien, M. Jacques Potin, à qui vous avez rendu des services...

— Oui, oui, un charmant garçon !

— Charmant, non ! Il est bossu !

— Charmant au moral ! La bosse n'y fait rien.

— C'est vrai, c'est un homme distingué, qui nous a dit de vous tant de bien, que j'ai résolu de vous voir en cachette de ma tante. Mademoiselle Potin, qui s'enquiert adroitement de toutes choses, a su le jour et l'heure auxquels vous étiez attendu au château neuf. Elle a guetté votre arrivée, elle a su que, trouvant trop de monde au château neuf, vous alliez prendre gîte au Stollborg. Elle m'a avertie du regard comme j'achevais ma toilette de bal sous les yeux de ma tante. Alors ma tante, ayant à s'habiller elle-même, ce qui prend toujours deux heures au moins, est passée dans son appartement. Mademoiselle Potin est restée dans le mien, afin d'inventer des prétextes pour me dispenser de paraître devant la comtesse au cas où celle-ci me demanderait. Je me suis glissée par un escalier dérobé jusqu'au bord du lac, où Potin avait dit à mon fidèle Péterson de m'attendre avec le traîneau, et me voilà ! Mais, écoutez ! il me semble que les fanfares du château neuf annoncent l'ouverture du bal. Il faut que je me sauve bien vite ! Et puis ce pauvre cocher qui se gèle à m'attendre ! Adieu, monsieur Goefle ; voulez-vous me permettre de revenir demain, dans la journée, pendant que ma tante dormira ? car elle danse et se fatigue beaucoup au bal, et je pourrai fort bien venir en me promenant avec ma gouvernante.

— D'ailleurs, si la tante se fâchait, répondit Cristiano avec un accent un peu plus jeune qu'il n'eût fallu, vous pourrez fort bien lui dire que je vous prêche dans son sens.

— Non, dit Marguerite avertie par une méfiance instinctive plutôt que raisonnée, je ne voudrais pas me moquer d'elle, et peut-être ferai-je aussi bien de ne pas revenir. Si vous me promettez tout de suite de la faire renoncer à cet odieux mariage, il n'est pas nécessaire que je vous importune de mes inquiétudes.

— Je vous jure de m'intéresser à vous comme à ma propre fille, reprit Cristiano en s'observant davantage ; mais il est nécessaire que vous me teniez au courant de l'effet de mes soins.

— Alors je reviendrai. Comme vous êtes bon, monsieur Goefle, et quelle reconnaissance je vous dois ! Oh ! j'avais bien raison de me dire que vous seriez mon bon ange.

---

* Les fêtes de Noël, en Suède et en Norvège, durent du 24 décembre au 6 janvier.

En parlant ainsi avec effusion, Marguerite s'était levée, et tendait ses petites mains au prétendu vieillard, qui les baisa le plus respectueusement qu'il put, et qui contempla un instant la ravissante petite comtesse dans sa robe de satin rose pâle, garnie de grèbe. Il l'aida paternellement à agrafer sa pelisse d'hermine, à remettre le capuchon sans écraser les rubans et les fleurs de sa coiffure ; puis il lui offrit le bras jusqu'à son traîneau, où elle disparut dans les coussins d'édredon comme un cygne dans son nid.

Le traîneau s'envola, sillonnant la glace d'une traînée lumineuse, et il avait disparu derrière les rochers du rivage avant que Cristiano, debout sur ceux du Stollborg, eût songé au froid qui le coupait en deux, et à la faim qui le coupait en quatre.

C'est que, sans parler d'une émotion assez vive dont il ne cherchait pas à se rendre compte, le jeune aventurier était retenu par un spectacle admirable. La bourrasque, complétement apaisée, avait fait place à cette bise du Nord qui, au contraire de celle de nos climats, souffle de l'ouest, et balaye le ciel en peu d'instants. Les étoiles brillaient comme jamais, dans les contrées méridionales, Cristiano ne les avait vues briller. C'étaient littéralement des soleils, et la lune elle-même, à mesure que son croissant montait dans l'atmosphère épurée, prenait l'éclat stellaire que ne se permettent point chez nous les simples planètes. La nuit, déjà si claire, s'éclairait encore du reflet des neiges et des glaces, et les masses du paysage se découpaient dans cet air transparent comme dans un crépuscule argenté.

Ces masses étaient grandioses. Des montagnes granitiques à formes anguleuses, mais couvertes de neiges éternelles, enfermaient un horizon étroit, ouvert seulement en vallée vers le sud-ouest. Les plans et les détails se perdaient un peu dans la nuit ; mais la forme générale du tableau était accusée par la vaste échancrure du ciel bleu que la rupture de la chaîne granitique laissait à découvert. Cristiano, qui était arrivé au Stollborg pour ainsi dire à tâtons, à travers les tourbillons de neige, sut s'orienter assez bien pour comprendre qu'il y était venu par ce fond doucement ondulé, et il se rendit à peu près compte de la situation des gorges de Falun, station où il avait déjeuné le matin, tandis que M. Goefle, rapidement conduit par un vigoureux cheval, s'y était arrêté plus tard et plus longtemps.

La vallée, ou plutôt la chaîne d'étroits vallons qui conduisait de Falun au château de Waldemora, venait donc aboutir à une impasse apparente, amphithéâtre irrégulier de hautes cimes, formé par un des contre-forts de la chaîne du Sevenberg (autrement monts Sèves ou Sevons), qui sépare cette partie de la Suède centrale de la partie méridionale de la Norvége. Deux torrents impétueux descendent des hauteurs du Sevenberg, du nord-ouest au sud-est, longeant la chaîne à droite et à gauche, et se précipitant, à mesure qu'elle s'abaisse, l'un vers la Baltique, l'autre vers le lac Wener et le Kattégat. Ces deux torrents, qui peu à peu deviennent des fleuves, sont la Dala et la Klara ; nous disons le Dal et le Klar.

Le Stollborg se trouvait planté sur un tertre rocailleux, au fond d'un des petits lacs formés par le Klar, ou par un de ses impétueux affluents. Le lecteur ne tient pas à une géographie trop minutieuse ; mais nous pouvons lui décrire la localité sans trop d'erreur dans ses caractères principaux : un paysage tourmenté qui, dans la nuit transparente, brillait comme un assemblage de forteresses de cristal jetées sur des points inégaux de la façon la plus capricieuse et la plus hardie ; des granits glacés enfermant les trois quarts de l'horizon, des micaschistes glacés se déchirant en formes moins grandioses et plus bizarres sur les plans moins élevés ; enfin mille cascatelles glacées suspendues en aiguilles de diamant le long des roches, et se donnant rendez-vous vers un torrent plus large, enchaîné aussi sous la glace, et comme soudé au lac, dont les bords ne se distinguaient que grâce à des talus et à des aiguilles de pierre brute sur le flanc noir desquels l'hiver n'avait pu mettre sa teinte blanche et uniforme.

— On me l'avait bien dit, pensa Cristiano, que les dures nuits du Nord avaient, pour les yeux et pour l'imagination, des splendeurs inouïes. Si je m'en retournais à Naples dire que les nuits de Naples ne parlent qu'aux sens, et que qui n'a pas vu l'hiver sur son trône de frimas ne se fait pas la moindre idée des merveilles de l'œuvre divine, je pourrais bien être honni ou lapidé. Qu'importe ? Vraiment tout est beau sous le ciel, et, pour quiconque sent cette beauté, peut-être que la dernière impression semble toujours la plus complète et la plus digne d'enthousiasme. Oui, il faut que ceci soit sublime, puisque me voilà oubliant le froid, que je croyais ne pouvoir jamais supporter, et même trouvant une sorte de plaisir à respirer cet air qui vous entre dans la poitrine comme une lame de poignard. Certes, j'irai jusqu'en Laponie, dût Puffo m'abandonner et le pauvre Jean crever sur la neige. Je veux aller voir la nuit de vingt-quatre heures et la petite lueur de midi au mois de janvier. Je n'aurai pas de succès dans ce pays-là ; mais la petite somme que je gagnerai ici me permettra de voyager en grand seigneur, c'est-à-dire seul et à pied, sans rien faire que voir et sentir la fine fleur de la vie, le *nouveau*, c'est-à-dire le jour qui sépare le désir de la lassitude, et le rêve du souvenir.

Et le jeune homme à l'imagination avide cherchait déjà de l'œil, dans le fond du cirque des hautes montagnes, l'invisible route qu'il aurait à suivre pour monter vers le nord, ou pour passer en Norvége. Déjà il s'y voyait en rêve, suspendu au bord des abîmes et chantant quelque folle tarentelle, à la grande stupéfaction des antiques échos scandinaves, lorsque les sons d'un orchestre éloigné apportèrent à son oreille les refrains classiques d'une vieille chanson française, probablement très-moderne chez les Dalécarliens. C'était la musique du bal donné dans le château neuf, par le baron Olaüs de Waldemora, à ses voisins de campagne, en l'honneur de la charmante Marguerite d'Elvéda.

Cristiano rentra en lui-même. Tout à l'heure il avait des ailes pour s'envoler au cap Nord ; maintenant, toute sa pensée, toute son aspiration, toute sa curiosité se reportaient sur ce château illuminé qui rayonnait au bord du lac, et semblait exhaler dans l'atmosphère des bouffées de chaleur artificielle.

— Ce qu'il y a de certain, se dit-il, c'est que, pour cinq cents écus (et Dieu sait pourtant si j'aurais besoin de cinq cents écus !), je ne quitterais pas cet étrange pays ce soir, dussé-je être transporté par les walkyries au palais de saphirs du grand Odin. Demain, je reverrai cette fée blonde, cette descendante d'Harald aux beaux cheveux ! — Demain ?... Mais non, je ne la reverrai pas demain ! Ni demain, ni jamais ! Dès demain, le fortuné mortel qui porte légitimement le doux nom de Goefle ira au château neuf réclamer la confiance de sa cliente, la tante Elvéda, et travailler peut-être, en véritable homme d'affaires sans entrailles, au mariage du farouche Olaüs avec la douce Marguerite ! Demain, la douce Marguerite saura qu'elle a été trompée, et par qui ? Que de colère, que de mépris seront la récompense de ma bonne tenue et de mes sages conseils !... Mais tout cela n'empêche pas que je n'aie faim et que je ne commence à sentir la petite fraîcheur de cette nuit de décembre entre les 61ᵉ et 62ᵉ degrés de latitude. Ça me fait penser au temps où je me plaignais de l'hiver de Rome !

Cristiano reprenait le chemin de la salle de l'ourse, lorsqu'il crut devoir donner un charitable coup d'œil à son âne. C'est alors qu'il remarqua plus particulièrement le traîneau de M. Goefle remisé sous le hangar. Comment de la vue de ce traîneau à une résolution folle l'esprit de l'aventurier passa soudainement,

c'est ce que nous ne saurions bien expliquer. Ce que nous savons, c'est qu'au lieu d'aller se mettre à souper tranquillement les reins au poêle, il se mit à contempler l'habit noir complet étalé par le docteur en droit sur le dossier d'une chaise, dans la salle de l'ourse.

Cristiano aurait cru que le grave personnage imité par lui au hasard devait porter un costume suranné et tant soit peu crasseux. Loin de là : M. Goefle, qui avait été assez joli garçon, s'habillait fort bien, était soigneux de sa personne, et tenait à honneur de montrer son jarret ferme, ainsi que sa taille, encore droite et bien prise, dans un costume sévère, mais de bon goût. Cristiano endossa l'habit, qui lui allait comme un gant ; il découvrit la boîte à poudre et la houppe, et jeta un léger *nuage* sur sa riche chevelure noire. Les bas de soie étaient un peu étroits du mollet, et les souliers à boucles un peu larges ; mais quoi ! en Dalécarlie y regardait-on de si près ? Bref, en dix minutes, Cristiano se trouva habillé en honnête fils de famille, professeur ès n'importe quoi, étudiant ou membre de n'importe quelle Faculté savante, profession grave, mais tournure charmante et tenue irréprochable.

On devine bien que l'aventurier tira le cheval de M. Goefle de l'écurie après avoir prié Jean de ne pas trop s'ennuyer tout seul, qu'il attela le docile Loki au traîneau, alluma le fanal, et descendit comme un trait de flèche le chemin escarpé du Stollborg.

Dix minutes après, il entrait dans la cour illuminée du château neuf, jetait d'un air dégagé les rênes aux grands laquais galonnés accourus au bruit des clochettes de son cheval, et franchissait quatre à quatre les degrés du perron de l'opulente résidence.


III

Cristiano agissait, comme on fait dans certains rêves où l'on se sent entraîné à accomplir une action invraisemblable sans pouvoir se rendre compte de sa propre volonté. Tout n'était-il pas invraisemblable dans le milieu où il se trouvait jeté ? Ce fantastique château, appelé le château neuf par antithèse à la masure du Stollborg, mais qui datait en réalité du temps de la reine Christine, et qui, par sa richesse et son animation, semblait tombé des nues au sein d'un désert sauvage ; ces abords de roches brutes et d'eaux fougueuses qui avaient toutes les raisons du monde pour être impraticables, mais où, grâce à l'hiver, d'élégants équipages avaient tracé sur la glace des chemins sinueux et faciles ; les cordons de lumières qui dessinaient dans la nuit la vaste enceinte des murs avec leurs tours trapues, coiffées de gros bonnets de cuivre surmontés de flèches démesurées ; le long corps de logis irrégulièrement flanqué de pavillons carrés, et terminé par de gigantesques pignons dentelés de statues et d'emblèmes ; la grande horloge du pavillon central, qui sonnait dix heures du soir, heure à laquelle les ours mêmes craignent de secouer la neige où ils sont blottis, et où des hommes, les plus délicats animaux de la création, dansaient en bas de soie avec des femmes aux épaules nues ; tout dans l'âpre grandeur du site et dans la scène galante qui l'animait, jusqu'aux accords badins et précieux de cette vieille musique française qui se mariait sans façon aux aigres soupirs de la bise dans les longs corridors, était fait pour étonner la raison d'un voyageur et embrouiller les notions d'un habitant de l'Italie.

En voyant les vastes salons et la longue galerie à plafond peint de divinités mythologiques remplis de bruit et de monde, Cristiano se demanda sérieusement si ces gens-là n'étaient pas des fantômes évoqués par les sorcières de la solitude pour se moquer de lui. D'où sortaient-ils avec leurs toilettes rococo, leurs habits à paillettes et leurs dames poudrées, souriantes dans les flots de plumes et de dentelles ? Le château magique n'allait-il pas disparaître d'un coup de baguette, et ces pimpants danseurs de menuet et de chaconne n'allaient-ils pas s'envoler sous la forme d'aigles blancs ou de cygnes sauvages ?

Cristiano avait pourtant déjà remarqué la physionomie particulière des mœurs de la Suède : l'isolement aventureux des habitations, l'énorme distance qui les sépare des petits groupes honorés du nom de village ; l'éparpillement de ces mêmes villages s'étendant quelquefois sur une surface de deux ou trois lieues et ralliés seulement par le dôme verdâtre du clocher de la paroisse ; le mépris des nobles pour le séjour des villes, attribué exclusivement aux bourgeois commerçants ; enfin la passion du désert jointe, par un bizarre contraste, à la passion d'une locomotion effrénée, en vue des réunions soudaines et en apparence impossibles. Mais Cristiano, bien qu'appelé à une fête de campagne, n'avait pas prévu que ces instincts caractéristiques du Suédois dussent augmenter en raison de la rigueur du climat, de la longueur des nuits et de la difficulté apparente des communications. C'est pourtant là une conséquence naturelle du besoin que l'homme éprouve de vaincre la nature et de mettre à profit les compensations qu'elle lui présente. Il y avait deux mois que le baron avait fait savoir à cinquante lieues à la ronde qu'il recevrait la noblesse du pays aux fêtes de Noël. Le baron n'était estimé ni aimé de personne, et cependant, depuis quelques jours, le château était plein d'hôtes empressés, venus des quatre points cardinaux, à travers les lacs, les forêts et les montagnes.

L'hospitalité est proverbiale en Dalécarlie, et, comme l'amour du désert joint à celui du plaisir, elle augmente à mesure que l'on s'enfonce dans les régions difficiles et reculées. Cristiano, qui avait remarqué cette admirable bienveillance pour les étrangers de la part des Suédois, surtout lorsqu'on parle leur langue, avait peu songé à la difficulté de s'introduire dans une réunion où l'on n'est connu de personne, lorsqu'à cet inconvénient se joint celui de n'avoir pas été invité. Aussi eut-il un moment de réveil désagréable en voyant une espèce de maître d'hôtel qui portait l'épée venir à sa rencontre dans la salle d'entrée, et lui tendre la main d'un air affable après l'avoir respectueusement salué.

Cristiano, croyant que cette main tendue était une manière d'accueil en usage dans le pays, allait la serrer avec bienveillance ; mais il s'avisa que ce pouvait être la demande de produire sa lettre d'invitation. Le personnage était vieux, laid, marqué de petite vérole, et ses yeux bridés avaient une expression de fausseté mal déguisée sous un air d'apathie doucereuse. Cristiano mit donc sa main dans la poche de sa veste, bien certain de n'y pas trouver ce qu'on lui réclamait. Il avait bien reçu la proposition de venir à Waldemora aux frais de l'amphitryon, mais non pas au même titre que les gentilshommes du pays. Aussi se préparait-il à faire la mimique de l'homme qui a oublié son passe-port, et qui se dispose à retourner le chercher, sauf à ne pas revenir, lorsque sa main rencontra dans sa poche, c'est-à-dire dans celle de M. Goefle, un papier signé du baron et contenant une invitation en règle pour l'honorable M. Goefle et les personnes de sa famille, conformément à la formule généralement adoptée. Cristiano, dès qu'il y eut jeté les yeux, présenta résolûment la lettre d'admission, que le maître d'hôtel regarda à peine, mais qu'il lut cependant avec certitude.

— Monsieur est le parent de M. Goefle ? dit-il en

mettant la lettre dans une corbeille avec beaucoup d'autres.

— Parbleu ! répondit Cristiano avec assurance.

M. Johan (tel était le nom du maître d'hôtel) salua de nouveau et alla ouvrir une porte qui donnait sur le grand escalier, par où allaient et venaient les hôtes installés au château, et par où montaient sans contrôle les voisins connus du nombreux domestique de la maison. A cette simple formalité se borna l'introduction de Cristiano, lequel avait espéré y échapper, n'ayant pas le dessein de se poser en aucune façon dans la fête, mais se livrant seulement à la fantaisie de la parcourir et d'y apercevoir la charmante Marguerite.

Il se trouva d'abord dans la grande galerie peinte à fresque qui traversait le principal corps de logis de part en part, et dont la décoration faisait de son mieux pour imiter le goût italien introduit en Suède par la reine Christine. Les peintures n'étaient pas bonnes, mais elles produisaient leur effet. Elles représentaient des scènes de chasse, et, si leur grand mouvement de chiens, de chevaux et d'animaux sauvages ne satisfaisait pas par le dessin le jugement de l'artiste, il réjouissait du moins la vue par un ensemble de couleurs brillant et animé.

En suivant cette galerie, Cristiano arriva au seuil d'un assez riche salon où l'on commençait à danser. L'aventurier n'avait qu'une pensée en promenant ses regards sur les danseuses ; mais à son désir de voir Marguerite se joignait une secrète anxiété. Trouver le moyen de renouer avec elle la conversation du Stollborg, en substituant sa véritable personnalité ou tout au moins une personnalité nouvelle quelconque à celle qu'il avait usurpée, ne lui paraissait plus chose aussi facile qu'il se l'était imaginé en s'embarquant dans cette folle aventure. Aussi fut-il presque content de ne pas voir Marguerite dans le bal, et il profita de ce qui lui sembla être un répit pour essayer de se faire une idée du monde qui s'agitait devant ses yeux.

Il s'était attendu à des étonnements auxquels rien ne donna lieu. Au premier abord, la réunion n'avait pas le caractère particulier que son imagination s'était promis. Le siècle appartenait, à cette époque, à Voltaire, et, par contre-coup, à la France. A l'exemple de presque tous les souverains de l'Europe, les hautes classes de presque toute l'Europe avaient adopté la langue et en apparence les idées de la France philosophique et littéraire; seulement, comme le goût, la logique et le discernement ne sont jamais que le partage du petit nombre, il résultait de cet engouement pour nos idées beaucoup d'inconsé-

quences. Ainsi les usages et les mœurs se ressentaient beaucoup plus souvent de la corruption et de la mollesse de Versailles que des studieux loisirs de Ferney. La France était une mode, tout comme la philosophie. Arts, costumes, monuments, bon ton, manière d'être ou de paraître, tout était une copie plus ou moins réussie de la France dans ce qu'elle avait à ce moment de bon et de mauvais, de splendide et de mesquin, de prospère et de fâcheux. C'était une de ces époques caractéristiques où le progrès et la décadence semblent se donner la main, en attendant qu'ils s'éteignent pour s'étouffer mutuellement.

L'intérieur du baron Olaüs n'était que la copie un peu arriérée d'une réunion française au XVIII$^e$ siècle, et cependant le baron haïssait la France et intriguait dans le sens de la politique russe ; mais, en Russie, on singeait aussi la France, on parlait français ; on avait à la cour les mœurs farouches et sanglantes de la barbarie, tout en s'essayant aux manières galantes et à l'esprit de notre civilisation. Le baron Olaüs suivait donc le courant irrésistible de l'époque. Plus tard, nous saurons son histoire. Revenons à Cristiano.

Quand il eut bien regardé les toilettes des femmes, qui lui parurent n'être que de quelques années en retard sur celles des dames françaises, et leurs figures, qui, sans être toutes belles et jeunes, avaient généralement une expression de douceur ou d'intelligence, il chercha à reconnaître, c'est-à-dire à deviner parmi les hommes la tournure et la physionomie du maître de la maison. Près du lieu d'où il observait toutes choses sans se mettre en évidence, deux hommes causaient à voix basse en lui tournant le dos. Involontairement Cristiano suivit leur conversation, bien qu'il n'y prît aucun intérêt personnel.

Ces deux hommes parlaient français, l'un avec l'accent russe, l'autre avec l'accent suédois. La langue des cours et de la diplomatie était apparemment nécessaire à l'échange de leurs idées.

— Bah ! disait le Suédois, je ne suis pas plus *bonnet* que *chapeau*, bien que l'on me mette à la tête d'une certaine fraction des plus épais bonnets de coton de la diète. Au fond je me moque des puérilités, et vous connaîtriez mal la Suède, si vous faisiez plus de cas des uns que des autres.

— Je le sais, répondit le Russe : les voix au plus offrant.

— Offrez donc ! Vous n'avez pas d'autre politique à suivre. Elle est simple, et elle vous est facile, à vous qui avez un gouvernement riche. Quant à moi, je vous suis tout acquis, sans vous rien demander ; c'est une affaire de conviction.

— Je vois que vous n'êtes pas de ces patriotes de l'âge d'or qui rêvent l'union scandinave, et qu'on s'entendra toujours avec vous. La czarine compte sur vous; mais n'espérez pas vous soustraire à ses libéralités : elle n'accepte aucun service qu'elle ne récompense magnifiquement.

— Je le sais, reprit le Suédois avec un cynisme qui frappa Cristiano; j'en ai fait l'expérience. Vive la grande Catherine! qu'elle nous mette dans sa poche, ce n'est pas moi qui m'y opposerai. Qu'elle nous débarrasse surtout des folles notions de droit et de liberté des paysans, qui sont notre fléau! Qu'elle donne un peu de knout à la bourgeoisie et pas mal de Sibérie à bon nombre de nobles qui veulent faire à leur tête! Quant à notre bonhomme de roi, qu'on lui rende son évêché, et surtout qu'on lui ôte sa femme, et il n'aura pas à se plaindre.

— Parlez moins haut, reprit le Russe; peut-être nous écoute-t-on sans en avoir l'air.

— Ne craignez donc rien! Tout le monde fait semblant de savoir le français; mais il n'y a pas ici dix personnes sur cent qui l'entendent. D'ailleurs, ce que je vous dis là, j'ai coutume de le dire sans me gêner. Il y a longtemps que j'ai découvert que la meilleure politique était de faire craindre son opinion. Quant à moi, je crie sur les toits que la Suède est finie. Que ceux qui le trouvent mauvais me prouvent le contraire!

Cristiano, bien qu'il n'appartînt à aucune nation, ne sachant rien de son pays et de sa famille, se sentit indigné d'entendre un Suédois vendre sa part de nationalité avec cette impudence, et il chercha à voir les traits de l'homme qui parlait de la sorte; mais son attention fut détournée par le passage bruyant et incommode d'une figure hétéroclite qui allait de groupe en groupe avec l'activité d'un homme soigneux de faire les honneurs de la fête. Ce personnage était vêtu d'un habit rouge très-voyant et très-richement brodé, et décoré de l'ordre suédois de l'Étoile polaire. Sa coiffure, beaucoup trop élevée pour l'époque, affectait une frisure triomphante de fort mauvais goût, et ses énormes manchettes de superbe dentelle affichaient plus de luxe que de propreté. Du reste, il était vieux, disgracieux, pétulant, bizarre, un peu bossu, très-boiteux et tout à fait louche. Cristiano conclut de ce dernier trait qu'il avait le regard fourbe, et qu'un si malplaisant original ne pouvait être que l'absurde et odieux prétendant à la main de Marguerite.

Pour n'avoir point à se présenter à lui et à soutenir l'usurpation de parenté avec M. Goefle (liberté qu'il s'était permise sans remords et sans danger vis-à-vis du maître d'hôtel), Cristiano s'éloigna discrètement, résolu à errer de salle en salle jusqu'à ce qu'il eût aperçu la jeune comtesse, dût-il se retirer aussitôt après, sans avoir pu lui adresser la parole. Il lui sembla bien avoir été regardé avec une certaine attention par le châtelain bossu; mais, par une savante manœuvre à travers les personnes qui causaient debout près des portes, il se flatta d'y échapper à temps.

Il se promena quelques instants, je ne dirai pas dans la foule (le local était plus vaste que les hôtes n'étaient nombreux), mais à travers des scènes assez animées, qu'il n'eut pas le loisir d'observer beaucoup. Craignant d'être interrogé avant d'avoir pu joindre celle qu'il cherchait, il passait d'un air affairé et d'autant plus fier qu'il sentait l'audace près de lui manquer. Et cependant, soit curiosité pour un hôte que personne ne connaissait, soit sympathie pour sa belle prestance et sa figure remarquable, dans tous les groupes qu'il côtoyait, il se trouvait des gens disposés à l'aborder ou à bien accueillir ses avances; mais Cristiano éprouvait une sorte de vertige qui lui faisait interpréter en sens contraire les regards affables et les sourires bienveillants dont il était le but. Il passait donc vite, feignant de chercher ouvertement quelqu'un, et saluant avec une grâce aisée, qui ne lui coûtait rien, les gens qui se dérangeaient devant lui, mais sans trop oser les regarder.

Enfin il aperçut, en revenant dans la galerie dite des chasses, deux femmes qu'il reconnut aussitôt, l'une pour celle qu'il avait vue au Stollborg une heure auparavant, l'autre pour sa gouvernante; cette supposition était assez bien fondée sur la toilette modeste, l'air timide et fin, et je ne sais quoi de français répandu dans l'aspect de mademoiselle Potin. Ceci était la première partie de l'épisode romanesque arrangé dans la tête de Cristiano. Il était au bal, il n'avait pas rencontré d'obstacle à son admission, il s'était préservé du regard et des questions du maître de la maison, et il trouvait enfin Marguerite sous la tutelle bénévole de sa confidente. Ce n'était pas tout. Il s'agissait d'aborder la jeune comtesse ou d'attirer son attention, et de nouer sur de nouveaux frais connaissance avec elle.

La seconde partie du roman débuta d'une façon très-inquiétante. Au moment où Cristiano guettait le regard de Marguerite, regard sur lequel il comptait pour trouver l'inspiration, il sentit un pas inégal qui tâchait d'emboîter le sien, et une voix claire et criarde, partant de derrière lui, l'arrêta net par ces paroles :

— Monsieur! monsieur l'étranger! où courez-vous ainsi?

L'aventurier se retourna et se vit nez à nez avec le vieillard louche et contrefait qu'il avait cru si bien éviter. Je dis nez à nez, car le boiteux, s'étant lancé à sa poursuite, ne put changer son allure aussi vite que lui, et faillit tomber dans ses bras. Cristiano pouvait fuir, mais c'eût été tout compromettre; il paya d'audace et répondit :

— Je vous demande mille pardons, monsieur le baron, c'est précisément vous que je cherchais.

— Ah! oui, dit le boiteux en lui tendant la main avec une soudaine cordialité; je m'en doutais bien. J'avais remarqué votre figure parmi toutes les autres; je m'étais dit : « Voilà un homme instruit, quelque voyageur savant, un homme sérieux, une intelligence enfin, et certainement je suis le pôle que cherche l'aimant. » Eh bien, me voilà, c'est moi. Je suis tout à vous et avec plaisir. J'aime la jeunesse studieuse, et vous pouvez me faire toutes les questions dont vous souhaitez la solution.

Il y avait tant de candeur et de bonhomie dans la figure riante et le langage vaniteux du vieillard, que Cristiano accusa intérieurement Marguerite d'injustice à son égard. A coup sûr, c'était là un fiancé burlesque et impossible; mais c'était le meilleur homme du monde, incapable de donner une chiquenaude à un enfant, et, si un de ses yeux errait, vague et comme ébloui, sur les parois de la salle, l'autre regardait son interlocuteur d'une façon si franche et si paternelle, que toute accusation de férocité devenait une rêverie.

— Je suis confus de vos bontés, monsieur le baron, répondit Cristiano, rassuré jusqu'à l'ironie. Je savais bien que vous étiez versé dans les sciences, et c'est pour cela qu'ayant moi-même quelques faibles notions...

— Vous vouliez me demander des conseils, une direction peut-être... Ah! mon cher enfant, en toutes choses, la méthode... Mais je ne veux pas vous tenir debout au milieu de ces gens frivoles qui vont et viennent; asseyons-nous là, tenez. Personne ne nous dérangera, et, pour peu que le cœur vous en dise, nous causerons toute la nuit. Quand il s'agit de science, je ne connais ni fatigue, ni faim, ni sommeil. Vous êtes comme ça, je parie? Ah! c'est que, voyez-vous, il faut être comme ça, ou ne pas se mêler de devenir savant!

— Hélas! pensa Cristiano, je suis tombé au fond d'un puits de science, et me voilà condamné aux mines, je parie, ni plus ni moins qu'un exilé en Sibérie!

Cette découverte était d'autant plus cruelle que Marguerite avait passé, et qu'elle était déjà au bout de la galerie, causant avec ceux et celles qui venaient la saluer, et se dirigeant visiblement vers la salle de danse, où le baron ne paraissait nullement disposé à la rejoindre. Il s'était assis dans une des embrasures en hémicycle de la galerie, auprès d'un poêle dissimulé par des branches d'if et de houx, formant trophée avec des armes de chasse et des têtes empaillées d'animaux sauvages.

— Je vois, dit Cristiano, qui eût bien voulu éviter en ce moment la conversation scientifique, que vous êtes universel. Il n'est question que de votre adresse à la chasse, et je m'étonne que vous trouviez le temps...

— Pourquoi me supposez-vous chasseur? répondit le vieillard d'un air étonné. Ah! c'est parce que vous me croyez coupable du meurtre de ces bêtes, dont les têtes mutilées sont là, nous regardant tristement avec leurs pauvres yeux d'émail! On vous a trompé, je n'ai chassé de ma vie. J'ai horreur des amusements qui entretiennent la férocité trop naturelle à l'homme! C'est à l'étude des entrailles insensibles, mais fécondes, du globe que je me suis consacré.

— Pardon! monsieur le baron, je croyais...

— Mais pourquoi m'appelez-vous baron? Je ne le suis pas; il est bien vrai que le roi m'a anobli et décoré de l'Étoile polaire, en récompense de mes travaux dans les mines de Falun. J'ai été, comme vous savez sans doute, professeur de l'École de minéralogie dans cette ville; mais je n'ai pas pour cela droit à un titre, et il me suffit d'avoir quelques petits priviléges qui me soutiennent devant la caste orgueilleuse, dont, après tout, je me soucie comme de rien.

— J'ai fait quelque méprise, pensa Cristiano. Oh! alors, il s'agit d'échapper à ce savant le plus vite possible, sauf à le retrouver plus tard.

Mais il changea tout à coup d'idée en voyant Marguerite revenir sur ses pas et faire mine de se diriger lentement, et à travers mille interruptions, vers le lieu où il se trouvait. Il ne songea plus dès lors qu'à se mettre au mieux avec le géologue, afin de se faire présenter par lui, s'il était possible, comme un homme distingué. Il entra donc vite en matière. Il en savait plus qu'il ne faut pour faire des questions intelligentes. Il avait traversé Falun dans la matinée, il était descendu dans la grande mine, et il avait recueilli, pour sa satisfaction personnelle, des échantillons intéressants, au grand mépris de Puffo, qui le regardait parfois comme un cerveau détraqué. Il savait bien, en outre, qu'il suffit, en général, d'écouter avec respect un savant vaniteux et de provoquer l'étalage de sa science pour être jugé par lui très-intelligent. C'est ce qui ne manqua pas d'arriver. Sans songer à lui demander son nom, son pays ou sa profession, le professeur fit à Cristiano la description minutieuse du monde souterrain, à la surface duquel il ne se souciait que de lui-même, de sa réputation, de ses écrits, enfin du succès de ses observations et découvertes.

Dans tout autre moment, Cristiano l'eût écouté avec plaisir; car il voyait bien, en somme, qu'il avait affaire à un homme très-ferré sur son sujet, et il s'intéressait vivement pour son compte à toute étude sérieuse de la nature; mais Marguerite approchait, et le savant, remarquant la préoccupation soudaine du jeune homme, leva son bon œil dans la même direction et s'écria :

— Ah! voici ma fiancée! je ne m'étonne plus! Parbleu! mon cher ami, il faut que je vous présente à la plus aimable personne du royaume.

— C'est donc lui! pensa Cristiano stupéfait : c'est décidément le baron Olaüs! Il est fou; mais c'est bien là le vieillard à qui cette rose des neiges doit être sacrifiée!

Il se confirma dans cette croyance, mais avec un étonnement nouveau, quand il vit Marguerite hâter le pas de son côté, en disant à mademoiselle Potin :

— Enfin voilà mon amoureux!

Puis elle ajouta en tendant la main au vieillard avec un sourire presque caressant :

— Mais à quoi songez-vous, monsieur, de vous cacher dans ce petit coin quand votre fiancée vous cherche depuis une heure!

— Vous le voyez, dit le savant avec une satisfaction naïve à Cristiano, elle me cherche, elle s'ennuie quand je ne suis pas auprès d'elle! Que voulez-vous, ma belle amoureuse? Tout le monde veut me consulter, ce n'est pas ma faute, et voilà un charmant jeune homme, un voyageur... français, n'est-ce pas? ou italien, car vous avez un tout petit accent étranger? Permettez-moi, comtesse Marguerite, de vous présenter mon jeune ami, M. de... Comment vous nommez-vous?

— Christian Goefle, dit Cristiano avec aplomb.

Ce nom usurpé, surtout cette voix et cette prononciation qu'elle avait toutes fraîches dans l'oreille firent tressaillir Marguerite.

— Vous êtes le fils de M. Goefle? dit-elle vivement. Oh! c'est singulier comme vous lui ressemblez!

— Il n'y aurait rien de singulier à se ressembler de si près, répondit le savant; mais monsieur ne peut être que le neveu de Goefle; car Goefle ne s'est jamais marié, et, par conséquent, n'a pas plus d'enfant que moi-même.

— Ce ne serait pas une raison, dit Cristiano à l'oreille du savant.

— Ah! oui, au fait! répondit celui-ci du même ton et avec une naïveté incroyable, je n'y songeais pas! ce diable de Goefle!... Alors vous seriez un fils de la main gauche?

— Élevé à l'étranger et arrivé tout récemment en Suède, répondit Christian, émerveillé du succès de ses inspirations.

— Bien, bien! reprit le savant, qui écoutait fort peu tout ce qui ne le concernait pas directement; je comprends, c'est bien vu, vous êtes son neveu.

Puis, s'adressant à Marguerite :

— Je connais parfaitement monsieur, lui dit-il, et je vous le présente comme le propre neveu du bon Goefle... que vous ne connaissez pas, mais que vous avez envie de connaître, vous le disiez ce matin.

— Et je le dis encore, s'écria Marguerite.

Mais tout aussitôt elle rougit en rencontrant les yeux de Cristiano, qui lui rappelèrent par leur vivacité ceux du faux Goefle, qu'elle avait trouvés fort brillants à travers les mèches pendantes du bonnet fourré, lorsque, pour les mieux voir, il avait de temps en temps relevé involontairement les lunettes vertes du docteur.

— Et comment se fait-il, reprit le savant en s'adressant à la jeune fille sans remarquer son trouble, que vous ne soyez pas à la danse? Je croyais qu'il n'y en aurait que pour vous cette nuit, et qu'on n'aurait pas le loisir de vous dire un mot.

— Eh bien, mon cher amoureux, vous vous êtes trompé. Je ne danserai pas : je me suis tourné le pied dans l'escalier. Vous ne voyez donc pas que je suis boiteuse?

— Non, en vérité! C'est donc pour me ressembler? Racontez un peu à M. Goefle comment je suis devenu boiteux; c'est une histoire épouvantable, et tout autre que moi y serait resté. Oui, monsieur, vous voyez en moi une victime de la science.

Et, sans attendre que Marguerite prît la parole, M. Stangstadius se mit à raconter avec animation comme quoi, en se faisant descendre dans une mine, la corde ayant cassé, il était tombé avec le panier au fond du gouffre d'une hauteur de cinquante pieds sept pouces et cinq lignes. Il était resté évanoui six heures cinquante-trois minutes, je ne sais combien de secondes, et, pendant deux mois, quatre jours et trois heures et demie, il n'avait pu faire un mouvement. Il spécifia de même avec une ponctualité désespérante la mesure exacte des emplâtres dont il avait été couvert sur chaque partie endommagée de son corps, et la quantité par drachmes, grains et scrupules, des différentes drogues qu'il avait absorbées, soit en boissons, soit en frictions émollientes.

Ce récit fut très-long, bien que le bonhomme parlât vite et sans se répéter; mais sa mémoire était un véritable fléau, qui ne lui permettait pas d'omettre la plus minime circonstance, et, quand il parlait de lui-même, il ne supposait jamais que l'on pût se lasser de l'écouter.

Marguerite, qui savait par cœur le récit de l'événement, put n'y pas prêter grande attention et s'entretenir quelques moments à voix basse avec mademoiselle Potin. Le résultat de cette courte conférence, que Cristiano remarqua fort bien, fut bientôt visible pour lui. La bonne Potin saisit au vol le moment où le vieillard finissait son histoire et allait s'embarquer dans une autre, pour lui demander avec une insidieuse candeur l'explication d'un paragraphe qu'elle prétendait n'avoir pu comprendre dans son dernier ouvrage.

Cristiano admira le génie inventif de la femme en voyant avec quelle chaleur le savant s'absorba dans une discussion avec la gouvernante, tandis que les yeux de Marguerite disaient clairement au jeune homme :

— Je meurs d'envie de vous parler!

Il ne se le fit pas dire deux fois, et la suivit à l'autre extrémité du petit hémicycle, où elle s'assit sur une banquette, tandis que, debout auprès d'elle, en dehors de l'embrasure et dans une attitude respectueuse, il la masquait adroitement aux regards des allants et venants.

— Monsieur Christian Goefle, lui dit-elle en le regardant avec attention encore une fois, c'est étonnant comme vous ressemblez à monsieur votre oncle!

— On me l'a dit souvent, mademoiselle; il paraît que c'est frappant!

— Je n'ai pas bien vu, et même je peux dire que je n'ai presque pas vu sa figure; mais son accent, sa prononciation... c'est la même chose absolument!

— J'aurais cru pourtant avoir le timbre un peu plus frais! répliqua Cristiano, qui avait eu soin au Stollborg de vieillir de temps en temps ses intonations.

— Oui, sans doute, dit la jeune fille, il y a la différence de l'âge, quoiqu'on puisse dire que monsieur votre oncle a encore un très-bel organe. Après tout, il n'est pas bien vieux, n'est-ce pas? Il ne m'a pas paru du tout avoir l'âge qu'on lui donne. Il a des yeux magnifiques, et il est presque de votre taille...

— A peu de chose près, dit Cristiano en jetant un regard involontaire sur l'habit du docteur en droit, et en se demandant si Marguerite le raillait ou l'interrogeait de bonne foi.

Il prit le parti de brusquer l'explication.

— Mon oncle et moi, dit-il, nous avons encore une autre ressemblance : c'est l'intérêt bien vif que nous portons à une personne de votre connaissance et le dévouement dont nous sommes animés pour elle.

— Ah! ah! dit la jeune fille en rougissant encore, mais avec une candeur qui dissipa les inquiétudes de Cristiano; je vois que monsieur votre oncle est un babillard, et qu'il vous a raconté ma visite de ce soir.

— J'ignore si vous lui avez confié quelque secret; ce qu'il m'a répété ne renferme aucun mystère dont vous ayez à rougir.

— Répété... répété... Vous étiez là, je parie, dans quelque chambre ou cabinet voisin? Vous avez tout entendu?

— Eh bien, oui, répondit Cristiano, qui vit que la confiance irait plus vite, s'il profitait de l'idée qu'on lui suggérait innocemment; j'étais dans la chambre à coucher, occupé à mettre en ordre les papiers de mon oncle. A son insu et malgré moi, j'ai tout entendu.

— Voilà qui est agréable! dit Marguerite un peu confuse, et cependant contente au fond du cœur sans pouvoir s'en rendre compte; au lieu d'un confident, il se trouve que j'en ai deux!

— Vos confidences étaient celles d'un ange en apparence; mais je commence à craindre que ce ne fussent réellement celles d'un démon!

— Merci de la bonne opinion que vous avez de moi! Peut-on savoir sur quoi vous la fondez?

— Sur une dissimulation que je ne m'explique pas. Vous avez dépeint le baron Olaüs comme un monstre au physique et au moral...

— Pardonnez-moi, monsieur; vous avez mal entendu. Je l'ai dépeint désagréable, effrayant; je n'ai jamais dit qu'il fût laid.

— Et pourtant vous auriez pu le dire, car il est, à franchement parler, d'une laideur accomplie.

— A cause de sa physionomie dure et froide, c'est vrai; mais tout le monde s'accorde à dire qu'il a de fort beaux traits.

— Les gens de ce pays ont une singulière manière de voir! Enfin ne disputons pas des goûts! Moi, je vois autrement. Je le trouve laid et mal tourné, mais d'un aspect comique et débonnaire...

— Vous vous moquez certainement, monsieur Christian Goefle, ou il y a ici un quiproquo. Dieu me pardonne, vos yeux désignent le personnage qui est en face de nous! Serait-il possible que, dans votre opinion, ce fût là le baron de Waldemora?

— Ne dois-je pas croire que le baron est celui qui parle de vous comme de sa fiancée, et que vous appelez gaiement votre amoureux?

Marguerite éclata de rire.

— Oh! en effet, s'écria-t-elle, si vous avez pu croire que je traitais avec cette familiarité amicale le baron Olaüs, vous devez me juger bien menteuse ou bien inconséquente; mais, Dieu merci, je ne suis ni l'une ni l'autre. Le personnage que j'appelle par plaisanterie mon amoureux n'est autre que le docteur ès sciences Stangstadius, dont il est bien impossible que vous n'ayez pas entendu parler à votre oncle.

— Le docteur Stangstadius? répondit Cristiano, soulagé d'un grand déplaisir. Eh bien, j'avoue que je ne le connais pas, même de nom. J'arrive de pays lointains où j'ai toujours vécu.

— Alors, reprit Marguerite, je m'explique comment vous ne connaissez pas le savant minéralogiste ici présent. C'est, comme vous l'avez très-bien jugé, un excellent homme, un peu violent parfois, mais sans rancune. J'ajouterai qu'il est naïf comme un enfant, et qu'il y a des jours où il prend au sérieux ma *passion* pour lui, et cherche à s'en débarrasser en me disant qu'un homme tel que lui appartient à l'univers et ne peut se consacrer à une femme. J'ai connu ce bonhomme il y a déjà bien longtemps, lorsqu'il est venu au château où j'ai été élevée, pour faire des études dans nos terrains. Il y a passé quelques semaines, et, depuis, ma tante l'a autorisé à venir me voir lorsqu'il a affaire dans le pays. C'est le seul homme que je connusse ici quand j'y suis arrivée, car il faut vous dire que le baron Olaüs lui a confié des travaux à diriger dans son domaine; mais j'aperçois ma tante, qui me cherche et qui va me gronder, vous allez voir!

— Voulez-vous l'éviter? Passez entre la muraille et ce trophée de chasse.

— Il faudrait que Potin y passât aussi, et nous ne pourrons jamais persuader à M. Stangstadius de ne pas nous trahir. Hélas! ma tante va me tourmenter pour que je danse avec le baron; mais je m'obstinerai à être boiteuse, bien que je le sois si peu, que je ne m'en aperçois pas.

— Vous ne l'êtes pas du tout, j'espère?

— Si fait. J'ai eu le bonheur de tomber devant elle, tout à l'heure, dans l'escalier. J'ai eu, pour tout de bon, un peu de douleur à la cheville, et j'ai fait pas mal de grimaces pour prouver qu'il m'était impossible d'ouvrir la danse *noble* avec le maître de la maison. Ma tante a dû me remplacer, et voilà pourquoi je suis ici; mais c'est fini : elle arrive!

En effet, la comtesse Elfride d'Elvéda s'approchait, et Cristiano dut s'éloigner un peu de Marguerite, auprès de laquelle il s'était assis.

La comtesse était une petite femme grasse, fraîche, vive, décidée, à peine âgée de trente-cinq ans, très-coquette, mais moins par galanterie que par esprit d'intrigue.

Elle était un des plus ardents *bonnets* de la Suède, c'est-à-dire qu'elle travaillait pour la Russie contre la France, dont les partisans prenaient le titre de *chapeaux*, et pour la noblesse et le clergé luthérien contre la royauté, qui naturellement cherchait son appui dans les autres ordres de l'État, les bourgeois et les paysans.

Elle avait été jolie et elle l'était encore assez, son esprit et son crédit aidant, pour faire des conquêtes; mais sa manière d'être, tour à tour hautaine et familière, déplut à Cristiano. Dès le premier coup d'œil, il lui trouva un air de duplicité et d'obstination qui lui parut de mauvais augure pour l'avenir de Marguerite.

— Eh bien, dit-elle à celle-ci d'un ton aigre et bref, que faites-vous là, contre ce poêle, comme si vous étiez gelée? Venez, j'ai à vous parler.

— Oui, ma tante, répondit la rusée Marguerite en feignant de se lever avec effort; mais c'est qu'en vérité je souffre beaucoup de ce pied! Ne pouvant danser, j'avais froid dans le grand salon.

— Mais avec qui donc causiez-vous ici? lui demanda la comtesse en regardant Cristiano, qui s'était rapproché de M. Stangstadius.

— Avec le neveu de votre ami M. Goefle, qui vient de m'être présenté par M. Stangstadius. Vous le présenterai-je, ma tante?

Cristiano, qui n'écoutait pas le savant, entendit fort bien la réponse de Marguerite, et, résolu à tout risquer pour prolonger ses rapports avec la nièce, il vint de lui-même saluer la tante d'une façon si gracieusement respectueuse, qu'elle fut frappée de sa bonne mine. Il faut croire qu'elle avait un grand besoin de M. Goefle; car, en dépit du nom roturier que s'attribuait Cristiano, elle lui fit aussi bon accueil que s'il eût appartenu à une des grandes familles du pays. Puis, M. Stangstadius ayant affirmé qu'il était un garçon de mérite :

— Je suis charmée de faire connaissance avec vous, lui dit-elle, et j'en veux à M. Goefle de ne s'être jamais vanté devant moi d'un neveu qui lui fait honneur. Vous vous occupez donc de science, comme notre illustre ami Stangstadius? C'est fort bien vu. C'est une des belles carrières que peut choisir un jeune homme. Par la science, on arrive même à la plus agréable position qu'il y ait dans le monde, c'est-à-dire à une considération que l'on n'est pas forcé d'acheter par des sacrifices.

— Je vois, reprit Cristiano, qu'il en est ainsi en Suède, soit dit à la louange de ce noble pays; mais en Italie, où j'ai été élevé, et même en France, où j'ai demeuré quelque temps, les savants sont généralement pauvres et faiblement encouragés, quand ils ne sont pas persécutés par le fanatisme religieux.

Cette réponse transporta de joie le géologue, qui avait un grand amour-propre national, et plut infiniment à la comtesse, qui dédaignait la France.

— Vous avez bien raison, dit-elle, et je ne comprends pas votre oncle de vous avoir fait élever ailleurs que dans votre pays, où le sort des étudiants est si honorable et si heureux.

— Il tenait, répondit à tout hasard Cristiano, à ce que je pusse parler les langues étrangères avec facilité ; mais, en cela, je pense qu'il n'était pas besoin de m'envoyer si loin, car je me suis aperçu qu'ici on parlait français comme en France.

— Ceci est une politesse dont nous vous remercions, dit la comtesse ; mais vous nous flattez. Nous ne le parlons probablement pas aussi bien que vous. Quant à l'italien, nous le parlons encore moins bien, quoiqu'il entre dans notre éducation, pour peu qu'elle ait été soignée. Vous le parlerez avec ma nièce, et, si elle l'estropie, moquez-vous d'elle, je vous prie ; mais d'où vient que M. Goefle tenait tant aux langues vivantes? Est-ce qu'il vous destine à la carrière diplomatique?

— Peut-être, madame la comtesse ; je ne sais pas encore bien ses intentions.

— Fi ! pouah ! s'écria le géologue.

— Doucement, cher savant, reprit la comtesse. Il y a beaucoup à faire aussi de ce côté-là. Toutes les carrières sont belles quand on sait y marcher.

— Si madame la comtesse daignait me conseiller, reprit Cristiano, je m'estimerais très-heureux de lui devoir une bonne inspiration !

— Eh bien, je ne demande pas mieux, répondit-elle en affectant une aimable bonhomie ; nous causerons ensemble, et je m'intéresserai à vous, d'autant plus que vous avez tout ce qu'il faut pour réussir dans le monde. Suivez-nous donc à la salle de danse. Je voudrais absolument décider ma nièce à danser au moins un menuet ; ce n'est pas fatigant, et son refus paraîtrait fort maussade. Vous entendez, Marguerite ! Il faut faire comme tout le monde.

— Mais, ma tante, dit Marguerite, tout le monde n'a pas mal au pied !

— Dans le monde, ma chère enfant, reprit la comtesse, — et je dis cela aussi pour vous, monsieur Goefle, — il faut n'avoir jamais d'empêchement quand il s'agit d'être agréable ou convenable. Retenez bien ceci, qu'on ne manque jamais sa destinée que par sa propre faute. Il faut avoir une volonté de fer, surmonter le froid et le chaud, la soif et la faim, les grandes souffrances aussi bien que les petits bobos. Le monde n'est pas, comme se l'imagine la jeunesse, un palais de fées où l'on vit pour son plaisir. C'est, tout au contraire, un lieu d'épreuves où tous les besoins, tous les désirs, toutes les répugnances doivent être surmontés avec un véritable stoïcisme... quand on a un but ! et quiconque n'a pas de but n'est qu'un sot personnage. Demandez à *votre amoureux*, Marguerite, s'il pense à ses petites aises, et s'il craint de se faire du mal quand il descend dans un gouffre pour y chercher ce qui est le but de sa vie ! Eh bien, sous les voûtes des palais aussi bien que dans les cavernes des mines, il y a des horreurs à braver. Celle de danser avec une petite douleur à la cheville est bien peu de chose auprès de tant d'autres que vous connaîtrez plus tard. Allons, levez-vous, et venez !

Marguerite adressa involontairement à Cristiano un regard douloureux, comme pour lui dire :

— Vous voyez, je ne serai jamais la plus forte !

— Offrirai-je mon bras à la comtesse Marguerite? dit Cristiano à l'impérieuse tante; elle boite en effet...

— Non, non, ce n'est qu'un caprice ! Vous verrez qu'elle ne voudra pas boiter, vu que c'est très-disgracieux. Marguerite, donnez le bras à M. Stangstadius, et passez devant nous, pour qu'on voie lequel de vous boitera le plus bas.

— Boiter, moi? s'écria le savant. Je ne boite que quand je n'y songe pas ! Quand je veux, je vais dix fois plus vite et plus droit que les meilleurs piétons. Ah ! je voudrais bien que vous me vissiez dans les montagnes, lorsqu'il s'agit de prouver aux guides paresseux que l'on peut tout ce que l'on veut !

En parlant ainsi, M. Stangstadius se mit à marcher rapidement, mais en imprimant à la partie disloquée de son corps un si violent mouvement de bas en haut, que la pauvre Marguerite, entraînée par lui, avait peine à toucher le parquet.

— Donnez-moi le bras, à moi, dit la comtesse Elfride à Cristiano ; non que j'aie besoin d'être escortée ou soutenue, mais parce que je veux vous parler.

Et, tout en marchant vite et parlant de même, elle ajouta :

— Votre oncle a dû vous dire que je voulais marier ma nièce avec le baron de Waldemora?

— Il est vrai, madame, il me l'a dit... ce soir.

— Ce soir? Il est donc arrivé? Je ne le savais pas ici !

— Il n'a sans doute pu trouver de place au château, et il a pris gîte au Stollborg.

— Quoi! dans ce repaire d'esprits malins? Eh bien, il sera en bonne compagnie; mais ne viendra-t-il pas au bal?

— J'espère que non! répondit étourdiment Cristiano.

— Vous espérez que non?

— A cause de sa goutte, qui demande du repos.

— Ah! vraiment il a la goutte? Ce doit être un grand ennui pour lui, qui est si ingambe et si actif! Il ne l'avait jamais eue, et croyait ne l'avoir jamais!

— C'est tout récent, une attaque ces jours-ci. Il m'a envoyé ici à sa place, en me recommandant de vous présenter ses devoirs, et de recevoir vos ordres pour les lui transmettre demain à son réveil.

— Ah! fort bien. Vous lui direz alors ce que j'allais vous dire. C'est une chose dont je ne fais pas mystère. J'ai remarqué que, quand on affichait hautement un projet, il était déjà à moitié accompli. Donc, je veux marier ma nièce avec le baron. Vous me direz qu'il n'est pas jeune : raison de plus pour qu'il veuille se dépêcher de frustrer une douzaine d'insupportables héritiers qui lui font la cour en pure perte. Tenez, en voici deux qui passent : l'un est le comte de Nora, un bonhomme inoffensif, l'autre le baron de Lindenwald, un homme d'esprit très-intrigant, ambitieux, et pauvre comme toute notre noblesse d'aujourd'hui. Le baron Olaüs, n'ayant pas de frères, est une heureuse exception; mais je peux vous dire, à vous et à votre oncle, qu'il est un peu décidé pour ma nièce, et ma nièce pas du tout pour lui. Ceci ne me décourage nullement; ma nièce est un enfant, et cédera. Ma volonté étant connue ici, personne n'osera lui faire la cour; je me charge d'elle. C'est à votre oncle de décider le baron, et cela est très-facile.

— Si madame la comtesse daigne me donner ses instructions...

— Les voici en deux mots : ma nièce aime le baron.

— En vérité?

— Quoi! vous ne comprenez pas? Un apprenti diplomate!

— Ah! si fait; pardon, madame... La comtesse Marguerite est censée aimer M. le baron, bien qu'elle le déteste, et...

— Et il faut que le baron se croie aimé.

— Donc, c'est à M. Goefle qu'il appartient de lui faire cette histoire?

— A lui seul. Le baron est fort méfiant. Je le connais de longue date; je ne le persuaderais pas. Il me suppose des vues intéressées.

— Que vous n'avez pas, dit Cristiano en souriant.

— Que j'ai!... pour ma nièce. N'est-ce pas mon devoir envers elle?

— Assurément; mais M. Goefle se prêtera-t-il à... cette petite exagération?

— Un avocat se ferait scrupule d'orner un peu la vérité? Allons donc! quand il s'agit de gagner une cause, votre cher oncle en dit bien d'autres!

— Sans doute; mais le baron croira-t-il...?

— Le baron croira tout de M. Goefle. C'est, selon lui, le seul homme sincère qui existe.

— M. le baron prétend donc être aimé pour lui-même?

— Oui, il a ce travers.

— S'il aime la comtesse Marguerite, il se fera aisément illusion!...

— Aimer! Est-ce qu'on aime à son âge? Il est bien question de cela! C'est un homme grave qui ne songe au mariage que pour avoir un héritier, son fils étant mort il y a deux ans. Il veut une femme jolie et bien née, et ne lui demandera que de ne pas le rendre ridicule. Or, avec ma nièce, il ne risque rien. Elle a des principes; contente ou non de son sort, elle se respectera. Voilà ce que vous pouvez dire à votre oncle pour le décider. Ajoutez-y la promesse de ma reconnaissance, qui a son prix, il le sait bien. Je suis placée pour payer un léger service par un service important, et, pour commencer, que désirez-vous pour vous? que désirez-vous vous-même? Voulez-vous être attaché d'emblée, et sur un bon pied, à l'ambassade de Russie? Je n'ai qu'un mot à dire. L'ambassadeur est ici.

— Dieu me préserve!... s'écria Cristiano, qui détestait la Russie.

Mais il se reprit, ne voulant pas encore se mettre mal avec la comtesse, et acheva ainsi sa phrase :

— Dieu me préserve d'oublier jamais vos bontés! Je ferai tout pour m'en rendre digne.

— Eh bien, commencez tout de suite.

— Faut-il que j'aille au Stollborg réveiller mon oncle?

— Non; approchez-vous de ma nièce de temps en

temps durant le bal, et renouez la conversation avec elle. Vous profiterez de cela pour lui faire l'éloge du baron.

— Mais c'est que je ne le connais pas.

— Vous l'avez vu, cela suffit ; vous parlerez comme si vous aviez été frappé de son grand air et de sa noble figure.

— Je ne demanderais pas mieux, si je l'avais vu ; mais...

— Ah ! vous ne l'avez pas encore salué ? Venez, je me charge de vous présenter à lui... Mais non, ce n'est pas cela. Vous allez demander à Marguerite de vous le montrer, et aussitôt vous vous récrierez sur la beauté des traits du personnage. Ce sera naïf, spontané, et vaudra beaucoup mieux qu'un éloge préparé.

— Comment mon opinion, à supposer qu'elle fût sincère, aurait-elle la moindre influence sur l'esprit de votre nièce ?

— En Suède, quiconque a voyagé vaut deux, et même trois. Et puis vous ne savez donc pas que les jeunes filles ne s'y connaissent pas du tout, qu'elles sont guidées dans leur choix par l'amour-propre et non par la sympathie, de sorte que l'homme qu'elles se mettent à admirer le plus est toujours celui qui est le plus admiré des autres ? Tenez, voilà ma nièce assise au milieu d'autres jeunes personnes qui certainement voudraient bien pouvoir prétendre au baron ! C'est très-bon, qu'elle soit là. Je l'y laisserai ; mêlez-vous à leur caquet, et, pour que vous puissiez faire ce que vous m'avez promis, moi, je prendrai le bras du baron, et je passerai avec lui en vue de ce grave cénacle. Profitez du moment.

— Mais, si le baron me remarque par hasard, il demandera quel est ce butor qui ne s'est pas fait présenter à lui, et qui a eu la gaucherie de ne pas savoir se présenter lui-même ?

— Ne craignez rien, je me charge de tout. D'ailleurs, le baron ne vous verra pas. Il a la vue très-basse, et ne reconnaît les gens qu'à la voix. A la chasse, il porte des besicles, et vise très-juste ; mais, dans le monde, il a la coquetterie de s'en priver. C'est convenu, allez !

Un instant après, Cristiano était mêlé aux groupes de belles demoiselles qui se reposaient dans l'intervalle d'une danse à l'autre. Il s'y introduisit en adressant à mademoiselle Potin, qui se tenait au dernier rang, quelques politesses auxquelles la pauvre fille fut très-sensible. Marguerite le vit avec plaisir se joindre au cercle de jeunes gens qui entourait les chaises de ses compagnes, et en un instant celles-ci surent d'elle qu'il était « un jeune homme de grand mérite, neveu du célèbre avocat Goefle, l'ami intime de sa tante. » Quelques-unes pincèrent les lèvres et trouvèrent mauvais qu'un roturier osât venir leur faire sa cour avec les jeunes officiers de l'*indelta* *, qui étaient généralement de bonne famille ; mais la plupart l'accueillirent fort bien et le trouvèrent charmant.

Le fait est que, comme beaucoup d'aventuriers de cette époque féconde en aventures, Cristiano était charmant. Par une particularité de type, dont il ne se rendait pas compte, il avait le genre de beauté qui devait plaire dans le pays. Il était grand, bien fait, blanc et frais de carnation, avec des yeux d'un bleu sombre, des sourcils bien marqués, d'un noir d'ébène, de même que les longs cils recourbés et la chevelure magnifique. Personne ne douta qu'il ne fût de pure race dalécarlienne, race tranchée et très-différente des autres types scandinaves. Il avait, en outre, quelque chose de particulier qui attirait l'attention : c'était une façon d'être étrangère au pays, une suavité de langage et de manières qui sentait la fréquentation d'un monde plus civilisé ou plus artiste, et comme un parfum d'Italie et de France attaché à sa personne. Dès qu'on le sut élevé en Italie, on l'accabla de questions, et toutes ses réponses marquèrent tant de bons sens, de franchise et de gaieté, qu'au bout d'un quart d'heure de babil toutes ces jeunes têtes raffolaient de lui. Sans être fat, Cristiano n'en fut pas surpris. Il avait été, en d'autres temps, habitué à plaire, et, en voulant, à tout prix, se redonner une soirée d'homme du monde, il savait bien qu'à moins d'un coup de théâtre qui compromettrait gravement son succès, il se tirerait de son rôle mieux que la plupart des gens titrés ou gradés qui se trouvaient là.

Cependant la petite comtesse Elfride, accrochée ou plutôt suspendue au bras du monumental baron Olaüs, avait passé deux fois sans rencontrer les yeux de Cristiano. A la troisième, elle toussa très-fort, puis amena le baron jusqu'auprès de Marguerite, et Cristiano, qui comprit, s'arracha à l'enivrement de la conservation pour s'effacer et observer le personnage sans attirer son attention.

Le baron Olaüs était très-grand, très-gros et très-beau en dépit de l'âge, mais d'une physionomie réellement effrayante par sa blancheur mate et sa sinistre impassibilité. Son regard fixe tombait sur vous comme ces coups de vent glacé qui ôtent la respiration, et sa bouche avait un sourire morne, d'un dé-

---

* Armée permanente domiciliée à vie dans chaque localité, et dont l'organisation est particulière à la Suède.

dain et d'une tristesse extraordinaires. Sa voix, sans inflexion, était d'une sécheresse désagréable, et, dès qu'il l'entendit s'adresser à Marguerite, Cristiano reconnut celle du personnage qui, une heure auparavant, faisait si bon marché de la Suède dans ses épanchements avec un diplomate russe. Il le reconnut aussi à sa haute taille et à son habillement riche et sombre, qu'il avait remarqués en l'écoutant faire à l'ennemi les honneurs de sa patrie.

— Décidément, mademoiselle, dit le fâcheux baron à Marguerite, vous ne voulez pas danser? Vous souffrez beaucoup?

La comtesse Elfride ne donna pas à Marguerite le temps de répondre.

— Oh! ce n'est rien du tout, dit-elle; Marguerite dansera tout à l'heure.

Et elle emmena le baron en lançant à Cristiano un nouveau regard passablement impérieux. Or, voici comment Cristiano se conforma à ses injonctions.

— Est-ce donc là le baron Olaüs de Waldemora? dit-il à Marguerite en se rapprochant d'elle et de mademoiselle Potin, qui s'était serrée contre la jeune fille à l'approche du châtelain.

— C'est lui, répondit Marguerite avec un sourire amer. Comment le trouvez-vous?

— C'est un homme qui a pu être très-beau il y a une trentaine d'années.

— Au moins! reprit Marguerite avec un soupir. Sa figure vous plaît?

— Oui. J'aime les faces réjouies! La sienne est d'une gaieté...

— Effroyable, n'est-ce pas?

— Que disiez-vous donc à mon oncle? reprit Cristiano en s'asseyant derrière son fauteuil et en baissant la voix; il a tué sa belle-sœur?

— On le croit.

— Moi, j'en suis sûr!

— Ah! parce que...?

— Parce qu'il l'aura regardée!

— Oh! n'est-ce pas que son regard est celui d'un phoque?

— Vous exagérez un peu, dit mademoiselle Potin, qui avait sans doute été terrifiée de son côté par quelque muette menace de la comtesse Elfride: il a l'œil fixe des gens qui ne voient pas.

— Eh! justement, dit Cristiano; la mort est aveugle... Mais qui donc a surnommé le baron *l'homme de neige*? Le nom lui convient: il personnifie pour moi l'hiver du Spitzberg. Il m'a donné le frisson.

— Et avez-vous remarqué son tic? dit Marguerite.

— Il a porté la main à son front comme pour en essuyer la sueur; est-ce cela?

— Précisément.

— Il veut peut-être faire croire qu'il sue, l'homme de neige; mais c'est tout simplement qu'il fond.

— Vous voyez bien que j'ai raison d'en avoir peur. Et son diamant noir, y avez-vous fait attention?

— Oui, j'ai remarqué le *hideux* diamant noir, comme il essuyait son front avec sa main décharnée; car elle est décharnée, sa main, par contraste avec son gros ventre et sa face bouffie.

— De qui parlez-vous donc comme cela? dit une jeune Russe qui s'était levée pour étaler sa robe sur son panier. Est-ce du baron de Waldemora?

— J'étais en train de dire, répondit Cristiano sans se déconcerter, que cet homme-là n'avait pas trois mois à vivre.

— Oh! alors, s'écria la Russe en riant, il faut vous hâter de l'épouser, Marguerite!

— Gardez le conseil pour vous-même, Olga, répondit la jeune comtesse.

— Hélas! je n'ai pas, comme vous, une tante à qui rien ne résiste! Mais à quoi voyez-vous, monsieur Goefle, que le baron soit si malade?

— A son embonpoint mal réparti, au blanc jaune de son œil vitreux, aux ailes pincées de son nez en bec d'aile, et surtout à quelque chose d'indéfinissable que j'ai éprouvé en le regardant.

— Vraiment? Êtes-vous doué de la seconde vue, comme les habitants du nord de ce pays?

— Je n'en sais rien. Je ne me crois pas sorcier; mais je crois très-fort qu'il est des organisations plus ou moins sensibles à certaines influences mystérieuses, et je vous réponds que le baron de Waldemora n'en a pas pour longtemps.

— Moi, dit Marguerite, je crois qu'il est déjà mort depuis longtemps, et qu'il réussit, grâce à quelque secret diabolique, à se faire passer pour vivant.

— C'est vrai, qu'il a l'air d'un spectre, reprit Olga; n'importe, je le trouve beau en dépit de ses années, et il y a en lui un pouvoir fascinateur. Toute la nuit dernière, je l'ai vu en rêve. J'avais peur, et je me plaisais à avoir peur. Expliquez-moi cela.

— C'est bien simple, répondit Marguerite; le baron est grand alchimiste; il sait faire des diamants! Or, vous nous disiez ce matin que, pour des diamants, vous feriez un pacte avec le diable.

— Vous êtes méchante, Marguerite. Si je disais à quelqu'un qui pût le redire au baron la manière dont vous l'arrangez, vous en seriez très-contrariée, je parie!

— Croyez-vous cela, monsieur Goefle? dit Marguerite à Cristiano.

— Non, répondit-il. Quel besoin les anges ont-ils de diamants? N'ont-ils pas les étoiles?

Marguerite rougit, et, s'adressant à la jeune Russe :

— Ma chère Olga, lui dit-elle, je vous supplie de dire vous-même au baron que je ne peux pas le souffrir. Vous me rendrez un grand service... Et tenez, la preuve!... Voilà ce bracelet qui vous fait tant d'envie!... Brouillez-moi avec le baron, et je m'engage à vous le donner.

— Oh! oui-da! que dirait votre tante?

— Je lui dirai que je l'ai perdu, et vous ne le porterez pas ici, voilà tout. Tenez, tenez, le baron revient vers nous; c'est pour m'inviter. On recommence le menuet. Je vais refuser. Ma tante est là-bas, absorbée dans une conversation politique avec l'ambassadeur de Russie. Soyez tout près de moi, il faudra bien que le baron vous invite.

En effet, le baron venait avec une grâce sépulcrale renouveler son invitation. Marguerite trembla de tous ses membres lorsqu'il avança la main pour qu'elle y mit la sienne en disant :

— La comtesse Elvéda m'a dit que, maintenant, vous désiriez danser, et je fais recommencer le menuet pour vous.

Marguerite se leva, fit un pas, et, se laissant retomber sur sa chaise :

— Je voudrais obéir à ma tante, dit-elle d'un ton résolu; mais vous voyez, monsieur le baron, que je ne le puis, et je ne pense pas que vous ayez l'intention de me soumettre à la torture.

Le baron fit un mouvement de surprise. C'était un homme intelligent, fort bien élevé et méfiant à l'excès. La comtesse ne l'avait pas tellement trompé, qu'il ne fût prêt à voir clair au moindre indice, et l'aversion de Marguerite était si manifeste, qu'il se le tint pour dit. Son sourire prit une expression de profond dédain, et il répondit avec une gracieuse ironie :

— Vous êtes mille fois trop bonne pour moi, mademoiselle, et je vous prie de croire que j'en suis profondément touché!

Et, s'adressant aussitôt à Olga, il l'invita et l'emmena par la main, tandis que Marguerite glissait dans l'autre main de la jeune ambitieuse son riche bracelet rapidement détaché.

— Monsieur Gœfle, dit-elle vivement à Cristiano d'une voix tremblante, vous m'avez porté bonheur, je suis sauvée!

— Et pourtant vous êtes pâle, lui dit Cristiano, vous tremblez.

— Que voulez-vous! j'ai eu peur, et, à présent, je songe à la colère de ma tante, et j'ai peur encore!... Mais c'est égal, je suis délivrée du baron! Il se vengera de moi, il me fera peut-être mourir; mais je ne serai pas sa femme, je ne porterai pas son nom, je ne toucherai pas sa main ensanglantée!

— Taisez-vous, au nom du ciel, taisez-vous! dit mademoiselle Potin, aussi pâle, aussi effrayée qu'elle. On pourrait vous entendre! Vous avez été brave, et je vous en félicite; mais, au fond, vous êtes peureuse, et vous voilà exaltée à vous rendre malade. Mon Dieu! n'allez pas vous évanouir, chère enfant! Respirez votre flacon!

— Ne crains rien, ma bonne amie, répondit Marguerite, me voilà remise. Est-ce que l'on s'est aperçu de tout cela autour de nous? Je n'ose encore regarder personne.

— Non, Dieu merci, la ritournelle à grand fracas de l'orchestre a couvert les paroles, et toutes ces demoiselles se sont levées pour la danse. Vous voilà à peu près seule dans ce coin. N'y restez pas en vue. Évitons surtout que votre tante ne vienne vous faire une scène dans l'état où vous êtes. Sortons; allons dans votre appartement. Donnez-moi le bras.

— Ne vous reverrai-je donc plus? dit Cristiano avec une émotion qu'il ne put maîtriser.

— Si fait, répondit Marguerite, je veux encore vous parler : dans une heure, vous nous retrouverez...

— Où vous retrouverai-je? Dites!

— Je ne sais... Eh bien, tenez, au buffet!

Tandis que Marguerite s'éloignait, Cristiano quittait le salon par une autre porte et s'orientait de son mieux vers le lieu du rendez-vous, afin de n'être pas retardé par une vaine recherche quand le moment serait venu. D'ailleurs, le mot de buffet avait réveillé en lui une sensation qui, en dépit de l'intérêt attaché par lui à son aventure, le torturait depuis son entrée au bal.

— S'il n'y a là personne, se disait-il, je vais faire une terrible brèche aux victuailles de monseigneur.

Pendant qu'il se dirige vers ce sanctuaire, sachons ce qui se passe au salon.

sans se mépriser soi-même, et qui ne s'estime pas dans son œuvre est frappé d'impuissance. Était-elle superbe et comique, cette tante qui me disait tranquillement : « J'ai une nièce à immoler; aidez-moi vite, vous serez payé : vous aurez une place de premier valet dans une bonne maison ! »

Mais Cristiano fit trêve à ses réflexions philosophiques en entrant dans la salle qu'il cherchait, et qu'il reconnut à une odeur de venaison vraiment délicieuse. C'était une jolie rotonde, où de petites tables volantes étaient destinées, en attendant l'heure du grand souper général, à satisfaire les appétits impatients. Comme, à neuf heures, tout le monde avait grandement fait honneur à la table du baron, la salle était vide, à l'exception d'un laquais profondément endormi que Cristiano se garda bien d'éveiller, dans la crainte de passer pour glouton et mal-appris. Il s'empara, sans chercher et sans choisir, d'une galantine apprêtée à la française; mais, comme il y enfonçait le couteau à manche de vermeil, la porte s'ouvrit avec fracas, le laquais, éveillé en sursaut, se trouva sur ses pieds, comme mû par un ressort, et M. Stangstadius entra, faisant trembler les cristaux et les porcelaines par l'ébranlement qu'imprimait au parquet sa démarche inégale et violente.

— Eh ! parbleu ! s'écria-t-il en voyant Cristiano, je suis content de vous trouver là, vous ! Je n'aime pas à manger seul, et nous causerons de choses sérieuses en satisfaisant la volonté aveugle de notre pauvre machine humaine... Bah ! vous voulez manger debout? Oh ! que non, c'est très-défavorable à la digestion, et on ne sent pas le goût de ce qu'on mange... Karl, ouvre-nous cette table, la plus grande... Bien ! Et sers-nous du meilleur... Du jambon, des hors-d'œuvre? Non, pas encore ! Quelque chose de substantiel, quelques bonnes tranches d'aloyau; après quoi, tu nous choisiras la noix de ton jambon d'ours... Est-ce un jambon de Norvége au moins? Ce sont les mieux fumés... Et du vin, Karl, à quoi songes-tu? Du madère, du bordeaux, et tu y ajouteras quelques bouteilles de champagne pour ce jeune homme, qui doit en être friand... C'est bien, Karl, en voilà assez, mon garçon; mais ne t'éloigne pas, il nous faudra du dessert tout à l'heure.

En commandant de la sorte, M. Stangstadius s'installa le dos au poêle, et se mit à boire et à manger d'une si mirifique manière, que Cristiano, mettant toute honte de côté, se mit à dévorer de toute la puissance de ses trente-deux dents. Quant au savant, qui n'en avait plus qu'une douzaine, il savait si bien s'en servir, qu'il ne demeura pas en arrière, mais sans cesser de parler et de gesticuler avec une singulière énergie. Cristiano, étonné, le comparait intérieurement à un monstre fantastique, moitié crocodile et moitié singe, et il se demandait où était le siége de cette vitalité effrayante dans un corps disloqué, d'une apparence chétive, surmonté d'une tête pointue, aux yeux divergents et à la mobilité insensée.

La conversation du géologue l'aida à résoudre ce problème. Le digne homme n'avait jamais aimé personne, pas même un chien. Toutes choses lui étaient indifférentes en dehors du cercle d'idées où il vivait pour ainsi dire de lui-même, se plaisant, s'admirant, se cajolant, et se nourrissant du parfum de sa propre louange à défaut d'autre chose.

— Voyez-vous, mon cher, disait-il en réponse aux félicitations de Cristiano sur sa magnifique santé, je suis un être que Dieu a fait et ne recommencera pas. Non, je vous jure, il ne le pourra pas ! Je n'ai rien des misères des autres hommes. D'abord, je n'ai jamais connu la grossière et misérable infirmité de l'amour. Je n'ai jamais perdu une minute de ma vie à m'oublier moi-même pour une de ces gentilles poupées dont vous faites des idoles. Une femme de soixante et dix ans ou dix-huit, c'est absolument la même chose. Quand j'ai faim, si je suis dans une cabane, je mange tout ce que je trouve, et, si je ne trouve rien, je pense à mes ouvrages, et j'attends sans souffrir. A une bonne table, je mange de tout, et tant qu'il y en a, sans être jamais incommodé. Je ne sens ni chaud ni froid; ma tête brûle toujours, mais d'un feu sublime qui n'use pas la machine, et qui tout au contraire la soutient et la renouvelle. Je ne connais pas la haine ou l'envie; je sais très-bien que personne n'en sait plus que moi, et, quant à ceux qui me jalousent (le nombre en est grand), je les écrase comme des vers de terre, et ils ne se relèvent jamais de ma critique. Bref, je suis de fer, d'or et de diamant, et je défie les entrailles du globe de receler une matière plus dure et plus précieuse que celle dont je suis fait.

A cette déclaration si nette et si franche, Cristiano ne put se défendre d'un fou rire qui ne déconcerta et ne fâcha en rien le chevalier de l'Étoile polaire. Tout au contraire, il prit cette hilarité pour un joyeux hommage rendu à sa supériorité universelle, et Cristiano vit bien qu'il avait affaire à une sorte d'exaltation très-singulière, et qu'il eût pu définir ainsi : la folie par excès de positivisme. Il eût été bien inutile de l'interroger sur les personnes qui intéressaient Cristiano. M. Stangstadius daigna seulement dire que le baron de Waldemora avait quelques velléités de science, mais qu'au fond c'était un crétin. Quant à Marguerite, il la trouvait stupide d'hésiter à s'enrichir par un mariage quelconque. Il l'épargnait cependant un peu, et avouait qu'elle lui semblait plus aimable que les autres, parce qu'elle était éprise de lui, preuve de bon sens, mais dont il n'avait que faire, vu que la science était sa femme et sa maîtresse en même temps.

— En vérité, monsieur le professeur, lui dit Cristiano, vous me semblez un homme admirablement complet dans votre merveilleuse logique.

— Ah! je vous en réponds, reprit M. Stangstadius. Je suis un autre gaillard que votre baron Olaüs, dont les sots admirent la force et le sang-froid!

— *Mon* baron? Je vous jure que je ne veux rien de lui.

— Moi, je n'en dis ni mal ni bien, répliqua le professeur. Tous les hommes sont plus ou moins de pauvres sires; mais celui-là n'a-t-il pas la prétention d'être un esprit fort et de n'avoir jamais rien aimé?

— Aurait-il réellement aimé quelqu'un? Sa physionomie serait bien trompeuse.

— Je ne sais s'il a aimé sa femme pendant qu'elle était en vie. C'était une méchante diablesse.

— C'était peut-être de l'*admiration* qu'il avait pour elle?

— Qui sait? Elle le menait comme elle voulait. Tant il y a qu'après sa mort, il ne pouvait plus se passer d'elle, et qu'il vint alors me trouver pour que j'eusse à calciner et à cristalliser madame la baronne.

— Ah! ah! le fameux diamant noir est votre ouvrage?

— Vous l'avez donc vu? N'est-ce pas que c'est un joli résultat? Le lapidaire qui l'a taillé a donné sa langue aux chiens, ne pouvant deviner si c'était un produit de la nature ou de l'art. Il faut que je vous raconte de quelle façon j'ai opéré, et comment j'ai obtenu la transparence. J'ai pris *mon corps*, je l'ai enveloppé d'une nappe d'amiante à la manière des anciens, et je l'ai placé sur un brasier très-ardent, composé de bois, de houille et de bitume, le tout arrosé d'huile de naphte. Quand *mon corps* a été bien réduit...

Cristiano, condamné à subir le récit de la réduction et de la vitrification de madame la baronne, prit le parti de manger vite sans entendre; mais il était rassasié avant que le professeur eût terminé sa démonstration. C'était une grave contrariété pour Cristiano, qui eût bien voulu se trouver seul avec Marguerite et sa gouvernante. La contrariété devint plus vive lorsqu'un flot de jeunes officiers de l'*indelta* envahit la salle.

Ces estomacs septentrionaux ne se contentaient nullement des rafraîchissements et friandises promenés dans le bal. Ils venaient se réchauffer avec les bons vins d'Espagne et de France, et Cristiano trouva enfin dans leur manière de les déguster un cachet particulier à ces hommes du Nord, qu'il n'avait pu constater jusque-là. Dès lors il remarqua en eux une certaine rudesse de manières et une gaieté plus lourde que celle dont il se sentait capable. Par compensation, la franchise et la cordialité de ces jeunes gens lui furent sympathiques. Tous lui firent fête et le forcèrent de boire avec eux jusqu'à ce que, se sentant un peu monté et craignant de se laisser aller à trop d'abandon, il s'arrêtât, admirant avec quelle aisance ces robustes enfants de la montagne engloutissaient les vins capiteux sans en paraître émus le moins du monde.

Aussitôt qu'il put se dégager de leurs amicales provocations, il alla se mettre près de la porte, afin de pouvoir sortir dès qu'il apercevrait Marguerite dans la galerie. Il pensait qu'en voyant cette salle pleine de jeunes gens en train de boire, elle ne voudrait pas entrer; mais elle vint et entra quand même, et, au bout de quelques instants, d'autres jeunes personnes vinrent avec leurs cavaliers s'asseoir à d'autres tables, où ceux qui les occupaient s'empressèrent de leur faire place et de les servir. Alors la gaieté devint bruyante et cordiale. On oublia de singer Versailles; on parla suédois, et même dalécarlien; on éleva la voix, et les demoiselles burent du champagne sans faire la grimace, et même du chypre et du porto sans craindre de déraisonner. Il y avait là des frères, des fiancés et des cousins; on était en famille, et les relations entre les sexes avaient une liberté honnête, expansive, un peu vulgaire, mais en somme touchante par sa chaste simplicité.

— Voilà de bonnes âmes, pensa Cristiano. Pourquoi diable ces gens-ci, quand ils s'observent, se posent-ils en Russes ou en Français, quand ils ont tout à gagner à être eux-mêmes?

Ce qui le charmait dans la petite comtesse Marguerite, c'est que précisément elle était *elle-même* en toute circonstance. Certes, mademoiselle Potin l'avait très-bien élevée en la conservant naturelle et spontanée. Elle fut particulièrement agréable à Cristiano en refusant de boire du vin. Cristiano avait des préjugés.

Pendant qu'on babillait et riait autour de Stangstadius, dont la table immobile et toujours copieusement servie était devenue le centre et le but de taquineries qui ne déconcertaient nullement le personnage, Marguerite put raconter à Cristiano, sur un ton de confidence qui ne lui déplut pas, comme on peut croire, que sa tante était toute changée à son égard, et qu'au lieu de la gronder, elle lui avait parlé avec douceur.

— Il faut, ajouta-t-elle, que le baron ne lui ait rien dit de mon algarade, ou que, la sachant, elle ait résolu de s'y prendre autrement pour m'amener à ses fins; tant il y a que je respire, que le baron ne s'occupe plus de moi, et que, si je dois être grondée demain par ma tante, ou renvoyée pour pénitence à ma solitude de Dalby, je veux me divertir cette nuit et oublier tous mes chagrins. Oui, je veux danser et sauter, car figurez-vous, monsieur Goefle, que c'est le premier bal de ma vie, et que je n'ai jamais dansé que dans ma chambre avec la bonne Potin. Aussi je meurs d'envie d'essayer mon petit savoir en public, en même temps que je meurs de peur d'être maladroite et de m'embrouiller dans les figures de la contredanse française. Il me faudrait trouver quelqu'un d'obligeant qui m'aidât à m'en tirer et qui eût l'œil sur moi, pour m'avertir charitablement et adroitement de mes gaucheries.

— Ce quelqu'un-là ne sera pas difficile à trouver, répondit Cristiano, et, si vous voulez vous fier à moi, je réponds que vous danserez comme si vous en étiez à votre centième bal.

— Eh bien, c'est convenu, j'accepte avec reconnaissance. Attendons jusqu'à minuit. Nous organiserons, avec ces messieurs et ces demoiselles qui sont ici, un petit bal à part, dans un bout de la galerie, et peut-être que ma tante, qui danse dans le grand salon avec les plus gros personnages du pays, ne s'apercevra pas de la prompte guérison de mon entorse.

Cristiano commençait à babiller pour son compte avec l'aimable fille, et, un peu exalté par le champagne, sa gaieté tournait insensiblement à la sentimentalité, lorsqu'un nom prononcé tout haut près de lui le fit tressaillir et se retourner vivement.

— Christian Waldo? disait un jeune officier à figure ouverte et enjouée; qui l'a vu? où est-il?

— Oui, au fait! s'écria Cristiano en se levant, où est-il, Christian Waldo, et qui l'a vu?

— Personne, répliqua-t-on d'une autre table. Qui a jamais vu la figure de Christian Waldo, et qui la verra jamais?

— Vous ne l'avez pas vue, vous, monsieur Goefle? dit Marguerite à Cristiano, vous ne le connaissez pas?

— Non! Qu'est-ce donc que ce Christian Waldo, et d'où vient que sa figure est impossible à voir?

— Mais vous avez entendu parler de lui? son nom vous a frappé?

— Oui, parce que déjà ce nom est venu à mes oreilles à Stockholm; mais je n'y ai pas fait grande attention, et je ne me rappelle plus...

— Voyons, major, dit un jeune lieutenant, puisque vous connaissez ce Waldo, expliquez-nous donc ce qu'il est et ce qu'il fait. Moi, je n'en sais rien encore.

— Le major Larrson sera bien habile s'il en vient à bout, dit Marguerite. Pour moi, j'ai déjà entendu dire ici tant de choses sur le compte de Christian Waldo, que je promets d'avance de ne pas croire un mot de ce que nous allons entendre.

— Pourtant, répondit le major, je suis tout prêt à jurer sur l'honneur que je ne dirai rien que je ne sache pertinemment. Christian Waldo est un comique italien qui va de ville en ville, réjouissant les populations par son esprit aimable et son intarissable gaieté; son spectacle consiste...

— Nous savons cela, dit Marguerite, et nous savons aussi qu'il donne ses représentations tantôt dans les salons, tantôt dans les tavernes, aujourd'hui au château, demain dans la hutte, prenant très-cher aux riches et jouant souvent gratis pour le peuple.

— Voilà un plaisant original, dit Cristiano, une espèce de saltimbanque!

— Saltimbanque ou non, c'est un homme extraordinaire, reprit le major, et un homme de cœur, qui plus est! Je l'ai vu à Stockholm, le mois dernier, tenir bravement tête à trois matelots ivres et furieux, l'un desquels, ayant cruellement maltraité un pauvre mousse, s'était vu arracher sa victime par Christian Waldo indigné. Une autre fois, ce Christian s'est jeté au milieu des flammes pour sauver une vieille femme, et tous les jours il donnait presque tout ce qu'il gagnait à ceux qui excitaient sa pitié. Enfin le peuple des faubourgs l'aimait tant, qu'il a été forcé de partir secrètement, dit-on, pour n'être pas porté en triomphe.

— Et aussi, dit Marguerite, pour n'être pas forcé d'ôter son masque; car les autorités commençaient à s'inquiéter d'un inconnu si populaire, et à se demander si ce n'était pas un agent de la Russie qui débutait ainsi afin de pouvoir, en temps et lieu, fomenter quelque sédition.

— Vous croyez, dit Cristiano, que ce drôle de corps, car il paraît que c'est un drôle de corps, est un espion russe?

— Oh! moi, je ne le crois pas, répondit Marguerite. Je ne suis pas de ceux qui veulent que la bonté et la charité servent à cacher de mauvais desseins.

— Mais ce masque? dit une des jeunes filles qui avaient avidement écouté l'officier : pourquoi ce masque noir qu'il porte toujours pour entrer dans son théâtre et pour en sortir? Est-ce pour représenter l'arlequin italien?

— Non, puisqu'il ne paraît jamais de sa personne dans le spectacle qu'il donne au public. Il a une raison que nul ne sait.

— C'est peut-être, observa Cristiano, pour cacher quelque lèpre?

— D'autres prétendent qu'il a eu le nez coupé, dit un des jeunes gens.

— Et d'autres disent encore, ajouta un troisième interlocuteur, qu'il est le plus joli garçon du monde, et qu'il s'est montré à ses hôtes du faubourg et à quelques personnes qu'il avait prises en amitié.

— Il paraît même, reprit le major, qu'il ne se masque pas du tout dans ce qu'on pourrait appeler son intérieur; mais les avis sont très-partagés sur sa figure. Une jeune batelière, qui en était malade de curiosité, a obtenu qu'il ôtât ce masque, et s'est trouvée mal de frayeur en voyant une tête de mort.

— Décidément ce Waldo est le diable en personne, dit Marguerite, puisqu'il peut, à volonté, se montrer en beau garçon ou en spectre épouvantable. Est-ce que vous n'avez pas envie de le voir, mesdemoiselles?

— Eh bien, et vous, Marguerite?

— Avouons franchement que nous en grillons toutes, ce qui ne nous empêche pas d'en avoir très-grand'peur!

— Et on dit qu'il va venir ici? demanda une des demoiselles.

— On dit même qu'il y est, répondit le major.

— Quoi, vraiment! s'écria Marguerite. Il est arrivé? nous allons le voir! Il est ici, dans le bal peut-être?

— Oh! quant à cela, dit Cristiano, ce serait difficile.

— Pourquoi difficile?

— Parce qu'un saltimbanque n'oserait pas se présenter comme invité dans la bonne compagnie.

— Bah! il paraît que le drôle ose tout, reprit le major. Son masque, son spectacle et son nom ne se quittent pas; mais on prétend, et c'est très-probable, que, sous un autre nom et sans aucun masque, il va et vient, pénètre partout à Sockholm, et que, dans les promenades et les tavernes les mieux fréquentées, on n'est jamais sûr, quand on parle de lui, de ne pas l'a-voir pas à côté de soi, ou de ne pas lui adresser la parole à lui-même.

— Eh bien, alors, reprit Cristiano, que sait-on, en effet? Il est peut-être dans cette chambre!

— Oh! pour cela non! répondit Marguerite après avoir fait de l'œil le tour de l'appartement, toutes les personnes qui sont ici se connaissent.

— Mais, moi, on ne me connaît pas? Je suis peut-être Christian Waldo!

— Eh bien, où est donc votre tête de mort? dit en riant une des jeunes filles. Sans masque et sans tête de mort, vous n'êtes qu'un Waldo apocryphe! A propos, messieurs, quelqu'un nous dira-t-il comment on sait qu'il est arrivé?

— Je peux vous dire, repartit le major, comment je l'ai su, moi. Un inconnu a demandé l'hospitalité ici, on lui a dit d'aller à la ferme parce que la maison était pleine. Il s'est nommé, il a montré la lettre du majordome Johan, qui l'appelle de la part du baron, son maître, pour le divertissement de la société ici rassemblée. Je ne sais pas si on a trouvé un coin pour le loger au château ou ailleurs; mais il est arrivé, le fait est certain.

— Qui vous l'a dit?

— Le majordome lui-même.

— Et il avait son masque?

— Il avait son masque.

— Et est-il grand, gros, bien fait, bancal?

— Je n'ai pas fait ces questions-là, puisque, l'ayant vu de mes yeux, à Stockholm, masqué il est vrai, je savais qu'il est grand, bien pris et leste comme un daim.

— C'est peut-être un ancien danseur de corde? dit Cristiano, qui ne paraissait plus prendre intérêt à la conversation que par complaisance.

— Oh! pour cela, non, dit Marguerite; c'est un homme qui a reçu une très-belle éducation. Tout le monde est frappé du style et de l'esprit de ses comédies.

— Mais qui prouve qu'elles soient de lui?

— Des gens versés dans toutes les littératures anciennes et modernes affirment qu'il n'y a rien de pillé, et ces saynètes bouffonnes, que l'on dit parfois sentimentales aussi, ont été à Stockholm un événement littéraire.

— Croyez-vous que nous l'entendrons demain? demanda-t-on de toutes parts.

— Cela est à présumer, répondit le major; mais, si ces demoiselles sont impatientes de le savoir, j'offre de me mettre à sa recherche et de le lui demander.

— A minuit? dit Cristiano en regardant la pendule. Le pauvre diable doit être endormi! Je croyais que la comtesse Marguerite avait à entretenir l'assistance d'un projet plus sérieux.

— Oui, au fait, s'écria Marguerite, j'ai à vous proposer un petit bal entre nous. Je suis ici une nouvelle venue, une vraie sauvage, je m'en confesse; je ne suis connue de vous que depuis deux ou trois jours; mais toutes les personnes que je vois ici m'ont fait tant d'accueil et de bonnes prévenances, que j'ai le courage d'avouer... ce que M. Goefle va avoir l'obligeance de vous dire.

— Voici le fait, reprit Cristiano : la comtesse Marguerite est, comme elle vous l'a dit elle-même, une vraie sauvage. Elle ne sait rien au monde, pas même danser; elle est disgracieuse au possible, et boiteuse au moins autant que notre illustre maître Stangstadius. En outre, elle est lourde, distraite, myope... Enfin, pour se résigner à danser avec elle, il faut une dose de charité vraiment chrétienne, car...

— Assez, assez! s'écria en riant Marguerite, vous faites les honneurs de ma personne avec une rare humilité; mais je vous en remercie. On doit maintenant s'attendre à quelque chose de si affreux, que, pour peu que je m'en tire à peu près convenablement, on sera enchanté de moi. La conclusion est donc que je voudrais faire mon début en petit comité, et que, si vous le voulez tous, nous allons danser dans la galerie. L'orchestre de la grande salle fait assez de vacarme pour que nous en ayons au moins autant qu'il nous en faut pour nous diriger.

Plusieurs jeunes gens s'étaient déjà élancés vers Marguerite pour lui demander la préférence. Elle les remercia en disant que M. Christian Goefle s'était dévoué d'avance à être la victime.

— Eh! mon Dieu, oui, messieurs! dit gaiement Cristiano en recevant dans sa main gantée la petite main de Marguerite. Plaignez-moi tous, et marchons au supplice!

En un instant, la place fut choisie et la contredanse organisée. Marguerite demanda à n'être pas du quadrille qui commençait.

— Vous voilà singulièrement émue, lui dit Cristiano.

— C'est vrai, répondit-elle. Le cœur me bat comme à un oiseau qui se lance hors du nid pour la première fois, et qui n'est pas bien sûr d'avoir des ailes.

— C'est, je le vois, reprit l'aventurier, un grave événement dans la vie d'une demoiselle, que la première contredanse. Dans un an d'ici, quand vous aurez dansé à une centaine de bals, vous rappellerez-vous par hasard le nom et la figure de l'humble mortel qui a le bonheur et la gloire de diriger vos premiers pas?

— Oui, certes, monsieur Goefle, ce souvenir se trouvera toujours lié à celui des plus grandes émotions de ma vie, la peur du baron et la joie d'être délivrée de lui par un effort de courage dont je ne me croyais pas capable, et que certes votre oncle et vous m'avez inspiré!

— Savez-vous pourtant, dit Cristiano, que je ne suis plus bien certain de votre aversion pour le baron!

— Et pourquoi cela?

— Vous étiez du moins beaucoup plus effrayée de danser en public que de danser avec lui.

— Et pourtant je n'ai pas dansé avec lui et je danse avec vous?

Cristiano serra involontairement les doigts mignons de Marguerite; mais elle crut qu'il ne s'agissait que de se lancer à la danse, et, toute rouge de plaisir et de crainte, elle le suivit dans la joyeuse mêlée, où bientôt elle se sentit aussi rassurée qu'elle avait le droit de l'être par sa grâce et sa légèreté.

— Eh bien, je crois que je n'ai plus peur, lui dit-elle en revenant à sa place, pendant que l'autre quadrille entamait une nouvelle figure.

— Vous voilà beaucoup trop brave, lui répondit Cristiano. J'espérais vous être bon à quelque chose, et je vois que vous sentez si bien pousser vos ailes, que tout à l'heure vous vous envolerez avec le premier venu.

— Ce ne sera toujours pas avec le baron! Mais dites-moi donc pourquoi vous supposiez que j'exagérais mon éloignement pour lui.

— Eh! mon Dieu! je vois que vous aimez passionnément le bal, c'est-à-dire les fêtes et le luxe : toute passion entraîne ses conséquences. Or, si le plaisir est le but, la richesse est le moyen.

— Eh! me trouvez-vous si sotte et si mal faite, que je ne puisse prétendre à la fortune sans épouser un vieillard?

— Alors vous avouez que la fortune est pour vous la condition du mariage?

— Si je disais *oui*, que penseriez-vous de moi?

— Rien de mal.

— Oui, je serais comme tant d'autres, et vous ne penseriez, par conséquent, de moi rien de bon?

Cette conversation délicate fut reprise au troisième intervalle de repos du quadrille dont nos deux jeunes gens faisaient partie.

Marguerite provoquait la sincérité de Cristiano.

— Avouez-le, disait-elle, vous méprisez les filles qui se marient pour être riches, comme Olga, par exemple, qui trouve le baron fort beau à travers les facettes des gros diamants de ses rêves.

— Je ne méprise rien, répondit l'aventurier; je suis né tolérant, ou les facettes de ma vertu, à moi, se sont émoussées au frottement du monde. J'ai de l'enthousiasme pour ce qui est supérieur à l'esprit du monde, de l'indifférence philosophique pour ce qui suit le courant vulgaire.

— De l'enthousiasme, dites-vous? N'est-ce pas payer bien cher une chose aussi naturelle que le désintéressement? Je ne vous demande pas tant, moi, monsieur Goefle; je ne réclame de vous que l'estime. Croyez donc, je vous en prie, que, si je suis libre de mon choix, je consulterai mon cœur et nullement mes intérêts. Dussé-je ne plus jamais avoir de dentelles à mes manchettes et de nœuds de satin à ma robe, dussé-je ne plus jamais danser à la lueur de mille bougies et aux sons de trente violons, hautbois et contre-basses, je me sens capable de faire ces immenses sacrifices pour conserver la liberté de mes sentiments et le bon témoignage de ma conscience.

Marguerite parlait avec feu. Animée par la danse, elle mettait tout son cœur en dehors; son âme généreuse et romanesque était dans ses yeux brillants, dans son sourire radieux, dans son attitude d'oiseau impatient de repartir vers les nues, dans ses beaux cheveux blonds, qui semblaient se rouler en serpents animés sur ses blanches épaules, dans le son ému de sa voix, enfin dans tout son charmant petit être. Cristiano en eut un éblouissement, et, ne sachant plus ce qu'il disait, il jeta, comme au hasard du rêve, cette bizarre question à Marguerite :

— Pourtant vous n'aimerez jamais qu'un homme de votre rang, et si, en dépit de vous-même, votre cœur parlait pour un pauvre diable, pour un homme sans nom... et sans avoir... pour Christian Waldo, je suppose... vous auriez une grande honte et vous vous croiriez tout à fait brouillée avec votre conscience?

— Christian Waldo! dit Marguerite; pourquoi Christian Waldo? Vous faites choix d'un exemple bizarre!

— Extrêmement bizarre, et je le fais à dessein. Lorsqu'on procède par antithèse... Voyons, voici celle que je vous soumets : je suppose que ce Christian Waldo, que je ne connais pas du tout, ait la bravoure, l'esprit, le cœur généreux qu'on lui attribuait ici tout à l'heure, avec la misère, qui doit être la compagne fidèle de ses aventures, et un nom qu'il n'a pris, je suppose, en vertu d'aucun parchemin...

— Et avec sa tête de mort?

— Non, sans sa tête de mort. Eh bien, je suppose que, pour vous marier, vous soyez forcée de choisir entre ce personnage et le baron de Waldemora?

— Je prendrais un parti bien simple, qui serait de ne pas me marier du tout.

— A moins que l'on ne découvrît sous le masque de ce Christian un jeune et beau prince, forcé par la raison d'État de se cacher?

— Vous m'en direz tant! répondit Marguerite; un nouveau czarévitch Yvan évadé de sa prison, ou un autre Philippe III échappé à ses assassins!

— Auquel cas, apocryphe ou non, il obtiendrait grâce devant vos yeux?

— Que voulez-vous que je vous réponde? Un bouffon italien n'est vraiment pas un point de comparaison quand il s'agit de parler sérieusement.

— C'est trop juste! répliqua Cristiano; mais voici le *finale*; qu'il nous soit léger, car c'est la pelletée de terre sur le roman intitulé la *Première Contredanse*.

Mais cette contredanse ne devait pas finir selon les lois de la chorégraphie. M. Stangstadius, ayant enfin terminé le copieux repas qu'il appelait un à-compte entre le souper et le réveillon, venait de sortir de la salle du buffet. Préoccupé de quelque haute pensée mise en éveil par l'agréable travail d'une bonne digestion, il trouva le petit bal sur son chemin et le traversa sans façon, heurtant les cavaliers, qui déployaient leurs grâces à l'avant-deux, et marchant sur les petits pieds des danseuses, comme il eût marché sur des cailloux. Sa claudication prononcée formait un pas si bizarre, que tout le monde se mit à rire. La figure de la danse fut toute dérangée, et, les jeunes couples se prenant par les mains, on forma une ronde rapide et bruyante autour du chevalier de l'Étoile polaire, qui ne voulut pas être en reste de grâces, et s'efforça de sauter à contre-mesure, au grand divertissement de la compagnie; mais, hélas! les rires et les chants montèrent à un tel diapason, qu'on s'en aperçut dans la grande salle.

L'orchestre avait fini sa dernière ritournelle, et la jeune troupe ne s'en apercevait pas. Elle tournait toujours en chantant et en sautant autour de Stangstadius, qui se comparait à Saturne au milieu de son anneau. La comtesse Elfride accourut, et, voyant la soudaine guérison de sa nièce, elle entra dans une colère que, cette fois, elle ne put maîtriser.

— Ma chère Marguerite, lui dit-elle d'un ton bref et vibrant, vous faites de grandes imprudences; vous oubliez que vous avez une entorse, et qu'il est fort dangereux de la mener de ce train-là. Je viens de consulter le médecin de la maison : il vous commande le repos pour cette nuit; veuillez donc vous retirer avec votre gouvernante, qui vous mettra au lit avec des compresses. Vous n'avez rien de mieux à faire, croyez-moi.

Et elle ajouta tout bas :

— Obéissez !

Marguerite devint pâle, de rouge qu'elle était, et soit contrariété, soit chagrin, elle ne put retenir deux grosses larmes qui brillèrent au bout de ses longs cils et coulèrent le long de ses joues. La comtesse Elfride lui prit vivement la main, et l'emmena en lui disant à voix basse :

— Vous avez juré de ne faire aujourd'hui que des sottises. Il faut les expier. Je vous avais pardonné de ne pas danser avec le maître de la maison : on pouvait vous croire souffrante, en effet; mais danser avec un autre, c'est faire au baron, de propos délibéré, une impertinence inouïe, et je ne souffrirai pas que vous la prolongiez jusqu'à ce qu'il s'en aperçoive.

Cristiano suivait Marguerite, cherchant un moyen de désarmer ou de distraire la tante, s'il pouvait trouver un moment favorable pour l'aborder, lorsqu'il vit le baron approcher, et il s'arrêta contre le piédestal d'une statue, attentif à ce qui allait se passer entre ces trois personnes.

— Quoi ! dit le baron, vous emmenez déjà votre nièce? C'est trop tôt. Il paraît qu'elle commençait à ne plus s'ennuyer chez moi ! Je vous demande grâce pour elle, et, puisqu'elle a dansé, à ce qu'on m'assure, je la prie maintenant de danser avec moi. Elle ne peut plus me refuser, et je suis bien certain qu'elle consentira de bonne grâce.

— Si vous l'exigez, baron, je cède, dit la comtesse. Allons, Marguerite, remerciez le baron, et suivez-le; ne voyez-vous pas qu'il vous offre son bras pour la polonaise ?

Marguerite sembla hésiter; ses yeux rencontrèrent ceux de Christian, qui certes était partagé entre le désir de la voir rester et la crainte de la voir céder. Ce dernier sentiment l'emporta peut-être dans l'expression de son regard, tant il y a que Marguerite répondit avec fermeté au baron qu'elle était engagée.

— Avec qui, je vous prie? s'écria la comtesse.

— Oui, avec qui? dit le baron d'un ton singulier, dont le calme ne parut pas de bon aloi à Marguerite.

Elle baissa les yeux et se tut, ne comprenant pas ce qui se passait dans l'esprit du persécuteur dont elle s'était cru débarrassée.

Le baron n'avait qu'une pensée, celle de la tourmenter et de la compromettre; il voyait bien l'aversion qu'elle éprouvait pour lui, et il la lui rendait cordialement. Froidement méchant et vindicatif, il affecta de plaisanter mais, parlant assez haut pour être entendu de beaucoup d'oreilles curieuses :

— Où est donc, dit-il, cet heureux mortel à qui je dois vous disputer? car je suis résolu à vous disputer, j'en ai le droit!

— Vous en avez le droit, s'écria Marguerite hors d'elle-même, vous, monsieur le baron?

— Oui, moi, reprit-il avec une effrayante tranquillité de persiflage, vous le savez bien ! Voyons, où est-il, ce rival qui prétend danser avec vous à ma barbe?

— Le voici ! répondit Cristiano perdant la tête et s'élançant vers le baron d'un air menaçant, au milieu d'un silence de stupeur et de curiosité générale.

On savait le baron fort irascible sous son air endormi et blasé. On connaissait son indomptable orgueil. On s'attendait à une scène violente, et, en effet, le baron, devenu tout à coup d'une pâleur verdâtre, clignait ses grands yeux myopes, comme si la foudre allait s'en échapper pour anéantir l'audacieux inconnu qui le bravait si ouvertement; mais le sang reflua à son front, qui sembla sillonné d'une grosse veine sanglante, tandis que ses lèvres devinrent plus livides que le reste de sa figure. Un cri sourd s'échappa de sa poitrine, ses bras s'étendirent convulsivement, et il s'affaissa sur lui-même en disant :

— Voilà, voilà !

Il serait tombé à terre si vingt bras ne se fussent étendus pour le soutenir. Il était évanoui, et on dut l'emporter vers une fenêtre dont on brisa précipitamment les vitres pour lui donner de l'air. Olga se fit jour à travers la foule pour lui porter secours. Marguerite disparut comme si sa tante l'eût escamotée, et Cristiano fut rapidement emmené par le major Osmund Larrson, qui l'avait pris en amitié.

— Venez avec moi, lui dit cet aimable jeune homme. Il faut que je vous parle.

Quelques instants après, Cristiano se trouva seul avec Osmund dans une antique salle du rez-de-chaussée chauffée par une cheminée immense.

— C'est ici, lui dit le capitaine, que nous avons la liberté de fumer. Tenez, voici un râtelier bien garni; prenez une pipe à votre goût, et puisez dans le pot à tabac. Sur la table, vous voyez la bière la plus succulente du pays et la plus vieille eau-de-vie de Dantzig. Tout à l'heure mes camarades viendront nous donner des nouvelles de l'événement.

— Vous me croyez très-irrité, je le vois, mon cher major, répondit Cristiano; mais vous vous trompez. Je ne demande pas mieux que de donner au baron le temps de se remettre de sa crise, et d'attendre ici, en fumant avec vous, qu'il veuille donner suite à l'explication.

— Pourquoi faire? Pour un duel? répondit le major. Bah! le baron ne se bat jamais; il ne s'est jamais battu! Vous ne le connaissez donc pas du tout?

— Nullement, dit Christian en bourrant tranquillement sa pipe et en se versant un grand cruchon de bière. Est-ce qu'en vrai don Quichotte je me serais adressé à un moulin à vent? Je ne savais pas être si ridicule.

— Vous ne l'avez pas été, mon cher; vous avez même fait, à bien des yeux et aux miens en particulier, un acte audacieux en tenant tête à l'homme de neige.

— Pourtant un homme de neige, j'aurais dû me dire que cela fond aisément!

— Non pas dans notre pays! de tels hommes restent longtemps debout.

— Ainsi j'ai été héroïque sans le savoir?

— Tâchez de ne pas l'apprendre à vos dépens. Le baron ne tire pas l'épée, mais il se venge, et n'oublie jamais une injure. En quelque lieu que vous soyez, il vous poursuivra de sa haine. Quelle que soit la carrière à laquelle vous vous destinez, il mettra obstacle à votre avancement. Si vous avez quelque affaire désagréable, comme il en peut arriver à tout homme de cœur, il trouvera moyen d'en faire une méchante affaire, et, s'il réussit à vous envoyer en prison, il s'arrangera pour que vous n'en sortiez jamais. Je vous conseille donc de ne pas vous rencontrer chez lui, ou d'être sur vos gardes tant que vous vivrez, à moins qu'il ne plaise au diable de tordre cette nuit le cou à son compère, sous prétexte d'apoplexie foudroyante.

— Croyez-vous que le baron soit si mal? dit Crisiano.

— Nous allons le savoir. Voici mon lieutenant Ervin Osburn, mon meilleur ami, qui certainement partage ma sympathie pour vous. Eh bien, lieutenant, quelles nouvelles de l'homme de neige? Est-ce que le dégel approche?

— Non, ce n'est rien, répondit le lieutenant; du moins, il prétend que ce n'est rien. Il s'est retiré un instant dans ses appartements, puis il a reparu si frais, que je le soupçonne d'avoir mis quelque fard sur ses joues blêmes. C'est égal, il a l'œil éteint et la parole embarrassée. Je me suis approché de lui par curiosité, ce qu'il a pris pour une marque d'intérêt, et il a *daigné* me dire qu'il souhaitait qu'on dansât et qu'on ne s'occupât point de lui davantage. Il est resté assis dans le grand salon, et ce qui me prouve qu'il est plus mal à l'aise qu'il n'en convient, c'est qu'il paraît avoir absolument oublié l'accès de rage qu'il l'a mis en si bel état, et que personne autour de lui n'ose lui en rappeler la cause.

— Alors le bal va reprendre son entrain, dit le major, et vous verrez qu'on s'amusera plus qu'auparavant. Il semble que l'on veuille s'étourdir ici sur quelque prochaine catastrophe, ou que les héritiers qui se trouvent là ne puissent contenir leur joie de voir que, depuis quelque temps, le baron paraît très-malade... Mais dites-nous donc, Christian Goefle, quelle mine vous avez faite à notre aimable baron, ou quel charme vous avez jeté sur lui? Seriez-vous esprit ou sorcier? Êtes-vous l'*homme du lac* qui fascine les gens en les regardant de ses yeux de glace? Qu'y a-t-il entre le baron et vous, et d'où vient qu'en tombant en pamoison il a dit son fameux mot, que j'ai entendu cette fois : « Voilà ! voilà !... »

— Expliquez-le-moi vous-même, répondit Cristiano. J'ai beau chercher, je ne peux me rappeler où j'ai déjà vu ce personnage, et, si cela est, il faut que ce soit dans des circonstances insignifiantes, puisque mon souvenir est si confus. Voyons, a-t-il voyagé en France ou en Italie depuis...?

— Oh! il y a longtemps, bien longtemps qu'il n'a quitté les États du Nord!

— Alors je me trompais : j'ai vu le baron aujourd'hui pour la première fois. Et pourtant on eût dit qu'il me reconnaissait... Ne pensez-vous pas qu'en disant : « Voilà, voilà ! » il a pu avoir le délire?

— Cela est certain, dit le major. J'ai dans mon *bostoelle* \* un jardinier qui a été à son service, et qui

---

\* Le *bostoelle* des officiers de l'*indelta* est une maison et une terre dont ils ont la jouissance, et dont le revenu est proportionnel à leur grade. Ce revenu représente leur traitement. Le presbytère s'appelle aussi *bostoelle*, et le ministre en a la jouissance en outre de son casuel. Le soldat de l'*indelta* a son *torp*, sa maison-

m'a donné des détails assez curieux. Le baron est sujet à des crises que son médecin appelle nerveuses, et qui proviennent d'une maladie du foie déjà ancienne. Dans ces crises, il donne parfois les marques d'une étrange frayeur. Lui, le sceptique et le moqueur, devient pusillanime comme un enfant : il voit des fantômes, et particulièrement celui d'une femme. Alors il s'écrie : « Voilà, voilà! » ce qui signifie : « Voilà mon accès qui me prend! » ou bien : « Voilà mon rêve qui m'étouffe! »

— Ce serait donc un remords?

— On prétend que c'est le souvenir de sa belle-sœur...

— Qu'il a assassinée?

— On ne dit pas qui l'ait tuée, mais qu'il l'a fait *disparaître*.

— Oui, le mot est de meilleure compagnie...

— Mais l'un n'est peut-être pas plus fondé que l'autre, reprit le major. Le fait est qu'on n'en sait rien, et que le baron est peut-être fort innocent de maint crime dont on l'accuse. Vous savez que nous vivons ici sur la terre classique du merveilleux. Les Dalécarliens ont horreur des choses positives et des explications naturelles. Dans ce pays-ci, on ne se heurte pas contre une pierre sans croire qu'un lutin l'a poussée exprès; et, si le nez vous cuit, on court chez la sybille pour qu'elle vous ôte le poison du nain qui vous a mordu; et, si un trait se casse à une voiture ou à un traîneau, le conducteur, avant de le raccommoder, ne manque pas de dire : « Allons, allons, petit lutin, laisse-nous en paix! nous ne te faisons point de mal. »

» Au milieu de ces esprits superstitieux, vous pensez bien que le baron de Waldemora n'a pu s'enrichir, comme il l'a fait, sans passer pour un alchimiste. Au lieu de supposer qu'il était payé par la czarine pour soutenir les intérêts de sa politique, on a trouvé plus naturel de l'accuser de magie. De cette accusation à celle des plus noirs forfaits, il n'y a qu'un pas : tout sorcier noie dans les cascades, engloutit dans les abîmes, promène les avalanches, conduit le sabbat, et se nourrit pour le moins de chair humaine, modeste en ses appétits féroces s'il se contente de sucer le sang des petits enfants. Quant à moi, j'en ai tant entendu, que je ne peux plus prendre aucun récit au sérieux. Je me borne à croire ce que je sais, et ce que je sais, c'est que le baron est un méchant homme, trop lâche pour frapper un autre homme, trop bien nourri et trop dégoûté pour boire du sang, trop frileux pour guetter les passants sous la glace des lacs, mais capable d'envoyer son meilleur ami à la potence, pour peu qu'il eût un intérêt personnel à le faire, et qu'il n'y eût à dire qu'une parole méchante et calomnieuse.

— Voilà un grand misérable! dit Cristiano; mais permettez-moi d'être étonné de voir chez lui tant d'honnêtes personnes...

— Ah bien, oui! répliqua Osmund sans lui donner le temps d'achever, c'est, en effet, un vilain métier que nous faisons là, de venir nous divertir aux frais et dépens d'un homme que nous haïssons tous. Vous avez pour excuse que vous ne le connaissiez point, tandis que nous autres...

— Je ne faisais pas d'application personnelle, reprit Cristiano.

— Je le sais bien, mon cher; mais vous avez tort d'être étonné qu'un tyran ait une cour. Vous savez sans doute l'histoire de votre pays; seulement, éloigné depuis bien des années, vous avez pu croire qu'un peu d'équilibre s'était fait, avec les progrès de la philosophie, dans l'influence légitime des divers ordres de l'État. Il n'en est rien, Christian Goefle, rien du tout, vous le verrez bientôt de vos propres yeux. La noblesse est tout : le clergé vient ensuite, éclairé, austère, mais despotique et intolérant. La bourgeoisie, si utile à l'État et si patriarcale dans ses mœurs, compte peu. Le paysan n'est rien, et le roi moins que rien. Quand un noble est riche, ce qui est rare heureusement, il tient dans sa main tous les intérêts, toutes les destinées de sa province, et c'est pour mener hommes et choses à sa guise ou à leur perte. Sachez donc que, si nous autres, jeunes officiers, nous boudions l'illustre châtelain de Waldemora, nous pourrions bien, non pas perdre notre grade, qui est indélébile à moins de forfaiture, mais être forcés par des persécutions inouïes de quitter nos cantonnements, nos maisons, nos propriétés, nos affections, comme une simple garnison, en dépit des inviolables lois de l'*indelta*.

Deux autres jeunes gens entrèrent pour fumer, et Cristiano se hasarda à leur demander si la comtesse Elfride avait reparu dans le bal.

— Voilà un habile compère! lui répondit l'un d'eux; vous ne nous ferez pas croire que vous vous intéressez à la méchante comtesse d'Elvéda! Mais sachez que son aimable nièce a disparu en même temps que vous, et que sa tante la fait passer pour être très-estropiée.

— Que dites-vous qu'elle a *disparu*? s'écria Cristiano, que le mot épouvanta plus que de raison.

---

netto avec un jardin et quelques arpents de terre. L'*indelta* est une armée rurale dont l'excellente organisation, créée par Charles XI, n'a d'analogue nulle part.

— Voyons! dit vivement le major, êtes-vous inquiet de votre belle, mon cher Goefle?

— Permettez; je ne me donne pas le ton d'appeler ainsi la comtesse Marguerite. Elle est belle, c'est vrai; mais, malheureusement pour moi, elle n'est *mienne* en aucune façon.

— Je n'y entendais pas malice, reprit Osmund. J'ai vu seulement, comme tout le monde, que vous aviez les honneurs de sa première contredanse, et que vous causiez ensemble de bonne amitié. Si vous n'êtes pas amoureux d'elle... ma foi, vous avez tort; et, si elle n'a pas un peu de goût pour vous, elle a peut-être tort aussi, car vous nous paraissez à tous un charmant compagnon.

— Quant à moi, j'aurais parfaitement tort, je vous jure, de regarder avec convoitise un astre trop élevé sur mon horizon.

— Bah! parce que vous n'êtes pas titré? Mais votre famille a été ennoblie, et votre oncle l'avocat est une illustration par son talent et son caractère. En outre, il est riche au moins autant que la belle Marguerite, et elle ne sera pas toujours en tutelle. L'amour aplanit les obstacles, et, quand on a des parents fâcheux, on se fiance en secret. Dans notre pays, ces fiançailles-là sont aussi sacrées que les autres. Donc, si vous voulez pousser votre pointe, nous voilà prêts à vous aider.

— M'aider à quoi? dit Cristiano en riant.

— A obtenir tout de suite une entrevue à l'insu de la tante. Voyons, camarades, qu'en dites-vous? Nous voici quatre de bonne volonté. Je sais, moi, où est situé l'appartement. Nous nous y rendons tout de suite. Si mademoiselle Potin s'effraye, nous lui faisons des compliments... qu'elle mérite, au reste, car c'est une personne charmante! Si une fille de chambre crie, nous l'embrassons et lui promettons des rubans pour sa chevelure. Enfin, nous demandons pour Christian Goefle un entretien sérieux, de la part de M. Goefle, son oncle... Une communication importante! hein? c'est cela. On nous introduit, sans nos pipes, par exemple, dans un petit salon, où nous nous asseyons gravement à l'écart, pendant que Christian Goefle offre son cœur, à voix basse, à *la diva contessina*, ou, s'il est trop timide encore pour se déclarer, il se laisse pressentir, tout en s'informant des dangers que court son incomparable, et en se mettant avec elle en mesure de les conjurer. Je ne ris pas, messieurs! Il est bien évident que madame d'Elvéda veut forcer l'inclination de sa pupille, et que le sournois Olaüs veut la compromettre pour écarter tout autre prétendant. Eh bien, la situation est magnifique pour l'homme qui, en plein bal, a pris fait et cause pour la victime de cette odieuse et ridicule machination. Venez, Christian; venez, messieurs: y sommes-nous? Eh! parbleu! c'est à charge de revanche! Une autre fois, c'est vous, Christian, qui servirez nos honnêtes amours; on se doit cela entre jeunes gens. Où en serions-nous tous, si nous n'étions pas confidents dévoués les uns des autres? En avant! A l'assaut de la citadelle! Qui m'aime me suive!

Tous se levèrent, même Cristiano, enivré de la proposition; mais il s'arrêta sur le seuil de la salle, et arrêta les autres.

— Merci, messieurs, leur dit-il, et comptez que dans l'occasion, je me mettrais au feu pour vous; mais il ne m'appartient pas de mettre dans ma vie ce doux chapitre de roman. Rien dans les manières de la comtesse Marguerite avec moi ne m'a autorisé à prendre sa défense, comme je l'ai fait dans un mouvement d'indignation irréfléchie, et rien ne me fait espérer qu'elle m'en sache gré. C'est peut-être tout le contraire, et c'est à M. Goefle l'avocat qu'il appartient de la protéger contre sa tante, en lui faisant connaître ses droits. Ce que j'ai de mieux à faire, puisque ma belle danseuse ne danse plus, et que mon terrible *rival* ne se bat pas, c'est de m'en aller faire un somme dont j'ai grand besoin, étant sur pied depuis plus de vingt-quatre heures.

Cristiano fut approuvé et hautement traité de galant homme. On s'efforça de le retenir et de lui faire boire des spiritueux, ce que l'on supposait être une séduction irrésistible; mais Cristiano était sobre comme le sont, en général, les habitants des pays chauds. Il voyait la nuit s'avancer, et jugeait prudent de mettre un terme à la comédie jouée jusque-là avec tant de succès. Il serra les mains, fit ses adieux, promit de revenir à l'heure du déjeuner, bien résolu à n'en rien faire, et, sans se laisser interroger sur la partie du château où il avait élu domicile, il reprit lestement et mystérieusement le sentier sur la glace du lac.

Ce fut à dessein qu'il oublia Loki et le traîneau du docteur en droit au château neuf. Il craignait d'être entendu et observé. Il s'en alla, en suivant la rive, jusqu'à ce qu'il fût trop loin pour être vu des fenêtres du château, et arriva à la porte du Stollborg, qu'il avait laissée ouverte, et que personne, Ulphilas moins que tout autre, n'avait songé à venir fermer.

Il prit ces précautions, parce que, à la pâle lumière de la lune, avait succédé la fugitive mais brillante clarté d'une aurore boréale magnifique: je dis magnifique quant au pays où elle se montrait, car elle n'eût été que très-ordinaire sous la latitude du nord de la Baltique; mais il fallait qu'en cet instant elle brillât d'un bien vif éclat vers les régions polaires, puisqu'elle éclairait toute la campagne et tous les objets autour du lac glacé. La neige, colorée de ses reflets changeants, prenait des tons rouges et bleus d'un ton fantastique incomparable, et Cristiano, avant de rentrer dans la salle de l'ourse, resta encore quelques instants à la porte du préau, ne pouvant, en dépit du froid et de la solitude, s'arracher à ce spectacle extraordinaire.

## V

Il était déjà huit heures du matin quand M. Goefle s'éveilla. Il n'avait probablement pas dormi aussi bien qu'à l'ordinaire, car il était fort matinal, et il se scandalisa de lui-même en se surprenant si tard au lit. Il est vrai qu'il avait compté sur le petit Nils pour l'éveiller; mais Nils dormait à pleins yeux, et M. Goefle, après de vaines tentatives pour lui faire entendre raison, prit le parti de le laisser ronfler tant qu'il voudrait. Il n'y avait plus d'humeur dans le fait du docteur en droit, mais une désespérance complète à l'égard du service sur lequel il pouvait compter de la part de son valet de chambre. En homme résigné, il ralluma son feu lui-même, puis, en homme méthodique et à la lueur d'une bougie qui semblait dormir debout, il fit sa barbe et peigna sa perruque aussi soigneusement et aussi merveilleusement même que s'il eût eu toutes ses aises. Enfin, sa toilette du matin étant terminée de manière à lui permettre de n'avoir plus qu'un habit à passer en cas de besoin, il remonta sa montre, regarda le ciel, où ne se montrait pas encore la moindre lueur du matin, endossa sa robe de chambre, et, ouvrant ses deux portes, il se mit en devoir d'aller tout préparer dans son salon (la chambre de l'ourse) pour travailler chaudement et tranquillement jusqu'à l'heure du déjeuner.

Mais, comme il approchait du poêle en rabattant de la main devant lui la clarté vacillante de sa bougie, il tressaillit à la vue d'une figure humaine couchée en travers entre le poêle et lui, le corps enfoncé dans le grand fauteuil, la tête renversée en arrière sur le dossier à oreillettes, et les jambes plongées, au niveau du corps dans la grande bouche de chaleur qui s'ouvrait immédiatement au-dessus du foyer du poêle éteint, mais encore chaud.

— Hé! un beau dormeur! une figure superbe! se dit l'avocat, arrêté à contempler le paisible et profond sommeil de Cristiano; quelque fils de famille qui, comme moi, sera venu chercher un refuge au vieux château contre le bruit et l'encombrement du château neuf. Allons, je croyais, j'espérais au moins être seul dans ce lieu maudit; mais il n'y a pas moyen, et je dois me résigner à avoir un compagnon. Heureusement, celui-ci a une aimable physionomie. Le pauvre garçon a été fort discret, puisqu'il n'a pas fait le moindre bruit, la moindre tentative pour trouver un meilleur lit que ce fauteuil, où il doit avoir les reins brisés!

M. Goefle toucha légèrement la joue de Cristiano, qui fit le mouvement de chasser une mouche et ne s'éveilla pas.

— Il n'a pas eu froid du moins, se dit encore l'avocat : il a une bonne fourrure... toute pareille à ma pelisse de voyage, oh! mais toute pareille! Où est donc la mienne? Ah! je vois ce que c'est : il l'a trouvée là sur le fauteuil, et il s'est roulé dedans. Ma foi, il a bien fait. Je la lui eusse prêtée de bon cœur, et même je lui aurais cédé le second lit de ma chambre; M. Nils aurait eu la complaisance de dormir sur le canapé. Je regrette que ce bon jeune homme ait été si discret!... certainement, d'une discrétion, j'ose dire exagérée. C'est un garçon bien élevé, ça se voit, et soigneux de sa toilette, car il a ôté son habit pour dormir : indice d'un caractère posé. Voyons, quelle peut être la profession de ce brave enfant-là? L'habit noir... tout pareil à mon habit de cérémonie, tellement pareil... que c'est le mien, car voici dedans mon mouchoir parfumé au musc, et... Ah! mon invitation au bal lui aura servi. Et... mes gants blancs? où sont donc mes gants blancs? Ouais! par terre? Ils y sont bien, car ils sont tout fanés. Oh! oh! monsieur le dormeur, vous êtes moins cérémonieux que je ne pensais, et j'ose dire maintenant que vous êtes tout à fait sans gêne. Vous égarez vos malles, ou vous ne vous donnez pas la peine de les faire décharger, et vous puisez sans façon dans celles des autres! Ces plaisanteries-là se font entre jeunes gens, je le sais bien... Je me rappelle un certain bal, à Christiania, où je dansai toute la nuit avec les habits de ce pauvre Stangstadius, qui fut forcé de garder le lit en mon absence, et même toute la journée du lendemain, car je me laissai entraîner... Mais bah! nous étions jeunes dans ce temps-là et je ne suis plus d'âge à permettre... aux autres... de pareilles espiègleries. Holà, holà, monsieur! réveillez-vous et me rendez mon haut-de-chausses et mes bas de soie... Dieu me pardonne! Que de mailles il aura fait partir en dansant, l'animal! Et monsieur ne daigne pas ouvrir les yeux!

En faisant toutes ces réflexions coup sur coup, M. Goefle mit la main sur la défroque que Cristiano avait dépouillée la veille, et que, pressé de dormir au retour du bal, il avait laissée sur une autre chaise. La vue de la culotte râpée, de la cape vénitienne qui montrait la corde et du chapeau tyrolien à ganse fanée, jeta M. Goefle dans un nouvel océan de suppositions. Ce beau jeune homme à la figure distinguée et aux mains fines n'était donc qu'un bohémien quelconque, meneur d'ours apprivoisés, marchand colporteur ou chanteur ambulant? Un chanteur italien? Non, le visage de l'aventurier appartenait sans nul doute au type du pays de Dalum. Un escamoteur... trop habile dans son état peut-être? Non, car la bourse de M. Goefle était intacte dans le fond de sa malle, et la figure du dormeur était si honnête! Son sommeil était vraiment celui de l'innocence.

Que penser et que résoudre? L'avocat se grattait la tête. Ce misérable costume était peut-être un déguisement à l'aide duquel le jeune homme avait traversé le pays pour venir en cachette faire le don Juan sous le balcon de quelque belle de passage au château neuf; mais, aucune conjecture n'étant satisfaisante, M. Goefle prit le parti de réveiller son hôte, en le secouant à plusieurs reprises et en lui criant dans les oreilles : « Hé! hé! oh! oh! Allons, camarade, debout! » et autres interjections à l'usage des dormeurs obstinés et des réveilleurs impatients.

Cristiano ouvrit enfin les yeux, regarda fixement M. Goefle sans le voir, et referma la paupière avec un calme olympien.

— Ah! oui-da! reprit l'avocat, vous voilà reparti pour le pays des songes?

— Eh bien, quoi? Est-ce que l'aurore boréale dure encore? lui demanda Cristiano, évidemment bercé parde riantes visions dans son demi-sommeil.

— Où prenez-vous l'aurore boréale à cette heure-ci? dit M. Goefle. Le soleil va se lever tout à l'heure!

— Le soleil? Qui parle de soleil au milieu d'un bal? murmura Cristiano de cette voix particulièrement douce d'un dormeur qui semble supplier et cajoler pour obtenir la paix.

— Oui, oui, le bal, mon habit, le soleil, ma culotte, l'aurore boréale, c'est très-logique, reprit M. Goefle, et tout cela s'enchaîne très-bien dans vos rêves, mon bon ami; mais je voudrais de meilleures raisons, et je vais vous secouer jusqu'à ce que vous soyez en état de plaider un peu mieux votre cause.

Le bon Cristiano se laissa secouer avec une incomparable mansuétude. L'habitude qu'il avait prise de dormir n'importe sur quelle planche, soit en mer par tous les temps, soit sur les chemins dans toute espèce de véhicule, lui faisait trouver assez agréable le soin que prenait l'avocat de le bercer rudement, comme pour lui donner l'agréable conscience du repos de ses facultés. Peu à peu, cependant, l'idée lui vint de se rendre compte du lieu où il se trouvait. Il rouvrit les yeux, regarda le poêle, puis se retourna pour interroger les sombres parois de la salle.

— Le diable m'emporte, dit-il, si je sais où je suis! Mais qu'est-ce que cela me fait, au bout du compte? Aujourd'hui là, demain ailleurs! Telle est la vie.

— Prenez au moins la peine, lui dit l'avocat, de savoir devant qui vous êtes.

Assez satisfait de cette fière injonction, M. Goefle s'attendait à voir enfin la surprise, la terreur ou la confusion se peindre sur les traits du coupable; mais il attendait en vain. Cristiano se frotta les yeux, le regarda en souriant, et lui dit du ton le plus affable :

— Vous avez une bonne figure, vous! Qu'est-ce que vous me voulez donc?

— Comment, ce que je veux? s'écria M. Goefle indigné. Je veux ma pelisse, mon bonnet, ma veste, mon linge, ma chaussure, enfin tout ce que vous m'avez pris pour vêtir et enjoliver votre aimable personne!

— Bah! bah! vous croyez ça? Vous rêvez, mon brave homme! dit l'aventurier en se soulevant sur son siège et en regardant avec étonnement sa garde-robe d'emprunt.

Puis, se mettant à rire au souvenir encore confus de son aventure :

— Ma foi! monsieur Goefle, dit-il, car c'est au respectable et célèbre monsieur Goefle que j'ai l'honneur de parler, n'est-ce pas?...

— Tout me porte à le croire, monsieur. Et puis après?

— Et puis après, reprit Cristiano en se levant tout à fait et en ôtant de dessus sa tête le bonnet du docteur avec une courtoisie parfaite, j'ai à vous demander un million de pardons, tout en reconnaissant que je n'en mérite pas un seul. Que voulez-vous, monsieur! je suis jeune, je suis au dépourvu pour le moment. Une idée romanesque m'a conduit au bal cette nuit; je n'avais pas sous la main d'autre mise décente que celle-ci, envoyée à point par la Providence. Je suis un homme très-propre et très-sain, et, d'ailleurs, s'il ne vous convenait pas de remettre des habits portés par moi, je suis sûr de pouvoir vous les acheter demain pour le prix que vous voudrez bien y mettre.

— Bon! je vous trouve plaisant! Me prenez-vous pour un marchand d'habits?

— Non, certes; mais je serais désolé d'être pris pour un voleur. Je n'en ai pas l'habitude.

— Pardieu! je vois bien que vous êtes un honnête garçon... très-étourdi, par exemple! Et, quand je me fâcherais, la chose n'en serait pas moins faite. Je vois bien que vous n'êtes pas malsain, pardieu! vous êtes d'une carnation magnifique... Et quels cheveux!... Ah! mon gaillard, je reconnais l'odeur de ma poudre!... Mais comment diable êtes-vous allé au bal sans invitation, car vous n'avez pas une tenue de voyage qui annonce...

— Que j'appartienne à la bonne compagnie, n'est-ce pas?... Oh! dites, je ne suis pas susceptible à cet endroit-là.

— Après tout, je n'en sais rien : l'habit ne fait pas l'homme. Vous avez la main très-aristocratique. Voyons tout de suite : qui êtes-vous? Si c'est un roman, j'aime les histoires romanesques, et si c'est un secret... eh bien, votre figure me plaît, et je vous promets une discrétion... d'avocat, c'est tout dire.

— Je ne doute pas de votre discrétion, monsieur Goefle, répondit Cristiano, et, d'ailleurs, il n'y a pas de secret dans ma vie que je ne puisse dire à un homme d'esprit et à un homme de bien; mais mon histoire est un peu longue, je vous en avertis, et le poêle ne chauffe plus guère... Et puis, à vous dire vrai, quoique j'aie bien soupé la nuit dernière, j'ai toujours l'appétit ouvert aussitôt que les yeux, et je sens déjà des tiraillements...

— Et moi donc, dit M. Goefle, moi qui ai l'habitude de prendre mon thé à la crème dans mon lit, en m'éveillant! Ce balourd d'Ulphilas m'a complétement délaissé! Voici sur la table les mêmes mets qui s'y trouvaient hier au soir.

— Grâce à moi, monsieur Goefle, car je reconnais le jambon et le poisson que j'ai dérobés dans la cuisine de ce bon M. Ulph... Comment l'appelez-vous?

— Ulph pour Ulphilas. C'est très-bien dit. Ici, on abrége tous les noms, on les rend monosyllabiques, dans la crainte apparemment que, quand on appelle les gens, la moitié des mots ne gèle en l'air. Si c'est à vous cependant que je dois d'avoir pu souper hier, il faut conclure que ledit Ulph m'eût laissé mourir de faim, hé! hé! dans cette chambre où il y a une histoire de ce genre?... C'est donc pour lui faire mériter sa réputation, que le drôle voulait me livrer au même supplice?

— Est-ce la baronne Hilda qui est morte ici de faim, monsieur Goefle?

— Tiens, vous avez entendu parler de cela? C'est un conte, Dieu merci. Songeons à déjeuner. Je vais appeler.

— Non, monsieur Goefle; sans doute, Ulph va venir. D'ailleurs, si quelque chose vous manque, j'irai vous le chercher. Il n'est rien de tel que de faire soi-même son menu et son choix; mais ce jambon d'ours ou de sanglier, cette langue fumée et ce gibier rôti, toutes choses que vous avez à peine entamées hier au soir, ne vous disent-ils plus rien ce matin?

— Si fait, si fait, et il y a là plus que nous ne mangerons à nous deux. Or donc, puisque le couvert est tout mis, déjeunons, hein?

— Je ne demande que ça; mais permettez que je cherche un coin pour faire ma toilette, ou plutôt pour la défaire, car me voilà toujours...

— Dans mes vêtements? Je le vois parbleu bien! Restez-y, puisque vous y êtes; seulement, ôtez la pelisse et remettez l'habit, ou bien vous allez étouffer en mangeant.

Cristiano commença par remplir le poêle de combustible; après quoi, s'étant lavé les mains et la figure avec beaucoup de soin et de décence dans un coin de la salle, il revint découper les mets froids avec une sorte de *maestria*.

— C'est drôle, lui dit M. Goefle, vous avez toutes les manières de ce qu'on appelle en France, je crois, un parfait gentilhomme, et pourtant vous avez là-bas une casaque...

— Qui sent l'accident et non la misère, répondit tranquillement l'aventurier. Il y a huit jours, j'étais fort proprement nippé, et je n'aurais pas été embarrassé de me présenter au bal.

— C'est possible, répondit M. Goefle en s'asseyant et en commençant à manger à belles dents, de même qu'il est fort possible que vous me prépariez un de ces contes où excellent les aventuriers en voyage. Ça m'est égal, pourvu que le vôtre soit amusant!

— Voyons, dit Cristiano en souriant, dans quelle langue souhaitez-vous que je fasse mon récit?

— Parbleu! en suédois, puisque c'est votre langue! Vous êtes Suédois, et même Dalécarlien, je le vois bien à votre figure.

— Je ne suis pourtant pas Suédois, mais plutôt Islandais.

— Plutôt?... vous n'en êtes pas sûr?

— Pas le moins du monde. Aussi, comme le latin est la langue universelle, si vous voulez...

Et Cristiano se mit à parler un latin élégant et correct avec la plus grande facilité.

— C'est très-bien, cela! dit l'avocat, qui l'écoutait avec une bienveillante attention; mais votre prononciation italienne me retarde un peu pour vous suivre en latin.

— Il en sera peut-être de même en grec et en allemand? reprit Cristiano, qui se mit à parler la langue morte et la langue vivante avec la même aisance et la même correction, mêlant à ces échantillons de son savoir des citations qui montraient en lui un homme versé dans les littératures anciennes et modernes.

— Bravo! s'écria le docteur; vous êtes un garçon fort instruit, je vois ça. Et le français, le savez-vous aussi?

— Le français et l'anglais à votre service, répondit Cristiano : on m'a fait apprendre tout cela, et mon goût me portait à l'étude des langues.

— Eh bien, racontez en français, dit M. Goefle, qui n'était guère moins polyglotte que Cristiano; j'aime l'Italie, mais j'adore la France! c'est notre alliée, utile ou non; c'est surtout l'antithèse de l'esprit russe, que j'ai en exécration.

— Vive Dieu! et moi aussi, je suis antirusse, depuis que je suis en Suède, et particulièrement depuis hier au soir; mais, à présent, j'ai à vous prier, monsieur le docteur, de ne pas me prendre pour un pédant : si j'ai osé faire montre de mes petites connaissances devant un professeur de la faculté de Lund, c'est qu'en remarquant la manière dont je découpais proprement le jambon, vous vous étiez demandé intérieurement si je n'étais pas un ex-Frontin de bonne maison, tombé dans la disgrâce et cherchant à faire des dupes.

— Tiens! vous avez deviné que cette idée me traversait la tête? Eh bien, je m'en confesse, et je vois de reste maintenant que, si vous avez eu de l'emploi dans les bonnes maisons, ce n'est toujours pas à titre de laquais.

— Eh! mon Dieu, monsieur, dit Cristiano, laquais ou professeur, c'est un peu la même chose, à un échelon de plus ou de moins, dans l'esprit de certaines gens.

— Non, pas en Suède, mon ami; diable! non, il n'en est pas ainsi.

— Je le sais, monsieur : votre pays est porté aux études sérieuses, et nulle part les connaissances humaines ne sont plus noblement encouragées dans leur développement; mais ailleurs il arrive souvent...

ci, Cristiano fut interrompu par l'entrée d'Ulphilas, qui apportait le déjeuner, et qui, en voyant la table servie, s'arrêta stupéfait.

— Tu le vois, ignorant! lui cria gaiement M. Goefle, qui devina le motif de sa surprise : mon *kobold* m'a servi à ta place, et c'est bien heureux pour moi, puisque, depuis douze heures, tu m'avais si complétement oublié.

Ulph ou Ulf (car l'un et l'autre s'écrivent suivant les traductions) essaya de se justifier; mais il avait cherché de telles consolations, la veille au soir, dans la bouteille, qu'il avait l'esprit complétement appesanti, et se rendait difficilement compte des motifs qu'il avait eus pour délaisser son hôte. Aux approches du jour, Ulf se sentait ordinairement calme, et, quand se levait le tardif soleil d'hiver, il en avait pour cinq heures environ à n'être ni plus poltron ni plus maladroit qu'un autre. Ses trop nombreuses libations faisaient bien encore sentir leur effet sur sa cervelle engourdie; mais, comme il n'en remplissait pas moins toutes ses fonctions domestiques avec la régularité d'une machine, cet état n'avait rien de fâcheux pour les autres et rien d'inquiétant pour lui-même. Il balbutia, en dialecte dalécarlien, quelques mots de surprise flegmatique en voyant les mets étalés sur la table et un inconnu attablé avec le docteur.

— Allons, sers monsieur comme moi-même, lui dit celui-ci; c'est un de mes amis avec qui je veux bien partager mon logement.

— C'est bien, monsieur, répondit Ulf; je ne dis pas le contraire, mais c'est le cheval...

— Cheval toi-même! s'écria Cristiano, qui savait déjà quelques mots dalécarliens, et qui se sentit menacé d'une terrible révélation.

— Oui, monsieur, cheval moi-même, reprit Ulf avec résignation; mais le traîneau...

— Quoi, le traîneau? dit le docteur; l'as-tu nettoyé? as-tu pansé mon cheval?

Le mot *cheval* frappant encore l'oreille de Cristiano, il se tourna vers Ulf et le regarda à la dérobée d'une si terrible manière, que le pauvre hébété perdit la tête, bégaya et répondit :

— Oui, oui, monsieur, cheval, traîneau! Soyez tranquille.

— Or donc, déjeunons! dit le docteur rassuré. Apporte-nous du tabac, Ulf, et laisse la bouilloire tranquille. Nous ferons le thé nous-mêmes.

Ulf se pencha vers le poêle pour poser convenablement sa bouilloire. Cristiano l'y suivit, comme pour surveiller l'opération, et, se penchant vers lui, il lui dit en dalécarlien, dans l'oreille, avec un nouveau regard terrifiant : *Cheval, traîneau, château neuf, vite!* Ulf s'imagina que, dans son reste d'ivresse, il avait déjà reçu des ordres qu'il avait oublié d'exécuter. Il se hâta d'aller chausser ses patins, et courut au château neuf pour se mettre en quête de Loki au travers du tumulte des écuries, encombrées de palefreniers et de quadrupèdes.

Le docteur en droit ne mangeait pas gloutonnement comme le docteur ès sciences Stangstadius. Il prenait son temps pour savourer et juger chaque mets en vertu de principes raisonnés sur l'appropriation de l'art culinaire aux besoins élevés des estomacs d'élite. Au bout d'une demi-heure de causerie expérimentative sur ce sujet, lui et Cristiano se regardèrent et trouvèrent mutuellement un reflet rosé sur leurs figures.

— Enfin! dit le docteur, voilà le soleil sorti de l'horizon.

Il regarda sa montre.

— Neuf heures trois quarts, dit-il; allons, cette montre de Mora ne va pas mal! Voyez, ceci est de fabrique indigène. Nos Dalécarliens font de tout; ils fabriquent eux-mêmes tous leurs ustensiles, depuis le plus élémentaire jusqu'au plus compliqué... Mais n'éteignez pas la bougie, elle nous sera commode pour fumer; et puis j'aime assez, en hiver, à voir la clarté solaire et la clarté artificielle des appartements lutter ensemble dans un pêle-mêle de tons douteux et fantastiques... Tiens, la pendule sonne! Vous l'avez donc remontée hier au soir?

— Certainement. Vous ne vous en étiez pas aperçu?

— Je ne me suis aperçu de rien. Je dormais debout, ou je rêvais. J'ai peut-être rêvé même que j'entrais ici et que je soupais! N'importe. Savez-vous faire le thé?

— Non, mais le café dans la perfection.

— Eh bien, faites-le; je me charge du thé.

— Vous aimez cette boisson fade et mélancolique?

— Oui, en la coupant d'un bon tiers d'eau-de-vie ou de vieux rhum.

— Alors, c'est différent. J'admire, monsieur le docteur, que nous soyons servis ici comme nous le serions à Paris ou à Londres.

— Eh bien, pourquoi pas? sommes-nous au bout du monde? Nous n'avons que six heures de navigation pour être en Prusse, où l'on vit comme à Paris.

— Oui; mais au fond de cette province, à soixante ou quatre-vingts lieues dans les terres, et dans un pays si pauvre...

— Si pauvre! vous croyez qu'un pays est pauvre parce qu'il est peu propre à la culture? Vous oubliez que, chez nous, le dessous de la terre est plus riche que le dessus, et que les mines de la Dalécarlie sont le trésor de la Suède. Vous voyez que cette région, qui touche à la Norvége, est médiocrement peuplée, et vous en concluez qu'elle ne pouvait l'être davantage. Apprenez que, si l'État savait et pouvait s'y mieux prendre, il y aurait dans nos richesses minérales de quoi centupler la prospérité et le nombre des habitants. Un jour, peut-être, tout ira mieux, si nous pouvons nous tirer des griffes de l'Angleterre, qui nous pressure de ses intrigues, et des tenailles de la Russie, qui nous paralyse avec ses menaces. En attendant, sachez, mon enfant, que, s'il y a des pauvres sur la terre, ce n'est pas la faute de cette généreuse terre du bon Dieu, tant calomniée par l'ignorance, l'apathie ou les fausses notions des hommes qui l'habitent. Ici, on se plaint de la rigueur de l'hiver et de la dureté du rocher; mais le cœur de la terre est chaud! Qu'on y descende, et l'on trouvera partout, oui, partout, j'en réponds, le précieux métal qui se ramifie sous nos pieds en veines innombrables. Avec nos métaux, nous pourrions acheter toutes les recherches, tout le luxe, toutes les productions de l'Europe, si nous avions assez de bras pour amener nos richesses à la surface du sol. On se plaint de la terre, et ce sont toujours les bras qui manquent! c'est bien plutôt elle qui devrait se plaindre de nous!

— Dieu me préserve de médire de la Suède, cher monsieur Goefle! Je dis seulement que de vastes espaces sont incultes et déserts, et que, la sobriété des rares habitants aidant, le voyageur ne trouve chez eux pour tout régal que du gruau et du lait, nourriture saine à coup sûr, mais peu propre à enflammer l'imagination et à retremper le caractère.

— Voilà encore où vous vous trompez complètement, mon cher! Ce pays-ci est ce qu'on peut appeler la tête et le cœur de la Suède, une tête exaltée pleine de poésies étranges et de rêves sublimes ou gracieux, un cœur ardent, généreux, où bat la grosse artère du patriotisme. Vous savez bien l'histoire de ce pays?

— Oui, oui! Gustave Vasa, Gustave-Adolphe, Charles XII, tous les héros de la Suède, ont trouvé des hommes au fond de ces montagnes, alors que le reste de la nation était asservi ou corrompu. C'est de ce glorieux coin de terre, de cette Helvétie du Nord, que sont sortis, dans toutes les grandes crises, la foi, la volonté, le salut de la patrie.

— A la bonne heure! Eh bien, convenez donc que la bouillie d'avoine et la roche aride et glacée peuvent engendrer et nourrir des poëtes et des héros.

En parlant ainsi, le docteur en droit serra autour

de lui sa moelleuse douillette ouatée, et versa dans son thé brûlant et bien sucré un demi-flacon de rhum de première qualité. Cristiano savourait un moka exquis, et tous deux se mirent à rire de leur enthousiasme pour le froid de la montagne et le gruau des chaumières.

— Ah ! dit M. Goefle en reprenant son sérieux, c'est que nous sommes des hommes dégénérés ! Il nous faut des excitants, des toniques, à nous autres ! C'est ce qui prouve que le plus habile et le plus haut famé d'entre nous ne vaut pas le dernier paysan de ces montagnes sauvages !... Mais voyez si cet animal d'Ulphilas nous apportera du tabac ! Ce garçon-là est une véritable brute !

Cristiano se mit encore à rire, et M. Goefle, voyant qu'il ne pouvait sans inconséquence faire l'éloge de la sobriété et de l'égalité en ce moment-là, prit le parti de s'apaiser en voyant le pot à tabac à côté de lui. Ulf l'avait apporté en vertu de sa précision mécanique, et n'avait pas su le lui dire, en raison de son manque absolu de spontanéité.

— Eh bien, voyons, dit M. Goefle en se renversant dans le fauteuil pour digérer commodément, tout en fumant une magnifique pipe turque dont il appuya la capsule sur une des saillies du poêle, tandis que Cristiano, tantôt debout, tantôt assis, tantôt à cheval sur sa chaise, fumait sa petite pipe de voyage avec plus de hâte et moins de recueillement; voyons, mon camarade problématique, racontez-moi, s'il se peut, votre véridique histoire.

— La voici, dit Cristiano... Je me nomme, ou du moins l'on me nomme *Cristiano del Lago*.

— Christian ou Chrétien du Lac ? Pourquoi ce nom romantique ?

— Ah voilà ! *chi lo sa?* comme on dit chez nous. C'est tout un roman où il n'y a sans doute pas un mot de vrai. Je vous le dirai tel qu'il m'a été raconté à moi-même.

» Dans un pays que j'ignore, au bord d'un lac petit ou grand, dont je n'ai jamais su le nom, une dame laide ou belle, riche ou pauvre, noble ou roturière, mit au monde, par suite d'un amour légitime ou d'un accident regrettable, un enfant dont il était apparemment très-nécessaire de cacher l'existence. A l'aide d'une corde et d'un panier (ce détail est précis), cette dame ou sa confidente descendit le pauvre nouveau-né dans un bateau qui se trouvait là par hasard ou par suite d'une convention mystérieuse. Ce qu'il advint de la dame, nul n'a pu me le dire, et où m'en serais-je enquis? Quant à l'enfant, il fut porté fort secrètement je ne sais où et nourri je ne sais comment jusqu'à l'âge de sevrage, époque à laquelle il fut encore porté, je ne sais par qui, dans un autre pays...

— Je ne sais lequel ! dit en riant M. Goefle. Voilà des renseignements un peu vagues, et je serais fort embarrassé, avec cela, de vous faire gagner votre cause !

— Ma cause ?

— Oui ; je suppose que vous plaidiez pour reconquérir votre nom, vos droits, votre héritage !

— Oh ! soyez tranquille, monsieur Goefle, reprit Cristiano, vous n'aurez jamais rien à plaider pour moi. Je ne suis pas atteint de la folie ordinaire des aventuriers à naissance mystérieuse, qui, tout au plus, veulent bien consentir à être fils de rois, et passent leur vie à chercher par le monde leur illustre famille, sans jamais se dire qu'ils lui seraient probablement plus incommodes qu'agréables. Quant à moi, si je suis par hasard de noble famille, je l'ignore et ne m'en soucie guère. Cette indifférence fut partagée ou plutôt me fut inspirée par mes parents adoptifs.

— Et qui furent vos parents adoptifs ?

— Je n'ai connu et ne me rappelle ni ceux qui me reçurent de la fenêtre dans le bateau, ni ceux qui me mirent en nourrice, ni ceux qui me portèrent en Italie, toutes gens dont je ne saurais rien vous dire, et qui peut-être étaient une seule et même famille, ou une seule et même personne. Je n'ai connu pour véritables parents adoptifs que le signor Goffredi, antiquaire et professeur d'histoire ancienne à Pérouse, et son excellente femme Sofia Goffredi, que j'ai aimée comme une mère.

— Mais d'où et de qui ces braves Goffredi vous tenaient-ils en dépôt? Ils ont dû vous le dire...

— Ils ne l'ont jamais su. Ils possédaient une petite fortune, et, n'ayant pas d'enfants, il avaient plusieurs fois manifesté l'intention d'adopter un pauvre petit orphelin. Un soir de carnaval, un homme masqué se présenta devant eux et tira de dessous son manteau l'individu qui a l'honneur de vous parler, lequel ne se souvient pas le moins du monde de l'aventure et ne put rien expliquer, vu qu'il parlait une langue que personne ne pouvait comprendre.

— Mais, dit l'avocat, qui écoutait ce récit avec l'attention qu'il eût apportée à examiner une cause judiciaire, quelles paroles prononça l'homme masqué en vous présentant au professeur Goffredi et à sa femme?

— Les voici telles qu'on me les a rapportées : « Je viens de loin, de très-loin ! Je suis pauvre, j'ai été forcé de dépenser en route une partie de l'argent qui m'avait été confié avec cet enfant. J'ai cru devoir le faire, ayant reçu l'ordre de le conduire loin, très-loin de son pays et du mien. Voici le reste de la somme. J'ai appris que vous cherchiez un enfant, et je sais que vous le rendrez heureux et instruit. Voulez-vous prendre ce pauvre orphelin ? »

— Le professeur accepta ?

— Il accepta l'enfant et refusa l'argent. « Si je cherche un enfant à élever, dit-il, c'est pour lui faire du bien et non pour qu'il m'en fasse. »

— Et il n'eut pas la curiosité de s'informer...?

— Il ne put s'informer que d'une chose, à savoir si personne ne viendrait lui réclamer l'enfant, parce qu'il le voulait *bien à lui*, et ne se souciait pas de s'y attacher pour se le voir enlever un jour ou l'autre. L'inconnu jura que jamais personne ne me réclamerait, et la preuve, dit-il, c'est que je l'ai amené de plus de cinq cents lieues d'ici, afin que toute trace de lui fût à jamais perdue. L'enfant, dit-il, courrait les plus grands dangers, même ici peut-être, si l'on pouvait savoir où il est. Ne me faites donc pas de questions, je ne vous répondrais pas.

» Et il insista pour que l'on prît la petite somme, qui se montait à une valeur de deux à trois cents sequins.

— En monnaie d'Italie ?

— En monnaie d'or étrangère, mais de différents pays, comme si l'inconnu eût traversé toute l'Europe et pris soin de réaliser la somme avec toute sorte de pièces, afin de dérouter les recherches et les suppositions.

» On lui objecta qu'il était pauvre ; il l'avait dit, et tout son extérieur l'annonçait. On trouvait juste qu'il fût indemnisé d'une longue route et de la peine qu'il avait prise d'exécuter ponctuellement les ordres relatifs à mon éloignement ; mais il refusa cette offre avec une obstination austère. Il disparut très-brusquement, disant, pour se soustraire aux questions, qu'il reviendrait le lendemain. Cependant il ne revint pas ; on ne l'a jamais revu, on n'a jamais entendu parler de lui, et je restai ainsi confié, ou, pour mieux dire, abandonné, grâce au ciel, aux soins de M. et madame Goffredi.

— Mais l'histoire du lac, de la fenêtre et du bateau, où diable l'avez-vous prise ?

— Attendez ! Quand j'eus cinq ou six ans (je paraissais en avoir quatre ou cinq quand je fis mon entrée à Pérouse sous le manteau de l'homme masqué), je fis une chute, et l'on me crut tué. C'était peu de chose ; mais, parmi les amis de ma famille adoptive qui venaient s'informer de moi, il se glissa un petit juif, baptisé ou non, qui faisait commerce d'objets d'art et d'antiquailles avec les étrangers, et qui était fixé à Pérouse. Mes parents n'aimaient pas ce juif parce qu'il était juif, et qu'on a, en Italie comme ici, de grandes préventions contre cette race. Il s'informa de moi avec sollicitude et demanda même à me voir pour s'assurer de mon état.

» Un an plus tard, comme nous avions passé l'été à la campagne, il vint, dès notre retour en ville, s'informer encore de moi et voir par ses yeux si j'avais grandi et si j'étais bien portant. On s'étonna alors tout à fait, et on lui demanda quelle sorte d'intérêt il me portait, en le menaçant de lui fermer la porte s'il ne donnait une explication satisfaisante de sa conduite, car on m'aimait déjà, et on craignait que je ne fusse enlevé par ce juif. Il avoua alors ou inventa de dire qu'il avait par [hasard donné asile à l'homme masqué le jour où il m'avait apporté dans la ville, et qu'il lui avait arraché diverses confidences relatives à moi. Ces confidences vagues, invraisemblables et ne menant à rien, sont celles que je vous ai dites au commencement de mon histoire, et auxquelles il n'y a pas lieu probablement d'accorder la moindre créance. Ma mère adoptive ne fit que s'en amuser ; mais, trouvant dans l'aventure quelque chose de romanesque, elle me donna le surnom de *del Lago*, qui est devenu pendant longtemps mon nom véritable.

— Mais le nom de baptême Christian, Christin, Christiern, Chrétien ou Cristiano, qui vous l'avait donné ?

— L'homme masqué, sans en ajouter aucun autre.

— Parlait-il italien, cet homme ?

— Mal, et la peine qu'il avait eue à s'expliquer n'avait pas peu contribué au mystère qui m'enveloppait.

— Mais quel accent avait-il ?

— Le professeur Goffredi ne s'était jamais occupé que de langues mortes ; sa femme, très-instruite aussi, connaissait beaucoup de langues vivantes : pourtant il lui fut impossible de dire à quelle nationalité on devait attribuer l'accent de l'homme masqué.

— Et le petit juif, qu'en pensait-il ?

— S'il en pensait quelque chose, il ne l'a jamais voulu dire.

— Vos parents étaient bien certains qu'il n'avait pas joué lui-même le rôle de l'homme masqué ?

— Très-certains. L'homme masqué était d'une taille ordinaire, et le juif n'avait pas cinq pieds de haut. La voix, l'accent, n'avaient rien d'analogue.

Je vois, monsieur Goefle, que, comme mes pauvres Goffredi, vous vous posez toute sorte de questions sur mon compte ; mais qu'importe la solution, je vous le demande ?

— Oui, au fait, qu'importe ? répondit M. Goefle. Vous ne valez peut-être pas la peine que je me donne depuis une heure pour vous faire retrouver votre famille. Allons, c'est une préoccupation qui tient aux habitudes de ma profession ; n'en parlons plus, d'autant que, dans tout ce que vous m'avez dit, il n'y a pas le moindre fait précis sur lequel on pût baser un échafaudage de déductions savantes et ingénieuses. Pourtant, attendez. Que fit-on de la somme apportée par l'homme masqué ?

— Mes braves parents, s'imaginant que ce pouvait être le prix d'un rapt, d'un crime quelconque, et jugeant que cela ne pouvait me porter bonheur, s'empressèrent de déposer toutes ces pièces étrangères dans le tronc des pauvres de la cathédrale de Pérouse.

— Mais vous parliez déjà, vous l'avez dit, une langue quelconque quand vous fûtes amené là ?

— Sans doute ; mais je l'oubliai vite, n'ayant plus personne à qui la parler. Je sais seulement qu'à un an de là, un savant allemand, qui était en visite chez nous, chercha à éclaircir le mystère. J'eus beaucoup de peine à retrouver quelques mots de mon ancienne langue. Le linguiste déclara que c'était un dialecte du Nord et quelque chose qui ressemblait à de l'islandais ; mais ma chevelure noire démentait un peu cette version. On renonça à savoir la vérité. Le désir de ma mère adoptive était de me faire perdre tout souvenir d'une autre patrie et d'une autre famille. Vous pensez bien qu'elle n'eut pas de peine à y parvenir.

— Encore une question, dit M. Goefle. Je ne m'intéresse à un récit qu'autant que j'en saisis bien le point de départ. Ces souvenirs qui s'effacèrent naturellement, et que d'ailleurs on s'efforça de vous faire perdre, il ne vous en reste absolument rien ?

— Il m'en reste quelque chose de si vague, que je ne saurais le distinguer d'un rêve. Je crois voir un pays bizarre, sauvage, plus grandiose encore que celui-ci.

— Un pays froid ?

— Cela, je n'en sais rien. Les enfants ne sentent guère le froid, et je n'ai jamais été frileux.

— Et quoi encore dans votre rêve ? Du soleil ou de la neige ?

— Je ne sais. De grands arbres, des troupeaux, des vaches peut-être.

— De grands arbres, ce n'est pas l'Islande. Du voyage qui vous amena en Italie, que vous est-il resté ?

— Absolument rien. Je crois que mon compagnon ou mes compagnons m'étaient inconnus au départ.

— Alors continuez votre histoire.

— C'est-à-dire que je vais la commencer, monsieur Goefle ; car, jusqu'ici, je n'ai pu vous parler que des circonstances mystérieuses dont, comme disent les poëtes, *mon berceau* fut environné. Je vais prendre le récit de ma vie au premier souvenir bien net qui m'ait frappé ; ce souvenir, n'en soyez point scandalisé, monsieur Goefle, c'est celui d'un âne.

— D'un âne !... Quadrupède ou bipède ?

— D'un véritable âne à quatre pieds, d'un âne en chair et en os ; c'était la monture favorite de la bonne Sofia Goffredi, et il s'appelait *Nino*, diminutif de Giovanni. Or, cet âne me fut si cher, que j'ai donné à celui qui me sert maintenant pour porter mon bagage le nom de *Jean*, en souvenir de celui qui fit les délices de ma première enfance.

— Ah ! ah ! vous avez un âne ?... C'est donc celui qui m'a rendu visite hier au soir ?

— Et c'est donc vous qui l'avez fait mettre à l'écurie ?

— Précisément. Il paraît que vous aimez les ânes ?

— Fraternellement... Aussi je pense, depuis un quart d'heure, que le mien n'a peut-être pas déjeuné... Ulf en aura eu peur ; il l'a peut-être chassé du château. L'infortuné erre peut-être en ce moment dans la glace et la neige, faisant retentir de sa voix plaintive les insensibles échos ! Je vous demande pardon, monsieur Goefle, mais il faut que je vous quitte un moment pour m'enquérir du sort de mon âne.

— Drôle de corps ! répondit M. Goefle. Eh bien, allez vite, et en même temps vous donnerez un coup d'œil à mon cheval, qui vaut bien votre âne, soit dit sans vous offenser ; mais est-ce que vous allez courir comme ça à l'écurie avec mon habit de soirée et mes bas de soie ?

— J'aurai si tôt fait !

— Du tout, du tout, mon garçon ; d'ailleurs, vous attraperiez du mal. Prenez mes bottes fourrées et ma pelisse ; allez vite, et revenez de même.

Cristiano obéit avec reconnaissance, et trouva Jean de fort bonne humeur, toussant moins que la veille, et mangeant bien en compagnie de Loki, qu'Ulf venait de ramener du château neuf.

Ulf regardait l'âne avec stupeur ; il commençait à

se dégriser un peu et à soupçonner que l'animal tranquillement pansé par lui le matin n'était peut-être pas un cheval. Cristiano, qui avait appris la veille, en faisant la récolte de son souper, à quel poltron superstitieux il avait affaire, lui fit, en italien, avec des gestes menaçants, des yeux terribles et une pantomime bizarre, les plus fantastiques menaces dans le cas où il ne respecterait pas son âne comme une divinité mythologique. Ulf, épouvanté, se retira en silence après avoir salué l'âne et son maître, le cerveau plein de réflexions qui ne pouvaient aboutir, et que les spiritueux du soir devaient résoudre en terreurs nouvelles et en imaginations de plus en plus étranges.

— Or donc, dit Cristiano en reprenant sa pipe, son récit et la chaise qu'il chevauchait dans la salle de l'ourse, l'âne de madame Goffredi fut mon premier ami. Je crois que nul âne au monde, pas même le mien, n'eut jamais de si belles oreilles et une si agréable démarche. Ah! monsieur Goefle, c'est que, la première fois que cette paisible allure et ces deux longues oreilles éveillèrent le sens de l'attention dans ma cervelle engourdie, je fus en même temps instinctivement frappé d'un des plus beaux spectacles de l'univers. C'était au bord d'un lac : les lacs, vous le voyez, jouent un rôle important dans ma vie; mais quel lac, monsieur! le lac de Pérouse, autrement dit de Trasimène! Vous n'avez jamais été en Italie, monsieur Goefle?

— Non, à mon grand regret; mais, en fait de lacs, nous en avons en Suède auprès desquels vos lacs italiens ressembleraient à des cuvettes.

— Je ne dis pas de mal de vos lacs; j'en ai vu déjà plusieurs. Ils sont beaux probablement en été. En hiver, avec leurs *mjelgars* (c'est ainsi, n'est-ce pas? que vous appelez ces immenses éboulements sablonneux qui arrivent sur le rivage avec leurs arbres verts, leurs rochers et leurs bizarres déchirures), je conviens qu'ils sont encore très-extraordinaires. Le givre et la glace qui enchaînent toutes ces formes étranges, et qui, du moindre brin d'herbe, font une guirlande de diamants; ces inextricables réseaux de ronces que l'on prendrait pour de savants et immenses ouvrages en verre filé ; ce beau soleil rouge sur tout cela ; ces cimes déchiquetées là-haut qui brillent comme des aiguilles de saphir sur la pourpre du matin.... oui, je reconnais que cette nature est grandiose, et que ce que je vois de cette fenêtre est un tableau qui m'éblouit; mais il m'éblouit, monsieur, et c'est là toute la critique que j'en veux faire. Il m'exalte, il m'élève au-dessus de moi-même... C'est beaucoup sans doute que l'enthousiasme, mais est-ce là toute la vie? L'homme n'a-t-il pas un immense besoin de repos, de contemplation sans effort, et de cette rêverie molle et délicieuse que nous appelons chez nous le *far niente*? Or, c'est là-bas, sur le Trasimène, qu'on se sent magnifiquement végéter. C'est là que j'ai poussé tout tranquillement et sans crise violente, moi, fétu transporté de je ne sais quelle région inconnue sur ces rives bénies du soleil, sous le clair ombrage des vieux oliviers, et comme baigné incessamment dans un fluide d'or chaud !

« Nous avions (hélas ! je dis *nous!*) une petite maison de campagne, une *villetta*, sur le bord d'un ruisseau appelé le *Sanguineto*, ou *ruisseau de Sang*, en souvenir, dit-on, du sang versé et ruisselant par la campagne à la fameuse bataille de Trasimène. Nous passions là toute la belle saison dans une oasis de délices champêtres. Les ruisseaux ne charrient plus de cadavres, et les ondes du Sanguineto sont limpides comme le cristal. Pourtant mon brave père adoptif était absorbé par l'unique préoccupation de rechercher des ossements, des médailles et des débris d'armure, que l'on trouve encore en grande quantité, dans l'herbe et les fleurs, sur les rives du lac. Sa femme, qui l'adorait ( et elle avait bien raison), l'accompagnait partout, et moi, le gros garçon insouciant, que l'on daignait adorer aussi, je me roulais dans le sable tiède, ou je rêvais, balancé par le pas régulier de *Nino*, sur les genoux de mon aimable mère.

» Peu à peu, je vis et compris la splendeur des jours et des nuits dans cette douce contrée. Ce lac est immense, non qu'il soit aussi étendu que le moindre des vôtres, mais parce que la grandeur n'est pas la dimension. La coupe de ses lignes est si vaste et son atmosphère si moelleuse à l'œil, que ses profondeurs lumineuses donnent l'idée de l'infini. Je ne puis me rappeler sans émotion certains levers et certains couchers de soleil sur ce miroir uni où se reflétaient des pointes de terre chargées de gros arbres arrondis et puissants, et les îlots lointains, blancs comme l'albâtre au sein des ondes rosées. Et la nuit, quelles myriades d'étoiles tremblotaient, sans confusion et sans secousses, dans ces eaux tranquilles ! quelles vapeurs suaves rampaient sur les collines argentées, et quelles mystérieuses harmonies couraient discrètement le long de la rive avec le faible remous de cette grande masse d'eau qui semblait craindre de troubler le sommeil des fleurs ! Chez vous, convenez-en, monsieur Goefle, la nature est violente, même dans son repos d'hiver. Tout dans vos montagnes porte la trace des cataclysmes perpétuels du printemps et de l'automne. Là-bas, toute terre est sûre de conserver longtemps sa forme, et toute plante de mûrir dans le sol où elle a pris naissance. On y respire en quelque sorte avec l'air la douceur des instincts, et l'éternel bien-être de la nature s'insinue dans l'âme sans la confondre et sans l'ébranler.

— Vous avez la corde poétique, c'est fort bien vu, dit M. Goefle; mais les habitants de ces beaux climats ne sont-ils pas malpropres, paresseux et volontairement misérables?

— Dans toute misère, il y a moitié de la faute des gouvernants et moitié de celle des gouvernés; le mal n'est jamais d'un seul côté. C'est ce qui fait, je crois, que le bien ne se fait pas; mais, dans ces beaux climats, la misère engendrée par la paresse trouve son excuse dans la volupté de la vie contemplative. J'ai vivement senti, dès mon adolescence, le charme enivrant de cette nature méridionale, et je l'appréciais d'autant plus que je sentais aussi en moi des accès d'activité fiévreuse, comme si, en effet, je fusse né à cinq cents lieues de là, dans ces pays froids, où l'esprit commande davantage à la matière.

— Donc, vous n'étiez pas précisément paresseux?

— Je crois que je ne l'étais pas du tout ; car mes parents me voulaient savant, et, par affection pour eux, je faisais de grands efforts pour m'instruire. Seulement, je me sentais porté vers les sciences naturelles, en même temps que vers les arts et la philosophie, bien plus que vers les recherches ardues et minutieuses de mon savant Goffredi. Je trouvais ses études un peu oiseuses, et ne pouvais me livrer comme lui à une joie délirante, quand nous avions réussi à déterminer l'emploi d'une borne antique et à déchiffrer le sens d'une inscription étrusque. Il me laissa, du reste, parfaitement libre de suivre l'impulsion de mes aptitudes, et me fit la plus douce existence qu'il soit possible d'imaginer. Je dois entrer ici dans quelques détails sur cette époque de ma vie où, de l'enfance à la jeunesse, je sentis s'éveiller en moi les facultés de l'âme.

» Pérouse est une ville universitaire et poétique, une des belles et doctes cités de la vieille Italie. On peut y devenir à volonté savant ou artiste. Elle est riche en antiquités et en monuments de toutes les époques ; elle a de belles bibliothèques, une académie des beaux-arts, des collections, etc. La ville est belle et pittoresque ; elle compte plus de cent églises et cinquante monastères, tous riches en tableaux, manuscrits, etc. La place du Dôme est remarquable; c'est là qu'en face d'une riche cathédrale gothique, d'une fontaine de Jean de Pise, qui est un chef-d'œuvre, et d'autres monuments de diverses époques, se dresse un grand palais dans le style vénitien. C'est un étrange et fier monument du XIII° ou XIV° siècle, d'une couleur rouge sombre, enjolivé de noirs ornements de fer, et percé avec cette irrégularité fantasque très-méprisée depuis les lignes correctes et la pureté de goût de la renaissance.

» J'aimais de passion la dramatique physionomie de ce vieux palais, que M. Goffredi dédaignait comme appartenant à un âge de barbarie ; il n'estimait que l'antique et les siècles nouveaux qui se sont inspirés de l'antique. Moi, je vous confesserai tout simplement l'immense ennui que tous ces chefs-d'œuvre de même famille, anciens et modernes, firent parfois planer sur mes sentiments d'admiration. Ce parti pris de l'Italie de se recommencer elle-même et de rejeter les époques où son individualité s'est fait jour, entre l'absolutisme des empereurs et celui des papes, est tellement consacré dans l'opinion, que l'on y passe pour un Vandale, si on se permet d'avoir quelquefois de la perfection par-dessus les oreilles [*].

» J'étais naïf et spontané ; je me fis bien des fois rembarrer avec mon amour pour tout ce que l'on appelait indistinctement le *gotico*, c'est-à-dire pour tout ce qui n'était pas du siècle de Périclès, d'Auguste ou de Raphaël. C'est même tout au plus si mon père adoptif consentait à admirer le dernier. Il ne s'enthousiasmait que pour les ruines de Rome, et, lorsqu'il m'y eut conduit, il fut surpris et scandalisé de m'entendre dire que je ne voyais rien là qui pût me faire oublier cette royale fantaisie et ce groupe théâtral de notre *piazza del Duomo*, avec son grand palais rouge et noir, son assemblage de splendeurs variées, et ses petites ruelles tortueuses qui se précipitent tout à coup, d'un air de mystère un peu tragique, sous de sombres arcades.

» J'avais alors quinze ou seize ans, et je commençais à pouvoir expliquer mes goûts et mes idées. Je sus exposer à *mon père* comme quoi je sentais en moi des instincts d'indépendance absolue en matière de goût et de sentiment. J'éprouvais le besoin d'étendre mon admiration ou ma jouissance intellectuelle à tous les élans du génie ou de l'invention de l'homme, et il m'était impossible d'emprisonner ma sensation dans un système, dans une époque, dans une école. Il me fallait, en un mot, la liberté d'adorer l'univers, Dieu et l'étincelle divine donnée à l'homme, dans tous les ouvrages de l'art et de la nature.

---

[*] Cela est encore vrai pour beaucoup de gens. Au siècle dernier et au commencement de celui-ci, on avait pour les œuvres du moyen âge un mépris général.

» Ainsi, lui disais-je, j'aime le beau soleil et la sombre nuit, notre austère Pérugin et le fougueux Michel-Ange, les puissantes substructions romaines et les délicates découpures sarrasines. J'aime notre paisible lac de Trasimène et la foudroyante cataracte de Terni. J'aime vos chers étrusques et tous vos sublimes anciens ; mais j'aime aussi les cathédrales gréco-arabes, et, tout autant que la fontaine monumentale de Trevi, le filet d'eau qui court entre deux roches au fond de quelque solitude champêtre. Chaque chose nouvelle me paraît digne d'intérêt et d'attention, et toute chose m'est chère qui s'empare de mon cœur ou de ma pensée à un moment donné. Ainsi porté à me livrer à tout ce qui est beau et sublime, ou seulement agréable et charmant, je me sens effrayé des exigences d'un culte exclusif pour certaines formes du beau.

» Si vous trouvez cependant, lui disais-je encore, que je suis sur une mauvaise pente, et que ce besoin de développement dans tous les sens soit un dérèglement dangereux, je tâcherai de tout réprimer et de m'absorber dans l'étude que vous me choisirez. Avant tout, je veux être ce que vous souhaitez que je sois ; mais vous, mon père, avant de me couper les ailes, examinez un peu s'il n'y a rien dans tout ce vain plumage qui mérite d'être conservé.

» M. Goffredi, quoique très-exclusif dans ses études, était, quant au caractère, la plus généreuse nature que j'aie jamais rencontrée. Il réfléchit beaucoup sur mon compte, il consulta beaucoup la divine sensibilité de sa femme. Sofia Goffredi était ce qu'en Italie on appelle une *letterata*, non pas une femme de lettres, comme on l'entend en France, mais une femme lettrée, charmante, inspirée, érudite et simple. Elle m'aimait si tendrement, qu'elle croyait voir en moi un prodige ; à eux deux, ces excellents êtres décrétèrent qu'il fallait respecter mes tendances et ne pas éteindre ma flamme avant de savoir si c'était feu sacré ou feu de paille.

» Ce qui leur donna confiance en moi, c'est que cette disposition à laisser couler dans tous les sens ma source intellectuelle ne provenait pas d'une inconstance du cœur. J'aimais tous mes semblables avec candeur, mais je ne songeais pas à répandre ma vie au dehors. J'étais exclusivement attaché à ces deux êtres qui m'avaient adopté et que je préférais à tout. Leur société était mon plus grand, je pourrais dire mon unique plaisir en dehors des études variées qui me captivaient.

» Il fut donc décidé que mon âme m'appartenait, puisque c'était, à tout prendre, une assez bonne âme, et on ne m'imposa pas l'instruction universitaire dans toute sa rigueur. On me laissa chercher ma voie et donner libre carrière à l'énorme facilité dont j'étais doué. Fut-ce un tort ? Je ne le crois pas. Il est bien vrai que l'on eût pu me doter d'une spécialité qui m'eût casé pour toujours dans un coin de l'art ou de la science, et que je n'eusse pas connu la misère ; mais de combien de plaisirs intellectuels ne m'eût-on point privé ! Et puis qui sait si les idées positives et mes propres intérêts, bien définis à mes propres yeux, n'eussent pas desséché la religion de mon cœur et de ma conscience ? Vous verrez tout à l'heure que Sofia Goffredi n'eut point lieu de regretter de m'avoir laissé être moi-même.

» Je m'étais persuadé d'abord que j'étais né littérateur. Sofia m'enseignait à faire des vers et de la prose, et, encore enfant, j'inventais des romans et rimais des comédies, que notre entourage admirait naïvement. J'eusse pu devenir très-vain, car j'étais excessivement gâté par tous ceux qui venaient chez nous ; mais ma Sofia me disait souvent que, le jour où l'on est satisfait de soi-même, on ne fait plus un seul progrès, et ce simple avertissement me préserva de la sottise de m'admirer. Je vis, d'ailleurs, bientôt que, pour être littérateur, il fallait savoir beaucoup de choses ou nager dans le vide des phrases. Je lus énormément ; mais il arriva que, tout en m'instruisant dans l'histoire et dans les choses de la nature, je me perdis entièrement de vue, et, au lieu de butiner comme l'abeille pour faire du miel et de la cire, je m'envolai dans l'immensité des connaissances humaines pour le seul plaisir de connaître et de comprendre.

» C'est alors que je sentis de grands élans vers les sciences naturelles, et que ma prédilection pour cet emploi de ma vie s'établit dans mon cerveau comme une vocation mieux déterminée que la première. A cette ardeur de comprendre se joignit celle de voir, et je puis dire que deux hommes s'éveillaient en moi, l'un qui voulait découvrir les secrets de la création par amour pour la science, c'est-à-dire pour ses semblables, l'autre qui voulait savourer en poète, c'est-à-dire un peu pour lui-même, les beautés variées de la création.

» De ce moment, je m'épris de l'idée des lointains voyages. En m'absorbant dans les collections et les musées de Pérouse, je rêvais les antipodes, et la vue d'une petite pierre ou d'une petite fleur desséchée me transportait en imagination au sommet de grandes montagnes et au delà des grandes mers. J'avais soif aussi de voir les grandes villes, les centres de lumière, les savants de mon époque, les collections étendues et précieuses. Sofia Goffredi m'avait enseigné le français, l'allemand et un peu d'espagnol. Je sentais la nécessité d'apprendre les langues du Nord et de n'être un étranger nulle part en Europe. J'appris l'anglais, le hollandais, le suédois surtout, avec une très-grande rapidité. Ma prononciation était défectueuse, ou plutôt elle était nulle. Je m'abstenais de chercher la musique des langues que je ne pouvais entendre parler, comptant sur la justesse de mon oreille et sur la facilité naturelle que j'ai d'imiter les divers accents pour me mettre vite au courant de la pratique quand besoin serait. L'événement n'a pas démenti mes espérances. Il ne me faut pas plus de quinze jours pour parler sans accent une langue que j'ai apprise seul avec mes livres.

» En même temps que j'apprenais les langues, j'apprenais aussi le dessin et un peu de peinture, pour être à même de fixer, par quelques études de ce genre, mes souvenirs de voyage, les sites, les hautes plantes, les costumes, les monuments, tout ce qui ne peut être emporté que dans l'esprit quand la main est inhabile et contrarie le sentiment intérieur. Et puis je lisais aussi les bons écrivains, afin de m'exercer à rédiger clairement et rapidement ; car j'étais souvent choqué du style obscur et confus des livres de voyage ; si bien, monsieur Goefle, qu'à dix-huit ans j'étais tout préparé à devenir, sinon un savant, du moins un homme utile par son savoir, son activité, son aptitude au travail et ses facultés d'observation. Ce fut là le plus beau temps de ma vie, le mieux employé, le plus pur et le plus doux. Ah ! s'il avait pu durer quelques années de plus, je serais un autre homme !

» M. Goffredi, qui, plongé dans ses recherches d'antiquaire, ne s'occupait pas directement de mon éducation, mais qui, de temps en temps, me faisait récapituler mes études et m'observait alors avec soin, prit confiance entière dans mon jugement, quand il se fut assuré que je ne perdais pas trop mon temps et ma peine. Il avait d'abord voulu me détourner d'embrasser trop de choses ; mais, voyant que mes notions diverses se plaçaient sans trop de confusion dans ma cervelle, il se mit à rêver pour moi et avec moi tout ce que je rêvais. Lui-même avait voyagé avant son mariage, et il projetait une nouvelle tournée archéologique vers des points qu'il n'avait pas explorés. Il nourrissait ce projet surtout depuis un petit héritage qu'il avait fait récemment, et qui lui permettait de renoncer à son emploi de professeur à l'université. Il travaillait depuis dix ans à un ouvrage qu'il ne pouvait compléter sans voir le littoral de l'Afrique et certaines îles de la Grèce. Il faut vous dire qu'il avait le travail pénible et lent, faute d'un style clair et peut-être aussi d'une certaine netteté d'esprit dans l'exposé de ses ingénieuses déductions. C'était un génie à qui le talent manquait.

» Il fut satisfait de la manière dont je rédigeai quelques pages de son travail, et résolut de m'emmener, afin de me mettre à même d'écrire son ouvrage au retour. Je faillis devenir fou de joie, quand il me fit part de cette détermination ; mais ma joie se changea en tristesse à l'idée de laisser seule ma mère adoptive, cette adorable femme qui ne vivait que pour nous, et je demandai à rester avec elle.

» Elle m'en sut gré ; mais elle trouva moyen de nous contenter tous les trois en offrant de venir avec nous, et la proposition fut accueillie avec enthousiasme. On fit donc les préparatifs du départ comme ceux d'une fête. Hélas ! tout nous souriait ! *La Sofia* (vous savez que, chez nous, *le* ou *la* est un superlatif d'admiration et non un terme de mépris) avait l'habitude des longues courses. A la campagne, elle nous suivait partout. Active, courageuse, exaltée, elle ne fut jamais pour nous un embarras. Si nous nous sentions quelquefois las et abattus, elle relevait nos esprits et nous charmait par la gaieté ou l'énergie de son caractère. Elle était encore jeune et forte, et sa laideur disparaissait derrière son angélique sourire de tendresse et de bonté. Son mari la chérissait avec enthousiasme, et, quant à elle, il lui était impossible d'admettre que Silvio Goffredi ne fût pas un demi-dieu, en dépit de sa maigreur, de son dos prématurément voûté et de ses distractions fabuleuses. Quelle âme pure et généreuse, d'ailleurs, dans ce corps fragile et sous ces dehors irrésolus et timides ! Son désintéressement était admirable. Le travail auquel il sacrifiait son emploi et ses habitudes en était la preuve. Il savait bien que de tels ouvrages coûtent plus qu'ils ne rapportent, en Italie surtout, et il ne comptait pas sur le sien pour augmenter sa fortune ; mais c'était sa gloire, le but et le rêve de toute sa vie.

» Ma pauvre mère était la plus impatiente de partir. Elle sentait une confiance absolue dans la destinée. Il fut décidé que nous commencerions par visiter les îles de l'Archipel.

» Permettez-moi de passer rapidement sur ce qui va suivre ; le souvenir en est déchirant pour moi. En traversant une partie de l'Apennin à pied, mon pauvre père se heurta contre un rocher et se blessa légèrement à la jambe. Malgré nos supplications, il négligea la plaie et continua de marcher les jours suivants. Il faisait une chaleur écrasante. Quand nous arrivâmes au bord de l'Adriatique, où nous devions nous embarquer, il fut forcé de prendre quelques jours de repos, et nous obtînmes qu'il se laissât visiter par un chirurgien. Quelle fut notre épouvante lorsque la gangrène fut constatée ! Nous étions dans un village, loin de tout secours intelligent. Ce chirurgien de campagne, qui ressemblait à une sorte de barbier, parlait tranquillement de couper la jambe. L'eût-il sauvé ou tué plus vite ? En proie à d'horribles perplexités, ma mère et moi, nous ne savions que résoudre. Mon père, avec un courage héroïque, demandait l'amputation, et prétendait faire le tour du monde avec une jambe de bois. Nous n'osions le livrer au scalpel d'un boucher. Je pris le parti de courir à Venise : nous n'en étions qu'à cinquante lieues. Je pris un cheval que je laissai fourbu le soir, pour en acheter un autre à la hâte et continuer ma course. J'arrivai rompu, mais vivant. Je m'adressai à un des premiers hommes de l'art ; je le décidai à me suivre, offrant tout ce que possédait la Sofia. Nous prîmes une chaloupe pour descendre le littoral. Nous arrivâmes avec une célérité qui me remplissait d'espoir et de joie. Hélas ! monsieur, je vivrais mille ans que le souvenir de ce jour affreux me serait, je crois, aussi amer qu'aujourd'hui ? Je trouvai Silvio Goffredi mort, et Sofia Goffredi folle !

— Pauvre garçon ! dit M. Goefle en voyant un ruisseau de grosses larmes jaillir des yeux de Cristiano.

— Allons ! allons ! dit celui-ci en les essuyant à la hâte, on ne devrait pas se laisser surprendre par ces émotions-là ; c'est la preuve qu'on les chasse un peu trop de sa pensée, et elles s'en vengent tout d'un coup en reprenant leurs droits.

» L'habile médecin que j'avais amené ne put guérir ma mère, ni même me donner l'espoir qu'elle guérirait. Seulement, il étudia la nature de son délire et m'enseigna le moyen d'empêcher les crises de fureur. Il fallait satisfaire tous ses désirs pour peu qu'ils eussent une apparence de raison, et, quant aux autres, il fallait tâcher de prendre sur elle l'ascendant et même l'autorité qu'un père exerce sur son enfant.

» Je la ramenai à Pérouse avec le corps de notre pauvre ami, que nous fîmes embaumer afin de le porter dans le mausolée que sa femme rêvait pour lui au bord du lac de Trasimène. Ce que je souffris dans mon cœur pour ramener ainsi mon père mort et ma mère folle dans ce pays que nous avions quitté si gaiement, il n'y avait pas trois semaines, est impossible à dire. Au départ, Sofia riait et chantait tout le long du chemin ; au retour, elle riait et chantait encore, mais de quel air lugubre et de quelle voix déchirante ! Il me fallait la conduire, la raisonner, l'amuser et la persuader comme un enfant, cette femme si intelligente et si forte, que la veille encore je regardais comme mon guide et mon appui ; car j'avais à peine dix-neuf ans, moi, monsieur Goefle !

» Quand les restes de Silvio Goffredi furent déposés dans la tombe, sa veuve fut calme, et l'on pourrait même dire que, dans ce calme excessif et subit, se manifesta l'accomplissement de sa funeste destinée. Je perdis tout espoir en reconnaissant qu'elle était devenue, pour ainsi dire, étrangère à elle-même. Une seule idée l'absorbait, c'était le monument qu'elle voulait faire élever à son cher Silvio. Dès lors il ne fallut lui parler ni l'occuper d'autre chose. Toute espèce de travail pour mon compte me devint impossible, car elle ne dormait pas et me laissait à peine le temps de dormir quelques heures, je ne dirai pas chaque jour, mais chaque semaine. Il ne fallait pas songer à la confier un seul instant à d'autres soins que les miens. Avec tout autre que moi, elle s'irritait et tombait dans des crises épouvantables ; avec moi, elle n'eut pas un seul accès de fureur ou de désespoir. Elle m'entretenait sans cesse non de son mari, il semblait qu'elle n'en eût pas conservé le moindre souvenir particulier, et qu'il fût devenu pour elle un être de raison qu'elle n'avait jamais vu, mais de l'épitaphe, des emblèmes, des statues dont elle voulait décorer sa tombe.

» Elle me fit bien dessiner deux ou trois milliers de projets ; le dernier lui plaisait toujours pendant une ou deux heures ; après quoi, il fallait tout changer comme indigne de la mémoire du *mage*, c'est ainsi qu'elle appelait son cher défunt. Aucun emblème ne répondait à ses idées abstraites et confuses : absorbée dans de profondes méditations, elle venait m'ôter des mains le crayon qu'elle m'y avait mis, et me faisait recommencer, sous prétexte de modification légère, un sujet tout opposé. Vous pensez bien que, la plupart du temps, ces sujets étaient irréalisables, et ne présentaient aucun sens. Comme elle s'inquiétait et s'agitait quand j'y changeais quelque chose, je pris le parti de lui obéir consciencieusement. J'ai eu des cartons pleins de compositions bizarres qui suffiraient à rendre fou quiconque voudrait se les expliquer.

» Quand elle avait passé ainsi plusieurs heures, elle m'emmenait voir les essais en marbre qu'elle avait commandés à tous les statuaires du pays. Il y en avait plein la cour et plein le jardin, et aucun ne lui convenait dès qu'elle le voyait exécuté.

» Une autre préoccupation, que je dus et voulus satisfaire à tout prix, ce fut la matière à employer pour ce monument imaginaire. Elle fit venir des échantillons de tous les marbres et de tous les métaux connus; on exécuta des maquettes de sculpture et de fonderie en si grande quantité, que la maison ne pouvait plus les contenir. Il y en avait jusque sur les lits, et les voyageurs, prenant notre maison pour un musée, venaient la visiter et nous demander l'explication des sujets bizarres qu'ils voyaient représentés. La pauvre Sofia se plaisait à les recevoir et à leur expliquer ses idées. Ils s'éloignaient alors, peinés et attristés d'être venus là, quelques-uns riant et haussant les épaules. Les misérables! leur ironie me faisait l'effet d'un crime.

» Cependant nos ressources s'épuisaient. M. Goffredi avait laissé à sa femme l'entière jouissance de sa petite fortune, dont je devais hériter un jour. Un conseil de famille s'assembla, autant dans mon intérêt, disait-on, que pour se conformer aux intentions de mon père à mon égard. Un avocat décida qu'il fallait faire prononcer l'interdiction de la pauvre Sofia, faire défense aux artistes, fondeurs, praticiens et fournisseurs de matières coûteuses, de lui rien livrer, et aviser, quant à elle, à la faire entrer dans une maison d'aliénés, puisque inévitablement cette contrariété amènerait chez elle l'état de paroxysme et de fureur dangereuse pour les autres.

— L'avocat avait raison, dit M. Goefle; ce parti était douloureux, mais nécessaire.

— Je vous demande bien pardon, monsieur Goefle; mais j'en jugeai autrement. Étant l'unique héritier de Goffredi, j'avais le droit de laisser manger mon bien par ma tutrice.

— Non! vous n'aviez pas ce droit-là. Vous étiez mineur; la loi protège ceux qui ne peuvent se protéger eux-mêmes.

— C'est ce qui me fut dit; mais j'étais si bien en état de me protéger moi-même, que je menaçai l'avocat de le jeter par les fenêtres, s'il ne renonçait à son infâme proposition. Mettre ma mère dans une maison d'aliénés! Il fallait donc m'y enfermer aussi, moi dont elle ne pouvait se passer un seul instant, et qui serais mort d'inquiétude en la sachant livrée à des soins mercenaires! La priver du seul amusement qui pût exercer sur elle l'influence d'un rassérénement pour ainsi dire magique! lui arracher le droit de manifester et d'endormir ses regrets par des édifices ruineux, insensés, je le veux bien, mais qui ne faisaient de tort ni de mal à personne! Et qu'importait notre maison pleine de tombeaux à M. l'avocat gras et fleuri? Qui le forçait de venir s'apitoyer sur l'argent dépensé en pure perte, ou se moquer des aberrations de douleur de la pauvre veuve? Je tins bon, la famille me blâma, l'avocat me déclara insensé; mais ma mère resta tranquille.

— Ah! ah! mon garçon, dit M. Goefle en souriant, c'est ainsi que vous traitez les avocats, vous?... Tenez, donnez-moi donc une poignée de main, ajouta-t-il en regardant Cristiano avec des yeux humides d'attendrissement et de sympathie.

Cristiano serra les mains du bon Goefle, et les porta à ses lèvres à la manière italienne.

— J'accepte votre bonté pour moi, dit-il; mais je n'accepterais pas d'éloges sur ma conduite. Elle était si naturelle, voyez-vous, que toute préoccupation personnelle dans ma situation eût été infâme. Ne vous ai-je donc pas dit combien j'avais été aimé, choyé, gâté par ces deux êtres dont je me sentais véritablement le fils, autant par les entrailles que par le cœur? Ah! j'avais été heureux, bien heureux, monsieur Goefle! et je n'aurai jamais le droit, quelque désastre qui puisse m'arriver, de me plaindre de la Providence. Je n'avais pas mérité tout ce bonheur-là avant de naître. Ne devais-je pas tâcher de le mériter après avoir un peu vécu?

— Et que devint la pauvre Sofia? dit M. Goefle après avoir rêvé quelques instants.

— Hélas! je me promettais de vous raconter mon histoire aussi gaiement que possible, et voilà que je n'ai pas su effleurer le côté douloureux de mes souvenirs! Je vous en demande pardon, monsieur Goefle; je vous ai attristé, et je ferais aussi bien de vous dire tout simplement que la pauvre Sofia n'est plus.

— Sans doute, puisque vous voilà ici. Je vois bien que vous ne l'eussiez jamais quittée; mais connut-elle la misère avant de mourir? Je veux tout savoir.

— Grâce au ciel, elle ne manqua jamais de rien. Je ne sais ce qui fût advenu si, toute la fortune mangée, il m'eût fallu la quitter pour lui gagner de quoi vivre; mais ce n'est pas de cela que je m'inquiétais; car je la voyais, malgré son air calme, dépérir rapidement.

» Au bout d'environ deux ans, elle me prit la main, un soir que nous étions assis en silence au bord du lac:

» — Cristiano, me dit-elle avec un son de voix extraordinaire, je crois que j'ai la fièvre; tâte-moi le pouls et dis-moi ce que tu en penses?

» C'était la première fois, depuis son malheur, qu'elle s'occupait de sa santé. Je sentis qu'elle avait une fièvre violente. Je la fis rentrer, j'appelai son médecin.

» — Elle est fort mal en effet, me dit-il; mais qui sait si ce n'est pas une crise favorable qui s'opère?

» Depuis son malheur, elle n'avait pas eu la fièvre.

» Je n'espérais pas. Ma mère tomba dans une profonde somnolence. Aucun remède n'opéra le moindre effet : elle s'éteignait visiblement. Quelques instants avant de mourir, elle parut retrouver des forces et s'éveiller d'un long rêve. Elle me pria de la soulever dans mes bras et me dit à l'oreille, d'une voix éteinte :

» — Je te bénis, Cristiano! tu es mon sauveur; je crois que j'ai été folle, je t'ai tourmenté; Silvio me l'a reproché tout à l'heure. Je viens de le voir là, et il m'a dit de me lever, de marcher et de le suivre. Aide-moi à sortir de ce tombeau où j'avais la manie de m'enfermer... Viens!... le navire met à la voile... partons !...

» Elle fit un suprême effort pour se soulever, et retomba morte dans mes bras.

» Je ne sais trop ce qui se passa pendant plusieurs jours; il me parut que je n'avais plus rien à faire dans la vie, puisque je n'avais plus que moi-même à garder.

» Je réunis dans la même tombe les restes de mes parents bien-aimés, j'y fis poser la plus simple et la plus blanche de toutes les pierres tumulaires amoncelées dans notre habitation ; j'y gravai moi-même leurs noms chéris sans autre épitaphe. Vous pensez bien, hélas! que j'avais pris en horreur toutes les formules et tous les emblèmes. Quand je rentrai dans la maison, on vint me dire qu'elle n'était pas à moi, mais aux créanciers. Je le savais ; j'étais si bien préparé d'avance à quitter cette chère petite retraite, que j'avais déjà fait machinalement mon paquet en même temps que l'ensevelisseuse roulait le drap mortuaire autour du pauvre cadavre. Je laissai la liquidation aux mains de la famille; j'avais eu assez d'ordre dans ma prodigalité pour savoir que, s'il ne me restait rien, du moins je ne laissais aucune dette derrière moi.

» J'allais quitter la maison quand le petit juif dont je vous ai parlé se présenta. Je pensais qu'il venait tâcher d'acquérir à bas prix quelques-unes des précieuses antiquailles de la collection de M. Goffredi, qui allait être mise aux enchères; mais, s'il y songea, il eut la délicatesse de ne m'en point parler, et, comme je l'évitais, il me suivit dans le jardin, où j'allais cueillir quelques fleurs, seul souvenir matériel que je voulusse emporter. Là, il me mit dans la main une bourse assez bien garnie, et voulut s'enfuir sans me donner d'explication.

» Je pensais si peu à d'autres parents que ceux que je venais de perdre, que je crus à quelque aumône dont ce juif était l'intermédiaire, et que je jetai la bourse loin de moi pour le forcer à venir la reprendre. Il revint en effet sur ses pas, et, la ramassant, il me dit:

» — Ceci est à vous, bien à vous. C'est de l'argent que je devais aux Goffredi et que je vous restitue.

» Je refusai. Il se pouvait que cette petite somme fût nécessaire pour parfaire quelque appoint dans les dettes de la succession. Le juif insista.

» — Ceci vient de vos véritables parents, me dit-il; c'est un dépôt qui m'était confié, et que je me suis engagé à vous remettre quand vous en auriez besoin.

» — Je n'ai besoin de rien, lui répondis-je; j'ai de quoi aller à Rome, où les amis de M. Goffredi me trouveront de l'occupation. Rassurez mes parents sur mon compte. Je présume qu'ils ne sont pas riches, puisqu'ils n'ont pu me faire élever sous leurs yeux. Remerciez-les de leur souvenir et dites-leur qu'à l'âge où je suis, avec l'éducation que j'ai reçue, ce sera bientôt à moi de les assister, s'ils ont besoin de moi. Qu'ils se fassent connaître ou non, j'accepterai cette tâche avec plaisir. Ils m'avaient mis en de si bonnes mains, et, grâce à ce choix, j'ai été si heureux, que je leur dois une vive reconnaissance.

» Tels étaient mes sentiments, monsieur Goefle; je ne me fardais point, car tels ils sont encore. Je n'ai jamais éprouvé le besoin d'accuser et d'interroger ceux qui m'ont donné la vie, et je ne comprends pas les bâtards qui se plaignent de n'être pas nés dans une condition de leur choix, comme si tout ce qui vit n'avait pas été de tout temps destiné à vivre, et comme si ce n'était pas Dieu qui nous appelle ou nous envoie en ce monde dans les conditions qu'il lui plaît d'établir.

» — Vos parents ne sont plus, me répondit le petit juif. Priez pour eux et recevez l'offrande d'un ami.

» Comme c'était sa troisième réponse, différente de la seconde et de la première, j'éprouvai une secrète défiance.

» — Est-ce vous par hasard, lui dis-je, qui prétendez être cet ami et venir à mon secours?

» — Non, dit-il, je suis un mandataire fidèle et rien de plus.

» Eh bien, dites à ceux qui vous ont choisi que je leur rends grâce, mais que je n'accepte rien, pas plus des amis qui se montrent que de ceux qui se cachent. Avez-vous quelque chose à me révéler avec l'autorisation de ma famille?

» — Non, rien, répondit-il, mais plus tard probablement. Où allez-vous demeurer à Rome?

» — Je n'en sais rien.

» — Eh bien, moi, je le saurai, reprit-il, car je ne dois pas vous perdre de vue. Adieu, et souvenez-vous que, si vous tombiez dans la disgrâce, l'argent que vous voyez-là est à vous, et qu'il suffira de m'avertir pour que je vous en tienne compte.

» Il me sembla que cet homme parlait avec sincérité en ce moment ; mais il se pouvait que ce ne fût qu'un de ces spéculateurs hardis qui vont au-devant des nécessiteux dans l'espoir de les rançonner plus tard. Je le remerciai froidement et partis les mains presque vides.

» Je ne m'embarrassais guère de ce que j'allais devenir. Il ne fallait plus songer aux voyages, mais bien à trouver un emploi quelconque pour vivre. Quoique, depuis longtemps, il ne m'eût pas été permis de continuer à m'instruire, grâce à une excellente mémoire je n'avais rien oublié. Mes petites connaissances étaient assez variées, et les éléments des choses étaient assez positifs dans ma tête pour qu'il me fût possible d'entreprendre avec succès l'éducation particulière d'un jeune garçon. Je désirai surtout cette fonction dans l'espoir que j'avais de continuer mes études en prenant sur mon sommeil.

» Mon père avait eu les relations les plus honorables dans la province que nous habitions ; mais, chose étrange, ma conduite à l'égard de madame Goffredi fut jugée romanesque et peu digne d'un homme sérieux. Je m'étais laissé ruiner ; c'était tant pis pour moi ! j'avais mauvaise grâce à demander un emploi, moi, connu pour un dissipateur aveugle, pour une espèce de fou ! Je ne devais donc pas songer à être placé à Pérouse. A Rome, un des amis de mon père me fit entrer, en qualité de précepteur, chez un prince napolitain qui avait deux fils paresseux et sans intelligence, plus une fille bossue, coquette et d'humeur amoureuse. Au bout de deux mois, je demandai mon congé pour me soustraire aux œillades de cette héroïne de roman dont je ne voulais pas être le héros.

» Je trouvai à Naples un autre ami de mon père, un savant abbé, qui me plaça dans une famille moins opulente, mais beaucoup plus désagréable, et avec des élèves beaucoup plus obtus que les précédents. Leur mère, peu jeune et peu belle, me prit vite en grippe parce que je ne me faisais pas illusion sur ses charmes. Je ne me piquais pas d'une vertu farouche, je ne m'attribuais pas le droit de vouloir débuter en amour avec une déesse, je savais me contenter de beaucoup moins ; mais, la maîtresse de la maison fût-elle passable, je ne voulais pas être l'amant d'une femme qui me commandait et me payait. Je m'en allai retrouver mon savant abbé et lui conter mes ennuis. Il se prit à rire en disant :

» — C'est votre faute ; vous êtes beau garçon, et cela vous rend trop difficile.

» Je le suppliai de me faire entrer chez un veuf ou chez des orphelins. Après quelques recherches, il me déclara qu'il tenait mon affaire. Le jeune duc de Villareggia avait perdu père et mère ; il n'avait ni sœurs ni tantes. Élevé chez un oncle cardinal, il avait besoin, non d'un gouverneur, il en avait un, mais d'un professeur de langues et de littérature : je fus agréé. Là, ma position devint agréable et même lucrative. Le cardinal était un homme de savoir et d'esprit ; son neveu, âgé de treize ans, était fort bien doué et d'un caractère aimable. Je m'attachai beaucoup à lui, et lui fis faire de rapides progrès, tout en étudiant beaucoup moi-même ; car j'avais un logement à moi, et toutes mes soirées libres pour me livrer au travail. Le cardinal était si content de moi, que, pour me retenir exclusivement et m'empêcher de prendre d'autres élèves, il me rétribuait assez largement.

» Ma conduite fut studieuse et régulière pendant environ un an ; j'avais eu tant de chagrin et je sentais si bien mon isolement dans la société, que je prenais la vie au sérieux peut-être plus qu'elle ne le mérite. J'aurais pu tourner au pédant, si le cardinal ne se fût attaché à me pousser spirituellement et gracieusement à la légèreté et à la corruption du siècle. Il me fit homme du monde, et je ne sais trop si je dois lui en savoir gré. J'en vins peu à peu à perdre beaucoup de temps pour ma toilette, mes amourettes et mes plaisirs. Le palais du prélat était le rendez-vous des beaux esprits du cru et des individualités brillantes de la ville. On ne me demandait pas de moraliser mon élève, mais d'orner son esprit de choses agréables et légères. On ne me demandait, à moi, que d'être aimable avec tout le monde. Ce n'était pas difficile au milieu de gens frivoles et bienveillants ; je devins *charmant*, plus charmant qu'il ne convenait peut-être à un orphelin sans appui, sans fortune et sans avenir.

» Je menai peu à peu une vie assez dissolue, et, pendant quelque temps, je me trouvai sur la pente du mal, encouragé et comme poussé en bas par tout ce qui m'environnait, retenu seulement par le souvenir de mes parents et la crainte de devenir indigne du nom qu'ils m'avaient laissé ; car je dois vous dire que, par son testament, mon père adoptif m'avait intimé l'ordre de m'appeler Cristiano Goffredi, et c'est sous ce nom que j'étais connu à Naples. C'était une excellente recommandation pour moi que ce nom honorable auprès des personnes graves et sensées ; mais j'oubliai trop vite que ce nom roturier devait m'imposer une grande prudence et une grande réserve dans mes rapports avec la jeunesse titrée que je coudoyais chez le cardinal. Je me laissai aller aux prévenances de l'intimité. On me savait gré de n'avoir ni la gaucherie ni l'austérité d'un pédagogue de profession. On m'invitait, on m'entraînait. J'étais de toutes les parties de plaisir de la plus brillante jeunesse.

» Le cardinal me félicitait de savoir concilier les soupers, les bals et les veilles avec l'exactitude et la lucidité que j'apportais toujours à l'enseignement de son neveu ; mais, moi, je voyais bien et je sentais bien que je ne cultivais plus assez mon intelligence, que je m'arrêtais en route, que je m'habituais insensiblement à n'être qu'un beau parleur et un talent creux, que je tournais trop au comédien de société et au poëte de salon, que je ne faisais sur mon traitement aucune économie en vue de ma liberté et de ma dignité futures, que j'avais de trop beau linge sur le corps et pas assez de poids dans la cervelle, enfin que je m'étais laissé prendre entre deux lignes parallèles, le désordre et la nullité, et que je risquais fort de n'en jamais sortir.

» Ces réflexions, que je chassais le plus souvent, me rendaient cependant parfois très-soucieux. Au fond, ces plaisirs, qui m'enivraient, ne m'amusaient pas. J'avais connu chez mes parents et avec eux de plus nobles jouissances et des amusements plus réels. Je me retraçais tous les souvenirs de ces charmantes promenades que nous avions faites ensemble, avec un but sérieux qui trouvait toujours des satisfactions pures, et, dans l'activité fiévreuse de ma nouvelle vie, je me sentais languir et retomber sur moi-même, comme au sein d'une accablante oisiveté. Je me mettais à rêver la grande existence des lointaines excursions, et je me demandais, en voyant ma bourse constamment à sec, si je n'eusse pas mieux fait de consacrer à la satisfaction de mes véritables goûts physiques et de mes véritables besoins intellectuels le fruit de mon travail, gaspillé en divertissements qui laissaient mon corps accablé et mon âme vide. Puis je me sentais tout à coup étranger à ce monde léger, à cette société asservie, à ce climat énervant, à cette population paresseuse, enfin à tout ce milieu où je ne tenais point par les racines vitales de la famille. Je me sentais à la fois plus actif et plus recueilli. Je pensais aussi, malgré mes vingt-trois ans et ma misère, à me marier pour avoir un chez moi, un but de réforme, un sujet de préoccupation ; mais le cardinal, à qui je confiais mes accès d'inquiétudes morales, me plaisantait et me traitait de fou.

— Tu as trop bu ou trop travaillé hier au soir, me disait-il ; ton cerveau se remplit de vapeurs. Dissipe-les en allant voir la *Cintia* ou la *Fiammetta*, et surtout ne te marie pas avec elles.

» J'aimais le cardinal : il était bon et enjoué ; mais, bien qu'il me traitât paternellement et sans morgue, je voyais trop qu'il était plus aimable qu'aimant, qu'il savait rendre son entourage agréable, et que j'y étais pour quelque chose, mais qu'il n'était pas homme à me supporter longtemps près de lui, si je tombais dans la mélancolie et si je devenais ennuyeux.

» Je tâchai de m'étourdir et de m'oublier dans le bien-être présent, de vivre au jour le jour sans souci du lendemain comme tout ce qui m'entourait. Je ne pus y parvenir. L'ennui augmenta, le dégoût se prononça ouvertement. Je me sentais rassasié d'amours faciles, d'engouements sensuels partagés sans combat par des femmes de tous les rangs. Pour moi, pauvre roturier, ces plaisirs avaient eu d'abord l'attrait de bonnes fortunes. En voyant que mon perruquier, qui était un fort beau garçon, avait autant de succès que moi, je pris les marquises en horreur. Je voulus quitter Naples. Je demandai au cardinal de m'envoyer vivre dans une de ses villas, en Calabre ou en Sicile. Je me serais fait intendant ou bibliothécaire, n'importe où. J'avais soif de repos et de solitude. Il se moqua encore de mes projets de retraite. Il n'y croyait pas. Il ne me jugeait pas plus fait pour être intendant que pour être moine. Il avait sans doute raison, mais il eut bien tort, comme vous allez voir, de me retenir.

» Un autre neveu du cardinal revint de ses voyages et s'installa dans la maison. Autant le jeune Tito Villareggia était sympathique et bienveillant, autant son cousin Marco Melfi était sot, absurde, impertinent et vaniteux. Il fut désagréable à tout le monde et s'attira plusieurs duels pour son début. Il était grand ferrailleur et blessa ou tua ses adversaires sans recevoir d'égratignure, ce qui porta son outrecuidance à un excès insoutenable. Je me tins sur la réserve du mieux que je pus ; mais, un jour, poussé à bout par sa grossièreté provoquante, je lui donnai un démenti formel et lui en offris réparation les armes à la main. Il refusa, parce que je n'étais pas gentilhomme, et, s'élançant sur moi, voulut me souffleter. Je le terrassai, et le laissai sans autre mal qu'un étouffement de fureur. L'esclandre fit grand bruit. Le cardinal me donna raison tout bas, et me pria de m'en aller bien vite me cacher dans une de ses terres jusqu'à ce que Marco Melfi fût reparti pour d'autres voyages.

» L'idée de me cacher me révolta.

» — Malheureux ! me dit le cardinal, ne sais-tu pas que mon neveu est *forcé* à présent de te faire assassiner ?

» Le mot *forcé* me parut plaisant. Je répondis au cardinal que je *forcerais* Marco à se battre avec moi.

» — Tu ne peux pas tuer mon neveu! me dit-il en me frappant avec gaieté sur la tête. Quand même tu serais assez habile pour cela, tu ne voudrais pas payer de la sorte l'amitié paternelle que je t'ai montrée?

» Cette réflexion me ferma la bouche. Je rentrai chez moi et fis mes préparatifs de départ. J'aurais dû y mettre plus de mystère ; mais je répugnais à paraître me sauver en cachette. Tout à coup, comme je sortais de ma chambre pour chercher une petite caisse dans le vestibule de la maison que j'habitais seul, deux bandits tombent sur moi, et se mettent en devoir de me garrotter. En me débattant, je les entraîne au bas de l'escalier; mais, comme j'allais leur échapper, la porte se ferme brusquement, et j'entends sous le vestibule intérieur une voix aigre qui s'écrie :

» — Courage, tuez-le ! Je veux qu'il périsse là, sous le bâton !

» C'était la voix de Marco Melfi.

» L'indignation me donna en ce moment des forces surhumaines. Je luttai si énergiquement contre mes deux bandits, que je les mis hors de combat en peu d'instants. Alors, sans me soucier d'eux, je m'élançai vers Marco, qui, voyant échouer son entreprise, voulait se retirer. Je le collai contre la porte et lui arrachai l'épée qu'il voulait tirer pour se défendre.

» — Misérable ! lui dis-je, je ne veux pas t'assassiner ; mais tu te battras avec moi, et tout de suite !

» Marco était faible et chétif. Je le forçai de remonter devant moi l'escalier, je le poussai dans ma chambre, dont je fermai la porte à double tour; je pris mon épée, et, lui rendant la sienne :

» — A présent, lui dis-je, défends-toi ; tu vois bien qu'il faut quelquefois se battre avec un homme de rien !

» — Goffredi, me répondit-il en baissant la pointe de son épée, je ne veux pas me battre, et je ne me battrai pas. Je suis trop sûr de te tuer, et vraiment ce serait dommage, car tu es un brave garçon. Tu pouvais m'assassiner, et tu ne l'as pas fait. Soyons amis!...

» Confiant et sans rancune, j'allais prendre la main qu'il me tendait, lorsqu'il me porta vivement et adroitement de la main gauche un coup de stylet à la gorge. J'esquivai l'arme, qui glissa et me blessa à l'épaule. Alors je ne connus plus de frein : j'attaquai ce fourbe avec fureur et le forçai de se défendre. Nos armes étaient égales, et il avait sur moi l'avantage d'une adresse et d'une pratique dont je n'approchais certainement pas. Quoi qu'il en soit, je l'étendis mort à mes pieds. Il tomba l'épée à la main, sans dire une parole, mais avec un sourire infernal sur les lèvres. On frappait violemment à la porte, on la poussait pour l'enfoncer. Il se crut peut-être au moment d'être vengé. Moi, épuisé de lassitude et d'émotion, je sentis que j'étais perdu, soit que les assassins fussent revenus de leur étourdissement, soit que les sbires eussent été avertis par eux de venir s'emparer de moi. Je rassemblai ce qui me restait de forces pour sauter par la fenêtre. Le saut n'était que d'une vingtaine de pieds; j'arrivai sans grand mal sur le pavé de la cour, et, serrant mon habit autour de moi, pour que le sang qui jaillissait de mon épaule ne marquât pas ma trace, je m'enfuis aussi loin que mes jambes purent me porter.

» Bien me prit de pouvoir gagner la campagne. Mon affaire était des plus mauvaises, s'étant passée sans témoins. Et qu'importait, d'ailleurs, que je fusse dans mon droit, que ma conduite eût été loyale et généreuse, que mon adversaire fût un lâche scélérat? Il était de l'une des premières familles du royaume, et la sainte inquisition n'eût fait qu'une bouchée d'un pauvre hère de mon espèce.

» Je trouvai un refuge pour la nuit dans une cabane de pêcheurs ; mais je n'avais pas sur moi une obole pour payer l'hospitalité dangereuse que je réclamais. D'un autre côté, mes habits déchirés et souillés de sang ne me permettaient plus de me montrer dehors. Ma blessure, — grave ou non, je n'en savais rien, — me faisait beaucoup souffrir. Je me sentais faible, et je savais bien que toute la police du royaume était déjà en émoi pour m'appréhender au corps. Couché sur une mauvaise natte, dans une petite soupente, je pleurai amèrement, non sur ma destinée, je ne me serais pas permis cette faiblesse, mais sur la brusque et irréparable rupture de mes relations avec le bon cardinal et mon aimable élève. Je sentis combien je les aimais, et je maudis la fatalité qui m'avait réduit à ensanglanter cette maison où j'avais été accueilli avec tant de confiance et de douceur.

» Mais il ne s'agissait pas de pleurer, il s'agissait de fuir. Je pensais bien à aller trouver le petit juif qui prétendait connaître mes parents ou les amis mystérieux qui veillaient sur moi, ou qui l'avaient chargé de le faire. J'ai oublié de vous dire que cet homme était venu se fixer à Naples, et que je l'avais plusieurs fois rencontré; mais rentrer dans la ville me parut trop périlleux : écrire au juif, c'était risquer de me faire découvrir. J'y renonçai.

» Je ne vous ferai pas le récit des aventures de détail au milieu desquelles s'opéra mon évasion du territoire de Naples. J'avais réussi à échanger mes vêtements en lambeaux contre des guenilles moins compromettantes. Je trouvais difficilement à manger; les hommes du peuple, sachant que l'on poursuivait *le vil assassin* d'un noble personnage, se méfiaient de tout inconnu sans ressources, et, n'eussent été les femmes, qui en tout pays sont plus courageuses et plus humaines que nous, je serais mort de faim et de fièvre. Ma blessure me forçait e m'arrêter souvent dans les recoins les plus déserts que je pouvais trouver, et, là, privé des soins les plus élémentaires, j'envisageai plus d'une fois l'éventualité d'y rester, faute de pouvoir me relever et reprendre ma course. Eh bien, croiriez-vous, monsieur Goefle, que, dans cette situation désespérée, j'éprouvais par moments des bouffées de joie, comme si, en dépit de tout, je savourais l'aurore de ma liberté reconquise? L'air, le mouvement, l'absence de contrainte, la vue des campagnes dont je pouvais maintenant espérer de franchir les horizons sans limites, tout, jusqu'à la rudesse de ma couche sur le rocher, me rappelait les projets et les aspirations du temps où j'avais réellement vécu.

» Enfin j'approchais sans accident de la frontière des États du pape, et, comme je n'avais pas suivi la route de Rome, j'avais tout lieu d'espérer que, grâce à un détour dans les montagnes, je n'avais été signalé et suivi par aucun espion. Je m'arrêtai dans un village pour vendre ma marchandise, car il faut vous dire qu'ayant horreur de mendier et me sentant irrité par les refus au point d'être tenté de battre les gens qui me renvoyaient brutalement, j'avais imaginé de me faire marchand...

—Marchand de quoi donc, dit M. Goefle, puisque vous n'aviez pas une obole?

— Sans doute; mais j'avais sur moi, au moment de ma fuite, un canif qui fut mon gagne-pain. Quoique je n'eusse jamais fait de sculpture, je connaissais assez bien les lois du dessin, et, un jour, ayant rencontré sur ma route une roche très-blanche et très-tendre, j'eus l'idée de prendre une douzaine de fragments que je dégrossis sur place, et qu'ensuite je taillai dans mes moments de repos en figurines de madones et d'angelots de la dimension d'un doigt de haut. Cette pierre ou plutôt cette craie étant fort légère, je pus me charger ainsi d'une cinquantaine de ces petits objets que je vendais, en passant dans les fermes et dans les maisons de paysans, pour cinq ou six baïoques pièce. C'était à coup sûr tout ce qu'elles valaient, et, pour moi, c'était du pain.

» Cette industrie m'ayant réussi pendant deux jours, j'espérais, en voyant que c'était jour de marché dans ce village, pouvoir me débarrasser sans danger de mon fonds de commerce; mais, comme je trouvais peu de chalands à cause de la concurrence que me faisait un Piémontais porteur d'un grand étalage de plâtres moulés, j'imaginai de m'asseoir par terre et de me mettre à travailler ma pierre avec mon canif à la vue de la population, bientôt rassemblée autour de moi. Dès lors j'eus le plus grand succès. La promptitude et probablement la naïveté de mon travail charmèrent l'assistance, et ces bonnes gens se livrèrent autour de moi, les femmes et les enfants surtout, à des démonstrations d'étonnement et de plaisir qui me firent du mouleur piémontais un rival jaloux et irrité. Celui-ci m'interpella plusieurs fois avec grossièreté sans que je perdisse patience. Je voyais bien qu'il cherchait bataille pour me forcer à décamper, et je me contentai de me moquer de lui, en lui disant de faire lui-même ses statuettes, et de montrer ses talents à la compagnie : en quoi je fus fort applaudi. En Italie, le plus bas peuple aime tout ce qui sent l'art. Mon concurrent fut bafoué et traité de stupide machine, tandis qu'on me décernait à grand bruit le titre d'artiste.

» Le méchant drôle imagina une grande noirceur pour se venger. Il laissa choir exprès deux ou trois mauvaises pièces de son étalage, et fit de grands cris pour appeler les gardes de police qui circulaient dans la foule. Dès qu'il eut réussi à les attirer, il prétendit que j'avais ameuté la populace contre lui; qu'on l'avait poussé, au grand détriment de sa fragile marchandise; qu'il était un honnête homme, payant patente et bien connu dans le pays, tandis que je n'étais qu'un vagabond sans aveu, et peut-être quelque chose de pis, qui sait? peut-être le *vil assassin du cardinal*. C'est ainsi que l'on racontait déjà l'événement arrivé à Naples, et c'est moi que l'on désignait de la sorte à l'animadversion publique et aux agents de la police. Le peuple prit mon parti; de nombreux témoins protestaient de mon innocence et de la leur propre. Personne n'avait heurté ou seulement touché l'étalage du mouleur. Le groupe qui m'entourait fit pacifiquement tête aux gardes, et s'ouvrit pour me laisser fuir.

» Mais, s'il y avait là de braves gens, il y avait aussi des gredins ou des poltrons qui me désignèrent du doigt sans rien dire, au moment où j'enfilais précipitamment une petite rue tortueuse. On me suivit ; j'avais de l'avance, mais je ne connaissais pas la localité, et, au lieu de gagner la campagne, je me trouvai sur une autre petite place, au milieu de laquelle une baraque de marionnettes absorbait l'attention d'un assez nombreux auditoire. Je m'étais à peine glissé dans cette petite foule, que je vis les gardes en faire le tour et y jeter des regards pénétrants. Je me faisais le plus petit possible, et j'affectais de prendre grand intérêt aux aventures de Polichinelle, pour ne pas étonner les voisins qui me coudoyaient, lorsqu'une idée lumineuse surgit dans ma tête surexcitée. Bien conseillé par le danger qui me presse, je m'insinue toujours plus avant dans le groupe compact et inerte que les gardes s'efforçaient de percer. J'arrive ainsi à toucher la toile de la baraque; je me baisse peu à peu; tout à coup je me glisse sous cette toile comme un renard dans un terrier, et je me trouve blotti presque entre les jambes de *l'operante* ou *recitante*, c'est-à-dire de l'homme qui faisait mouvoir et parler les marionnettes?

» Vous savez ce que c'est, monsieur Goefle, qu'un théâtre de marionnettes?

— Parbleu! J'ai vu à Stockholm dernièrement celui de Christian Waldo.

— Vous l'avez vu... en dehors?

— Seulement; mais je me doute bien de l'intérieur, quoique celui-ci m'ait paru assez compliqué.

— C'est un théâtre à deux *operanti*, soit quatre mains, c'est-à-dire quatre personnages en scène; ce qui permet un assez nombreux personnel de *burattini*.

— Qu'est-ce que cela, *burattini*?

— C'est la marionnette classique, primitive, et c'est la meilleure. Ce n'est pas le *fantoccio* de toutes pièces qui, pendu au plafond par des ficelles, marche sans raser la terre ou en faisant un bruit ridicule et invraisemblable. Ce mode plus savant et plus complet de la marionnette articulée arrive, avec de grands perfectionnements de mécanique, à simuler des gestes assez vrais et des poses assez gracieuses: nul doute que l'on ne puisse en venir, au moyen d'autres perfectionnements, à imiter complètement la nature; mais, en creusant la question, je me suis demandé où serait le but, et quel avantage l'art pourrait retirer d'un théâtre d'automates. Plus on les fera grands et semblables à des hommes, plus le spectacle de ces acteurs postiches sera une chose triste et même effrayante. N'est-ce pas votre avis?

— Certainement; mais voilà une digression qui m'intéresse moins que la suite de votre histoire.

— Pardon, pardon, monsieur Goefle, cette digression m'est nécessaire. Je touche à une phase assez bizarre de mon existence, et il faut que je vous démontre la supériorité du *burattino*; cette représentation élémentaire de l'artiste comique n'est, je tiens à vous le prouver, ni une machine, ni une marotte, ni une poupée: c'est un être.

— Ah! oui-da, un être? dit M. Goefle en regardant avec étonnement son interlocuteur et en se demandant s'il n'était pas sujet à quelque accès de folie.

— Oui, un être! je le maintiens, reprit Cristiano avec feu; c'est d'autant plus un être que son corps n'existe pas. Le *burattino* n'a ni ressorts, ni ficelles, ni poulies: c'est une tête, rien de plus; une tête expressive, intelligente, dans laquelle... tenez!

Ici, Cristiano s'en alla sous l'escalier et ouvrit une caisse d'où il tira une petite figure de bois garnie de chiffons, qu'il jeta par terre, releva, fit sauter en l'air et rattrapa dans sa main.

« — Tenez, tenez, reprit-il, vous voyez cela: une guenille, un copeau qui vous semble à peine équarri. Mais voyez ma main s'introduire dans ce petit sac de peau, voyez mon index s'enfoncer dans la tête creuse, mon pouce et mon doigt du milieu remplir cette paire de manches et diriger ces petites mains de bois qui vous apparaissent courtes, informes, ni ouvertes ni fermées, et cela à dessein, pour escamoter à la vue leur inertie. A présent, prenons la distance combinée sur la grandeur du petit être. Restez là, et regardez.

En parlant ainsi, Cristiano monta en deux enjambées l'escalier de bois, se baissa de manière à cacher son corps derrière la rampe, éleva sa main sur cette rampe, et se mit à faire mouvoir la marionnette avec une adresse et une grâce infinies.

— Vous voyez bien, s'écria-t-il toujours gaiement, mais avec une conviction réelle; voilà l'illusion produite, même sans théâtre et sans décors! Cette figure, largement ébauchée et peinte d'un ton mat et assez terne, prend peu à peu dans son mouvement l'apparence de la vie. Si je vous montrais une belle marionnette allemande, vernie, enluminée, couverte de paillons et remuant avec des ressorts, vous ne pourriez pas oublier que c'est une poupée, un ouvrage mécanique, tandis que mon *burattino*, souple, obéissant à tous les mouvements de mes doigts, va, vient, salue, tourne la tête, croise les bras, les élève au ciel, les agite en tout sens, salue, soufflette, frappe la muraille avec joie ou avec désespoir... Et vous croyez voir toutes ses émotions se peindre sur sa figure, n'est-il pas vrai? D'où vient ce prodige, qu'une tête si légèrement indiquée, si laide à voir de près, prenne tout à coup, dans le jeu de la lumière, une réalité d'expression qui vous en fait oublier la dimension réelle? Oui, je soutiens que, quand vous voyez le *burattino* dans la main d'un véritable artiste, sur un théâtre dont les décors bien entendus, la dimension, les plans et l'encadrement sont bien en proportion avec les personnages, vous oubliez complétement que vous n'êtes pas vous-même en proportion avec cette petite scène et ces petits êtres, vous oubliez même que la voix qui les fait parler n'est pas la leur. Ce mariage, impossible en apparence, d'une tête grosse comme mon poing et d'une voix aussi forte que la mienne s'opère par une sorte d'ivresse mystérieuse où je sais vous faire entrer peu à peu, et tout le prodige vient... Savez-vous d'où vient le prodige? Il vient de ce que ce *burattino* n'est pas un automate, de ce qu'il obéit à mon caprice, à mon inspiration, à mon entrain, de ce que tous ses mouvements sont la conséquence des idées qui me viennent et des paroles que je lui prête, de ce qu'il est *moi* enfin, c'est-à-dire un être, et non pas une poupée.

Ayant ainsi parlé avec une grande vivacité, Cristiano descendit l'escalier, posa la marionnette sur la table, ôta son habit en demandant pardon à M. Goefle d'avoir trop chaud, et se remit à cheval sur sa chaise pour reprendre le fil de son histoire.

Pendant cette bizarre interruption, M. Goefle avait eu une attitude non moins comique.

— Attendez donc ! dit-il en prenant le *burattino ;* tout ce que vous avez dit là est vrai et bien raisonné. Et maintenant je m'explique le plaisir extraordinaire que j'ai pris aux représentations de Christian Waldo; mais ce que vous ne me dites pas et ce que je vois clairement, c'est que ce bon petit personnage que je tiens là... et que je voudrais bien faire remuer et parler... Allons, mon petit ami, ajouta-t-il en enfonçant ses doigts dans la tête et dans les manches du *burattino*, regarde-moi un peu... C'est cela, oui, tu es fort gentil, et je te vois de près avec plaisir. Eh bien, je te reconnais maintenant; tu es Stentarello, le jovial, le moqueur, le gracieux Stentarello, qui m'a tant fait rire, il y a quinze jours, à Stockholm. Et vous, mon garçon, ajouta encore M. Goefle en se tournant vers son hôte, bien que je n'aie jamais vu votre figure, je vous reconnais aussi parfaitement à la voix, à l'esprit, à la gaieté et même à la sensibilité; vous êtes Christian Waldo, le fameux *operante recitante* des *burattini* napolitains !

— Pour avoir l'honneur de vous servir, répondit Christian Waldo en saluant le docteur avec grâce, et, si vous désirez savoir comment Cristiano del Lago, Cristiano Goffredi et Christian Waldo sont une seule et même personne, écoutez le reste de mes aventures.

— J'écoute, et, à présent, j'en suis très-curieux ; mais je veux savoir d'où vient ce nouveau nom de Christian Waldo.

— Oh ! celui-là est tout nouveau, en effet ; il date de l'automne dernier, et il me serait difficile de vous dire pourquoi je l'ai choisi. Je crois qu'il m'est venu en rêve, comme une réminiscence de quelque nom de localité qui m'aurait frappé dans mon enfance.

— C'est singulier ! n'importe. Vous m'avez laissé dans la baraque des *burattini*, sur la place de...

— De Celano, reprit Christian. Encore sur les rives d'un beau lac ! Je vous assure, monsieur Goefle, que ma destinée est liée à celle des lacs, et qu'il y a là-dessous un mystère dont je saurai peut-être un jour le mot.

» Vous n'avez pas oublié que j'avais la police à mes trousses et que, sans la baraque des marionnettes, j'étais probablement pris et pendu. Or, cette baraque était fort petite et ne pouvait guère contenir qu'un homme. Quand je vous ai demandé, à vous habitant d'un pays où ce divertissement tout italien n'est guère en usage et n'a peut-être été apporté que par moi, si vous saviez comment les baraques de *burattini* étaient agencées, c'était pour vous montrer ma situation entre les jambes de l'*operante*, lequel, occupé à faire battre *Pulcinella* avec le sbire, les mains et les yeux en l'air, et l'esprit également tendu à l'improvisation de son drame burlesque, n'avait pas le loisir de voir et de comprendre ce qui se passait à la hauteur de son genou. Ce n'était donc pour moi qu'une minute de répit entre le dénoûment de la pièce et celui de ma destinée.

» Je sentis qu'il ne fallait pas attendre mon salut du hasard ; je pris à terre deux *burattini* qui représentaient, par une singulière coïncidence avec ma situation, un bourreau et un juge, et, me serrant contre l'*operante*, je me levai près de lui, comme je pus ; je posai les marionnettes sur la planchette, et, au risque de crever la toile de la baraque, j'introduisis à l'impromptu une scène inattendue dans la pièce. La scène eut un succès inimaginable, et mon associé, sans se déconcerter le moins du monde, la saisit au vol, et, quoique fort à l'étroit, soutint le dialogue avec une gaieté et une présence d'esprit non moins extraordinaires.

— Merveilleuse et folle Italie ! s'écria M. Goefle : ce n'est que là vraiment que les facultés sont si fines et si soudaines !

— Celles de mon compère, reprit Christian, étaient bien plus pénétrantes encore que vous ne l'imaginez. Il m'avait reconnu, il avait compris ma situation, il était résolu à me sauver.

— Et il vous sauva ?

— Sans rien dire, et, pendant que je faisais, à sa place, au public, le discours final, il m'enfonça un bonnet à lui sur la tête, me jeta une guenille rouge sur les épaules, me passa de l'ocre sur la figure ; puis, dès que la toile fut baissée :

» — Goffredi, me dit-il à l'oreille, prends le théâtre sur ton dos et suis-moi.

» En effet, nous traversâmes ainsi la place et sortîmes du village sans être inquiétés. Nous marchâmes toute la nuit, et, avant que le jour parût, nous étions dans la campagne de Rome.

— Quel était donc, dit M. Goefle, cet ami dévoué ?

— C'était un fils de famille, nommé Guido Massarelli, qui se sauvait, comme moi, du royaume de Naples. Son affaire était moins grave : il ne se soustrayait qu'à ses créanciers ; mais il ne me valait pourtant pas, monsieur Goefle, je vous en réponds ! Et cependant c'était un aimable jeune homme, un garçon instruit et spirituel, une nature séduisante au possible. Je l'avais connu intimement à Naples, où il avait mangé son héritage et s'était fait beaucoup d'amis. Fils d'un riche commerçant et doué de beaucoup d'intelligence, il avait reçu une bonne éducation. Il s'était lancé, comme moi, dans un monde qui devait le mener trop vite ; il s'était vu bientôt sans ressources. Je l'avais nourri pendant quelque temps ; mais, ne se contentant plus d'une existence modeste et ne se sentant pas le courage de travailler pour vivre, il avait fini par faire des dupes.

— Vous le saviez ?

— Je le savais, mais je n'eus pas le courage de le lui reprocher dans un moment où il me sauvait la vie. Il était, comme moi désormais, dans le plus complet dénûment. Il avait pris la fuite avec quelques écus dont il s'était servi pour acheter à un saltimbanque l'établissement de marionnettes qui ne lui servait pas tant à gagner sa vie qu'à cacher sa figure.

» — Vois-tu, me dit-il, l'état que je fais maintenant est, de ma part, un trait de génie. Il y a déjà deux mois que je parcours le royaume de Naples sans être reconnu. Tu me demanderas comment je ne me suis pas sauvé plus loin : c'est que plus loin j'ai aussi des créanciers, et qu'à moins d'aller jusqu'en France, j'en trouverai toujours sur mon chemin. Et puis j'avais laissé à Naples de petites aventures d'amour qui me chatouillaient encore le cœur, et je me suis tenu dans les environs. Grâce à cette légère guérite de toile, je suis invisible au milieu de la foule. Tandis que tous les yeux sont fixés sur mes *burattini*, personne ne songe à se demander quel est l'homme qui les fait mouvoir. Je passe d'un quartier à l'autre, marchant debout dans ma carapace, et, une fois hors de là, nul ne sait si je suis le même homme qui a diverti l'assistance

» — Certes, voilà une idée, lui répondis-je ; mais que comptes-tu faire à présent ?

» — Ce que tu voudras, répondit-il. Je suis si heureux de te retrouver et de te servir, que je suis prêt à te suivre où tu me conduiras. Je te suis plus attaché que je ne peux dire. Tu as toujours été indulgent pour moi. Tu n'étais pas riche, et tu as fait pour moi en proportion plus que les riches ; tu m'as défendu quand on m'accusait, tu m'as reproché mes égarements, mais en me peignant toujours à mes propres yeux comme capable d'en sortir. Je ne sais si tu as raison ; mais il est certain que, pour te complaire, je ferai un effort suprême, pourvu que ce soit hors de l'Italie ; car, en Italie, vois-tu, je suis perdu, déshonoré, et il faut que j'aille à l'étranger, sous un autre nom, si je veux tenter une meilleure vie.

» Guido parlait d'un air convaincu, et même il versait des larmes. Je le savais bon, et je le crus sincère. Il l'était peut-être en ce moment. A vous dire le vrai, je me suis toujours senti une grande indulgence pour ceux qui sont généreux en même temps que prodigues, et Guido, à ma connaissance, avait été plusieurs fois dans ce cas-là. C'est vous dire, monsieur Goefle, que je ne confonds pas la libéralité avec le désordre égoïste, bien que j'aie péché maintes fois sur ce dernier chef ; tant il y a que je me laissai persuader et attendrir par mon ancien camarade, par mon nouvel ami, et que nous voilà sur les terres papales, déjeunant frugalement ensemble, à l'ombre d'un bouquet de pins, et faisant un plan de conduite à nous deux.

» Nous étions aussi dénués l'un que l'autre ; mais ma situation, plus grave légalement que la sienne, n'avait rien de désespéré. Il n'a tenu qu'à moi de fuir sans tant de risques, de fatigues et de misères. Je n'aurais eu qu'à me réfugier hors de Naples, chez la première venue des personnes honorables qui m'y avaient témoigné de l'amitié, et qui certes auraient cru à ma parole en apprenant de quelle manière j'avais été forcé, en quelque sorte, de tuer mon lâche ennemi. Il était haï, et moi, j'étais aimé. On m'eût accueilli, caché, soigné et mis en mesure de quitter le pays par protection. Devant de hautes influences, la police, l'inquisition même, eût peut-être fermé les yeux. Cependant je n'avais pu me résoudre à prendre ce parti ; la cause de mon insurmontable répugnance, c'était le manque d'argent et la nécessité d'accepter les premiers secours. J'avais joui chez le cardinal d'un assez beau traitement pour n'avoir pas le droit de partir les mains vides. Lui-même ne pouvait se douter de mon dénûment. J'aurais rougi d'avouer, non pas que j'étais sans argent, c'était le cas perpétuel des jeunes gens du monde que je fréquentais, mais que je n'étais pas en situation d'en avoir avant d'être mis en possession d'un nouvel emploi, et encore, en supposant que j'y porterais une conduite plus clairvoyante et plus régulière que je n'avais fait par le passé. Quant à ce dernier point, je voulais bien en prendre l'engagement vis-à-vis de moi-même ; mais ma fierté ne pouvait se résoudre à le prendre vis-à-vis des autres en de semblables circonstances.

» Quand j'expliquai cette situation à Guido Massarelli, il s'étonna beaucoup de mes scrupules, et même il en prit quelque pitié. Plus il m'engageait cependant à aller demander des secours à mes amis de Rome, plus je sentais augmenter ma répulsion : elle était peut-être exagérée ; mais il est certain qu'en me voyant assis côte à côte avec ce compagnon d'infortunes, je ne rougissais pas d'être réduit à manger de la graine de lupin avec lui, tandis que je serais mort de faim plutôt que d'aller avec lui demander à dîner à mes anciennes connaissances. Il avait tant abusé, lui, des demandes, des promesses, des repentirs stériles et des plaidoyers intéressants, que j'aurais craint de paraître jouer un rôle analogue au sien.

» — Nous avons fait des sottises, lui dis-je, il faut savoir en subir les conséquences. Moi, je suis décidé à gagner la France par Gênes, ou l'Allemagne par Venise. J'irai à pied, récoltant ma vie comme je pourrai. Une fois dans une grande ville, hors de l'Italie, où je courrais toujours le danger de tomber, à la moindre imprudence, dans les mains de la police napolitaine, j'aviserai à trouver un emploi. J'écrirai au cardinal pour me justifier, à mes amis pour leur demander des lettres de recommandation, et je crois qu'après un peu de misère et d'attente je me placerai honorablement. Si tu veux me suivre, suis-moi ; je t'aiderai de tout mon pouvoir à faire comme moi, c'est-à-dire à travailler pour vivre honnêtement.

» Guido parut si bien décidé et si bien converti, que je ne me défendis plus de l'attrait de son intimité. J'avais pourtant bien remarqué qu'il n'y a souvent rien de plus aimable qu'une franche canaille, et que les caractères les plus sociables sont parfois ceux qui manquent le plus de dignité ; mais il y a en nous un sot amour-propre qui nous fait croire à notre influence sur ces malheureux esprits-là, et, quand ils nous prennent pour dupes, c'est aussi bien notre faute que la leur.

» Tous ces préliminaires étaient inévitables pour vous raconter sans autre réflexion ce qui va suivre.

» Il s'agissait donc de quitter l'Italie, c'est-à-dire de faire quelques centaines de lieues sans un denier en poche. Je promis à Guido d'en trouver le moyen, et le priai de me laisser seulement quelques jours de repos pour guérir ma blessure, qui s'envenimait cruellement.

» — Cherche ta vie en attendant, lui dis-je ; je resterai là, avec un pain, dans un trou de rocher, auprès d'une source. C'est tout ce qu'il faut à un homme qui a la fièvre. Donnons-nous rendez-vous quelque part ; je t'y joindrai quand je pourrai marcher.

» Il refusa de me quitter, et se fit mon pourvoyeur et mon garde-malade avec tant de zèle et de soins ingénieux pour conjurer la souffrance et la misère, que je ne pus me défendre d'une sincère reconnaissance. Trois jours après, j'étais sur pied, et j'avais réfléchi.

» Voici le résultat de mes réflexions. Nous n'avions rien de mieux à faire que de montrer les marionnettes. Seulement, il fallait rendre le métier plus lucratif et moins vulgaire. Il fallait sortir de l'éternel drame de *Pulcinella*, et improviser à deux, sur des canevas tout aussi simples, mais moins rebattus, des saynètes divertissantes. Guido avait plus d'esprit qu'il n'en fallait pour cet exercice, et, au lieu de s'y livrer avec ennui et dégoût, il comprit qu'avec moi il y trouverait du plaisir, puisque c'est une règle générale qu'on n'amuse pas les autres quand on s'ennuie soi-même. En conséquence, il m'aida à faire un théâtre portatif en deux parties, dont chacune nous servait en quelque sorte d'étui pour marcher à couvert du soleil, de la pluie et des alguazils, et qui, en se rejoignant au moyen de quelques crochets, formaient une scène assez large pour le développement de nos deux paires de mains. Je transformai en figurines intelligentes et bien costumées ses ignobles *burattini*, j'y ajoutai une douzaine de personnages nouveaux que je confectionnai moi-même, et nous fîmes en plein vent, dans les solitudes agrestes, l'essai de notre nouveau théâtre.

» Les humbles frais de cet établissement furent couverts par la vente de mes figurines de dévotion, en pierre tendre, que Guido sut placer dans la campagne beaucoup plus avantageusement que je ne l'avais fait moi-même ; au bout de la semaine, nous parvînmes à donner dans les faubourgs de Rome une douzaine de représentations qui eurent le plus grand succès, et qui nous rapportèrent la somme fabuleuse de trois écus romains ! C'était de quoi nous remettre en route et traverser les déserts qui séparent la ville éternelle des autres provinces de l'Italie.

Guido, charmé de notre réussite, eût voulu exploiter Rome plus longtemps. Il est certain que nous eussions pu nous risquer dans les beaux quartiers et attirer l'attention des gens du monde sur nos petites comédies; mais c'est là précisément ce que je craignais, ce que tous deux nous devions craindre, ayant tant de motifs de nous tenir cachés. Je décidai mon compagnon, et nous prîmes la route de Florence, jouant nos pièces dans les villes et les bourgades pour faire nos frais de voyage.

» Nous avions pris par Pérouse, et, pour ma part, ce n'était pas sans dessein que j'avais préféré cette voie à celle de Sienne. Je voulais revoir ma belle et chère ville, mon doux lac de Trasimène, et surtout la petite villa où j'avais passé de si heureux jours. Nous arrivâmes à Bassignano à l'entrée de la nuit. Jamais je n'avais vu le soleil couchant si lumineux sur les eaux calmes et transparentes. Je laissai Guido s'installer dans une misérable hôtellerie, et je m'en allai, le long du lac, jusqu'à la *villetta* Goffredi.

» Pour n'être pas reconnu dans le pays, j'avais mis un masque et un chapeau d'arlequin achetés à Rome pour les circonstances périlleuses. Quelques guenilles bariolées me travestissaient à l'occasion en saltimbanque officiel, costume très-convenable pour un montreur de marionnettes destiné à faire les annonces. Les enfants du village me suivirent en criant de joie, pensant que j'allais leur faire *des tours*; mais je les éloignai en jouant de la batte, et bientôt je me vis seul sur le rivage.

» J'arrivais à la nuit close; la soirée pourtant était claire, et dans le limpide cristal du lac, où s'effacent avec le crépuscule les lignes de l'horizon, on croit côtoyer l'immensité des cieux étoilés et se promener, comme un pur esprit, sur je ne sais quelle fantastique limite de l'infini. — Ah! que la vie est bizarre quelquefois, monsieur Goefle! et que je faisais là un étrange personnage dans mon accoutrement grotesque, cherchant, comme une ombre en peine, sous les saules qui avaient grandi en mon absence, la tombe solitaire de mes pauvres parents! — Je crus un moment qu'on l'avait ôtée de là, qu'on me l'avait volée; car elle était bien à moi, c'était mon seul avoir : j'avais acheté de mes derniers écus le petit coin de terre bénite où j'avais déposé leurs restes.

» Enfin je la trouvai à tâtons, cette humble pierre; je m'assis auprès, et, ôtant mon masque d'arlequin, j'y pleurai en liberté. J'y restai une partie de la nuit, absorbé dans mes réflexions, et voulant, avant de m'éloigner probablement pour toujours, résumer ma vie, me repentir de mes erreurs et prendre de bonnes résolutions. — La grâce divine n'est pas une illusion, monsieur Goefle. Je ne sais pas à quel point vous êtes luthérien, et, quant à moi, je ne me pique pas d'être grand catholique. Nous vivons dans un temps où personne ne croit à grand'chose, si ce n'est à la nécessité et au devoir de la tolérance; mais, moi, je crois vaguement à l'âme du monde, qu'on l'appelle comme on voudra, à une grande âme, toute d'amour et de bonté, qui reçoit nos pleurs et nos aspirations. Les philosophes d'aujourd'hui disent que c'est une platitude de s'imaginer que l'Être des êtres daignera s'occuper de vermisseaux de notre espèce; moi, je dis qu'il n'y a rien de petit et rien de grand devant celui qui est tout, et que, dans un océan d'amour, il y aura toujours de la place pour recueillir avec bonté une pauvre petite larme humaine.

» Je fis donc mon examen de conscience sur cette tombe; car il me semblait que, dans cette pluie de douce lumière dont me baignaient les étoiles tranquilles, mes Goffredi, mon père et ma mère par le cœur, pouvaient bien aussi trouver un petit rayon pour me voir et me bénir. Je ne sentais pas de crime, pas de honte, pas de lâcheté ni d'impiété entre eux et moi; je ne les avais jamais oubliés un seul jour, et au milieu de mes enivrements, lorsque le démon de la jeunesse et de la curiosité m'avait poussé vers les abîmes de ce monde vicieux et incrédule, je m'étais défendu et sauvé en invoquant le souvenir de Silvio et de Sofia.

» Mais ce n'était pas assez d'avoir évité le mal, il eût fallu faire le bien. Le bien est une œuvre relative à la position et à la capacité de chacun de nous. Mon devoir, à moi, eût été de reprendre les travaux de Silvio Goffredi, et de me mettre à même, par mon économie, d'écrire et de publier les résultats de ses recherches. Pour cela, il eût fallu trouver moyen d'acquérir quelque fortune afin de compléter ses voyages. J'y avais songé d'abord, et puis l'inexpérience, les sens et le mauvais exemple m'avaient entraîné à vivre au jour le jour comme un aventurier. Cette vie d'aventures m'avait, en somme, mené à ma perte. Si je fusse resté à la place qui convenait à un modeste professeur, je n'eusse pas été forcé de tuer Marco Melfi. Il n'eût pas songé à m'insulter, et il ne m'eût pas même rencontré dans les salons du cardinal; il ne fût pas venu me chercher dans mon cabinet de travail, au milieu de mes livres; il n'eût seulement pas su que j'existais. Je n'avais pas mené la vie qui convenait à un homme sérieux. J'avais voulu faire le gentilhomme, il avait fallu devenir spadassin.

» —Combien, pensais-je, pleurerait ma pauvre mère, si elle me voyait là, travesti en farceur de carrefours, déchirant sur les cailloux ces pieds que jadis elle réchauffait dans ses mains avant de me porter dans mon berceau ! Et mon père, ne me blâmerait-il pas de ce faux point d'honneur qui a fait de moi un meurtrier et un proscrit ?

» Je me rappelais la vivacité de caractère et la fierté chatouilleuse du noble Silvio, et pourtant il n'eût pas su manier une épée, lui, et il avait refusé de me donner un maître d'armes, disant qu'un homme avait l'honneur bien fragile quand il ne pouvait pas se faire respecter sans avoir une brette au flanc !

» Je jurai à la mémoire de ces chers et divins amis de réparer mes fautes, et, après avoir longtemps contemplé le ciel, où je m'imaginais pouvoir les supposer réunis dans quelque heureuse étoile, je repris le chemin du village, sans vouloir m'enquérir de ce qu'était devenue la *villetta*. De quel droit aurais-je été m'y livrer à de stériles regrets? Ce n'était pas pour m'enrichir dans la paresse que Silvio me l'avait léguée. Il avait dû me bénir du fond de sa tombe lorsque j'avais tout aliéné et tout dépensé pour adoucir les derniers jours de sa veuve; mais, ce sacrifice accompli, j'aurais dû travailler d'autant plus, et ne pas croire qu'un petit acte de dévouement domestique me donnait le droit de m'enivrer à la table de ceux qui n'ont rien à faire.

» Je trouvai Guido Massarelli qui venait à ma rencontre au bord du lac. Il était inquiet de moi. Je lui ouvris mon cœur, et il parut vivement touché de mon émotion. Assis sur une barque amarrée au rivage, nous causâmes sentiment, morale, philosophie, métaphysique, astronomie et poésie jusqu'aux premières lueurs du jour. Guido avait une très-noble intelligence. Hélas ! cette bizarre anomalie se rencontre dans des caractères lâches, comme pour faire douter de la logique de Dieu !

» Le lendemain, nous étions en route, et, quelques jours après, nous rassemblions la foule sur la place du Vieux-Palais à Florence. Notre recette fut bonne. Nous pûmes voyager en charrette jusqu'à Gênes. Nous marchions cependant avec plaisir ; mais notre bagage, s'augmentant toujours de nouvelles figurines et de nouveaux décors, devenait très-lourd à porter.

» A Gênes, nouveau succès et recettes extraordinaires. On nous prit en si grande prédilection, que nous ne pouvions suffire aux demandes particulières. D'abord, sur la place publique, nous avions diverti le populaire ; mais, quelques passants de plus haute volée s'étant arrêtés devant la baraque, nous n'avions pu résister à la coquetterie de monter notre dialogue à la hauteur d'un public plus relevé.

On l'avait remarqué, on l'avait répété dans le monde. Un de ces auditeurs de rencontre était un marquis Spinola, qui nous avait mandés chez lui pour divertir ses enfants. Nous nous y étions rendus masqués, ayant fait de notre *incognito* une condition expresse. Le théâtre dressé dans un jardin, nous avions eu pour public la plus brillante et la plus illustre société de la ville.

» Les jours suivants, nous ne sûmes à qui entendre. Tout le monde voulait nous avoir, et Guido fit des conditions très-élevées, qui ne furent discutées nulle part. Le mystère dont nous nous entourions, le soin que nous avions de ne quitter nos masques que dans la baraque, les noms fantastiques que nous nous étions donnés, ajoutèrent sans doute à notre vogue. Tout le monde devina aisément que nous étions deux enfants de famille ; mais, tandis que les uns devinaient également que nous étions sur le pavé par suite de quelque sottise, d'autres voulaient se persuader que nous faisions ce métier uniquement pour notre divertissement et par suite de quelque gageure. On alla jusqu'à vouloir reconnaître en nous deux jeunes gens de la ville, qui s'en donnèrent les gants après coup, à ce qu'il nous fut dit plus tard.

» A Nice, à Toulon et jusqu'à Marseille, nous parcourûmes une série de triomphes. Comme nous voyagions lentement, notre renommée nous avait devancés, et, dans les auberges où nous nous arrêtions, nous apprenions qu'on était déjà venu s'informer de nous et nous demander des soirées.

» Après Marseille, notre succès alla en diminuant jusqu'à Paris. Je savais assez bien le français, et, chaque jour, je me débarrassai de l'accent italien, qui d'abord ne me permettait pas de varier suffisamment l'intonation de mes personnages ; mais l'accent de Guido, beaucoup plus prononcé que le mien, faisait des progrès en sens inverse, et notre dialogue s'en ressentait. Je ne m'en tourmentais guère. Nous allions quitter le métier de bouffons, et je me flattais d'avoir de quoi attendre un état plus sérieux.

## VI

Après quelques instants de repos, Cristiano, que nous appellerons désormais Christian, reprit son récit en ces termes :

— Cependant je ne dois pas oublier de vous dire quelle intéressante rencontre me réconcilia durant quelques jours avec le métier d'artiste ambulant. Ce fut celle d'un homme fort extraordinaire qui jouit à Paris maintenant de la plus honorable position, et dont le nom est sans doute venu jusqu'à vous. Je veux parler de Philippe Ledru dit *Comus*.

— Certainement, répondit M. Goefle, j'ai vu, dans mon journal scientifique, que cet habile prestidigitateur était un très-grand physicien et que ses expériences sur l'aimant venaient d'enrichir la science d'instruments nouveaux d'une rare perfection. Y suis-je ?

— Vous y êtes, monsieur Goefle. M. Comus a été nommé professeur des Enfants de France : il a établi des cartes nautiques sur un système nouveau, qui est le résultat de travaux immenses, entrepris par l'ordre du roi ; il a fourni des exemplaires manuscrits de ces cartes nautiques à M. de la Pérouse. Enfin, depuis le jour où je le rencontrai sur les chemins, donnant au public le spectacle d'un pauvre savant qui répand l'instruction sous forme de divertissement, il a conquis rapidement l'estime générale, la faveur des ministres et les moyens d'appliquer le fruit de ses hautes connaissances à de grands résultats.

» Il m'arriva donc de rencontrer l'illustre Comus, non pas tout à fait sur la place publique de Lyon, mais dans un local destiné à diverses représentations d'*operanti* ambulants, que chacun de nous allait louer pour son compte. Habitué aux façons ridicules ou grossières de ces sortes de concurrents, je me tenais, comme toujours, sur le qui-vive, quand Comus m'aborda le premier avec des manières dont le charme et la distinction me frappèrent. C'était un homme d'environ trente-cinq ans, d'une constitution magnifique, aussi vigoureux de corps que d'esprit, aussi agile de ses membres qu'il était facile et attachant dans son langage, enfin un de ces êtres admirablement doués qui doivent sortir de l'obscurité. Il s'enquit de mon industrie et parut étonné que je fusse assez instruit pour pouvoir causer avec lui. Je lui confiai les circonstances où je me trouvais, et il me prit en amitié.

» Quand il eut assisté à notre représentation, à laquelle il prit grand plaisir, il nous invita à voir la sienne, dont je tirai grand profit ; car il avait plusieurs *secrets* qui sont bien à lui et qui ne sont autres qu'une application, entre mille, de découvertes d'une rare importance. Il voulut bien me les expliquer, et, me trouvant assez capable, il m'offrit de partager ses destins et ses aventures. Je refusai à regret et à tort : à regret, parce que Comus était un des hommes les meilleurs, les plus désintéressés et les plus sympathiques que j'aie jamais connus ; à tort, parce que ce physicien ambulant devait trouver bientôt l'emploi utile et sérieux de ses grands talents. J'avais juré à Massarelli de ne pas l'abandonner, et Massarelli n'avait aucune inclination pour les sciences.

» Cette rencontre, dont je ne sus pas profiter pour mes intérêts matériels, me fut cependant si utile au point de vue moral, que je bénirai toujours le ciel de l'avoir faite. Il faut que je vous résume aussi brièvement que possible les avis que cet habile et excellent homme voulut bien me donner, gaiement, amicalement, sans pédantisme, durant un sobre souper que nous fîmes ensemble à l'auberge, au milieu des caisses qui contenaient notre bagage : nous devions nous séparer le lendemain.

» — Mon cher Goffredi, me dit-il, je regrette de vous quitter si vite, et le chagrin que vous en éprouvez, je le partage véritablement. Le peu de jours que nous avons passés ensemble m'a suffi pour vous connaître et vous apprécier ; mais ne soyez pas inquiet ni découragé de votre avenir. Il sera beau s'il est utile ; car, voyez-vous, je vais vous tenir un langage tout opposé à celui du monde, et dont vous reconnaîtrez le bon sens, si vous faites comme je vous conseille. D'autres vous diront : « Sacrifiez tout à l'ambition. » Moi, je vous dis : « Sacrifiez avant tout l'ambition, » comme l'entend le monde, c'est-à-dire ne vous souciez ni de fortune ni de renommée ; marchez droit vers un seul but, celui d'éclairer vos semblables, n'importe dans quelle condition et par quel moyen. Tous les moyens sont beaux et nobles quand ils ont ce but. Vous n'êtes qu'un bouffon, et, moi, je ne suis qu'un sorcier ! Rions-en et continuons, puisque les marionnettes et la fantasmagorie nous servent à de bonnes fins. Ce que je vous dis là, c'est le secret d'être heureux en dépit de tout. Pour moi, je ne connais que deux choses, et ces deux choses ne font qu'un seul et même précepte : aimer l'humanité et ne tenir aucun compte de ses préjugés. Mépriser l'erreur, c'est vouloir estimer l'homme, n'est-il pas vrai? Avec ce secret-là, vous vous trouverez toujours assez riche et assez illustre. Quant au temps perdu que vous regrettez, vous êtes assez jeune pour le regagner amplement. Moi aussi, j'ai été un peu frivole, un peu vain de ma jeunesse, un peu enivré de ma force. Et puis, après avoir un peu follement dépensé mon patriotisme et mes belles années, je me suis relevé, et je marche. Je suis vigoureusement constitué, vous l'êtes aussi. Je travaille douze heures par jour, et cela est possible à quiconque n'est pas chétif et souffreteux. Jetez-vous dans l'étude, et laissez les incapables chercher le plaisir. Ils ne le trouveront pas où ils croient, et vous le trouverez où il est, c'est-à-dire dans la paix de la conscience et dans l'exercice des nobles facultés.

» Là-dessus, Comus fit deux parts de l'argent de sa recette, une grosse et une petite : il garda pour lui la petite et envoya la grosse dans les hospices de la ville. Je fus bien frappé de la simplicité et de la gaieté avec lesquelles il fit ainsi l'emploi de son argent, en homme habitué à regarder cela comme un devoir indispensable, et dont il n'avait que faire de se cacher, tant la chose était naturelle. Je me reprochai d'avoir longtemps oublié que tout ce que disait et faisait là M. Comus, c'était l'enseignement et la pratique de mes chers Goffredi. C'est ainsi, monsieur Goefle, qu'un escamoteur ambulant prêcha et acheva de convertir un improvisateur de grands chemins.

» Nous arrivâmes à Paris : notre voyage avait duré trois mois, et je me le rappelle comme une des phases les plus agréables de ma vie. Je n'avais pas perdu mon temps en route, j'avais étudié avec soin la nature et la société dans ce qu'elles ont d'accessible à l'homme qui, sans être spécial, n'est pas plus obtus qu'un autre. J'avais pris des notes ; je m'imaginais que, dans la ville des lettres et des arts, rien ne me serait plus facile que de vivre de ma plume, ayant quelque chose à dire et me sentant la force de le dire.

» Nous entrâmes dans la grande ville par un temps d'automne sombre et triste. J'eus de la peine à me figurer qu'on pût s'habituer à ce climat, et Guido, dès les premiers pas, s'attrista et se démoralisa visiblement. Nous louâmes très-cher une misérable petite chambre garnie. Là, nous fîmes un peu de toilette, le théâtre fut démonté, et les *burattini* mis sous clef dans une caisse. Nous nous proposions de vendre notre établissement à quelque saltimbanque, et, pendant plusieurs jours, nous ne songeâmes qu'à prendre langue et à voir les monuments, spectacles et curiosités de la capitale française.

» Au bout de ces huit jours, notre mince capital était fort entamé, et le pis, c'est que je ne voyais en aucune façon le moyen de m'y prendre pour le renouveler. Je m'étais fait de grandes illusions, ou plutôt je ne m'étais fait aucune idée de ce que c'est qu'une véritable grande ville et de l'épouvantable isolement où y tombe un étranger sans ressources, sans amis, sans recommandations. Je m'informai de Comus, espérant qu'il me procurerait quelques relations. Comus n'était pas de retour de ses tournées, et n'avait encore acquis de réputation qu'en province. J'essayai de faire venir les papiers de Silvio Goffredi, au moyen desquels je comptais rédiger, sous son nom, la relation de ses recherches historiques. Je ne comptais sur aucun profit matériel, mais j'espérais, en accomplissant un devoir, me faire un nom honorable et quelques amis. En Italie, quelques-uns m'étaient restés fidèles; ils me firent cet envoi, qui ne me parvint jamais. Ni le cardinal ni mon jeune élève ne répondirent à mes lettres, et les autres se bornèrent à quelques stériles témoignages d'intérêt, sans vouloir se compromettre jusqu'à me recommander aux gens en crédit de ma nation qui se trouvaient à Paris. Ils me conseillèrent même de ne pas attirer sur moi l'attention de notre ambassadeur, lequel se croirait peut-être obligé, pour l'honneur de sa famille (il était parent de Marco Melfi), de solliciter du roi de France à mon intention une petite lettre de cachet.

» Quand je vis quelle était ma situation, je ne comptai que sur moi-même; mais croyez, monsieur Goefle, que j'eus quelque mérite à rester honnête homme dans un pareil abandon et avec la cruelle vie qu'il faut mener dans une ville de luxe et de tentations comme Paris ! J'avais été naguère l'hôte des palais, sous un ciel splendide, puis l'insouciant voyageur à travers des paysages enchantés; je n'étais plus que le morne et mélancolique habitant d'une mansarde, aux prises avec le froid, la faim, et quelquefois le dégoût et le découragement. Pourtant, grâce à Dieu et à mes bonnes résolutions, je me tirai d'affaire, c'est-à-dire que je ne trompai personne et ne mourus pas de misère. Je réussis à faire imprimer quelques opuscules qui ne me rapportèrent rien du tout, mais qui me donnèrent quelque considération dans un petit monde d'obscurs et modestes savants. J'eus l'honneur de fournir indirectement des matériaux pour certains articles de l'Encyclopédie, sur les sciences naturelles et sur les antiquités de l'Italie. Un marquis bel esprit me prit pour secrétaire, et m'habilla décemment. Dès lors je fus à flot. Si l'habit n'est pas tout en France, on peut au moins dire que l'apparence d'un homme aisé est indispensable à quiconque ne veut pas rester dans la misère. Alors, grâce à mon marquis et à mon habit, le monde se rouvrit devant moi. C'était là un grand écueil où je risquai encore de me briser. Ne me prenez pas pour un sot si je vous dis que ma personne se fût mieux tirée d'affaire, si elle eût été aussi disgracieuse que celle de votre ami Stangstadius. Un homme bien fait et sans le sou trouve partout, dans le monde d'aujourd'hui, la porte ouverte à la fortune... et à la honte. Quelque prudence que l'on garde, il faut bien rencontrer sous ses pas, à chaque instant, la vorace et industrieuse fourmilière des femmes galantes. Sans le souvenir de ma chaste et fière Sofia, je me serais probablement laissé entraîner dans le labyrinthe de ces animaux insinuants et travailleurs.

» Je triomphai de ce danger; mais, au bout d'un an de séjour à Paris, et au moment où j'allais peut-être m'y faire une position indépendante par mon travail et mon économie, je sentis un extrême dégoût de cette ville et un invincible désir de voyager. Massarelli était la cause principale de ce dégoût. Il n'avait pu supporter, comme moi, les privations et les angoisses de l'attente. Il avait, dans les premiers jours de misère, enlevé de chez moi le théâtre des marionnettes, et il avait essayé de gagner sa vie dans les carrefours avec des gens de la pire espèce. Malheureusement, il ne s'était pas attaché comme moi à corriger son accent, et il n'eut aucun succès. Il me retomba bientôt sur les bras, et j'eus à le nourrir et à le vêtir pendant plusieurs mois, qui furent bien difficiles à passer. Ensuite il disparut de nouveau, bien qu'il m'eût renouvelé ses beaux serments et qu'il eût essayé de travailler avec moi. Cependant je ne fus pas délivré de lui pour cela. Il ne se passait pas de semaines qu'il ne vînt, quelquefois ivre, me dévaliser. Je lui fermais la porte au nez; mais il s'attachait à mes pas. Il fit enfin deux ou trois infamies moyennant lesquelles, ayant gagné quelque argent, il voulut me rendre tout ce que je lui avais donné, et, en outre, partager avec moi en *frère*, pleurer encore une fois dans mon sein ses larmes de vin et de repentir. Son argent et ses attendrissements me dégoûtaient, je les repoussai. Il se fâcha, il voulut se battre avec moi; je refusai avec mépris. Il voulut me souffleter; je fus forcé de lui donner des coups de canne. Le lendemain, il m'écrivit pour me demander pardon; mais j'étais las de lui, et, comme je le rencontrais partout, quelquefois même en bonne compagnie (Dieu sait comment il venait à bout de s'y introduire), je craignis d'être compromis par quelque filouterie de son fait. Je ne me sentis pas l'égoïste courage de faire chasser honteusement un homme que j'avais aimé, je préférai me retirer moi-même et quitter la partie. Heureusement, j'étais enfin à même d'avoir quelques bonnes recommandations, entre autres celle de Comus, qui, à cette époque, faisait fureur à Paris avec ses représentations de *catoptrique*, c'est-à-dire de fantasmagorie par les miroirs, où, au lieu de montrer des spectres et des diables, il ne faisait apparaître que des choses agréables et de gracieuses images. Ses grands talents et l'habitude de l'observation lui avaient donné une telle connaissance de la physionomie de l'homme et du cœur humain, qu'il lisait dans les pensées et semblait doué du sens divinatoire. Enfin l'étude profonde de l'algèbre le mettait à même de résoudre, sous la forme de *tours* divertissants et ingénieux, des problèmes que le vulgaire ne pouvait approfondir, et que beaucoup de personnes assimilaient à la magie.

» Nous vivons dans un temps de lumières où, par un singulier contraste, le besoin du merveilleux, si puissant et si déréglé dans le passé, lutte encore, dans beaucoup d'esprits, contre l'austérité de la raison. Vous en savez quelque chose ici, où votre illustre et savant Swedenborg est consulté comme un sorcier encore plus que comme un *voyant*, et se laisse aller lui-même à se croire en possession des secrets de l'autre vie. Comus est un homme, je ne dirai pas plus convaincu et plus vertueux que Swedenborg, dont je sais qu'il ne faut parler qu'avec respect, mais plus sage et plus sérieux. Il ne croit pas agir en vertu d'autres lois que celles que le génie humain peut découvrir, et ses secrets sont généreusement livrés par lui aux savants et aux voyageurs qui doivent en tirer parti dans l'intérêt de la science.

» Il me reçut avec bonté, et m'offrit de m'emmener en Angleterre pour l'aider dans ses expériences. Je fus bien tenté d'accepter; mais mon rêve me poussait à la minéralogie, à la botanique et à la zoologie, en même temps qu'à l'étude des mœurs et des sociétés. L'Angleterre me paraissait trop explorée pour m'offrir un champ d'observations nouvelles. Et puis Comus était alors absorbé par une étude spéciale où je ne sentais pas devoir lui être utile. Il allait à Londres pour faire confectionner sous ses yeux des instruments de précision qu'il n'avait pu faire établir en France d'une manière satisfaisante. L'idée de passer un ou deux ans à Londres ne me souriait pas. J'étais las du séjour d'une grande ville. J'éprouvais un besoin violent de liberté, de locomotion, et surtout d'initiative. Bien que j'eusse à me louer de ceux qui m'avaient employé jusqu'à ce jour, je me sentais si peu fait pour la dépendance, que j'en étais réellement malade.

» Comus me mit en rapport avec plusieurs personnes illustres, avec MM. de Lacépède, Buffon, Daubenton, Bernard de Jussieu. Je prenais un vif intérêt aux rapides et magnifiques progrès du jardin des Plantes et du cabinet zoologique, dirigés et enrichis chaque jour par ces nobles savants. Je voyais arriver là à tout instant les dons magnifiques des riches particuliers et les précieuses conquêtes des voyageurs. Il me prit une irrésistible ambition de grossir le nombre de ces serviteurs de la science, humbles adeptes qui se contentaient d'être les bienfaiteurs de l'humanité sans demander ni gloire ni profit. Je voyais bien le grand homme à manchettes, M. de Buffon, profiter largement, pour le compte de sa vanité, des travaux patients et modestes de ses associés. Qu'importe qu'il eût ce travers, qu'il voulût être *M. le comte* et réclamer les droits féodaux de sa seigneurie, qu'il se louât lui-même à tout propos, en s'attribuant le mérite de travaux qu'il n'avait fait souvent que consulter? C'était son goût. Ce n'était pas celui de ses généreux et spirituels confrères. Ils souriaient, le laissaient dire, et travaillaient de plus belle, sentant bien qu'il ne s'agissait pas d'eux-mêmes dans des questions qui ont pour but l'avancement du genre humain. Ils étaient ainsi plus heureux que lui, heureux comme l'entendait Comus, comme j'aspirais à l'être. Leur part me semblait la meilleure, j'avais soif de marcher sur leurs traces. J'offris donc mes services, après avoir profité, autant que possible, de leurs leçons publiques et de leurs entretiens particuliers. Mon zèle ardent et mon aptitude pour les langues parurent à M. Daubenton des conditions de succès à encourager. Ma pauvreté était le seul obstacle.

» — La science devient riche, me disait-il avec orgueil en contemplant l'accroissement du cabinet et du jardin; mais les savants sont un peu trop pauvres quand il s'agit de voyager. Pour eux, la vie est rude sous tous les rapports, soyez bien préparé à cela.

» J'y étais tout préparé. J'avais réussi à économiser une petite somme, qui, dans mes prévisions, pouvait me mener loin, d'après le genre de vie frugal devant lequel je ne reculais pas. Je me fis donner une mission scientifique en règle, afin de ne pas être pris pour un vagabond ou pour un espion dans les pays étrangers, et je partis sans vouloir m'inquiéter de mes moyens d'existence au delà d'une année. La Providence devait pourvoir au reste. J'eusse pu cependant, avec les pièces qui constataient le but innocent et respectable de ma vie errante, obtenir quelque assistance pécuniaire des corps savants, et même de la bourse particulière des amis de la science. Je ne voulus rien demander, sachant combien la famille de Jussieu s'était épuisée en sacrifices de ce genre, et voulant me dévouer tout entier à mes risques et périls.

» Ici commence enfin pour moi une série de jours heureux. J'avais devant moi un temps illimité, du moins tant que mes ressources suffiraient. Ce n'était pas beaucoup dire. Aussi, pour le prolonger et satisfaire ma passion des voyages, je me mis d'emblée dans les conditions les plus économiques. A peine rendu à ma première étape, j'endossai un costume de montagnard solide et grossier; j'achetai un âne pour porter mon mince bagage, mes livres, mes instruments et mon butin d'échantillons, et je me mis en route à pied pour les montagnes de la Suisse. Je ne vous raconterai pas mes travaux, mes courses, mes aventures. C'est un voyage que j'écrirai dès que j'en aurai le loisir, et la perte récente de mon journal ne me sera pas un obstacle insurmontable, grâce à la mémoire peu commune dont je suis doué. Dans ces excursions solitaires, je recouvrai ma belle santé, mon insouciance de caractère, ma confiance à l'avenir, ma gaieté intérieure, toutes choses que la vie de Paris avait fort détériorées en moi. Je me sentis réconcilié avec le souvenir de mes Goffredi; c'est vous dire que je me sentis heureux.

» J'avais assez travaillé la botanique et la minéralogie pour remplir mes promesses relatives à ces deux spécialités; mais, ne donnant rien aux vanités du monde, j'avais le loisir de vivre pour mon compte en observateur, et peut-être aussi un peu en artiste et en poète, c'est-à-dire en homme qui sent les beautés de la nature dans son divin ensemble. De chaque station importante, j'expédiais à Paris mes rapports et mes échantillons même, avec des lettres assez détaillées adressées à M. Daubenton, sachant que les impressions romanesques d'un jeune homme ne lui déplairaient pas.

» Au bout de neuf ou dix mois, j'étais dans les Karpathes avec mon âne, qui me rendait véritablement de grands services, et qui était si fidèle et si bien dressé à suivre tous mes pas, qu'il n'était jamais un embarras pour moi, lorsque je rencontrai en un site agreste et désert un mendiant barbu dans lequel je crus reconnaître Guido Massarelli. Partagé entre le dégoût et la pitié, j'hésitai à lui parler, quand il me reconnut et vint à moi d'un air si humble et si abattu, que la compassion l'emporta. J'étais heureux dans ce moment-là et en train d'être bon. Assis sur une souche au milieu d'un abattis de grands arbres, je prenais mon repas avec appétit, tandis que mon âne paissait à quelques pas de moi. Pour le reposer, je l'avais débarrassé de son chargement, et j'avais mis entre mes jambes le panier qui contenait mes provisions de la journée. C'était peu de chose, mais il y avait assez pour deux. Massarelli, pâle et faible, semblait mourir de faim.

» — Assieds-toi là, lui dis-je, et mange. Je suis bien certain que tu es dans cette misère par ta propre faute ; mais il ne sera pas dit que je ne te sauverai pas encore une fois.

» Il me raconta ses aventures vraies ou fausses, s'accusa en paroles d'une humilité plate, mais s'excusant toujours au fond en rejetant ses fautes sur l'ingratitude ou la dureté d'autrui. Je ne pus le plaindre que d'être ce qu'il était, et, après une demi-heure d'entretien, je lui donnai quelques ducats et me remis en marche. Nous allions en sens contraire à ma très-grande satisfaction; mais je n'avais pas marché un quart d'heure, que je me sentis pris de vertiges et forcé de m'arrêter, accablé de lassitude et de sommeil. Ne comprenant rien à une indisposition si subite, moi qui de ma vie n'avais rien éprouvé de semblable, et qui, partageant ma bouteille avec Guido, n'avais pas avalé la valeur d'un verre de vin, je pensai que c'était l'effet du soleil ou d'une assez mauvaise nuit passée à l'auberge. Je m'étendis à l'ombre pour faire un somme. Que ce fût ou non une imprudence dans un endroit absolument désert, il m'eût été impossible de faire autrement. J'étais vaincu par une sorte d'ivresse lourde et irrésistible.

» Quand je m'éveillai, encore fort malade, appesanti, et sans aucune idée dans la tête, je me trouvais au même endroit, mais complètement dévalisé. Le jour paraissait à l'horizon. Je crus d'abord que c'était le crépuscule du soir, et que j'avais dormi dix heures; mais, en voyant le soleil monter dans la brume et la rosée briller sur les touffes d'herbe, il fallut bien reconnaître que mon sommeil avait duré un jour et une nuit. Mon âne avait disparu avec mon bagage, mes poches étaient vides; on ne m'avait laissé que les habits qui me couvraient. Un objet sans valeur, oublié ou dédaigné par les bandits, fixa mon attention : c'était une tasse, faite d'une petite noix de coco, dont je me servais en voyage pour ne pas boire au goulot de la bouteille, chose qui m'a toujours semblé ignoble. Je payais cher cette délicatesse : dans un moment où j'avais le dos tourné, Guido avait jeté un narcotique dans ma tasse. Une sorte de sel était cristallisé au fond. Guido n'était pas un mendiant, c'était un chef de voleurs. Les traces de piétinement qui m'environnaient attestaient le concours de plusieurs personnes.

» En regardant toutes choses autour de moi, je vis une inscription légèrement tracée à la craie sur le rocher, et je lus ces mots en latin :

« Ami, je pouvais te tuer, et j'aurais dû le faire ; » mais je te fais grâce. Dors bien ! »

» C'était l'écriture de Guido Massarelli. Pourquoi eût-il dû me tuer? Était-ce en souvenir des coups de canne que je lui avais donnés à Paris? C'est possible. L'Italien conserve, au milieu des plus grands désastres de l'âme et de l'intelligence, le sentiment de la vengeance, ou tout au moins le souvenir de l'injure. Que pouvais-je faire pour me venger à mon tour ? Rien qui ne demandât du temps, de l'argent et des démarches. Or, j'étais sans le sou, et je commençais à avoir faim.

» — Allons! pensai-je en me remettant en route, il était écrit qu'un jour ou l'autre, il me faudrait mendier ; mais, malgré le sort contraire, je jure de ne pas mendier longtemps ! Il faudra bien que je trouve quelque nouvelle industrie pour me tirer d'affaire.

» Je sortis du défilé des montagnes et trouvai l'hospitalité chez de bons paysans, qui me firent même accepter quelques provisions pour ma journée. Ils me dirent qu'une bande de voleurs exploitait le pays, et que le chef était connu sous le nom de *l'Italien*.

» En continuant ma route, j'entrai dans la province de Silésie. Mon intention était de m'arrêter dans la première ville pour porter plainte et réclamer des autorités la poursuite de mes brigands. Comme je marchais, pensif et absorbé dans mille projets plus inexécutables les uns que les autres pour me remettre en argent sans m'adresser à la commisération publique, j'entendis un petit galop détraqué derrière moi, et, en me retournant, je reconnus avec stupéfaction mon âne, mon pauvre *Jean*, qui courait après moi du mieux qu'il pouvait, car il était blessé. On dit que les ânes sont bêtes ! je le veux bien; mais ce sont des animaux presque aussi intelligents que les chiens : j'en avais acquis déjà maintes fois la certitude en voyageant avec ce fidèle serviteur. Cette fois, il me donnait une preuve d'attachement raisonné et d'instinct mystérieux vraiment extraordinaire. Il avait été volé et emmené ; dépouillé de son bagage, il s'était sauvé sans doute. On avait tiré sur lui ; il n'en avait tenu compte, il avait poursuivi sa course, il avait retrouvé ma trace, et, en véritable héros, il venait me rejoindre avec une balle dans la cuisse !

» Je vous avoue que j'eus avec lui une scène digne de Sancho Pança, et encore plus pathétique, car j'avais un blessé à secourir. J'extirpai la balle qui s'était logée dans le cuir de mon intéressant ami, et je lavai sa plaie avec le soin le plus touchant. La pauvre bête se laissa opérer et panser avec le stoïcisme qui appartient à son espèce, et avec la confiance intelligente dont la nôtre n'a pas apparemment le monopole. Mon âne retrouvé, c'était une ressource. La balle retirée, il ne boitait plus. Beau, grand et fort, il pouvait valoir... Mais cette lâche et exécrable pensée ne se formula pas en chiffres, et je dis à mon honneur que je la repoussai avec indignation. Il n'était pas question de vendre mon ami, mais de nourrir deux estomacs au lieu d'un.

» Je gagnai comme je pus la ville de Troppaw. Jean trouvait des chardons le long du chemin ; je me privai d'une partie de mon pain ce jour-là pour procurer quelque douceur à sa convalescence. A Troppaw, les gens du peuple me plaignirent et me secoururent d'un gîte et d'un repas avec cette charité qui a tant de prix et de mérite chez les pauvres. Les autorités de la ville ajoutèrent peu de foi à mon récit. J'avais les habits grossiers du voyageur à pied, et aucun papier pour prouver que j'étais un homme d'études, ayant droit à la confiance. Je parlais bien, il est vrai, trop bien pour un rustre ; mais ces pays frontières étaient exploités par tant d'habiles intrigants ! Récemment un Italien s'était donné pour un grand seigneur dévalisé dans les montagnes, et on avait découvert depuis qu'il était lui-même le chef de la bande qu'il feignait de signaler.

» Je jugeai prudent de ne pas insister ; car, du souvenir de Guido Massarelli au soupçon de complicité de ma part, il n'y avait que la main. Je retournai chez mes pauvres hôtes. Ils me reçurent très-bien, blâmèrent les magistrats de leur ville, et regardèrent Jean d'un œil d'envie en me disant :

» — Heureusement, votre âne vous reste, et vous pourriez le vendre !

» Comme je paraissais ne pas vouloir comprendre cette insinuation, on me démontra, sous forme de conseil, que je pouvais rester deux ou trois mois dans la maison en me contentant de l'ordinaire de la famille ; que, pendant ce temps, si je savais faire quelque chose, je chercherais de l'ouvrage, et que, si, au bout du délai, je pouvais solder ma dépense, je ne serais pas forcé de laisser mon âne en payement. Le conseil était sage ; je l'acceptai, résolu à bêcher la terre plutôt que de ne pas dégager ma caution, ce pauvre Jean, utile encore à son maître.

» Mon hôte était cordonnier. Pour lui prouver que je n'étais pas un paresseux, je lui demandai en quoi, ne sachant pas son état, je pourrais lui être utile.

» — Je vois, me répondit-il, que vous êtes un bon sujet, et votre figure me donne confiance en vous. C'est demain foire dans un village à deux lieues d'ici. Je suis empêché de m'y rendre ; allez-y à ma place avec un chargement de ma marchandise sur votre âne, et vendez-moi le plus de souliers que vous pourrez. Vous aurez une part de dix pour cent dans le profit.

» Le lendemain, j'étais à mon poste, vendant des souliers comme si je n'eusse fait autre chose de ma vie. Je n'avais pourtant aucune notion des routeries particulières au petit ou au grand commerce ; mais j'imaginai de faire des compliments à toutes les femmes sur la petitesse de leurs pieds, et j'amusai tant le monde par mes hyperboles et mon babil, que toute ma cargaison fut écoulée en quelques heures. Le soir, je revins gaiement chez mon patron, qui, émerveillé de mon succès, refusa obstinément de me laisser rembourser ma nourriture sur ma part des profits.

» Me voilà donc encore une fois avec un *état* et de l'argent en poche, en quantité proportionnée au luxe et aux besoins de ma condition nouvelle. Mon patron Hantz m'envoya faire une tournée de trois jours dans les pays environnants, et je réussis à écouler tout un vieux fonds de boutique dont il était depuis longtemps embarrassé. Au retour, je reçus de lui plus qu'il ne m'avait promis ; mais, quand je parlai de le quitter, il se mit en colère et versa des larmes, me traitant de *fils ingrat* et me proposant la main de sa fille pour me retenir. La fille était jolie, et me lançait des œillades naïves. Je me conduisis en niais, comme eussent dit beaucoup de gens d'esprit de ma connaissance. Je ne cherchai pas seulement à l'embrasser, et je partis pendant la nuit avec Jean et deux rigsdalers. Je laissai le reste, c'est-à-dire deux autres rigsdalers, pour payer ma dépense chez le bon cordonnier de Troppaw.

» Il s'agissait d'aller plus loin, n'importe où, jusqu'à ce que je pusse trouver un moyen de faire mon voyage, sans avoir à confier aux personnes auxquelles j'étais recommandé en différentes villes d'Allemagne et de Pologne un désastre dont je ne pouvais fournir aucune autre preuve que mon dénûment. Les soupçons des bourgmestres de Troppaw m'avaient guéri de l'idée de raconter mes infortunes. J'avais perdu mes lettres de marque, je ne devais compter que sur moi-même pour les remplacer par des affirmations vraisemblables. Or, on n'est jamais vraisemblable quand on demande des secours. Je n'étais pas plus triste pour cela. J'étais déjà habitué à ma situation, et je remarquai une fois de plus dans ma vie que le lendemain arrive toujours pour ceux qui prennent patience avec le jour présent.

» Deux jours après, je me trouvais dans une pauvre taverne en face d'un garçon trapu et robuste, qui, les coupes appuyés sur la table et la figure cachée dans ses mains, paraissait dormir. On me servit, pour mon demi-swangsick, un pot de bière, du pain et du fromage. J'avais de quoi aller, à ce régime, pendant une huitaine de jours. Mon vis-à-vis, interrogé par l'hôtesse, ne répondit pas. Quand il releva la tête, je vis qu'il pleurait.

» — Vous avez faim, lui dis-je, et vous n'avez pas de quoi payer !

» — *Voilà!* répondit-il laconiquement.

» — Eh bien, repris-je, quand il y a pour un, il y a pour deux; mangez.

» Sans rien répondre, il tira son couteau de sa poche et entama mon pain et mon fromage. Quand il eut mangé en silence, il me remercia en peu de mots assez honnêtes, et j'eus la curiosité de savoir la cause de sa détresse. Il se nommait je ne sais plus comment, et avait pour nom de guerre *Puffo*. Il était de Livourne, ce qui, en Italie, est une mauvaise note pour les gens d'une certaine classe. Aux yeux de tout marin du littoral méditerranéen, *Livornese* est synonyme de pirate. Celui-ci justifiait peut-être le préjugé : il avait été marin et quelque peu flibustier. Il était maintenant saltimbanque.

» Je l'écoutais avec assez peu d'intérêt, car il racontait mal, et ces histoires d'aventurier ne valent que par la manière dont on les dit; au fond, à bien prendre, elles se ressemblent toutes. Cependant, comme cet homme me parlait de son théâtre improductif, je lui demandai quelle sorte de représentations il donnait.

» — Mon Dieu, me dit-il, voilà ce que c'est, et c'est bien la plus mauvaise affaire que j'aie faite de ma vie ! Le diable emporte celui qui me l'a mise en tête !

» En parlant ainsi, il tira de son sac une marionnette, qu'il jeta avec humeur sur la table.

» Je laissai échapper un cri de surprise : cette marionnette, hideusement sale et usée, c'était mon œuvre, c'était un *burattino* de ma façon ! Que dis-je? c'était mon premier sujet, mon chef de troupe; c'était mon spirituel et charmant Stentarello, la fleur de mes débuts dans les bourgades de l'Apennin, la coqueluche des belles Génoises, le fils de mon ciseau et de ma verve, la colonne de mon théâtre !

» — Quoi, misérable ! m'écriai-je, tu possèdes Stentarello, et tu n'en sais pas tirer parti?

» — On m'avait bien assuré, répondit-il, qu'il avait rapporté beaucoup d'argent en Italie, et celui qui me l'a vendu à Paris m'a dit le tenir, ainsi que le reste de la troupe, d'un signor italien bien mis, qui prétendait avoir fait sa fortune avec... C'est peut-être vous?

» Il me raconta alors comme quoi il avait eu quelque succès en France, dans les carrefours, avec notre théâtre et le personnel ; que, sachant plusieurs idiomes étrangers, il avait voulu *voyager*, mais que, *n'ayant pas de bonheur*, il avait été de mal en pis jusqu'au moment où je le rencontrais, décidé à vendre *la boutique* et à se livrer à l'instruction d'un ours qu'il allait tâcher de se procurer dans la montagne.

» — Voyons, lui dis-je, montre-moi ton théâtre et ce que tu sais faire.

» Il me conduisit dans une grange où je l'aidai à mettre son matériel sur pied. Je reconnus là, mêlés à d'ignobles marionnettes de rencontre et couverts de haillons et de meurtrissures, les meilleurs sujets de ma troupe. Puffo me joua une scène pour me donner un échantillon de son talent. Il maniait ces *burattini* avec dextérité et ne manquait pas d'une certaine verve grossière ; mais j'avais le cœur vraiment percé de douleur en voyant mes acteurs tombés en de telles mains et réduits à jouer de tels rôles. En y réfléchissant cependant, je vis que la Providence nous réunissait, eux et moi, pour notre salut commun. Sur-le-champ j'organisai à moi seul une représentation dans le village, et je gagnai un ducat, à la grande stupéfaction de Puffo, lequel, à partir de ce moment, m'abandonna le théâtre, les acteurs et le soin de sa propre destinée.

» N'avais-je pas été vraiment protégé par le ciel? n'avais-je pas retrouvé le seul moyen de continuer mes voyages avec aisance, sans rien devoir à personne et sans livrer mon nom et ma figure aux caprices du public? En peu de jours, toutes les marionnettes furent repassées au ciseau, nettoyées, repeintes, habillées de neuf, et bien rangées dans une boîte commode et portative. Le théâtre fut également restauré et agrandi pour deux *operanti*. Je pris Puffo à mon service en le chargeant de l'entretien, du rangement et de la garde de l'établissement, en même temps que d'une partie du transport sur ses fortes épaules, ainsi qu'il en avait l'habitude : car je voulais plus que jamais consacrer Jean au service de la science et lui faire porter mon bagage de naturaliste.

» Puffo est certainement un pauvre compère. Il a l'esprit lourd ; mais il ne reste jamais court, vu qu'il a le don de pouvoir parler sans rien dire. Il a un mauvais accent dans toutes les langues ; mais il se fait comprendre en plusieurs pays, et c'est un grand point. Voilà pourquoi je l'ai gardé. Je dialogue peu avec lui ; mais j'ai réussi a le déshabituer des gros mots. Je lui confie les scènes populaires, qui sont comme des intermèdes pour me reposer quelques instants. Quand j'ai trois ou quatre personnages en scène, je tire parti de ses mains et fais parler tous les interlocuteurs avec assez d'adresse pour que l'on croie entendre plusieurs voix différentes. Enfin, monsieur Goefle, vous m'avez vu à l'œuvre et vous savez que j'amuse. Néanmoins nous ne fîmes pas grand'chose en Allemagne, et l'idée me vint qu'en Pologne mes affaires iraient mieux. Les Polonais ont l'esprit français et le goût italien. Nous traversâmes donc la Pologne, et c'est à Dantzig que nous nous sommes, au bout de six semaines de voyages et de succès, embarqués pour Stockholm, où notre recette a été fructueuse. C'est que j'ai reçu l'invitation du baron de Waldemora, invitation que j'ai acceptée avec plaisir, puisqu'elle me mettait à même de voir le pays qui jusqu'ici m'a le plus intéressé. C'est vers le Nord que se sont toujours portées mes aspirations, soit à cause des grands contrastes qu'il devait offrir à un habitant du Midi, soit par un instinct patriotique qui se serait fait sentir à moi dès l'enfance. Il n'y a pourtant rien de moins certain que cette origine boréale attribuée à mon langage altéré, bégayé ou à demi oublié, par le savant philologue dont je vous ai parlé : n'importe, rêve ou pressentiment, j'ai toujours vu en imagination le romantique pays que j'ai maintenant devant les yeux, et je me fis une fête d'allonger mon chemin pour venir ici, c'est-à-dire de traverser le Malarn et de descendre jusqu'au Wettern pour explorer toute la région des grands lacs.

» Mais il était écrit que les accidents me poursuivraient. Puffo, qui a engraissé depuis qu'il est nourri par moi, et qui commence à reculer devant la fatigue, voulut suivre, dans un traineau de louage, ce mystérieux lac Wettern, dont les profondeurs semblent troublées par des éjaculations volcaniques. La glace rompit et noya mes habits, mon linge et mon argent. Heureusement, Puffo était à pied dans ce moment-là et put se sauver avec le conducteur du traineau, qui y perdit sa voiture et son cheval. Heureusement aussi, j'avais suivi la rive avec Jean, le théâtre, les acteurs et mon bagage scientifique. Donc, grâce au ciel, tout n'est pas perdu, et, demain, je me remets en fonds, puisque, demain, je donne une représentation à prix fait dans le château de l'*homme de neige*.

— Eh bien, dit M. Goefle en serrant de nouveau la main de Christian Waldo, votre histoire m'a intéressé et diverti ; je ne sais pas si vous l'avez racontée avec agrément, mais votre manière de causer vite en trottant par la chambre, votre gesticulation italienne et votre figure de je ne sais quel pays, expressive et heureuse à coup sûr, m'ont attaché à votre récit. Je vois en vous un bon esprit et un excellent cœur, et les torts que vous vous reprochez me paraissent bien peu de chose au prix des égarements où vous eussiez pu tomber, jeté si jeune dans le monde, sans guide, sans avoir, et avec une jolie figure, instrument de perdition pour les deux sexes dans un monde aussi corrompu que le monde de Paris et de Naples...

— Est-ce à dire, monsieur Goefle, que celui des États du Nord soit plus moral et plus pur ? Je ne demande pas mieux que de le croire ; pourtant ce que j'ai observé à Stockholm...

— Hélas ! mon cher enfant, si vous jugez de nous par les intrigues, la vanité, la violence et l'infâme vénalité de notre noblesse actuelle, tant *bonnets* que *chapeaux*, vous devez nous croire la dernière nation de l'univers ; mais vous vous tromperiez ; car, dans le fait, nous sommes un bon peuple, et il faudrait qu'une révolution ou une guerre sérieuse pour faire remonter à la surface les grandes qualités, les parcelles d'or pur qui sont tombées au fond. En ce moment, vous ne voyez de nous que l'écume... Mais parlons de vous ; vous ne m'avez pas expliqué votre existence à Stockholm. Comment se fait-il que, dans ce pays d'intrigue et de méfiance, vous ayez pu vivre sous le masque et ne pas être inquiété par les trois ou quatre polices qui travaillent pour les différents partis ?

— C'est que je ne vis pas sous le masque, vous le voyez bien, monsieur Goefle ; cela serait fort gênant, et, dès que je suis à cent pas de ma baraque, je n'ai pas de raisons pour ne pas mettre adroitement, et en prenant les plus simples précautions pour dérouter les curieux, mon visage à découvert. Je ne suis pas un personnage assez important pour qu'on s'acharne à me voir, et le petit mystère dont je m'enveloppe est pour beaucoup dans la vogue que j'ai acquise. Après tout, je ne pousse pas le préjugé de l'homme du monde au point de me désoler si quelque jour mon masque tombe dans la rue, et qu'un passant vienne par hasard à reconnaître le très-obscur adepte de la science qui, sous un autre nom, vaque à ses études à d'autres heures et dans d'autres endroits de la ville.

— Ah! voilà précisément ce que vous ne m'avez pas dit. Vous aviez, dans l'occasion, à Stockholm, un autre nom que celui de Christian Waldo, et un autre domicile que celui où résidaient Jean, Puffo, et le reste de la troupe dans ses boîtes?

— Précisément, monsieur Goefle. Quant au nom, vous voulez donc absolument tout savoir?

— Certainement! vous méfiez-vous de moi?

— Oh! si vous le prenez ainsi, je m'exécute avec empressement. Ce nom n'est autre que celui de Dulac; c'est la traduction française de mon premier nom de fantaisie, *del Lago;* c'est celui que j'avais pris à Paris pour ne pas attirer sur moi, par quelque malheureux hasard, la vengeance de l'ambassadeur de Naples.

— Fort bien! et vous avez, sous ce nom, établi quelques bonnes relations à Stockholm?

— Je n'ai pas beaucoup essayé, rien ne presse. Je voulais d'abord bien connaître les richesses de la ville en fait d'art et de science, et puis la physionomie des habitants, leurs goûts, leurs usages ; or, pour un étranger sans relations, il est très-facile d'étudier les mœurs et les idées d'un peuple dans les centres de réunion publique. C'est ce que j'ai fait, et maintenant je voudrais connaître toute la Suède, afin de revenir me présenter à Stockholm et à Upsal aux principaux savants, à M. de Linné surtout. D'ici là, j'aurai reçu les lettres de recommandation que j'ai demandées à Paris, et, dans tous les cas, j'aurai peut-être quelque chose d'intéressant à dire à cet homme illustre. Je pourrai récolter au loin des objets qui lui auront échappé, et lui faire quelque plaisir en les lui offrant. Il n'est pas de voyage qui n'amène d'utiles découvertes ou d'utiles observations sur les choses déjà signalées. C'est en apportant aux grands maîtres le tribut de ses études et le résultat de ses recherches qu'un jeune homme a le droit de les aborder; autrement, ce n'est qu'une satisfaction de vanité ou de curiosité qu'il se procure et un temps précieux qu'il leur dérobe. Quant à la police, car vous m'avez fait aussi une question à cet égard, elle m'a laissé fort tranquille après un rapide interrogatoire où j'ai répondu apparemment avec une franchise satisfaisante. Les bons bourgeois chez qui je demeurais, et qui m'ont traité comme un membre de leur famille, ont répondu de ma bonne conduite et gardé, vis-à-vis du public, le petit secret de ma double individualité. Vous voyez donc bien, monsieur Goefle, que tout est pour le mieux dans ma situation présente, et que je peux conserver ma belle humeur, puisque j'ai la liberté, un gagne-pain assez lucratif, la passion de la science, et le monde ouvert devant mes pas agiles!

— Mais votre bourse a fait naufrage sur le lac Wettern...

— Oh! les lacs, voyez-vous, monsieur Goefle, ils sont peuplés de bons génies avec lesquels je suis certainement en relation à mon insu. Ne suis-je pas Christian *del Lago?* Ou le trolle de Wettern me rendra ma bourse au moment où je m'y attendrai le moins, ou il en fera profiter quelque pauvre pêcheur qui s'en trouvera bien, et de toutes façons le résultat sera excellent.

— Mais... pourtant... avez-vous quelque argent en poche, mon garçon?

— Absolument rien, monsieur Goefle, répondit en riant le jeune homme. J'ai eu tout juste de quoi arriver ici, en me serrant un peu le ventre pour laisser manger à discrétion mon valet et mon âne; mais, ce soir, j'aurai trente rigsdalers pour ma comédie, et, après ce copieux déjeuner à côté de vous et de cet excellent poêle, en face de ce beau paysage de diamants, qui resplendit là-bas à travers les nuages de fumée dont nos pipes ont rempli la chambre, je me sens le plus riche et le plus heureux des hommes.

— Vous êtes décidément un original, dit M. Goefle en se levant et en secouant la capsule de sa pipe. Il y a en vous je ne sais quel mélange d'homme et d'enfant, de savant et d'aventurier. Il semble même que vous aimiez follement cette dernière phase de votre vie, et que, loin de la considérer comme désagréable, vous souhaitiez la prolonger sous prétexte d'une fierté exagérée.

— Permettez, monsieur Goefle, répondit Christian; en fait de fierté, il n'y a pas de milieu, c'est tout ou rien. J'ai tâté de la misère, et je sais comme il est facile de s'y dégrader. Il faut donc que l'homme livré à ses seules ressources s'habitue à ne pas la craindre, et même à jouer avec elle. Je vous ai dit qu'elle m'avait été pénible dans une grande ville. C'est que là, au milieu des tentations de tout genre, elle est bien dangereuse pour un homme jeune et actif qui a connu l'entraînement des passions. Ici, au contraire, en voyage, c'est-à-dire en liberté, et protégé par un *incognito* qui me permet de rentrer demain dans le monde sous la figure d'un homme sérieux, je me sens léger comme un écolier en vacances, et il ne me tarde pas, je le confesse, de reprendre les chaînes de la contrainte et les ennuis du convenu.

— Après tout... je le comprends, dit le docteur; mon imagination, qui n'est pas plus engourdie que celle d'un autre, me représente assez le plaisir romanesque de cette vie nomade et insouciante. Pourtant vous aimez le monde, et ce n'est pas pour aller explorer les glaces à l'heure de minuit que vous m'avez emprunté ma garde-robe de cérémonie?

En ce moment, la porte s'ouvrit, et Ulphilas, à qui M. Goefle avait sans doute donné des ordres, vint l'avertir que son cheval était attelé à son traîneau. Ulf paraissait complétement dégrisé.

— Comment! s'écria le docteur avec surprise, quelle heure est-il donc? Midi? Ce n'est pas possible! cette vieille horloge radote... Mais non, dit-il en regardant à sa montre, il est bien midi, et il faut que j'aille m'entretenir avec le baron de ce gros procès pour lequel il m'a fait venir. Je m'étonne que, me sachant arrivé, il n'ait pas encore songé à faire demander de mes nouvelles!...

— Mais M. le baron a envoyé, répondit Ulf; ne vous l'ai-je point dit, monsieur Goefle?

— Nullement!

— Il a envoyé, il y a une heure, en faisant dire qu'il s'était trouvé indisposé cette nuit; sans quoi, il serait venu lui-même...

— Ici?... Tu exagères la politesse du baron, mon cher Ulf!... Le baron ne vient jamais au Stollborg!

— Bien rarement, monsieur Goefle; mais...

— Ah çà! et le père Stenson, il n'y a donc pas moyen de le voir? Avant de me rendre au château, je vais lui faire une petite visite, à ce digne homme! Est-il toujours aussi sourd?

— Beaucoup plus, monsieur Goefle; il n'entendra pas un mot de ce que vous lui direz.

— Eh bien, je lui parlerai par signes.

— Mais, monsieur Goefle... c'est que mon oncle ne sait pas encore que vous êtes ici.

— Ah! oui-da! Eh bien, il l'apprendra.

— Il me grondera beaucoup de ne pas l'avoir averti... et d'avoir consenti...

— A quoi? A me laisser loger ici, n'est-ce pas? Eh bien, tu lui diras que je me suis passé de ta permission.

— Figurez-vous, ajouta M. Goefle en français et en s'adressant à Christian, que nous sommes ici en fraude et à l'insu de M. Stenson, l'intendant du vieux château. Une chose très-bizarre encore, c'est que ledit M. Sten, ainsi que son estimable neveu ici présent, ne laissent qu'avec répugnance habiter cette masure, tant ils sont persuadés qu'elle est hantée par des esprits chagrins et malfaisants...

La figure de M. Goefle devint tout à coup sérieuse d'enjouée qu'elle était, comme si, habitué à rire de ces choses, il commençait à se le reprocher, et il demanda d'un ton brusque à Christian s'il croyait aux apparitions.

— Oui, aux hallucinations, répondit Christian sans hésiter.

— Ah! vous en avez eu quelquefois?

— Quelquefois, dans la fièvre ou sous l'empire d'une forte préoccupation. Elles étaient alors moins complètes que dans la fièvre, et je me rendais compte de l'illusion; cependant ces visions étaient assez frappantes pour me troubler beaucoup.

— C'est cela, c'est justement cela, s'écria M. Goefle. Eh bien, figurez-vous.... Mais je vous conterai cela ce soir; je n'ai pas le temps. Je sors, mon cher ami, je me rends chez le baron; peut-être me retiendra-t-il pour le dîner, qui se sert à deux heures. En tout cas, je reviendrai le plus tôt possible. Ah! écoutez, rendez-moi un service en mon absence.

— Deux, trois, si vous voulez, monsieur Goefle. De quoi s'agit-il?

— De lever mon valet de chambre.

— De l'éveiller?

— Non, non! de le lever, de l'habiller, de lui boutonner ses guêtres, de l'enfoncer dans sa culotte, qui est fort étroite, et qu'il n'a pas la force...

— Ah! j'entends! un vieux serviteur, un ami, malade, infirme?

— Non! pas précisément... Tenez! le voilà. Miracle! il s'est levé tout seul!— C'est bien, cela, maître Nils! Comment donc! vous vous formez! Vous voilà déjà debout à midi! et vous vous êtes habillé vous-même! N'êtes-vous point trop fatigué?

— Non, monsieur Goefle, répondit l'enfant d'un air de triomphe; j'ai très-bien boutonné mes guêtres: voyez!

— Un peu de travers; mais enfin c'est toujours ça, et, à présent, vous allez vous reposer jusqu'à la nuit, n'est-ce pas?

— Oh! non, monsieur Goefle; je vais manger, car j'ai grand'faim, et voilà une grande heure au moins que ça m'empêche de bien dormir.

— Vous voyez, dit M. Goefle à Christian; voilà le serviteur que ma gouvernante m'a procuré! A présent, je vous laisse à ses soins. Faites-vous obéir, si vous pouvez. Moi, j'y ai renoncé pour mon compte. Allons, Ulf, passe devant, je te suis... Qu'y a-t-il encore? qu'est-ce que cela?

— C'est, répondit Ulphilas, dont les idées suivaient

la marche ascendante des rayons du soleil, une lettre que j'avais dans ma poche depuis tantôt, et que j'avais oublié...

— De me remettre? C'est trop juste! Vous voyez, Christian, comme on est bien servi au Stollborg!

M. Goefle ouvrit la missive, et lut ce qui suit, en s'interrompant à chaque phrase pour faire ses réflexions en français :

« Mon cher avocat... »

— Je connais cette écriture... Ah! c'est la comtesse Elveda, la grande coquette, le parti russe en jupons!...

« Je désire vous voir la première. Je sais que le baron vous attend à midi. Ayez l'obligeance de venir du Stollborg un peu plus tôt et de vous rendre à mon appartement, où j'ai des choses sérieuses à vous communiquer... »

— Des choses sérieuses! quelque niaise malice, noire comme le charbon, et visible, par conséquent, à l'œil nu, comme le charbon sur la neige! Ma foi, il est trop tard ; l'heure est passée.

— Certainement l'heure est passée, observa Christian, et ce que l'on veut vous dire ne vaut pas la peine d'être écouté.

— Ah! ah! vous savez donc de quoi il s'agit?

— Parfaitement, et je vais vous le dire tout de suite, sans craindre que vous vous prêtiez à un désir aussi laid que saugrenu. La comtesse veut marier sa gentille nièce Marguerite avec le vieux et funèbre baron Olaüs.

— Mais je le sais bien, et je me suis ouvertement moqué de ce beau projet-là. Marier le joli mois de mai avec le pâle décembre? Il faut être aussi bonnet blanc que le pic de Sylfiallet pour avoir de pareilles idées!

— Ah! j'en étais bien sûr ; n'est-ce pas, monsieur Goefle, que c'est odieux de vouloir ainsi sacrifier Marguerite?

— Oui-da! Marguerite? Ah çà! vous êtes donc très-lié, vous, avec Marguerite?

— Fort peu ; seulement, je l'ai vue: elle est charmante.

— On le dit ; mais la comtesse, d'où diable la connaissez-vous, et comment savez-vous ses projets intimes?

— C'est encore une histoire à vous raconter, si vous avez le temps...

— Eh! non, je ne l'ai pas... ; mais il y a là un post-scriptum que je ne voyais pas... et que je comprends encore moins.

« J'ai à vous faire compliment de la bonne tournure et de l'esprit de votre neveu... »

— Mon neveu! Je n'ai pas de neveu! Est-ce qu'elle est folle, la comtesse?

» Pourtant, cet esprit lui a fait défaut d'une fâcheuse manière, et son algarade mérite bien que vous lui laviez rudement la tête!... Nous parlerons de cela, et je tâcherai de réparer ses folies, j'aurais bien envie de dire ses sottises!... »

— Son algarade, ses sottises! Il paraît qu'il en fait de belles, monsieur mon neveu! Mais où diable prendrai-je ce gaillard-là pour lui laver la tête?

— Hélas! monsieur Goefle, vous n'irez guère loin, dit Christian d'un ton piteux. Comment ne devinez-vous pas que, si j'ai pu m'introduire sans masque dans le bal de cette nuit, ce n'est certainement point le nom de Christian Waldo qui aurait pu m'ouvrir la porte?

— Je ne dis pas le contraire ; mais alors c'est donc sous le nom de Goefle...?

— Mon invitation était sous cet honorable nom, dans ma poche.

— Ainsi, monsieur, dit M. Goefle d'un ton sévère, et avec des yeux brillants de courroux, vous ne vous contentez pas d'emporter l'habit complet des gens, depuis la poudre à cheveux jusqu'à la semelle inclusivement ; vous vous permettez encore de prendre leur nom et de les rendre responsables des folies qu'il vous plaît de commettre! Ceci passe la permission...

Ici, le bon M. Goefle partit malgré lui d'un éclat de rire, tant lui parut plaisante la situation de Christian Waldo. Le jeune homme, bouillant et fier, supportait avec peine le reproche direct et semblait fort tenté de répliquer avec vivacité, d'autant plus que, d'un côté, Ulf, ne comprenant pas un mot de ce que disait M. Goefle, mais devinant sa colère à son intonation, imitait instinctivement ses regards et ses gestes, tandis que, de l'autre, le petit Nils, absolument dans le même cas quant au fond de l'affaire, s'était placé vis-à-vis de Christian dans une attitude superbe et presque menaçante.

Christian, impatienté par ces deux figures, qui copiaient burlesquement celle de M. Goefle, avait fort envie d'administrer un coup de poing à l'adulte et un coup de pied au galopin ; mais il se sentait dans son tort, il était très-affecté d'avoir offensé un homme aussi aimable et aussi sympathique que le docteur en droit, et sa physionomie, peignant une alternative de dépit et de repentir, était si expressive, que l'avocat en fut désarmé. Son rire désarma également ses deux acolytes, qui se mirent à rire aussi de confiance et retournèrent à leurs fonctions, tandis que Christian racontait à M. Goefle, en peu de mots, ce que la comtesse Elveda appelait son algarade, et ce qu'il croyait de nature à le disculper entièrement. M. Goefle, tout pressé qu'il était de partir, l'écouta avec attention, et, quand il eut fini :

— Certes, mon cher enfant, lui dit-il, vous n'avez rien fait là qui déshonore le nom de Goefle, et, bien au contraire, vous avez agi en galant homme; mais vous ne m'en avez pas moins jeté dans un cruel embarras. Que le baron Olaüs se rende compte ou non, à l'heure qu'il est, de l'accès de fureur épileptique que vous lui avez procuré, je doute qu'il oublie que vous l'avez offensé. On vous l'a dit, c'est un homme qui n'oublie rien, et vous ferez bien de déguerpir au plus vite en tant que Goefle, puisque Goefle il y a. Ne sortez point de cette chambre sans vous masquer, redevenez Christian Waldo, et vous n'avez rien à craindre.

— Mais que pourrais-je donc craindre du baron, s'il vous plaît, quand même j'irais à lui à visage découvert? Est-ce, en effet, un homme capable de me faire assassiner ?

— Cela, je n'en sais rien, Christian ; je vous jure sur l'honneur que je n'en sais rien du tout, et vous pouvez m'en croire; car, si j'avais, dans mes rapports avec lui, acquis la plus légère preuve des choses dont on l'accuse, ces relations n'existeraient plus. Je me soucierais fort peu d'une clientèle lucrative, et je n'épargnerais pas à mon client des vérités dures, qu'elles fussent utiles ou non. Cependant certains bruits sont si accrédités, et les malheurs arrivés à ceux qui ont voulu tenir tête au baron sont si nombreux, que je me suis parfois demandé s'il n'avait pas ce mauvais œil qu'en Italie vous appelez, je crois, *gettatura;* tant il y a que, pour ne pas attirer sans nécessité sur moi le *mauvais sort,* vous permettrez que je fasse passer *mon neveu* pour absent depuis ce matin, c'est-à-dire reparti pour de lointains voyages.

— Du moment que je vous envelopperais dans quelque risque à courir, comptez sur ma prudence. Je ne sortirai pas d'ici sans être masqué ou déguisé de façon à ce que personne ne reconnaisse en moi le galant et trop chevaleresque danseur de cette nuit.

Sur cette conclusion, M. Goefle et Christian Waldo se donnèrent une poignée de main. Nils, dont les fonctions s'étaient bornées à déjeuner pendant leur entretien, fut empaqueté de fourrures par son maître, qui eut à le placer sur le siège de son traîneau et à lui mettre en main le fouet et la bride ; mais une fois installé, Nils partit comme une flèche et descendit le rocher avec beaucoup d'adresse et d'aplomb. Conduire un cheval était la seule chose qu'il sût faire, et qu'il fît sans réclamer.

Quant à Ulf, M. Goefle lui ayant donné, avant de partir pour le château neuf, des ordres en conséquence, il prépara pour Christian le lit où avait couché Nils, et pour celui-ci un vaste sofa où il pourrait prendre ses aises; après quoi Ulf, toujours discret à l'endroit de sa désobéissance, alla s'occuper du service de son oncle sans lui faire aucunement part de la présence de ses hôtes au donjon.

## VII.

On n'a peut-être pas oublié que le vieux Stenson habitait un corps de logis situé au fond de la seconde petite cour ou préau dont se composait avec la première enceinte, un peu plus vaste, le manoir délabré du Stollborg. L'histoire de l'établissement de cet ancien château était une légende ; à l'époque du christianisme en Suède, il avait poussé tout seul sur le rocher dans l'espace d'une nuit, parce que le châtelain, alors païen, se voyant menacé, dans sa maison de bois, d'être emporté au fond du lac par une violente tempête d'automne, avait fait vœu d'embrasser la religion nouvelle, si le ciel le préservait du coup de vent. Déjà le toit venait d'être emporté ; mais à peine le vœu fut-il prononcé, qu'un donjon de granit s'éleva comme par enchantement des entrailles du rocher, et, le châtelain s'étant fait baptiser, jamais plus l'ouragan n'ébranla sa puissante et solide demeure.

En dépit de cette véridique histoire, les antiquaires du pays osaient dire que la tour carrée du Stollborg ne datait que de l'époque du roi Birger, c'est-à-dire du XIVe siècle. Quoi qu'il en soit, le château et le petit domaine avaient été acquis par un brave gentilhomme du nom de Waldemora, au XVe siècle. Au XVIIe, Olaf de Waldemora devint le favori de la reine Christine, qui, en vertu d'une aliénation arbitraire de plusieurs fragments du domaine de la couronne, lui fit don de terres considérables dans cette partie de la Dalécarlie. L'histoire ne dit pas que ce Waldemora fût l'amant de la fantasque héritière de Gustave-Adolphe. Peut-être, dans un besoin d'argent, la reine lui céda-t-elle à bas prix ces importantes propriétés. Il est certain qu'à la *réduction* de 1680, lorsque l'énergique Charles XI fit reviser tous les titres d'acquisition et rentrer au domaine de la couronne tout ce qui avait été indûment aliéné par ses prédécesseurs, mesure terrible et salutaire à laquelle la Suède doit la dotation des universités, des écoles et des magistrats, la création de la poste aux lettres, de l'armée *indelta* et autres bienfaits que les *vieux bonnets* n'avaient guère pardonnés à la couronne à l'époque de notre récit, le baron de Waldemora se trouva en règle, conserva les grands biens qu'il tenait de son aïeul, et acheva les embellissements du château neuf, que celui-ci avait fait bâtir sur le bord du lac, et qui portait son nom.

Ce qui était debout de l'ancien manoir de la famille ne consistait donc que dans une tour qui paraissait fort élevée à cause du grand massif de maçonnerie au moyen duquel sa base plongeait jusqu'au bord du lac, mais qui, en réalité, ne contenait que deux étages, à savoir la chambre de l'ourse et la chambre de garde, donnant à peu près de plain-pied sur le préau, et, au-dessus, une ou deux chambres où, depuis une vingtaine d'années, c'est-à-dire depuis l'époque où l'on avait muré la partie inférieure, personne n'avait pénétré. Le reste du manoir, rebâti plusieurs fois, n'était qu'une espèce de *gaard* norvégien. On sait que le *gaard* est, en Norvége, une réunion de plusieurs familles vivant en communauté. Habitation de personnes, cuisines, réfectoires, étables et magasins, au lieu de se presser comme ailleurs, autant que possible, sous un même toit, forment diverses constructions dont chacune s'abrite sous un toit particulier, et dont l'ensemble présente un développement de nombreuses petites maisons distinctes les unes des autres. Plusieurs coutumes sont communes à la Suède et à la Norvége, surtout dans cette partie de la Dalécarlie qui se rapproche des montagnes frontières. A l'époque où le Stollborg, abandonné pour le château neuf, était devenu une ferme rurale, on comptait dans le pays plusieurs *gaards* disposés de cette façon. Comme dans toute la Suède et dans tous les pays où l'on bâtit en bois, celui-ci avait souvent pris feu, et les plus anciens de ces petits édifices en portaient encore la trace. Leurs arêtes carbonisées et leurs toits déjetés tranchaient comme des spectres noirs sur les fonds neigeux de la montagne.

Le préau, entouré de son hangar moussu, qui reliait tant bien que mal les diverses constructions, et dont la toiture de planches brillait d'une frange de stalactites de glace, offrait ainsi l'aspect d'un groupe de chalets suisses abandonnés. Depuis longtemps, la ferme avait été transportée ailleurs et le manoir tout entier laissé à la disposition de Stenson,

qui ne faisait plus réparer ces cabanes sans valeur et sans autre emploi que celui d'emmagasiner quelques fourrages et légumes secs. Les dalles brutes de la cour étaient creusées au hasard de mille rigoles raboteuses tracées à la longue par les violents écoulements du dégel; pas une porte ne tenait sur ses gonds, et il semblait qu'à moins de quelque vœu aussi efficace que celui du premier châtelain, le moindre coup de vent dût, au premier printemps ou au premier automne, balayer ces masures au fond du lac.

La seconde petite cour, située derrière celle-ci, était une annexe plus moderne, d'un caractère moins pittoresque, mais infiniment plus confortable. Cette annexe datait de l'époque où le baron Olaüs de Waldemora avait hérité des biens de son frère Adelstan et pris possession du domaine. Il avait fait construire une sorte de second petit *gaard* pour son fidèle Stenson, afin, disait-on, de le décider à ne pas quitter cette résidence, dont il avait horreur. L'annexe formait donc un autre groupe, situé en contre-bas du premier, sur le versant du rocher. Ses toits en pente s'adossaient à la roche brute, et présentaient la singulière disposition en usage dans le pays, à savoir une couche de troncs de sapins bien joints par de la mousse, puis recouverts de feuilles d'écorce de bouleau et enfin d'une couche de terre semée de gazon. On sait que les gazons sur les toits rustiques de la Suède sont particulièrement soignés, quelquefois même dessinés en parterre, avec des fleurs et des arbustes. L'herbe y pousse drue et magnifique, les troupeaux y cherchent le plus friand morceau du pâturage.

C'est dans cette partie du vieux manoir appelée spécialement le *gaard*, tandis que l'autre retenait celui de *préau*, que Stenson vivait depuis une vingtaine d'années, si cassé et si frêle désormais, qu'il ne sortait presque plus de son pavillon, bien chauffé, meublé avec une extrême propreté et peint en rouge à l'extérieur, à l'oxyde de fer. Là, il avait certainement toutes ses aises : son appartement isolé de la maisonnette habitée par son neveu, sa cuisine dans un chalet, sa vache et sa laiterie dans un autre. L'existence de ce mystérieux vieillard n'en était cependant que plus monotone et plus mélancolique. On remarquait ou du moins on avait remarqué, lors de la construction de son habitation, avec quel soin il avait fait tourner les ouvertures du côté opposé au donjon et même au château. On n'y entrait que par une petite porte latérale, et, pour pénétrer dans sa chambre, il fallait serpenter par un petit couloir. On eût dit qu'il craignait d'apercevoir le donjon par une porte ouverte directement de ce côté. Après tout, c'était peut-être uniquement une précaution contre le vent d'ouest, qui soufflait de là.

Comme pour confirmer les *on dit* du pays, il était extrêmement rare que Stenson sortît de sa maisonnette, si ce n'est pour humer quelques rayons de soleil dans un étroit verger situé au bord du lac, toujours dans la direction opposée au donjon, et encore assurait-on qu'à l'heure où le soleil envoyait l'ombre grêle de la girouette sur les allées, il les quittait et rentrait chez lui avec précipitation, comme si cette ombre néfaste lui eût apporté l'horreur et la souffrance. Dans tout cela, les esprits forts du château neuf, majordome et valets de nouvelle roche, ne voyaient que les précautions excessives, poussées jusqu'à la manie, d'un vieillard frileux et maladif; mais Ulphilas et compagnie y voyaient la preuve irrécusable de l'installation d'esprits malfaisants et de spectres effroyables dans le lugubre Stollborg. Jamais, depuis vingt ans, disait-on, Stenson n'avait traversé le préau et franchi la porte de l'ouest. Quand une affaire avait nécessité sa présence au château neuf, il s'y était rendu par son petit verger, au bas duquel était amarrée, en été, sa barque particulière.

Bien que la présence du baron au château neuf, qui avait lieu lorsqu'il n'assistait pas au *stendœrne* (diète des États), dont il était membre, ne changeât rien à l'existence de Stenson, Ulphilas remarquait depuis quelques jours une singulière agitation chez son oncle. Il faisait des questions sur le donjon comme s'il se fût intéressé à la conservation de ce maudit géant. Il voulut savoir si Ulf y entrait de temps en temps pour donner de l'air à la chambre de l'ourse, à quelles heures, et s'il n'y avait rien remarqué d'extraordinaire. Ce jour-là, Ulf mentit, non sans remords, mais sans hésitation, en répondant de la tête et des épaules qu'il n'y avait rien de nouveau. Il avait de fortes raisons d'espérer que Stenson, ne sortant pas de sa chambre à cause du froid, ne s'apercevrait de rien, et il avait senti certains écus sonner, à son intention, dans la poche de M. Goefle sans que la voûte du Stollborg parût vouloir crouler d'indignation pour si peu. Sans être un homme avide, Ulf ne détestait pas les profits, et peut-être commençait-il à se réconcilier un peu avec le donjon.

Quand il eut fait ce mensonge et servi le second repas de son oncle, il allait se retirer, lorsque celui-ci lui demanda une certaine Bible qu'il consultait rarement et qui était rangée sur un rayon particulier de sa bibliothèque. Stenson la fit placer devant lui sur la table, et fit signe à Ulf de se retirer; mais celui-ci, curieux des intentions de son oncle, rouvrit la porte un instant après, bien certain de n'être pas entendu, et, debout derrière le fauteuil du vieillard, il le vit passer, comme au hasard, un couteau entre les feuillets du gros livre, l'ouvrir et regarder attentivement le verset sur lequel la pointe du couteau s'était arrêtée. Il répéta trois fois cette épreuve, sorte de pratique à la fois dévote et cabalistique usitée même chez les catholiques du Nord, pour demander à Dieu le secret de l'avenir d'après l'interprétation des paroles indiquées par le destin; puis Stenson mit sa tête dans ses mains sur le livre fermé, comme pour le consulter avec son cerveau après l'avoir interrogé avec ses yeux, et Ulf se retira assez inquiet du résultat de l'expérience. Il avait lu les trois versets par-dessus la tête de son oncle. Les voici dans l'ordre où ils avaient été marqués par le hasard :

« ... Le gouffre et la mort disent : « Nous avons entendu parler d'elle ! »

« ... Ne pleurais-je point pour l'amour de celui qui a passé de mauvais jours ? »

« ... Les richesses du pécheur sont réservées au juste. »

Les versets détachés de ce livre mystérieux et sublime ont presque tous la faculté de se prêter à tous les sens que l'imagination leur demande. Aussi le vieux Sten, après avoir frissonné au premier et joint les mains au second, avait-il respiré, comme une âme soulagée, au troisième; mais Ulphilas avait trop bu la veille pour interpréter convenablement les décisions du saint livre. Il se demanda cependant avec angoisse si la vieille Bible n'avait pas trahi à son oncle, sous une forme allégorique au-dessus de son intelligence, le secret de son mensonge.

Il fut distrait de ses rêveries par l'apparition d'un nouvel hôte dans le préau : c'était Puffo, qui venait se concerter avec Christian pour la représentation du soir. Puffo n'était pas démonstratif; il n'aimait pas la campagne en hiver, et n'entendait pas un mot de dalécarlien. Cependant il se trouvait d'assez bonne humeur en ce moment, et pour cause. Il dit bonjour à Ulf d'un air presque amical, tandis que celui-ci, stupéfait, le regardait entrer sans façon, comme chez lui, dans la chambre de l'ourse.

Puffo trouva Christian occupé à classer ses échantillons minéralogiques dans sa boîte.

— Eh bien, patron, à quoi songez-vous ? lui dit-il. Il ne s'agit pas de s'amuser avec des petits cailloux, mais de préparer tout pour la pièce de ce soir.

— Parbleu ! j'y songe bien, répondit Christian; mais que pouvais-je faire sans toi ? Il est bien temps que tu daignes reparaître ! Où diable as-tu passé depuis hier ?

Puffo raconta sans s'excuser qu'il avait fini par trouver bon souper et bon gîte à la ferme, qu'il avait dormi tard, et que, s'étant *lié* avec un laquais du château qui se trouvait là, il avait fait savoir à tout le monde l'arrivée de Christian Waldo au Stollborg. Après son déjeuner, le majordome du château l'avait fait venir. Il lui avait parlé très-honnêtement, en lui annonçant qu'à huit heures précises du soir, on comptait sur la pièce de marionnettes. M. le majordome avait ajouté :

— Tu diras à ton patron Christian que M. le baron désire beaucoup de gaieté, et qu'il le prie d'avoir infiniment d'esprit !

— C'est cela ! dit Christian. De l'esprit, par ordre de M. le baron ! Eh bien, qu'il prenne garde que je n'en aie trop ! Mais dis-moi, Puffo, n'as-tu pas ouï dire que le baron était malade ?

— Oui, il l'était cette nuit, à ce qu'il paraît, répondit le bateleur ; mais il n'y pense plus. Il se sera peut-être grisé, quoique ses laquais disent qu'il ne boive pas ; mais croyez ça, qu'un homme si riche se prive l'estomac de ce qu'il a dans sa cave !

— Et toi, Puffo, je gage que tu ne t'es pas privé de ce qui est tombé sous ta main ?

— Ma foi, dit Puffo, grâce au laquais qui a son amoureuse à la ferme et qui m'a invité à sa table, j'ai bu d'assez bonne eau-de-vie ; c'est de l'eau-de-vie de grain, un peu rude, mais ça réchauffe ; aussi ai-je bien dormi après...

— Je suis charmé de ton aubaine, maître Puffo, mais il faudrait songer à notre ouvrage ; va d'abord voir si Jean n'a ni faim ni soif, et puis tu reviendras prendre mes instructions. Dépêche-toi !

Puffo sortit, et Christian se mettait en devoir, non sans soupirer un peu, de fermer sa boîte de minéraux pour ouvrir celle des *burattini*, lorsque les grelots d'un équipage le firent regarder à la fenêtre. Ce n'était pas le docteur en droit qui revenait si tôt ; c'était le joli traîneau azur et argent qui, la veille au soir, avait amené Marguerite au Stollborg.

Faut-il avouer que Christian avait oublié la promesse faite par cette aimable fille à l'apocryphe M. Goefle, de revenir le lendemain dans la journée ? La vérité est que Christian, en raison des événements survenus au bal, n'avait plus compté sur la possibilité de cette visite, et qu'il n'en avait nullement averti le véritable Goefle. Peut-être regardait-il l'aventure comme inévitablement terminée, peut-être même désirait-il qu'elle le fût, car où pouvait-elle le conduire, à moins qu'il ne fût homme à abuser de l'inexpérience d'un enfant, sauf à emporter son mépris et ses malédictions ?

Pourtant le traîneau approchait ; il montait le talus, et Christian apercevait la jolie tête, encapuchonnée d'hermine, de la jeune comtesse. Que faire ? Christian aurait-il le courage de lui fermer la porte au nez, ou de lui faire dire par Puffo que le docteur en droit était absent ? Bah ! Ulf ne manquerait pas de le lui apprendre ; il n'était pas besoin de s'en mêler. Le traîneau allait s'en retourner comme il était venu. Christian restait à la fenêtre, s'attendant à le voir redescendre ; mais il ne redescendit pas, et la porte s'ouvrit. Marguerite parut, et Christian n'eut que le temps de refermer précipitamment la boîte d'où les marionnettes montraient indiscrètement leurs gros nez et leurs bouches riantes.

— Quoi ! monsieur, s'écria la jeune fille avec surprise, vous êtes encore ici ? Voilà une chose à laquelle je ne m'attendais pas !.J'espérais que vous seriez parti !

— Vous n'avez donc rencontré personne dans la cour ? dit Christian, qui n'était peut-être pas fâché de s'en prendre de cette circonstance à la destinée.

— Je n'ai vu personne, dit Marguerite, et, comme je viens en cachette, je suis entrée bien vite pour que personne ne me vît ; mais, encore une fois, monsieur Goefle, vous ne devriez pas être ici. Le baron doit maintenant savoir le nom de la personne qui a osé le braver, et je vous jure que vous devriez partir.

— Partir ? Vous me dites cela bien cruellement ! mais vous me rappelez qu'en effet je suis parti. Oui, oui, rassurez-vous, je suis parti pour ne jamais revenir. M. Goefle m'ayant fait comprendre que je pouvais l'envelopper dans mes disgrâces, je lui ai promis de disparaître, et vous me trouvez en train de faire mes paquets.

— Oh ! alors continuez, que je ne vous retarde pas !

— Vous êtes donc bien pressée de ne plus jamais entendre parler de moi ? Mais prenez que c'est un fait accompli, que je suis déjà embarqué au moins pour l'Amérique, fuyant à pleines voiles mon redoutable ennemi, et versant quelques pleurs au souvenir de cette première contredanse qui sera en même temps la dernière de ma vie...

— Avec moi, mais non pas avec d'autres ?

— Qui sait ? Le moi qui vous parle en ce moment n'est qu'une ombre, un fantôme, le souvenir de ce qui fut hier. L'autre moi est le jouet des vagues et du destin; je m'en soucie comme d'un habitant de la lune.

— Mon Dieu, que vous êtes gai, monsieur Goefle ! Savez-vous que je ne le suis pas du tout, moi ?

— Au fait, dit Christian, frappé de l'air triste de Marguerite, je suis un misérable de consentir à parler de moi-même, quand je devrais ne m'inquiéter que des suites de l'événement d'hier au soir ! Mais daignerez-vous me répondre encore, si je me permets de vous interroger ?

— Oh ! vous le pouvez bien, après tout ce que le hasard m'a entraînée à vous faire savoir de moi... Cette nuit, ma tante m'a fort grondée, et ordre avait été donné à mademoiselle Potin de faire mes paquets pour me reconduire aujourd'hui à Dalby ; mais, ce matin, tout était changé, et, après un entretien secret avec le baron, qui a repris, dit-elle, *toute sa santé et toute sa gaieté*, il a été décidé que je resterais et que je n'aurais, jusqu'à ce soir, qu'à me préoccuper de ma toilette. A propos, vous savez que nous avons décidément Christian Waldo ? On dit même qu'il est logé ici, au Stollborg. Vous l'avez rencontré, s'il y est ? Vous l'avez vu ?

— Certainement.

— Sans masque ? Ah ! comment est-il ? A-t-il réellement une tête de mort ?

— Pis que cela ! il a une tête de bois.

— Allons donc, vous vous moquez ?

— Nullement. Vous jureriez, à le voir, que sa face a été taillée dans une souche avec un couteau qui coupait mal. Il ressemble à la plus laide de ses marionnettes; tenez, à celle-ci.

Et Christian montra une figure de sbire grotesque qui sortait de la boîte, et que Marguerite eût pu apercevoir d'elle-même, si elle eût été moins préoccupée.

— Ah ! vraiment ! dit-elle avec un peu d'effroi, c'est donc là sa *boîte à malice* ? Peut-être demeure-t-il avec vous dans cette chambre ?

— Non, tranquillisez-vous, vous ne le verrez pas. Il est sorti, et il a prié M. Goefle de lui permettre de déposer ici son bagage.

— Pauvre garçon ! reprit Marguerite pensive, il est aussi laid que cela ! Croyez donc à ce qu'on dit ! Il y a des gens qui l'on vu beau. Et il est vieux peut-être ?

— Quelque chose comme quarante-cinq ans; mais à quoi songez-vous, et pourquoi êtes-vous triste ?

— Je ne sais pas, je suis triste.

— Puisque vous restez au château et que vous verrez ce soir les marionnettes !

— Ah ! tenez, monsieur Goefle, vous me traitez bien trop comme un enfant. Hier, il est vrai, au bal, j'étais gaie, je m'amusais, j'étais heureuse, je me croyais à jamais délivrée du baron; mais, aujourd'hui, ma tante a repris ses espérances, je le vois bien, et il faut que je reparaisse devant un homme que je hais franchement désormais. Ne m'a-t-il pas insultée lâchement hier ? Ma tante a beau dire qu'il a voulu plaisanter, on ne plaisante pas avec une fille de mon âge comme avec un enfant. Pour consoler un peu mon orgueil blessé, je me dis qu'il a plutôt parlé dans le délire, et que son attaque de nerfs commençait déjà quand il m'a dit ces grossières paroles ; c'est aussi l'opinion de mes compagnes; mais que sais-je de ce qu'il me dira aujourd'hui, quand je le reverrai ? Qu'il soit méchant ou fou, s'il m'outrage encore, qui prendra ma défense ? Vous ne serez plus là, et personne n'osera...

— Comment ! personne n'osera ? Quels sont donc ces hommes dont vous êtes entourée ? Et ces braves jeunes gens que j'ai vus hier ?...

— Oui, certes, je les crois tels ; mais ils ne me connaissent pas, monsieur Goefle, et peut-être croiront-ils que je mérite les outrages du baron. C'est une assez triste recommandation pour moi que d'être produite dans le monde par ma tante, qui, bien à tort certainement, a la réputation de tout sacrifier à des questions d'intérêt politique.

— Pauvre Marguerite ! dit Christian frappé de la pénible situation de cette aimable fille.

Comme il était ému sincèrement et n'avait aucune idée de familiarité offensante, Marguerite n'entendit aucune malice à lui laisser prendre sa main, que, du reste, il quitta aussitôt en revenant au sentiment de la réalité des circonstances.

— Voyons, dit-il, il faut pourtant que vous preniez une résolution ?

— Elle est toute prise. Il n'y a que le premier pas qui coûte. Maintenant, j'affronterai le terrible Olaüs en toute rencontre ; je lui dirai son fait devant tout le monde, et je consentirai à passer pour un démon de malice plutôt que pour une favorite de ce pacha dalécarlien. Après tout, je me défendrai mieux toute seule; car, si vous étiez là, je craindrais de vous voir prendre mon parti à vos dépens, et je me contiendrais davantage. C'est égal, monsieur Goefle, je n'oublierai jamais les bons conseils que vous m'avez donnés et la manière chevaleresque dont vous avez réprimé cet affreux baron. Je ne sais pas si nous nous reverrons jamais ; mais, quelque part que vous soyez, je vous suivrai de tous mes vœux, et je prierai Dieu pour qu'il vous donne plus de bonheur que je n'en ai.

Christian fut vivement touché de l'air affectueux et sincère de cette charmante fille. Il y avait une véritable effusion de cœur dans son regard et dans son accent, sans le plus petit embarras de coquetterie.

— Bonne Marguerite, lui dit-il en portant sa jolie main à ses lèvres, je vous jure bien que, moi aussi, je me souviendrai de vous! Ah! que ne suis-je riche et noble! j'aurais peut-être le pouvoir de vous secourir, et à coup sûr je ferais tout au monde pour obtenir le bonheur de vous protéger; mais je ne suis rien, et, par conséquent, je ne peux rien.

— Je ne vous en sais pas moins de gré, reprit Marguerite. Je me figure que vous êtes un frère que je ne connaissais pas, que Dieu m'a envoyé pour un moment, à l'heure de ma détresse. Prenez ainsi notre courte réunion, et disons-nous adieu sans désespérer de l'avenir.

La candeur de Marguerite fit entrer un remords dans l'âme de Christian. D'un moment à l'autre, M. Goefle pouvait revenir, et il était impossible que la jeune comtesse, qui avait si bien remarqué la similitude d'accent du faux oncle et du faux neveu, ne fût pas frappée, en les voyant ensemble, de l'absence complète de ressemblance. D'ailleurs, M. Goefle ne se prêterait certainement pas à soutenir une pareille supercherie, et il en coûtait à Christian de penser que Marguerite conserverait de lui un mauvais souvenir. Il se confessa donc de lui-même, et avoua que, ne la connaissant pas, il s'était permis la mauvaise plaisanterie de prendre la pelisse et le bonnet du docteur pour jouer son rôle, ajoutant qu'il s'en était vivement repenti en voyant de quelle âme angélique il avait voulu se divertir. Marguerite fut un peu fâchée. Elle avait eu un instant la révélation de la vérité, en entendant Christian lui adresser la parole au bal pour la première fois; mais il avait l'air si sincère en lui racontant qu'il avait tout entendu de la chambre voisine, qu'elle s'était défendue de ses propres soupçons.

— Ah! que vous savez bien mentir, lui dit-elle, et que l'on serait facilement dupe de vos explications! Je ne me trouve pas offensée de la plaisanterie en elle-même : en venant ici, je faisais une imprudence et un coup de tête dont j'ai été punie par une mystification; mais ce qui me rend triste, c'est que vous ayez persisté jusqu'au bout avec tant d'aplomb et de candeur.

— Dites avec remords et mauvaise honte; une première faute en entraîne d'autres, et...

— Et quoi? qu'avez-vous encore à confesser?

Christian avait été au moment de dire toute la vérité. Il s'arrêta en sentant que le nom de Christian Waldo ferait fuir Marguerite, troublée et indignée. Il se résigna donc à n'être qu'à moitié sincère et à rester Christian Goefle pour la jeune comtesse; mais cette dissimulation, dont il se fût diverti intérieurement à l'égard de tout autre, lui devint très-pénible lorsqu'elle fixa sur lui ses yeux limpides, attristés par une expression de crainte et de reproche.

— J'ai voulu jouer comme un enfant avec un enfant, pensa-t-il; mais voilà que, malgré nous, le sentiment s'en mêle, et plus il se fait honnête et délicat, plus je me fais coupable...

A son tour, il devint triste, et Marguerite s'en aperçut.

— Allons, lui dit-elle avec un sourire de radieuse bonté, ne gâtons pas par des scrupules ce joli chapitre de roman qui va finir sans nous laisser moins bien intentionnés tous les deux. Vous n'avez pas abusé de ma confiance pour vous moquer réellement de moi, puisque vous m'avez, au contraire, aidée à compter sur moi-même pour conjurer la mauvaise destinée; et, loin de me sentir blessée et ridicule, je me trouve plus affermie sur mes pauvres pieds que je ne l'étais hier à pareille heure.

— Cela est certain, n'est-ce pas? dit Christian avec vivacité, et le ciel m'est témoin...

— Achevez, dit Marguerite.

— Eh bien, dit Christian avec chaleur, le ciel m'est témoin que, dans tout ceci, je n'ai pas eu de préoccupation personnelle, et que la pensée de votre véritable bonheur a été ma seule pensée.

— Je le sais bien, Christian, s'écria Marguerite en se levant et en lui tendant les deux mains; je sais bien que vous n'avez vu en moi qu'une pauvre sœur devant Dieu... Je vous en remercie, et, à présent, je vous dis adieu, car votre oncle va revenir; il ne me connaît pas, et il est fort inutile de lui dire que je suis venue. Vous lui direz, au reste, ce que vous voudrez; je suis bien certaine qu'il ne travaillera pas contre moi, et qu'il est aussi honnête homme et aussi généreux que vous-même.

— Mais cependant..., dit Christian, qui voyait à regret la fin du roman se précipiter, vous veniez lui dire quelque chose; il faudrait peut-être qu'il le sût...

— Je venais, dit Marguerite avec un peu d'hésitation, lui demander de me dire au juste les projets de ma tante sur moi en cas de révolte ouverte de ma part... Mais c'était encore une lâcheté, cela. Je n'ai pas besoin de le savoir. Qu'elle me bannisse, qu'elle m'isole, qu'elle m'enferme, qu'elle me batte, qu'importe? Je ne faiblirai pas, je vous le promets, je vous le jure... Je n'épouserai jamais qu'un homme que je pourrai... estimer.

Marguerite n'avait pas osé dire *aimer*. Christian n'osa pas non plus prononcer ce mot; mais leurs yeux se l'étaient dit, et leurs joues s'animèrent simultanément d'une rougeur sympathique. Ce fut, après cette heure d'entretien confidentiel, l'unique et rapide épanchement de leurs âmes, et encore n'en eurent-ils conscience ni l'un ni l'autre, Marguerite parce qu'elle ne savait pas qu'elle aimait, Christian parce qu'il se croyait certain de ne pas aimer. Et pourtant, lorsque Marguerite fut remontée dans son traîneau, et que Christian l'eut perdue de vue, il se fit en eux comme un déchirement. Des larmes qu'elle ne sentit pas couler mouillèrent lentement les joues de la jeune fille, et Christian, absorbé dans des rêveries confuses, soupira profondément, comme si, d'un beau rêve de soleil, il retombait dans les glaces de l'hiver. Pour voir plus longtemps le traîneau, il rentra dans la salle de l'ourse, et se mit à la fenêtre entre les deux châssis; mais un frôlement derrière lui le fit retourner, et il fut témoin d'une scène qui lui causa beaucoup de surprise.

Un vieillard grêle et pâle, d'une figure distinguée, vêtu de gris fort proprement, à l'ancienne mode, était debout au milieu de la chambre, une branche verte à la main. Christian ne l'avait pas entendu entrer, et cette figure, éclairée en profil par le soleil déjà très-oblique, qui envoyait par l'unique et longue fenêtre un rayon rouge et poudreux dans la salle assombrie, avait l'apparence d'une vision fantastique. L'expression de cette figure n'était pas moins étrange que sa présence inattendue. Elle semblait indécise, étonnée elle-même de se voir là, et ses petits yeux vitreux contemplaient avec surprise les modifications apportées au morne arrangement de la salle par ses nouveaux occupants. Avec un peu de réflexion, Christian comprit que ce n'était point là un spectre, mais bien probablement le vieux Stenson, qui venait rendre ses devoirs à M. Goefle, et qui s'étonnait de ne pas le trouver. Mais que signifiait la branche verte, et pourquoi cet air craintif et désappointé?

C'était le vieux Stenson, en effet; et, comme il avait la vue aussi nette qu'il avait l'oreille embarrassée, le feu allumé, la table servie, la pendule en mouvement l'avaient frappé tout d'abord; mais il n'avait pas les allures promptes, et Christian eut le temps de reculer un peu derrière un pan de rideau frangé par la dent des souris avant que l'œil du vieillard eût fait l'inspection de cette fenêtre ouverte. Christian put donc l'observer avant d'être observé lui-même. Quant à Stenson, il pensa que son neveu, dont il n'ignorait pas l'ivrognerie, avait invité quelques amis à faire, à son insu, le réveillon de Noël dans cette chambre. A quel point il en fut indigné, c'est ce que lui seul eût pu nous dire. Son premier soin fut de faire disparaître ce scandaleux désordre. Il commença par écarter avec la pince de fer les charbons enflammés dans le poêle pour que le feu s'éteignît de lui-même; puis, avant de se mettre en devoir d'emporter le service de table ou de le faire emporter par le délinquant, il arrêta le balancier de la pendule et replaça l'aiguille sur quatre heures, telle que Christian l'avait trouvée, lorsque, d'une main profane, il s'était permis de la faire marcher. M. Stenson se retourna ensuite comme pour compter les bougies du lustre; mais, le soleil lui venant dans les yeux, il se dirigea vers la fenêtre pour la fermer préalablement.

En ce moment, Christian, qui allait être surpris, se montra. A son apparition nimbée par les rayons du couchant, Stenson, qui n'était peut-être pas le moins superstitieux de la famille, recula jusqu'au-dessous du lustre, et une telle angoisse se peignit sur ses traits, que Christian, oubliant sa surdité, lui adressa la parole avec douceur et déférence pour le rassurer; mais sa voix se perdit sans écho dans la salle ouverte et refroidie. Stenson ne vit que le mouvement de ses lèvres, sa belle figure et son air bienveillant. Il tomba sur ses genoux en lui tendant les bras comme pour l'implorer ou le bénir, et en lui présentant avec un tremblement convulsif sa branche de cyprès comme une palme offerte en hommage à quelque divinité.

— Voyons, mon brave homme, lui dit Christian en élevant la voix et en s'approchant pour le relever, je ne suis pas le bon Dieu, je ne suis même pas le bon ange de Noël qui entre par les fenêtres ou descend par les cheminées; levez-vous!... Je suis...

Mais Christian s'arrêta en voyant une pâleur livide se répandre sur la figure déjà si blême du vieillard. Il comprit qu'il lui causait un effroi mortel, et il s'éloigna pour lui donner le temps de se ranimer. Stenson, en effet, se remit un peu, mais tout juste assez pour songer à fuir. Il se traîna un instant sur ses genoux, se releva avec effort, et sortit par la chambre à coucher, en murmurant des paroles sans suite et qui ne présentaient aucun sens. Le jugeant en proie à un accès de démence, effet de l'âge ou d'une dévotion exaltée, Christian s'abstint de le suivre dans la crainte de l'achever, et, ramassant la palme que le vieillard avait laissé tomber à ses pieds, il lut, sur une petite bande de parchemin qui s'y trouvait attachée, ces trois versets de la Bible écrits d'une main encore assez ferme :

« Le gouffre et la mort disent : « Nous avons en-
» tendu parler d'elle !... »

« Ne pleurais-je point pour l'amour de celui qui a passé de mauvais jours?... »

« Les richesses du pécheur sont réservées au juste... »

L'imagination de Christian n'eut pas le loisir de trotter longtemps à la poursuite de cette énigme. Le jour marchait vite. A une heure et demie après midi, les ombres transparentes des cimes neigeuses s'allongeaient déjà sur la surface bleue du lac. C'était un beau spectacle, et que Christian eût aimé à contempler sans préoccupation. Ces courtes journées du Nord ont des aspects infiniment pittoresques, et même, en plein jour, les choses y sont à *l'effet,* comme disent les peintres, c'est-à-dire qu'en raison de l'obliquité des rayons solaires, elles baignent dans la lumière et dans l'ombre, comme chez nous aux heures du matin et du soir. C'est là probablement le secret de cette beauté de la lumière dont les voyageurs dans les climats septentrionaux parlent avec enthousiasme. Ce ne sont pas seulement les sites extraordinaires, les cascades impétueuses, les lacs immenses et les splendeurs des aurores boréales qui leur laissent de si enivrants souvenirs de la Suède et de la Norvége ; c'est, disent-ils, cette clarté délicieuse où les moindres objets prennent un éclat et un charme dont rien ailleurs ne saurait donner l'idée.

Mais notre héros, tout en se rendant compte de la beauté du ciel, remarquait la décroissance du jour, et voyait de loin les apprêts de la fête dont il était en partie responsable. Les cheminées du château neuf envoyaient d'épaisses spirales de fumée noire sur les nuages de nacre rose. Des coups de fusil, répétés par les sourds échos des neiges, annonçaient les efforts des chasseurs pour alimenter les broches de ces âtres pantagruéliques. On voyait courir en tous sens, sur d'agiles patins, des messagers affairés, se croisant et se culbutant quelquefois sur la glace du petit lac. On faisait main-basse sur toutes les ressources du pays, depuis la bûche monstrueuse qui devait figurer dans chaque salle du manoir jusqu'à la pauvre perdrix blanche qui croyait, grâce à sa robe d'hiver, échapper à l'œil sagace de l'homme et au flair impitoyable du chien de chasse.

On apprêtait donc une splendide cinquième nuit de Noël (car on était au 28 décembre), et Christian seul ne s'apprêtait pas. Il s'impatientait de ne pas voir revenir Puffo. Après s'être recostumé en pauvre diable et avoir enfoui sa belle figure dans sa plantureuse chevelure ramenée en avant, tandis que son chapeau pointu s'enfonçait sur ses yeux, il alla chercher son valet dans le préau, dans le *gaard*, et jusque dans la cuisine, où, la veille, il avait tant effrayé Ulphilas. Il oublia d'aller jusque dans la cave ; c'est là qu'il eût trouvé Puffo en possession du paradis de ses rêves.

Christian allait revenir sur ses pas, lorsque l'idée lui vint d'aller explorer le petit verger de maître Stenson. Il y jeta préalablement un regard, et, s'étant assuré que le vieux majordome auquel sa présence avait causé tant d'alarme n'y était pas, il descendit l'allée rapide qui conduisait au niveau du lac. De là, il pouvait voir tout le côté du *gaard* qui plongeait en talus sur le fond de la petite anse. La vieille maçonnerie était si bien liée au rocher, qu'on distinguait peu la fortification naturelle de celle qui était faite de main d'homme, revêtue d'ailleurs de longues chevelures de plantes pariétaires, toutes cristallisées dans le givre et trempant dans le lac, où elles étaient fortement prises dans la glace. Parvenu en cet endroit, Christian essaya de se rendre compte de ce qui lui était arrivé la veille, lorsqu'il avait voulu explorer le passage secret de la chambre de l'ourse. Nous avons promis au lecteur de le lui raconter, et le moment est venu de le faire.

On se souvient que, pour aller à la recherche d'un souper quelconque, il s'était aventuré dans ce passage qui, masqué par une porte très-bien jointe à la boiserie, partait du dessous de l'escalier, et qu'il croyait devoir aboutir au logement de M. Stenson. Il n'en était cependant rien. Christian, après quelques pas dans un couloir étroit, avait trouvé un petit escalier rapide et encombré de gravois, sur lequel, depuis longtemps, il ne semblait pas qu'on eût marché. Au bas de cet escalier très-profond, il avait rencontré une porte ouverte. Étonné de trouver libre un passage qui paraissait si mystérieux, il avait essayé de passer outre ; mais un coup de vent avait éteint sa bougie, et il s'était trouvé dans les ténèbres. Il avait fait ainsi quelques pas avec précaution ; enfin, la lune se dégageant des nuages, il s'était vu dans une sorte de grotte, ouverte de distance en distance sur le lac. Il avait suivi cette galerie, qui paraissait creusée par la nature, et où pénétrait l'eau du lac ; marchant ensuite sur la glace, il était arrivé devant une petite porte à claire-voie, facile à escalader, au moyen de laquelle il avait pu pénétrer dans le verger, puis dans le *gaard* de M. Stenson.

C'est cette porte, flanquée de deux jeunes ifs taillés en pain de sucre, qui frappait maintenant Christian, et qui l'aidait à reconnaître les points principaux de son exploration nocturne. Bien qu'il n'espérât guère trouver Puffo de ce côté-là, Christian sortit du verger, et se mit à suivre sur le lac les talus extérieurs du manoir, dans la direction du donjon. Il était curieux de revoir un jour le trajet qu'il avait fait, moitié à tâtons, moitié à la clarté de la lune.

Il arriva ainsi à l'entrée de ce qui lui avait paru être une grotte. Ce n'était en réalité qu'un entassement d'énormes blocs de granit, de ceux qu'on appelle, je crois, erratiques, pour signifier qu'on les trouve isolés de leur roche primitive, dans des régions d'une nature différente, où ils n'ont pu se produire. On suppose qu'ils sont le résultat de quelque cataclysme primitif ou moderne, fureur des eaux ou travail des glaces, qui les aurait amenés de très-loin dans les sites où on les rencontre. Ces blocs étaient arrondis en forme de galets, et une superposition capricieuse semblait attester que, poussés par des courants impétueux, ils s'étaient trouvés arrêtés par la massse micaschisteuse du Stollborg, à laquelle ils servaient désormais d'appui et de contrefort. La marche n'était guère facile en cet endroit à cause de la neige tombée dans la soirée précédente, et que le vent avait balayée ou plutôt roulée en gros plis, comme un linceul, le long des galets.

Christian allait donc revenir sur ses pas, lorsqu'il fut frappé de la tournure pittoresque du donjon, vu ainsi d'en bas, et il s'en éloigna un peu pour en mieux saisir l'ensemble. Il chercha machinalement à se rendre compte de la situation de la salle de l'ourse, et en reconnut aisément l'unique croisée à la hauteur d'environ cent pieds au-dessus du niveau du lac et cinquante au-dessus de la cime des galets. Il ne faisait pas très-froid, et Christian, qui avait toujours un petit album dans sa poche, se mit à esquisser lestement le profil de la tour, avec son grand escarpement sur le roc et son chaos de gigantesques galets, dont l'entassement fortuit laissait, comme dans celui des grès de Fontainebleau, des galeries et des passages couverts, d'un effet très-bizarre.

Pendant qu'il étudiait ce site caractérisé, Christian entendit chanter et n'y fit pas d'abord grande attention. C'était une voix rustique, une voix de femme, assez juste, mais voilée et souvent chevrotante, comme celle d'une personne âgée ou débile. Elle semblait psalmodier une sorte de cantique dont la mélancolique mélodie avait quelque chose d'agréable dans sa monotonie. Ce chant, triste et grêle, berça pendant quelque temps l'esprit de l'artiste, et le tint dans une disposition particulièrement propre à comprendre et à rendre la nature d'un site avec lequel la voix semblait être en parfaite harmonie. D'abord les paroles étaient confuses pour Christian; cependant, comme il les écoutait machinalement, il les comprit peu à peu, car il reconnut que c'était du suédois prononcé avec l'accent dalécarlien. Bientôt les paroles lui parurent si étranges, qu'il les écouta avec plus d'attention.

« J'ai vu un château, un château carré au soleil couchant. Ses portes sont tournées au nord. Des gouttes de poison suintent à travers les soupiraux; il est pavé de serpents.

» L'arbre du monde s'embrasse, le puissant frêne s'agite. Le grand serpent mord les vagues. L'aigle crie; de son bec pâle, il déchire les cadavres; le vaisseau des morts est mis à flot.

» Où sont les ases? où sont les alfes? Ils soupirent à l'entrée des cavernes. Le soleil commence à noircir; tout meurt.

» Mais la terre, admirablement verte, recommence à briller du côté de l'orient; les eaux s'éveillent, les cascades se précipitent.

» J'ai vu un palais plus beau que le soleil sur le sommet du Gimli... et maintenant je ne vois plus, la Vala retombe dans la nuit. »

Peu à peu Christian avait reconnu dans ces fragments d'une sombre poésie des vers un peu arrangés ou pris au hasard de la mémoire dans l'antique poëme de *la Voluspa*. La prononciation rustique de la chanteuse rendait ceci fort extraordinaire. Les paysans de cette contrée avaient-ils gardé la tradition de ces chants sacrés de la mythologie scandinave? Ce n'était guère probable; alors qui les avait traduits et enseignés à cette femme? Christian, en voyageur curieux de toutes choses, résolut d'aller interroger la chanteuse dès qu'il aurait fini son croquis; mais, lorsqu'au bout d'un instant il remit son album dans sa poche, la voix avait cessé de se faire entendre. Il regarda de toutes parts et ne vit personne. Réduit à supposer qu'elle était cachée par les galets, il se mit en devoir de les explorer. Ce n'était pas plus facile que de marcher sur le gros ourlet de neige amoncelée qui les bordait. Dans l'intérieur de la principale caverne qui suivait capricieusement pendant une cinquantaine de pas la base du rocher, la glace présentait un sol écailleux et glissant, comme si les remous de la rive eussent été instantanément gelés dans quelque froide nuit d'automne.

Pourtant notre aventurier parvint à retrouver la

trace de ses propres pas de la veille, lorsqu'il avait cru marcher sur des débris de briques et de tuiles, et bientôt il retrouva aussi la porte mystérieuse par laquelle il était sorti du donjon ; mais, cette fois, elle était fermée. Christian remarqua deux forts pitons de fer et un cadenas dont on avait emporté la clef. Le fait était récent. La chanteuse devait être une personne attachée, comme Stenson et Ulphilas, à la garde du vieux manoir. Elle ne pouvait pas être bien loin, puisqu'elle chantait encore cinq minutes auparavant ; elle ne pouvait pas être ailleurs que dans les galets, puisque, sur le lac et sur les talus du donjon, aussi loin et aussi haut que sa vue pouvait s'étendre, Christian n'avait vu personne. Il revint sur ses pas pour sortir de la grotte, qui était assez sombre, et qui ne s'éclairait, vers le milieu de son parcours, que par une ouverture naturelle, sous laquelle il s'arrêta un instant, pour regarder le ciel ; mais avec le ciel il vit un objet qui surplombait le rocher et qui faisait saillie sur le flanc lisse et nu du donjon. Il reconnut bientôt que c'était le dessous du balcon de pierre qui portait le double châssis vitré de la chambre de l'ourse, de telle sorte que, de ce balcon, on eût pu, à travers l'entassement des blocs, descendre sur les galets avec une échelle ou avec une corde, et se trouver à couvert aussitôt sous la voûte qu'ils formaient à cet endroit.

Christian, qui était romanesque, bâtit aussitôt la possibilité d'un système d'évasion en cas de guerre ou de captivité dans le donjon du Stollborg. Il gravit les galets qui formaient les irrégulières parois de la grotte, et parvint, non sans peine, à en sortir par cette ouverture, qu'il se convainquit n'avoir pas été faite de main d'homme. Cet examen l'amena à une réflexion que chacun de nous a eu, ne fût-ce qu'une fois en sa vie, l'occasion de faire : c'est que, dans les situations désespérées, il se présente par moment des chances tellement invraisemblables, qu'elles semblent sortir du domaine de la réalité, et empiéter sur celui du roman fait à plaisir. Néanmoins, songeant toujours à trouver la chanteuse, il poursuivit son exploration dans les galets, dont les intervalles irréguliers étaient presque tous plus ou moins praticables ; il n'y vit personne, et il allait renoncer à sa recherche, lorsque la voix se fit encore entendre, partant cette fois de plus bas qu'il n'avait semblé à Christian devoir le présumer lorsqu'il l'avait entendue en premier lieu. Il se dirigea de ce côté ; mais, lorsqu'il eut atteint l'endroit où il pensait trouver cette mystérieuse rapsode, son chant, qui s'était brusquement interrompu, comme celui de la cigale à l'approche de l'homme, résonna d'un autre côté et de beaucoup plus haut, comme s'il planait dans l'espace. Christian leva la tête, et remarqua, sur le flanc du donjon, une longue fissure à demi perdue sous le lierre, qui s'étendait presque verticalement d'une croisée située au second étage, très à droite de celle de l'*ourse*, jusqu'à un pan de mur écroulé, qui se terminait par de nouveaux blocs de rocher.

Il lui sembla même voir crouler de petites pierres le long de cette lézarde, comme si quelqu'un venait de s'y introduire ; mais, en s'en approchant autant que possible, il la regarda comme inaccessible à des pas humains, et se dirigea plus loin.

Cependant la voix recommençait son chant plaintif, et Christian s'amusa ou plutôt s'impatienta à chercher la chanteuse, de place en place, dans le petit chaos formé par les blocs granitiques ; mais, chaque fois, ce fut pour lui une déception nouvelle, à ce point qu'il en fut un peu ému. Ce chant sauvage, ces fragments d'une noire apocalypse tronqués et comme inspirés par le délire, dans ce lieu sinistre et à cette heure mélancolique du soir, avaient quelque chose d'effrayant, et Christian pensa involontairement à ces sorcières des eaux dont l'existence fait le fond de toutes les légendes suédoises et même celui de la croyance populaire dans tout le nord de l'Europe.

Il se persuada alors que la voix devait sortir du donjon même. Il y avait peut-être là, dans quelque geôle, une personne captive, et par trois fois il l'appela au hasard en lui donnant le nom mythologique de *Vala*, c'est-à-dire de sybille, qu'elle semblait vouloir s'attribuer dans son chant. Dès lors la voix redevint muette, ce qui semblait d'accord avec la tradition superstitieuse du pays, que, quand on vient à bout d'appeler par leur nom les esprits grondeurs ou plaintifs des montagnes, on les intimide ou on les console, et que dans tous les cas on leur impose silence.

Mais une autre idée poursuivait Christian pendant qu'il reprenait en dehors le chemin du donjon ; et il n'y rentra pas sans se demander si quelque victime du mystérieux baron Olaüs ne gémissait pas, atteinte de folie, dans quelque cachot situé sous ses pieds. Il oublia cette fantaisie de son imagination en trouvant M. Goefle attablé dans la salle de l'ourse.

— Eh bien, lui cria l'avocat sans se déranger, vous avez failli me mettre dans de belles affaires avec votre équipée de cette nuit ! Le baron, chose étrange, ne m'en a pas dit un mot ; mais la comtesse Elveda n'a jamais voulu me croire quand je lui ai juré et protesté que je n'avais ni neveu, ni enfant naturel.

— Quoi! monsieur Goefle, vous avez désavoué un fils qui vous faisait tant d'honneur?

— Ma foi, oui ; il n'y avait pas moyen pour moi de soutenir la plaisanterie et de prendre la responsabilité d'une pareille mystification. Savez-vous que vous n'avez point du tout passé inaperçu, et qu'indépendamment de votre scène avec l'amphitryon, vous avez frappé tout le monde, les dames surtout, par vos grâces et vos belles manières? J'ai trouvé dans l'appartement de ladite comtesse cinq ou six élégantes de province qui ont la tête montée à votre endroit, et, quand j'ai donné ma parole d'honneur que cet inconnu ne m'était rien, il fallait entendre les suppositions, les commentaires! Quelques-unes ont failli songer que ce pouvait bien être Christian Waldo, dont on raconte de si bons tours; mais l'opinion a prévalu que vous étiez le prince royal voyageant incognito dans son futur royaume.

— Le prince Henri, qui est maintenant à Paris?

— Lui-même, et cela servait merveilleusement à expliquer l'attaque de nerfs du baron, qui le déteste, et qui se serait ainsi trouvé aux prises avec sa haine, son ressentiment et le respect qu'il doit au futur héritier du trône.

— Mais la comtesse Elveda ne peut pas partager une si absurde erreur?

— Non, certes : elle connaît trop le prince; mais elle est fort moqueuse et s'est amusée de ces dames en prétendant que vous ressembliez tellement à notre futur monarque, qu'elle ne savait que penser. Seulement, comme je sortais, elle m'a pris à part pour me dire : « Vous êtes sévère, monsieur l'avocat, de désavouer ce jeune imprudent. Pour moi, je l'ai trouvé fort aimable; et, s'il ne vous ressemble pas par le visage, du moins il tient de vous par l'esprit et la distinction des manières. »

— Eh bien, cela est très-flatteur pour moi, monsieur Goefle; mais elle persiste donc à me prendre pour votre fils?

— Sans aucun doute, et plus je protestais du contraire, plus elle riait en me disant qu'il ne m'était plus possible de vous désavouer, puisque vous aviez hautement pris mon nom pour vous présenter dans le monde. « Le vin est tiré, disait-elle, il faut le boire. C'est une mauvaise tête qui vous fera enrager; c'est la juste punition des folies de jeunesse d'avoir des enfants terribles! » Voyez un peu quelle tache vous avez faite à mes mœurs! Enfin, pour me débarrasser de vous, j'ai dit que, fils ou neveu, vous étiez parti, chassé honteusement par moi pour avoir manqué de respect à M. le baron.

— Soit, monsieur Goefle : vous avez bien fait, vu que, quant au baron... je ne sais si je rêve, mais je commence à le croire aussi barbe-bleue que le peint la légende du pays.

— Ah! ah! vraiment? Eh bien, contez-moi donc ça, mais en mangeant, car il est deux heures passées, et vous devez mourir de faim.

— Ma foi, non ! il me semble que je sors de table. N'avons-nous pas mangé jusqu'à midi?

— Eh bien, ne savez-vous pas que, dans nos climats froids, il faut manger de deux heures en deux heures? Moi, je viens de prendre le café au château neuf, et, maintenant, ceci est le dîner. A quatre heures, nous prendrons le café ensemble; à six, nous ferons l'*aftonward,* c'est-à-dire que nous mangerons du pain, du fromage et du beurre en attendant le souper.

— Merci-Dieu! comme vous y allez! Je sais bien que c'est là l'ordinaire des gros bourgeois de Stockholm; mais vous, si svelte encore, monsieur Goefle !

— Eh bien, voulez-vous que je devienne un squelette? Ce serait bientôt fait si je changeais quelque chose au régime du pays. Croyez-moi, suivez-le, ou vous ne tarderez pas à tomber malade.

— Pour vous obéir, monsieur Goefle, il me faudrait deux choses : le temps et mon valet Puffo. Or, le temps marche, et mon valet m'est apparu un instant pour disparaître aussitôt et ne revenir peut-être que demain matin.

— Est-ce que je ne pourrais pas vous aider, moi? De quoi s'agit-il?

— De bien des choses; mais la principale est encore d'arrêter un canevas de pièce que mon animal de Puffo soit en état de représenter avec moi. Il ne manque pas de mémoire, à la condition d'une répétition avant la représentation; et, comme, depuis plusieurs jours nous voyageons sans rien faire, et qu'il s'est enivré cette nuit probablement...

— Allons, allons, vous avez cinq heures devant vous, c'est immense ! Il ne m'en faut pas tant quelquefois pour étudier une cause diablement plus embrouillée que vos comédies de marionnettes ! Je promets de vous aider, vous dis-je, mais à la condition que vous allez vous asseoir et manger avec moi, car je ne connais rien de plus triste que de manger seul.

— Vous me permettrez de manger vite au moins, dit Christian en prenant place vis-à-vis de l'avocat, et de ne pas trop causer, car j'ai besoin de mes poumons pour aujourd'hui !

— Bien, bien ! reprit M. Goefle en taillant la part de Christian dans une énorme pièce de veau froid, morceau très-apprécié de la bourgeoisie en Suède quand il est cuit à point; mais que me disiez-vous en entrant ici? Qu'auriez-vous découvert si vous eussiez eu le temps?...

Christian raconta son aventure, et la termina en demandant à M. Goefle s'il pensait que la base du Stollborg contînt une ancienne prison.

— Ma foi, je n'en sais rien, répondit l'avocat. Qu'il y ait une cave dans ce gros massif de maçonnerie qui est sous nos pieds, c'est fort possible, et qu'en ce ace elle ait servi de geôle, je n'en doute pas. Les mœurs de nos ancêtres n'étaient pas fort tendres, et, d'ailleurs, les seigneurs sont encore justiciers sur leurs terres.

— Ainsi vous ne doutez pas non plus que cette base du donjon ne puisse encore servir de geôle aujourd'hui?

— Qui sait? Vous en voulez conclure...?

— Qu'il y a peut-être là quelque crime enfoui, quelque victime encore vivante d'une des mille vengeances ténébreuses attribuées au baron.

— Tiens! ce serait drôle de découvrir ça, dit l'avocat, rêveur tout à coup. Êtes-vous sûr de n'avoir pas rêvé cette voix et ces chants bizarres?

— Comment, si j'en suis sûr!

— Ah! vous l'avez dit tantôt, on est quelquefois halluciné. Or, on l'est par l'oreille aussi bien que par les yeux, et il faut que vous sachiez (pour vous en méfier) à quel point l'hallucination est répandue en Suède, surtout lorsque l'on monte vers le nord, où cela devient, pour les deux tiers de la population, une sorte d'état chronique.

— Oui, la superstition aidant, ces visions deviennent contagieuses; mais je vous prie de croire que je ne suis pas sous l'impression de la foi aux sorcières et aux esprits malins des lacs, des torrents et des vieux manoirs.

— Ni moi non plus, à coup sûr. Et cependant... Tenez Christian, il y a, indépendamment de la superstition, quelque chose d'inexplicable dans les effets que la nature du Nord produit sur les imaginations vives. Cela est dans l'air, dans les sons singulièrement répercutés sur les glaces, dans les brumes pleines de formes mystérieuses, dans les mirages merveilleux de nos lacs, le *hagring*, phénomène inouï dont vous avez certainement entendu parler, et que vous pourrez voir sur celui-ci d'un moment à l'autre; cela est peut-être aussi dans les désordres physiques causés à la circulation du sang par le passage continuel de l'atmosphère glacée à celle de nos appartements, qui est trop chargée de calorique, et réciproquement par le passage subit et inévitable du chaud au froid. Enfin, que vous dirai-je? les gens les plus raisonnables, les mieux portants, les moins crédules, ceux mêmes qui avaient passé la plus longue moitié de leur vie à l'abri de ces illusions, en sont tout à coup saisis, et, moi qui vous parle...

— Achevez, monsieur Goefle... à moins pourtant que ce récit ne vous soit trop pénible, car vous voilà pâle comme votre serviette.

— Et je me sens mal à l'aise pour tout de bon. Cela m'est arrivé deux ou trois fois aujourd'hui. Pauvre machine que l'homme! tout ce qui dépasse son raisonnement l'épouvante ou le trouble. Versez-moi un bon verre de porto, Christian, et à votre santé. Après tout, je suis content d'avoir refusé le grand dîner de là-bas, et de me retrouver seul avec vous dans cette damnée chambre dont je veux me moquer quand même. Comme, de votre côté, vous me faites le sacrifice de manger sans faim et de m'écouter en dépit de vos préoccupations personnelles, je veux vous régaler de mon hallucination, qui est pour le moins aussi bizarre que la vôtre.

» Sachez donc, mon cher ami, que, pas plus loin qu'hier au soir et le lieu où nous voici, je m'étais oublié dans la chambre à côté, à étudier un procès assez intéressant, pendant que mon petit laquais, après beaucoup de façons, daignait enfin dormir. Je comptais prendre patience un quart d'heure auprès de lui, car j'avais faim et je ne savais pas que cette table fût servie; mais le démon de l'étude, grâce auquel il n'y a point de sot métier, même celui d'avocat, m'emporta si loin, que j'oubliai tout, et que mon pauvre estomac fut forcé de me crier aux oreilles qu'il était onze heures du soir.

» En effet, je regardai à ma montre, il était onze heures. Que voulez-vous! je suis habitué aux soins de ma gouvernante, qui m'avertit des heures de mes repas, et je ne me souvenais plus que, dans ce taudis confié à la garde du lunatique Ulphilas, je ne serais averti de rien. Quant à Nils, je vous l'ai dit, c'est un domestique que Gertrude m'a donné pour m'enseigner le métier de valet de chambre. Donc, voyant que, depuis sept grandes heures, j'étais à jeun, je me lève, je prends le flambeau, je passe dans cette salle, je m'approche de cette table, j'y trouve les mets apportés par vous, et, attribuant à Ulphilas ce tardif bienfait, je me livre avec une sorte de voracité à la satisfaction de mon appétit.

» Vous savez déjà, mon cher Christian, que cette masure est réputée hantée par le diable, c'est du moins l'opinion des orthodoxes du pays, par la raison qu'elle a servi, dit-on, récemment de chapelle à une dame catholique, la baronne Hilda, veuve d'Adelstan, le frère aîné...

— Du baron Olaüs de Waldemora, dit Christian : le catholicisme est-il à ce point en horreur aux Dalécarliens ?

— Autant, répondit M. Goefle, que la religion réformée leur fut odieuse avant Gustave Wasa. Ce sont des gens qui n'aiment et ne haïssent rien à demi. Quant au démon qui hante le Stollborg, le vieux Stenson n'y croit pas, mais il croit fort bien à la *dame grise*, qui, selon lui, ne serait autre que l'âme de la défunte baronne, morte dans cette chambre il y a plus de vingt ans.

» Je m'étais moqué, une heure auparavant, des apparitions, pour rassurer mon petit laquais ; mais vous savez comment se forment les rêves : souvent, d'une parole dite ou entendue, sans grande attention, dans la journée et oubliée l'instant d'après, ils éclosent mystérieusement en nous à notre insu, et se font porter ainsi jusqu'à la nuit, où, dès que nous avons les yeux fermés et la raison endormie, ils se dressent dans notre imagination et devant nos yeux abusés en images fantastiques, décuplés d'importance et quelquefois d'horreur.

» Il faut croire que l'hallucination, c'est-à-dire le rêve sans sommeil, suit exactement les mêmes lois. J'avais fini de souper et je venais d'allumer ma pipe, lorsqu'un cri aigu et plaintif comme celui du vent pénétrant par une porte subitement ouverte passa dans toute la chambre, en même temps que l'air ébranlé et refroidi fit vaciller la flamme des bougies posées sur ma table. Comme j'avais en ce moment les yeux tournés vers la porte du vestibule et que je la voyais bien fermée et immobile, je crus que Nils s'était éveillé et qu'il venait d'ouvrir la porte opposée, celle de la chambre de garde.

» — Ah ! te voilà encore ! m'écriai-je en me levant : veux-tu bien aller te coucher, maudit poltron !

» Et j'allai jusqu'à cette porte, persuadé que le drôle n'osait pas l'ouvrir tout à fait, mais qu'il l'avait un peu poussée pour s'assurer que je n'étais pas loin : cette porte-ci, aussi bien que l'autre, était fermée.

» L'enfant s'était-il décidé à la refermer en me voyant là, et le petit bruit qu'il avait pu faire m'était-il échappé pendant que je remuais pour chercher ma pipe et recharger le poêle ? Cela était possible ; j'entrai dans la chambre de garde, et j'y trouvai Nils dormant à poings fermés. Évidemment il n'avait pas bougé. Je couvris le feu dans la cheminée, crainte d'accident, et revins ici où tout était tranquille. Le sifflement plaintif ne s'y faisait plus entendre. Je me dis qu'une bouffée de vent avait pénétré par quelque boiserie mal jointe, et je repris ma pipe et le dossier de l'affaire que j'étudie en ce moment pour le baron.

» Cette affaire, qui m'offre l'intérêt d'une question de droit assez subtile à résoudre, n'en aurait aucun pour vous ; je vous en fais grâce. Il vous suffira de savoir qu'il s'agissait d'un contrat de vente consenti autrefois par le baron Adelstan, et que le nom de ce personnage, ainsi que celui de son épouse Hilda de Blixen, s'y trouvaient répétés à chaque phrase. Les noms des deux époux morts dans la fleur de l'âge, l'un d'une manière tragique et mystérieuse, l'autre dans cette même chambre où nous sommes, probablement dans ce lit dégarni et délabré que vous voyez là-bas, me firent apparemment une certaine impression dont je ne me rendais pas compte. J'étais toutefois absorbé dans mon étude, et le poêle grondait très-fort, lorsque je crus entendre, à diverses reprises, un craquement dans l'escalier. J'en fus ému, et, en même temps, je me sentis si honteux d'avoir tressailli, que je ne voulus pas seulement tourner la tête pour regarder ce que ce pouvait être. Quoi d'étonnant à ce que ces vieilles boiseries humides, commençant à sentir l'action d'un grand feu allumé dans la chambre, fissent entendre des craquements déréglés ?

» Je repris ma lecture ; mais aux craquements des marches et de la rampe succéda un autre bruit : c'était comme le grincement d'un outil de fer sur la muraille, mais mené d'une main si faible ou si incertaine, que, par moment, on pouvait bien l'attribuer à la griffe d'un rat aux prises avec ces grandes pancartes qui sont là-haut contre le mur. Je regardai, et, ne voyant rien, je ne quittai pas mon travail, résolu à ne plus m'inquiéter de ces bruits particuliers à chaque appartement, et qui sont toujours produits par les causes du monde les plus simples. C'est une puérilité que de chercher ces causes quand on a mieux à faire pour occuper son attention.

» Pourtant un troisième bruit me décida à me retourner et à regarder encore du côté de l'escalier. J'entendais la grande carte de parchemin qui recouvre la porte murée s'agiter et craquer singulièrement ; je vis cette carte se soulever à diverses reprises, danser sur les anneaux qui la supportent et se gonfler comme si un corps assez apparent pour être à la rigueur un corps humain se mouvait derrière. Pour le coup, je fus ému tout de bon. Il se pouvait qu'un voleur se fût caché là et attendît le moment de se jeter sur moi. Je me levai précipitamment pour aller prendre mon épée sur la chaise où je l'avais mise en arrivant ici, et je ne l'y trouvai pas.

— Et pour cause! dit Christian; hélas! elle était à mon côté.

— Je ne sais, reprit M. Goefle, si j'attribuai la disparition de cette arme à une fantaisie insolite de rangement qui aurait pris à Ulphilas : le fait est que je n'avais pas regardé dans ma valise et que je ne m'étais nullement inquiété de ne pas retrouver mon habit, étendu par moi sur le dossier du fauteuil. Je n'ai pas l'habitude de faire ces choses moi-même, et je ne me souvenais probablement déjà plus d'en avoir pris la peine. La maudite épée ne se retrouvant pas, j'eus le temps de me calmer l'esprit, de me dire que j'étais un poltron, que personne ne pouvait en vouloir à mes jours, et que, si un voleur prenait envie de ma bourse, le plus sage était de lui abandonner sans combat la faible somme qu'elle contient.

» Je me retournai alors vers l'escalier avec sang-froid et résolution, je vous le jure ; mais c'est alors précisément que l'hallucination se produisit... Tenez, Christian, regardez ce portrait, à droite de la fenêtre...

— J'ai déjà essayé de le voir, dit Christian; mais il est si mal placé à contre-jour, et les mouches ou l'humidité l'ont tellement taché, que je distingue fort peu.

— Alors regardez-le à la lumière; aussi bien, voici la nuit qui se fait, et il serait temps d'allumer nos bougies.

Christian alluma le flambeau à trois branches qui était resté sur la table, et alla regarder le portrait en montant sur une chaise et en renvoyant la clarté sur la peinture, à l'aide de son album de poche, placé entre ses yeux et la flamme vacillante des trois bougies.

— Je vois encore très-mal, dit-il. C'est le portrait d'une femme assez grande et d'une tournure élégante ; elle est assise et coiffée d'un voile noir, comme en portent les dames suédoises en hiver, pour préserver leurs yeux de l'éclat de la neige. Je vois les mains, qui sont très-bien rendues et très-belles. Ah! ah! la robe est de satin gris de perle avec des nœuds de velours noir. Est-ce donc là le portrait de la dame grise?

— Précisément; c'est celui de la baronne Hilda.

— En ce cas, je veux voir sa figure. J'y suis maintenant; elle est belle et d'une agréable douceur. Attendez encore un peu, monsieur Goefle... Cette physionomie pénètre de sympathie et d'attendrissement.

— Alors vous n'écoutez plus mon histoire?

— Si fait, si fait, monsieur Goefle! Le temps me presse, moi, et pourtant votre aventure m'intéresse tellement, que j'en veux savoir la fin. J'écoute.

— Eh bien, reprit l'avocat, quand mes yeux se reportèrent sur cette grande carte de Suède que vous voyez là-haut bien tranquille, une figure humaine en sortait en la soulevant comme elle eût fait d'une portière de tapisserie, et cette figure, c'était celle d'une femme grande et maigre, non pas svelte et belle comme devait être celle que représente le portrait, mais livide et dévastée comme si elle sortait de sa tombe, et la robe grise, souillée, usée, avec ses rubans noirs dénoués et pendants, semblait véritablement traîner encore la terre du sépulcre. Cela était si triste et si effrayant, mon cher ami, que je fermai les yeux pour me soustraire à cette pénible vision. Quand je les rouvris, fut-ce une seconde ou une minute après, je ne saurais m'en rendre compte, la figure était tout à fait devant moi. Elle avait descendu l'escalier, dont le craquement s'était fait encore entendre, et elle me regardait d'un œil hagard, avec une fixité que je pourrais appeler cadavéreuse, pour exprimer l'absence de toute pensée, de tout intérêt, de toute vie. C'était véritablement une morte qui était là debout devant moi, à deux pas de moi, et je restai comme fasciné, fort laid moi-même probablement, et peut-être les cheveux dressés sur la tête, je n'en répondrais pas...

— Ma foi, dit Christian, c'est là une apparition désagréable, et je crois qu'à votre place j'aurais juré, ou cassé quelque chose. Cela dura-t-il longtemps?

— Je n'en sais rien. Il m'a paru que cela ne finissait pas, car je fermai encore les yeux pour m'en débarrasser, et, quand je les rouvris, le spectre marchait; il s'en allait du côté du lit. Ce qu'il y fit, je ne saurais vous le dire. Il me sembla qu'il agitait les rideaux, qu'il se penchait comme pour parler à quelqu'un qu'il y voyait et que je n'y voyais pas. Et puis il fit mine d'ouvrir la fenêtre; mais je crois qu'il ne l'ouvrit pas. Enfin il revint vers moi. Je m'étais enhardi un peu. J'essayai de me raisonner. Je tâchai de me rendre compte de sa figure. Cela fut au-dessus de mes forces. Je ne voyais que ses grands yeux morts dont je ne pouvais détacher les miens. Au reste, cette fois, le fantôme passa vite. S'il s'apercevait de ma présence, il ne semblait pas qu'il en fût irrité ou surpris. Il flotta incertain par la chambre, essaya de retourner à l'escalier, et parut ne pas pouvoir le retrouver. Ses mains décharnées interrogeaient les murs, et tout à coup je ne vis plus rien.

Un sifflement de bise courut encore dans l'air et dans mes oreilles; puis il cessa, et, comme, au milieu de cette crise, je ne me sentais pas fou le moins du monde, je m'aperçus fort bien de la disparition des bruits insolites et de l'image fantastique.

» Je me tâtai, c'était bien moi. Je me pinçai la main, je le sentis fort bien. Je regardai la bouteille de rhum, je l'avais à peine entamée. Je n'étais donc ni en état d'extase ni en état d'ivresse. Je n'avais même plus aucun sentiment de terreur. Je me disais avec sang-froid que je venais de dormir debout. J'achevai ma pipe en rêvant à mon aventure, et même en me laissant un peu aller à mon imagination et à un vague désir d'éprouver une hallucination pour tâcher de la surmonter; mais le phénomène ne se reproduisit nullement, et j'allai me coucher fort tranquille. Je ne dormis pourtant que fort tard, mais sans être aucunement malade.

— Mais alors, dit Christian, d'où vient que tout à l'heure vous étiez mal à l'aise en y songeant?

— Ah! c'est que l'homme est ainsi fait! Il a des émotions rétroactives; à force d'entendre dire des folies, on devient un peu fou. Aujourd'hui, à deux reprises différentes, je me suis rappelé des histoires de ce genre qui sont des fables ou des rêves à coup sûr, mais qui renferment de hautes et mystérieuses moralités.

— Comment cela, monsieur Goefle?

— Eh! mon Dieu, il est arrivé à mon père, qui était, comme moi, avocat et professeur en droit, de voir le fantôme d'un homme injustement condamné à mort il y avait plus de dix ans, et qui lui demandait justice pour ses enfants dépouillés et réhabilitation pour sa mémoire. Il vit ce spectre au pied du gibet un jour qu'il passait par là. Il examina l'affaire, découvrit que le fantôme lui avait dit la vérité et gagna le procès. C'était une illusion sans doute que ce fantôme, mais c'était un appel à la conscience de mon père. Et d'où lui venait cet appel? Du fond de la tombe? Assurément non; mais du ciel, qui sait?

— Eh bien, monsieur Goefle, que concluez-vous de votre apparition de cette nuit?

— Rien du tout, mon cher ami; mais je n'en suis pas moins un peu tourmenté par moments de l'idée que la baronne Hilda a peut-être été une victime calomniée, et que Dieu a permis, non pas que son âme me visitât, mais que mon esprit fût frappé de son souvenir au point de me représenter son image, afin que la volonté me vînt de rechercher la vérité.

— De quoi donc fut-elle accusée, cette fameuse baronne?

— D'un audacieux mensonge, tendant à spolier le baron Olaüs de son légitime héritage.

— Voyons, monsieur Goefle, encore cette histoire, voulez-vous? J'en suis extrêmement curieux depuis que vous avez vu ce spectre.

— Oui, oui, je vais vous la dire; ce sera bientôt fait.

» Le baron Magnus de Waldemora, que, dans ce pays, on appelait grand *iarl* (bien que *iarl* signifie comte), parce que, sous le titre de *iarls*, on entend en général tous les nobles d'une certaine importance; le baron Magnus, dis-je, eut deux fils. L'aîné Adelstan, était vif, impétueux, ardent; le second, Olaüs, que l'on appelle aujourd'hui l'*homme de neige*, était doux, caressant, studieux. Tous deux, grands, beaux et forts, faisaient l'orgueil de leur père. La fortune était considérable, avantage assez rare dans notre pays, où la richesse nobiliaire a reçu de si rudes atteintes par « la réduction de 1680. » Il n'y a point chez nous de droit d'aînesse, les fils partagent également; mais, bien que partagé, il semble qu'un si bel héritage eût dû satisfaire l'ambition des deux frères, et, si jamais fils de famille parut incapable de jalousie, c'était surtout Olaüs, ce jeune homme tranquille et doucement railleur, à qui son père marquait une sorte de préférence, et qui plaisait généralement plus que son frère aîné.

» Celui-ci avait un noble caractère, mais sa franchise était un peu rude. De bonne heure il avait montré un esprit entreprenant, le goût des voyages et des nouveautés. A trente ans, il avait parcouru l'Europe, et il rapportait de son séjour en France des idées philosophiques, dont les membres âgés de sa famille, son père même, furent effrayés. On désira le marier, il y consentit; mais il prétendit choisir selon son cœur, et il épousa une jeune personne qu'il avait connue en France, la belle Hilda de Blixen, orpheline issue d'une noble famille danoise, mais ne possédant rien que son esprit, sa grâce et sa vertu. C'était beaucoup, allez-vous dire, et je suis complètement de votre avis. Ce fut aussi celui du vieux baron Magnus, qui, après avoir blâmé ce mariage d'amour, se mit à chérir et à honorer sa belle-fille. Quelques personnes prétendent qu'Olaüs fut désappointé de cette réconciliation, et qu'il avait travaillé à brouiller son père avec Adelstan. On a voulu dire aussi que le baron Magnus, qui était encore sain et robuste, était mort trop brusquement. Ces faits sont déjà loin et manquent absolument de preuves.

» Ce qu'il y a de certain, c'est qu'au moment où se fit le partage de la succession, on vit éclater une sérieuse mésintelligence entre les deux frères, et, dans une discussion d'intérêts dont mon père fut témoin, il échappa au baron Adelstan de dire à Olaüs, qui lui reprochait assez doucement d'avoir vécu loin de son père et préféré les voyages aux devoirs et aux charges de la famille :

» — Mon père n'a jamais su ce que valait votre hypocrite affection. Il le sait trop peut-être aujourd'hui au fond de sa tombe !

» La vivacité d'Adelstan et la modération d'Olaüs firent que mon père blâma hautement l'effroyable soupçon que semblait avoir émis l'aîné. Celui-ci n'insista pas, mais il ne paraît pas qu'il l'ait jamais abjuré. On rapporte de lui beaucoup de mots de ce genre qui demeurèrent sans preuves, mais non pas sans poids, dans la mémoire de quelques personnes de son entourage.

» Le baron Magnus n'avait point fait d'économies qui permissent à l'un des frères de racheter sa part dans la propriété immobilière. Il fut donc question de vendre les terres et le château ; Olaüs ne voulut pas accepter la pension que lui offrait son frère, et qui cependant était plus considérable que celle qu'il offrait lui-même dans le cas où la propriété lui serait adjugée. Il dut néanmoins en passer par là : il ne se présentait pas d'acquéreurs. Ce vaste château, dans un pays reculé aux limites du désert, n'était plus un séjour en harmonie avec les mœurs modernes, qui tendent à se rapprocher de la capitale et des provinces du Midi. Mon père réussit à établir clairement les revenus et dépenses de la propriété, en raison de quoi il fixa le chiffre de la rente qui serait servie à l'un des frères par celui qui conserverait la jouissance du domaine, et tous deux consentirent à s'en remettre au sort. Le sort favorisa l'aîné.

» Olaüs n'en témoigna aucun dépit ; mais l'on assure qu'il en éprouva de violents regrets, et qu'il se plaignit à ses confidents de l'injustice de la destinée qui le chassait du manoir de ses pères, lui habitué à la vie des champs et ami du repos, pour donner cette belle résidence à un esprit inconstant et inquiet comme celui d'Adelstan. Par ces plaintes, par des épanchements familiers, accompagnés de libéralités aux nombreux serviteurs de la maison, il s'y fit un parti qui bientôt menaça de rendre difficile au frère aîné la gestion des affaires et l'autorité domestique.

» Mon père, qui dut passer ici plusieurs semaines pour amener la conclusion des arrangements, remarqua l'état des choses ; mais il était un peu blasé sur le spectacle monotone des rivalités de famille, et il ne fit peut-être pas au caractère franc et loyal de l'aîné la part qu'il méritait. Il se sentit plutôt gagné par les câlineries et l'apparente bonhomie d'Olaüs, et c'est à lui qu'en dehors des questions d'équité, sur lesquelles mon père maintenait le niveau d'une impartialité rigoureuse, il accordait ses sympathies et sa préférence. Mon père quitta le château après avoir essayé d'y fixer la résidence des deux frères. Olaüs paraissait désirer qu'il lui fût permis de garder un pied-à-terre au Stollborg. Adelstan s'y refusa avec une fermeté qui parut un peu dure.

» Aussitôt qu'Olaüs fut parti pour Stockholm, où il devait se fixer, Adelstan fit venir sa femme, qui, pendant les discussions d'intérêts, était restée chez une amie à Falun avec son fils, âgé de quelques mois, et le jeune ménage s'établit à Waldemora. C'est alors qu'après beaucoup de soupçons et de commérages, on prétendit découvrir un secret que les deux jeunes époux n'avaient jamais révélé au public. La baronne Hilda était, dit-on, catholique. On raconta qu'élevée en France, elle avait subi l'ascendant d'une tante et de son entourage, qu'elle s'était imprudemment jetée dans les études théologiques, et qu'elle s'était égarée, par orgueil de science, jusqu'à abjurer la religion de ses pères, qu'elle trouvait trop nouvelle. On a dit aussi qu'on lui avait fait voir de faux miracles et arraché des vœux imprudents. Je ne puis vous édifier sous ce rapport. Je n'ai pas connu cette baronne, bien que je fusse en situation de la connaître ; mais l'occasion ne s'en est pas trouvée. On dit qu'elle était très-intelligente et sérieusement instruite. Il est fort possible qu'elle ait cru sa raison et sa conscience intéressées à ce changement de religion, et, quant à moi, j'absous très-philosophiquement sa mémoire. Malheureusement, il n'en pouvait être ainsi dans l'opinion publique. On est très-attaché, en Suède, à la religion de l'État. On peut compter les dissidents ; on les réprouve et même on les persécute, non pas aussi cruellement que dans les âges moins éclairés, mais encore assez pour rendre leur existence difficile et amère. La loi permet de les exiler.

» Ce fut donc un épouvantable scandale quand on sut ou quand on crut savoir que la baronne, que l'on ne voyait pas très-assidue au prêche de sa paroisse, avait érigé en secret, dans le vieux donjon où nous voici, une chapelle en l'honneur de la vierge Marie, et qu'à défaut d'offices récités par un prêtre de sa religion, elle s'y livrait seule à des pratiques de dévotion particulière, les paysans disaient de sorcellerie. Cependant, comme la baronne ne faisait point de prosélytisme et qu'elle ne parlait

7

jamais de sa religion, on s'apaisa peu à peu. Elle répandit beaucoup de bienfaits, et les grâces de son esprit vainquirent beaucoup de préventions.

» Les jeunes époux étaient fixés à Waldemora depuis environ trois ans, et ils avaient un fils qu'ils aimaient avec idolâtrie. La douceur de la baronne tempérait ce que l'esprit d'indépendance et l'amour de la vérité avaient d'un peu brusque chez son mari ; on s'attachait à eux, on leur rendait justice : serviteurs et voisins commençaient à oublier Olaüs en dépit des lettres fréquentes et souvent inutiles qu'il écrivait pour se donner le plaisir de signer *le pauvre exilé*. Le pasteur Mickelson, ministre de cette paroisse dont vous avez dû voir l'église à une demi-lieue d'ici, fut le plus fidèle à la cause d'Olaüs. Olaüs s'était toujours montré fort pieux. Adelstan avait des principes de tolérance qui blessaient le luthéranisme un peu fanatique du pasteur. Il avait notamment voulu retrancher du service divin le bâton du bedeau, chargé de réveiller les gens qui s'endorment au sermon. La cause fut portée devant l'évêque, qui fit transiger les deux parties. Le bedeau fut autorisé à chatouiller d'une houssine le nez des dormeurs ; il dut abandonner la canne dont il avait coutume de les frapper. Le pasteur ne pardonna cependant pas au baron Adelstan, et surtout à la jeune baronne, qui s'était, dit-on, moquée de cette dévotion dalécarlienne imposée à coups de bâton, une atteinte portée à son pouvoir. Il ne cessa de harceler le jeune *iarl* et sa femme, et d'exciter contre eux les paysans, très-portés à l'intolérance religieuse.

» Cependant le jeune couple poursuivait ses essais de civilisation dans son domaine. Le baron était sévère contre les abus, et chassait sans pitié les gens de mauvaise foi ; mais il avait supprimé le honteux régime des étrivières pour les laquais et les restes humiliants du servage de ses paysans. Si le Dalécarlien est généralement bon, il n'est rien moins qu'ami des lumières. Beaucoup d'entre les paysans avaient quelque peine à préférer la dignité personnelle aux vieux abus.

» Un jour, un malheureux jour en vérité, le baron fut forcé par ses affaires de se rendre à Stockholm, et comme c'était le temps des pluies d'automne qui rendent les chemins difficiles, souvent impraticables, il dut laisser sa femme dans son château. En revenant la trouver au bout de la quinzaine, le baron Adelstan fut assassiné dans les gorges de Falun. Il voyageait à cheval, et, dans son impatience de revoir sa chère Hilda, il avait pris les devants, laissant ses gens achever un repas qui lui semblait trop long.

Il avait alors trente-trois ans. Sa veuve en avait vingt-quatre.

» Ce meurtre fit grand bruit, et frappa tout le pays de stupeur. Bien que les passions de nos Dalécarliens soient, dans certaines localités, assez farouches, et que de ce côté-ci, dans la montagne, le duel norvégien au couteau ait encore beaucoup de partisans, l'assassinat lâche et mystérieux est presque sans exemple. On n'osait, on ne pouvait réellement accuser personne du pays. On fit de vaines recherches. Quelques mineurs étrangers avaient brusquement disparu de Falun. On ne put les rattraper. Le baron Adelstan n'avait pas été dévalisé. Une seule personne au monde avait intérêt à se défaire de lui. Quelques-uns nommèrent tout bas le baron Olaüs ; la plupart rejetèrent un pareil soupçon avec dégoût, mon père tout le premier.

» Le baron Olaüs montra un grand désespoir de la mort de son frère, et il accourut au pays, pleurant, un peu trop peut-être, dans le sein de tout le monde, et témoignant à sa belle-sœur le plus honnête dévouement. Chacun en fut édifié, excepté elle, qui le reçut avec une froideur extrême, et l'engagea, quelques heures après, à la laisser seule à des douleurs qui ne pouvaient admettre de consolation. Le baron partit, au grand regret des serviteurs qu'il avait comblés. Le soir de son départ, le jeune Harald, le fils de la baronne, fut pris de convulsions, et mourut dans la nuit.

» Poussée à bout par ce dernier coup du sort, la malheureuse mère oublia toute prudence, et accusa hautement Olaüs d'avoir empoisonné son enfant, après avoir fait assassiner son mari pour s'approprier la fortune entière. Ses cris frappèrent les murs, et restèrent sans écho. Aucun médecin spécial ne se trouva à portée de constater le genre de mort de l'enfant. Aucun domestique ne voulut se prêter à chercher des preuves contre le baron Olaüs. Le pasteur Mickelson, qui exerçait la médecine dans la paroisse, déclara que Harald était mort, comme meurent les petits enfants, dans les crises de la dentition, et que la pauvre baronne était injuste et insensée, ce qui est, hélas ! fort possible.

» Le baron Olaüs n'était pas bien loin quand il reçut la nouvelle de l'événement. Il revint sur ses pas, et sembla partager vivement la douleur de la baronne. Elle s'emporta contre lui en malédictions, auxquelles il ne répondit que par des sourires d'une tristesse déchirante. Tout le monde plaignit la veuve, la mère, la *folle !* personne n'accusa le généreux, le patient, le sensible Olaüs. Peut-être le plaignit-on encore plus qu'elle d'avoir à supporter l'outrage de ses soupçons ; à coup sûr, on l'admira en voyant qu'au lieu de s'en irriter, il s'en plaignait d'un ton pénétré de tendresse, offrant à Hilda de garder son appartement au château et de vivre avec lui comme une sœur avec son frère. Je suis bien convaincu que le baron est un grand fourbe, et qu'il ne regrettait guère son neveu ; pourtant je suis loin de croire qu'il soit un monstre, et son caractère ne m'a jamais semblé assez hardi pour de pareils forfaits. La baronne était trop éprouvée et trop exaltée pour voir les choses avec sang-froid. Elle l'accusa d'avoir fait mourir père, frère et neveu ; puis tout à coup elle prit une résolution singulière, que je regarde comme un acte de vengeance et de désespoir et comme le résultat d'une mauvaise inspiration.

» Elle fit venir les juges et les officiers du canton, et, en présence de toute sa maison, elle leur déclara qu'elle était enceinte et qu'elle prétendait maintenir tous les droits d'héritage de l'enfant dont elle allait être mère et dont elle était la tutrice naturelle. Elle fit cette déclaration avec une grande énergie, annonçant la résolution de partir pour Stockholm, afin de faire constater son état et reconnaître ses droits jusqu'à la naissance de son enfant.

» — Il est très-inutile de vous fatiguer et de vous exposer aux accidents du voyage, répondit le baron Olaüs, qui avait écouté la déclaration avec le plus grand calme. J'accepte avec trop de joie l'espérance de voir revivre la postérité de mon bien-aimé frère pour consentir à de nouvelles discussions. Je vois que ma présence vous inquiète et vous irrite. Il ne sera pas dit que, par ma volonté, j'aurai augmenté la fâcheuse situation de votre esprit. Je me retire, et ne reviendrai ici qu'après la naissance de votre enfant, s'il est vrai que vous ne vous fassiez pas d'illusions sur votre état.

» Olaüs partit, en effet, disant à tout le monde qu'il ne croyait pas un mot de cette grossesse, mais qu'il n'était nullement pressé d'entrer en possession de son héritage.

» — Je peux bien, ajoutait-il, donner aux convenances et à l'exaltation inquiétante de ma belle-sœur une année, s'il le faut, pour que la vérité s'établisse.

» C'est ainsi qu'il parla à mon père, à Stockholm, où il retourna aussitôt, et je me souviens que mon père lui reprocha l'excès de sa confiance et de sa délicatesse. Il pensait que la baronne Hilda avait inventé cet enfant posthume. Ce n'est pas la première fois qu'une veuve eût supposé un héritier pour dépouiller de ses droits l'héritier légitime. Le baron répondait avec une mansuétude infinie :

» — Que voulez-vous ! je suis las des soupçons odieux que cette femme exaspérée cherche à faire peser sur moi. Le meilleur démenti que je puisse lui donner, c'est de montrer un désintéressement excessif, et même, pour que sa haine ne me poursuive pas jusqu'ici, ce que j'ai de mieux à faire jusqu'à nouvel ordre, c'est de voyager.

Le baron Olaüs partit peu de temps après pour la Russie, où il fut reçu avec distinction par la czarine, et où il commença à nouer des intrigues qui, depuis ce temps, ont fait de lui un des *bonnets* les plus tenaces et les plus dangereux de la diète. On prétend qu'il se forma singulièrement à cette cour, et qu'il en revint avec un caractère, un genre d'esprit, des manières et des principes qui le firent paraître dès lors un tout autre homme : toujours tranquille et souriant, mais d'un sourire sinistre et d'une tranquillité effrayante ; encore doux et caressant avec les inférieurs, mais d'une douceur pleine de mépris et caressant avec des griffes ; tel enfin que nous le voyons aujourd'hui, si ce n'est que l'âge et la maladie ont encore assombri les traits de cet être problématique, scélérat consommé, ou victime d'un étrange concours de funestes apparences. C'est à partir de ce cours d'athéisme et de crime, dont la czarine a si bien profité pour son compte, et dont il échappa bientôt au vertueux baron de parler avec une complaisance admirative, qu'on le surnomma *l'homme de neige*, pour exprimer qu'il avait été se geler le cœur en Russie, ou qu'il était venu fondre dans l'opinion publique au soleil plus clair et plus chaud de son pays. La pâleur livide qui bientôt se répandit sur son visage, ses cheveux qui blanchirent de bonne heure, son attitude roide et le froid constant de ses mains gonflées ajoutèrent par des caractères physiques à l'à-propos de ce surnom.

» Mais il ne faut pas que j'anticipe sur les événements. La métamorphose du baron, qui ne fut peut-être que la lassitude de lutter contre d'injustes soupçons, ne devint frappante qu'après la mort ou la disparition de tous ceux qui pouvaient le gêner. On croit qu'un des premiers traits de son perfectionnement dans la voie de la ruse fut de faire répandre en Suède le bruit d'une maladie mortelle, qui n'avait, dit-on, rien de fondé ; et, quand on s'est demandé plus tard pourquoi il avait eu cette fantaisie de se donner pour mourant à Pétersbourg, ses ennemis n'ont pu trouver d'autre explication que celle-ci : il voulait ôter toute crainte de lui à la baronne Hilda, afin qu'elle ne vînt pas faire ses couches à Stockholm. Par malheur (je fais toujours parler ici les ennemis d'Olaüs), la baronne donna dans le piége ; elle passa l'été à Waldemora, et, quand elle fut assez avancée dans sa grossesse pour que le voyage lui devînt impossible, car elle était devenue très-faible à la suite de tant de douleurs, le baron Olaüs parut tout à coup, bien vivant et actif, aux environs du château.

» Voilà, Christian, tout ce que je peux vous raconter comme étant le résumé de l'opinion générale. Le reste n'est plus que de l'histoire secrète, et il nous faudra supposer ou deviner la vérité, en attendant les preuves, s'il en existe, et si on les trouve jamais.

» La baronne fut si épouvantée en apprenant la présence du baron chez le pasteur Mickelson, qu'elle résolut de s'enfermer dans le vieux château, dont l'enceinte, alors fort étroite (on n'avait pas construit le nouveau *gaard*), pouvait être facilement gardée par un petit nombre de serviteurs fidèles. A la tête de ces serviteurs étaient l'intendant Adam Stenson, déjà vieilli au service du château, et une femme de confiance dont je n'ai pas retenu le nom.

» Que se passa-t-il à partir de ce moment? On dit que le baron corrompit tous les gardiens du Stollborg, même la femme de confiance et même l'incorruptible Stenson; mais je couperais ma main pour répondre de Sten, et la continuation des bons rapports entre ce digne homme et le baron est pour moi la preuve presque irrécusable de l'innocence de ce dernier. Ce qui transpira dans le public se compose de deux versions. La première, c'est que le baron aurait rendu sa belle-sœur tellement captive et malheureuse au Stollborg, qu'elle y aurait succombé à la misère et au chagrin. La seconde, c'est qu'elle y serait entrée folle, qu'elle s'y serait livrée à des emportements déplorables, et qu'elle y serait morte dans des transports de rage et d'impiété, maudissant le culte évangélique et proclamant le règne de Satan.

» Dans tout cela, il n'y a qu'une chose certaine : c'est que l'état de grossesse avait été simulé, et que, dix mois après la mort de son mari, et après trois mois de langueur physique et d'insanité d'esprit passés au Stollborg, la baronne y est morte dans les derniers jours de l'année 1746, après avoir avoué et même déclaré formellement au pasteur Mickelson et au baron qu'elle n'avait pas été enceinte, et qu'elle avait voulu supposer un enfant, qui eût été un garçon, afin de garder la gestion des biens de son mari et de satisfaire sa haine contre le baron Olaüs. Il y a encore une version, que je répugne à rapporter, c'est que la baronne serait morte de faim dans ce donjon; mais Stenson a toujours repoussé cette accusation avec énergie. Quoi qu'il en soit, les derniers moments d'Hilda parurent enveloppés de ténèbres. Ses parents n'étaient plus, et ceux de son mari, effrayés des bruits répandus sur ses opinions religieuses, ne vinrent pas à son secours et fermèrent les yeux. Ils avaient toujours préféré le souple Olaüs, qui flattait leurs préjugés, au fier Adelstan, qui les avait froissés. On dit que le roi entendit parler de cette histoire, et qu'il eût souhaité l'éclaircir; mais le sénat, où Olaüs avait des amis puissants, fit prier le roi de se mêler de ses affaires, c'est-à-dire de ne se mêler de rien.

» Mon père était fort malade lorsque le baron Olaüs vint lui raconter à sa manière la mort de sa belle-sœur. Pour la première fois, mon père manifesta un certain étonnement, un certain blâme. Il reprocha à Olaüs de prêter le flanc aux soupçons; il lui dit que, s'il venait à être accusé, sa défense serait difficile. Le baron lui montra la double déclaration du ministre Mickelson, lequel, comme médecin et comme pasteur, attestait la fausseté de la grossesse et la mort de la baronne par suite d'une maladie très-bien exposée et très-bien soignée par lui, au dire de tous les médecins consultés depuis. En outre, il produisit une déclaration signée de la baronne, qui affirmait s'être fait illusion sur son état. Mon père examina rigoureusement cette pièce, la fit, en outre, examiner par des experts en écriture, et la trouva inattaquable. Je me souviens pourtant qu'il reprocha au baron de n'avoir pas fait venir au Stollborg dix médecins plutôt qu'un pour constater les faits à sa décharge. Cependant il ne soupçonna jamais le baron de crime ni d'imposture, et mourut dans cette opinion, peu de temps après.

» Il y eut des murmures contre le baron, qui commençait à se faire haïr; mais bientôt il se fit craindre; et, comme personne n'était directement intéressé à venger les victimes, aucune âme généreuse n'eut le courage de le braver. Quant à moi qui l'eusse fait, quoique bien jeune au barreau, et qui serais prêt à le faire aujourd'hui, si j'avais des soupçons arrêtés, j'étais naturellement sous l'influence de mon père, qui, dans sa conviction, ne trouvait d'autre reproche à adresser à Olaüs que celui d'imprudence envers lui-même. Puis la mort de mon père arriva dans ce même temps, et vous trouverez naturel que mon chagrin personnel, qui fut très-vif, m'ait détourné à cette époque de toute autre préoccupation.

» J'ai hérité de la clientèle du baron, et, je vous l'ai dit, malgré l'antipathie croissante que sa conduite politique et ses manières m'ont inspirée, je n'ai jamais pu, jusqu'à ce jour, acquérir la moindre preuve, ni même m'arrêter à la moindre apparence sérieuse des crimes dont il était accusé. Il s'est fait, dans l'esprit de ses vassaux, une réaction contre lui, à laquelle on pouvait bien s'attendre. N'ayant plus besoin de leurs sympathies, il a bientôt cessé de les ménager. Quant à ses domestiques, qui ont été tous renouvelés depuis sa prise de possession du domaine, et qui sont tous étrangers, il les paye de manière à s'assurer leur obéissance aveugle et leur discrétion absolue. Stenson est le seul de l'ancienne maison qu'il ait conservé, maintenu longtemps dans ses fonctions d'intendant, et enfin admis à la retraite, en raison de son grand âge, avec une pension honorable, toute sorte d'égards et même de petits soins. C'est ce qui a donné à penser que Stenson aurait été son complice ; mais c'est justement ici, Christian, que la vérité m'apparaît et que ma conscience se tranquillise : Stenson est un saint homme, un modèle de **toutes les vertus chrétiennes.** »

## VIII

Christian avait attentivement écouté le discours de l'avocat.

— Il y a là pour moi bien du louche, dit-il après avoir réfléchi quelques instants. Je plains cette pauvre baronne Hilda, et, de tous les personnages de ce drame, elle est celui qui m'intéresse le plus. Qui sait si, comme quelques-uns le prétendent, elle ne serait pas morte de faim dans cette horrible chambre?

— Oh! cela n'est point! s'écria M. Goefle. On me l'avait tant dit, que je m'en suis tourmenté l'esprit ; mais Stenson, qui ne l'eût certes pas souffert, m'a donné sa parole d'honneur qu'il n'avait pas cessé de servir et de soigner la baronne, et qu'il avait assisté à ses derniers moments. Elle est bien morte d'éthisie, en effet ; mais son estomac se refusait à la nourriture, et le baron n'a rien épargné pour qu'on satisfît tous ses désirs.

— Oui, au fait! reprit Christian ; si l'homme est habile comme le dépeint votre récit, il n'aura pas voulu commettre un meurtre inutile. Il lui aura bien suffi de tuer cette pauvre femme par la peur ou par le chagrin. Cependant une autre version, monsieur Goefle, ma version à moi!...

— Voyons ?

— C'est qu'elle n'est peut-être pas morte.

— Voilà qui est impossible!... Et pourtant... on n'a jamais su où l'on avait mis son corps.

— Ah! voyez-vous!

— Le ministre refusa de l'ensevelir dans le cimetière de la paroisse. Il n'y a point ici de cimetière catholique, et il paraît qu'on l'a enterré nuitamment dans le verger de Stenson... ou ailleurs.

— Quoi! Stenson ne vous l'a jamais dit?

— Stenson ne veut pas qu'on l'interroge sur ce point. Le souvenir de la baronne lui est à la fois cher et terrible. Il l'a aimée sincèrement, il l'a servie avec zèle ; mais, quelles que fussent les croyances religieuses de cette dame, il ne s'explique pas à cet égard, et, quand on lui en parle, on l'effraye en même temps qu'on le navre.

— Fort bien ; mais que dit-il du baron?

— Rien.

— C'est peut-être beaucoup dire...

— Peut-être, en effet ; mais enfin ce silence ne constitue pas une accusation de meurtre.

— Alors n'en parlons plus, si vous êtes convaincu, monsieur Goefle. Que nous importe après tout? Ce qui est passé est passé. Seulement, vous disiez que la vue de ce spectre vous avait suggéré d'étranges doutes...

— Que voulez-vous! l'esprit d'investigation hors de propos est une maladie de profession, dont je me suis toujours assez bien défendu. Nous avons assez à faire de chercher à débrouiller la vérité dans les causes ardues qui nous sont confiées, sans aller nous casser la tête pour pénétrer dans celles qui ne nous regardent pas. C'est sans doute parce que je suis oisif depuis quelques jours, que mon cerveau travaille malgré moi, et que j'ai été chercher dans les ténèbres du passé et de l'oubli la figure de cette baronne Hilda...

— D'autant plus, dit Christian, que ce qui vous est apparu n'est peut-être pas un songe, mais tout simplement quelque personnage réel dont le costume s'est trouvé ressembler à celui de ce vieux portrait.

— J'aimerais à le croire ; mais les gens qui passent à travers les murs ne sont autres que les maussades habitants du pays des idées noires.

— Attendez, monsieur Goefle ; vous ne m'avez pas dit de quel côté a disparu ce fantôme, que vous n'aviez pas vu entrer.

— Pour le dire, il faudrait le savoir. Il m'a semblé que c'était du côté où il m'était apparu.

— Sur l'escalier?

— Plutôt dessous.

— Alors, par la porte secrète?

— Il y en a donc une?

— Vous ne le saviez pas?

— Non, en vérité.

— Eh bien, venez la voir.

Christian prit le flambeau et conduisit M. Goefle; mais la porte secrète était fermée en dehors. Elle était si bien jointe à la boiserie, qu'il était impossible de la distinguer des autres panneaux encadrés de moulures en relief, et si épaisse, qu'elle rendait le même son mat que les autres parties du revêtement de chêne. En outre, elle était solidement assujettie par derrière au moyen des gros verrous que Christian avait trouvés et laissés ouverts la veille, et qui, depuis, avaient été tirés probablement par la même main qui avait cadenassé l'autre porte au bas de l'escalier dérobé. Christian fit part de ces circonstances à M. Goefle, qui dut le croire sur parole, car il n'y avait pas moyen d'aller s'en assurer.

— Croyez-moi, monsieur Goefle, dit Christian, ou une vieille servante de M. Stenson est venue là hier pour ranger la chambre, qu'elle ne savait pas envahie, ou la baronne Hilda est prisonnière quelque part ici, sous nos pieds, sur notre tête, que sais-je? dans cette chambre que l'on a murée, et qui a peut-être une communication secrète avec celle-ci. A propos de la porte murée, vous ne m'avez pas dit où elle conduisait, ni pourquoi on l'a fait disparaître. Ceci me paraît cependant une circonstance assez intéressante.

— C'est une circonstance très-vulgaire, et que Stenson m'a expliquée. La pièce située au-dessus de celle-ci était, depuis très-longtemps, dans un état de délabrement complet. Lorsque la baronne Hilda vint se réfugier au Stollborg, elle fit condamner cette porte, qui lui amenait du vent et du froid. Après sa mort, Stenson la fit rouvrir pour réparer les brèches de la bâtisse au second étage. Seulement, comme, pour rendre cette pièce habitable, il eût fallu dépenser plus qu'elle ne vaut, et qu'en raison de la prétendue chapelle catholique qui y avait été érigée, personne n'eût voulu habiter une chambre où le diable tenait cour plénière, Stenson, autant par mesure d'économie qu'afin de faire oublier toutes ces superstitions, mura solidement de ses propres mains, m'a-t-il dit, et avec la permission du baron, une communication désormais inutile.

— Pourtant, monsieur Goefle, vous avez vu le prétendu fantôme sortir de dessous cette carte de Suède qui masque la maçonnerie.

— Oh! pour cela, c'était bien un rêve! Regardez-y, Christian, et, si vous trouvez là une porte praticable, vous serez plus habile que moi. Croyez-vous donc que je n'aie pas été m'en assurer aussitôt que mon rêve se fut dissipé?

— Certainement, dit Christian, qui avait monté l'escalier, soulevé la carte de Suède et frappé à plusieurs reprises sur la paroi qu'elle recouvrait, il n'y a rien là qu'un mur aussi épais que le reste, si j'en juge au son mat qu'il rend. Le raccord de peinture rougeâtre est même fort bien fait et intact sur ces bords; mais avez-vous remarqué, monsieur Goefle, comme ce revêtement de plâtre est égratigné au milieu?

— Oui, et je me suis dit que c'était l'ouvrage de quelque rat.

— Ce rat travaille singulièrement! Voyez donc avec quelle régularité il a tracé de petits ronds sur la muraille?

— C'est vrai; mais qu'est-ce que cela prouve?

— Tout effet a une cause, et c'est cette cause que je cherche. Ne m'avez-vous pas dit que, parmi les bruits que vous entendiez, il y avait celui d'un grattement?

— Oui, un grincement comme celui d'un outil quelconque.

— Eh bien, savez-vous ce que c'est, à mon idée? C'est le travail d'une main faible ou inhabile qui a cherché à percer le mur pour voir à travers.

— Elle s'est donc servie d'un clou ou d'un instrument encore plus inoffensif, car elle n'a pas entamé le plâtre à plus de deux lignes de profondeur.

— Pas même, et cependant elle l'a entamé en beaucoup d'endroits avec obstination.

— Ces marques auront été faites par Stenson pour fixer quelque souvenir qu'il n'aura pas voulu écrire. Voyons, vous qui savez déchiffrer tous les styles lapidaires?

— J'en sais assez pour vous dire que ceci n'est pas une inscription et n'appartient à aucune langue connue. Je tiens à mon idée, c'est un essai de forage. Voyez: il y a partout un petit enfoncement fait à l'aide d'un instrument émoussé, et, autour de ce petit creux éraillé sur les bords, il y a un cercle blanchâtre assez net, comme si l'on eût travaillé avec une paire de ciseaux dont une branche cassée aurait appuyé faiblement, à la manière d'une tige de compas.

— Vous êtes ingénieux!...

— Oh! je suis ingénieux pour le moment, car voilà, sur la dernière marche de l'escalier, un peu de poussière blanche nouvellement détachée.

— Donc?

— Donc, la personne dont je parlais, et qui sera tout ce que vous voudrez, illustre captive ou vieille servante trottant à toute heure, est venue ici cette nuit pour essayer, non pour la première fois, mais pour la vingtième au moins, de voir à travers ce mur... Ou bien... attendez, encore mieux! Elle sait qu'il y a là un secret, un moyen invisible d'ouvrir une porte invisible, et elle cherche, elle tâtonne, elle creuse, elle travaille enfin; et, si nous l'observons cette nuit, nous aurons le mot de l'énigme.

— Parbleu! voilà une idée! et je l'accepte d'autant mieux qu'elle me délivre l'esprit d'un grand trouble. Je ne serais donc pas visionnaire, j'aurais vu et entendu un être réel! J'aime mieux cela, bien que je sois un peu honteux maintenant d'en avoir douté. N'importe, Christian, je veux en avoir le cœur net. Je ne crois pas à l'existence d'une prisonnière, puisqu'il faudrait supposer une prison et un geôlier. Or, cette chambre était ouverte de deux côtés quand vous y êtes entré par ici et sorti par là-dessous, et, quant au geôlier, ce ne pourrait être que l'honnête et dévoué Stenson.

— La baronne a pourtant subi ici une captivité plus ou moins dure, et l'honnête Stenson y était...

— L'état de captivité n'a pas été prouvé, et, s'il a eu lieu, Stenson n'était probablement pas le maître au Stollborg. A présent qu'il y est seul, car je présume que vous ne comptez pas Ulphilas pour quelqu'un...

— Vous direz ce que vous voudrez, monsieur Goefle, il y a là un mystère, et, quel qu'il soit, sérieux ou puéril, je veux le découvrir; mais, grand Dieu! à quoi pensé-je? L'heure marche, Puffo ne revient pas, et je m'amuse à bâtir un roman, quand je devrais songer à celui que j'ai à représenter! J'en étais bien sûr, monsieur Goefle, qu'en me faisant manger, vous me feriez causer et oublier mon travail!

— Allons, allons, faites vos apprêts, mon garçon; je vous ai promis de vous aider.

— Vous ne pouvez m'aider, monsieur Goefle; il me faut mon compère; je cours le chercher.

— Eh bien, allez. Pendant ce temps, j'irai voir Stenson, que je n'ai pas encore eu le loisir de saluer, et qui probablement ne me sait pas ici. Il n'y vient jamais...

— Ah! pardon, monsieur Goefle, il y vient, il y est venu tout à l'heure. Je l'ai vu pendant que vous étiez sorti... et même, tenez, j'oubliais de vous raconter la chose, il m'a pris pour le diable ou pour un revenant, car il a eu une peur affreuse, et il s'est sauvé en trébuchant et en battant la campagne.

— Bah! vraiment! il est poltron à ce point? Mais je n'ai pas le droit de me moquer de lui, moi qui ai cru voir la dame grise! Il est cependant impossible qu'il vous ait pris pour elle!

— Je ne sais pas pour qui il m'a pris; peut-être pour l'ombre du comte Adelstan?...

— Eh! eh! c'est possible; voilà son portrait en face de celui de sa femme, et c'est assez votre taille et votre tournure. Pourtant... dans le costume que vous avez maintenant...

— Je ne l'avais pas encore, j'étais dans votre habit noir.

— Eh! que faites-vous à présent? Vous vous masquez?

— Non; je mets mon masque sur ma tête, dans le cas où je serais forcé d'aller chercher mon valet jusqu'au château neuf.

— Voyons-le donc, votre masque. Ce doit être fort gênant?

— Nullement; c'est un masque de mon invention, léger et souple, tout en soie, et se chaussant sur la tête comme un bonnet dont je relève ou abaisse à volonté la visière. Quand il est levé et que mon chapeau le cache, il dissimule au moins mes cheveux, qui sont trop touffus pour ne pas attirer l'attention. Quand il est baissé, ce qui dehors, dans ce climat, est fort agréable, il ne risque jamais de tomber, et je n'ai pas l'embarras de nouer et dénouer sans cesse un ruban qui se casse ou s'embrouille. Voyez si ce n'est pas une heureuse invention!

— Excellente! Mais la voix, vous pouvez faire qu'on ne la reconnaisse pas?

— Oh! cela, c'est mon talent et mon état; vous le savez bien, puisque vous avez assisté à une de mes pasquinades.

— C'est vrai, j'aurais juré que vous étiez douze dans la baraque. Ah çà! je veux vous entendre ce soir. J'irai me mettre dans le public; mais je ne veux pas savoir la pièce d'avance. Au revoir, mon garçon! Je vais tâcher d'arracher au vieux Sten quelque éclaircissement sur la cause de mon apparition. Mais qu'est-ce que cette branche de cyprès que vous accrochez au cadre de la dame grise?

— C'est encore quelque chose que j'oubliais de vous dire: c'est M. Stenson qui apportait cela ici. Je ne sais ce qu'il voulait en faire; il l'a jetée à mes pieds, et, que ce fût son intention ou non, j'en veux faire hommage, moi, à cette pauvre baronne Hilda.

— N'en doutez pas, Christian, c'était aussi l'intention du bonvieillard. C'est demain ou aujourd'hui... Attendez donc, j'ai la mémoire des dates... Mon Dieu, c'est précisément aujourd'hui l'anniversaire de la mort de la baronne! Voilà ce qui m'explique comment Sten s'est décidé à venir ici pour y faire quelque prière.

— Alors, dit Christian en détachant la petite bande de parchemin qui s'enroulait autour de la branche et que M. Goefle prenait pour un ruban, tâchez de vous expliquer les versets de la Bible écrits là-dessus. Moi, le temps me presse, je sors le premier.

— Attendez! dit M. Goefle, qui avait mis ses lunettes pour lire la bande de parchemin; si vous allez jusqu'au château neuf, et que vous y trouviez M. Nils, lequel n'a pas reparu ici pour mon goûter, faites-moi le plaisir de le prendre par une oreille et de me le ramener. Voulez-vous?

Christian promit de le ramener mort ou vif, mais il n'alla pas bien loin pour retrouver son valet et celui de M. Goefle. En pénétrant dans l'écurie, où l'idée lui vint de regarder avant de sortir du préau, il trouva Puffo et Nils ronflant côte à côte, et aussi complétement ivres l'un que l'autre. Ulphilas, qui portait mieux le vin, allait et venait dans les cours, assez content de n'être pas seul à l'entrée de la nuit, et donnant de temps en temps un coup d'œil fraternel à ses deux camarades de bombance. Christian comprit vite la situation. Nils, qui entendait le suédois et le dalécarlien, avait dû servir d'interprète entre les deux ivrognes; leur amitié naissante s'était cimentée dans la cave. Le pauvre petit laquais n'avait pas eu besoin d'une longue épreuve pour perdre le souvenir de son maître, si tant est que ce souvenir l'eût beaucoup tourmenté jusqu'au moment où, chaudement étendu dans la mousse sèche qui sert de litière dans le pays, les joues animées et le nez en feu, il avait oublié, aussi bien que Puffo, tous les soucis de ce bas monde.

— Allons, dit M. Goefle à Christian, qu'il rencontra dans la cour et qui lui montra ce touchant spectacle, du moment que le drôle n'est pas malade, j'aime autant être débarrassé de mon service auprès de lui.

— Mais, moi, monsieur Goefle, reprit Christian fort soucieux, je ne puis me passer de cet animal de Puffo. Je l'ai secoué en vain : c'est un mort, et, je le connais, il en a pour dix ou douze heures!

— Bah! bah! répondit M. Goefle, évidemment préoccupé, allez donc choisir votre pièce, et ne vous tourmentez pas; un garçon d'esprit comme vous n'est jamais embarrassé.

Et, laissant Christian se tirer d'affaire comme il pourrait, il marcha, de son petit pas bref et direct, jusqu'au pavillon du *gaard*, habité par Stenson. Évidemment les trois versets de la Bible lui trottaient par la tête.

Ce pavillon avait un rez-de-chaussée, sorte d'antichambre, où Ulphilas, pour n'être pas seul, dormait plus volontiers que dans son logement particulier, sous prétexte d'être à portée de servir son oncle, dont le grand âge réclamait sa surveillance. Ulf venait de rentrer dans cette pièce : il s'était jeté sur son lit et ronflait déjà. M. Goefle allait monter au premier, lorsque le bruit d'une discussion l'arrêta. Deux voix distinctes dialoguaient d'une façon très-animée en italien. L'une de ces voix avait le diapason élevé des gens qui ne s'entendent pas bien eux-mêmes; c'était celle de Stenson. Elle s'exprimait en italien avec assez de facilité, bien qu'avec un accent détestable et des fautes nombreuses. L'autre voix, accentuée et parlant l'italien pur dans un registre clair et avec une prononciation très-vibrante, paraissait se faire entendre en dépit de la surdité du vieillard. M. Goefle s'étonna que le vieux Stenson entendît l'italien et pût s'exprimer, tant bien que mal, dans une langue qu'il ne le soupçonnait pas d'avoir jamais pratiquée. La conversation avait lieu dans le cabinet de travail de Sten, attenant à sa chambre. La porte de l'escalier était fermée; mais, en montant quelques marches, M. Goefle entendit un fragment de dialogue qui pourrait se résumer et se traduire ainsi :

— Non, disait Stenson, vous vous trompez. Le baron n'a aucun intérêt à faire cette découverte.

— C'est possible, monsieur l'intendant, répondait l'inconnu; mais il ne me coûte rien de m'en assurer.

— Alors c'est au plus offrant, n'est-ce pas, que vous vendrez le secret?

— Peut-être. Que m'offrez-vous?

— Rien! Je suis pauvre, parce que j'ai toujours été honnête et désintéressé; rien de ce qui est ici ne m'appartient. Je n'ai que ma vie, prenez-la, si bon vous semble.

A cette parole, qui semblait mettre le vieux Sten à la merci de quelque bandit, M. Goefle monta deux marches d'une seule enjambée pour aller à son secours; mais la voix italienne reprit avec le plus grand calme :

— Que voulez-vous que j'en fasse, monsieur Stenson? Voyons, rassurez-vous, vous pouvez sortir de ce mauvais pas en cherchant vos vieux écus dans la vieille cachette qu'ont toutes les vieilles gens. Vous trouverez bien moyen de payer Manassé pour vous assurer de sa discrétion.

— Manassé était honnête. Ce traitement...

— N'était pas pour lui, je le présume; mais il en jugeait autrement, car il l'a toujours gardé pour lui seul.

— Vous le calomniez!

— Quoi qu'il en soit, Manassé est mort, et l'*autre*...

— L'autre est mort aussi, je le sais.

— Vous le savez? D'où le savez-vous?

— Je n'ai pas à m'expliquer là-dessus. Il n'est plus, j'en ai la certitude, et vous pouvez dire au baron tout ce que vous voudrez. Je ne vous crains pas. Adieu; je n'ai pas longtemps à vivre, laissez-moi penser à mon salut, c'est désormais la seule chose qui me préoccupe. Adieu; laissez-moi, vous dis-je, je n'ai pas d'argent.

— C'est votre dernier mot?... Vous savez que, dans une heure, je serai au service du baron?

— Peu m'importe.

— Vous pensez bien que je ne suis pas venu de si loin pour me payer de vos réponses.

— Faites ce que vous voudrez.

M. Goefle entendit ouvrir la porte, et il se présenta résolûment au-devant de la personne qui sortait. Il se trouva en face d'un homme d'une trentaine d'années et d'une assez belle figure, mais d'une pâleur sinistre. L'avocat et l'inconnu se regardèrent dans les yeux en passant tout près l'un de l'autre dans l'étroit escalier. Le coup d'œil franc, sévère et scrutateur de l'avocat rencontra l'œillade oblique et méfiante de l'inconnu, qui le salua respectueusement et descendit jusqu'à la dernière marche, tandis que M. Goefle gagna le palier de l'escalier; mais, quand tous deux en furent là, ils se retournèrent pour se regarder encore, et l'avocat trouva quelque chose de diabolique dans cette figure blême éclairée par une petite lampe suspendue devant l'entrée intérieure du vestibule. M. Goefle entra chez Stenson et le trouva assis, la tête dans ses mains, immobile comme une statue. Il fut forcé de lui toucher le bras pour que le vieillard s'aperçût de sa présence. Celui-ci était si absorbé dans ses pensées, qu'il le regarda d'un air hébété et eut besoin de quelques instants pour le reconnaître et pour rassembler ses idées. Enfin il parut revenir à lui-même en faisant un grand effort de volonté, et, se levant, il salua M. Goefle avec sa politesse accoutumée, lui demanda de ses nouvelles et lui offrit son propre fauteuil, dont l'avocat refusa de le déposséder. En serrant sa main, M. Goefle la trouva tiède et humide de sueur ou de larmes, et se sentit ému. Il avait beaucoup d'estime et d'affection pour Sten, et il était habitué à lui témoigner le respect qu'il devait à son âge et à son caractère. Il voyait bien que le vieillard subissait une crise terrible, et qu'il la supportait avec dignité; mais quel était donc ce secret qu'un inconnu à la figure suspecte et au langage cynique semblait tenir suspendu comme une épée de Damoclès au-dessus de sa tête?...

Cependant Stenson avait repris son air grave, un peu froid et cérémonieux. Il n'avait jamais été expansif avec personne. Soit fierté, soit timidité, il était aussi réservé avec les gens qu'il connaissait depuis trente ans qu'avec ceux qu'il voyait pour la première fois, et son habitude de répondre par monosyllabes aux questions les plus sérieuses comme aux plus insignifiantes avait rendu très-surprenantes pour M. Goefle les quelques phrases suivies qu'il venait de lui entendre dire à l'inconnu.

— Je ne vous savais pas arrivé à Waldemora, monsieur l'avocat, dit-il; vous venez pour le procès?

— Pour le procès du baron avec son voisin de l'Elfdalen, qui réclame peut-être avec raison : j'ai conseillé au baron de ne pas plaider. M'entendez-vous, monsieur Stenson?

— Oui, monsieur, fort bien.

Comme le vieillard, par politesse excessive, avait coutume de répondre toujours ainsi, qu'il eût entendu ou non, M. Goefle, qui tenait à causer avec lui, s'approcha de son oreille et s'étudia à bien articuler chaque syllabe; mais il vit bientôt que ce soin était moins nécessaire qu'il ne l'avait été les années précédentes. Loin que la surdité de Stenson eût augmenté, elle semblait diminuée de beaucoup. M. Goefle lui en fit compliment. Stenson secoua la tête et dit :

— C'est par moments; c'est très-inégal. Aujourd'hui, j'entends tout.

— N'est-ce pas quand vous avez éprouvé quelque émotion vive? reprit M. Goefle.

Stenson regarda l'avocat avec surprise, et, après un moment d'hésitation, il fit cette réponse qui n'en était pas une :

— Je suis nerveux, très-nerveux!

— Puis-je vous demander, reprit M. Goefle, quel est l'homme que je viens de rencontrer sortant d'ici?

— Je ne le connais pas.

— Vous ne lui avez pas demandé son nom?

— C'est un Italien.

— Je vous demande son nom?

— Il dit s'appeler Giulio.

— Il va entrer au service du baron?

— C'est possible.

— Il a une mauvaise figure...

— Vous trouvez?

— Au reste, ce ne sera pas la seule autour du baron...

Stenson s'abstint de toute adhésion, et sa figure resta impassible. Il n'était pas aisé d'entamer une conversation délicate et intime avec un homme dont l'attitude cérémonieuse semblait toujours dire : « Parlez-moi de ce qui vous intéresse et non de ce qui me concerne. » Cependant M. Goefle était poussé par le démon de la curiosité, et il ne se laissa pas rebuter.

— Cet Italien vous parlait sur un ton peu poli, dit-il brusquement.

— Croyez-vous ? reprit le vieillard d'un air d'indifférence.

— J'ai entendu cela en montant votre escalier.

La figure de Sten trahit une certaine émotion, mais il ne l'exprima par aucune question inquiète sur ce que M. Goefle avait pu entendre.

— Il vous menaçait ! ajouta celui-ci.

— De quoi ? dit Stenson haussant les épaules. Je suis si vieux...

— Il vous menaçait de révéler au baron ce que vous avez tant d'intérêt à tenir caché.

Stenson demeura calme, comme s'il n'eût pas entendu. M. Goefle insista encore.

— Quel est donc ce Manassé qui est mort ?

Même silence de Stenson, dont les yeux impénétrables, attachés sur M. Goefle, semblaient lui dire : « Si vous le savez, pourquoi le demandez-vous ? »

— Et l'*autre* ? reprit l'avocat ; de quel autre vous parlait-il ?

— Vous écoutiez, monsieur Goefle ? demanda à son tour le vieillard d'un ton d'extrême déférence, où le blâme se faisait pourtant clairement sentir.

L'avocat fut intimidé ; mais sa bonne intention le rassura.

— Trouvez-vous surprenant, monsieur Stenson, dit-il, que, frappé de l'accent de menace d'une voix inconnue, je me sois approché avec la volonté de vous secourir au besoin ?

Stenson tendit à M. Goefle sa vieille main ridée, redevenue froide.

— Je vous remercie, dit-il.

Puis il remua quelques instants les lèvres, comme un homme peu habitué à parler, qui veut s'épancher ; mais il tarda tant, que M. Goefle lui dit pour l'encourager :

— Cher monsieur Stenson, vous avez un secret qui vous pèse, et vous vous trouvez, par suite, sous le coup de quelque danger sérieux ?

Stenson soupira et répondit laconiquement :

— Je suis un honnête homme, monsieur Goefle !

— Et pourtant, reprit celui-ci vivement, votre conscience pieusement timorée vous reproche quelque chose !

— Quelque chose ? dit Stenson avec un ton d'autorité douce, comme s'il eût dit : « J'attends que vous me le disiez. »

— Vous avez, du moins, à craindre, reprit l'avocat, quelque vengeance du baron ?

— Non, répondit Stenson avec une force subite ; je sais ce que m'a dit le médecin.

— Le médecin l'a-t-il condamné ? Est-il si avancé dans son mal ? Je l'ai vu ce matin : il semble en avoir encore pour longtemps.

— Pour des mois, reprit Stenson, et, moi, j'en ai encore pour des années. J'ai consulté hier... Je consulte tous les ans...

— Alors... vous attendez sa mort pour révéler quelque chose de grave ?... Vous savez cependant qu'on le dit capable de faire mourir les gens qu'il redoute : qu'en pensez-vous ?

Les traits de Stenson exprimèrent la surprise ; mais il sembla, cette fois, à M. Goefle que c'était une surprise de commande et de pure convenance, car une secrète anxiété succéda visiblement. Stenson était habile à se contenir, sinon à dissimuler.

— Stenson, lui dit l'avocat avec l'énergie de la sincérité et en lui prenant les deux mains, je vous le répète : un secret vous pèse. Ouvrez-moi votre cœur comme à un ami, et comptez sur moi, s'il y a une injustice à réparer.

Stenson hésita quelques instants ; puis, ouvrant avec agitation un tiroir de son bureau, dont il prit la clef dans sa poche, il montra à M. Goefle une petite boîte cachetée en disant :

— Votre parole d'honneur ?

— Je vous la donne.

— Sur la sainte Bible ?

— Sur la sainte Bible !... Eh bien ?

— Eh bien !... si je meurs avant *lui*..., ouvrez, lisez et agissez... *quand je serai mort !*

M. Goefle jeta les yeux sur la boîte ; il y vit son nom et son adresse.

— Vous aviez pensé à moi pour ce dépôt ? dit-il. Je vous en sais gré, mon ami ; mais, si votre vie est menacée, pourquoi tarder à tout dire ? Voyons, cher monsieur Stenson, je commence à ouvrir les yeux... Le baron...

Stenson fit signe qu'il ne répondrait pas. Goefle poursuivit quand même :

— Il a fait mourir de faim sa belle-sœur !

— Non ! s'écria Stenson avec l'accent de la vérité ; non, non, cela n'est pas !

— Mais, lorsqu'elle signa certaine déclaration relativement à sa grossesse, elle subissait une contrainte ?

— Elle signa librement et volontairement... J'étais là, j'ai signé aussi.

— Qu'a-t-on fait de son corps? L'a-t-on jeté aux chiens?

— Oh! mon Dieu! n'étais-je pas là? Il a été enseveli religieusement.

— Par vous?

— De mes propres mains!... Mais vous êtes curieux! rendez-moi la boîte!

— Vous doutez donc de mon serment?

— Non, reprit le vieillard, gardez-la et ne m'interrogez plus...

Il serra encore la main de M. Goefle, se rapprocha du feu, et retomba, en réalité ou à dessein, dans une surdité absolue. M. Goefle, pour le distraire, et dans l'espoir de le ramener un peu plus tard à des velléités d'épanchement, essaya de lui parler du procès principal dont le baron l'avait entretenu le matin. Cette fois, il fut forcé d'écrire ses questions, auxquelles le vieillard répondit avec sa lucidité ordinaire. Selon lui, les richesses minérales de la montagne en litige appartenaient à un voisin, le comte de Roseinstein. Il en donna de bonnes raisons, et, fouillant dans ses cartons, rangés et étiquetés avec le plus grand soin, il en fournit des preuves. M. Goefle observa que c'était son propre sentiment, et qu'il allait être forcé de se brouiller avec le baron, si celui-ci persistait à lui confier une mauvaise cause. Il ajouta encore quelques réflexions sur le méchant caractère présumé de son client; mais comme Stenson ne paraissait pas entendre, et qu'une conversation écrite ne permet guère les surprises, M. Goefle dut renoncer à l'interroger davantage.

En retournant à la chambre de l'ourse, M. Goefle se demanda s'il devait confier à Christian la situation dans laquelle il se trouvait à l'égard de Stenson, et, réflexion faite, il se regarda comme engagé au silence. L'avocat, d'ailleurs, était peu porté à l'expansion dans ce moment-là. Il était agité de mille pensées bizarres, de mille suppositions contradictoires. Son cerveau travaillait comme si une cause ardue et pleine de problèmes eût été confiée à sa sagacité. C'était cependant tout le contraire : Stenson lui interdisait même la curiosité. Cela était bien inutile, et M. Goefle n'était pas le maître d'imposer silence à ses tumultueuses hypothèses. Il trouva Christian dans une situation qui rendait son silence bien facile. Christian, loin de songer à l'interroger, avait oublié le sujet de leur précédent entretien, et ne se préoccupait que de sa pièce. C'était, d'ailleurs, avec un grand découragement, et, quand l'avocat lui demanda s'il avait trouvé le moyen de se passer de son valet, il lui répondit qu'il cherchait en vain ce moyen depuis une heure. A la rigueur, Christian pouvait s'en passer, mais en risquant beaucoup d'accidents et de lacunes fâcheuses dans sa mise en scène. Il voyait là une si grande fatigue, une si grosse dépense d'esprit et de volonté, qu'il aimait mieux y renoncer.

— Vrai! dit-il à M. Goefle, qui essayait de le stimuler, je vous jure, en style de bateleur, que le jeu ne vaudrait pas la chandelle; en d'autres termes, que je m'épuiserais sans profit pour ma gloire, et que je volerais l'argent du baron. Allons, voilà une affaire manquée : n'y songeons plus. Savez-vous ce qu'il me reste à faire, monsieur Goefle? C'est de renoncer à briller dans ce pays, c'est de remballer tout cela, de partir, sans tambour ni trompette, pour quelque ville où je me mettrai en quête d'un autre valet pouvant me servir de compère, et assez pieux pour tenir le serment, que j'exigerai de lui, de ne jamais boire que de l'eau, le vin coulât-il par torrents dans les montagnes de la Suède!

— Diable! diable! dit M. Goefle, vivement contrarié de l'idée de perdre son compagnon de chambre... Si je croyais pouvoir faire agir un peu ces bonshommes;... mais, bah! je ne saurai jamais.

— Rien n'est pourtant plus facile. Essayez : l'index dans la tête, le pouce dans un bras, le doigt du milieu dans l'autre bras... Mais vous y êtes! c'est cela! Voyons, saluez, levez les mains au ciel!

— Ce n'est rien, cela; mais mettre le geste d'accord avec la parole! et puis que dire? Je ne sais improviser que le monologue, moi!

— C'est déjà beaucoup. Tenez, plaidez une cause; élevez ce bras, oubliez que vous êtes M. Goefle, ayez l'œil sur la figurine que vous faites mouvoir. Parlez, et tout naturellement les gestes que feraient vos bras et toute l'attitude de votre personne vont se reproduire au bout de vos doigts. Il ne s'agit que de se pénétrer de la réalité du *burattino*, et de transporter votre individualité de vous à lui.

— Diantre! cela vous est facile à dire; mais quand on n'a pas l'habitude... Voyons donc un peu. Je suppose que je plaide... Que plaiderais-je bien?

— Plaidez pour un baron accusé d'avoir fait assassiner son frère!

— Pour? J'aimerais mieux plaider contre.

— Si vous plaidez *contre*, vous serez pathétique; si vous plaidez *pour*, vous pourrez être comique.

— Soit, dit M. Goefle en allongeant le bras qui tenait la figurine et en gesticulant. Je plaide, écoutez. « Que pouvez-vous alléguer contre mon client, ô vous qui lui reprochez une action aussi simple, aussi naturelle que celle d'avoir supprimé un membre gênant de sa famille? Depuis quand un homme qui aime l'argent et le dépense est-il astreint à respecter cette vulgaire considération que vous appelez le droit de vivre? Le droit de vivre! mais nous le réclamons pour nous-mêmes, et qui dit le droit de vivre, dit le droit de vivre à sa guise. Or, donc, si nous ne pouvons vivre sans une fortune considérable et sans les priviléges de la grandeur, si, faute de luxe, de châteaux, de crédit et de pouvoir, nous sommes condamnés à périr de honte et de dépit, à crever d'ennui, comme on dit en langue vulgaire, nous avons, nous revendiquons, nous prenons le droit de nous débarrasser de tout ce qui fait obstacle à l'épanouissement, à l'extension, au rayonnement de notre vie morale et physique! Nous avons pour nous... »

Plus haut! dit Christian, qui écoutait en riant le satirique plaidoyer de l'avocat.

— « Nous avons pour nous, reprit M. Goefle élevant la voix, la tradition de l'ancien monde, depuis Caïn jusqu'au grand roi Birger-Iarl, qui fit mourir de faim ses deux frères dans le château de Nikœping. Oui, messieurs, nous avons la vieille coutume du Nord et le glorieux exemple de la cour de Russie dans ces derniers temps. Qui de vous oserait opposer la petite morale aux grandes considérations de la raison d'État? La raison d'État, messieurs; savez-vous ce que c'est que la raison d'État? »

— Plus haut! reprit Christian; plus haut, monsieur Goefle!

— « La raison d'État, cria M. Goefle en fausset, car sa voix ne se prêtait pas à un diapason très-élevé; la raison d'État, c'est, à nos yeux... »

— Plus haut!

— Que le diable vous emporte!... Je m'y casserai le pharynx! Merci, j'en ai assez, s'il faut hurler de la sorte.

— Eh! non, monsieur Goefle! je ne vous dis pas de parler plus haut; depuis une heure, je vous élève le bras, et vous ne voulez pas comprendre que, si vous tenez ainsi la marionnette au niveau de votre poitrine, personne ne la verra, et que vous jouerez pour vous seul! Regardez-moi : il faut que votre main dépasse votre tête. Allons, à nous deux, un dialogue! Je suis l'avocat de la partie adverse, et je vous interromps, en proie à une indignation qui ne se contient plus. « Je ne puis en écouter davantage, et, puisque les juges endormis sur leurs siéges supportent un pareil abus de la parole humaine, en dépit de l'éloquence spécieuse de mon illustre et redoutable adversaire, je... » Interrompez-moi donc, monsieur Goefle! il faut toujours interrompre!

— « Avocat, s'écria M. Goefle, vous n'avez pas la parole. » Je fais le juge.

— Très-bien! mais alors changez de voix.

— Je ne saurais...

— Si fait! Vous avez une main libre, pincez-vous le nez.

— Fort bien, dit M. Goefle en nasillant... « Avocat de la partie adverse, vous parlerez à votre tour... »

— Bravo! « Je veux parler tout de suite! je veux confondre les odieux sophismes de mon adversaire!... »

— « Odieux sophismes! »

— Très-bien, oh! très-bien; le ton courroucé!... Je réplique : « Orateur sans principes, je te traduirai au ban de l'opinion publique!... » Donnez-moi un soufflet, monsieur Goefle.

— Comment! que je vous donne un soufflet?

— Eh! oui, sur la joue de mon avocat, et que cela fasse du bruit surtout; le public rit toujours à ce bruit-là. Tenez bien vos doigts, je vais vous arracher votre bonnet. Voyons, colletons-nous. Bravo! faites sortir la marionnette de mes doigts avec les vôtres, et lancez-la dans le public. Les enfants courent après, la ramassent, la regardent avec admiration, et la relancent dans le théâtre. Prenez garde de la recevoir sur la tête! On rit à se tenir les côtes dans le public, Dieu sait pourquoi, mais c'est toujours ainsi. Les injures et les coups sont un spectacle délicieux pour la foule; pendant cette hilarité, votre personnage quitte la scène d'un air triomphant.

— Et nous respirons un peu, à la bonne heure! J'en ai besoin, je suis égosillé!

— Respirer! oh! que non pas! l'*operante* ne se repose jamais. Il faut nous hâter de prendre d'autres personnages pour la scène suivante, et, afin que le public ne se refroidisse pas devant le théâtre vide, il faut parler toujours, comme si les anciens acteurs se disputaient encore dans la coulisse, ou comme si les nouveaux approchaient en devisant sur ce qui vient de se passer.

— Peste! mais c'est un métier de cheval que nous faisons-là!

— Je ne vous dis pas le contraire; mais les nerfs s'excitent, et l'on va de mieux en mieux. Voyons, monsieur Goefle, à une autre scène! Faisons comparaître...

— Mais j'en ai assez, moi! Croyez-vous donc que je veuille montrer les marionnettes?

— J'ai cru que vous vouliez m'aider à les montrer ce soir!

— Moi! que je me donne en spectacle?

— Qui saura que c'est vous? On dresse le théâtre

devant une porte donnant dans une pièce où personne ne pénètre. Une tapisserie vous isole du public. Au besoin, on se masque, si l'on risque d'être rencontré dans les corridors en entrant et en sortant.

— C'est vrai, personne ne vous voit, personne ne sait que vous êtes là ; mais ma voix, ma prononciation !... Tout le monde dira dès mes premiers mots : « Bon, c'est M. Goefle ! » Eh bien, cela fera un joli effet ! Un homme de mon âge, exerçant une profession grave ! C'est impossible, ne songeons point à cela.

— C'est dommage, vous alliez bien !

— Vous trouvez?

— Mais certainement, vous m'auriez fait avoir un grand succès !

— Mais ma diable de voix, que tout le monde connaît...

— Il y a mille manières de changer son organe. En un quart d'heure, je vous en indiquerais trois ou quatre, et c'est plus qu'il n'en faudrait pour ce soir.

— Essayons. Si j'étais sûr que personne ne se doutât de ma folie ! Ah ! voici un instrument dont je comprends l'usage ; c'est un pince-nez... Et ceci est pour mettre dans la bouche, soit sur la langue, soit en dessous.

— Non, non, dit Christian, ce sont là des procédés grossiers à l'usage de Puffo. Vous êtes trop intelligent pour en avoir besoin. Écoutez-moi et imitez-moi.

— Au fait, dit M. Goefle après quelques essais promptement réussis, ce n'est pas bien malin ! J'ai joué la comédie de société dans mon jeune temps pas plus mal qu'un autre, et je savais bien comment il faut faire le vieillard édenté, le fat qui blaise, le pédant qui se lèche les lèvres à chaque parole. Allons, allons, pourvu que vous ne me fassiez pas trop parler et fatiguer le gosier, je me charge bien de vous donner la réplique pour trois ou quatre scènes. Il s'agit de répéter la pièce. Qu'est-ce que c'est? où est-elle? quel est le titre?

— Attendez, attendez, monsieur Goefle : j'ai une quantité de canevas qu'il vous suffirait de lire une fois, vu que celui que l'on représente, écrit en gros caractères et résumé en peu de mots, est toujours attaché devant nous sur la face interne du théâtre ; mais ce que je voudrais pour jouer avec vous, c'est que la pièce vous fût agréable en se prêtant à votre fantaisie d'improvisation, et, pour cela, si vous m'en croyez, nous allons la faire nous-mêmes, à nous deux, et tout de suite.

— C'est une idée cela, une excellente idée ! dit M. Goefle. Vite, asseyons-nous ici ; faites de la place sur cette table. Quel sera le sujet ?

— Celui que vous voudrez.

— Votre propre histoire, Christian, ou du moins quelques parties de votre histoire, telle que vous me l'avez racontée.

— Non, monsieur Goefle, mon histoire n'est pas gaie, et ne m'inspirerait rien de divertissant. Il n'y a rien de romanesque dans ma vie que ce que précisément j'en ignore, et c'est sur cette partie-là que j'ai souvent brodé les aventures de mon Stentarello. Vous savez que le Stentarello est un personnage qui e plie à tous les caractères et à toutes les situations. Eh bien, une de mes fantaisies est de lui attribuer une naissance mystérieuse comme la mienne, dont il raconte souvent, au début, de mes pièces, les circonstances particulières, l'histoire, vraie ou ou feinte, que Sofia Goffredi tenait du petit juif. Je m'amuse à cela quelquefois, avec l'idée que je surprendrai dans mon public un mot, un cri qui me fera retrouver ma mère. Que voulez-vous ! c'est une fantaisie à moi ; mais parlons de Stentarello : c'est un type comique, tantôt jeune, tantôt vieux, selon que je lui cloue sur la tête une perruque blonde ou blanche. Or, pour être risible, il faut qu'il ait des ridicules. Dans la donnée dont je vous parle et que je vous propose, il va cherchant à découvrir les auteurs de ses jours, avec la prétention d'être au moins le bâtard d'un souverain. Il s'agit donc de le promener à travers des aventures absurdes, où il fait des bévues extravagantes, jusqu'à ce qu'enfin il découvre qu'il est le fils d'un rustre et s'estime encore bien heureux, après toutes ses disgrâces, de trouver chez son père l'asile et la nourriture.

— Très-bien, dit M. Goefle ; nous le ferons gourmand et le fils d'un rôtisseur ou d'un pâtissier.

— A merveille ! vous y êtes. Commençons.

— Écrivez, si vous êtes lisible ; moi, je ne le suis guère. Je trouve l'écriture trop lente pour rendre la parole, et je griffonne comme un chat. Diable ! quelle belle écriture vous avez !... Mais que faites-vous là ?

— J'écris d'abord les noms de nos personnages.

— Je le vois bien ; mais vous mettez au premier acte : *Stentarello au maillot?*

— Voilà mon idée, monsieur Goefle. Je suis las de faire raconter à ce pauvre Stentarello le conte que l'on m'a fait de ma descente, au bout d'une corde, d'une fenêtre dans un bateau. Je veux, si vous y consentez, mettre cela en scène.

— Oui-da ! Et comment diable ferez-vous ?

— J'ai là, dans mes décors, un vieux château...
— Qu'allez-vous en faire ?
— Je vais en faire le Stollborg. Nous lui donnerons un autre nom, mais ce sera le paysage romantique dont j'ai été frappé sur le lac au soleil couchant, et dont j'ai fait un croquis.
— Vous allez peindre ?
— Oui, pendant que vous écrirez mal ou bien, peu importe ; j'ai tant déchiffré d'hiéroglyphes avec mon pauvre Goffredi ! Songez que le temps presse ; j'ai là tout ce qu'il me faut pour modifier mes décors selon les besoins du moment : un peu de colle figée dans une boîte de fer-blanc, quelques petits sacs de poudre de diverses couleurs... Ma toile n'est pas plus grande que le fond de mon théâtre, et, d'ailleurs, cela sèche en cinq minutes. Il ne m'en faut guère plus pour faire une fenêtre à mon donjon carré. Regardez, monsieur Goefle : d'abord je la rends praticable en découpant la toile... j'ai là mes ciseaux ; puis je fais chauffer ma colle au poêle... Avec du fusain, j'esquisse mon tas de gros galets, comme cela, vous voyez. Il y en a qui surplombent... J'ai bien observé, c'était merveilleux... Je donnerai le ton de la glace à ce terrain... Oh ! mais non ! il faut que ce soit de l'eau, puisque nous avons une barque...
— Où la prendrez-vous ?
— Dans la boîte aux *accessoires*. Croyez-vous que je n'aie pas de barque ? et des navires, et des voitures, et des charrettes, et des animaux de toute sorte ? Pourrais-je me passer de ce magasin de découpures qui rend toutes mes pièces possibles et qui tient si peu de place ? Oh ! encore une idée, monsieur Goefle ; je place la barque sous cette voûte formée par les galets.
— A quoi bon ?
— A quoi bon ? Cela nous donne une scène du plus grand effet ! Écoutez bien ; nous supposons la naissance de l'enfant très-mystérieuse ?
— Cela va sans dire.
— Environnée de périls ?
— Nécessairement.
— C'est un enfant de l'amour ?
— Comme il vous plaira.
— Un mari jaloux... Non, point d'adultère ? Si, par hasard, c'est réellement ma propre histoire, j'aime mieux n'être pas le fruit d'un amour coupable. Ma mère..., la pauvre femme ! je n'ai peut-être rien à lui reprocher, me soustrait à la vengeance d'un frère ou d'un oncle farouche... capable de me tuer pour cacher une mésalliance, un hymen clandestin !
— Très-bien ; je retiens le rôle de l'oncle implacable, quelque noble espagnol qui veut tuer l'enfant ! On cache l'innocente créature au fond du lac, au risque de la noyer un peu, après l'avoir jetée par la fenêtre pour la sauver de tout péril.

— O monsieur Goefle, vous vous envolez dans les régions du fantastique ! Ce n'est pas mon école. Je reste toujours dans une certaine vraisemblance romanesque, parce qu'on ne fait ni rire ni pleurer avec des situations impossibles. Non, non, représentons de véritables assassins, laids et grotesques comme il y en a. Tandis qu'ils errent sur les galets, surveillant la fenêtre, la barque, qui heureusement a déjà reçu furtivement le précieux dépôt (style consacré), glisse mollement et sans bruit sous les rochers, là, juste au-dessous des sbires qui ne se doutent de rien. Le public s'attendrit d'autant plus qu'il rit de la figure des assassins. Il aime beaucoup à rire et à pleurer en même temps... Et le rideau tombe sur la fin du premier acte au bruit des applaudissements.

— Excellent, excellent ! s'écria M. Goefle. Vous ferez donc mouvoir la barque ! Mais il n'y aura personne à la fenêtre ?

— Si fait ! N'ai-je qu'une main ? Tandis que de la gauche je pousse mon esquif sur les ondes limpides, de la droite je tiens à la fenêtre la fidèle cameriste qui a fait descendre le panier, et qui élève vers le ciel ses beaux petits bras de bois, dans une attitude suppliante, en s'écriant d'une voix douce : « Divine Providence ! veille sur l'enfant du mystère ! »

— Ah çà ! et la mère, on ne la verra pas ?
— Non, ce ne serait pas convenable.
— Et le père ?
— Le père est en Palestine. C'est toujours là qu'on envoie les acteurs dont on n'a que faire.
— Je ne demande pas mieux ; mais, si les sbires sont sur pied, s'il y a un frère à honneur castillan et une fidèle cameriste, Stentarello sera donc de noble famille ?
— Ah ! diable ! comment arranger cela ?
— Rien de plus simple. L'enfant que nous faisons descendre par la fenêtre est bien le jeune Alonzo, fils de la duchesse. Stentarello est le fils du pâtissier de monseigneur.
— Mais que viendra faire là ce pâtissier ?
— Est-ce que je sais, moi ? C'est à vous de trouver quelque chose. Si vous faites de la peinture, vous ne m'aiderez pas du tout !
— Oh ! regardez donc, monsieur Goefle, comme mon ciel vient bien !
— Il vient trop, il vient en avant !
— Vous avez raison. Diable ! vous avez de l'œil,

monsieur l'avocat! Je vais foncer un peu mon donjon.

— Très-bien. Le ciel rose est joli à présent et rappelle assez les nuages brillants de notre atmosphère; mais ce n'est pas là un ciel d'Espagne?

— Mettons la scène en Suède, pourquoi pas?

— Oh! non, par exemple! Savez-vous que, dans notre acte... et surtout avec cette vue du Stollborg que vous venez de faire, il y aurait lieu, si l'imagination voulait se donner carrière, à certains rapprochements.

— Avec l'histoire de la baronne de Waldemora?

— Eh! qui sait? Dans la réalité, il n'y en a pas, puisqu'il n'y a pas eu d'enfant; mais certains esprits pourraient s'imaginer que nous représentons la prétendue captivité de la dame grise. Non, Christian, la scène en Espagne! cela vaudra beaucoup mieux.

— Va pour l'Espagne! Donc, nous disons que le pâtissier a un marmot qui vient de naître, et qui sera l'illustre Stentarello. Or, le cuisinier du château, qui envoyait à ce pâtissier, de la part du baron...

— Du baron?

— Vous m'avez remis le baron en tête en me parlant de rapprochements possibles. Notre traître s'appellera don Diego ou don Sanche.

— A la bonne heure! Donc le cuisinier du baron... Bon! m'y voilà aussi, moi! je veux dire de don Sanche. Que lui envoie-t-il?

— Un magnifique pâté dans une corbeille, pour qu'il ait à le faire cuire.

— J'y suis, j'y suis! Il avait déposé cette corbeille dans la barque. Le batelier chargé d'enlever et de sauver l'enfant du mystère n'y fait pas attention et emporte les deux corbeilles : puis il se trompe, porte le pâté en nourrice, et envoie au pâtissier un enfant à mettre au four!

— Et le bon pâtissier élève les deux enfants, ou bien il s'embrouille et garde celui de la duchesse. De là, par la suite, des quiproquos sans fin, et nous marchons au dénoûment avec certitude. Courage, monsieur Goefle; j'ai fini de peindre, et je reprends la plume. Mettons les scènes en ordre. « Scène première : le Cuisinier seul. »

— Attendez donc, Christian. Pourquoi n'a-t-on pas descendu tout bonnement l'enfant par un escalier?

— Oui, au fait, d'autant que le Stollborg a un escalier dérobé; mais il est gardé par des sbires.

— Incorruptibles?

— Non, mais la duchesse est à court d'argent, et le traître en a les poches pleines. « Seconde scène : don Sanche, l'oncle féroce, arrive pour surveiller le crime. »

— Que ne monte-t-il lui-même dans le donjon, où la victime est sa prisonnière, et que ne jette-t-il l'enfant par la fenêtre sans tant de cérémonie?

— Ah! cela, par exemple, je n'en sais rien. Mettons que l'enfant ne soit pas encore né, et que l'on attende le moment fatal!

— Très-bien. L'enfant va donc naître, et c'est pendant que don Sanche entre dans le donjon et monte l'escalier, que Paquita, la camériste, descend l'enfant qui vient de voir la lumière! Dites-moi, verra-t-on l'enfant?

— Certes! je vais le peindre dans le berceau. Un bout de ficelle représentera la corde. Tout cela sera en découpure et vu dans l'éloignement.

— Alors le traître est fort désappointé de trouver l'oiseau envolé? Que va-t-il faire? Si nous le faisions tomber par la fenêtre et se briser la tête contre les rochers?

— Non pas! Gardons cela pour le dénoûment de la pièce, c'est une excellente fin!

— Eh bien, dans sa rage, il tue sa malheureuse nièce. On entend un cri, et le meurtrier paraît en disant : « Mon honneur est vengé! »

— Son honneur!... J'aimerais mieux qu'il dit : « Ma fortune est faite. »

— Pourquoi?

— Parce qu'il hérite de la duchesse : ne le faisons pas scélérat à moitié, puisque nous sommes résolus à lui rompre le crâne au dénoûment!

— Certainement, c'est logique; mais...

— Mais quoi?

— Oh! c'est que nous retombons en plein dans l'histoire du baron Olaüs, telle que la racontent ses ennemis : une parente emprisonnée, disparue...

— Qu'est-ce que ça fait, puisque vous êtes sûr que l'histoire n'est pas vraie?

— J'en suis aussi sûr que possible, et pourtant... Tenez, vous m'avez rendu tout à fait visionnaire avec votre voix mystérieuse, votre idée d'une prisonnière dans les souterrains, votre explication de ma propre vision de cette nuit et vos paroles de la Bible!

— Comme il n'y a très-probablement dans tout cela qu'un amusement de nos imaginations, nous ne risquons d'offenser personne, et, d'ailleurs, monsieur Goefle, quand même, sous le masque et le pseudonyme de Christian Waldo, je réveillerais quelque maussade souvenir dans l'esprit de M. le baron, que m'importe, je vous le demande? Quant à vous, qui serez parfaitement *incognito* à mes côtés...

— Quant à moi, qui serait épié et signalé au baron, pour peu qu'il le commande à ses méchants laquais...

— Si vous courez vraiment quelque risque, n'en parlons plus, et cherchons vite un autre sujet de comédie.

M. Goefle demeura absorbé quelques instants, à la grande impatience de Christian, qui ne voyait pas sans inquiétude marcher l'aiguille de la pendule. Enfin l'avocat, se frappant le front et se levant avec une vivacité nerveuse, s'écria en se mettant à marcher par la chambre :

— Eh bien, qui sait si ce n'est pas reculer devant la recherche de la vérité? Serai-je donc un courtisan poltron de ce personnage problématique? N'en aurai-je pas le cœur net une bonne fois? Sera-t-il dit qu'un aventurier, c'est-à-dire un beau et bon enfant du hasard, digne à coup sûr d'un meilleur sort, trouvera, dans son insouciance, le courage de braver un puissant ennemi, tandis que moi, serviteur officiel de la vérité, défenseur attitré de la justice humaine et divine, je m'endormirai dans une paresse égoïste voisine de la lâcheté ?... Christian ! ajouta M. Goefle en se rasseyant, mais toujours très-exalté, passons au deuxième acte, et faisons une pièce terrible ! Que vos marionnettes s'illustrent aujourd'hui ! qu'elles deviennent des personnages sérieux, de vivantes images, des instruments de la destinée ! que, comme dans la tragédie d'*Hamlet*, ces acteurs représentent un drame qui fasse frémir et pâlir le crime triomphant, à la fin démasqué ! Voyons, Christian, à l'œuvre ! Supposons... tout ce que l'on suppose dans ce pays-ci sur le compte du baron : qu'il a empoisonné son père, assassiné son frère, fait mourir de faim sa belle-sœur...

— Oh ! justement dans cette chambre !... dit Christian, qui rêvait un décor de troisième acte... Voyez quelle belle scène à faire ! Je suppose que l'enfant... Puisque nous supposons un enfant, supposons que le fils de la duchesse revienne au bout de vingt-cinq ans pour rechercher la vérité et punir le crime ! Voyez-vous nos marionnettes enfonçant la muraille mystérieuse, et trouvant là.... derrière ces briques... On ferait vite un décor *ad hoc*, j'en aurais le temps....

— Trouvant quoi ? dit M. Goefle.

— Je ne sais pas, dit Christian devenu tout à coup pensif et sombre. Il me passe par la tête des idées si noires que je renonce à cette donnée. Elle m'ôterait tout mon entrain, et, au lieu de continuer la pièce, je me mettrais à démolir ce mur avec une rage de curiosité...

— Allons, ne devenez pas fou, mon ami Christian ! C'est bien assez que je le sois, car tout ceci est une rêverie, et ma conscience me défend d'ailleurs de m'arrêter à des soupçons qui sont le résultat d'un estomac fatigué ou d'un cerveau malade d'inaction. Achevez la pièce, et faites-la inoffensive, si vous voulez la faire divertissante; moi, je vais décidément travailler un peu, car j'ai là à dépouiller un carton que Stenson vient de me remettre, et sur le contenu duquel il faut que je me fasse une opinion définitive, vu que, d'un moment à l'autre, le baron peut me faire demander la solution que ce matin je lui ai promise.

Christian se mit à écrire sa pièce de théâtre, et M. Goefle à lire ses pièces de procédure, chacun sur un bout de la grande table, vers le milieu de laquelle ils avaient repoussé les mets du déjeuner. Ulphilas vint les renouveler en silence. Il était dans son état habituel d'ivresse semi-lucide, et il eut avec M. Goefle une assez longue dissertation, que n'entendit et n'écouta point Christian, à propos d'une soupe faite avec du lait, de la bière et du sirop, plat national que M. Goefle voulait avoir à son souper, et qu'Ulphilas se vanta de savoir faire aussi bien que personne en Suède. Il désarma, par cette promesse, le courroux de l'avocat, qui lui reprochait d'avoir grisé son petit laquais, reproche auquel Ulphilas jurait ne rien comprendre, et peut-être le jurait-il de bonne foi, lui qui portait les alcools avec tant d'aplomb et de sérénité.

A six heures, Christian avait fini, et M. Goefle n'avait pas travaillé, inquiet, agité ; et Christian, lorsqu'il levait par hasard les yeux vers lui, rencontrait les siens fixes et préoccupés. Pensant que c'était sa manière de travailler, il ne voulut le distraire par aucune réflexion, jusqu'au moment où Christian lui demanda avec un peu d'inquiétude s'il lui plairait de lire le canevas.

— Oui, certes, dit M. Goefle; mais que ne me le lisez-vous?

— Impossible, monsieur Goefle. Il faut que je choisisse mes personnages, que je mette un peu d'ensemble dans leurs costumes, que je rassemble les pièces de mes décors, que je charge tout cela sur mon âne, et que je m'en aille vite au château neuf pour prendre possession du local qui nous est destiné, monter la baraque, placer l'éclairage, etc. Je n'ai plus une minute à perdre. Il faut commencer à huit heures.

— A huit heures ! Diable ! voilà une heure détestable. On ne soupera donc qu'à dix heures au château? Et quand souperons-nous, nous autres?

— Ah! oui, le cinquième repas de la journée! s'écria avec désepoir Christian, tout en faisant ses préparatifs à la hâte : au nom du ciel, monsieur Goefle, soupez tout de suite et soyez prêt dans une heure. Vous lirez la pièce en mangeant.

— Oui-da! vous me mettez là à un joli régime! manger sans appétit et lire en mangeant pour ne pas digérer!

— Alors, n'y songeons plus. Je vais essayer de jouer à moi seul. Je ferai comme je pourrai. Bah! quelque bon génie me viendra en aide!

— Non pas, non pas! s'écria M. Goefle, je veux être ce bon génie; je vous l'ai promis, je n'ai qu'une parole.

— Non, monsieur Goefle, je vous remercie; vous n'avez pas l'habitude de ces choses-là. Vous êtes un homme raisonnable, vous! vous ne sauriez vous affranchir de vos graves préoccupations pour vous mettre sur la tête le bonnet à grelots de la folie! J'étais un grand indiscret d'accepter.

— Ah çà! s'écria M. Goefle, pour qui me prenez-vous? pour un hâbleur qui promet ce qu'il sait ne pouvoir tenir, ou bien encore pour un vieux pédant, incapable de se livrer à un agréable badinage?

Christian vit que la contradiction était le meilleur stimulant pour ramener l'avocat à son projet, et qu'au fond le digne homme tenait à accomplir ce tour de force de se transformer en agréable baladin sans autre préparation que celle nécessaire à Christian lui-même. Il l'excita donc encore par une feinte discrétion et ne le quitta que lorsqu'il le vit presque piqué de ses doutes, résolu ou plutôt acharné à se mettre en mesure, dût-il manger sans appétit sa soupe au lait et à la bière, et sortir absolument et violemment de ses petites habitudes.

Christian était à la moitié du trajet entre le Stollborg et Waldemora, lorsqu'il se trouva face à face avec une sorte de fantôme noir qui voltigeait par bonds inégaux sur la glace. Il ne lui fallut pas beaucoup de réflexion pour reconnaître M. Stangstadius, porteur comme lui d'une petite lanterne sourde, et se disposant à lui adresser la parole. Comme Christian était bien sûr de ne pas être reconnu par un homme aussi insoucieux des autres, il jugea inutile de baisser son masque sur sa figure et de changer son accent pour lui répondre.

— Holà! mon ami, lui dit le savant, sans daigner même le regarder, vous venez du Stollborg?

— Oui, monsieur.

— Vous y avez vu le docteur Goefle?

— Non, monsieur, répondit Christian, qui s'avisa aussitôt de la perturbation fâcheuse qu'une telle visite apporterait aux bonnes résolutions de son collaborateur.

Comment! reprit Stangstadius, le docteur Goefle n'est pas au Stollborg? Il m'avait dit qu'il y était logé.

— Il y était tantôt, répondit Christian avec aplomb; mais il est parti pour Stockholm il y a deux heures.

— Parti! parti sans attendre ma visite, quand je lui avais annoncé ce matin que j'irais souper avec lui dans la vieille tour? C'est impossible.

— Il l'aura sans doute oublié.

— Oublié! oublié! quand il s'agit de moi? Voilà qui est trop fort, par exemple!

— Enfin, monsieur, reprit Christian, allez-y si bon vous semble, vous ne trouverez ni souper, ni convive.

— Alors j'y renonce; mais voilà bien la chose la plus extraordinaire!... Il faut qu'il soit devenu fou, ce pauvre Goefle!

Et M. Stangstadius, revenant sur ses pas, se mit à marcher auprès de Christian, qui continuait sa route vers le château. Au bout de quelques instants, le naturaliste se ravisa, et, se parlant à lui-même à haute voix, comme il en avait l'habitude :

— Goefle est parti, dit-il, soit! c'est un cerveau brûlé, un extravagant; mais son neveu! car il a un neveu, un charmant garçon avec qui l'on peut causer, et celui-là, sachant par lui que j'irais dîner là-bas, doit m'attendre. Il faut que j'y aille, certainement il le faut.

Puis, s'adressant à Christian :

— Dites-moi, mon ami, reprit-il, je veux aller au Stollborg décidément... J'ai beaucoup marché aujourd'hui dans la neige, et je suis très-las; prêtez-moi votre petit cheval?

— Ce serait avec grand plaisir, monsieur; mais, si c'est pour trouver le neveu de M. Goefle...

— Oui, certainement, Christian Goefle, il s'appelle comme cela. Vous l'avez vu? vous êtes homme de service au Stollborg, vous, n'est-ce pas? eh bien, retournez-y, donnez-moi votre bête, marchez devant, et allez faire préparer le souper. C'est une bonne idée, cela!

Et, sans attendre l'agrément de Christian, M. Stangstadius, séduit par la petite taille et l'allure paisible de Jean, qu'il s'obstinait à prendre pour un cheval, voulut monter dessus, sans s'inquiéter de son chargement, qui s'y opposait de la manière la plus absolue.

— Laissez donc cet animal tranquille! lui dit Christian, un peu impatienté de son insistance. Le neveu de M. Goefle est parti avec son oncle, et le Stollborg est fermé comme une prison.

— Le jeune homme est parti aussi! s'écria Stangstadius émerveillé. Mon Dieu! il faut que quelque chose de fâcheux soit arrivé à cette famille pour que l'oncle et le neveu aient pu oublier ce que je leur avais promis; mais ils ont dû laisser une lettre pour moi. Il faut que j'aille la chercher.

— Ils n'ont pas laissé de lettre, reprit Christian, s'avisant d'un nouvel expédient; ils m'ont chargé de dire à un certain M. Stangstadius, au château neuf, qu'ils étaient forcés de partir, et c'est pour cela que je vais au château neuf.

— Un certain M. Stangstadius! s'écria le savant indigné; ils ont dit *un certain?*

— Non, monsieur; c'est moi qui dis cela. Je ne le connais pas, moi, ce M. Stangstadius!

— Ah! c'est toi qui dis cela, imbécile! Un certain Stangstadius! que tu ne connais pas, double brute! C'est bon, à la bonne heure. Eh bien, apprends à me connaître : c'est moi qui suis le premier naturaliste... Mais à quoi bon? Il y a d'étranges crétins sur cette pauvre terre!... Arrête donc ton cheval, animal! Ne t'ai-je pas dit que je voulais monter dessus? Je suis fatigué, te dis-je! Crois-tu que je ne sache pas conduire n'importe quelle bête?

— Voyons, voyons, monsieur le savant, reprit Christian avec sang-froid, quoiqu'il se sentît très-ennuyé de cette rencontre, qui le retardait encore; vous voyez bien que cette pauvre bête est chargée jusqu'aux oreilles.

— La belle affaire! Pose-là ton chargement, et tu reviendras le reprendre.

— C'est impossible, je n'ai pas le temps.

— Quoi! tu me refuses? Quel sauvage es-tu donc? Voici le premier paysan suédois qui refuse son assistance au docteur Stangstadius!... J'en porterai plainte, je t'en réponds, malheureux! Je porterai plainte contre toi!

— A qui? au baron de Waldemora?

— Non, car il te ferait pendre, et tu n'aurais que ce que tu mérites... Je veux que tu saches que je suis bon; je suis le meilleur des hommes, et je te fais grâce.

— Bah! reprit Christian, qui ne pouvait s'empêcher de se divertir un peu des figures hétéroclites qui se croisaient dans sa vie errante, je ne vous connais pas, et il vous plaît de vous faire passer pour qui vous n'êtes point. Un naturaliste, vous? Allons donc! Vous ne distinguez pas seulement un cheval d'un âne?

— Un âne? reprit Stangstadius, heureusement distrait de sa fantaisie d'équitation; tu prétends avoir là un âne?...

Et il promena sa lanterne autour de Jean, qui, grâce aux soins de son maître, était si bien enveloppé de peaux de divers animaux, qu'il était vraiment d'un aspect fantastique.

— Un âne? Cela ne se peut point; un âne ne vivrait point sous cette latitude... Ce que tu appelles un âne, dans ta crasseuse ignorance, n'est tout au plus qu'une sorte de mulet!... Voyons, je veux m'en assurer; ôte-lui toutes ces peaux d'emprunt.

— Tenez, monsieur, dit Christian : Stangstadius ou non, vous m'ennuyez... Je n'ai pas le temps de causer; bonsoir.

Là-dessus, il chatouilla d'une houssine les jarrets du fidèle Jean, qui prit le trot, et tous deux laissèrent vite derrière eux le docteur ès-sciences. Le bon Christian, toutefois, eut bientôt un remords. Comme il atteignait la rive, il se retourna et vit le pauvre savant qui le suivait de loin, péniblement, en faisant de nombreuses glissades. Il fallait qu'il fût réellement bien fatigué pour s'en apercevoir, lui qui ne vivait que par le cerveau et la langue, et surtout pour en convenir, lui qui avait la prétention d'être l'homme le plus robuste de son siècle.

— Si la force lui manque, pensa Christian, il est capable de rester là sur la glace, et, dans ce pays, un instant de repos forcé pendant la nuit peut être mortel, surtout à un être aussi chétif. Allons, attends-moi là, mon pauvre Jean!

Il courut à M. Stangstadius, qui s'était effectivement arrêté, et qui songeait peut-être à poursuivre son projet de dîner au Stollborg. Cette pensée, qui vint à Christian, lui fit doubler le pas; mais Stangstadius, qui n'était pas en toute occasion aussi vaillant qu'il le prétendait, et qui avait conçu de fortes préventions contre un inconnu si peu prosterné devant son mérite, lui attribua soudainement de mauvais desseins contre sa personne, et, retrouvant ses jambes, il se mit à fuir dans la direction du Stollborg. Cela ne faisait pas le compte de Christian, qui se mit à courir aussi, et qui l'eut bientôt rejoint.

— Misérable! s'écria d'une voix entrecoupée le savant, dont la terreur et la lassitude étaient au comble, tu viens m'assassiner, je le vois! Oui, tu es payé par mes envieux pour éteindre la lumière du monde. Laisse-moi, malheureuse brute, ne me touche pas! Songe sur qui tu vas porter la main!...

— Allons, allons, calmez-vous donc, monsieur Stangstadius, dit Christian en riant de sa fraveur, et connaissez mieux les gens qui veulent vous rendre service. Voyons, montez sur mon dos et dépêchons-nous, car je me suis mis en sueur à vous poursuivre, et je n'ai pas envie de me refroidir.

Stangstadius céda avec beaucoup de répugnance ; mais il se rassura en voyant le robuste jeune homme l'enlever légèrement et le porter jusqu'au rivage. Là, Christian le déposa sur ses pieds et se remit en marche pour échapper à sa générosité ; car, dans sa reconnaissance, le bon Stangstadius cherchait dans sa poche une petite pièce de monnaie de la valeur de deux sous, persuadé que c'était royalement payer un être qui avait eu le bonheur de lui rendre service.

## IX

Christian le laissa se diriger vers la grande entrée du château et chercha la petite porte, celle qui, dans tous les manoirs seigneuriaux, conduit aux cours et bâtiments de service. S'étant *masqué*, il appela un domestique qui l'aida à déballer ; puis il s'enquit d'un gîte pour son âne, et monta un escalier dérobé qui conduisait chez M. Johan, le majordome du château neuf. Celui-ci n'attendit pas qu'il se nommât.

— Ah ! ah ! l'homme au masque noir ! s'écria-t-il d'un air paternel et protecteur. Vous êtes le fameux Christian Waldo ! Venez, venez, je vais vous installer, mon cher ; vous ferez vos préparatifs tranquillement. Vous avez encore une heure devant vous.

On aida Christian à porter son bagage dans la pièce qui devait lui servir de foyer, et dont on lui remit les clefs sur sa demande. Là, il s'enferma seul, ôta son masque pour se mettre à l'aise, et commença à monter son théâtre, non sans se frotter les épaules : M. Stangstadius n'était pas lourd, mais son corps déformé était si singulièrement anguleux, qu'il semblait à Christian avoir porté un fagot de bûches tortues.

Le local où il se tenait était un petit salon dont une porte donnait sur un couloir correspondant à l'escalier dérobé. L'autre porte s'ouvrait au bout de la grande et riche galerie, dite *des Chasses*, où Christian avait dansé la veille avec Marguerite. C'est devant cette porte que le théâtre devait être placé pour être vu des spectateurs, placés eux-mêmes dans la galerie. Christian, ayant mesuré l'ouverture de cette porte à deux battants, vit que son théâtre tout monté y passerait, et qu'il n'y avait qu'à l'y poser pour se trouver complètement isolé du public et chez soi dans le petit salon. C'était une excellente combinaison pour assurer la liberté de ses mouvements et l'*incognito* de M. Goefle autant que le sien propre.

D'après le nombre de fauteuils et de chaises disposés en face du théâtre, Christian jugea, sans compter, que le public devait se composer d'une centaine de personnes commodément assises, les dames probablement, et d'une centaine de cavaliers plus ou moins debout derrière elles. La galerie, profonde et médiocrement large, était un local plus favorable qu'aucun de ceux où Christian avait *opéré*. La voûte, peinte à fresque, avait une sonorité exquise. Les lustres, déjà allumés, jetaient une vive lumière, et il n'était nécessaire que d'éclairer les coulisses du théâtre portatif pour donner aux différents plans de la petite scène la profondeur fictive qui devait les faire valoir.

Christian faisait toutes choses avec un grand soin. Il aimait son petit théâtre en artiste minutieux, et il l'avait établi dans des conditions ingénieuses, qui en faisaient la miniature d'un théâtre sérieux. Il eût réussi dans la peinture d'intérieur et de paysage, si l'amour des sciences ne l'eût forcé de s'arrêter aux arts de pur agrément ; mais, comme il était remarquablement doué, il n'entreprenait guère de travaux frivoles auxquels il ne sût donner un résultat gracieux et empreint de sa propre originalité. Sa petite scène était donc d'une charmante fraîcheur, et produisait toujours un effet agréable aux yeux. Il y mettait de la coquetterie, surtout quand il avait affaire à un public intelligent, et, si parfois il s'impatientait d'avoir à donner du temps à ces minuties, il s'en consolait en se rappelant l'axiome favori de Goffredi : « qu'il faut faire le mieux possible tout ce que l'on se donne la peine de faire, s'agit-il de tailler des cure-dents. »

Christian était donc absorbé par ses préparatifs. Après avoir jeté un coup d'œil de précaution dans la galerie déserte, il plaça provisoirement son châssis dans l'embrasure avec toute sa décoration et son éclairage, et, passant dans la partie destinée au public, il s'assit à la meilleure place, afin de juger l'effet de sa perspective et d'y conformer les entrées et les mouvements de ses personnages.

C'était un repos de deux ou trois minutes dont il avait d'ailleurs besoin. Un peu endurci aux rigueurs de tous les climats, il se fatiguait vite d'agir dans l'atmosphère étouffante des intérieurs du Nord. Il avait à peine dormi quelques heures sur un fauteuil la nuit précédente, et, soit les émotions de la journée, soit la course qu'il venait de faire sur la glace avec un professeur de géologie sur les épaules, il fut surpris par un de ces vertiges de sommeil instantané qui vous font passer de la réalité au rêve sans transition appréciable. Il lui sembla qu'il était dans un jardin par une chaude journée d'été, et qu'il entendait crier le sable sous un pied furtif. Quelqu'un approchait de lui avec précaution, et ce quelqu'un, qu'il ne voyait pas, il avait la certitude intuitive que c'était Marguerite. Aussi son réveil se fit-il sans tressaillement lorsqu'il sentit comme un souffle effleurer sa chevelure; mais, bientôt, revenu à lui-même, il se leva brusquement en portant la main à son visage et en s'apercevant que son masque était tombé à ses pieds. Comme s'il se baissait pour le ramasser sans se détourner vers la personne qui l'avait réveillé, il tressaillit tout de bon en entendant une voix d'homme bien connue lui dire :

— Il est fort inutile de te cacher le visage, Christian Waldo; je t'ai reconnu, tu es Cristiano Goffredi !

Christian, stupéfait, se retourna, et vit debout derrière lui un personnage bien mis, propre et rasé de frais, qui n'était autre que Guido Massarelli.

— Quoi ! c'est vous ! s'écria Christian. Que faites-vous ici, quand votre place serait au bout d'une corde au carrefour d'un bois?

— Je suis de la maison, répondit Guido avec un sourire tranquille et dédaigneux.

— Vous êtes de la maison du baron? Ah ! oui; cela ne m'étonne pas... Après avoir été escroc et voleur de grands chemins, il ne vous restait plus qu'à vous faire laquais !

— Je ne suis pas laquais, reprit Massarelli avec la même tranquillité; je suis ami de la maison, très-ami, Christian! et tu ferais bien de tâcher d'être aussi le mien; c'est ce qui pourrait t'arriver maintenant de plus heureux.

— Maître Guido, dit Christian en prenant son théâtre pour le replacer dans le salon d'attente, il n'est pas nécessaire de nous expliquer ici; mais, puisque vous y demeurez, je suis content de savoir où vous retrouver.

— Est-ce une menace, Christian?

— Non, c'est une promesse. Je suis votre débiteur, cher ami, vous le savez, et, quand j'aurai payé ma dette ici, qui est de donner une représentation de marionnettes dans une heure, j'aurai affaire à vous pour vous solder la plus belle volée de coups de bâton que vous ayez reçue de votre vie.

Christian, en parlant ainsi, était rentré dans son foyer; il y était occupé à éteindre ses bougies et à baisser sa toile. Massarelli l'avait suivi en refermant les portes de la galerie derrière lui. Comme, en ce moment, Christian était encore forcé de lui tourner le dos, il se dit bien que ce bandit était capable de profiter du tête-à-tête pour essayer de l'assassiner; mais il le méprisait trop pour lui laisser voir sa méfiance, et il continua à lui promettre, sur un ton aussi tranquille que celui affecté par ce misérable, un sévère châtiment de ses méfaits. Heureusement pour l'imprudent Christian, Guido n'était pas brave, et il se tint à distance, prêt à fuir si son adversaire faisait mine de lui donner un à-compte sur le payement promis.

— Voyons, Christian, reprit-il quand il pensa que le jeune homme avait exhalé son premier ressentiment, parlons froidement avant d'en venir aux extrémités. Je suis prêt à te rendre raison de mes procédés envers toi; tu n'as donc pas bonne grâce à outrager en vaines paroles un homme que tu sais bien ne pouvoir effrayer.

— Tu me fais pitié! répondit Christian irrité, en allant droit à lui. Te demander raison à toi, le lâche des lâches? Non, Guido, on soufflette un homme de ton espèce; après quoi, s'il regimbe, on le roue de coups comme un chien; mais on ne se bat pas avec lui, entends-tu? Baisse le ton, baisse les yeux, canaille ! A genoux devant moi, ou, dès à présent, je te frappe!

Guido, devenu pâle comme la mort, se laissa tomber à genoux, sans rien dire; de grosses larmes de peur, de honte ou de rage coulaient sur ses joues.

— C'est bon, lui dit Christian, partagé entre le dégoût et la pitié; à présent, lève-toi et va-t'en : je te fais grâce; mais ne te retrouve jamais sur mon chemin et ne m'adresse jamais la parole, en quelque lieu que je te rencontre. Tu es mort pour moi. Sors d'ici, valet! cette chambre est à moi pour deux ou trois heures.

— Christian, s'écria Guido en se relevant avec une véhémence affectée ou sincère, écoute-moi seulement cinq minutes!

— Non.

— Christian, écoute-moi, reprit le bandit en se jetant contre la porte de l'escalier que Christian voulait lui faire franchir, j'ai quelque chose de grave à te dire, quelque chose d'où dépendent ta fortune et ta vie !

— Ma fortune, dit Christian en riant avec mépris, elle a passé dans ta poche, voleur ! Mais c'était si peu de chose, que je ne m'en soucie guère à présent; quant à ma vie, essaye donc de la prendre!

— Elle a été dans mes mains, Christian, reprit Guido, qui, assuré de la générosité de son ennemi, avait recouvré son aplomb : elle peut s'y trouver une seconde fois. J'avais été outragé par toi, et la vengeance me sollicitait vivement; mais je n'ai pu oublier que je t'avais aimé, et, maintenant encore, malgré tes nouveaux outrages, il ne tient qu'à toi que je ne t'aime comme par le passé !

— Grand merci, répliqua Christian en levant les épaules. Allons ! je n'ai pas le temps d'écouter tes hâbleries pathétiques; il y a longtemps que je les connais.

— Je ne suis pas si coupable que tu crois, Christian; quand je t'ai dépouillé dans la montagne des Karpathes, je n'étais plus le maître d'agir autrement.

— C'est ce que disent tous ceux qui sont voués au diable.

— J'étais voué au diable, en effet; j'étais chef de brigands ! Mes complices t'avaient signalé; ils avaient les yeux sur nous : si je n'eusse pris soin de t'enivrer pour t'empêcher de faire une folle résistance, il t'eussent assassiné.

— Ainsi je te dois des remercîments, c'est là ta conclusion?

— Ma conclusion, la voici. Je suis sur le chemin de la fortune; demain, je serai déjà en position de te restituer ce que j'ai été forcé de te laisser prendre par des hommes que je ne gouvernais pas à mon gré, et qui, peu de jours après, m'ont dépouillé moi-même et abandonné dans la situation où ils t'avaient laissé.

— C'est fort bien fait; tu l'avais mérité, toi.

— Te rappelles-tu, Christian, la somme qui t'a été soustraite?

— Parfaitement.

— Et seras-tu encore au Stollborg demain?

— Je n'en sais rien. Cela ne te regarde pas.

— Si fait ! demain, je veux te porter cette somme.

— Épargne-toi cette peine. Je suis *chez moi* au Stollborg, et *je ne reçois pas.*

— Pourtant...

— Tais-toi ! j'ai assez de t'entendre.

— Mais, si je te porte l'argent... ?

— Est-ce le même que tu as pris sur moi? Non, n'est-ce pas? Il y a longtemps que tu l'as bu? Eh bien, comme ce ne peut être le même, et que celui que tu m'offres ne peut provenir que d'un vol ou de quelque chose de pis, s'il est possible, je n'en veux pas. Tiens-toi le pour dit et dispense-toi de tes fanteries de restitution. Je ne suis pas assez sot pour y croire, et, quand j'y croirais, je n'en serais pas moins décidé à te jeter à la face le prix de tes sales exploits.

Christian fit le geste de pousser dehors Guido, qui obéit enfin et sortit. L'*operante* allait s'enfermer, quand M. Goefle, tout emmitouflé de fourrures, lui apparut dans l'escalier, le manuscrit à la main. L'avocat avait mangé vite ou point; il avait dévoré la pièce, il s'en était pénétré rapidement, et, craignant de n'avoir pas le temps nécessaire pour se préparer, il était venu à pied, à la clarté des étoiles, cachant sa figure et déguisant sa voix pour demander la chambre aux marionnettes, enfin prenant toutes les précautions d'un jeune aventurier allant à quelque mystérieux rendez-vous d'amour. En ce moment, il n'avait en tête que le *burattini*, et il ne songeait pas plus aux mystères du Stollborg que s'il ne s'en fût jamais tourmenté l'esprit; mais, comme il montait légèrement l'escalier, il se trouva, pour la seconde fois de la soirée, forcé de passer tout près d'un personnage de mauvaise mine qui descendait, et cette rencontre le rejeta dans ses préoccupations par rapport au baron Olaüs, à Stenson et à la défunte Hilda.

— Attendez, dit-il à Christian, qui le félicitait gaiement de son zèle. Regardez cet homme qui s'en va là-bas dans le corridor après s'être croisé avec moi dans l'escalier. Sort-il d'ici? Est-ce un valet du baron? Le connaissez-vous?

— Je ne le connais que trop, et je viens d'être forcé de lui dire son fait, répondit Christian. Cet homme, valet ou non, est Guido Massarelli, dont je vous ai raconté ce matin les aventures avec les miennes.

— Oh ! oh ! voilà une étrange rencontre ! s'écria M. Goefle. Fâcheuse pour vous, peut-être ! Il vous en veut, n'est-ce pas ? Et, si vous l'avez traité comme il le mérite, il vous fera ici tout le mal possible.

— Quel mal peut-il me faire? Il est si lâche ! Je l'ai fait mettre à genoux.

— En ce cas... je ne sais ce qu'il fera, je ne sais quel secret il a surpris...

— Un secret par rapport à moi?

— Non, dit M. Goefle, qui allait parler, et qui se rappela la résolution prise par lui de ne rien dire relativement à Stenson; mais enfin vous cachez Cristiano Goffredi sous le masque de Christian Waldo, et il vous trahira...

— Que m'importe? Je n'ai pas souillé le nom de Goffredi. Un jour viendra, je l'espère, où mes singulières aventures prouveront en ma faveur. Voyons, qu'ai-je à craindre de l'opinion, moi? Suis-je un paresseux et un débauché? Je me moque de tous les Massarelli du monde. Ne me suis-je pas fait déjà, en Suède et ailleurs, sous mon masque de bouffon, une réputation chevaleresque? On me prête plus de belles actions que je n'ai eu occasion d'en faire, et je suis un personnage de légende. N'étais-je pas, cette nuit, le prince royal de Suède? Si ma renommée devient par trop fantastique, n'ai-je pas le changement de nom toujours à mon service le jour où j'aurai enfin l'occasion de vivre en homme sérieux. L'important ici, et je dis cela uniquement à cause de vous, monsieur Goefle, c'est que l'homme du bal de cette nuit, votre prétendu neveu, ne soit pas reconnu sous le masque de Waldo. Or, Massarelli n'était pas ici la nuit dernière, j'en suis certain, et il ne sait rien de mon aventure. Il s'en fût vanté à moi. Dans tous les cas, d'ailleurs, vous n'aurez qu'à répéter et à affirmer encore la vérité, à savoir que vous n'avez jamais eu ni neveu ni fils naturel, et que vous n'êtes, en aucune façon, responsable des tours que le farceur Christian Waldo s'amuse à jouer dans le monde.

— Quant à moi, après tout, je m'en moque! reprit M. Goefle en se débarrassant de sa perruque et en couvrant sa nuque d'un léger bonnet noir que lui présentait Christian. Me croyez-vous si poltron que je me soucie du croquemitaine de ce château? Tenez, Christian, je vais débuter comme montreur de marionnettes, *operante*, ainsi que vous dites. Eh bien, si jamais on vous reproche d'avoir fait le saltimbanque pour vivre au profit de la science, vous pourrez dire : « J'ai connu un homme qui exerçait avec honneur une profession grave... et qui m'a servi de compère pour son plaisir. »

— Ou plutôt par bonté pour moi, monsieur Goefle!

— Par amitié, si vous voulez : vous me plaisez; mais je mentirais si je disais que ce que nous faisons là m'ennuie. Au contraire, il me semble que cela va me divertir énormément. D'abord, la pièce est charmante, comique au possible et attendrissante par moments. Vous avez bien fait de l'arranger de manière à éviter toute allusion. Allons, Christian, il faut répéter; nous n'avons plus qu'une demi-heure. Dépêchons-nous. Sommes-nous bien enfermés ici? Personne ne peut-il nous voir ni nous entendre?

Christian dut empêcher M. Goefle de fatiguer sa voix et de dépenser sa verve à la répétition. Les scènes étant indiquées en quelques mots sur la pancarte; il suffisait d'échanger deux ou trois répliques pour tenir le fond de la situation sur laquelle on improviserait devant le public. Il s'agissait de bien placer les acteurs dans l'ordre voulu, sur la planchette de débarras, pour les reprendre sans se tromper lorsqu'on aurait à les faire paraître, de les présenter alternativement sur la scène en convenant du motif de leurs entrées et de leurs sorties comme de la substance de leur entretien, et de laisser le dialogue et les incidents à l'inspiration du moment. M. Goefle était le plus charmant et le plus intelligent compère que Christian eût jamais rencontré; aussi fut-il électrisé par son concours, et, quand il entendit sonner huit heures, il se sentit dans une disposition de verve et de gaieté qu'il n'avait pas éprouvée depuis le temps où il jouait avec Massarelli, alors si aimable et si séduisant. Ce souvenir gâté et flétri lui causa un moment de mélancolie qu'il secoua vite en disant à M. Goefle :

— Allons! j'entends la galerie se remplir de monde; à l'œuvre, et bonne chance, cher confrère!

En ce moment, on frappa à la porte du fond, et on entendit la voix de Johan, le majordome, demander maître Christian Waldo.

— Pardon, monsieur, on n'entre pas, s'écria Christian. Dites ce que vous avez à dire à travers la porte. J'écoute.

Johan répondit que Christian eût à se tenir prêt lorsqu'il entendrait frapper trois coups à la porte de la galerie, laquelle s'ouvrirait pour donner passage à son théâtre.

Ceci convenu, il s'écoula bien encore un bon quart d'heure avant que les dames eussent trouvé chacune la place qui lui convenait pour étaler ses paniers et ses grâces et pour se trouver dans le voisinage du cavalier qui lui était agréable ou en vue de ceux à qui elle voulait le paraître. Christian, habitué à ces façons, arrangeait tranquillement sur une table les rafraîchissements qu'il avait trouvés dans le petit salon, et qui devaient, au besoin, éclaircir la voix de son compère et la sienne dans l'entr'acte. Puis il s'installa avec M. Goefle sous le châssis fermé de tapisseries bien assujetties au moyen de crochets au dedans, sur la face et sur les côtés. Le fond était libre et assez reculé dans la petite charpente pour permettre une perspective de plusieurs plans réels.

Les deux *operanti* attendaient les trois coups, Christian avec calme, M. Goefle avec une impatience fiévreuse qu'il exprimait assez vertement.

— Vous vous dépitez? lui dit Christian. Allons, c'est que vous êtes ému, et c'est bon signe; vous allez être étincelant.

— Espérons-le, répondit l'avocat, quoiqu'à vrai dire, il me semble en ce moment que je vais ne pas trouver un mot et rester court. C'est fort plaisant, cela, j'en ai le vertige! Jamais plaidoyer devant une assemblée sérieuse, jamais question de vie ou d'honneur pour un client, de succès pour moi-même, ne m'a autant agité le cerveau et tendu les nerfs que la farce que je vais jouer ici. Ces bavardes de femmes que l'on entend caqueter à travers les portes ne finiront-elles pas par se taire? Veut-on nous faire étouffer dans cette baraque? Je vais leur dire des injures, si cela continue!

Enfin les trois coups furent frappés. Deux laquais placés dans la galerie ouvrirent simultanément les deux battants, et l'on vit le petit théâtre, qui semblait marcher de lui-même, s'avancer légèrement et se placer devant la porte, dont il occupait toute la largeur. Quatre instruments que Christian avait demandés jouèrent un court divertissement à l'italienne. La toile se leva, et les applaudissements accordés au décor donnèrent aux deux *operanti* le temps de prendre en main leurs marionnettes pour les faire entrer en scène.

Toutefois Christian ne voulut pas commencer sans regarder son public par un petit œil ménagé devant lui. La seule personne qu'il cherchait fut la première que son regard saisit. Marguerite était assise auprès d'Olga, au premier rang des spectateurs. Elle avait une parure délicieuse; elle était ravissante. Christian remarqua ensuite le baron, qui était au premier rang des hommes derrière les femmes. Sa haute taille le faisait apercevoir aisément. Il était plus pâle, s'il se peut, que la veille. Christian chercha en vain la figure de Massarelli. Il vit avec plaisir celles du major Larrson, du lieutenant Ervin et des autres jeunes officiers qui, au bal et après le bal de la veille, lui avaient témoigné une sympathie si cordiale, et dont les physionomies hautes en couleur, épanouies d'avance, annonçaient une bienveillante attention. En même temps, Christian entendit circuler l'éloge du décor.

— Mais c'est le Stollborg!... dirent plusieurs voix.

— En effet, dit la voix métallique du baron Olaüs, je crois qu'on a voulu représenter le vieux Stollborg!...

M. Goefle n'entendait rien et ne voyait personne; il était réellement troublé. Christian, pour lui donner le temps de se remettre, entama la pièce par une scène à deux acteurs qu'il joua tout seul. Sa voix se prêtait singulièrement aux différents organes des personnages qu'il faisait parler, et il imitait tous les accents, donnant à chaque caractère un langage en rapport avec son rôle et sa position dans la fiction scénique. Dès les premières répliques, il charma son auditoire par la naïveté et la vérité de son dialogue. M. Goefle, chargé de faire agir et parler un type de vieillard, vint bientôt le seconder, et, quoiqu'il ne sût pas d'abord bien déguiser son organe, on était si éloigné de penser à lui et on était si convaincu que Christian seul faisait parler tous les acteurs, que l'on s'émerveilla des ressources infinies de l'*operante*.

— Ne jurerait-on pas, disait Larrson, qu'ils sont là dedans une douzaine?

— Ils sont toujours au moins quatre, disait le lieutenant.

— Non, reprenait le major, ils sont deux, le maître et le valet; mais le valet est une brute qui parle rarement et qui n'a pas encore ouvert la bouche.

— Pourtant, écoutez, les voilà qui parlent ensemble. J'entends deux voix distinctes.

— Pure illusion! reprenait l'enthousiaste Larrson. C'est Christian Waldo tout seul qui sait faire deux, trois et quatre personnes à la fois, peut-être plus, qui sait? C'est un diable!... Mais écoutez donc la pièce; ce n'est pas le moins curieux. Il fait des pièces que l'on voudrait retenir par cœur pour les écrire.

Nous ne nous chargeons pourtant pas de raconter ladite pièce au lecteur. Ces boutades fugitives sont comme toutes les improvisations oratoires ou musicales. On se trompe toujours en croyant qu'elles auraient la même valeur si elles étaient transcrites et conservées. Elles n'existent que par l'imprévu, et on se les rappelle avec d'autant plus de charme, qu'on n'en a gardé réellement qu'un souvenir confus, et que l'imagination les embellit après coup. Il y avait de la verve, de la couleur et du goût dans tout ce qui venait à l'esprit de Christian dans ces moments-là. Les imperfections inséparables d'un débit exubérant disparaissaient dans la rapidité de l'ensemble, dans son habileté à faire intervenir de nouveaux personnages quand il se sentait prêt à se dégoûter de ceux qu'il tenait en main.

Quant à M. Goefle, une véritable éloquence naturelle, beaucoup d'esprit quand il se sentait excité, une instruction réelle très-étendue, lui rendaient bien facile le concours qu'il avait à donner. Les digressions les plus plaisantes résultèrent de sa promptitude à saisir au vol les fantaisies du dialogue de son interlocuteur, et l'on s'étonna plus encore que de coutume de la variété de connaissances que révélaient chez Waldo ces brillants écarts.

Si nous ne racontons pas la pièce, nous devons du

moins dire de quelle façon Christian avait transformé ce premier acte, qui avait si singulièrement préoccupé M. Goefle.

Craignant de compromettre réellement l'avocat par des allusions involontaires, il avait fait du traître de sa pièce un personnage purement comique, une sorte de Cassandre trompé par sa pupille, cherchant à surprendre le corps du délit, l'*enfant du mystère*, mais n'ayant aucune pensée criminelle à son égard. Christian fut donc très-étonné lorsque, arrivé à la scène finale de cette première partie, il entendit comme un frémissement parcourir son auditoire, et que des chuchotements, qui pouvaient être interprétés comme des témoignages de blâme aussi bien que d'approbation, vinrent frapper son oreille, exercée à saisir le sentiment de ses spectateurs à travers ses propres paroles.

— Que se passe-t-il donc? se demanda-t-il rapidement en lui-même.

Et il regarda M. Goefle, qui avait la figure décomposée et qui frappait du pied d'impatience en agitant nerveusement sa marionnette sur la scène.

Christian, croyant qu'il oublierait le canevas, se hâta de lui couper la parole en faisant parler le batelier, et, pressant la conclusion, il baissa le rideau au milieu d'un bruit qui n'était ni celui des applaudissements ni celui des sifflets, mais qui ressemblait à celui de gens qui s'en vont en masse pour n'en pas entendre davantage. Christian regarda par son *œil* avant de faire reculer le théâtre dans la porte. Il vit tout le monde non encore dispersé, mais déjà debout, lui tournant le dos et se faisant part à demi-voix d'un événement quelconque. Christian ne put saisir que ces mots : *Sorti! il est sorti!* Et, cherchant des yeux de qui il pouvait être question, il vit que le baron n'était plus dans la salle.

— Allons, lui dit M. Goefle en le poussant du coude, rentrons dans notre foyer. Que faisons-nous là? C'est l'entr'acte.

Le théâtre recula donc dans le salon, les portes furent fermées, et, tout en se mettant vite à préparer le décor de l'acte suivant, Christian demanda à M. Goefle s'il s'était aperçu de quelque chose.

— Parbleu! dit l'avocat tout hors de lui, j'en ai fait une belle, moi! Qu'en dites-vous?

— Vous? Vous avez été excellent, monsieur Goefle!

— J'ai été stupide, j'ai été fou! Mais comprenez-vous qu'un pareil accident arrive à un homme habitué à parler en public des choses les plus délicates dans les faits les plus embrouillés?

— Mais quel accident, au nom du ciel, monsieur Goefle?

— Comment! vous étiez donc sourd? vous n'avez pas entendu que j'ai eu trois *lapsus* effroyables?

— Bah! j'en ai peut-être eu cent, et cela m'arrive tous les jours; est-ce que l'on s'en aperçoit?

— Ah! oui-da! vous croyez qu'on ne s'en est pas aperçu! Je parie que le baron est sorti avant la fin?

— Il est sorti, en effet. A-t-il donc l'oreille si délicate qu'une liaison hasardée ou un mot impropre...?

— Eh! mille démons! il s'agit bien de cela! J'aurais mieux fait d'estropier la langue que de dire ce que j'ai dit! Imaginez-vous que, pendant que vous vous baissiez pour faire passer le bateau sous les rochers, moi, qui faisais parler les sbires, j'ai dit trois fois *le baron* au lieu de dire don Sanche! Oui, je l'ai dit trois fois! Une première fois sans y prendre garde, la seconde en m'en apercevant et en voulant me reprendre, la troisième... oh! la troisième! cela est inouï, Christian, que l'on dise précisément un mot que l'on ne veut pas dire! Il y a là comme une fatalité, et me voilà prêt à croire, avec nos paysans, que les malins esprits se mêlent de nos affaires.

— Cela est fort curieux, en effet, dit Christian; mais il n'est personne à qui cela ne soit arrivé. De quoi diable vous tourmentez-vous là, monsieur Goefle? Le baron ne peut vous soupçonner de l'avoir fait exprès! D'ailleurs, n'y a-t-il que lui de baron dans ce monde? N'y en a-t-il pas en ce moment peut-être une douzaine dans notre public? Pensons au second acte, monsieur Goefle; le temps passe, et, d'un moment à l'autre, on peut nous dire de commencer.

— Si l'on ne vient pas nous dire d'en rester là... Tenez, on frappe.

— C'est encore le majordome. Rentrez sous le châssis, monsieur Goefle; je remets mon masque et j'ouvre. Il faut savoir ce qui se passe.

M. Goefle caché et Christian masqué, la porte fut ouverte à M. Johan.

— Qu'y a-t-il? lui dit Christian, pressé de venir au fait. Devons-nous continuer?

— Et pourquoi non, monsieur Waldo? dit le majordome.

— J'ai cru voir que M. le baron était indisposé.

— Oh! cela lui arrive bien souvent, de souffrir quand il reste en place; mais ce n'est rien. Il vient de me faire dire que vous ayez à reparaître, qu'il y soit ou non. Il tient à ce que vous divertissiez la compagnie... Mais quelle drôle d'idée avez-vous eue là, monsieur Christian, de représenter notre vieux Stollborg sur votre théâtre?

— J'ai cru être agréable à M. le baron, répondit effrontément Christian; en est-il autrement?

— M. le baron est enchanté de votre idée, et il n'a

cessé de répéter : « C'est très-joli, très-joli ! On croirait voir le vieux donjon ! »

— A la bonne heure ! dit Christian ; alors nous continuons. Serviteur, monsieur le majordome ! — Allons, monsieur Goefle, du courage ! continua Christian dès que Johan fut sorti. Vous voyez que tout va bien, et nous n'avons fait que rêver toute la journée. Je parie que le baron est le meilleur des humains ; vous allez voir qu'il se convertit, et que nous serons forcés de le canoniser !

A l'acte suivant, qui fut très-court et très-gai, le baron sembla s'amuser beaucoup. Don Sanche ne paraissait pas. La langue ne tourna plus à M. Goefle, et sa voix fut si bien déguisée, que personne ne se douta de sa présence. Dans l'entr'acte, il but plusieurs verres de porto pour soutenir son entrain, et il était un peu gris au troisième et dernier acte, qui eut encore plus de succès que les précédents.

Parallèlement à l'action burlesque où Stentarello divertissait le public, Christian avait fait marcher une action sentimentale avec d'autres personnages. Dans ce dernier acte, Alonzo, l'enfant du lac, découvrait que Rosita, la fille des braves gens qui l'avaient élevé et adopté, n'était pas sa sœur, et lui exprimait son amour. Cette situation, bien connue au théâtre, a toujours été délicate. On n'aime pas à voir le frère passer brusquement de l'amitié sainte à une passion qui, en dépit du changement de situation, prend un air d'inceste improvisé. Les personnages de la jeune fille et d'Alonzo étaient les seuls que Christian n'eût pas chargés. Il avait fait de ce dernier un bon jeune homme vivant et pensant comme lui-même. Ce caractère entreprenant et généreux fut sympathique aux auditeurs, et les femmes, oubliant qu'elles avaient une marionnette devant les yeux, furent charmées de cette voix douce qui leur parlait d'amour avec une suavité chaste et un accent de franchise bien différents des phrases maniérées des bergeries françaises de l'époque.

Christian avait beaucoup lu Marivaux, ce talent à deux faces, si minutieux d'esprit, mais si simple de cœur, si émouvant dans la passion. Il avait senti le côté vrai, le grand côté de ce charmant génie, et il excellait vraiment à faire parler l'amour. La scène sembla courte ; plusieurs voix s'élevèrent pour crier : « Encore ! encore ! » et Christian, cédant au désir du public, reprit Alonzo, qui était déjà sorti de ses doigts, et il le fit rentrer en scène d'une manière ingénieuse et naturelle. « Vous m'avez rappelé ? » dit-il à la jeune amoureuse, et ce mot si simple eut un accent si craintif, si éperdu et si naïf, que Marguerite mit son éventail sur son visage pour cacher une rougeur brûlante.

C'est qu'il se passait un étrange phénomène dans le cœur de cette jeune fille. Elle seule reconnaissait dans la voix d'Alonzo celle de Christian Goefle. C'est peut-être parce qu'elle seule avait assez parlé avec lui pour se la rappeler vivement. Et pourtant Christian Waldo donnait à dessein à la voix de son jeune personnage un diapason plus clair que celui qui lui était naturel ; mais il y avait de certaines inflexions et de certaines vibrations qui, à chaque instant, faisaient tressaillir Marguerite. A la scène d'amour, elle n'eut plus de doutes, et pourtant Christian Goefle ne lui avait pas dit un seul mot d'amour. Elle garda ses réflexions pour elle seule, et, lorsque Olga, qui était froide et railleuse, lui poussa le coude en lui demandant si elle pleurait, l'innocente enfant répondit avec une profonde hypocrisie qu'elle était fort enrhumée et qu'elle se retenait de tousser.

Quant à Olga, elle était bien autrement dissimulée : elle affectait, après la pièce, un grand mépris pour ce petit personnage d'*amoureux transi,* et pourtant le cœur lui avait battu violemment ; car, chez certaines Russes, la froideur des calculs n'exclut pas l'ardeur des passions. Olga s'était jetée avec résolution dans la convoitise cupide ; elle n'en éprouvait pas moins, en dépit d'elle-même, une secrète horreur pour le baron depuis qu'elle s'était fiancée avec lui. Lorsqu'il lui adressa la parole après la pièce, sa voix âpre et son regard glacé lui donnèrent le frisson, et elle se rappela, comme malgré elle, la douce voix et les vives paroles de Christian Waldo.

De son côté, le baron semblait de fort bonne humeur. Le fâcheux personnage de don Sanche, qui devait reparaître à la fin de la pièce, avait été prudemment supprimé par M. Goefle. Entre le premier et le second acte, cette modification avait été introduite de concert avec Christian. On avait imaginé de faire de Rosita la fille de ce personnage, qui était mort dans l'entr'acte. On découvrait qu'elle était héritière d'une grande fortune laissée par lui, et, pour réparer la spoliation dont Alonzo avait été victime, elle l'épousait au dénoûment. Des aventures, des quiproquos, des incidents romanesques et des personnages comiques, Stentarello surtout, avec l'ingénuité de son égoïsme et de sa couardise, soutenaient la trame fragile de cette légère donnée, qui eut généralement un succès enthousiaste, en dépit de M. Stangstadius, qui n'écouta rien et blâma tout, ne pouvant souffrir que l'on s'intéressât à une œuvre frivole où il n'était pas question de science.

Cependant M. Goefle s'était jeté sur un fauteuil

dans le foyer, où il s'était renfermé avec Christian, et, tandis que celui-ci, toujours actif et soigneux, démontait, rangeait et pliait toutes les pièces et engins de son théâtre, de manière à enfermer tout le personnel dans une boîte et à faire de l'édifice un seul ballot assez lourd, mais assez facile à porter, l'avocat, s'essuyant le front et fêtant par distraction le vin d'Espagne, s'abandonnait à ce bien-être particulier auquel il aimait à se livrer lorsqu'il déposait la robe et le bonnet pour rentrer, comme il disait, dans le sein de la vie privée.

Ce charmant caractère d'homme avait eu peu de mécomptes dans sa vie publique et peu de contrariétés dans son intérieur. Ce qui lui avait manqué, depuis qu'il avait les jouissances d'ordre et de sécurité de l'âge mûr, c'était l'imprévu, qu'il prétendait, qu'il croyait peut-être haïr, mais dont il éprouvait le besoin, en raison d'une imagination vive et d'une grande flexibilité de talent. Il se sentait donc en ce moment tout ragaillardi, sans bien savoir pourquoi, et il regrettait que la pièce fût finie, car, bien que fatigué et baigné de sueur, il trouvait dans son cerveau dix actes nouveaux à jouer encore.

— Ah çà! dit-il à Christian, je me repose, et vous voilà rangeant, travaillant... Ne puis-je vous aider?

— Non, non, monsieur Goefle; vous ne sauriez pas. Voyez, d'ailleurs, cela est fait. Avez-vous trop chaud maintenant pour songer à vous remettre en marche pour le Stollborg?

— Pour le Stollborg? Est-ce que nous allons tristement nous coucher, excités comme nous le sommes?

— Quant à cela, monsieur Goefle, vous êtes bien le maître de sortir de ce château par la porte dérobée, d'y rentrer par la cour d'honneur, et d'aller prendre votre part du souper qui sonne et des divertissements qui se préparent probablement pour le reste de la soirée. Pour moi, mon rôle est terminé maintenant, et, puisque vous avez renié votre généreux sang, puisque je ne peux reparaître à vos côtés sous le nom de Christian Goefle, il faut que j'aille manger n'importe quoi et étudier un peu de minéralogie jusqu'à ce que le sommeil me prenne.

— Au fait, mon pauvre enfant, vous devez être fatigué!

— Je l'étais un peu avant de commencer la pièce; à présent, je suis comme vous, je suis excité, monsieur Goefle. En fait d'improvisation, on est toujours très-monté quand le moment vient de finir, et c'est quand la toile baisse sur un dénoûment qu'il faudrait pouvoir commencer. C'est alors qu'on aurait du feu, de l'âme et de l'esprit!

— C'est vrai; aussi ne vous quitterai-je pas : vous vous ennuieriez seul. Je connais cette émotion, c'est comme lorsqu'on vient de plaider; mais ceci est plus excitant encore, et à présent je voudrais faire je ne sais quoi, réciter une tragédie, composer un poëme, mettre le feu à la maison ou me griser, pour en finir avec ce besoin de faire quelque chose d'extraordinaire.

— Prenez-y garde, monsieur Goefle, dit Christian en riant, cela pourrait bien vous arriver!

— A moi? Jamais! jamais! Hélas! je suis d'une sobriété stupide.

— Pourtant la bouteille est à moitié vide, voyez!

— Une demi-bouteille de porto à deux, ce n'est pas scandaleux, j'espère?

— Pardon! je n'y ai pas touché, moi : je n'ai bu que de la limonade.

— En ce cas, dit M. Goefle en repoussant le verre qu'il venait de remplir, loin de moi cette perfide boisson! Se griser seul est la plus triste chose du monde. Voulez-vous venir au Stollborg essayer de vous griser avec moi? Ou bien... tenez... j'ai ouï dire ce matin, ici, que l'on ferait une course de torches sur le lac, si le temps ne se remettait pas à la neige. Or, le temps était magnifique ce soir, quand je suis venu. Mettons-nous de la partie. Vous savez que l'on se déguise, si l'on veut, durant les fêtes de Noël, et... ma foi, oui, je me souviens maintenant que la comtesse Elvéda, ce matin, a parlé d'une mascarade.

— Bonne idée! dit Christian; je serai là dans mon élément, moi, l'homme au masque!... Mais où prendrons-nous des costumes? J'en ai bien là une centaine dans ma boîte, mais il nous est aussi impossible à l'un qu'à l'autre de nous réduire à la taille de nos marionnettes?

— Bah! nous trouverons peut-être quelque chose au Stollborg. Qui sait?

— Ce ne sera pas dans ma garde-robe, à coup sûr.

— Eh bien, peut-être dans la mienne! Quand on n'a rien de mieux, on met son habit à l'envers. Voyons! avec de l'imagination...

— Partez donc, monsieur Goefle, je vous suis; j'ai mon âne à recharger et mon argent à recevoir. Prenez ce masque, j'en ai un second; il y a peut-être des curieux sur l'escalier.

— Ou des curieuses... à cause de vous. Dépêchez-vous, Christian; je pars en avant.

Et M. Goefle, leste et léger comme à vingt ans, s'élança dans l'escalier, bousculant les valets et même quelques dames bien enveloppées qui s'étaient glissées là furtivement pour tâcher d'apercevoir au passage le fameux Christian Waldo. Aussi Christian ne fit-il aucun effet et ne rencontra-t-il presque personne lorsqu'il descendit, l'instant d'après, portant sa caisse et son grand ballot.

— Celui-ci, disait-on, est le valet, puisqu'il porte les fardeaux. Il paraît qu'il se masque aussi, le fat!

Et l'on se désolait de n'avoir pu apercevoir le moindre trait, de n'avoir pu se faire la moindre idée de la tournure du véritable Waldo, disparu avec la rapidité de l'éclair.

Christian terminait son emballage, lorsqu'il remarqua que maître Johan essayait de le prendre au dépourvu et de satisfaire sa curiosité personnelle, en cherchant à s'introduire brusquement dans le foyer, sous prétexte de lui payer le salaire de son divertissement. Il résolut de s'amuser aux dépens de cet insinuant personnage, et, s'étant masqué avec soin, il lui ouvrit la porte avec beaucoup de politesse.

— C'est bien à maître Christian Waldo que j'ai le plaisir de parler? dit le majordome en lui remettant la somme convenue.

— A lui-même, répondit Christian; ne reconnaissez-vous pas ma voix et mon habit de tantôt?

— Certainement, mon cher; mais votre valet se masque aussi, à ce qu'il paraît; car je viens de le voir passer aussi mystérieux que vous-même et mieux couvert, ma foi, que je ne l'avais vu hier à votre arrivée.

— C'est que le drôle, au lieu de porter ma pelisse sur son bras, se permet de l'endosser. Je le laisse faire, c'est un grand frileux.

— Et voilà ce qui m'étonne; hier, il m'avait semblé voir en lui un frileux plus petit que vous de la tête.

— Ah! voilà ce qui vous étonne?... dit Christian appelant à son secours les ressources de l'improvisation. Vous n'avez donc pas fait attention à sa chaussure aujourd'hui?

— Vraiment non! Est-il monté sur des échasses?

— Pas tout à fait, mais sur des patins de quatre ou cinq pouces de haut.

— Et pourquoi cela?

— Quoi! monsieur le majordome, un homme d'esprit comme vous me fait une pareille question?

— J'avoue que je ne comprends pas, répondit Johan en se mordant les lèvres.

— Eh bien, monsieur le majordome, sachez que, si les deux *operanti* d'un théâtre comme celui-ci ne sont pas de taille à peu près égale, l'un des deux est forcé de laisser apercevoir sa tête, qui, certes, ne fait pas bon effet au niveau des *burattini*, et ressem-blerait sur cette petite scène à celle d'un habitant de Saturne; ou bien l'autre, le plus petit, est forcé d'élever ses bras d'une manière si fatigante, qu'il ne pourrait continuer pendant deux scènes.

— Alors votre valet met des patins pour se trouver à votre hauteur? Ingénieux! très-ingénieux, ma foi!

Et Johan ajouta d'un air de doute :

— C'est singulier que je n'aie pas entendu le bruit de ces patins tout à l'heure, pendant qu'il descendait l'escalier.

— Voilà encore, monsieur le majordome, où vous laissez sommeiller votre sagacité naturelle. Si ces patins n'étaient garnis de feutre, ils feraient dans la baraque un bruit insupportable.

— Vous m'en direz tant!... Mais vous ne me ferez pas comprendre comment ce garçon, d'un esprit si vulgaire, a été si brillant pour vous seconder.

— Ah! voilà, répondit Christian : c'est l'histoire de l'artiste en général. Il brille sur les planches (ici, ce serait le cas de dire sous les planches), et, quand il en sort, il retombe dans la nuit, surtout quand il a la malheureuse habitude de boire avec les laquais de bonne maison.

— Comment! vous croyez qu'il a bu ici avec...?

— Avec vos laquais, qui vous ont rendu compte de son intéressante conversation, monsieur le majordome, puisque vous avez ces renseignements fidèles sur l'épaisseur de son intelligence...

Johan se mordit encore les lèvres, et Christian fut dès lors convaincu que son incognito devait avoir été trahi jusqu'à un certain point par Puffo, le verre en main, ou tout à fait par Massarelli, l'argent en poche. Puffo ne connaissait Christian que sous le nom de Dulac; Massarelli le connaissait désormais sous tous ses noms successifs, excepté pourtant peut-être sous le nom récemment improvisé de Christian Goefle. Christian cherchait à s'assurer de ce dernier fait, en étudiant l'âpre curiosité que laissait percer le majordome de voir sa figure, et il comprit bientôt que ce n'était pas tant pour le plaisir de savoir s'il avait ou non une tête de mort que pour l'intérêt de reconnaître dans cette figure de bateleur celle du faux neveu de M. Goefle, laquelle avait été, la veille, très-bien vue dudit majordome.

— Enfin, dit celui-ci après beaucoup de questions insidieuses contre lesquelles l'aventurier se tint en garde, si une aimable dame... une jeune personne charmante, la comtesse Marguerite, par exemple, vous demandait de voir vos traits... vous seriez assez obstiné pour refuser...?

— Qu'est-ce que la comtesse Marguerite? dit Christian d'un ton ingénu, bien qu'il eût envie de souffleter maître Johan.

— Mon Dieu! reprit le majordome, je dis la comtesse Marguerite, parce qu'elle est, à coup sûr, la plus jolie femme qu'il y ait à cette heure au château. Ne l'avez-vous pas remarquée?

— Et où donc l'aurais-je vue, je vous prie?

— Au premier rang de vos spectatrices.

— Oh! si vous croyez que, quand je joue, à moi presque seul, une pièce à vingt personnages, j'ai le temps de regarder les dames...

— Je ne dis pas, mais enfin vous ne seriez pas influencé par le désir de plaire à une jolie personne?

— Plaire?... Monsieur Johan! s'écria Christian avec une vivacité très-bien jouée, vous me dites là, sans vous en douter, une chose fort cruelle. Vous ignorez apparemment que la nature m'a gratifié d'une laideur effroyable, et que c'est là l'unique cause du soin que je prends de me cacher!

— On le dit, répliqua Johan; mais on dit aussi le contraire, et M. le baron, ainsi que toutes les personnes, surtout les dames, ici rassemblées, a une grande envie de savoir à quoi s'en tenir.

— C'est une envie désobligeante à laquelle je ne me prêterai certainement pas, et, pour les en dégoûter, j'en veux appeler à votre témoignage.

En parlant ainsi, Christian, qui avait eu soin de ne laisser qu'une bougie allumée dans l'appartement, releva son masque de soie noire et montra précipitamment, et comme avec une sorte de désespoir, au majordome un second masque de toile enduit de cire, si parfaitement exécuté, qu'à moins d'une grande clarté et d'un examen minutieux, il était impossible de ne pas le prendre pour une figure humaine, camuse, blême et horriblement maculée par une tache énorme couleur de vin. Johan, malgré son esprit soupçonneux, y fut pris et ne put retenir une exclamation de dégoût.

— Pardon, pardon, mon cher ami, dit-il en se reprenant, vous êtes à plaindre, et pourtant votre talent et votre esprit sont des avantages que je vous envie!

Le majordome était lui-même si laid, que Christian eut envie de rire de ce qu'il semblait se supposer beaucoup plus beau que ce masque.

— A présent, reprit-il après avoir rabaissé le masque noir, dites-moi tout bonnement pourquoi vous étiez si curieux de savoir à quel point je suis laid.

— Mon Dieu, reprit Johan après un moment d'hésitation en jouant le bonhomme, je vais vous le dire... Et même, si vous voulez m'aider à découvrir un secret, une puérilité, qui intrigue ici plus d'une personne, vous acquerrez des droits à la reconnaissance... vous m'entendez bien, à la munificence du maître de céans : il s'agit d'une plaisanterie, d'un pari...

— Je ne demande pas mieux, répondit Christian, curieux d'entendre la confidence qu'il pressentait déjà; de quoi s'agit-il?

— Vous êtes descendu au Stollborg?

— Oui; vous avez refusé de m'admettre ici.

— Vous avez dormi... dans la chambre de l'ourse?

— Parfaitement.

— Parfaitement, n'est-ce pas? Le prétendu fantôme...

— Ce n'est pas sur le compte du fantôme que vous voulez m'interroger? Vous n'y croyez pas plus que moi?

— Comme vous dites; mais il est un autre fantôme qui a fait apparition hier dans le bal, et que personne ne connaît. Vous devez l'avoir vu au Stollborg?

— Non; je n'ai vu aucun fantôme.

— Quand je dis un fantôme... Vous avez vu là un avocat qui s'appelle M. Goefle, un homme de grand mérite?

— Oui, j'ai eu l'honneur de lui parler ce matin. Il occupe la chambre à deux lits.

— Ainsi que son neveu.

— Je ne lui ai pas vu de neveu?

— Neveu ou non, un jeune homme de votre taille, dont la voix ne m'a pas frappé particulièrement, mais dont la figure était fort agréable, tout habillé de noir, un garçon de bonne mine enfin...

— De bonne mine? Plût au ciel que ce fût moi, monsieur Johan! J'avais une si belle envie de dormir, que je ne saurais vous dire s'il était au Stollborg. Je n'ai vu là qu'un ivrogne appelé Ulphilas.

— Et M. Goefle ne l'a pas vu, cet étranger?

— Je ne le pense pas.

— Il ne le connaît pas?

— Ah! vous me rappelez... Oui, oui, je sais ce que vous voulez dire : j'ai entendu M. Goefle se plaindre d'un individu qui aurait usurpé son nom pour se présenter au bal. Est-ce cela?

— Parfaitement.

— Mais alors comment se fait-il, monsieur le majordome, qu'étant intrigué par cet inconnu, vous ne l'ayez pas fait suivre?

— Nous n'étions nullement intrigués; il s'était donné pour un proche parent de l'avocat : on comptait nécessairement le voir reparaître. C'est ce matin, lorsque l'avocat l'a désavoué, que M. le baron s'est demandé comment un inconnu avait osé, sous un nom d'emprunt, s'introduire dans la fête. C'est sans doute une gageure impertinente, quelque étudiant de l'École des mines de Falun... à moins que ce ne soit, comme il paraît l'avoir donné à entendre, un fils naturel que l'avocat n'autorise pas à porter son nom.

— Tout cela ne me paraît pas valoir la peine de tant chercher, répondit Christian d'un ton d'indifférence; m'est-il permis à présent d'aller souper, monsieur le majordome?

— Oui, certes; vous allez souper avec moi.

— Non, je vous remercie; je suis très-fatigué, et je me retire.

— Toujours au Stollborg? Vous y êtes bien mal!

— J'y suis fort bien.

— Avez-vous un lit, au moins?

— J'en aurai un cette nuit.

— Cet ivrogne d'Ulphilas vous fait-il manger convenablement?

— On ne peut mieux.

— Vous êtes en mesure pour demain?

— A quelle heure?

— Comme aujourd'hui.

— C'est fort bien. Je suis votre serviteur.

— Ah! encore un mot, monsieur Waldo : est-ce une indiscrétion de vous demander votre véritable nom?

— Nullement, monsieur Johan; mon véritable nom est Stentarello, pour vous servir.

— Mauvais plaisant! C'est donc vous qui faites toujours parler ce personnage de comédie?

— Toujours, quand ce n'est pas mon valet.

— Vous êtes mystérieux!

— Oui, quand il s'agit du secret de mes coulisses; sans cela, point de prestige et point de succès.

— Peut-on, au moins, vous demander pourquoi un de vos personnages s'appelait le baron?

— Ah! cela, demandez-le aux laquais qui ont fait boire Puffo; quant à moi, habitué à ses bévues, je n'y eusse pas fait attention, s'il ne s'en fût confessé avec effroi.

— Aurait-il recueilli quelque sot commérage?

— Relativement à quoi? Expliquez-vous?...

— Non, non, ça n'en vaut pas la peine, répondit Johan, qui voyait, grâce à l'adresse ou à l'insouciance de son interlocuteur, leur attitude respective transposée, en ce sens que, au lieu de questionner, le majordome se trouvait questionné lui-même.

Cependant il revint sur une question déjà faite :

— Vous aviez donc, dit-il, un décor qui ressemblait au Stollborg à s'y méprendre?

— Qui ressemblait un peu au Stollborg, oui, par hasard, et c'est à dessein que je l'ai fait ressembler tout à fait.

— Pourquoi cela?

— Ne vous l'ai-je pas dit? Pour être agréable à M. le baron. C'est une délicatesse de ma part de chercher toujours à représenter un site de la localité où j'exerce mon industrie passagère. A ma prochaine étape, ce Stollborg sera changé et le décor représentera autre chose. Est-ce que M. le baron a trouvé ma toile de fond mauvaise? Que voulez-vous! j'ai eu si peu de temps!

En parlant ainsi, Christian s'amusait à observer la désagréable figure de Johan. C'était un homme d'une cinquantaine d'années, assez gros, d'un type vulgaire et d'une physionomie bienveillante et apathique au premier abord; mais, dès la veille, Christian, en lui remettant la lettre d'invitation trouvée dans la poche de M. Goefle, avait surpris dans son coup d'œil oblique une activité inquisitoriale dissimulée par une nonchalance d'emprunt. Maintenant, il était encore plus frappé de ces indices d'un caractère affecté, qui semblait être une copie chargée de celui du baron, son maître. Néanmoins, comme, au bout du compte, Johan n'était qu'un premier laquais sans éducation et sans art véritable, Christian n'eut pas la moindre peine à jouer la comédie infiniment mieux que lui, et à le laisser persuadé de l'innocence de ses intentions. En même temps, Christian acquérait une quasi-certitude à propos de l'histoire de la baronne Hilda. Il devenait évident pour lui qu'un drame quelconque s'était accompli au Stollborg et que le baron n'avait pu voir sans effroi ou sans colère ces trois choses représentées sous une forme et dans une intention quelconque : une prison, une victime et un geôlier.

## X

Johan était à coup sûr le confident, peut-être un des acteurs de ce drame. Il avait voulu savoir à quel point maître Christian Waldo, en qualité de chroniqueur ambulant, pouvait avoir été initié à ce mystère. Christian avait adroitement jeté dans son esprit le soupçon d'une indiscrétion de la part des laquais du château, et il avait assez heureusement, jusqu'à nouvel ordre, retiré du jeu son épingle et celle de M. Goefle.

Nous le laisserons vaquer philosophiquement au soin de recharger son âne, et nous dirons ce qui s'était passé pendant son entretien avec le majordome. Nous reprendrons les choses au moment où M. Goefle, favorisé par le lever de la lune et le retour de l'aurore boréale, était reparti pour le Stollborg, marchant rapidement sur le lac, chantonnant et gesticulant un peu malgré lui.

Pendant ce temps, on avait servi le souper aux hôtes du château neuf, et le splendide gâteau de Noël, qui, selon l'usage norvégien, devait rester sur la table et n'être attaqué que le 6 janvier, faisait, par sa dimension et par son luxe, l'admiration des dames. Ce chef-d'œuvre de pâtisserie représentait, par un singulier mélange de la galanterie du siècle avec la pratique religieuse, le temple de Paphos. On y voyait des monuments, des arbres, des fontaines, des personnages et des animaux. La pâtisserie et le sucre cristallisé de toutes couleurs imitaient les matériaux les plus précieux, et se prêtaient aux formes les plus fantastiques.

Le baron avait confié à une vieille demoiselle de sa famille, personne très-versée dans la science domestique et parfaitement nulle à tous autres égards, le soin de faire les honneurs du souper, pendant qu'il prendrait le temps de lire quelques lettres et d'y répondre. En réalité, le baron, qui ne manquait pas de prétextes pour se retirer quand il avait quelque préoccupation d'esprit, était en ce moment enfermé dans son cabinet avec un homme pâle qui se donnait le nom de Tebaldo, et qui n'était autre que Guido Massarelli.

Ce n'est pas sans peine que Guido avait obtenu ce tête-à-tête. Johan, très-jaloux de l'oreille du maître, avait tâché de lui tirer son secret pour s'en donner les gants ; mais Massarelli n'était pas homme à se laisser surprendre. Il avait insisté, et, après avoir erré tout le jour dans le château, il obtenait enfin l'entrevue dont il avait escompté le résultat en se targuant auprès de Christian d'être l'ami de la maison. L'entretien, qui eut lieu en français, commença par un étrange récit auquel le baron ne sembla prêter qu'une attention ironique et dédaigneuse.

— Voilà, dit-il enfin à Massarelli, une très-énorme aventure, je dirais une révélation très-importante, si je pouvais ajouter foi à ce que je viens d'entendre ; mais j'ai été si souvent trompé dans les affaires délicates, qu'il me faudrait d'autres preuves que des paroles. Vous m'avez raconté un fait bizarre, romanesque, invraisemblable...

— Que M. Stenson a reconnu fort exact, répondit l'Italien, et qu'il n'a pas même essayé de nier.

— Vous le dites, reprit froidement le baron ; par malheur, je ne peux m'en assurer. Si j'interroge Stenson, que votre récit soit véridique ou imaginaire, il niera certainement.

— C'est probable, monsieur le baron ; un homme capable d'une dissimulation qui vous en a imposé pendant plus de vingt ans ne se fera pas faute de mentir encore ; mais, si vous trouvez le moyen d'épier un entretien entre lui et moi, vous surprendrez la vérité. Je me charge bien de la lui arracher encore une fois et en votre présence, pourvu qu'il ne se doute pas que vous l'entendez.

— Il ne serait pas difficile, avec un homme aussi sourd, de se glisser dans son appartement ;... mais... puisque, selon lui, la personne est morte, que me fait, à moi, le passé du vieux Stenson ? Il a nécessairement agi à bonne intention, et, bien qu'il m'ait fait grand tort en laissant, par son silence, d'odieux soupçons peser sur moi... comme le temps a fait justice de ces choses...

— Pas tant que M. le baron paraît le croire, reprit l'Italien, qui savait, aussi bien que le baron, s'envelopper d'un calme audacieux. C'est la légende du pays, et Christian Waldo l'a certainement ramassée sur son chemin en venant ici.

— Si cela était, reprit le baron laissant percer une secrète rage, ce bateleur n'eût certes pas eu l'impudence d'en faire publiquement et devant moi le sujet d'une scène de comédie.

— C'était pourtant bien la représentation du vieux donjon... J'ai vu la localité aujourd'hui, et Christian Waldo, qui demeure au Stollborg, a pu la voir aussi. Les Italiens... c'est très-hardi, monsieur le baron, les Italiens !

— Je m'en aperçois, monsieur Tebaldo. Vous dites que ce Waldo demeure au Stollborg ? Il aurait donc fait ce tableau tout exprès et d'après nature ? Si promptement ! ce n'est pas probable. La ressemblance de son décor avec le donjon est une chose fortuite.

— Je ne le pense pas, monsieur le baron ; Waldo a une grande facilité, et il peint comme il improvise.

— Vous le connaissez donc ?

— Oui, monsieur le baron.

— Quel est son vrai nom ?

— C'est ce que je dirai à M. le baron, si la somme que je lui ai demandée ne lui paraît pas exorbitante.

— De quel intérêt peut être pour moi de savoir son nom?

— Un intérêt immense... et *capital*...

La manière dont le prétendu Tebaldo prononça ce mot parut faire quelque impression sur le baron.

— Vous dites, reprit-il après une pause, que la personne est morte?

— Stenson l'affirme.

— Et vous?

— J'en doute.

— Christian Waldo le sait peut-être?

— Christian Waldo ne sait rien.

— Vous en êtes sûr?

— J'en suis sûr.

— Mais vous voulez me donner à entendre que cet homme est précisément celui...

— Je n'ai pas dit cela, monsieur le baron.

— Alors vous voulez dire et ne pas dire; vous voulez être payé d'avance pour une révélation chimérique.

— Je ne vous ai rien demandé, que votre signature, monsieur le baron, dans le cas où vous serez content de moi.

— Je ne signe jamais. Tant pis pour qui doute de ma parole.

— Alors, monsieur le baron, je remporte mon secret; celui qu'il intéresse au moins autant que vous l'aura pour rien.

Et Tebaldo allait résolûment sortir du cabinet, lorsque le baron le rappela. Il se passait quelque chose d'assez naturel chez ces deux hommes. Ils avaient peur l'un de l'autre. Le premier n'avait pas encore touché le bouton de la serrure pour sortir, qu'il s'était dit : « Je suis fou, le baron va me faire assassiner pour m'empêcher de parler. » Le second s'était dit, de son côté : « Il a peut-être déjà parlé; lui seul peut me faire savoir ce que j'ai à craindre. »

— Monsieur Tebaldo, dit le baron, si je vous apprenais que j'en sais plus long que vous ne pensez?

— J'en serais charmé pour vous, monseigneur, répondit l'Italien avec audace.

— La personne n'est pas morte; elle est ici ou du moins elle y était hier; je l'ai vue, je l'ai reconnue.

— Reconnue? dit Massarelli avec surprise.

— Oui, reconnue, je m'entends : cette personne se donnait le nom de Goefle, avec ou sans la permission d'un homme honorable qui s'appelle ainsi. Parlez donc; vous voyez que je suis sur la voie et qu'il est puéril de vouloir porter mes soupçons sur le bateleur Waldo.

L'Italien étonné resta court. Arrivé le matin même, il ne savait rien des incidents de la veille; il avait rencontré M. Goefle sans le connaître; il ne parlait pas le suédois, le dalécarlien encore moins; il n'avait pu lier conversation qu'avec le majordome, qui parlait un peu français et qui était fort méfiant. Il ignorait donc absolument l'histoire de Christian au bal et ne savait réellement pas de qui le baron lui parlait. En le voyant surpris et démonté, le baron se confirma dans sa pensée qu'il l'avait confondu par sa pénétration.

— Allons, dit-il, exécutez-vous et finissons-en. Dites tout, et comptez sur une récompense proportionnée au service que vous pouvez me rendre.

Mais l'Italien avait déjà repris toute son assurance. Persuadé que le baron était sur une fausse piste et décidé à ne pas livrer son secret pour rien, il ne songeait plus qu'à gagner du temps et à se préserver du mauvais parti que pouvait lui faire cet homme, réputé terrible, s'il refusait carrément de s'expliquer.

— M. le baron veut-il me donner vingt-quatre mille écus et vingt-quatre heures, dit-il, pour mettre en sa présence et à sa disposition la personne qu'il a tant d'intérêt à connaître?

— Vingt-quatre mille écus, c'est peu! répondit le baron avec ironie; mais vingt-quatre heures, c'est beaucoup!

— C'est peu pour un homme tout seul.

— Vous faut-il de l'aide? J'ai des gens sûrs et très-habiles.

— S'il faut partager avec eux les vingt-quatre mille écus, j'aime mieux agir seul, à mes risques et périls.

— Quelle action entendez-vous donc faire?

— Celle que me prescrira M. le baron!

— Oui-da! vous avez l'air de me proposer...

En ce moment, le baron fut interrompu par une sorte de grattement derrière une des portes de son cabinet.

— Attendez-moi ici, dit-il à Massarelli.

Et il passa dans une autre pièce.

Guido résuma vite la situation; épouvanté du calme du baron, il jugea que le plus prudent pour lui était de traiter les affaires par correspondance : en conséquence, il alla vers la porte par laquelle on l'avait introduit. Il la trouva fermée au moyen d'un secret que, malgré une certaine science pratique, il ne put trouver. Il s'approcha de la fenêtre; elle était à quatre-vingts pieds du sol.

Il essaya sans bruit la porte par laquelle le baron était sorti. Elle était aussi bien close que l'autre. Le bureau était ouvert et laissait voir une recommandable réunion de rouleaux d'or.

— Ah! se dit Massarelli en soupirant, les portes sont solides et les serrures sont bonnes, puisqu'on me laisse ici en tête-à-tête avec ces beaux écus!

Et il commença à s'alarmer sérieusement de sa position. Il essaya d'écouter ce qui se disait dans la pièce voisine. Il n'entendit absolument rien. Or, ce qui se disait dans cette pièce, le voici :

— Eh bien, Johan, as-tu réussi? As-tu vu la figure de ce Waldo?

— Oui, monsieur le baron; ce n'est pas l'homme d'hier, c'est un monstre.

— Plus laid que toi?

— Je suis beau en comparaison!

— Tu l'as vu, bien vu?

— Comme je vous vois.

— Par surprise?

— Nullement. Je lui ai dit que j'étais curieux, il s'est exécuté de bonne grâce.

— Et l'autre, le faux Goefle?

— Pas de nouvelles!

— C'est singulier! On ne l'a vu nulle part?

— Ce Waldo ne l'a pas aperçu au Stollborg, et M. Goefle n'est pas son compère.

— Ulphilas doit l'avoir vu pourtant?

— Ulphilas n'a vu au Stollborg que M. Goefle, son domestique, et l'homme affreux que je viens de voir moi-même.

— M. Goefle a donc un domestique? C'est notre inconnu déguisé.

— C'est un enfant de dix ans.

— Alors je m'y perds.

— M. le baron a quelque renseignement de cet Italien qui est là?

— Non : c'est un menteur ou un fou; n'importe, il faut retrouver cet inconnu qui m'a insulté! Tu m'as dit qu'il avait causé et fumé avec le major Larrson et ses amis?

— Oui, dans la salle d'en bas.

— Alors ce sont ces jeunes gens qui le cachent; il est dans le *bostœlle* du major!

— Je le ferai surveiller. Le major n'est pas homme à garder un secret avec cet air d'insouciance. Il est arrivé ce matin, et n'est pas retourné chez lui de la journée. Son lieutenant...

— Est un âne! Mais ces jeunes gens me haïssent.

— Que pouvez-vous craindre de cet inconnu?

— Rien et tout! Que penses-tu de ce Tebaldo?

— Franche canaille!

— C'est pour cela qu'il ne faut pas le lâcher. Tu m'entends?

— Parfaitement.

— Où en est-on du souper?

— Au dessert bientôt.

— Il faut que je me montre. Tu donneras des ordres pour préparer mon plus beau traîneau, et mes meilleurs chevaux en quadrige.

— Vous allez faire cette course sur le lac?

— Non, je tâcherai de me reposer au contraire; mais il faut que l'on me croie très-vaillant : je serai retenu par une affaire d'État. Fais botter un courrier, et qu'on le voie. Donne à plusieurs reprises ordre et contre-ordre. Enfin, que je passe pour très-occupé, pour très-bien portant par conséquent.

— Vous voulez donc faire crever de rage vos aimables héritiers?

— Je veux les enterrer, Johan!

— *Amen*, mon cher maître! Vous accompagnerai-je jusqu'à la salle à manger?

— Non; j'aime à entrer sans bruit et à surprendre mon monde, aujourd'hui plus que jamais.

Le baron sortit, et Johan rentra dans le cabinet où Massarelli, en proie à une vive inquiétude, trouvait le temps bien long.

— Venez, mon garçon, lui dit Johan de son air le plus gracieux, c'est le moment de souper.

— Mais... ne reverrai-je pas M. le baron ce soir? Il m'a dit de l'attendre ici.

— Il vous fait dire maintenant de souper tranquillement et d'attendre ses ordres. Croyez-vous qu'il n'ait rien à faire que de vous écouter? Allons, venez donc; avez-vous peur de moi? Ai-je l'air d'un méchant homme?

— Ma foi, oui, répondit Guido intérieurement en faisant glisser de sa manche un stylet qu'il maniait fort bien.

Johan vit son mouvement, et sortit précipitamment. Guido essaya de le suivre; mais deux colosses qui étaient derrière la porte le saisirent et le conduisirent, le pistolet sur la gorge, à la prison du château, où, après l'avoir fouillé et désarmé, ils le laissèrent au soin du gardien de la grosse tour, une espèce de spadassin aventurier, bélître de profession, comme on disait alors, à qui l'on donnait dans le château le titre de capitaine, mais qui ne paraissait jamais dans les salons.

Johan l'avait suivi, et il assista d'un air bénin à la visite qui fut faite de ses poches et de toutes les pièces de son vêtement. S'étant assuré qu'il ne s'y trouvait aucun papier, il se retira en lui disant :

— Bonsoir, mon petit ami. Ne faites pas le méchant une autre fois!

Et il ajouta en lui-même :

— Il disait avoir les preuves d'un gros secret. Ou il a menti comme un imbécile, ou il s'est méfié en homme qui connaît les affaires, mais il ne s'est pas méfié assez. Tant pis pour lui ! Un peu de cachot fera arriver les aveux ou les preuves.

Cependant le baron, quoique très-souffrant, entra sans bruit dans la salle du festin, mangea un peu d'un air de bon appétit, et fut aussi gai qu'il lui était possible de l'être, c'est-à-dire qu'il énonça en souriant d'un sourire glacial quelques propositions d'un athéisme effrayant, et lança quelques propos odieusement cruels sur le compte de quelques personnes absentes. Quand il calomniait, l'aimable homme parlait à demi-voix, d'un air de nonchalance. Ses héritiers et ses complaisants se hâtaient de rire et se chargeaient de faire circuler ses mots. Ceux de ses hôtes qui s'en trouvaient scandalisés se reprochaient d'être venus chez lui, situation qui les empêchait de le contredire, sinon avec de grands ménagements. Ces ménagements empiraient nécessairement les accusations portées contre les absents. Le baron répétait son dire d'un air de bravade dédaigneuse, ses flatteurs le soutenaient avec âpreté. Les honnêtes gens soupiraient et rougissaient de la faiblesse qui les avait amenés dans cet antre; mais le baron ne prolongeait aucune discussion. Il lançait un mot méchant contre les bienveillants et les timides ; puis il se levait et s'en allait sans qu'on sût s'il devait revenir. On restait contraint jusqu'à ce que son absence définitive fût constatée. Alors tout le monde respirait, même les méchants, qui n'étaient pas les moins anxieux en sa présence. Néanmoins le baron perdit cette fois une belle occasion de se venger et de faire souffrir. S'il eût été renseigné sur la double visite de Marguerite au Stollborg, il ne se fût pas fait faute de la divulguer avec amertume. Heureusement, la Providence avait protégé l'innocent secret de ces deux visites, et l'ennemi, qui en eût tiré des indices certains de la présence du faux Goefle au Stollborg, n'en avait reçu aucun avis. Johan avait bien fait questionner Ulphilas sur toutes les personnes qu'il avait pu voir au Stollborg dans la journée; mais Ulphilas, qui n'avait pas vu Marguerite, avait eu, relativement à la figure de Christian, un motif plausible pour répondre fort à propos : c'est la terreur que Christian lui avait inspirée avec ses grimaces et ses paroles menaçantes dans une langue inconnue. Il l'avait vu sans masque beaucoup plus effrayant qu'il n'était apparu à Johan lui-même, et, d'après ses réponses, Johan s'était trouvé confirmé dans son sentiment et le baron dans son erreur. Les renseignements en étaient donc arrivés à cette conclusion, que le beau Christian Goefle avait disparu, et que le véritable Christian Waldo était un monstre.

Le baron apporta au souper cette dernière nouvelle avec une sorte de satisfaction ; car, au moment où il arriva, on faisait encore l'éloge de l'artiste, et il éprouva un certain plaisir à dépoétiser l'homme.

— Vous avez tort, monsieur le baron, lui dit Olga, de lui ôter son prestige aux yeux de la comtesse Marguerite, car elle était enthousiasmée de son débit, et je parie que demain elle n'aura plus aucun plaisir à l'écouter.

Marguerite, placée à peu de distance d'Olga et du baron, feignit de ne pas entendre, afin de se dispenser d'avoir à répondre au baron, s'il cherchait à lier conversation avec elle, comme il l'avait fait plusieurs fois depuis la veille sans y réussir.

— Vous pensez donc, reprit le baron s'adressant toujours à Olga, mais parlant assez haut, que la comtesse Marguerite n'est touchée d'une cause amoureuse qu'autant qu'elle est plaidée par un joli garçon.

— J'en suis certaine, répondit Olga en baissant la voix, et il n'y a plus de jolis garçons pour elle passé vingt-cinq ans.

Olga crut avoir décoché adroitement un trait flatteur dans le cœur de son fiancé quinquagénaire; mais il était mal disposé, et le trait s'émoussa.

— Elle a probablement raison, répondit-il de manière à n'être entendu que de la jeune Russe ; plus on s'éloigne de cet heureux âge, plus on enlaidit, et moins on doit prétendre à un mariage d'amour.

— Oui, répondit Olga, quand on enlaidit; mais...

— Mais, quand on n'enlaidit pas trop, reprit le baron, on est encore bien heureux de pouvoir songer à un mariage de raison !

Et, comme Olga allait répondre, il lui ferma la bouche en ajoutant :

— Ne l'accusez pas, cette pauvre fille ; elle a un grand mérite à mes yeux, c'est d'être sincère. Quand elle hait les gens, elle le leur jette si franchement à la figure, que l'heureux mortel qui lui plaira pourra se fier à sa parole. Celle-là ne trompera jamais personne !

Olga ne put rien répliquer : le baron s'était tourné vers une autre voisine et parlait d'autre chose. La jeune Russe eut un grand dépit et une grande inquiétude. Dès qu'on se leva de table, Marguerite s'approcha d'elle, non moins inquiète, mais pour un motif tout différent.

— Qu'est-ce donc que le baron vous a dit de moi? lui demanda-t-elle en l'attirant dans un couloir. Il vous a parlé deux ou trois minutes en me regardant.

— Vous vous imaginez cela, répondit Olga sèchement ; le baron ne songe plus à vous.

— Ah! je voudrais bien en être sûre. Dites-moi la vérité, ma chère.

— Votre inquiétude n'est pas très-modeste, Marguerite, permettez-moi de vous le dire. Vous pensez que, malgré vos rigueurs, on doit persister à vous adorer?

— Eh bien, pourquoi pas? dit Marguerite, résolue à piquer sa compagne pour lui arracher la vérité. Peut-être, justement à cause de ma rigueur, arriverai-je, malgré moi, à vous supplanter!

— Un éclair de vanité blessée passa dans les yeux de la belle Russe.

— Marguerite, dit-elle, vous voulez la guerre, vous l'aurez; tenez, reprenez vos dons! Vous m'avez fait présent d'un beau bracelet; je ne m'en soucie plus : j'ai une plus belle bague!

Et elle tira de sa poche une boîte qui contenait deux bijoux, le bracelet de Marguerite et la bague du baron.

— Le diamant noir! s'écria Marguerite reculant d'effroi... Vous osez toucher à cela?

Mais, se reprenant aussitôt :

— N'importe, n'importe, dit-elle en embrassant Olga, je refuse la guerre, ma chère enfant, et je vous remercie du fond de mon âme de m'avoir montré ce gage de vos fiançailles. Gardez mon bracelet, je vous en supplie! Gardez ma reconnaissance et mon amitié.

Olga fondit en larmes.

— Marguerite, dit-elle, si vous parlez, je suis perdue! J'avais juré de me taire pendant huit jours, et si vous laissez voir votre joie, le baron me reprendra sa parole et pensera encore à vous... d'autant plus qu'il y pense toujours.

— Et vous pleurez à cause de cela?... Olga, vous l'aimez donc, vous? Eh bien, ma chère amie, quelque bizarre que cette inclination-là me paraisse, elle vous relève à mes yeux. Je croyais que vous n'étiez qu'ambitieuse. Si vous aimez, je vous aime et je vous plains!

— Ah! s'écria Olga, vous me plaignez, n'est-ce pas?

Et, entraînant Marguerite tout au fond de la galerie, elle sanglota sur son épaule jusqu'à être près de crier. Marguerite l'emmena dans sa chambre, où elle la soigna et parvint à la calmer.

— Oui, oui, me voilà bien à présent, dit Olga en se levant. J'ai eu deux ou trois de ces crises depuis hier; mais celle-ci est la dernière, je le sens. Mon parti est pris; je serai calme, j'ai confiance en vous, je ne serai plus faible, je n'aurai plus peur, je ne souffrirai plus!

Elle reprit la bague dans sa poche, la mit à son doigt, et redevint pâle en la contemplant d'un air morne; puis elle l'ôta en disant :

— Je ne dois pas la porter encore.

Et elle la remit dans la boîte et dans sa poche.

Marguerite la quitta sans avoir rien compris à ce qui se passait en elle. Cette passion pour un homme de l'âge et du caractère du baron lui paraissait inexplicable, mais elle avait la généreuse simplicité d'y croire, tandis qu'Olga, prise tout à coup de haine pour son fiancé et de dégoût pour son anneau d'alliance, luttait contre ce qu'elle appelait la faiblesse humaine, et s'exerçait à tuer les révoltes de son propre cœur, de son propre esprit et de tout son être, pour arriver à l'amère et dangereuse conquête d'un grand nom et d'une grande position sociale.

Quant au baron, il avait donné des ordres pour la course et pour la mascarade, comme s'il eût dû y prendre part. Puis, vaincu par la fatigue et la souffrance, il se retira dans sa chambre, tandis que ses hôtes se préparaient à suivre le programme de la fête et que ses chevaux, magnifiquement harnachés, piaffaient devant son escalier particulier, sous la main d'un cocher qui faisait mine d'attendre.

Le baron s'était enfermé avec son médecin, un jeune homme plus instruit qu'expérimenté, que depuis un an il avait attaché exclusivement au soin de personne.

— Docteur, lui disait-il en repoussant une potion que lui présentait le jeune homme timide et tremblant, vous me soignez mal! Encore de l'opium, je parie?

— M. le baron a besoin de calmants. Son irritation nerveuse est extrême.

— Pardieu! je le sais bien; mais calmez-moi sans m'abattre; ôtez-moi ce tremblement convulsif et ne me retirez pas mes forces.

Le malade demandait l'impossible. Le médecin n'osait pas le lui dire.

— J'espère, reprit-il, que cette potion vous tranquillisera sans vous affaiblir.

— Voyons, agira-t-elle vite? Je voudrais dormir deux ou trois heures, me relever et m'occuper de mes affaires. Me répondez-vous que, dans le courant de la nuit, j'aurai mes facultés?

— Monsieur le baron, vous me désespérez! Vous voulez encore travailler cette nuit, après la crise d'hier et celle d'aujourd'hui? Vous avez un régime impossible.

— N'ai-je pas une force exceptionnelle? Ne m'avez-vous pas dit cent fois que vous me guéririez? Vous m'avez donc trompé? vous vous moquez donc de moi?

— Ah! dit le médecin avec un accent de détresse, pouvez-vous le croire?

— Eh bien, donnez-la, votre potion. Va-t-elle agir tout de suite?

— Dans un quart d'heure, si vous n'en détruisez pas l'effet par votre agitation.

— Donnez-moi ma montre, là, à côté de moi. Je veux voir si vous êtes sûr de l'effet de vos drogues.

Le baron avala la potion, et, assis dans son grand fauteuil, il sonna son valet de chambre:

— Dis au major Larrson que je le prie de diriger la course. C'est lui qui s'y entend le mieux.

Le valet sortit. Le baron le rappela presque aussitôt.

— Que Johan se couche, dit-il, et qu'il dorme vite. A trois heures du matin, j'aurai besoin de lui. C'est lui qui viendra me réveiller. Va-t'en; non, reviens! J'irai à la chasse demain; toutes les mesures sont-elles prises? oui? C'est bien. Va-t'en tout à fait.

Le valet sortit définitivement, et le jeune médecin, toujours fort ému, resta seul avec son malade.

— Votre potion n'opère pas du tout, lui dit celui-ci avec impatience, je devrais déjà être endormi!

— Tant que M. le baron se tourmentera de mille détails...

— Eh! morbleu, monsieur, si je n'avais pas de tourments dans l'esprit, je n'aurais pas besoin de médecin! Voyons, asseyez-vous là, et causons tranquillement.

— Si, au lieu de causer, M. le baron pouvait se recueillir...

— Me recueillir! Je ne me recueille que trop. C'est la réflexion qui me donne la fièvre. Causons, causons, comme la nuit dernière. Je me suis endormi en causant. Vous savez, docteur, je me marie décidément.

— Avec la belle comtesse Marguerite!

Pas du tout; c'est une petite sotte. J'épouse la grande Olga. J'aurai des enfants russes.

— De beaux enfants, à coup sûr.

— Oui, si ma femme a bon goût, car je ne crois pas un mot de vos flatteries, docteur; ma femme me trompera. Qu'importe, pourvu que j'aie un héritier, pourvu que les cousins et arrière-cousins enragent! Docteur, je tiens à vivre assez pour voir cela, entendez-vous? Faites-y attention, je ne vous léguerai pas un ducat! Je vous comblerai pendant ma vie, pour que vous ayez intérêt à me conserver. J'agirai de même avec ma femme: chaque année de ma vie augmentera son luxe et ses parures. Après moi, si elle n'a pas fait d'économies, elle n'aura rien. Elle n'aura même pas la tutelle de son enfant! Oh! oui-da, je n'ai pas envie d'être empoisonné!

— Vous vous nourrissez d'idées sinistres, monsieur le baron. Mauvais régime.

— Quelle bêtise vous dites là, docteur! C'est comme si vous disiez que j'ai tort d'avoir trop de bile dans le foie. Est-ce ma faute?

— Ne sauriez-vous vous efforcer d'avoir des idées riantes? Essayez; pensez à cette comédie de marionnettes, qui était fort gaie.

— Que je pense aux marionnettes! Vous voulez donc me rendre imbécile?

— Oh! certes, si je pouvais éteindre le feu de vos pensées...

— Pas de compliments sur mon intelligence, je vous prie; je sens qu'elle baisse beaucoup.

— M. le baron est seul à s'en apercevoir.

Le baron haussa les épaules, bâilla et garda quelques instants le silence. Le docteur vit ses yeux s'agrandir, ses pupilles se dilater et sa lèvre inférieure devenir pesante. Le sommeil approchait.

Tout à coup le baron se leva et montra la muraille en disant:

— Je la vois toujours! C'est comme hier! C'était un homme d'abord, et puis la figure a changé... A présent, elle regarde à la fenêtre, elle se penche... Courez, courez, docteur! On m'a trompé, on m'a trahi... J'ai été joué comme un enfant!... Un enfant!.. Non, il n'y a pas d'enfant!

Et, se rasseyant, le baron, mieux éveillé, ajouta avec un sourire lugubre:

— C'était dans la comédie de Christian Waldo... Un tour de bateleur!... Vous voyez, docteur, vous le voulez, je pense aux marionnettes... Je me sens lourd;... ne me quittez pas.

Et le baron s'endormit les yeux ouverts, comme un cadavre.

Au bout de quelques instants, ses paupières se détendirent et s'abaissèrent; le docteur lui toucha le pouls, qui était plein et lourd. Le baron avait besoin, selon lui, d'être saigné; mais comment l'y décider?

— La tâche de faire vivre cet homme en dépit du ciel et de lui-même est ingrate, odieuse, impossible, pensa le pauvre médecin. Ou il a de fréquents accès de folie, ou sa conscience est chargée de remords. Je me sens devenir fou moi-même auprès de lui, et les terreurs de son imagination me gagnent, comme si, en m'efforçant de conserver sa vie, je devenais le complice de quelque iniquité!

Mais ce jeune homme avait une mère et une fiancée. Quelques années d'une tâche lucrative devaient le mettre à même d'épouser l'une et de tirer l'autre de la misère. Il restait donc là, cloué à ce cadavre sans cesse galvanisé par les ressources de son art, et, tantôt dévoué à son œuvre, tantôt brisé de fatigue et de dégoût, il ne savait parfois s'il désirait la guérison ou la mort de son malade. Ce garçon avait une âme douce et des instincts naïfs. Le commerce continuel d'un athée le froissait, et il n'avait pas le droit de défendre ses croyances ; la contradiction exaspérait le malade. Il était sociable et enjoué ; le malade était sombre et misanthrope sous son habitude de raillerie acerbe et cynique.

Pendant que le baron dormait, la fête de nuit allait son train. Le bruit des pétards, la musique, les hurlements des chiens courants réveillés au chenil par le piaffement des chevaux qu'on attelait, les rires des dames dans les corridors du château, les clartés errantes sur le lac, tout ce qui se passait autour de cette chambre muette et sombre où gisait le baron immobile et livide faisait sentir au jeune homme son isolement et son esclavage. Et, pendant ce temps aussi, la comtesse Elveda conspirait avec l'ambassadeur de Russie contre la nationalité de la Suède, tandis que les cousins et arrière-cousins du baron surveillaient la porte de son appartement, se disant les uns aux autres :

— Il sortira, il ne sortira pas. Il est plus malade qu'il ne l'avoue ; il est mieux portant que l'on ne croit.

Comment savoir la vérité ? Les valets, très-dévoués à la volonté absolue d'un maître qui payait bien et punissait de même (on sait que les valets sont encore soumis, en Suède, au régime des coups), répondaient invariablement à toutes les questions, que M. le baron ne s'était jamais mieux porté ; quant au médecin, le baron lui avait fait donner, en le prenant chez lui, sa parole d'honneur de ne jamais avouer la gravité de son mal.

On a vu que, pour motiver ses fréquentes disparitions au milieu des fêtes qu'il donnait, le baron avait fait mettre en avant, une fois pour toutes, le prétexte de nombreuses et importantes affaires. Il y avait là un fonds de vérité ; le baron se livrait au minutieux détail des intrigues politiques, et en outre ses affaires particulières étaient encombrées de questions litigieuses, sans cesse soulevées par son humeur inquiète et ses prétentions despotiques. Cette fois, en dehors de tous ces motifs d'agitation, un trouble étrange, vague encore, mais plus funeste à sa santé que tous ceux dont il avait l'habitude, était entré dans son esprit. Des soupçons effacés, des craintes longtemps assoupies, s'étaient réveillés depuis le bal de la veille, et encore plus depuis la représentation des *burattini*. Il en était résulté un de ces états nerveux qui lui mettaient la bouche de travers, tandis qu'un de ses yeux se mettait à loucher considérablement. Comme il attachait une immense vanité à la beauté de sa figure flétrie, mais noble et régulière, et cela surtout dans un moment où il s'occupait de mariage, il se cachait avec soin dès qu'il se sentait ainsi contracté, et il se faisait soigner pour hâter la fin de la crise.

Aussi, dès qu'il eut fait un somme, son premier soin fut-il de se regarder dans un miroir posé près de lui. Satisfait de se voir rendu à son état naturel :

— Allons, dit-il au médecin, en voilà encore une de passée ! J'ai bien dormi, ce me semble. Ai-je rêvé, docteur ?

— Non, répondit le jeune homme, troublé du mensonge qu'il faisait.

— Vous ne dites pas cela franchement, reprit le baron. Voyons, si j'ai parlé haut, il faut en tenir note et me le rapporter exactement ; vous savez que je le veux.

— Vous n'avez dit que des paroles sans suite et dépourvues de sens, qui ne trahissaient aucune pensée dominante.

— Alors, c'est que réellement vos drogues ont un bon effet. Le médecin qui vous a précédé ici me racontait mes rêves... Ils étaient bizarres, affreux ! Il paraît que je n'en ai plus que d'insignifiants.

— N'en avez-vous pas conscience, monsieur le baron ? N'êtes-vous pas moins fatigué qu'autrefois en vous éveillant ?

— Non, je ne peux pas dire cela.

— Cela viendra.

— Dieu le veuille ! A présent, laissez-moi, docteur : allez vous coucher. Si j'ai besoin de vous, je vous ferai éveiller ; je sens que je dormirai encore. Envoyez-moi mon valet de chambre ; je veux essayer de me mettre au lit.

— Le médecin qui m'a précédé ici, se dit le jeune docteur en se retirant, a entendu trop de choses et il en a trop redit. Le baron l'a su, ils se sont brouillés ; le médecin a été persécuté, forcé de s'exiler... C'est une leçon pour moi.

Cependant Christian avait rejoint M. Goefle au Stollborg. Le docteur en droit était triomphant. Il avait forcé la serrure d'une des vastes armoires de la chambre de garde, et il avait trouvé quelques vêtements de femme d'un assez grand luxe.

— Cela, dit-il à Christian, c'est, à coup sûr, un reste oublié, ou conservé religieusement par Stenson, de la garde-robe de la baronne Hilda ; cela peut passer pour un costume, puisque c'est fort passé de mode; cela a au moins une vingtaine d'années de date. Voyez si vous pouvez vous en affubler ; la dame était grande, et... quand même vous seriez un peu *court vêtu!* Quant à moi, je me ferai un costume de sultan avec ma pelisse et un turban d'étoffe quelconque. Voyons, aidez-moi, Christian : vous êtes artiste ; tout artiste doit savoir rouler un turban !

Christian n'était pas gris ; l'effraction de M. Goefle le chagrina un peu.

— On accuse toujours, lui dit-il, les gens de mon état, et non sans cause généralement ; vous verrez que cela m'attirera quelque ennui !

— Bah ! bah ! ne suis-je pas là ? s'écria M. Goefle. Je prends tout sur moi. Allons, Christian, endossez donc cette robe ; essayez, du moins.

— Cher monsieur Goefle, dit Christian, laissez-moi avaler n'importe quoi ; je meurs de faim.

— C'est trop juste ! Faites vite.

— Et puis, je ne sais pourquoi, reprit Christian en mangeant debout et en regardant les vêtements épars devant lui, je me sens de la répugnance à toucher à ces vieilles reliques. Le sort de cette pauvre baronne Hilda a été si triste ! Savez-vous que mes soupçons ont encore augmenté, depuis tantôt, sur son genre de mort?

— Au diable ! reprit M. Goefle ; je ne suis plus en train de ressasser les histoires du passé, moi ! Je me sens en humeur de rire et de courir. A l'œuvre, Christian, à l'œuvre, et à demain les idées tristes ! Voyons, passez donc cette robe à la polonaise ; elle est magnifique ! Pourvu que vos épaules y entrent, le reste ira tout seul.

— Je ne crois pas, dit Christian en enfonçant sa main dans une des poches de la robe ; mais voyez donc comme elle avait la main petite pour passer dans cette fente !

— Eh bien, et vous aussi, ce me semble !

— Oui ; mais, moi, je ne peux plus retirer la mienne... Attendez ! oh ! un billet !

— Voyons, voyons ! s'écria le docteur en droit ; ce doit être curieux, cela.

— Non, dit Christian, il ne faut pas le lire.

— Pourquoi ?

— Je ne sais pas ; cela ressemble à une profanation.

— En ce cas, j'en commettrais souvent, moi dont l'état est de fouiller dans les secrètes archives des familles.

M. Goefle saisit le billet jauni et lut ce qui suit :

« Mon Hilda bien-aimée, j'arrive à Stockholm, et j'y trouve le comte de Rosenstein. Je ne serai donc pas obligé d'aller à Calmar, et je repartirai le 10 courant pour te serrer dans mes bras, te chérir, te soigner et faire avec toi de nouveaux rêves de bonheur, puisque Dieu bénit encore une fois notre union. Je t'envoie un exprès pour te rassurer sur mon voyage, qui n'a pas été trop pénible. Il l'a été cependant assez pour que je me sois plusieurs fois applaudi de ne t'avoir pas emmenée dans la situation où tu es. Jusqu'à Falun, il m'a fallu toujours être à cheval. Au revoir donc, le 15 ou le 16 au plus tard, ma bien-aimée. Nous ne plaiderons pas avec Rosenstein. Tout s'arrange. Je t'aime.

» ADELSTAN DE WALDEMORA. »

— Monsieur Goefle, dit Christian à l'avocat, qui repliait la robe en silence, ne vous semble-t-il pas horriblement triste de trouver cette lettre d'amour et de bonheur conjugal dans les vêtements d'une morte ?

— Oui, c'est triste ! répondit M. Goefle en ôtant ses lunettes et le turban qu'il s'était improvisé. Et puis c'est étrange ! Savez-vous que cela donnerait à réfléchir ?... Mais la pauvre baronne s'était trompée, elle n'était pas enceinte, elle l'a déclaré librement. Stenson me l'a dit encore aujourd'hui. Il était là quand elle a signé !... Mais voyons donc la date de ce billet.

M. Goefle remit ses lunettes et lut : *Stockholm, le 5 mars 1746.*

— Tiens ! reprit-il, cela s'accorde justement, si j'ai bonne mémoire... Bah ! cette histoire est trop ténébreuse pour un homme qui a envie de s'amuser. C'est égal, je garde le billet. Qui sait ? Il faudra que je revoie les papiers que m'a laissés mon père... Mais voyons, Christian, vous renoncez donc au déguisement ?

— Avec ces chiffons qui sentent le sépulcre ?... A coup sûr ! Ils me donnent froid dans le dos... Elle était vertueuse, érudite et belle, disiez-vous ce matin : la perle de la Dalécarlie !... Et elle est morte toute jeune ?

— A vingt-cinq ou vingt-six ans, près de dix mois après la date de ce billet ; car c'est bien en mars 1746 que le comte Adelstan a été assassiné. Ce sont probablement là les derniers mots qu'il a tracés pour sa femme, et c'est pour cela qu'elle a porté ce cher billet sur elle peut-être jusqu'à son dernier jour, arrivé si peu de temps après !

— Voyez comme cette femme a été malheureuse ! reprit Christian ; jeune épouse et jeune mère, se trouver tout à coup veuve et sans postérité... mourir victime de la haine du baron...

— Oh ! cela n'est rien moins que prouvé... Mais

écoutez donc la fusillade ! La course est commencée, Christian, et nous sommes là à deviser sur des choses qui n'intéressent plus personne, et qui, après tout, ne nous regardent pas. Si vous êtes mélancolique ce soir, restez ici, mon garçon ; moi, je vais courir, j'ai besoin de prendre l'air ; j'ai trop rêvassé aujourd'hui.

Christian eût préféré rester ; mais il voyait M. Goefle si animé, qu'il craignait de le laisser à sa propre gouverne.

— Tenez, dit-il, renonçons au déguisement. Comme il ne faut pas que l'on nous voie ensemble à visage découvert, masquons-nous tous deux. Vous serez Christian Waldo, puisque vous êtes le mieux vêtu de nous deux ; moi qui ai déjà été pris ce soir pour mon valet, je vais continuer ce rôle, je serai Puffo.

— Voilà qui est très-bien imaginé ! s'écria M. Goefle. A présent, partons ! A propos, laissons de la lumière à M. Nils ; s'il se réveillait, il aurait peur, et peut-être faim. Je vais lui mettre une cuisse de poularde sous le nez.

— Le petit Nils ? Il est donc là ?

— Mais oui, certainement. Mon premier soin, en rentrant, a été d'aller le chercher dans l'écurie, de le déshabiller et de le mettre au lit. Il aurait gelé cette nuit dans la litière, ce maudit enfant !

— A-t-il recouvré ses esprits ?

— Parfaitement, pour me dire que je le dérangeais beaucoup et pour grogner pendant que je le couchais.

— Eh bien, et Puffo ? Je ne l'ai pas retrouvé dans l'écurie en y ramenant mon âne.

— Je ne l'ai pas vu non plus ; il doit être en train de se regriser avec Ulphilas. Allons, grand bien leur fasse ! Il va être minuit, partons ; vous m'aiderez bien à atteler mon cheval ? Oh ! le brave Loki ne restera pas en arrière, allez !

— Mais votre cheval et votre traîneau vous feront reconnaître ?

— Non, le traîneau n'a rien de particulier. Quant au cheval, il m'a été vendu dans ce pays-ci, l'année dernière précisément ; mais nous lui mettrons son capuchon de voyage.

— Le but de la course proposée par le baron et confiée à la direction du major Larrson était le *hogar* qui s'élevait à l'extrémité du lac, environ à une demi-lieue du Stollborg et du château neuf, lesquels, comme nous l'avons dit, étaient fort peu distants l'un de l'autre, l'un bâti sur un îlot rapproché du rivage, l'autre sur le rivage même. Les *hogars* sont des tumulus attribués à la sépulture des anciens chefs scandinaves. Ils sont généralement très-escarpés et de forme cylindrique. Lorsqu'ils sont terminés par une plate-forme, ils servaient, dit-on, à ces rois barbares pour rendre la justice. On les rencontre dans toute la Suède, où ils sont même beaucoup plus multipliés que chez nous.

Celui vers lequel la course se dirigeait présentait un coup d'œil fantastique. On l'avait couronné d'une triple rangée de torches de résine, et, à travers la fumée de ce luminaire rougeâtre, on voyait s'élever une gigantesque figure blanche : c'était une statue de neige, ouvrage informe et colossal que des paysans avaient façonné et dressé dans la journée par ordre du baron, lequel, n'ignorant pas le surnom dont on l'avait gratifié, avait narquoisement promis aux dames la surprise de son portrait sur la cime du tumulus. La grossièreté de l'œuvre était en harmonie avec la sauvagerie du site et la tradition de ces idoles à grosse tête et à court sayon raboteux qui représente Thor, le Jupiter scandinave, élevant son marteau redoutable au-dessus de son front couronné.

L'aspect de ce colosse blanc, qui semblait flotter dans le vide, était prestigieux, et personne ne regretta d'avoir bravé le froid de la nuit pour jouir d'un spectacle aussi étrange. L'aurore boréale était pâle, et luttait, d'ailleurs, contre l'éclat de la lune ; mais ces alternatives de nuances diverses, ces recrudescences et ces défaillances de lumière qui caractérisent le phénomène, n'en donnaient pas moins au paysage une incertitude de formes et un chatoiement de reflets qu'il faut renoncer à décrire. Christian croyait rêver, et il répétait à chaque instant à M. Goefle que cette étrange nature, malgré ses rigueurs, parlait à l'imagination plus que tout ce qu'il avait vu dans ses voyages.

La course était lancée, quand les deux amis la rejoignirent et la suivirent en flanc pour n'en pas troubler l'ordre nécessaire. La glace avait été explorée, et le chemin, tracé par des torches colossales, contournait les pointes de rocher et les îlots plantés de sapins et de bouleaux qui parsemaient la surface du lac. Une volée de riches traîneaux, placés sur quatre de front, fuyaient comme des flèches en maintenant exactement leur distance, grâce à l'habileté des conducteurs et à la fidélité des chevaux.

A l'approche du rivage où s'élevait le hogar, le lac, plus profond, offrait une surface parfaitement plane et libre d'obstacles. Là, tous les traîneaux s'arrêtèrent et se placèrent en demi-cercle, et les jeunes gens qui devaient se disputer le prix s'écartèrent sur une seule ligne en attendant le signal. Les dames et les hommes graves sortirent de leurs véhicules et montèrent sur un îlot préparé à cet effet.

c'est-à-dire jonché de branches de pin, pour juger, sans se trop geler les pieds, des prouesses des concurrents. La scène était parfaitement éclairée par un grand feu allumé sur les rochers, derrière l'estrade naturelle où se tenait l'assistance.

Le tableau que présentait cette assemblée était aussi bizarre que le lieu qui lui servait de cadre. Tout le monde était masqué, circonstance agréable pour chacun en raison du froid qui soufflait au visage. Les costumes étaient, pour la même raison, lourds et chargés de fourrures, ce qui n'excluait pas un grand luxe de dorures, de broderies et d'armes étincelantes. Les coureurs étaient bien en vue sur de légers traîneaux découverts qui représentaient divers animaux fantastiques, de gigantesques cygnes d'argent à bec rouge, des dauphins d'or vert, des poissons à queue recourbée, etc. Le major Larrson, monté sur un dragon effroyable, était lui-même déguisé en monstre, avec des foudres lumineuses sur la tête. Sur le hogar, on voyait s'agiter ceux qui devaient décerner le prix, et qui figuraient d'antiques guerriers à casque ailé ou à capuchon décoré d'une corne sur l'oreille, comme on représente Odin dans son costume de cérémonie, c'est-à-dire dans tout l'éclat de sa divinité.

Christian cherchait parmi les dames, déguisées en sibylles et en reines barbares, à reconnaître Marguerite. Il ne put en venir à bout, et dès lors la fête, sans lui paraître moins brillante, ne parla plus qu'à ses yeux. Il n'en était pas ainsi de M. Goefle, dont l'imagination était fort excitée.

— Christian, s'écria-t-il, malgré nos costumes, qui ne sont pas des costumes, et notre traîneau, qui n'est qu'un traîneau, ne nous mettrons-nous pas en ligne? Est-ce parce que mon brave Loki n'a ni panache, ni oiseau empaillé, ni cornes sur la tête, qu'il aura de moins bonnes jambes que les autres?

— Cela vous regarde, monsieur le docteur, répondit Christian. Vous le connaissez, vous savez s'il est capable de nous couvrir de gloire ou de honte.

— Il nous couvrira de gloire, j'en suis certain.

— Eh bien, marchons.

— Mais il sera fatigué, le pauvre Loki; il aura chaud, et Dieu sait s'il ne prendra pas une fluxion de poitrine !

— Eh bien, restons.

— Le diable soit de votre flegme, Christian; moi, les mains me grillent de pousser en avant !

— Eh bien, essayons.

— Un homme aussi raisonnable que moi crever un cheval qu'il aime pour damer le pion aux jeunes gens ! c'est absurde, n'est-ce pas, Christian?

— C'est absurde, si cela vous semble absurde; tout dépend de l'ivresse que l'on porte dans ces amusements.

— Marchons ! s'écria M. Goefle; résister aux inspirations de l'ivresse, c'est être raisonnable, c'est-à-dire bête. En avant, mon bon Loki, en avant !

— Attendez, s'écria Christian en sautant hors du traîneau, débarrassons-le de son frontail ! Comment voulez-vous qu'il coure, étouffé comme cela?

— C'est vrai, c'est vrai, Christian; merci, mon enfant, dépêchez-vous : les autres sont prêts !

Le docteur en droit avait à peine dit ces paroles, qu'un feu d'artifice, placé sur un autre îlot, en arrière de la lice, partit avec un bruit formidable. C'était le signal du départ, le stimulant des chevaux déjà essoufflés.

— Allez, allez, cria Christian à M. Goefle, qui voulait retenir Loki pour attendre que son compagnon fut remonté à ses côtés. Allez donc! vous perdez le temps !

Et il anima le cheval, qui partit ventre à terre, tandis qu'il restait, le frontail à la main, à regarder les exploits de l'avocat et de son coursier fidèle; mais il ne le regarda pas longtemps. Comme il s'était rangé de côté pour n'être pas écrasé par les chevaux stationnaires, que le feu d'artifice et l'exemple de leurs compagnons lancés à la course mettaient en belle humeur, il se trouva près d'un traîneau bleu et argent qu'il reconnut aussitôt pour celui de Marguerite. La légère voiture présentait la forme évasée d'un carrosse du temps de Louis XV monté ou plutôt baissé sur des patins de glissade, ce qui permettait de regarder sans affectation à travers les vitres, légèrement brillantées par la gelée. Christian ne s'attendait pas pourtant à voir Marguerite en voiture : elle devait être sur l'estrade de rochers avec les autres; mais bien lui prit de regarder quand même. Marguerite, qui n'était ni déguisée ni masquée, qui se trouvait ou se disait un peu souffrante, était restée seule dans le traîneau et regardait par la portière. Le cocher s'était mis un peu à l'écart des autres, afin de pouvoir se tourner de profil, ce qui permettait à Marguerite de voir la course, et cette circonstance permettait également à Christian de regarder Marguerite et de se tenir tout près d'elle sans être vu des spectateurs, distraits d'ailleurs par le spectacle de la course.

Il n'eût pas osé lui adresser la parole, et même il affectait de se tenir là par hasard, lorsqu'elle baissa vivement la glace pour lui parler, et, comme il tenait toujours la coiffure du cheval, elle le prit pour un domestique.

— Dites-moi, mon ami, lui dit-elle à demi-voix, quoique sans affectation; cet homme masqué de noir... comme vous, qui vient de passer là et qui court maintenant, c'est votre maître, n'est-ce pas, c'est Christian Waldo?

— Non, mademoiselle, répondit Christian en français et sans changer sa voix ni son accent, Christian Waldo, c'est moi.

— Ah! mon Dieu! quelle plaisanterie! reprit la jeune fille avec un sentiment de joie qu'elle ne put contenir et en baissant la voix, car son interlocuteur s'était tout à fait rapproché de la portière; c'est vous, monsieur Christian Goefle! quelle fantaisie vous a donc pris de jouer ce soir le rôle de ce personnage?

— C'est peut-être pour rester ici sans compromettre mon oncle, répondit-il.

— Vous teniez donc un peu à rester? reprit-elle d'un ton qui fit battre le cœur de Christian.

Il n'eut pas le courage de répondre qu'il n'y tenait pas, cela était au-dessus de ses forces; mais il sentit qu'il était temps de finir cette comédie, dangereuse, sinon pour la jeune comtesse, du moins pour lui-même, et, saisi d'un vertige de loyauté, il se hâta de lui dire:

— Je tenais à rester pour vous détromper, je ne suis pas ce que vous croyez. Je suis ce que je vous dis, Christian Waldo.

— Je ne comprends pas, reprit-elle; n'est-ce pas assez de m'avoir mystifiée une fois? Pourquoi voulez-vous jouer encore un rôle? Croyez-vous que je n'ai pas reconnu votre voix quand vous faisiez parler les marionnettes de Christian Waldo avec tant d'esprit? J'ai bien remarqué que vous en aviez plus que lui...

— Comment donc arrangez-vous cela? dit Christian étonné. Qui donc croyez-vous avoir entendu ce soir?

— Vous et lui. Il y avait deux voix, j'en suis sûre, peut-être trois qui seraient... la vôtre, celle de ce Waldo, et celle de son valet.

— Il n'y en avait que deux, je vous le jure.

— Soit! qu'importe? j'ai reconnu la vôtre, vous dis-je, vous ne me tromperez pas là-dessus.

— Eh bien, la mienne, c'est la mienne, je ne le nie pas; mais il faut que vous sachiez...

— Écoutez, écoutez! s'écria Marguerite. Oh! voyez, on proclame le nom du vainqueur de la course: c'est Christian Waldo, ce me semble. Oui, oui, j'en suis sûre, j'entends bien le nom, et je vois très-bien l'homme masqué debout sur son petit traîneau noir. C'est lui! c'est le véritable! vous n'êtes qu'un Waldo de contrebande... C'est égal, monsieur Goefle, vous lui en remontreriez; les plus jolies choses de la pièce et les mieux dites, le rôle d'Alonzo, tout entier, c'était vous! Voyons, donnez votre parole d'honneur que je me suis trompée!

— Quant au rôle d'Alonzo je ne puis le nier.

— Est-ce que vous jouerez encore demain, monsieur Goefle?

— Certainement!

— Ce sera bien aimable à vous! Pour ma part, je vous en remercie; mais personne ne s'en doutera, n'est-ce pas? Tenez-vous bien caché au Stollborg. Au reste, je vois avec plaisir que vous êtes prudent, et que vous savez bien vous déguiser. Personne ne peut vous reconnaître sous les habits que vous avez là; mais sauvez-vous! Voilà que l'on remonte en voiture pour pousser jusqu'au hogar et complimenter le vainqueur. Ma tante va sûrement... Non, elle monte dans le traîneau de l'ambassadeur russe... Elle me laisse seule!... Voyez-vous, monsieur Christian, une mère ne ferait pas cela! Une tante jeune et belle, ce n'est pas une mère, il est vrai!.. Attendez! elle va sûrement m'envoyer M. Stangstadius pour me tenir compagnie!

— M. Stangstadius! s'écria Christian, où est-il? Je ne le vois pas...

— Il a eu la naïveté de mettre un masque; il n'en est pas moins reconnaissable; s'il était par là, vous le verriez! Il n'y est pas, et tout le monde part.

— Mademoiselle, dit le cocher de Marguerite en dalécarlien à sa jeune maîtresse, madame votre tante me fait signe de suivre.

— Suivons, mon ami, suivons, dit-elle; mais vous êtes à pied, monsieur Goefle! Montez sur le siége, vous ne pourrez pas suivre autrement.

— Que dira votre tante?

Christian sauta sur le siége, pensant avec regret que la conversation était finie; mais Marguerite ferma la glace de côté et ouvrit celle de devant. Le siége où se trouvait Christian était de niveau avec cette glace. Le traîneau ne faisait pas le moindre bruit sur la neige, que suivait Péterson en dehors du chemin frayé, car il avait perdu son rang dans la bande. En outre, le brave homme n'entendait pas un mot de français : la conversation continua.

— Que se passe-t-il donc au château? demanda Christian essayant de détourner de lui l'attention que lui accordait Marguerite. Je n'ai pas vu le baron ici; il me semble qu'on le reconnaîtrait à sa taille comme M. Stangstadius à sa démarche.

— Le baron est enfermé, sous prétexte d'affaires pressantes et imprévues. Cela veut dire qu'il est plus malade. Personne n'en est dupe. On a vu sa bouche de travers et son œil dérangé. Savez-vous qu'après tout c'est un homme extraordinaire, de lutter contre la mort!... Il devait courir, comme cela, cette nuit avec les jeunes gens, et il eût certes gagné le prix : il a de si bons chevaux! On annonce une chasse à l'ours pour demain. Ou le baron chassera et tuera son ours, ou le baron sera porté en terre avant que l'on ait songé à décommander la chasse. L'un est aussi possible que l'autre. Cela fait, pour tout le monde ici, une situation bien singulière, n'est-ce pas? Il semble que l'homme de neige prenne plaisir à voir combien il a peu d'amis, puisque l'on continue à se divertir chez lui comme si de rien n'était.

— Pourtant, Marguerite, vous admirez son courage, et il réussit à produire, même sur vous, l'effet qu'il désire.

— Mon cher confident, reprit Marguerite gaiement, sachez qu'à présent je n'ai presque plus d'aversion pour le baron. Il me devient indifférent, et je lui pardonne tout. Il épouse... mais c'est un secret que j'ai surpris et qu'il faut garder, entendez-vous? Il ne m'épouse pas, et j'ai le bonheur de rester libre... et pauvre...

— Pauvre! Je croyais que vous aviez au moins de l'aisance?

— Eh bien, il n'en est rien. Je me suis querellée aujourd'hui avec ma tante, toujours à propos du baron; alors elle m'a déclaré qu'elle ne me donnerait rien pour m'établir, et qu'elle ferait valoir ses droits sur le petit héritage que m'a laissé mon père, vu qu'elle lui avait prêté dans le temps je ne sais combien de ducats... pour... Je n'y ai rien compris, sinon que me voilà ruinée!

— Ah! Marguerite, s'écria Christian involontairement, si j'étais riche et bien né!... Voyons! ajouta-t-il en lui saisissant la main, car elle avait fait le mouvement de se rejeter au fond de la voiture, ce n'est pas une déclaration que j'ai l'audace de vous faire. De ma part, elle serait insensée, je n'ai rien au monde, et je n'ai pas de famille; mais vous m'avez permis l'amitié : ne puis-je vous dire que, si j'étais riche et noble, je voudrais partager avec vous comme avec ma sœur?

— Merci, Christian, répondit Marguerite tremblante, bien que rassurée; je vois la bonté de votre cœur, je sais l'intérêt que vous me portez... Mais pourquoi me dites-vous que vous êtes sans famille, quand le nom de votre oncle est si honorable?...

Puis elle ajouta en s'efforçant de rire :

— N'admirez-vous pas que j'ai l'air de vous dire... quelque chose assurément à quoi je ne pense pas?

Non, je n'ai pas à vos yeux cet air-là; vous n'êtes pas un fat, vous! Vous êtes tout confiant comme moi, et vous comprenez bien que, si je vous interroge, c'est parce que je me préoccupe des chances de bonheur que vous avez dans la vie, avec n'importe qui... Dites-moi donc pourquoi vous vous tourmentez de votre naissance, que bien des gens pourraient envier?

— Ah! Marguerite, s'écria Christian, vous voulez le savoir, et je voulais vous le dire, moi! Voilà que nous arrivons tout à l'heure, et que je vais vous quitter, cette fois, pour toujours. Je ne veux pas vous laisser de moi un souvenir usurpé au prix d'un mensonge. Ne pouvant prétendre qu'à votre dédain et à votre oubli, je es accepte, c'est tant pis pour moi! Sachez donc que Christian Goefle n'existe pas. M. Goefle n'a jamais eu ni fils ni neveu.

— Ce n'est pas vrai! s'écria Marguerite. Il l'a dit aujourd'hui au château. Tout le monde l'a répété, mais personne ne l'a cru. Vous êtes son fils... par mariage secret; il vous reconnaîtra, il vous adoptera, cela est impossible autrement!

— Je vous jure sur l'honneur que je ne lui suis rien, et qu'hier matin il ne me connaissait pas plus que vous ne me connaissiez.

— Sur l'honneur! vous jurez sur l'honneur!... Mais, si vous n'êtes pas Christian Goefle, je ne vous connais pas, moi! et je n'ai pas de raisons pour vous croire. Si vous êtes Christian Waldo... un homme qui, dit-on, peut contrefaire toutes les voix humaines... Ah! tenez, je m'y perds; mais j'ai bien du chagrin... et je doute encore, Dieu merci!

— Ne doutez plus, hélas! Marguerite, dit Christian, qui venait de sauter à terre ; la voiture s'arrêtait. Regardez-moi, et sachez bien que l'homme qui vous a voué le plus profond respect et le plus absolu dévouement est bien le même qui vous jure sur l'honneur être le véritable Christian Waldo.

En même temps, Christian releva sur son front le masque de soie, se mit résolûment dans la lumière du fanal, et montra son visage en se penchant vers la portière. Marguerite, en reconnaissant son ami de la veille, étouffa un cri de douleur trop éloquent peut-être, et cacha sa figure dans ses mains, tandis que Christian, rabaissant son masque, disparaissait dans la foule des valets et des paysans accourus pour voir la fête.

Il eut bientôt rejoint M. Goefle, qu'il était question de porter en triomphe, vu qu'il était arrivé, non pas le premier (il était arrivé le dernier), mais parce qu'il avait fait une prouesse imprévue en attrapant au vol avec son fouet la perruque de Stangstadius, qui s'était juché sur le traîneau de Larrson en dépit du jeune major. Certes, M. Goefle ne l'avait pas fait exprès ; le bout de son fouet, lancé au hasard, s'était noué autour de la queue de la perruque par une de ces chances que l'on peut appeler invraisemblables, parce qu'elles arrivent à peine une fois sur mille. Le chapeau du savant, arraché par les efforts que faisait M. Goefle pour dégager son fouet, avait été s'abattre comme un oiseau noir sur la neige ; la perruque avait suivi la queue, la queue n'avait pas voulu quitter la mèche du fouet, que M. Goefle n'avait pas eu le loisir de dénouer, et qui, ainsi terminée en masse chevelue bourrée de poudre, avait perdu toute sa vertu, tout son effet stimulant sur les flancs du généreux Loki. Dans le premier moment du triomphe, le vainqueur Larrson n'avait rien vu ; mais les cris et les injures de Stangstadius, qui redemandait sa perruque à tout le monde et qui s'était enveloppé la tête de son mouchoir, attirèrent bientôt l'attention.

— C'est lui ! s'écriait le géologue indigné en montrant M. Goefle masqué ; c'est ce bouffon italien, l'homme au masque de soie ! Il l'a fait exprès, le drôle ! Attends, attends, va, coquin d'histrion ! je vais te donner cent soufflets pour t'apprendre à railler un homme comme moi !

Un immense éclat de rire avait accueilli la colère de Stangstadius, et le nom de Christian Waldo avait été acclamé par tout le personnel de la course ; mais bientôt la scène avait changé. Stangstadius, irrité des rires de cette impertinente jeunesse, s'était élancé vers le ravisseur de sa perruque, lequel, debout sur son char, montrait piteusement la cause de sa défaite, semblable à un poisson au bout d'une ligne. Au moment où M. Goefle, déguisant sa voix, accusait Stangstadius, en termes comiques, de lui avoir joué ce mauvais tour pour l'empêcher de fouetter son cheval et d'arriver au but honorablement, le savant, qui, de ses jambes inégales et de ses bras crochus, était agile comme un singe, grimpa derrière lui, lui arracha son chapeau et son masque, et ne s'arrêta dans ses projets de vengeance qu'en reconnaissant avec surprise son ami Goefle, à l'instant salué par un applaudissement unanime.

Bien que M. Goefle ne fût pas connu de tous ceux qui se trouvaient là, son nom, crié par plusieurs, fut acclamé avec sympathie. Les Suédois sont très-fiers de leurs célébrités, et particulièrement des talents qui font valoir leur langue. D'ailleurs, l'honorable caractère du docteur en droit et son esprit renommé lui assuraient l'affection et le respect de la jeunesse. On voulut le proclamer vainqueur de la course, et il eut beaucoup de peine à empêcher le bon major de lui céder le prix, qui consistait dans une corne à boire curieusement ciselée, ornée de caractères runiques en argent. C'était une copie exacte d'une antiquité précieuse faisant partie du cabinet du baron, et trouvée dans les fouilles exécutées dans le hogar quelques années auparavant.

— Non, mon cher major, disait M. Goefle en remettant dans sa poche son masque désormais inutile, tandis que Stangstadius remettait sa perruque sur sa tête, je n'ai couru que pour l'honneur, et mon honneur, c'est-à-dire celui de mon cheval, n'étant point entaché pour quelques secondes de retard en dépit de cette malencontreuse perruque, je suis fier de Loki et content de moi. Je serais encore plus content, ajouta-t-il en mettant pied à terre, si je savais ce qu'est devenu le couvre-chef de ce pauvre animal qui va s'enrhumer.

— Le voici, lui dit Christian tout bas en s'approchant de M. Goefle ; mais, puisque vous vous êtes fait reconnaître, il ne me reste plus qu'à déguerpir, mon cher oncle ; Christian Waldo pouvait avoir un domestique masqué, mais vous, ce serait invraisemblable.

— Non pas, non pas, Christian, je ne vous quitte point, répondit M. Goefle. Nous donnons ensemble un coup d'œil à l'aspect du lac vu du sommet du hogar, et nous retournons ensemble au Stollborg. Tenez, confions mon cheval à un de ces paysans, et grimpons là-haut. Prenons ce sentier, échappons aux curieux, car tout masque noir intrigue, et je vois qu'on va nous entourer et nous questionner.

## XI

Tandis que Christian et M. Goefle s'éloignaient furtivement derrière le tumulus, le gros de la société retournait au château neuf, trouvant l'ascension du hogar trop pénible et la nuit trop froide. On avait pourtant préparé, dans une excavation à mi-côte, une sorte de tente où il avait été question de prendre le punch ; mais les dames refusèrent, et les hommes les suivirent peu à peu. Quand, au bout d'une demi-heure, Christian et l'avocat descendirent de la plate-forme, où fondait la statue, trop chauffée par le voisinage des torches de résine, ils entrèrent par curiosité dans cette grotte garnie et fermée de tentures goudronnées, et ils n'y trouvèrent que Larrson avec son lieutenant. Les autres jeunes gens, esclaves de leurs amours qui se retiraient, ou de leurs chevaux qu'ils craignaient de laisser enrhumer, étaient repartis ou en train de partir. Osmund Larrson était un aimable jeune homme qui faisait bien son possible pour avoir l'esprit français, mais qui, heureusement pour lui, avait le cœur tout à sa patrie. Le lieutenant Ervin Osburn était une de ces bonnes grosses natures tranchées qui ne peuvent même pas essayer de se modifier. Il avait toutes les qualités d'un excellent officier et d'un excellent citoyen avec toute la bonhomie d'un homme bien portant et qui ne se creuse pas la tête sur ce dont il n'a que faire. Larrson était son ami, son chef et son dieu. Il ne le quittait pas plus que son ombre, et ne remuait pas un doigt sans son avis. Il l'avait consulté même pour le choix de sa fiancée.

Dès que ces deux amis aperçurent M. Goefle, ils s'élancèrent vers lui pour le retenir, en jurant qu'il ne quitterait pas le hogar sans qu'il leur eût fait l'honneur de trinquer avec eux. Le punch était prêt, il n'y avait plus qu'à l'allumer.

— Je veux, s'écria Larrson, pouvoir dire que j'ai bu et fumé dans le hogar du lac, la nuit du 26 au 27 décembre, avec deux hommes célèbres à différents titres, M. Edmund Goefle et Christian Waldo.

— Christian Waldo! dit M. Goefle; où le prenez-vous?

— Là, derrière vous. Il est déguisé en pauvre quidam, il est masqué, mais c'est égal; il a perdu un de ses gros vilains gants, et je reconnais sa main blanche, que j'ai vue à Stockholm par hasard et que j'ai considérée si attentivement, que je la reconnaîtrais entre mille! Tenez, monsieur Christian Waldo, vous avez la main très-belle; mais elle offre une particularité: votre petit doigt de la main gauche est légèrement courbé en dessous, et vous ne pouvez pas l'ouvrir tout à fait, même quand vous ouvrez la main avec franchise et de tout cœur. Ne vous souvient-il pas d'un officier qui, à Stockholm, vous vit sauver un petit mousse de la fureur de trois matelots ivres? C'était sur le port, vous sortiez de votre baraque, vous étiez encore masqué; votre valet s'enfuit. L'enfant, sans vous, eût péri : vous en souvenez-vous?

— Oui, monsieur, répondit Christian ; cet officier, c'était vous qui passiez, et qui, tirant le sabre, avez mis ces ivrognes en fuite; après quoi, vous m'avez fait monter dans votre voiture. Sans vous, j'étais assommé.

— C'eût été un homme de cœur de moins, dit Larrson. Voulez-vous me donner encore une poignée de main comme là-bas?

— De tout mon cœur, répondit Christian en serrant la main du major.

Puis, ôtant son masque :

— Je n'ai pas coutume, dit-il en s'adressant à M. Goefle, de cacher ma figure aux gens qui m'inspirent de la confiance et de l'affection.

— Quoi! s'écrièrent ensemble le major et son lieutenant, Chistian Goefle, notre ami d'hier au soir?

— Non, Christian Waldo, qui avait volé le nom de M. Goefle, et à qui M. Goefle a bien voulu pardonner une grande impertinence. Dès cette nuit, je vous avais reconnu, major.

— Ah ! très-bien. Vous avez assisté au bal en dépit des préjugés du baron, lequel n'avait peut-être pas eu le bon esprit de vous inviter à y paraître.

— Ce n'est l'usage en aucun pays d'inviter comme convive un homme payé pour faire rire les convives. Je n'aurais donc pas eu lieu de trouver mauvais que l'on me mît à la porte, et je m'y suis exposé, ce qui est une sottise. Pourtant, j'ai une excuse : je voyage pour connaître les pays que je parcours, pour m'en souvenir et pour les décrire. Je suis une espèce d'écrivain observateur qui prend des notes, ce qui ne veut pas dire que je sois un espion diplomatique. Je m'occupe de beaux-arts et de sciences naturelles plus que de mœurs et de coutumes; mais tout m'intéresse, et, ayant ailleurs déjà vécu dans le monde, il m'a pris envie de revoir le monde, chose curieuse, le monde avec tout son luxe, au fond des montagnes, des lacs et des glaces d'un pays en apparence inabordable. Seulement, il paraît que ma figure a fort déplu au baron, et voilà pourquoi je suis rentré aujourd'hui chez lui sous mon masque. Vous me donniez, hier au soir, le conseil de n'y pas rentrer du tout?

— Et nous vous le donnerions encore, cher Christian, répondit le major, si le baron se fût rappelé l'incident de la nuit dernière ; mais son mal paraît le lui avoir fait oublier. Prenez garde pourtant à ses valets. Cachez votre visage et parlons français, car voici des gens à lui qui nous apportent le punch et qui peuvent vous avoir vu au bal.

Un vaste bol d'argent, plein de punch enflammé, fut posé sur une table de granit brut, et le major en fit les honneurs avec gaieté. Pourtant M. Goefle, si animé l'instant d'auparavant, était devenu tout à coup rêveur, et, comme dans la matinée, il semblait partagé entre le besoin de s'égayer et celui de résoudre un problème.

— Qu'est-ce que vous avez donc, mon cher *oncle*? lui dit Christian en remplissant son verre; me blâmez-vous d'avoir mis ici l'incognito de côté?

— Nullement, répondit l'avocat, et, si vous le voulez, je raconterai succinctement à ces messieurs votre histoire, pour leur prouver qu'ils ont raison de vous traiter en ami.

— Oui, oui, l'histoire de Christian Waldo ! s'écrièrent les deux officiers. Elle doit être bien curieuse, dit le major, et, si elle doit rester secrète, nous jurons sur l'honneur...

— Mais elle est trop longue, dit Christian. J'ai encore deux jours à passer chez le baron. Prenons un rendez-vous plus sûr et plus chaud.

— C'est cela, dit M. Goefle. Messieurs, venez nous voir au Stollborg demain, nous dînerons ou nous souperons ensemble.

— Mais, demain, repondit le major, c'est la chasse à l'ours ; n'y viendrez-vous pas tous les deux ?

— Tous les deux ? Non ; moi, je ne suis pas chasseur, et je n'aime pas les ours ; quant à Christian, ce n'est pas sa partie. Voyez un peu, si un ours venait à lui manger une main... Il n'en a pas trop de deux pour faire agir ses marionnettes. Montrez-la-moi donc, Christian, votre main : c'est singulier, cette courbure de votre petit doigt ! Je ne l'avais pas remarquée, moi ! C'est une blessure, n'est-ce pas ?

— Non, répondit Christian, c'est de naissance.

Et, montrant sa main gauche, il ajouta :

— C'est moins apparent de ce côté-ci, et pourtant cela existe aux deux mains ; mais cela ne me gêne nullement.

— C'est singulier, très-singulier ! répéta M. Goefle en se grattant le menton comme il avait coutume de faire quand il était intrigué.

Ce n'est pas si singulier, reprit Christian. J'ai vu cette légère difformité chez d'autres personnes... Tenez, je l'ai remarquée chez le baron de Waldemora. Elle est même beaucoup plus sensible que chez moi.

— Eh ! parbleu ! précisément ; c'est à quoi je songeais. Il a les deux petits doigts complètement fermés. Vous avez remarqué cela aussi, messieurs ?

— Très-souvent, dit Larrson, et, devant Christian Waldo, qui donne aux malheureux presque tout ce qu'il gagne, on peut dire, sans crainte d'allusion, que ces doigts fermés sont réputés un signe d'avarice.

— Pourtant, dit M. Goefle, le baron ne ménage pas l'argent. On pourrait dire, je le sais bien, que sa magnificence est pour lui une raison de plus d'aimer la richesse à tout prix ; mais son père était très-désintéressé et son frère excessivement généreux. Donc, les doigts fermés ne prouvent rien.

— Retrouvait-on les mêmes particularités chez le père et le frère du baron ? demanda Christian.

— Oui, et très-marquée, à ce que l'on m'a dit. Un jour, en examinant avec attention les portraits de famille du baron, j'ai constaté avec surprise plusieurs ancêtres à doigts recourbés. N'est-ce pas une chose très-bizarre ?

— Espérons, dit Christian, que je n'aurai jamais d'autre ressemblance avec le baron. Quant à la chasse à l'ours, dussé-je y perdre mes deux mains *difformes*, je meurs d'envie d'en être, et j'irai certainement pour mon compte.

— Venez avec nous, s'écria Larrson ; j'irai vous prendre dès le matin.

— De grand matin ?

— Ah ! oui, certes ! avant le jour.

— C'est-à-dire, reprit Christian en souriant, un peu avant midi ?

— Vous calomniez notre soleil, dit le lieutenant ; il sera levé dès sept ou huit heures.

— Alors... allons dormir !

— Dormir ! s'écria M. Goefle ; déjà ? Le punch ne nous le permettra pas, j'espère ! Je ne fais que commencer à me remettre de l'émotion que m'a causée la perruque de Stangstadius. Laissez-moi respirer, Christian ; je vous croyais plus gai ! Vous ne l'êtes pas du tout ce soir, savez-vous ?

— Je l'avoue, je suis mélancolique comme un Anglais, répondit Christian.

— Pourquoi cela, voyons, mon neveu ? car vous êtes mon neveu, je n'en démords pas en particulier, bien que je vous aie lâchement renié en public. Pourquoi êtes-vous triste ?

— Je n'en sais rien, cher oncle ; c'est peut-être parce que je commence à devenir saltimbanque.

— Expliquez votre aphorisme.

— Il y a trois mois que je montre les marionnettes, c'est déjà trop. Dans une autre phase de ma vie que je vous ai racontée, j'ai fait le même métier pendant environ le même espace de temps, et j'ai éprouvé, quoique à un moindre degré (j'étais plus jeune), ce que j'éprouve maintenant, c'est-à-dire une grande excitation suivie de grands abattements, beaucoup de dégoût et de nonchalance pour me mettre à la besogne, une fièvre de verve, un débordement de gaieté ou d'émotion quand j'y suis, un grand accablement et un véritable mépris de moi-même quand j'ôte mon masque et redeviens un homme aussi rassis qu'un autre.

— Bah ! ce que vous racontez là, c'est ma propre histoire ; il m'en arrive autant pour plaider. Tout orateur, tout comédien, tout artiste ou tout professeur forcé de se battre les flancs pendant une moitié de sa vie pour instruire, éclairer ou divertir les autres, est las du genre humain et de lui-même quand le rideau tombe. Je ne suis gai et vivant ici, moi, que parce que je n'ai pas plaidé depuis quatre ou cinq jours. Si vous me surpreniez dans mon cabinet, rentrant de l'audience, criant après ma gouvernante qui ne m'apporte pas mon thé assez vite, après les clients qui m'assiègent, après les portes de ma maison qui grincent... Que sais-je? Tout m'exaspère... Et puis je tombe dans mon fauteuil, je prends un livre d'histoire ou de philosophie... ou un roman, et je m'endors délicieusement dans l'oubli de ma maudite profession.

— Vous vous endormez *délicieusement*, monsieur Goefle, parce que vous avez, en dépit de vos nerfs malades, la conscience d'avoir fait quelque chose d'utile et de sérieux.

— Hom, hom! pas toujours! On ne peut pas toujours plaider de bonnes causes, et, même en plaidant les meilleures, on n'est jamais sûr de plaider précisément le juste et le vrai. Croyez-moi, Christian, il n'y a pas de sots métiers, dit-on : moi, je dis qu'ils le sont tous ; c'est ce qui fait que peu importe celui qui donne carrière au talent. Ne méprisez pas le vôtre : tel qu'il est, il est cent fois plus moral que le mien.

— Oh! oh! monsieur Goefle, vous voilà dans un beau paradoxe! Allez, allez, nous vous écoutons. Vous allez plaider cela avec éloquence.

— Je n'aurai pas d'éloquence, mes enfants, dit M. Goefle, pressé par les deux officiers comme par Christian de donner carrière à son imagination. Ce n'est pas ici le lieu de sophistiquer, et je suis en vacances. Je vous dirai tout bonnement que le métier d'amuser les hommes par des fictions est le premier de tous... le premier en date, c'est incontestable : aussitôt que le genre humain a su parler, il a inventé des mythologies, composé des chants et récité des histoires; le premier au point de vue de l'utilité morale, je le soutiendrais contre l'université et votre Stangstadius lui-même, qui ne croit qu'à ce qu'il touche. L'homme ne profite jamais de l'expérience; vous aurez beau lui apprendre l'histoire authentique : il repassera sans cesse, de moins en moins, si vous le voulez, mais toujours proportionnellement à son degré de civilisation, dans les mêmes folies et les mêmes fautes. Est-ce que notre propre expérience nous profite à nous-mêmes? Moi, qui sais fort bien que demain je serai malade pour avoir fait le jeune homme cette nuit, vous voyez que je m'en moque! Ce n'est donc pas la raison qui gouverne l'homme, c'est l'imagination, c'est le rêve. Or, le rêve, c'est l'art, c'est la poésie, c'est la peinture, la musique, le théâtre... Attendez, messieurs, que je vide mon verre avant de passer à mon second point.

— A votre santé, monsieur Goefle, s'écrièrent les trois amis.

— A votre santé, mes enfants! Je continue. Je ne considère pas Christian Waldo comme un montreur de marionnettes. Qu'est-ce qu'une marionnette? Un morceau de bois couvert de chiffons. C'est l'esprit et l'âme de Christian qui font l'intérêt et le mérite de ses pièces. Je ne le considère pas non plus seulement comme un acteur, car il ne lui suffirait pas de varier son accent et de changer de voix à chaque minute pour nous émouvoir : ce n'est là qu'un tour d'adresse. Je le considère comme un auteur, car ses pièces sont de petits chefs-d'œuvre, et rappellent ces mignonnes et adorables compositions musicales qu'ont faites d'illustres maîtres de chapelle italiens et allemands pour des théâtres de ce genre. C'était de la musique pour les enfants, disaient-ils avec modestie. En attendant, les connaisseurs en faisaient leurs délices. Donc, messieurs, rendons à Christian Waldo la justice qui lui est due.

— Oui, oui, s'écrièrent les deux officiers, que le punch rendait expansifs, vive Christian Waldo! C'est un homme de génie.

— Pas tout à fait, répondit Christian en riant ; mais je vois ici la cause du mépris de *mon oncle* pour le métier d'avocat. Il peut soutenir et faire accepter les plus énormes mensonges.

— Taisez-vous, mon neveu, vous n'avez pas la parole! Je dis que... Mais tu n'es qu'un ingrat, Christian! Tu n'es pas avocat, et tu te plains! Tu peux chercher la vérité générale sous toutes les fictions possibles, et tu te lasses de la faire aimer aux hommes! Tu as de l'esprit, du cœur, de l'instruction, du savoir-vivre, et tu te qualifies de saltimbanque pour rabaisser ton œuvre et l'abandonner peut-être ! Voyons, malheureux, est-ce là ton idée?

— Oui, c'est ma résolution, répondit Christian, j'en ai assez. J'ai cru que je pourrais aller plus longtemps, mais l'incognito prolongé me fatigue comme une puérilité indigne d'un homme sérieux. Il faut que je trouve le moyen de voyager sans mendier. J'ai bien cherché déjà. C'est un grand problème à résoudre pour qui n'a rien. L'homme qui se fixe trouve toujours du travail; celui qui veut marcher est bien embarrassé aujourd'hui. Dans l'antiquité, monsieur Goefle, voyager signifiait conquérir la terre au profit de l'intelligence humaine. Les hommes le sentaient, c'était une auguste mission, l'initiation des âmes d'élite. Aussi le voyageur était-il un être sacré pour les populations, qui saluaient son arrivée avec respect et qui venaient chercher auprès de lui des nouvelles de l'humanité. Aujourd'hui, si le voyageur n'est pas quelque peu riche, il faut qu'il se fasse mendiant, voleur ou histrion...

— Histrion! s'écria M. Goefle; pourquoi ce terme de mépris? L'histrion, que j'appellerai, moi, du nom de *fabulateur*, parce que c'est l'interprète de l'œuvre d'imagination (*fabulata*), a pour but de détourner l'homme du positif de la vie, et, comme la majorité de notre sotte espèce est prosaïque et brutalement attachée aux intérêts matériels, les Cassandre qui gouvernent l'opinion repoussent les poètes et leurs organes. S'ils l'osaient, ils repousseraient encore bien plus les prédicateurs, qui leur parlent du ciel, et la religion, qui est une guerre aux passions étroites, une doctrine d'idéalisme; mais on ne se révolte pas contre l'idéalisme présenté comme une vérité révélée. On n'ose pas. On le repousse quand il vient vous dire naïvement : « Je vais vous prouver le beau et le bien par des symboles et des fables. »

— Et pourtant, dit Christian, les livres sacrés sont remplis d'apologues. C'est la prédication des âges de foi et de simplicité. Tenez, monsieur Goefle, la cause du préjugé n'est pas précisément où vous la cherchez, ou du moins elle n'y est que par la déduction d'un fait que je vais vous signaler. Le comédien n'a pas de liens réels avec le reste de la société. Il ne rend pas de services effectifs en tant que comédien, et les hommes ne s'estiment entre eux qu'en raison d'un échange de services. Considérez que toutes les autres professions sont étroitement liées au sort de chacun dans la société, même le prêtre qui, pour les incrédules, est encore l'officier indispensable à leur état civil. Quant aux autres fonctionnaires, chaque homme voit en eux son espoir ou son appui à un moment donné. Le médecin lui fait espérer la santé, le juge et l'avocat représentent le gain de sa cause, le spéculateur peut lui donner la fortune, le commerçant lui procure les denrées, le soldat protége sa sécurité, le savant favorise les progrès de son industrie par ses découvertes, tout professeur d'une branche quelconque des connaissances humaines lui offre l'instruction nécessaire aux divers emplois : le comédien seul lui parle de tout et ne lui donne rien... que de bons conseils qu'il lui fait payer à la porte, et que son auditeur eût pu prendre gratis de lui-même.

— Eh bien, s'écria M. Goefle, quel est cet ergotage? Ne sommes-nous pas d'accord? Tu ne fais que prouver ce que je disais. Tout ce qui est imagination et sentiment est méprisé par le vulgaire.

— Non, monsieur Goefle, mais le sentiment infécond, l'imagination improductive! Que voulez-vous! il y a quelque chose de juste dans l'opinion du bourgeois qui peut dire au comédien : « Tu me parles de vertu, d'amour, de dévouement, de raison, de courage, de bonheur! C'est ton état d'en parler; mais, puisque ton état ne te donne que la parole, n'exige pas que je voie en toi autre chose qu'un vain discoureur. Si tu es quelque chose de plus, descends de ces tréteaux tout à l'heure et m'aide à arranger ma vie comme tu réussis dans ta pièce à arranger ta fiction. Guéris ma goutte, plaide mon procès, enrichis ma maison, marie ma fille avec celui qu'elle aime, place mon gendre, et, si tu n'es pas bon à tout cela, fais-moi des souliers ou pave ma cour; fais quelque chose enfin en échange de l'argent que je te donne. »

— D'où tu conclus?... dit M. Goefle.

— D'où je conclus qu'il faut que tout homme ait un état qui serve directement aux autres hommes, et que le préjugé contre le comédien et le *fabulateur* en général cessera le jour où le théâtre sera gratuit, et où tous les gens d'esprit capables de bien représenter se feront, par amour de l'art, fabulateurs et comédiens à un moment donné, quelle que soit d'ailleurs leur profession.

— Voilà, j'espère, un rêve qui dépasse tous mes paradoxes!

— Je ne dis pas le contraire; mais, il y a deux cents ans, on ne croyait pas à l'Amérique, et l'on verra, je crois, dans deux cents ans, des choses plus extraordinaires que toutes celles que nous pouvons rêver.

On avala le reste du punch sur cette conclusion, et Christian voulut prendre congé de M. Goefle, qui semblait d'humeur à aller danser une courante au château neuf avec les jeunes officiers; mais le docteur en droit ne voulut pas quitter son ami, qui avait réellement besoin de repos, et, après s'être promis de se revoir le lendemain, ou plutôt le jour même, puisqu'il était deux heures du matin, chacun alla reprendre sa voiture.

— Voyons, Christian, dit M. Goefle quand ils furent côte à côte sur le traîneau qui les ramenait au Stollborg, est-ce sérieusement que tu parles de...? A propos, je m'aperçois que j'ai pris, je ne sais où et je ne sais quand, l'habitude de vous tutoyer!

— Gardez-la, monsieur Goefle, elle m'est agréable.

— Pourtant... je ne suis pas d'âge à me permettre... Je n'ai pas encore la soixantaine, Christian; ne me prenez pas pour un patriarche!

— Dieu m'en garde ! Mais, si le tutoiement est dans votre bouche un signe d'amitié...

— Oui, certes, mon enfant ! Or, je continue : dis-moi donc...

Ici, M. Goefle fit une assez longue pause, et Christian le crut endormi ; mais il se ranima pour lui dire tout à coup :

— Répondez, Christian : si vous étiez riche, que feriez-vous de votre argent ?

— Moi ? dit le jeune homme étonné. Je tâcherais d'associer le plus de gens possible à mon bonheur.

— Tu serais donc heureux ?

— Oui, je partirais pour faire le tour du monde.

— Et après ?

— Après...? Je n'en sais rien... J'écrirais mes voyages.

— Et après ?

— Je me marierais pour avoir des enfants... J'adore les enfants !

— Et tu quitterais la Suède ?

— Qui sait ? Je n'ai de liens nulle part. Le diable m'emporte si... Ne croyez pas que j'exagère, je ne suis pas gris, mais je me sens pour vous, monsieur Goefle, une affection prononcée, et je veux être pendu si le plaisir de vivre près de vous n'entrerait pas pour beaucoup dans ma résolution !... Mais de quoi parlons-nous là ? Je n'ai pas le goût des châteaux en Espagne, et je n'ai jamais rêvé la fortune... Dans deux jours, j'irai je ne sais où et n'en reviendrai peut-être jamais !

Quand les deux amis furent entrés dans la chambre de l'ourse, ils avaient si bien oublié qu'elle était hantée, qu'ils se couchèrent et s'endormirent sans songer à reprendre leurs commentaires sur l'apparition de la veille.

De leurs lits respectifs, ils essayèrent de continuer la conversation ; mais, bien que M. Goefle fût encore un peu excité et que Christian mît la meilleure grâce du monde à lui donner la réplique, le sommeil vint bientôt s'abattre comme une avalanche de plumes sur les esprits du jeune homme, et le docteur en droit, après avoir maugréé contre Nils, qui ronflait à faire trembler les vitres, prit le parti de s'endormir aussi.

En ce moment, le baron de Waldemora s'éveillait au château neuf. Lorsque, d'après son ordre, Johan entra chez lui, il le trouva assis sur son lit et à demi-vêtu.

— Il est trois heures, monsieur le baron, lui dit le majordome. Avez-vous un peu reposé ?

— J'ai dormi, Johan, mais bien mal ; j'ai rêvé marionnettes toute la nuit.

— Eh bien, mon maître, ce n'est pas un rêve triste, cela ! ces marionnettes étaient fort drôles.

— Tu trouves, toi ? Allons, soit !

— Mais vous avez ri vous-même ?

— On rit toujours. La vie est un rire perpétuel... un rire bien triste, Johan !

— Voyons, mon maître, pas d'idées noires. Qu'avez-vous à m'ordonner ?

— Rien ! si je dois mourir aujourd'hui, qui pourra l'empêcher ?

— Mourir ! où diable prenez-vous cela ? Vous avez une mine admirable ce matin !

— Mais si on m'assassinait ?

— Qui donc aurait cette pensée ?

— Beaucoup de gens ; mais surtout l'homme du bal, celui dont la figure et la menace...

— Le prétendu neveu de l'avocat ? Je ne comprends pas que vous vous tourmentiez de cette figure-là. Elle ne ressemble nullement à celle...

— Tais-toi, tu n'as jamais vu clair de ta vie, tu es myope !

— Oh ! que non !

— Mais un insolent qui, chez moi, devant tout le monde, ose me regarder en face et me défier !

— Cela vous est arrivé plus d'une fois, et vous en avez toujours ri.

— Et cette fois je suis tombé foudroyé !

— C'est ce maudit anniversaire ! Vous savez bien que, tous les ans, il vous rend malade, et puis vous l'oubliez.

— Je ne me reproche rien, Johan.

— Parbleu ! croyez-vous que je vous reproche quelque chose ?

— Mais que se passe-t-il dans ma pauvre tête pour que j'aie ces visions ?

— Bah ! c'est l'époque des grands froids. La chose arrive à tout le monde.

— Est-ce que cela t'arrive quelquefois ?

— Moi ? Jamais... Je mange beaucoup ; vous, vous ne mangez rien. Voyons, il faut prendre quelque chose ; du thé, au moins.

— Pas encore. Que penses-tu du récit de cet Italien ?

— Ce Tebaldo ? Vous ne m'en avez pas dit le premier mot !

— C'est vrai. Eh bien, je ne t'en dirai pas davantage.

— Pourquoi ?

— C'est trop insensé. Cependant... crois-tu que l'avocat Goefle soit mon ennemi ? Il doit être mon ennemi !

— Je n'en vois pas la raison.

— Je ne la vois pas non plus ; je l'ai toujours largement payé, et son père m'était tout dévoué.

— Et puis c'est un homme d'esprit que M. Goefle, un beau parleur, un homme du monde, et sans préjugés, croyez-moi.

— Tu te trompes ! il ne veut pas plaider contre le Rosenstein. Il dit que j'ai tort ; il m'a tenu tête aujourd'hui. Je le hais, ce Goefle !

— Déjà ? Bah ! attendez un peu. Promettez-lui une plus grosse somme que de coutume, et il trouvera que vous avez raison.

— Je l'ai fait. Il m'a fort mal répondu ce matin. Je te dis que je le hais !

— Eh bien, alors que voulez-vous *qu'il lui arrive*?

— Je ne sais pas encore, nous verrons ; mais le vieux Stenson ?

— Quoi, le vieux Stenson.

— Le crois-tu capable de m'avoir trahi ?

— Quand ça ?

— Je ne te demande pas quand. Le crois-tu dissimulé ?

— Je le crois idiot.

— Idiot toi-même ! Stenson est plus fin que toi, et que moi aussi peut-être. Ah ! si l'Italien m'avait dit vrai !...

— Vous ne voulez donc pas que je sache ce qu'il vous a dit ? Vous n'avez plus de confiance en moi ? Alors tourmentez-vous, allez vous-même aux renseignements, et renvoyez-moi dormir.

— Johan, tu me grondes, dit le baron avec une douceur extraordinaire. Apaise-toi, tu sauras tout.

— Oui, quand vous aurez besoin de moi.

— J'en ai besoin tout de suite. Il faut que cet Italien produise ses preuves, s'il en a. On n'a rien trouvé sur lui ?

— Rien. J'ai fouillé moi-même.

— Il me l'avait bien dit, qu'il n'avait rien. Et que pourrait-il avoir ? Te souviens-tu de Manassé, toi ?

— Je crois bien ! un bonhomme qui a beaucoup vendu ici autrefois, et qui vendait cher.

— Il est mort.

— Ça m'est égal.

— C'est cet Italien qui l'a tué.

— Drôle d'idée ! Pourquoi donc ?

— Pour le voler probablement, et lui prendre une lettre.

— De qui ?

— De Stenson.

— Intéressante ?

— Oh ! oui, certes, si elle contenait ce que prétend ce drôle.

— Eh bien, dites, si vous voulez que je comprenne.

Le baron et son confident parlèrent alors si bas, que les murailles même ne les entendaient pas. Le baron était agité ; Johan haussait les épaules.

— Voilà, dit-il, un conte à dormir debout. Cette canaille de Tebaldo aura forgé cette histoire dans le pays sur des *on dit* pour vous tirer de l'argent.

— Il dit n'avoir jamais mis le pied en Suède avant ce jour et arrive tout droit de Hollande par Drontheim.

— C'est possible. Qu'importe ? Il se sera renseigné par hasard dans les environs ; on y débite sur vous tant de fables ! Il est possible aussi qu'il ait rencontré dans ses voyages ce vieux Manassé, qui en avait recueilli sa part autrefois.

— Voyons, que faut-il faire ?

— Il faut faire peur à M. l'Italien, ne pas vous laisser rançonner, et lui promettre...

— Combien ?

— Deux ou trois heures dans notre *chambre des roses*.

— Il n'y croira pas ! On lui aura dit qu'en Suède, sous le règne du vieux évêque, tout cela était rouillé.

— Croyez-vous que le capitaine de la grosse tour ait besoin de ces antiquailles pour faire tirer la langue à un homme de chair et d'os ?

— Alors tu es d'avis...?

— Qu'on le couvre de roses jusqu'à ce qu'il avoue qu'il a menti, ou jusqu'à ce qu'il dise où il a caché ses preuves.

— Impossible ! Il criera, et le château est plein de monde.

— Et la chasse ? Allez-y, mort ou vif, il faudra bien que tout le monde vous suive.

— Il reste toujours quelqu'un, ne fût-ce que les laquais de mes hôtes. Et les vieilles femmes ? Elles diront que j'use d'un droit que l'État se réserve.

— Bah ! bah ! vous vous en moquez bien ! Je me charge d'arranger cela, d'ailleurs : je dirai que c'est un pauvre diable qui a eu la jambe broyée, et que l'on opère.

— Et tu recevras ses révélations ?

— Oui certes... Qui donc ?

— J'aimerais mieux être là.

— Vous savez bien que vous avez le cœur tendre, et que vous ne pouvez pas voir souffrir.

— C'est vrai, cela me dérange l'estomac et les entrailles... J'irai à la chasse pour tout de bon.

— Allons, rendormez-vous en attendant l'heure. Je veillerai à tout.

— Et tu trouveras l'inconnu ?

— Celui-là, ce doit être un compère. Nous ne le trouverons que par les aveux de Tebaldo.

— D'autant plus qu'il offrait de me livrer celui... Mais ce n'est peut-être pas le même !

— Je le confesserai sur tous les points, dormez tranquille.

— L'a-t-on fait jeûner, cet Italien ?

— Parbleu !

— Alors va-t'en ; je vais essayer de reposer encore un peu... Tu m'as calmé, Johan... Tu as toujours des idées, toi ; moi, je baisse... Ah ! que j'ai vieilli vite, mon Dieu !

Johan sortit en recommandant à Jacob de réveiller le baron à huit heures. Jacob était un valet de chambre qui couchait toujours dans un cabinet contigu à la chambre du baron. C'était un très-honnête homme, avec qui le baron jouait le rôle de bon maître, sachant bien qu'il est utile d'avoir quelques braves gens autour de soi, ne fût-ce que pour pouvoir dormir en paix sous leur garde.

Quant à Christian, qui dormait toujours très-bien, en quelque lieu et en quelque compagnie qu'il se trouvât, il se réveilla au bout de six heures de sommeil, et se leva doucement pour regarder le ciel. Le jour ne paraissait pas encore ; mais, comme le jeune homme allait se recoucher, il se rappela la partie de chasse qui devait probablement commencer à s'organiser en ce moment au château neuf. Christian n'était chasseur qu'en vue d'histoire naturelle. Adroit tireur, il n'avait jamais eu la passion de tuer du gibier pour tuer le temps et pour montrer son adresse ; mais une chasse à l'ours lui offrait l'intérêt d'une chose neuve, pittoresque, ou intéressante au point de vue zoologique. Il se sentit donc tout à coup et tout à fait réveillé, et parfaitement résolu à aller voir ce spectacle, sauf à ne pas le voir tout entier et à revenir à temps pour préparer sa représentation avec M. Goefle.

Comme, en s'endormant, il avait touché quelques mots de cette chasse au docteur en droit, et qu'il ne l'avait pas trouvé favorable à ce projet, dont, pour sa part, M. Goefle n'avait nulle envie, Christian prévit qu'il rencontrerait de l'opposition chez son bon *oncle*, et, se sachant complaisant, il prévit aussi qu'il céderait.

— Bah ! pensa-t-il, mieux vaut s'échapper sans bruit, en lui laissant deux mots au crayon pour qu'il ne s'inquiète pas de moi. Il sera un peu contrarié, il s'ennuiera de déjeuner seul ; mais il a encore à travailler, à causer avec M. Stenson : je rentrerai à temps peut-être pour qu'il ne s'aperçoive pas trop de son isolement.

Christian sortit doucement de la chambre de garde, s'habilla dans celle de l'ourse, mit, par habitude et par précaution, son masque sous son chapeau, et sortit par le *gaard*, qui était encore plongé dans le silence et l'obscurité. De là, Christian gagna le verger desséché par l'hiver, descendit au lac, et, se voyant, de ce côté, beaucoup plus près du rivage que par le sentier du nord, il traversa un court espace d'eau glacée, et se mit à marcher en terre ferme dans la direction du château neuf.

Dans le même moment, Johan traversait la glace du côté opposé et venait se mettre en observation au Stollborg, sans se douter du vol que son gibier venait de prendre.

XII

Christian ne pensait pas trouver le major au château neuf. Il savait que le jeune officier allait passer chaque nuit ou chaque matinée, après les fêtes du château, à son bostœlle, situé à peu de distance. N'ayant pas songé à lui demander dans quelle direction se trouvait cette maison de campagne, il ne la cherchait nullement. Son intention était d'observer à distance les préparatifs de la chasse et de se mêler aux paysans employés à la battue générale.

Il suivait encore le sentier au bord du lac, lorsque l'aube parut, et lui permit de distinguer un homme venant à sa rencontre. Il baissa vite son masque, mais il le releva presque aussitôt en reconnaissant le lieutenant Osburn.

— Ma foi ! lui dit celui-ci en lui tendant la main, je suis content de vous rencontrer ici. J'allais vous chercher, et cette rencontre nous fera gagner au moins une demi-heure de jour. Hâtons-nous ; le major est là qui vous attend.

Ervin Osburn prit les devants en rebroussant chemin ; au bout de quelques pas, il se dirigea vers la gauche dans la montagne. Lorsque Christian, qui le suivait, eut gravi pendant quelques minutes une montée assez rapide, il vit au-dessous de lui, dans un étroit ravin, deux traîneaux arrêtés, et le major, qui, l'apercevant, accourut d'un air joyeux.

— Bravo ! s'écria-t-il, vous possédez l'exactitude par esprit de divination ! Comment diable saviez-vous nous trouver ici ?

— Je ne savais rien, répondit Christian ; j'allais au château neuf à tout hasard.

— Eh bien, le hasard est pour nous dès le matin ; cela signifie que la chasse sera bonne... Ah çà ! vous êtes fort bien déguisé, comme hier au soir ; mais vous n'êtes ni chaussé ni armé pour la circonstance. J'avais prévu cela, heureusement, et nous avons pour vous tout ce qu'il faut. En attendant, prenez cette pelisse de précaution, et partons vite. Nous allons un peu loin, et la journée ne sera pas trop longue pour tout ce que nous avons à faire.

Christian monta avec Larrson dans un petit traîneau du pays, très-léger, à deux places, et mené par un seul petit cheval de montagne. Le lieutenant, avec le caporal Duff, qui était un bon vieux sous-officier expert en fait de chasse, monta dans un véhicule de même forme. Le major prit les devants, et l'on se mit en route au petit galop.

— Il faut que vous sachiez, dit le major à Christian, que nous allons nous hâter de chasser pour notre compte. Ce n'est ni le gibier, ni les tireurs adroits qui manquent sur les terres du baron, il est lui-même un très-savant et très-intrépide chasseur ; mais, comme il doit consentir à envoyer ou à conduire à la battue d'aujourd'hui beaucoup de ses hôtes qui n'y entendent pas grand'chose, et qui ont plus de prétentions que d'habileté, il est fort à craindre qu'on y fasse plus de bruit que de besogne. Et, d'ailleurs, la battue avec les paysans est une chose sans grand intérêt, comme vous pourrez vous en assurer, lorsque, après avoir fait notre expédition, nous reviendrons par la montagne que vous voyez là-haut. C'est une espèce d'assassinat vraiment lâche : on entoure le pauvre ours, qui ne veut pas toujours quitter sa tanière ; on l'effraye, on le harcèle, et, quand il en sort enfin pour faire tête ou pour fuir, on le tire sans danger de derrière les filets où l'on se tient à l'abri de son désespoir. Or, outre que cela manque de piquant et d'imprévu, il arrive fort souvent que les impatients et les maladroits font tout manquer, et que la bête a déguerpi avant qu'on ait pu l'atteindre. Nous allons opérer tout autrement, sans traqueurs, sans vacarme et sans chiens. Je vous dirai ce qu'il y aura à faire, quand nous approcherons du bon moment. Et, croyez-moi, la vraie chasse est comme tous les vrais plaisirs : il n'y faut point de foule. C'est une partie fine qui n'est bonne qu'avec des amis ou des personnes de premier choix.

— J'ai donc, répondit Christian, double remercîment à vous faire de vouloir bien m'associer à ce plaisir intime ; mais expliquez-moi comment vous avez la liberté d'aller tuer le gibier du baron avant lui. Je l'aurais cru plus jaloux de ses prérogatives de chasseur ou de ses droits de propriétaire.

— Aussi n'est-ce pas son gibier que nous allons essayer de tuer. Ses propriétés sont considérables, mais tout le pays n'est pas à lui, Dieu merci ! Voyez ces belles montagnes qui se dressent devant vous : c'est la frontière norvégienne, et, sur les premières assises de ces gigantesques remparts, nous allons trouver un groupe que l'on appelle le *Blaakdal*. Là vivent quelques paysans libres et propriétaires au sein des déserts sublimes, et quelquefois au sein des nuages, car les cimes ne sont pas souvent nettes et claires comme aujourd'hui. Eh bien, c'est à un de ces *dannemans* (on les appelle ainsi) que mes amis et moi avons acheté l'ours dont il a découvert la retraite. Ce *danneman*, qui est un homme intéressant pour ses connaissances dans la partie, demeure dans un site magnifique et assez difficile à atteindre en voiture ; mais, avec l'aide de Dieu et de ces bons petits chevaux de montagne, nous en viendrons à bout. Nous déjeunerons chez lui ; après quoi, il nous servira lui-même de guide auprès de monseigneur l'ours, qui, n'étant pas traqué d'avance par des bavards et des étourdis, nous attendra sans méfiance et nous recevra... selon son humeur du moment. Mais voyez, Christian, voyez quel beau spectacle ! Aviez-vous déjà vu ce phénomène ?

— Non, pas encore, s'écria Christian transporté de joie, et je suis content de le voir avec vous. C'est un phénomène que je ne connaissais que de réputation, une parhélie magnifique !

En effet, cinq soleils se levaient à l'horizon. Le vrai, le puissant astre était accompagné à droite et à gauche, au-dessus et au-dessous de son disque rayonnant, de quatre images lumineuses moins vives, moins rondes, mais entourées d'auréoles irisées d'une beauté merveilleuse. Comme nos chasseurs marchaient dans le sens opposé, ils s'arrêtèrent quelques instants pour jouir de cet effet d'optique, qui a beaucoup de rapport avec l'arc-en-ciel, quant à ses causes présumées, mais qui ne se produit guère, en Europe, que dans les pays du Nord.

On suivit d'abord une belle route, puis cette même route devenue un chemin étroit et inégal à travers les terres, puis ce chemin devenu sentier, puis le terrain, inculte et raboteux, n'offrant plus que de faibles traces frayées dans la neige des collines. Enfin Larrson, qui connaissait parfaitement le pays et les ressources du traîneau qu'il conduisait, se lança dans des aspérités effrayantes au flanc des montagnes, côtoyant des précipices, glissant à fond de train dans des ravines presque à pic, franchissant des fossés au saut de son cheval, escaladant par-dessus des arbres abattus et des rochers écroulés, sans presque daigner éviter ces obstacles, qui semblaient à chaque instant devoir faire voler en éclats le traîneau fragile. Christian ne savait lequel admirer le plus de l'audace du major ou de l'adresse et du courage du maigre petit cheval qu'il laissait aller à sa guise, car l'instinct merveilleux de l'animal ressemblait au sens de la seconde vue. Deux fois pourtant le traîneau versa. Ce ne fut pas la faute du cheval, mais celle du traîneau, qui ne pouvait se lier assez fidèlement à ses mouvements, quelque ingénieusement construit qu'il pût être. Ces chutes peuvent être graves; mais elles sont si fréquentes, que, sur la quantité, il en est peu qui comptent. Le traîneau du lieutenant, bien qu'averti par les accidents de celui qui lui frayait le passage, fut aussi deux ou trois fois culbuté. On roulait dans la neige, on se secouait, on remettait le traîneau sur sa quille, et on repartait sans faire plus de réflexion sur l'aventure que si l'on eût mis pied à terre pour alléger au cheval un peu de tirage. Ailleurs, une chute fait rire ou frémir; ici, elle entrait tranquillement dans les choses prévues et inévitables.

Christian éprouvait un bien-être indicible dans cette course émouvante.

— Je ne peux pas vous exprimer, disait-il au bon major, qui s'occupait de lui avec une fraternelle sollicitude, combien je suis heureux aujourd'hui !

— Dieu soit loué, cher Christian ! Cette nuit, vous étiez mélancolique.

— C'était la nuit, le lac, dont la belle nappe de neige avait été souillée par la course, et qui avait l'air d'une masse de plomb sous nos pieds. C'était le hogar éclairé de torches sinistres comme des flambeaux mortuaires sur un linceul. C'était cette barbare statue d'Odin, qui, de son marteau menaçant et de son bras informe, semblait lancer sur le monde nouveau et sur notre troupe profane je ne sais quelle malédiction ! Tout cela était beau, mais terrible; j'ai l'imagination vive, et puis...

— Et puis, convenez-en, dit le major, vous aviez quelque sujet de chagrin.

— Peut-être; une rêverie, une idée folle que le retour du soleil a dissipée. Oui, major, le soleil a sur l'esprit de l'homme une aussi bienfaisante influence que sur son corps. Il éclaire notre âme comme au réel. Ce beau et fantastique soleil du Nord, c'est pourtant le même que le bon soleil d'Italie et que le doux soleil de France. Il chauffe moins, mais je crois qu'il éclaire mieux qu'ailleurs, dans ce pays d'argent et de cristal où nous voici ! Tout lui sert de miroir, même l'atmosphère, dans ces glaces immaculées. Béni soit le soleil, n'est-ce pas, major ? Et béni soyez-vous aussi pour m'avoir emmené dans cette course vivifiante qui m'exalte et me retrempe. Oui, oui, voilà ma vie, à moi ! le mouvement, l'air, le chaud, le froid, la lumière ! Du pays devant soi, un cheval, un traîneau, un navire... bah ! moins encore, des jambes, des ailes, la liberté !

— Vous êtes singulier, Christian ! Moi, je préférerais à tout cela une femme selon mon cœur.

— Eh bien, dit Christian, moi aussi, parbleu ! Je ne suis pas singulier du tout; mais il faut être l'appui de sa propre famille ou rester garçon. Que voulez-vous que je fasse avec rien ? Ne pouvant songer au bonheur, j'ai, du moins, la consolation de savoir oublier tout ce qui me manque, et de m'enthousiasmer pour les joies austères auxquelles je peux prétendre. Ne me parlez donc pas de famille et de coin du feu. Laissez-moi rêver le grand vent qui pousse vers les rives inconnues... Je le sais trop, cher ami, que l'homme est fait pour aimer ! Je le sens en ce moment auprès de vous qui m'accueillez comme un frère, et qu'il me faudra quitter demain pour toujours; mais, puisque c'est ma destinée de ne pouvoir établir de liens nulle part; puisque je n'ai ni patrie, ni famille, ni état en ce monde, tout le secret de mon courage est dans la faculté que j'ai acquise de jouir du bonheur pris au vol et d'oublier que le lendemain doit l'emporter comme un beau rêve !... J'ai fait, d'ailleurs, bien des réflexions depuis ce punch dans la grotte du hogar.

— Pauvre garçon ! vous être amoureux, tenez, car vous n'avez pas dormi !

— Amoureux ou non, j'ai dormi comme dort l'innocence; mais on réfléchit vite quand on n'a pas beaucoup d'heures à perdre dans la vie. En m'habillant et en venant du Stollborg jusqu'à vous, une bonne et simple vérité m'est apparue. C'est qu'en voulant résoudre le problème du métier ambulant, je m'étais trompé. J'avais raisonné en enfant gâté de la civilisation. Je m'étais réservé des jouissances de sybarite. Vous allez me comprendre...

Ici, Christian, sans raconter au major les faits de sa vie, lui esquissa en peu de mots les aptitudes, les besoins, les défaillances et les progrès de sa vie intellectuelle et morale, et, quand il lui eut fait comprendre comment il avait essayé de se faire artiste pour ne pas cesser de se consacrer au service actif de la science, il ajouta :

— Or, mon cher Osmund, pour être artiste, il faut n'être que cela, et sacrifier les voyages, les études scientifiques et la liberté. Ne voulant pas faire ces sacrifices, pourquoi ne serais-je pas tout simplement l'artisan sans art que tout homme bien portant peut être à un moment donné de sa vie? Je veux étudier les flancs de la terre : ne puis-je me faire mineur, un mois durant, dans chaque mine? Je veux étudier la flore et la zoologie : ne puis-je m'engager pour une saison comme pionnier ou chasseur dans un lieu donné, et pousser plus loin à la saison suivante, utilisant, pour vivre pauvrement, mes bras et mes jambes au profit de mon savoir, au lieu d'épuiser mon esprit à des pasquinades pour gagner plus vite une meilleure nourriture et des habits plus fins? Ne suis-je pas de force à travailler matériellement pour laisser mon intelligence libre et humblement féconde? J'ai beaucoup pensé à la vie de votre grand Linné, qui est le résumé de la plupart de celles des savants au temps où nous sommes. C'est toujours le pain qui leur a manqué, c'est l'absence de ressources qui a failli étouffer leur développement et laisser leurs travaux ignorés ou inachevés. Je les vois tous, dans leur jeunesse, errants comme moi et inquiets du lendemain, ne trouver leur planche de salut que dans le hasard, qui leur fait rencontrer d'intelligents protecteurs. Encore sont-ils forcés, après avoir refermé leur main sur un bienfait, chose amère, d'interrompre souvent leur tâche pour occuper de petites fonctions qui leur sont accordées comme une grâce, qui leur prennent un temps précieux, et qui entravent ou retardent leurs découvertes. Eh bien, que ne faisaient-ils ce que je veux, ce que je vais faire : mettre un marteau ou un pic sur l'épaule pour s'en aller creuser la roche ou défricher la terre? Qu'ai-je besoin de livres et d'encrier? Qui me presse de faire savoir au monde savant que j'existe avant d'avoir quelque chose de neuf et de véritablement intéressant à lui dire? J'en sais assez maintenant pour commencer à apprendre, c'est-à-dire pour observer et pour étudier la nature sur elle-même. Ne voit-on pas des secrets sublimes découverts au sein des forces naturelles par de pauvres manœuvres illettrés en qui Dieu avait enfoui, comme une étincelle sacrée, le génie de l'observation? Et croyez-vous, major Larreon, qu'un homme passionné, comme je le suis pour la nature, manquera de zèle et d'attention parce qu'il mangera du pain noir et couchera sur un lit de paille? Ne pourra-t-il, en observant la construction des roches ou la composition des terrains, susciter une idée féconde pour l'exploitation... tenez, de ces porphyres qui nous environnent, ou de ces champs incultes que nous traversons? Je suis sûr qu'il y a partout des sources de richesse que l'homme trouvera peu à peu. Être utile à tous, voilà l'idéal glorieux de l'artisan, chez Osmund; être agréable aux riches, voilà le puéril destin de l'artiste, auquel je me soustrais avec joie.

— Quoi! dit le major étonné, est-ce sérieusement, Christian, que vous voulez renoncer aux arts agréables, où vous excellez, aux douceurs de la vie, que les ressources de votre esprit peuvent conquérir, aux charmes du monde, où il ne tiendrait qu'à vous de reparaître avec avantage et agrément, en acceptant quelque emploi dans les plaisirs de la cour? Vous n'avez qu'à vouloir, et vous vous ferez vite des amis puissants, qui obtiendront aisément pour vous la direction de quelque spectacle ou de quelque musée. Si vous voulez... ma famille est noble et a des relations...

— Non, non, major, merci! Cela eût été bon hier matin : je n'étais encore qu'un enfant qui cherchait son chemin en faisant l'école buissonnière; j'eusse peut-être accepté. Le bal m'avait ramené à d'anciens errements, à d'anciennes séductions mondaines que j'ai trop subies. Aujourd'hui, je suis un homme qui voit où il doit aller. Je ne sais quel rayon a pénétré dans mon âme avec ce soleil matinal...

Christian tomba dans la rêverie. Il cherchait en lui-même quel enchaînement d'idées l'avait amené à des résolutions si énergiques et si simples; mais il avait beau chercher et attribuer le tout à l'influence d'un bon sommeil et d'une belle matinée : toujours sa mémoire le ramenait à l'image de Marguerite cachant sa figure dans ses mains au nom de Christian Waldo. Ce cri étouffé, parti du cœur de la femme, était allé frapper la fière poitrine de Christian Goffredi. Il était resté dans son oreille, il avait rempli son âme d'une honte généreuse, d'un courage subit et inflexible.

— Eh! pourquoi, je vous le demande, répondit-il au major, qui lui rappelait les fatigues et les ennuis du travail matériel, pourquoi faut-il que je m'amuse, que je me repose et que je préserve mon existence de tout accident? Ma naissance ne m'ayant pas fait une place privilégiée, à qui m'en prendrai-je, si je n'ai pas le courage et le bon sens de m'en faire une honorable? A ceux qui m'ont donné la vie? S'ils étaient là, ils pourraient me répondre que, m'ayant fait robuste et sain, ce n'était pas à l'intention de me rendre douillet et paresseux, et que, si j'ai absolument besoin de marcher sur des tapis et de manger des friandises pour entretenir mes forces et ma belle humeur, il leur était complètement impossible de prévoir ce cas bizarre et ridicule.

— Vous riez, Christian, dit le major, et pourtant la vie sans superflu ne vaut pas la peine qu'on vive. Le but de l'homme n'est-il pas de se bâtir un nid avec tout le soin et la prévoyance dont l'oiseau lui donne l'exemple?

— Oui, major, c'est là le but, pour vous dont l'avenir se rattache à un passé ; mais, moi dont le passé n'a rien édifié, quand je me suis fait *fabulateur*, comme dit M. Goefle, savez-vous ce qui m'a décidé? C'est à mon insu, mais très-assurément, la crainte de ce que l'on appelle la misère. Or, cette crainte, chez un homme isolé, c'est une lâcheté, et il n'y a pas moyen de la traduire autrement que par cette plainte dont vous allez voir l'effet burlesque dans la bouche d'un homme bien bâti et aussi bien portant que je le suis. Tenez, supposons un monologue de marionnettes. C'est notre ami Stentarello qui parle ingénument : « Hélas! trois fois hélas! je ne dormirai donc plus dans ces draps fins ! Hélas ! je ne pourrai plus, quand j'aurai chaud en Italie, prendre une glace à la vanille ! Hélas ! quand j'aurai froid en Suède, je ne pourrai donc plus mettre du rhum de première qualité dans mon thé ! Hélas ! je n'aurai plus d'habit de soie couleur de lavande pour aller danser, plus de manchettes pour encadrer ma main blanche! Hélas! je ne couvrirai plus mes cheveux de poudre de violette et de pommade à la tubéreuse ! O étoiles, voyez mon destin déplorable ! Mon être si joli, si précieux, si aimable, va être privé de compotes dans des assiettes de Saxe, de ruban de moire à sa queue, de boucles d'or à ses souliers ! Fortune aveugle, société maudite ! tu me devais certes bien tout cela, ainsi qu'à Christian Waldo, qui fait si bien parler et gesticuler les marionnettes ! »

Larrson ne put s'empêcher de rire de la gaieté de Christian.

— Vous êtes un bien drôle de corps, lui dit-il. Il y a des moments où vous me paraissez paradoxal, et d'autres où je me demande si vous n'êtes pas un aussi grand sage que Diogène brisant sa tasse pour boire à même le ruisseau.

— Diogène! dit Christian, merci ! ce cynique m'a toujours paru un fou rempli de vanité. Dans tous les cas, s'il était vraiment philosophe et s'il voulait prouver aux hommes de son temps que l'on peut être heureux et libre sans bien-être, il a oublié la base de son principe : c'est que l'on ne peut pas être heureux et libre sans travail utile, et cette vérité-là est de tous les temps. Se réduire au strict nécessaire pour consacrer ses jours et ses forces à une tâche généreuse, ce n'est pas sacrifier quelque chose, c'est conquérir l'estime de soi, la paix de l'âme; mais, sans ce but, le stoïcisme n'est qu'une sottise, et je trouve plus sensés et plus aimables ceux qui avouent n'être bons à rien qu'à se divertir.

Tout en causant ainsi, nos chasseurs arrivèrent en vue de l'habitation rustique où ils étaient attendus. Elle était si bien liée aux terrasses naturelles de la montagne, que, sans la fumée qui s'en échappait, on ne l'eût guère distinguée de loin.

— Vous allez voir un très-brave homme, dit le major à Christian, un type de fierté et de simplicité dalécarliennes. Il y a bien dans la maison un être assez désagréable, mais peut-être ne le verrons-nous pas.

— Tant pis! répondit Christian; je suis curieux de toutes gens comme de toutes choses dans cet étrange pays. Quel est donc cet être désagréable ?

— Une sœur du *danneman*, une vieille fille idiote ou folle, que l'on dit avoir été belle autrefois, et sur laquelle ont couru toutes sortes d'histoires bizarres. On prétend que le baron Olaüs l'a rendue mère, et que la baronne son épouse (celle qu'il porte en bague) a fait enlever et périr l'enfant par jalousie rétrospective. Ce serait là la cause de l'égarement d'esprit de cette pauvre fille. Pourtant je ne vous garantis rien de tout cela, et je m'intéresse peu à une créature qui a pu se laisser vaincre par les charmes de l'homme de neige. Elle est quelquefois fort ennuyeuse avec ses chansons et ses sentences; d'autres fois elle est invisible ou muette. Puissions-nous la trouver dans un de ces jours-là! Nous voici arrivés. Entrez vite vous chauffer pendant que le caporal et le lieutenant déballeront nos vivres.

Le *danneman* Joë Bœtsoï était sur le seuil de sa porte. C'était un bel homme d'environ quarante-cinq ans, aux traits durs contrastant avec un regard doux et clair. Il était vêtu fort proprement, et s'avança sans grande hâte, le bonnet sur la tête, l'air digne et la main ouverte.

— Sois le bienvenu ! dit-il au major (le paysan dalécarlien tutoie tout le monde, même le roi); tes amis sont les miens.

Et il tendit aussi la main à Christian, à Osburn et au caporal.

— Je vous attendais, et, malgré cela, vous ne devez pas compter trouver chez moi beaucoup de richesse et de provisions. Tu sais, major Larrson, que le pays est pauvre ; mais tout ce que j'ai est à toi et à tes amis.

— Ne dérange rien dans ta maison, *danneman* Bœtsoï, répondit le major. Si j'étais venu seul, je t'aurais demandé ton gruau et ta bière ; mais, ayant amené trois de mes amis, je me suis approvisionné d'avance pour ne te point causer d'embarras.

Il y eut entre l'officier et le paysan un débat en dalécarlien que Christian ne comprit pas, et que le lieutenant lui expliqua pendant que l'on ouvrait les paniers.

— Nous avons, comme de juste, lui dit-il, apporté de quoi faire un déjeuner passable dans cette chaumière ; mais, tout en s'excusant de n'avoir rien de bon à nous offrir, le brave paysan s'est mis en frais, et il est aisé de voir, à sa figure allongée, que notre prévoyance le blesse et lui fait l'effet d'un doute sur son hospitalité.

— En ce cas, dit Christian, ne chagrinons pas ce brave homme ; gardons nos vivres, et mangeons ce qu'il a préparé pour nous. Sa maison paraît propre, et voilà ses filles laides, mais fort élégantes, qui servent déjà la table.

— Faisons un arrangement, reprit le lieutenant ; mettons tout en commun et invitons la famille à accepter nos mets, en même temps que nous accepterons les siens ; je vais proposer cela au *danneman*... si toutefois la chose paraît louable au major.

Le lieutenant ne prenait jamais un parti sur quoi que ce fût sans cette restriction.

La proposition, faite par le major, fut agréée par le *danneman* d'un air à demi satisfait.

— Ce sera donc, dit-il avec un sourire inquiet, comme un repas de noces, où chacun apporte son plat?

Toutefois il accepta ; mais, malgré les insinuations de Christian, il ne fut pas même question de faire asseoir les femmes. Cela était trop contraire aux usages, et les jeunes officiers eussent craint de paraître ridicules en proposant au *danneman* une si grande infraction d'un chef de famille.

Pendant que l'on déballait d'un côté et que l'on causait de l'autre, Christian examina la maison en dehors et en dedans. C'était le même système de construction qu'il avait déjà remarqué dans le *gaard* du Stollborg : des troncs de sapin calfeutrés avec de la mousse, l'extérieur peint en rouge à l'oxyde de fer, un toit d'écorce de bouleau recouvert de terre et de gazon. Comme la neige, très-abondante dans cette région montagneuse, eût pu surcharger le toit, elle avait été balayée avec soin, et la chèvre du *danneman*, plus grande d'un tiers que celle de nos climats, faisait entendre un bêlement plaintif à la vue de cette herbe fraîche mise à découvert.

Il faisait si chaud dans l'intérieur, que tout le monde jeta pelisses et bonnets pour rester en bras de chemise. Cette maisonnette, aisée et spacieuse comparativement à beaucoup d'autres de la localité, était encore assez petite ; mais elle était d'une coupe élégante, et sa galerie extérieure, sous le bord avancé du toit, lui donnait l'aspect confortable et pittoresque d'un chalet suisse. Une seule pièce, abritée du froid extérieur par un court vestibule, suffisait à toute la famille, composée de cinq personnes, le *danneman* veuf, sa sœur, un fils de quinze ans et deux filles plus âgées. Le poêle était un cylindre en briques de Hollande, de quatre pieds de haut, avec une cheminée accolée, le tout au centre de la maison. Le sol brut était jonché, en guise de tapis, de feuilles de sapin qui répandaient une odeur agréable et saine.

Christian se demandait où couchait toute cette famille, car il ne voyait que deux lits enfoncés dans la muraille comme dans des cases de navire. On lui expliqua que ces lits étaient ceux du *danneman* et de sa sœur. Les enfants couchaient sur des bancs, avec une fourrure pour toute literie.

— Au reste, dit le major à Christian, qui s'informait de tout avec curiosité, si vous trouvez ici la rudesse d'habitudes de nos montagnards de pure race, vous y pourriez trouver en même temps un luxe particulier à la profession de notre hôte et à la richesse giboyeuse de ces lieux sauvages. Je vous ai dit que le *danneman* Bœtsoï était un chasseur habile et plein d'expérience ; mais il faut que vous sachiez qu'il est habile, non-seulement pour dépister la grosse bête, mais encore pour la tuer sans l'endommager, et pour préparer et conserver sa précieuse dépouille. C'est toujours à lui que nous nous adressons quand nous voulons quelque chose de bon et de beau moyennant un prix honnête : des draps de peau de *daim de lait*, qui sont, pour l'été, le coucher le plus frais et le plus souple, et qui se lavent comme du linge ; des peaux d'ours noir à long poil pour doubler les traîneaux, des manteaux de peau de veau marin, qui sont impénétrables à la pluie, à la neige et aux longs brouillards d'automne, plus pénétrants et plus malsains que tout le reste ; enfin des raretés et même des curiosités en fait de fourrures, car ce Joë Bœtsoï a beaucoup voyagé dans les pays froids, et il conserve des relations avec des chasseurs qui lui font passer les objets de son commerce par les Lapons nomades et les Norvégiens trafiquants, ces caravanes du Nord dont le renne est le chameau, et dont le commerce n'est souvent qu'un échange de denrées, à la manière des anciens.

Christian était curieux de voir ces fourrures. Le *danneman* pensa qu'il désirait faire quelque acquisition, et, le conduisant avec le major à un petit hangar où les peaux étaient suspendues, il pria Larrson de disposer de toutes ses richesses à la satisfaction de son ami, sans vouloir seulement savoir le prix de vente avant de le recevoir.

— Tu t'y connais aussi bien que moi, lui dit-il, et tu es le maître dans ma maison.

Christian, à qui Osmund traduisit ces paroles, admira la confiance du Dalécarlien, et demanda si cette confiance s'étendait à quiconque réclamait son hospitalité.

— Elle est généralement très-grande, répondit le major; ici, les mœurs sont patriarcales. Le Dalécarlien, ce Suisse du Nord, a de grandes et rudes vertus; mais il habite un pays de misère. L'exploitation des mines y amène beaucoup de vagabonds, et ce monde souterrain cache souvent des criminels qui se soustraient long temps aux châtiments prononcés contre eux dans d'autres provinces. Le paysan, quand il n'est ni propriétaire, ni employé aux mines, est si misérable, qu'il est parfois forcé de mendier ou de voler. Et cependant le nombre des malfaiteurs est infiniment petit quand on le compare à celui des gens sans ressources, dont les ordres privilégiés ne s'occupent nullement. Le paysan riche ne peut donc se fier à tous les passants, et il ne se fie pas davantage au noble, qui vote régulièrement à la diète pour ses propres intérêts, contrairement à ceux des autres ordres; mais le militaire, surtout le membre de l'*indelta*, est l'ami du paysan. Nous sommes le pouvoir le plus indépendant qui existe, puisque la loi nous assure une existence heureuse et honorable en dépit de toute influence contraire. On sait que nous sommes généralement dévoués à la royauté quand elle se fait le soutien du peuple contre les abus de la noblesse. C'est son rôle chez nous, et le paysan, qui fait cause commune avec elle, ne s'y trompe pas. Laissez faire, Christian : un temps viendra où diète et sénat seront bien forcés de compter avec le bourgeois et le paysan! Notre roi n'ose pas. Notre reine Ulrique oserait bien, si son mari avait quelque énergie; mais la sœur de Frédéric le Grand s'arrêterait-elle en chemin, si une fois elle pouvait rabattre l'orgueil et l'ambition des *iarls*? J'en doute... Elle ne penserait qu'à étendre le pouvoir royal, sans admettre que la liberté publique doive y gagner. Notre espoir est donc dans Henri, le prince royal. C'est un homme de génie et d'action, celui-là!... Oui, oui! un temps viendra... Pardon! j'oublie que vous voulez voir des fourrures, et que vous ne vous intéressez guère à la politique de notre pays; mais croyez bien que le prince royal...

— Oui, oui, le prince royal, répéta le lieutenant en suivant le major et Christian sous le hangar.

Puis il resta pensif, occupé à apprendre par cœur en lui-même les mémorables paroles que venait de dire son ami, afin de se faire une opinion arrêtée sur la situation de son pays, dont il ne se fût pas beaucoup inquiété s'il eût consulté la philosophie apa-

thique qui lui était naturelle; mais le major avait une idée, il fallait bien que le lieutenant en eût une aussi, et quelle autre pouvait-il avoir?... Ce raisonnement le conduisit à mettre sans restriction son espoir et sa confiance dans le génie du prince royal. Se trompait-il avec Larrson? Henri (le futur Gustave III) avait en lui de puissantes séductions : l'instruction, l'éloquence, le courage, et certes, au début de sa carrière, l'amour du vrai et l'ambition de faire le bien; mais il devait, comme Charles XII et tant d'autres, subir les entraînements de ses propres passions en lutte contre celle du bien public. Après avoir sauvé la Suède de l'oligarchie, il devait la ruiner par le faste aveugle et par les faux calculs d'une politique sans vertu ; grand homme quand même à un moment donné de sa vie, celui où, sans répandre une goutte de sang, il parvint à affranchir son peuple de la tyrannie d'une caste fatalement entraînée par ses priviléges à rompre l'équilibre social.

Christian, d'après tout ce qu'il avait pu recueillir de la situation du pays et du caractère présumé du futur héritier de la couronne, partageait volontiers les illusions et les espérances du major; néanmoins il était encore plus occupé pour le moment, non pas d'acheter la doublure d'un vêtement d'hiver, il n'y pouvait songer, mais de regarder les dépouilles d'animaux que le *danneman* tenait entassées dans son étroit magasin. C'était pour lui un cours d'histoire naturelle relativement à quelques espèces, et Larrson, qui était un chasseur émérite, lui expliquait dans quelles régions du nord de l'Europe ces espèces étaient répandues.

— Puisque nous allons chasser l'ours tout à l'heure, lui dit-il en terminant, il est bon que vous connaissiez d'avance à quelle variété nous aurons affaire. Selon le *danneman* Bœtsoï, c'est un métis; mais il n'est encore prouvé pour personne que les différentes espèces se reproduisent entre elles. On en compte trois en Norvége : le *bress-diur*, qui vit de feuilles et d'herbes, et qui est friand de lait et de miel; l'*ildgiers-diur*, qui mange de la viande; et le *myrebiorn*, qui se nourrit de fourmis. Quant à l'ours blanc des mers glaciales, qui est une quatrième famille encore plus tranchée, je n'ai pas besoin de vous dire que nous ne le connaissons pas.

— Voilà pourtant, dit Christian, deux peaux d'ours polaire qui ne me paraissent pas les pièces les moins précieuses de la collection du *danneman*. A-t-il été chasser jusque sur la mer Glaciale?

— C'est fort possible, répondit le major. Dans tous les cas, il est, comme je vous l'ai dit, en relation avec l'extrême Nord, et il lui arrive fort bien de faire deux cents lieues en traîneau, au cœur de l'hiver, pour aller opérer des échanges avec des chasseurs qui ont fait tout autant de chemin sur leurs patins ou avec leurs rennes pour venir à sa rencontre. Aujourd'hui même, il prétend nous mettre en présence d'un métis d'ours blanc et d'ours noir, vu que son pelage lui a paru mélangé; mais, comme il ne l'a vu que la nuit, à la clarté fort trompeuse de l'aurore boréale, je ne vous garantis rien. L'ours est un être si méfiant, que ses mœurs sont encore très-mystérieuses, même dans nos contrées, où il abondait il y a cent ans, et où il est encore très-commun. On ne sait donc pas si l'ours à la robe mélangée est un métis ou une espèce à part. Les uns croient que, le pelage blanc étant un effet de l'hiver, le pelage pie est un commencement ou une fin de la métamorphose annuelle; d'autres assurent que l'ours blanc est blanc en toute saison; mais tout ce que je vous dis là, Christian, vous le savez mieux que moi peut-être… Vous avez lu tant d'ouvrages que je ne connais que de nom…

— C'est précisément parce que j'ai lu beaucoup d'ouvrages que je ne sais rien pour résoudre vos doutes. Buffon contredit Wormsius précisément à l'endroit des ours, et tous les savants se contredisent les uns les autres presque à propos de tout, ce qui ne les empêche pas de se contredire eux-mêmes. Ce n'est pas leur faute en général; la plupart des lois de la nature sont encore à l'état d'énigme, et, si les mœurs des animaux qui vivent à la surface de la terre sont encore si peu ou si mal observées, jugez des secrets que renferment les flancs du globe ! C'est là ce qui me faisait vous dire tantôt que tout homme, si petit qu'il fût, pouvait découvrir des choses immenses; mais revenons à nos ours, ou plutôt dépêchons-nous de déjeuner pour aller les trouver. Je ne connais aux Suédois qu'un défaut, cher ami, c'est de manger trop souvent et trop longtemps. Je comprendrais cela tout au plus quand ils ont des journées de vingt heures; mais, quand je vois le petit arc de cercle que le soleil doit faire maintenant pour se replonger sous l'horizon, je me demande à quelle heure vous espérez chasser.

— Patience, cher Christian ! répondit le major en riant; la chasse à l'ours n'est pas longue. C'est un coup de main réussi ou manqué, soit qu'on loge deux balles dans la tête de l'ennemi, soit que, d'un revers de patte, il vous désarme et vous assomme. Voilà le *danneman* qui nous annonce que le déjeuner est prêt; marchons.

L'*ambigu* apporté par les officiers était très-confortable; mais Christian vit bien que les jeunes filles et le *danneman* lui-même regardaient ce bon repas avec une sorte de tristesse humiliée, et qu'après s'être fait une fête d'offrir leurs mets rustiques, ils osaient à peine les exhiber. Dès lors il se fit un devoir d'y goûter et de les vanter, politesse qui lui coûta peu, car le saumon fumé et le gibier frais du *danneman* étaient fort bons, le beurre de renne exquis, les navets tendres et sucrés, les confitures de baies de ronces du Nord aromatiques et rafraîchissantes. Christian apprécia moins le lait aigre servi pour boisson dans des cruches d'étain. Il préféra la piquette fabriquée avec les baies d'une autre ronce qui croît en abondance dans le pays même, et que l'on mange et conserve de mille manières. Enfin il admira, au dessert, le gâteau de Noël, qui avait été fait exprès pour les hôtes du *danneman*, afin qu'ils pussent l'entamer, vu que celui qui était réservé à la famille devait, selon l'usage, rester intact jusqu'à l'Épiphanie. Le *danneman* porta résolûment le couteau dans l'édifice de luxe pétri en farine de froment, et fit tomber les tourelles et les clochetons savamment construits par ses filles. Ces grandes personnes, brunes, peu jolies, mais bien faites et coquettement parées de rubans et de bijoux sur un grand luxe de linge blanc et de cheveux noirs tressés, furent alors seulement invitées à prendre leur part du gâteau et à tremper leurs lèvres dans le gobelet de leur père, après que celui-ci l'eut rempli de bière forte. Elles restèrent debout, et firent, avant de boire, une grande révérence et un compliment de nouvelle année à leurs hôtes.

L'impatience que Christian éprouvait ordinairement à table quand il n'avait plus faim, s'était changée en une rêverie profonde. Ses compagnons étaient assez bruyants, bien qu'ils se fussent abstenus de vin et d'eau-de-vie dans la crainte de se laisser surprendre par l'ivresse au moment d'entrer en chasse. Le *danneman*, d'abord réservé et un peu fier, était devenu plus expansif, et paraissait avoir conçu pour son hôte étranger une sympathie particulière; mais cet homme, qui connaissait tous les dialectes du Norrland et même le finnois et le russe d'Archangel, ne parlait le suédois, sa propre langue nationale, qu'avec peine. Christian, qui, avec sa curiosité et sa facilité habituelles, s'exerçait déjà à comprendre le dalécarlien, n'avait saisi que vaguement, et par la pantomime du narrateur, les récits intéressants de ses chasses et de ses voyages, provoqués et recueillis avidement par les autres convives.

Fatigué des efforts d'attention qu'il était obligé de faire et de la chaleur excessive qui régnait dans la chambre, Christian s'était éloigné du poêle et de la table. Il regardait par la fenêtre le sublime paysage que dominait le chalet, planté au bord d'une profonde gorge granitique, dont les flancs noirs, rayés de cascatelles glacées, plongeaient à pic jusqu'au lit du torrent. Les prairies naturelles, inclinées au-dessus de l'abîme, étaient, en beaucoup d'endroits, si rapides, que la neige n'avait pu s'y maintenir contre les rafales, et qu'elles étalaient au soleil leurs nappes vertes légèrement poudrées de givre, brillantes comme des tapis d'émeraudes pâles. Ces restes d'une verdure tendre, victorieuse des frimas, étaient rehaussés par le vert sombre et presque noir des gigantesques pins, pressés et dressés comme des monuments de l'abîme, et tout frangés de girandoles de glace. Ceux qui étaient placés dans les creux où séjournait la neige entassée y étaient ensevelis jusqu'à la moitié de leur fût, et ce fût est quelquefois de cent soixante pieds de haut. Leurs branches, trop chargées de glaçons, pendaient et s'enfonçaient dans la neige, roides comme les arcs-boutants des cathédrales gothiques. A l'horizon, les pics escarpés du Sevenberg dressaient, dans un ciel couleur d'améthyste, leurs crêtes rosées, séjour des glaces éternelles. Il était onze heures du matin environ ; le soleil projetait déjà ses rayons vers les profondeurs bleuâtres qui, à l'arrivée de Christian sur la montagne, étaient encore plongées dans les tons mornes et froids de la nuit. A chaque instant, il les voyait s'animer de lueurs changeantes comme l'opale.

Tout voyageur artiste a signalé la beauté des paysages neigeux sous les latitudes qui sont, pour ainsi dire, leur théâtre de prédilection. Chez nous, la neige ne parvient jamais à tout son éclat : ce n'est que dans des lieux accidentés, et en de rares journées où elle résiste au soleil, que nous pouvons nous faire une idée de la splendeur des tons qu'elle revêt, de la transparence des ombres que ses masses reçoivent. Christian était pris d'enthousiasme. Comparant le bien-être relatif du chalet (bien-être excessif quant à la chaleur) avec l'âpreté solennelle du spectacle extérieur, il se mit à songer à la vie du *danneman*, et à se la représenter par l'imagination au point de se l'approprier furtivement et de se croire chez lui, dans sa propre patrie, dans sa propre famille.

Il n'est aucun de nous qui, vivement frappé de certaines situations, ne se soit trouvé plongé dans une de ces étranges rêveries où le moment présent nous apparaît simultanément double, c'est-à-dire reflété dans l'esprit comme un objet dans une glace. On s'imagine qu'on repasse par un chemin déjà parcouru,
que l'on se retrouve avec des personnes déjà connues dans une autre phase de la vie, et que l'on recommence en tous points une scène du passé. Cette sorte d'hallucination de la mémoire devint si complète chez Christian, qu'il lui sembla avoir déjà entendu clairement cette langue dalécarlienne, tout à l'heure inintelligible pour lui, et qu'en écoutant machinalement la parole douce et grave du *danneman*, il se mit en lui-même à achever ses phrases avant lui et à y attacher un sens. Tout à coup il se leva, un peu comme un somnambule, et, roidissant sa main sur l'épaule du major :

— Je comprends ! s'écria-t-il avec une émotion extrême ; c'est fort étrange... mais je comprends ! Le *danneman* ne vient-il pas de dire qu'il avait douze vaches, dont trois étaient devenues si sauvages pendant l'été dernier, qu'il n'avait pu les ramener chez lui à l'automne ? qu'il les croyait perdues, et qu'il avait été obligé d'en tuer une d'un coup de fusil, pour l'empêcher de disparaître comme les autres ?

— Il a dit cela, en effet, répondit le major ; seulement cette histoire ne date pas de l'été dernier. Le *danneman* dit qu'elle lui est arrivée il y a une vingtaine d'années.

— N'importe, reprit Christian, vous voyez que j'ai presque tout compris. Comment expliquez-vous cela, Osmund ?

— Je ne sais, mais j'en suis moins surpris que vous : c'est le résultat de votre incroyable facilité à apprendre toutes les langues, à les construire et à les expliquer en vous-même par les analogies qu'elles ont entre elles.

— Non, cela ne s'est pas fait ainsi en moi ; cela est venu comme une réminiscence.

— C'est encore possible. Vous aurez étudié, dans votre enfance, une foule de choses dont vous vous souvenez confusément. Voyons à présent, écoutez ce que disent les jeunes filles : le comprenez-vous ?

— Non, dit Christian, c'est fini ; le phénomène a cessé, je ne comprends plus rien.

Et il retourna vers la fenêtre pour essayer de ressaisir la mystérieuse révélation en écoutant parler ses hôtes ; mais ce fut en vain. Les rêveries confuses se dissipèrent, et, malgré lui, le raisonnement, les impressions réelles reprirent leur empire habituel sur son esprit.

Cependant il ne tarda pas à entrer dans un autre ordre de pensées contemplatives. Cette fois, ce n'était plus un passé fantastique qui lui apparaissait ; c'était le songe d'un avenir assez logiquement déduit des résolutions qu'il avait prises, et dont il avait entretenu le major une heure auparavant. Il se voyait vêtu, comme le *danneman*, d'une lévite sans manches par-dessus une veste à manches longues et étroites, chaussé de bas de cuir jaune par-dessus des bas de drap, les cheveux coupés carrément sur le front, assis auprès de son poêle brûlant, et racontant à quelrare visiteur ses expéditions sur les glaces flottantes, ou sur les courants du terrible gouffre Maelstrom et dans les sentiers perdus du Syltfield.

Dans ce milieu paisible et rude qu'il entrevoyait comme la récompense austère de ses voyages et de ses travaux, il essayait naturellement de se faire l'idée d'une compagne associée aux occupations rustiques de son âge mûr. Christian regardait attentivement les filles du *danneman :* elles n'étaient pas assez belles pour qu'il se délectât à l'idée d'être l'époux d'une de ces mâles et sévères créatures. Il eût mieux aimé rester garçon que de ne pouvoir vivre intellectuellement avec la compagne de sa vie. Malgré lui, le fantôme de Marguerite voltigeait dans son rêve sous la forme d'une blonde et mignonne fée déguisée en fille des montagnes, et plus jolie avec la chemisette blanche et le corsage vert que dans sa robe à paniers et ses mules de satin; mais cette fantaisie de toilette n'était qu'un travestissement passager : Marguerite était une figure détachée d'un autre cadre; elle ne pouvait que traverser le chalet en souriant, et disparaître dans le traîneau bleu et argent, doublé de cygne, où il était à jamais défendu à Christian de s'asseoir à ses côtés.

— Va-t-en, Marguerite! se dit-il. Que viens-tu faire ici? Un abîme nous sépare, et tu n'es pour moi qu'une vision dansant au clair de la lune. La femme que j'aurai sera une épaisse réalité... ou plutôt je n'aurai pas de femme; je serai mineur, laboureur ou commerçant nomade comme mon hôte, pendant une vingtaine d'années, avant de pouvoir bâtir mon nid sur la pointe d'une de ces roches. Eh bien, à cinquante ans, je me fixerai dans quelque site grandiose, j'y vivrai en anachorète, et j'élèverai quelque enfant abandonné qui m'aimera comme j'ai aimé Goffredi. Pourquoi non? Si, d'ici là, j'ai découvert quelque chose d'utile à mes semblables, ne serai-je pas heureux?

C'est ainsi que Christian retournait dans sa tête le problème de sa destinée; mais son rêve de bonheur, quelque modeste qu'il le construisît, s'écroulait toujours devant l'idée de la solitude.

— Et pourquoi donc depuis vingt-quatre heures, se disait-il, cette obsession d'amour sérieux? Jusqu'à présent, j'avais peu pensé au lendemain. Voyons, ne puis-je appliquer à ces éveils et à ces cris du cœur la bonne philosophie que j'opposais, en causant avec Osmund, aux douceurs matérielles de l'existence? Si j'ai su m'oublier, ou du moins me traiter rudement comme un être physique dans mon projet de réforme, ne puis-je aussi bien imposer silence à l'imagination, qui se met à caresser le bonheur de l'âme? Allons donc, Christian! puisque tu as réglé et décidé que tu n'avais pas de droits particuliers au bonheur, ne peux-tu en prendre ton parti, et te dire : « Il ne s'agit pas de respirer le parfum des roses, il s'agit de marcher dans les épines sans regarder derrière toi? »

Christian sentit son cœur se rompre au beau milieu de cet effort de volonté, et son visage fut inondé de larmes, qu'il cacha dans ses mains en prenant l'attitude d'un homme qui sommeille.

— Eh bien, Christian, s'écria le major en se levant de table, est-ce le moment de dormir, vous qui étiez le plus ardent à la chasse? Venez boire le coup de l'étrier, et partons.

Christian se leva en criant *bravo*. Il avait les yeux humides; mais son franc sourire ne permettait pas de penser qu'il eût pleuré.

— Il s'agit, reprit le major, de savoir qui de nous aura l'honneur d'attaquer le premier Sa Majesté fourrée.

— Ne sera-ce pas, dit Christian, le sort qui en décidera? Je croyais que c'était l'usage.

— Oui, sans doute; mais vous nous avez tant divertis et intéressés hier au soir, que nous nous demandions tout à l'heure ce que nous pourrions faire pour vous en remercier, et voici ce que le lieutenant et moi avons décidé, avec l'agrément du caporal, qui a ici sa voix comme les autres. On tirera au sort, et celui de nous qui sera favorisé aura le plaisir de vous offrir la longue paille.

— Vraiment! dit Christian. Je vous en suis reconnaissant, je vous en remercie tous du fond du cœur, mes aimables amis; mais il se pourrait bien que vous fissiez là le sacrifice d'un plaisir que je ne suis pas digne d'apprécier. Je ne me suis pas donné pour un chasseur ardent et habile. Je ne suis qu'un curieux...

— Craignez-vous quelque chose? reprit le major. Dans ce cas...

— Je ne peux rien craindre, répondit Christian, puisque je ne sais rien des dangers de cette chasse, et je ne crois pas être poltron au point de ne vouloir aller où je présume qu'il y a un danger quelconque à courir. Je répète que je n'y mets aucun amour-propre; je n'ai jamais fait aucun exploit qui me donne le droit de vouloir accaparer un triomphe : ne pouvez-vous me donner une place qui égalise toutes nos chances?

— Il n'en peut être ainsi. Toutes les chances sont égales devant le sort; seulement, la bonne est pour celui qui marche le premier.

— Eh bien, dit Christian, je marcherai le premier et je ferai lever le gibier; mais, si quelqu'un ne tient pas à le tuer de sa propre main, c'est moi, je vous le déclare, et même j'avoue que je préférerais beaucoup avoir le temps d'examiner la pantomime et l'allure vivante de la bête.

— Mais si, avant que vous puissiez l'examiner, elle fuit et nous échappe? On ne sait rien du caprice qu'elle peut avoir. L'ours est peureux le plus souvent, et, à moins d'être blessé, il ne songe qu'à disparaître. Croyez-moi, Christian, chargez-vous de l'attaque, si vous tenez à voir quelque chose d'intéressant. Autrement, vous ne verrez peut-être que la bête morte après le combat; car il paraît qu'elle est retranchée dans un lieu étroit, derrière d'épaisses broussailles.

— Alors j'accepte, dit Christian, et je vous promets de vous faire voir, ce soir, sur mon théâtre, une chasse à l'ours où je tâcherai d'introduire des choses divertissantes. Oui, oui, je serai aussi amusant que possible pour vous prouver ma gratitude. Et à présent, major, dites-moi ce qu'il faut faire, et de quelle façon on s'y prend pour tuer un ours proprement, sans le faire trop souffrir, car je suis un chasseur sentimental, et force m'est de vous avouer que je n'ai pas le plus petit instinct de férocité.

— Quoi! reprit le major, vous n'avez même jamais vu tuer un ours?

— Jamais!

— Oh! alors c'est très-différent; nous retirons notre proposition. Personne ici n'a envie de vous voir estropié, cher Christian! N'est-ce pas, camarades? Et que dirait la comtesse Marguerite, si on lui ramenait son danseur avec une jambe broyée?

Le lieutenant et le caporal furent d'avis qu'il ne fallait pas exposer un novice à une rencontre sérieuse avec la bête féroce; mais le nom de Marguerite, prononcé là au grand regret de Christian, lui avait fait battre le cœur. Dès ce moment, il mit autant d'ardeur à réclamer la faveur qu'on lui avait octroyée qu'il y avait mis d'abord de modestie ou d'indifférence.

— Si je puis tuer l'ours un peu élégamment, pensa-t-il, cette princesse barbare rougira peut-être un peu moins de notre amitié défunte, et, si l'ours me tue un peu tragiquement, le souvenir du pauvre histrion sera peut-être arrosé d'une petite larme de pitié versée en secret.

Quand le major vit que Christian était évidemment contrarié d'avoir à s'en remettre au sort, il engagea ses compagnons à lui rendre son tour de faveur. Seulement, il s'approcha du *danneman* et lui dit dans sa langue :

— Ami, puisque tu vas en avant avec notre cher Christian pour lui servir de guide, veille de près sur lui, je te prie. C'est son coup d'essai.

Le Dalécarlien, étonné, ne comprit pas tout de suite : il se fit répéter l'avertissement, puis il regarda Christian avec attention et secoua la tête.

— Un beau jeune homme, dit-il, et un bon cœur, j'en suis certain! Il a mangé mon *kakebroë* comme s'il n'eût fait autre chose de sa vie; il a des dents dalécarliennes, celui-là, et pourtant il est étranger! C'est un homme qui me plaît. Je suis fâché qu'il ne sache point parler le dalécarlien avec moi, encore plus fâché qu'il aille où de plus fins que lui et moi sont restés.

Le *kakebroë*, auquel le *danneman* faisait allusion, n'était autre chose que son pain mêlé de seigle, d'avoine et d'écorce pilée. Comme on ne cuit guère, en ce pays, que deux fois par an, tout au plus, ce pain, qui est déjà très-dur par lui-même grâce au mélange de la poudre de bouleau, devient, par son état de dessèchement, une sorte de pierre plate qu'entament difficilement les étrangers. On sait le mot historique d'un évêque danois marchant contre les Dalécarliens au temps de Gustave Wasa : « Le diable lui-même ne saurait venir à bout de ceux qui mangent du bois. »

Comme le *danneman*, malgré son enthousiasme pour l'héroïque mastication de son hôte étranger, ne paraissait pas pouvoir répondre de le préserver, les inquiétudes de Larrson recommencèrent, et il essayait encore de dissuader Christian, lorsque le *danneman* pria tout le monde de sortir, excepté l'étranger. On devina sa pensée, et Larrson se chargea de l'expliquer à Christian.

— Il faut, lui dit-il, que vous vous prêtiez à quelque initiation cabalistique. Je vous ai dit que nos paysans croyaient à toute sorte d'influences et de divinités mystérieuses; je vois que le *danneman* ne vous conduira pas avec confiance à la rencontre de son ours, s'il ne vous rend invulnérable par quelque formule ou talisman de sa façon. Voulez-vous consentir...?

— Je le crois bien! s'écria Christian. Je suis avide de tout ce qui est un trait de mœurs. Laissez-moi seul avec le *danneman*, cher major, et, s'il me fait voir le diable, je vous promets de vous le décrire exactement.

Lorsque le *danneman* fut tête à tête avec son hôte, il lui prit la main, et lui dit en suédois :

— N'aie pas peur.

Puis il le conduisit à un des deux lits qui formaient niche transversale dans le fond de la chambre, et, après avoir appelé par trois fois : « Karine, Karine, Karine ! » il tira un vieux rideau de cuir maculé qui laissa voir une forme anguleuse et une figure d'une pâleur effrayante.

C'était une femme âgée et malade, qui parut se réveiller avec effort, et que le *danneman* aida à se soulever pour qu'elle pût regarder Christian. En même temps, il répéta à ce dernier :

— N'aie pas peur !

Et il ajouta :

— C'est ma sœur, dont tu as pu entendre parler ; une *voyante* fameuse, une *vala* des anciens temps !

La vieille femme, dont le sommeil avait résisté au bruit du repas et des conversations, parut chercher à rassembler ses idées. Sa figure livide était calme et douce. Elle étendit la main, et le *danneman* y mit celle de Christian ; mais elle retira la sienne aussitôt avec une sorte d'effroi, en disant en langue suédoise :

— Ah ! qu'est-ce donc, mon Dieu ? C'est vous, monsieur le baron ? Pardonnez-moi de ne pas me lever. J'ai eu tant de fatigue dans ma pauvre vie !

— Vous vous trompez, ma bonne dame, répondit Christian : vous ne me connaissez pas ; je ne suis pas baron.

Le *danneman* parla à sa sœur dans le même sens probablement, car elle reprit en suédois :

— Je sais bien que vous me trompez ; c'est là le *grand iarl* ! Que vient-il faire chez nous ? Ne veut-il pas laisser dormir celle qui a tant veillé ?

— Ne fais pas attention à ce qu'elle dit, repartit le *danneman* en s'adressant à Christian ; son esprit est endormi, et elle continue son rêve. Tout à l'heure elle va parler sagement.

Et il ajouta pour sa sœur :

— Allons, Karine, regarde ce jeune homme et dis-lui s'il faut qu'il vienne avec moi chasser le *malin*.

Le paysan dalécarlien appelle ainsi l'ours, dont il ne prononce le nom qu'avec répugnance. Karine se cacha les yeux, et parla avec vivacité à son frère.

— Parlez suédois, puisque vous savez le suédois, lui dit Christian, qui désirait comprendre les pratiques de la voyante. Je vous prie, ma bonne mère, expliquez-moi ce que je dois faire.

La voyante ferma les yeux avec une sorte d'acharnement et dit :

— Tu n'es pas celui dont je rêvais, ou tu as oublié la langue de ton berceau. Laissez-moi tous les deux, toi et ton ombre ; je ne parlerai pas, j'ai juré de ne jamais dire ce que je sais.

— Aie patience, dit le *danneman* à Christian. Avec elle, c'est toujours ainsi au commencement. Prie-la doucement, et elle te dira ta destinée.

Christian renouvela sa prière, et la voyante répondit enfin, en cachant toujours ses yeux dans ses mains pâles, et en prenant un style poétique qui semblait appris par cœur :

— Le dévorant hurle sur la bruyère, ses liens se brisent ; il se précipite !... Il se précipite vers l'est, à travers les vallées pleines de poisons, de tourbe et de fange.

— Est-ce à dire qu'il nous échappera ? dit le *danneman*, qui écoutait religieusement sa sœur.

— Je vois, reprit celle-ci, je vois marcher, dans des torrents puants, les parjures et les meurtriers ! *Comprenez-vous ceci ? savez-vous ce que je veux dire ?*

— Non, je n'en sais rien du tout, répondit Christian, qui reconnut le refrain des anciens chants scandinaves de la *Voluspa*, et qui crut reconnaître aussi la voix des galets du Stollborg.

— Ne l'interromps pas, dit le *danneman*. Parle toujours, Karine ; on t'écoute.

— J'ai vu briller le feu dans la salle du riche, reprit-elle ; mais, devant la porte, se tenait la mort.

— Est-ce pour ce jeune homme que tu dis cela ? demanda le *danneman* à sa sœur.

Elle continua sans paraître entendre la question :

— Un jour, dans un champ, je donnai mes habits à deux hommes de bois ; quand ils en furent revêtus, ils semblèrent des héros : l'homme nu est timide.

— Ah ! tu vois ! s'écria Bœtsoï en regardant Christian d'un air de triomphe naïf ; voilà, j'espère, qu'elle parle clairement !

— Vous trouvez ?

— Mais oui, je trouve. Elle te recommande d'être bien vêtu et bien armé.

— C'est un bon conseil, à coup sûr ; mais est-ce tout ?

— Écoute, écoute, elle va parler encore, dit le *danneman*.

Et la voyante reprit :

— L'insensé croit qu'il vivra éternellement s'il fuit le combat ; mais l'âge même ne lui donnera pas la paix : c'est à sa lance de la lui donner. *Compreneznvous? savez-vous ce que je veux dire?*

— Oui, oui, Karine! s'écria le *danneman* satisfait. Tu as bien parlé, et maintenant tu peux te rendormir; les enfants veilleront sur toi, et tu ne seras plus troublée.

— Laissez-moi donc, dit Karine; à présent, *la vala retombe dans la nuit*.

Elle cacha son visage dans sa couverture, et son maigre corps sembla s'enfoncer et disparaître dans son matelas de plumes d'eider, riche présent que lui avait fait le *danneman*, plein de vénération pour elle.

— J'espère que tu es content, dit-il à Christian en prenant une longue corde dans un coin de la chambre; la prédiction est bonne!

— Très-bonne, répondit Christian. Cette fois, j'ai compris. Rien ne sert aux gens prudents de se cacher; le plus sûr est de marcher droit à l'ennemi. Or donc, en route, mon cher hôte! Mais que voulez-vous faire de cette corde?

— Donne ton bras, répondit le *danneman*.

Et il se mit à rouler la corde, avec beaucoup de soin, autour du bras gauche de Christian.

— Voilà tout ce qu'il faut pour amuser le malin, dit-il : pendant qu'il aura ce bras dans ses pattes, de ton autre main tu lui fendras le ventre avec cet épieu; mais je t'expliquerai en route ce qu'il faut faire. Te voilà prêt, partons.

— Eh bien, s'écrièrent les officiers qui attendaient Christian dans le vestibule, aurons-nous bonne chance?

— Quant à moi, dit Christian, il paraît que je suis invulnérable; mais, quant à l'ours, je crains qu'il n'ait aussi bonne chance que moi. La voyante a dit qu'il s'enfuirait du côté de l'est.

— Non, non, répliqua le *danneman*, dont l'air grave et confiant imposait silence à toute plaisanterie; il a été dit que le dévorant se précipiterait du côté de l'est, mais non pas qu'il ne serait pas tué. Marchons!

Avant de suivre Christian à la chasse, nous retournerons pour quelques instants au château de Waldemora, d'où le baron était parti avec tous les hommes valides de sa société, et deux ou trois cents traqueurs, aussitôt après le lever du soleil.

Le point vers lequel se dirigeait cette battue seigneuriale était beaucoup moins élevé sur la montagne que la chaumière du *danneman*. Les dames purent donc s'y rendre, les unes résolues à voir d'aussi près que possible la chasse de l'ours, les autres, moins braves, se promettant bien de ne pas s'aventurer plus loin que la lisière des bois. Parmi les premières était Olga, jalouse de montrer au baron qu'elle s'intéressait à ses prouesses; parmi les dernières étaient Marguerite, qui se souciait peu des prouesses du baron, et mademoiselle Martina Akerstrom, fille du ministre de la paroisse et fiancée du lieutenant Osburn: excellente personne, un peu trop haute en couleur, mais agréable, affectueuse et sincère, avec qui Marguerite s'était liée de préférence à toute autre. Disons en passant que le ministre Mickelson, dont il a été question dans l'histoire de la baronne Hilda, était mort depuis longtemps, témérairement brouillé, assurait-on, avec le baron Olaüs. Son successeur était un homme très-respectable, et, bien que sa cure fût à la nomination du châtelain, ainsi qu'il était de droit pour certains fiefs, il montrait beaucoup de dignité et d'indépendance dans ses relations avec l'homme de neige. Peut-être le baron avait-il compris qu'il valait mieux rester en bons termes avec un homme de bien que d'avoir à ménager les mauvaises passions d'un ami dangereux. Il lui témoignait des égards, et le pasteur plaidait souvent auprès de lui la cause du faible et du pauvre, sans l'irriter par sa franchise.

On se porta en général assez mollement à la chasse du baron. Personne ne pensait qu'on dût rencontrer des ours dans une région aussi voisine du château, surtout après plusieurs jours de bruit et de fêtes. L'ours est défiant et maussade de sa nature. Il n'aime ni les sons de l'orchestre ni les feux d'artifice, et tout le monde se disait à l'oreille que, si on en rencontrait un seul, ce ne pouvait être qu'un ours apprivoisé et beau danseur, qui viendrait de lui-même donner la patte au châtelain. Le temps était néanmoins magnifique, les chemins de la forêt fort praticables, et c'était un but de promenade auquel personne ne manqua, même les gens âgés, qui se firent voiturer jusqu'à un pavillon rustique très-confortable où l'on devait déjeuner et dîner, soit que l'on eût tué des ours ou des lièvres.

Quand le château fut à peu près désert, Johan, ayant éloigné sous divers prétextes les valets dont il n'était pas sûr, procéda aux fonctions d'inquisiteur qu'il s'était vanté de mener à bien, et tint ainsi qu'il suit, avec ponctualité, heure par heure, le compte rendu de sa journée :

« *Neuf heures.* — L'*Italien* cric la faim et la soif. On le fait taire; ce n'est pas difficile.

» Personne au Stollborg que Stenson, l'avocat et son petit laquais. Je ne parle pas d'Ulf, l'abruti. Christian Waldo a disparu, à moins qu'il ne soit malade et couché. L'avocat, qui partage sa chambre avec lui, ne laisse entrer personne, et commence à me devenir suspect.

» *Dix heures.* — Le *capitaine* me fait demander s'il est temps d'agir. Pas encore. L'italien a encore trop de force. Christian Waldo est décidément à la promenade. Je suis entré dans la fameuse chambre, j'y ai trouvé l'avocat travaillant. Il dit ne pas savoir où est allé l'homme aux marionnettes. J'ai vu le bagage de celui-ci. Il n'est pas loin.

» *Onze heures.* — J'ai déterré le valet de Christian Waldo dans les écuries du château neuf. Je l'ai fait parler. Il sait le vrai nom de son maître : *Dulac.* Il serait donc Français et non Italien. Une découverte plus intéressante due à ce *Puffo,* c'est que nous avons ici deux Waldo pour un. Puffo n'a pas fait marcher les marionnettes hier au soir, et le Waldo à qui j'ai parlé (l'homme à la tache de vin) m'a fait dix mensonges. Son compère dans la représentation est inconnu à Puffo. Ce Puffo était ivre hier. Il a dormi. Il ne peut imaginer, dit-il, par qui il a pu être remplacé. J'ai eu envie de l'envoyer au capitaine; mais je crois voir qu'il dit vrai. Je ne le perds pas de vue. Il peut m'être utile.

» Ce second Waldo serait donc le faux Goefle. Alors, en n'ayant pas l'air de nous méfier, nous les tiendrons tous deux ce soir. J'ai cru voir que Stenson était inquiet. J'ai dit qu'on le laissât tranquille. Il faut, à tout événement, qu'il se rassure et ne nous échappe pas.

» *Midi.* — Je tiens tout : la preuve cachetée, que je vous envoie, et les révélations de l'Italien, que voici. (Il n'y a pas eu la moindre peine à se donner; la seule vue de la chambre des roses l'a rendu expansif.)

» Christian Waldo est bien celui que vous cherchez. Il est beau et bien fait; son signalement répond exactement à la figure du faux Christian Goefle. L'Italien ne sait rien de l'homme à la tache de vin.

» La fameuse *preuve,* que je vous procure *gratis,* était cachée entre deux pierres, derrière le hogar, dans un endroit très-bien choisi que je vous montrerai. Je suis allé la chercher moi-même, et je vous l'envoie sans savoir ce qu'elle vaut. Vous en serez juge. Je fais déjeuner M. l'Italien, dont le vrai nom est Guido Massarelli.

» Ne vous pressez pas de quitter la chasse, et ne faites paraître aucune impatience. S'il y a dans la pièce que je vous envoie quelque chose de sérieux et que ces bateleurs s'entendent avec le Guido, comme ils n'ont pu communiquer avec lui depuis hier, nous les tenons bien. Tous les chemins sont surveillés. Le Guido offre de se mettre contre eux; mais je ne m'y fie pas. Si tout cela n'est qu'une mystification pour vous faire payer, nous payerons autrement, et nous payerons cher ! »

Ayant clos son bulletin, Johan le lia au portefeuille que Guido avait été forcé de livrer, et expédia le tout, bien scellé, à l'adresse du baron, au rendez-vous de chasse, par le plus sûr de ses agents.

## XIII

Il nous est permis, pendant que cette dépêche court après le baron, de courir nous-mêmes au chalet de Bœtsoï, d'où ce brave *danneman* voulait emmener Christian sans autre arme qu'une corde et un bâton ferré.

— Attendez! dit le major, il faut que notre ami soit équipé et armé. Votre épieu est bon, maître Joë; mais un bon coutelas norvégien sera meilleur, et un bon fusil ne sera pas de trop.

Cédant aux instances du major et du lieutenant, Christian dut endosser une veste de peau de renne et chausser des bottes de feutre sans semelle et sans couture, chaussure souple comme un bas, ne glissant jamais sur la glace ou la neige, et impénétrable au froid. Puis l'ayant armé et muni de poudre et de balles, les amis de Christian lui mirent sur la tête un bonnet fourré, et l'on tira au sort les places pour la chasse.

— J'ai le numéro 1 ! s'écria le major tout joyeux; c'est donc moi qui cède ma place à Christian et qui me poste à cent pas derrière lui; le lieutenant est à ma gauche, le caporal à ma droite, à cent pas aussi de chaque côté. Partez donc et comptez vos pas; nous suivrons quand vous aurez compté cent, et que vous nous ferez signe.

Toutes choses ainsi réglées, le *danneman* et Christian ouvrirent la marche, et chacun suivit, en observant les distances convenues. Christian s'étonnait de cet ordre de bataille dès le départ.

— L'ours est-il donc si près, demanda-t-il à son guide, que l'on n'ait pas dix fois le temps de se poster à l'approche de sa tanière?

— Le *malin* est très-près, répondit le *danneman.* Jamais *malin* n'est venu prendre ses quartiers d'hiver si près de ma maison. Je me doutais si peu qu'il fût là, que dix fois je suis passé presque sur son trou sans pouvoir supposer que j'avais un si beau voisin.

— Il est donc beau, notre ours?

— C'est un des plus grands que j'aie vus; mais commençons à parler bas : il a l'ouïe fine, et, avant un quart d'heure, il ne perdra pas une de nos paroles.

— Vos filles n'étaient pas effrayées d'un pareil voisinage? dit Christian en se rapprochant du *danneman* et en baissant la voix pour lui complaire, car ses appréhensions lui paraissaient exagérées.

A cette question, Joë Bœtsoï roidit sa grosse tête sur ses larges épaules et regarda Christian de travers.

— *Herr* Christian, mes filles sont d'honnêtes filles, dit-il d'un ton sec.

— Est-ce que j'ai eu l'air d'en douter, *herr* Bœtsoï? dit Christian étonné.

— Ne sais-tu pas, reprit le *danneman* en faisant un effort pour prononcer un nom qui lui répugnait, ne sais-tu pas que l'*ours* ne peut rien contre une vierge, et que, par conséquent, une honnête fille peut aller lui arracher des griffes sa chèvre ou son mouton sans rien craindre?

— Pardon, monsieur le *danneman*, je ne le savais pas; je suis étranger, et je vois qu'on apprend du nouveau tous les jours. Mais êtes-vous bien sûr que l'ours soit aussi respectueux envers la chasteté? Mèneriez-vous une de vos filles avec vous en ce moment?

— Non! les femmes ne peuvent pas laisser leur langue en repos; elles avertissent le gibier par leur caquet. C'est pour cela qu'il ne faut point de filles ni de femmes à la chasse.

— Et, si par hasard, vous voyiez l'ours poursuivre les vôtres, vous ne seriez pas effrayé? vous ne tireriez pas dessus?

— Je tirerais dessus pour avoir sa peau, mais je ne serais pas inquiet pour mes filles. Je te répète que je suis sûr de leur conduite.

— Mais votre sœur la sibylle, elle a sans doute été mariée?

— Mariée? dit le *danneman* en hochant la tête.

Puis il reprit avec un soupir :

— Mariée ou non, Karine ne craint rien des mauvaises langues.

— Les mauvaises langues viennent-elles jusqu'ici vous tourmenter, maître Joë? J'aurais cru que, dans ce désert...

Le *danneman* haussa les épaules, et prit, sans répondre, une figure mécontente.

— Vous ai-je encore déplu sans le savoir? lui demanda Christian quelques instants après.

— Oui, répondit le *danneman*, et, comme il n'est pas bon d'aller ensemble où nous allons quand on a quelque chose sur le cœur, je veux savoir pourquoi tu m'as demandé si Karine avait peur de l'ours. Je n'irai pas plus avant, que je ne sache si tu as eu une mauvaise pensée contre elle ou contre moi.

Devant cet appel à sa sincérité, fait avec une sorte de grandeur antique, Christian se sentit embarrassé de répondre. Il avait, en questionnant Bœtsoï sur Karine, cédé à un mouvement de curiosité qui tenait à des causes mystérieuses en lui-même, et qu'il lui était impossible d'expliquer. Il crut s'en tirer par une rectification du fait.

— Maître Joë, dit-il, je n'ai pas demandé si votre sœur avait peur de l'ours, mais si elle avait été mariée, et je ne vois rien d'offensant dans ma question.

Le paysan le troubla par un regard d'une pénétration extraordinaire.

— La question ne m'offense pas, dit-il, si tu peux me jurer n'avoir écouté, avant de venir chez moi, aucun mauvais propos sur ma famille.

Et, comme Christian, se rappelant les paroles du major, hésitait à répondre, Bœtsoï reprit :

— Allons, allons! j'aime mieux que tu ne mentes point. Tu n'as pas de raisons pour être mon ennemi, et tu peux me dire ce que l'on t'a raconté de l'enfant du lac.

— L'enfant du lac! s'écria Christian. Qu'est-ce que l'enfant du lac?

— Si tu ne sais rien, je n'ai rien à te dire.

— Si fait, si fait! reprit Christian... Je sais... Je crois savoir... Parlez-moi comme à un ami, maître Joë. L'enfant du lac est-il le fils de Karine?

— Non, répondit le *danneman*, dont la physionomie s'anima d'une singulière exaltation. Il était bien à elle, mais il n'avait pas été conçu et enfanté comme les autres. Karine a eu du malheur, comme il en arrive aux filles qui apprennent des choses au-dessus de leur état, et qui lisent dans les livres d'une religion que nous ne devons plus connaître; mais elle n'a pas fait le mal qu'on dit. J'ai été trompé là-dessus comme les autres, moi qui te parle! Il fut un temps, j'étais encore bien jeune alors, où je voulais envoyer une balle dans la tête d'un homme dont Karine parlait trop dans ses rêves; mais Karine a juré, à notre mère et à moi, qu'elle haïssait cet homme-là. Elle l'a juré sur la Bible, et nous avons dû la croire. L'enfant a été nourri dans la montagne par une daine apprivoisée, qui suivait Karine comme une chèvre. Elle demeura plus d'un an seule avec lui dans une autre maison que nous avons, bien plus haut que celle où tu es entré. Quand l'enfant a été sevré, nous l'avions reçu chez nous et nous l'aimions. Il grandissait, il parlait et il était beau; mais, un jour, il est parti comme il était venu, et Karine a tant pleuré, que son esprit s'est envolé pendant longtemps après lui. Il y a bien du mystère là-dessous. Ne sait-on pas qu'il y a des femmes qui mettent des enfants au monde pas la parole seulement, de la même manière qu'elles les ont conçus, en respirant trop l'air que les trolls de nuit agitent sur les lacs? Karine avait trop demeuré là-bas, et on sait bien que le lac de Waldemora est mauvais. En voilà assez là-dessus. C'est le secret de Dieu et le secret des eaux. Il ne faut pas mal penser de Karine. Elle ne travaille pas, elle ne sert à rien qui se compte et qui se voie dans une maison; mais elle est de celles qui, par leur savoir et leurs chants, portent bonheur aux familles. Elle voit ce que les autres ne voient pas, et ce qu'elle annonce arrive d'une manière ou de l'autre. C'est assez parlé, je te dis, car nous voilà devant le fourré, et, à présent, il ne faut plus penser qu'au malin. Écoute-moi bien, et ensuite plus un mot, plus un seul, quand même il irait de la vie...

— Quand même il irait de la vie, dit Christian ému et frappé du mystérieux récit du *danneman*, il faut que vous me parliez de cet enfant qui a été élevé chez vous. N'avait-il pas aux doigts quelque chose de particulier?

La figure du *danneman* se colora, malgré le froid, d'une vive rougeur.

— Je vous ai dit, reprit-il d'un ton irrité, tout ce que je voulais dire. Si c'est pour m'insulter dans l'honneur de ma famille que vous êtes venu manger mon pain et tuer mon gibier, prenez garde à vous ou renoncez à la chasse, *herr* Christian, car, aussi vrai que je me nomme Bœtsoï, je vous laisse seul avec le malin.

— Maître Betsoï, répondit Christian avec calme, cette menace m'effraye beaucoup moins que la crainte de vous affliger. Je vous permets de me laisser seul avec le malin, si bon vous semble : je tâcherai d'être plus malin que lui; mais je vous prie de ne pas emporter de moi une mauvaise opinion. Nous reprendrons cet entretien, je l'espère, et vous comprendrez que jamais la pensée d'outrager l'honneur de votre famille n'a pu entrer dans mon esprit.

— C'est bien, reprit le *danneman;* alors, parlons du malin. Ou il fuira lestement avant que nous ayons gagné sa tanière, et alors tu tireras sur lui, ou il acceptera le combat et se lèvera debout. Tu sais bien où est la place du cœur, et, avec ce bon couteau, il faudrait que la main te tremblât pour le manquer. Fais attention à une seule chose, c'est qu'il ne désarme pas ta main droite avant d'avoir saisi ton bras gauche, car il voit très-bien les armes, et il a plus de raisonnement qu'on ne pense. Vas-y donc doucement et tranquillement, sans te presser. Tant que le malin n'est pas blessé, il n'est pas insolent, et il ne sait pas bien ce qu'il veut faire. Quelquefois il grogne et se laisse approcher. Quant à moi, j'ai coutume de lui parler et de lui promettre de ne lui faire aucun mal : ce n'est pas mentir que de mentir à une bête. Je te conseille donc de lui dire quelque parole caressante: il a assez d'esprit pour comprendre qu'on le flatte, il n'en a pas assez pour deviner qu'on le trompe. Et maintenant, attends que je voie si ces messieurs prennent bien la direction qu'il faut pour cerner la tanière; car, si la bête nous échappait, il ne faudrait pas qu'elle pût échapper aux autres. Je reviens dans cinq minutes.

Christian resta seul dans un site étrange. Depuis le chalet, il avait fait avec son guide environ une demi-lieue au sein d'une forêt magnifique jetée en ondes épaisses et larges sur le dos de la montagne. La profusion des beaux arbres dans ces régions et la difficulté de les transporter pour l'exploitation sont cause de la prodigalité pour ainsi dire méprisante, on oserait même dire impie, avec laquelle sont traitées ces nobles productions du désert. Pour faire le moindre outil, le moindre jouet (les pâtres dalécarliens, comme les pâtres suisses, taillent et sculptent très-adroitement le bois résineux), on sacrifie sans regret un colosse de verdure, et souvent, pour ne pas se donner la peine de l'abattre, on met le feu au pied : tant pis si l'incendie se propage et dévore des forêts entières! En beaucoup d'endroits, on voit des bataillons de monstres noirs se dresser sur la neige, ou, dans l'été, sur une plaine de cendres. Ce sont des tiges calcinées qui ne servent plus de retraite à aucun animal et où règnent le silence et l'immobilité de la mort [*]. Ceux qui chassent en Russie s'affligent de trouver dans les splendides forêts du Nord la même incurie et les mêmes profanations.

Le lieu où Christian se trouvait n'avait été ni brûlé ni abattu; il offrait une scène de bouleversement moins irritante, le spectacle d'un abandon imposant et d'une destruction grandiose, due aux seules causes naturelles : la vieillesse des arbres, les éboulements du sol, le passage des ouragans. C'était l'aspect d'une forêt vierge qui aurait été saisie dans les glaces voyageuses des mers polaires. Les grands pins fracassés s'appuyaient tout desséchés sur leurs voi-

---

[*] Ce n'est que très-récemment que l'État s'est préoccupé, trop tard peut-être, d'arrêter ces dévastations en Suède.

sins verts et debout, mais dont ils avaient brisé la tête ou les maîtresses branches par leur chute. D'énormes rochers avaient roulé sur les pentes, entraînant un monde de plantes qui s'étaient arrangées pour vivre encore, tordues et brisées, ou pour renaître sur ces débris communs. Ce cataclysme était déjà ancien de quelques années, car de jeunes bouleaux avaient poussé sur des éminences qui n'étaient que des amas de détritus et de terres entraînées. Au moindre vent, ces arbres, déjà beaux, balançaient les glaçons au bout de leurs branches légères et pendantes avec un bruit rapide et sec qui rappelait celui d'une eau courant sur les cailloux.

Ce lieu sauvage était sublime. Christian voyait, à mille pieds au-dessous de lui, l'*elf* ou *strœm* (c'est ainsi qu'on appelle tous les cours d'eau) présenter les mêmes couleurs et les mêmes ondulations que s'il n'eût pas été glacé. A cette distance, il eût été impossible à un sourd de savoir s'il ne roulait pas ses flots avec fracas, car l'œil était absolument trompé par sa teinte sombre et métallique, toute boursouflée d'énormes remous blancs comme de l'écume. Pour Christian, dont l'oreille eût pu saisir le moindre bruit montant du fond de l'abîme, l'aspect agité de ce torrent impétueux contrastait singulièrement avec son silence absolu. Rien ne ressemble à un monde mort comme un monde ainsi pétrifié par l'hiver. Aussi le moindre symptôme de vie dans ce tableau immobile, une trace sur la neige, le vol court et furtif d'un petit oiseau, cause-t-il une sorte d'émotion. Cette surprise est presque de l'effroi, quand c'est un élan ou un daim dont la fuite retentissante éveille brusquement les échos endormis de la solitude.

Et cependant Christian ne songeait pas plus à admirer en ce moment la nature qu'à se préparer à combattre le *malin*. Une pensée douloureuse et terrible avait traversé son âme. Le récit bizarre du *danneman*, d'abord très-obscur à cause de son langage incorrect et de ses idées superstitieuses, venait de s'éclaircir et de se résumer dans son esprit. Cette sibylle rustique qui avait été séduite par le froid du lac, cet enfant mystérieux élevé dans le chalet du *danneman*, et disparu à l'âge de trois ou quatre ans, ces hallucinations de mémoire que Christian avait éprouvées durant le repas, et qui n'étaient peut-être que des souvenirs tout à coup réveillés...

— Oui, se disait-il, à présent, la mémoire ou l'illusion me revient. Les trois vaches perdues... il y a une vingtaine d'années, le coup de fusil qui a arrêté le quatrième... Il me semble que je vois tomber la pauvre bête, et que je ressens l'impression de douleur et de regret que je ressentis alors; ce fut peut-être la première émotion de ma vie, celle qui éveille en nous la vie du sentiment. Mon Dieu, il me semble que tout un monde oublié se ranime et se lève devant moi! Il me semble que c'est là-bas, au tournant du rocher, sur le bord de ce talus à pic, d'un ton rougeâtre, que la scène s'est passée. Il me semble y être! Était-ce moi ou mon âme dans quelque existence antérieure?... Mais, si c'est moi, qui donc est mon père? Quel est cet homme que le *danneman* a failli tuer lorsque le soupçon n'était pas encore endormi par la superstition? Pourquoi la sibylle... ma mère peut-être!... a-t-elle frissonné tout à l'heure en touchant mes doigts? Elle était plongée dans une sorte de rêve, elle n'a pas regardé ma figure; mais elle a dit que j'étais le baron!... Et tout à l'heure, quand j'ai demandé au *danneman* si l'enfant n'avait pas aux mains un signe particulier, sa colère et son chagrin ne prouvent-ils pas qu'il avait remarqué et compris ce signe héréditaire, peut-être plus apparent chez l'enfant qu'il ne l'est maintenant chez l'homme?

» D'ailleurs, quand même il l'eût observé aujourd'hui chez moi, son esprit était loin de faire un rapprochement. Il ne lui est pas venu à la pensée de chercher à me reconnaître. Il n'a vu en moi qu'un étranger curieux et railleur qui lui demandait le secret de sa famille, et ce secret, c'est sa honte; il aime mieux en faire une légende, un conte de fées. On l'offense en doutant du merveilleux qu'il invoque; on l'irrite en lui disant que l'enfant avait peut-être les doigts faits comme ceux du baron Olaüs. Il n'y a, dit-on, que la vérité qui offense : j'avais donc deviné... La pauvre Karine n'a-t-elle pas été effrayée en me prenant pour son séducteur?

» Son séducteur! qui sait? Cet homme, haï et méprisé de tous, lui a peut-être fait violence. Elle aura caché son malheur, elle aura exploité la croyance aux esprits de perdition, pour empêcher son jeune frère le *danneman* de s'exposer en cherchant à tirer vengeance d'un ennemi trop puissant. Pauvre femme! Oui, certes, elle le hait, elle le craint toujours; elle est devenue voyante, c'est-à-dire folle, depuis son désastre; elle avait reçu une sorte d'éducation, puisqu'elle sait par cœur les antiques poésies de son pays, et, quand elle s'exalte, elle trouve, dans le souvenir confus de ces chants tragiques, des accents de menace et de haine. Enfin, rêverie spécieuse ou commentaire logique, je crois voir ici le doigt de Dieu qui me ramène à la chaumière d'où j'ai été enlevé... Pourquoi, et par qui...? Est-ce le *danneman*, voyageur intrépide, qui m'a conduit au loin pour délivrer sa sœur d'un remords vivant, ou sa famille d'une tache brûlante? Dois-je croire plutôt à la jalousie de la femme d'Olaüs, selon l'hypothèse rapportée par le major?

Toutes ces pensées se pressaient dans le cerveau de Christian, et son âme était navrée d'effroi et de douleur. L'idée d'être le fils du baron Olaüs ne faisait que redoubler son aversion. En de telles circonstances, il ne pouvait voir en lui qu'un ennemi de l'honneur et du repos de sa mère.

— Qui sait encore, se disait-il, si ce n'est pas lui qui m'a fait enlever pour se dérober à quelque promesse, à quelque engagement contracté envers sa victime? Ah! s'il en était ainsi, je resterais dans ce pays. Sans chercher à me faire reconnaître, je me mettrais au service du *danneman;* par mon travail et mon dévouement, certes je me ferais estimer de lui, aimer peut-être de cette famille qui est la mienne, et je pourrais m'efforcer de rendre, sinon la raison, du moins la tranquillité à cette pauvre voyante, comme j'avais réussi à ramener le calme dans les rêves de ma chère Sofia Goffredi. Bizarre destinée que la mienne, qui m'aurait ainsi condamné à avoir deux mères égarées par le désespoir! Eh bien, cette condamnation imméritée, c'est un devoir qui m'est tracé pour arriver à quelque mystérieuse récompense. Je l'accepte. Karine Bœtsoï ne se rappelle peut-être pas qu'elle a perdu son enfant, mais elle retrouvera les soins et la protection d'un fils.

En ce moment, il sembla à Christian qu'on l'appelait. Il regarda devant lui et de tous côtés; il ne vit personne. Le *danneman* lui avait dit de l'attendre, il devait revenir le chercher: Christian hésita; mais, au bout d'un instant, un cri de détresse le fit bondir, saisir ses armes, et s'élancer dans la direction de la voix.

En escaladant avec une prodigieuse agilité les arbres renversés, les monceaux de débris durcis par la glace et les monstrueuses racines entrelacées, Christian arriva sans le savoir à vingt pas de la tanière de l'ours. L'animal terrible était couché entre lui et cet antre; il léchait le sang qui teignait la neige autour de ses flancs. Le *danneman* était debout sur le seuil du repaire, pâle, les cheveux au vent et comme hérissés sur sa tête, les mains désarmées. Son épieu, brisé dans le flanc de l'ours, gisait auprès de l'animal, et, au lieu de songer à ôter son fusil de la bandoullère pour l'achever, Bœtsoï semblait fasciné par je ne sais quelle terreur, ou enchaîné par je ne sais quelle prudence inexplicable.

Dès qu'il aperçut Christian, il lui fit des signes que celui-ci ne put comprendre; mais il devina qu'il ne fallait point parler, et visa l'ours. Heureusement, avant de tirer, il leva encore une fois les yeux sur Joë Bœtsoï, qui lui intima, par un geste désespéré, l'ordre de s'arrêter. Christian imita sa pantomime pour lui demander s'il fallait l'égorger sans bruit, et, sur un signe de tête affirmatif, il marcha droit à l'ours, qui, de son côté, se leva tout droit en grondant pour le recevoir.

— Vite, vite! ou nous sommes perdus! cria le *danneman*, qui avait pris son fusil et semblait guetter quelque chose d'invisible au fond de la tanière.

Christian ne se le fit pas dire deux fois. Présentant aux étreintes un peu affaiblies de l'ours blessé son bras enveloppé de la corde, il l'éventra proprement, mais sans songer que l'animal pouvait tomber en avant, et qu'il fallait se rejeter vivement de côté pour lui faire place. L'ours, heureusement, tomba de côté et entraîna Christian dans sa chute, mais sans que ses redoutables griffes, crispées par le dernier effort de la vie, pussent saisir autre chose que le pan de sa casaque. Ainsi enfoncé dans la neige et pour ainsi dire cloué par le poids et les ongles du *malin* sur le bord de son vêtement, Christian eut quelque peine à se débarrasser, et il y laissa une notable partie de la veste de peau de renne que lui avait prêtée le major; mais il n'y songea guère. Le *danneman* était aux prises avec d'autres ennemis; il venait de tirer au juger dans l'antre obscur, et un autre *malin* noir, jeune, mais d'assez belle taille, était venu à sa rencontre d'un air menaçant, tandis que deux oursons de la grosseur de deux forts dogues se jetaient dans ses jambes, sans autre intention que celle de fuir, mais d'une manière assez compromettante pour la sûreté de son équilibre. Le *danneman*, résolu à périr plutôt que de livrer passage à sa triple proie, s'était arc-bouté contre les troncs d'arbre qui formaient au repaire une entrée en forme d'ogive naturelle. Il luttait contre le jeune ours, que son coup de fusil avait blessé; mais, ébranlé malgré lui par les petits, il venait de tomber, et le blessé, furieux, se jetait sur lui, quand Christian, sûr de son coup d'œil et de son sang-froid, brisa d'une balle la tête de l'animal, à un pied au-dessus de celle de l'homme.

— Voilà qui est bien, dit le *danneman* en se relevant avec agilité.

Mais les deux oursons lui avaient passé sur le corps, et il ne songeait qu'à ne pas les laisser échapper.

— Attendez, attendez! lui dit Christian en suivant de l'œil les deux fugitifs, voyez ce qu'ils font!...

Les deux oursons s'étaient dirigés vers le cadavre de leur mère et s'étaient glissés et blottis sous ses flancs ensanglantés.

— C'est juste, dit le *danneman* en frottant son bras, que l'ours noir avait meurtri à travers la corde; ce n'est pas à nous de les tuer. Nous avons chacun notre proie. Appelle tes camarades; moi, je suis trop essoufflé, et puis j'ai eu peur, je le confesse. Je l'ai échappé belle. Sans toi... Mais appelle donc. Je te dirai ça tout à l'heure.

Et, tandis que Christian appelait de toute la force de ses poumons, le *danneman*, un peu tremblant, mais toujours attentif, rechargeait à la hâte son fusil pour le cas où les oursons abandonneraient le corps de leur mère, et voudraient fuir avant l'arrivée des autres chasseurs.

Ils parurent bientôt, arrivant de trois côtés, avertis déjà par les coups de fusil, Larrson, le premier, criant victoire pour Christian à la vue de l'ourse énorme couchée à ses pieds.

— Prenez garde! arrêtez-vous! s'écria Christian. Notre ourse était pleine, elle vient de mettre bas deux beaux petits. Je vous demande grâce pour ces pauvres orphelins. Prenez-les vivants.

— Certes, répondit Larrson. A l'aide, camarades! Il s'agit ici de faire des élèves!

On entoura le cadavre de l'ourse et on le souleva avec précaution, car il y a toujours à se méfier de l'ours qui paraît mort. On s'empara avec quelque peine des deux petits, qui déjà montraient les dents et les griffes, et qui furent liés avec soin; après quoi, on eut le loisir d'admirer l'ample capture qu'avait recélée la tanière, et il y eut des regrets à demi exprimés que le *danneman* s'empressa de prévenir.

— Il faut que vous me pardonniez ce que j'ai fait, dit-il aux jeunes officiers. Je me doutais bien que cette grande bigarrée était une mère : l'ai-je dit, qu'elle était bigarrée? Oh! je l'avais bien vue ; mais je n'avais pas pu bien voir les petits, et, quant à l'*ami*, je ne l'avais pas vu du tout. On m'avait bien dit que souvent la mère emmenait dans son hivernage un jeune malin qui n'était ni le père de ses petits, ni même un individu de son père, pour défendre et conduire ses enfants, dans le cas où elle serait tuée. Je ne le croyais pas beaucoup, ne l'ayant jamais vu. A présent, je le vois et j'y croirai. Si je l'avais cru, j'aurais emmené deux de vous afin que chacun pût abattre une belle pièce ; mais qui pouvait s'attendre à cela? Ne comptant pas tirer, je n'avais pris mon fusil que par précaution, dans le cas où le *herr* que je conduisais manquerait son coup et se mettrait en danger. Quant à l'épieu ferré, je croyais si peu m'en servir, que je n'avais pas seulement regardé si celui que je prenais était en bon état... Eh bien, voici ce qui est arrivé, continua le *danneman* en s'adressant à Christian. J'avais dit que je reviendrais te prendre après avoir posté les autres, et, quand cela a été fait, je pensais revenir droit sur toi; mais il faut croire que quelque bête avait dérangé mes brisées de la nuit dernière; car, sans m'égarer précisément, j'ai passé devant la tanière et je ne me suis reconnu que quand il était trop tard pour reculer. La maligne m'avait entendu; elle revenait sur moi, parce qu'elle avait des petits. J'ai essayé de lui faire peur avec mes bras pour la faire rentrer chez elle; elle n'a pas voulu avoir peur, elle s'est levée. Je lui ai fendu le ventre, il le fallait bien, et, en même temps, j'ai appelé par deux fois. Au bruit de ma voix, l'*ami* s'est montré à l'entrée de la maison, et, pour l'empêcher de se sauver, j'ai couru me mettre devant, sans songer que mon épieu était resté brisé auprès de la mère. Je la croyais morte ; mais, quand j'ai été là, elle s'est relevée, recouchée et relevée deux fois. Alors le temps m'a paru bien long avant de te voir arriver, *herr* Christian; car, d'un côté, j'avais la mère, qui, d'un moment à l'autre, pouvait retrouver la force de se jeter sur moi, et, de l'autre côté, l'*ami*, qui s'était reculé au fond du trou et qui attendait ce renfort pour me chercher querelle, sans compter les deux petits, que je m'attendais bien à avoir dans les jambes quand la bataille serait engagée. Pour faire face à tout cela, je n'avais qu'un coup de fusil, et ce n'était pas assez, je n'osais pas seulement coucher en joue, car, à la vue de l'arme braquée, les malins se décident plus vite. J'ai eu peur, je peux bien l'avouer sans honte, puisque je n'ai pas lâché pied, et que voilà les quatre pièces dans nos mains. J'ai attendu, ça m'a paru un an, et pourtant je crois que tu es venu vite, *herr* Christian, puisque tout s'est bien passé..., oui, très-bien passé, je dis, et tu es un homme ! Je suis fâché qu'il y ait eu auparavant trois mots de fiel entre nous deux. Cela est oublié, et je te dois mon cœur comme je te dois ma vie. Embrassons-nous, et considère que je t'embrasse comme si tu étais mon fils.

Christian embrassa avec effusion le Dalécarlien, et celui-ci raconta aux autres comment, après avoir lestement achevé l'ours corps à corps, le jeune homme avait tué l'*ami* fort à propos, *à deux pouces de sa chrétienne figure*. Christian dut défendre sa modestie de l'exagération du *danneman* quant à ce dernier point;

mais, comme Bœtsoï, enthousiasmé, n'en voulut rien rabattre et qu'il n'y avait aucun moyen d'aller aux preuves, l'exploit du jeune aventurier prit des proportions colossales dans l'imagination de Larrson et de ses amis. Leur estime pour lui augmenta d'autant, et il n'y a point trop lieu de s'en étonner. La présence d'esprit est la faculté du vrai courage. On plaint celui qui succombe, on admire celui qui réussit. Sans consentir à s'admirer lui-même, Christian éprouvait une vive satisfaction d'avoir acquis des droits à l'amitié du *danneman*, qu'il s'obstinait à regarder désormais comme son proche parent ; mais il se garda bien de revenir à ses imprudentes questions, et il résolut de chercher ailleurs la vérité, dût-il y perdre beaucoup de temps et y dépenser beaucoup de patience.

Les deux ours morts, et surtout la mère, étaient d'un poids considérable, plus de quatre cents livres entre eux deux. Les traîner dans les aspérités du terrain, d'où l'on avait peine à se tirer soi-même, semblait impossible. Des chevaux mêmes n'en fussent pas venus à bout. Comme le jour allait bientôt décroître, et que l'on voulait rejoindre la chasse du baron, on se trouvait embarrassé de richesses. Les oursons mêmes, qui ne voulaient pas marcher, devenaient fort incommodes.

— Allez-vous-en, dit le *danneman* ; avec mes enfants, j'aurai bientôt abattu deux ou trois jeunes arbres et fabriqué une claie sur laquelle nous chargerons le tout, et que nous ferons glisser jusque chez moi. De là, je vous enverrai la prise par mon traîneau et mon cheval, et tout cela vous arrivera dans deux heures à votre bostœlle pour que vous puissiez montrer votre chasse à tous vos amis.

— Et nous renverrons demain les animaux morts, dit Larrson ; car c'est à vous seul que nous voulons confier le soin de les écorcher et de les préparer. N'est-ce pas votre avis, Christian ?

— Je n'ai pas d'autre avis que le vôtre, répondit Christian.

— Pardon ! reprit le major, nous avons acheté un ours au *danneman* : c'est celui que vous avez tué : il vous appartient, comme celui qu'il a tiré est à lui, s'il ne veut nous le vendre.

— Il les a tués tous deux, dit Christian ; je n'ai fait que les achever ; je n'ai droit à rien.

Il y eut un assaut de délicatesse où le *danneman* se montra aussi scrupuleusement loyal que les autres. Enfin Christian dut céder, et accepter l'ours femelle pour sa part. Les deux oursons furent payés comme un ours au *danneman*, qui dut accepter en toute propriété *l'ami de madame l'ourse*. Toutes choses ainsi réglées, le major et ses amis voulurent emmener Christian ; mais celui-ci refusa de les suivre.

— Je n'ai que faire, leur dit-il, à la chasse du baron, laquelle, m'avez-vous dit, n'a rien d'intéressant après celle-ci. Je n'ai, d'ailleurs, pas le temps de m'y rendre. Je dois rentrer au Stollborg le plus tôt possible pour m'occuper de ma représentation. Songez que, pour deux jours encore, je suis lié par un contrat au métier de *fabulator*. Je reste ici pour aider le *danneman* à emporter les *malins* ; après quoi, je profiterai de son traîneau pour retourner jusqu'au lac. N'oubliez pas que vous avez promis à M. Goefle et à moi de venir me voir au Stollborg.

— Nous irons après le souper et la comédie, répondit le major. Comptez sur nous.

— Et moi, dit le *danneman* à Christian, je vous réponds de vous faire arriver au lac avant la nuit.

Il n'y avait pas beaucoup de temps à perdre. Les officiers allèrent rejoindre leurs traîneaux de campagne, et le *danneman*, aidé de Christian, de son fils Olof et de sa fille aînée, qui étaient venus les retrouver, procéda avec une grande adresse et une grande promptitude à la confection de son traîneau à bras. Quand le gibier fut chargé, on le fit descendre promptement, les uns tirant, les autres poussant ou retenant, jusqu'au chalet.

Dès qu'on y fut arrivé, Christian chercha des yeux la voyante. Le rideau du lit était fermé et immobile. Était-elle encore là ? Il eût voulu revoir cette femme mystérieuse et tâcher de lui parler ; mais il n'osa pas approcher de son lit. Il lui sembla que le *danneman* ne la perdait pas de vue, et que toute apparence de curiosité lui eût beaucoup déplu.

La plus jeune des filles du *danneman* apporta de l'eau-de-vie fabriquée dans la maison, cette fameuse eau-de-vie de grain, dont plus tard Gustave III fit un monopole de l'État, créant ainsi un impôt onéreux et vexatoire qui lui fit perdre toute sa popularité, et qui, de fait, replongea dans la misère ce peuple qu'il avait délivré de la tyrannie des nobles. L'usage fréquent de l'eau-de-vie est-il une nécessité de ces climats rigoureux ? Christian le pensait d'autant moins que cette boisson, fabriquée par le *danneman* en personne, et dont il était fier, arrachait littéralement le gosier. Le brave homme pressait son hôte d'en boire largement, ne comprenant pas qu'après avoir tué deux ours, il n'éprouvât pas le besoin de s'enivrer un peu. Christian ne pouvait pousser jusque-là l'obligeance, et, bien qu'il eût souhaité être de force à griser Bœtsoï sans se griser lui-même, circonstance qui eût peut-être amené la prompte découverte du secret de la famille, il se borna à boire du thé laissé à son intention par le major, et qui lui fut servi bien chaud dans une tasse de bois très-délicatement taillée et sculptée par le jeune Olof.

Le jeune homme se sentait un peu humilié d'avoir pris le plaisir princier de tuer un ours aux dépens de ses amis ; car, en somme, cet ours appartenait au *danneman*, comme tout gibier appartient sans conteste à celui qui le découvre sur ses terres. On avait fait présent à Christian de sa capture, c'est-à-dire qu'on l'avait payée pour lui. Il apprit avec plaisir du *danneman* que ce payement n'avait pas encore été effectué, le major et ses amis n'ayant pas prévu que la chasse serait aussi abondante, et n'ayant pas apporté l'argent nécessaire. Christian s'informa du prix.

— C'est selon, dit le *danneman* avec fierté ; si on me laisse la bête, comme il arrive quelquefois, ce n'est rien qu'un remercîment que je dois à celui qui m'a aidé à l'abattre ; mais sans doute, *herr* Christian, tu souhaites garder la peau, les pattes, la graisse et les jambons ?

— Je ne souhaite rien de tout cela, dit en riant Christian. Qu'en ferais-je, bon Dieu ? Je vous prie de garder le tout, *herr* Bœtsoï, et, comme je présume que vous avez le droit de vendre un peu plus cher à ceux qui prennent sur vos terres le plaisir de la chasse qu'à ceux qui achètent purement et simplement une denrée, je vous prie d'accepter trente dalers que j'ai là sur moi...

Christian acheva sa phrase en lui-même :

— Et qui sont tout ce que je possède.

— Trente dalers ! s'écria le *danneman*, c'est beaucoup ; tu es donc bien riche ?

— Je le suis assez pour vous prier de les accepter.

Le *danneman* prit l'argent, le regarda ; puis il regarda les mains de Christian, mais sans en rien remarquer que la blancheur.

— Ton or est bon, dit-il, et ta main est blanche. Tu n'es pas un homme qui travaille, et pourtant tu manges le kakebroë comme un Dalécarlien. Ta figure est du pays et ton langage n'en est pas... Les habits que tu avais en venant ici ne sont pas plus beaux que les miens. Ce que je vois, c'est que tu es fier ; c'est que je ne veux pas que tes amis, qui t'ont cédé le plaisir de tuer le malin, dépensent encore leur argent pour toi.

— Précisément, *herr* Bœtsoï, vous y voilà.

— Sois tranquille. Joë Bœtsoï est un honnête homme ; il ne recevra rien de tes amis, puisque tu lui laisses ton gibier. Quant à accepter de toi une récompense... cela dépend. Peux-tu me jurer, sur l'honneur, que tu es un jeune homme riche, un fils de famille ?

— Qu'importe ? dit Christian.

— Non, non, reprit le *danneman* ; tu m'as sauvé la vie, je ne t'en remercie pas, c'est ce que j'aurais fait pour toi ; mais tu es un fin tireur, et, de plus, tu es un homme qui sait écouter un autre homme. Si, quand je t'ai fait signe là-bas, tu n'avais pas voulu aller comme je voulais, nous étions dans un mauvais pas tous les deux... et moi surtout, sans épieu et le bras mal entouré. Je suis content de toi, et je voudrais que mon fils fût de ta mine et de ton caractère, car tu es un garçon hardi et doux ; donc, si tu n'es pas riche, ne fais pas avec moi semblant d'être riche. A quoi sert ? Je ne suis pas dans la misère, moi ! Je ne manque de rien selon mes besoins, et, si tu manquais de quelque chose, tu pourrais t'adresser à Joë Bœtsoï, qui ne serait pas en peine de trouver trente dalers et même cent, pour rendre service à un ami.

— J'en suis bien certain, *herr* Bœtsoï, répondit Christian, et je viendrai à vous avec confiance, non pas pour vous demander cent ni trente dalers, mais de l'ouvrage à votre service. Il n'est pas dit que cela n'arrivera point ; mais, si cela arrivait, j'aurais bien plus de plaisir à me présenter après vous avoir payé ce qui vous est dû et ce qu'un riche vous payerait. Je ne suis pas venu ici en qualité de pauvre, vous ne me devez rien.

— Je ne veux rien, dit le *danneman*, reprends ton argent, et viens me trouver quand tu voudras. Que sais-tu faire ?

— Tout ce que vous m'apprendrez, je le saurai vite.

Le *danneman* sourit.

— C'est-à-dire, reprit-il, que tu ne sais rien ?

— Je sais tuer les malins, au moins !

— Oui, et très-bien. Tu sais même manier la hache et tailler le bois. J'ai vu cela. Mais sais-tu voyager ?

— C'est ce que je sais le mieux.

— Dormir sur un banc ?

— Et même sur une pierre.

— Sais-tu le lapon, le samoïède, le russe ?

— Non, je sais l'italien, l'espagnol, le français, l'allemand et l'anglais.

— Ça ne me servira de rien, mais ça me prouve que tu peux apprendre à parler de plusieurs manières. Eh bien, reviens quand tu voudras, avant la fin du mois de *thor* (janvier), et, si tu veux aller à Drontheim, et même plus loin, je serai content de ne pas voyager seul... Ou bien, si j'emmène Olof, qui me tourmente pour commencer à courir, tu garderas ma maison. Mes deux filles sont fiancées, je t'en avertis. Évite de donner de la jalousie à leurs fiancés, ce serait à tes risques. Soigne la tante Karine; elle est douce, mais il ne faut pas la contrarier : je l'ai défendu une fois pour toutes.

— Je la soignerai comme ma mère, répondit Christian ému; mais, dites-moi, est-elle malade ou infirme? Pourquoi...?

— On te dira cela, si tu restes à la maison. Que veux-tu gagner à mon service?

— Rien.

— Comment, rien?

— Le pain et l'abri, n'est-ce pas assez?

— *Herr* Christian, dit le *danneman* en fronçant le sourcil, tu es donc un paresseux ou un mauvais sujet, que tu ne songes pas à l'avenir?

Christian vit qu'en montrant trop de désintéressement, il avait fait naître la méfiance.

— Connaissez-vous M. Goefle? dit-il.

— L'avocat? Oui, très-bien; c'est moi qui lui ai vendu son cheval, un bon cheval, celui-là, et un brave homme, l'avocat!

— Eh bien, il vous répondra de moi. Aurez-vous confiance?

— Oui, c'est convenu. Reprends ton argent.

— Et si je vous priais de me le garder?

— C'est donc de l'argent volé? s'écria le *danneman* redevenu méfiant.

Christian se mit à rire en s'avouant à lui-même qu'il était un diplomate très-maladroit.

— Croyez-moi, dit-il au *danneman*, je suis un homme simple et sincère. Je ne suis pas habitué à être cru sur parole; ma figure paraît bonne à tout le monde. Si vous ne prenez pas mes trente dalers aujourd'hui, le major voudra vous les donner demain, et c'est ce qui me blesse.

— Le major ne me donnera rien, parce que je n'accepterai rien, répondit le *danneman* avec vivacité. C'est donc toi qui doutes de moi, à présent.

Christian dut renoncer à laisser sa mince fortune dans cette maison, qui servait peut-être d'asile à sa mère. Ce débat de délicatesse eût pu dégénérer en querelle, vu que le *danneman* arrosait largement d'eau-de-vie son naïf orgueil de paysan libre. D'ailleurs, le traîneau était prêt, et Christian devait partir. Pour rien au monde, il n'eût voulu manquer les deux représentations qui devaient le mettre à la tête de cent dalers, et lui permettre, par conséquent, d'embrasser, sans rien devoir à personne, le nouveau genre de vie qu'il rêvait.

Il croyait que le *danneman* comptait l'accompagner;

mais, au lieu de monter dans le traîneau, Bœtsoï remit les rênes à son fils, en lui recommandant d'aller prudemment et de revenir de bonne heure.

— J'espérais avoir le plaisir de votre compagnie jusqu'à Waldemora, dit Christian au *danneman*.

— Non! répondit celui-ci, je ne vais pas à Waldemora, moi! Il faut que j'y sois forcé! Adieu, et au revoir!

Il y avait tant de hauteur et de dédain dans le ton du *danneman* en parlant de Waldemora, que Christian, en lui serrant la main, craignit qu'il ne s'aperçût de la conformation de ses doigts, et que cette ressemblance, fortuite ou fatale, ne détruisît toute leur amitié; mais la difformité était si légère, et le *danneman* avait la main si rude, qu'il ne s'aperçut de rien et envoya encore plusieurs fois de loin un adieu cordial à son hôte.

Malgré les recommandations de son père, Olof gagna le fond de la vallée au triple galop de son petit cheval, debout, lui, sur l'avant du véhicule et les rênes entortillées autour du bras, au risque d'être lancé au loin dans une chute et d'avoir tout au moins les deux poignets démis.

XIV

Le traîneau du *danneman*, moins léger que celui dont le major s'était servi pour conduire Christian au chalet, était heureusement plus solide, car le jeune Dalécarlien ne daignait éviter aucune roche ni aucun trou. Au lieu de laisser au cheval, plus intelligent que lui, le soin de se diriger selon son instinct, il le frappait et le contrariait au point de rendre la course stupidement téméraire. Christian, couché au milieu des quatre ours, les deux morts et les deux vivants, se disait qu'il tomberait assez mollement, s'ils n'étaient pas lancés d'un côté et lui de l'autre. Impatienté enfin de voir maltraiter le cheval du *danneman* sans aucun profit pour personne, il prit les rênes et le fouet assez brusquement, en disant au jeune garçon qu'il voulait s'amuser à conduire, et d'un ton qui ne souffrait guère de réplique.

Olof était assez doux; il ne faisait le terrible que par amour-propre, pour se poser en homme. Il se mit à chanter en suédois, autant pour se désennuyer que pour montrer à son compagnon qu'il prononçait la langue mère plus purement que les autres membres de sa famille. Cette circonstance détermina Christian à le faire causer.

— Pourquoi, lui dit-il, n'es-tu pas venu avec nous quand nous sommes partis pour la chasse? N'as-tu encore jamais vu l'ours debout?

— La tante ne l'a jamais voulu, répondit le jeune gars en soupirant.

— La tante Karine?

— Il n'y en a pas d'autre chez nous.

— Et on fait tout ce qu'elle veut?

— Tout.

— Elle avait fait sur toi quelque mauvais pronostic?

— Elle dit que je suis trop jeune.

— Et elle a raison peut-être?

— Il faut bien qu'elle ait raison, puisqu'elle le dit.

— C'est une femme qui en sait plus long que les autres, à ce qu'il paraît?

— Elle sait tout, puisqu'elle cause avec...

— Avec qui cause-t-elle?

— Il ne faut pas que je parle de cela; mon père me l'a défendu.

— Dans la crainte que l'on ne se moque de sa sœur; mais il n'a pas craint cela de moi, puisqu'il m'a dit de lui demander mon destin à la chasse.

— Et elle vous l'a dit?

— Elle me l'a dit. Où a-t-elle pris sa science?

— Elle l'a prise où elle la prend encore : dans les cascades où pleurent les filles mortes d'amour, et sur les lacs où les hommes du temps passé reviennent.

— Elle marche donc encore?

— Elle n'est pas vieille, elle a cinquante ans.

— Mais je la croyais infirme?

— Elle marcherait plus vite et plus loin que vous.

— Alors elle est malade dans ce moment-ci, puisqu'elle reste couchée pendant que l'on se met à table?

— Elle n'est pas malade. Elle est fatiguée souvent comme cela, quand elle a été debout pendant trop longtemps.

— Je croyais qu'elle ne travaillait pas?

— Elle ne travaille pas; elle parle ou elle marche, elle chante ou elle prie, et, que ce soit la nuit ou le jour, elle veille jusqu'à ce que la fatigue la fasse tomber. Alors elle dort si longtemps, qu'on la croirait morte; mais quelquefois on est bien étonné, le matin, quand on va à son lit, de ne plus la trouver ni là, ni dans la maison, ni sur la montagne, ni nulle part où l'on puisse aller.

— Et où pensez-vous qu'elle soit, quand elle disparaît ainsi?

— Les mauvaises gens disent qu'elle va à Blaakulla; mais il ne faut pas les croire!

— Qu'est-ce donc que Blaakulla? Le rendez-vous des sorcières?

— Oui, la montagne noire où ces méchantes femmes portent les petits enfants qu'elles enlèvent pendant qu'ils dorment, et qu'elles mènent à Satan sur le cheval *Skjults*, qui est fait comme une vache volante. Alors Satan les prend et les marque en les mordant, soit au front, soit aux petits doigts, et ils conservent cette marque toute leur vie. Mais je sais bien pourquoi on dit cela de ma tante Karine.

— Pourquoi donc?

— Parce que, dans le temps, avant que je sois venu au monde, il paraît qu'elle avait apporté à la maison un petit enfant qui avait eu les doigts mordus par le diable, et que mon père ne voulait pas regarder; mais mon père s'est mis à l'aimer plus tard, et il dit que ma tante est une bonne chrétienne, et que tout ce que l'on raconte est faux. Le pasteur de la paroisse ne trouve rien de mauvais en elle, et dit que, puisqu'elle a besoin de courir en dormant, il faut la laisser courir. D'ailleurs, elle a dit elle-même qu'elle mourrait, et qu'il arriverait de grands malheurs si on la renfermait. Voilà pourquoi elle va où elle veut, et mon père dit encore qu'il vaut mieux ne pas savoir où elle va, parce qu'elle a des secrets qu'on lui ferait manquer, si on la suivait et si on la regardait.

— Et il ne lui est jamais arrivé d'accidents, quand elle court ainsi dehors tout endormie?

— Jamais, et peut-être ne dort-elle pas en courant; comment le saurait-on? Ce qu'il y a de sûr, c'est qu'on est quelquefois trois jours et trois nuits sans savoir si elle reviendra; mais elle revient toujours, quelque temps qu'il fasse, et, aussitôt qu'elle a dormi et rêvé, elle n'est plus malade, et prophétise des choses qui arrivent. Tenez, ce matin... Mais mon père m'a défendu de le répéter!

— Si tu me le dis, Olof, c'est comme si tu le disais à ces pierres!

— Jurez-vous sur la Bible de ne pas le répéter?

— Je le jure sur tout ce que tu voudras.

— Eh bien, reprit Olof, qui, peu habitué dans la solitude de sa montagne à trouver à qui parler, était heureux d'être écouté par une personne sérieuse, voici ce qu'elle a dit en s'éveillant au point du jour : « Le grand *iarl* va partir pour la chasse. Pour la chasse, le *iarl* et sa suite vont partir. » Le *iarl*! vous savez bien? c'est le baron de Waldemora.

— Ah! ah! il est allé à la chasse, en effet; mais votre tante pouvait l'avoir appris.

— Oui, mais le reste, vous allez voir : « Le *iarl* laissera son âme à la maison; à la maison, il laissera son âme. » Attendez... attendez que je me rappelle le reste...; elle chantait cela..., je sais l'air, l'air me fera retrouver les mots.

Et Olof se mit à chanter sur un air à porter le diable en terre :

— « Et, quand le *iarl* reviendra à la maison pour reprendre son âme, l'âme du *iarl* ne sera plus à la maison. »

Au moment où le jeune Dalécarlien achevait ces mots mystérieux, un traîneau lancé à fond de train venait derrière le sien, et la voix retentissante d'un cocher criait : « Place ! place ! » d'un ton impérieux, tandis que sa main fouettait ses quatre chevaux, que l'odeur des ours emportés par Christian épouvantait de loin. On était sorti de la montagne, et on se trouvait sur le chemin étroit qui se dirigeait vers le lac. Christian, pressentant qu'on le culbuterait s'il ne se rangeait pas, et ne voyant aucun moyen de se ranger sans se culbuter lui-même dans le talus qui bordait l'Elf, fouetta le cheval du *danneman* pour le lancer en avant, et parvint ainsi à un endroit où il lui était possible de faire place ; mais, au moment où il réussissait à prendre sa droite, le traîneau de derrière, conduit par des chevaux impétueux et par un cocher brutal, le rasa de si près, que les deux traîneaux furent culbutés simultanément.

Christian se trouva par terre avec Olof et ses quatre ours, et si bien enfoncé dans la neige amoncelée au bord du chemin, qu'il lui fallut quelques instants pour savoir où et avec qui il se trouvait enterré de la sorte. La première voix qui frappa son oreille, le premier visage qui réjouit son regard furent le visage et la voix de l'illustre professeur Stangstadius. Le savant n'avait aucun mal ; mais il était furieux, et, s'en prenant à tout hasard à Christian, qui n'était pas masqué et avec qui, en se relevant, il se trouvait face à face, il l'accabla d'injures et le menaça de la colère céleste et des malédictions de l'univers.

— La, la, tout doux ! lui répondit Christian en l'aidant à se remettre sur ses jambes inégales : vous n'avez rien de cassé, monsieur le professeur, Dieu soit loué ! L'univers et le ciel sont témoins du plaisir que j'en ressens ; mais, si c'est vous qui conduisez si follement l'équipage, vous n'êtes guère aimable pour les gens qui n'ont pas d'aussi bons chevaux que les vôtres. Ah çà ! laissez-moi, ajouta-t-il en repoussant doucement le géologue, qui faisait mine de le prendre au collet, ou bien, la première fois que je vous rencontrerai sur le lac, je vous y laisserai geler, au lieu de me meurtrir les épaules à vous rapporter.

Le professeur, sans chercher à reconnaître Christian, continuait à déclamer pour lui prouver que l'accident était arrivé par sa faute, lorsque Christian, qui ne songeait qu'à ramasser son gibier avec Olof, aperçut, au milieu des quatre ours, un homme de haute taille, étendu sans mouvement, la face tournée contre terre. En même temps, un jeune homme vêtu de noir et pâle de terreur arrivait du talus opposé, où il avait été lancé, et accourait en s'écriant :

— M. le baron ! où est donc M. le baron ?

— Quel baron ? dit Christian, qui venait de relever l'homme évanoui et qui le soutenait dans ses bras.

En ce moment, le fils du *danneman* poussa l'épaule de Christian avec la sienne, en lui disant :

— Le *iarl !* voyez le *iarl !*

Et, tandis que le jeune médecin du baron s'empressait d'ôter le bonnet de fourrure que la chute avait enfoncé sur le visage de son malade de manière à l'étouffer, Christian faillit ouvrir ses bras robustes et laisser retomber le moribond dans la neige, en reconnaissant avec une horreur insurmontable, dans l'homme auquel il portait secours, le baron Olaüs de Waldemora.

On l'étendit sur le monceau d'ours : c'était le meilleur lit possible dans la circonstance, et le médecin épouvanté supplia Stangstadius, lequel avait été autrefois reçu docteur en médecine, de l'aider de ses conseils et de son expérience dans un cas qui lui paraissait extrêmement grave. Stangstadius, qui était en train d'éprouver toutes ses articulations pour s'assurer qu'il n'était pas plus endommagé que de coutume, consentit enfin à s'occuper de la seule personne que la chute semblait avoir sérieusement compromise.

— Eh ! parbleu ! dit-il en regardant et en touchant le baron, c'est bien simple : le pouls inerte, la face violacée, les lèvres tuméfiées, un râle d'agonie... et point de lésion pourtant... C'est clair comme le jour, c'est une attaque d'apoplexie. Il faut saigner, saigner vite, et abondamment.

Le jeune médecin chercha sa trousse et ne la trouva pas. Christian et Olof l'aidèrent dans sa recherche et ne furent pas plus heureux. Le traîneau du baron, emporté par ses chevaux fougueux, était loin ; le cocher, pensant que son maître le ferait périr sous le bâton pour sa maladresse, courait après son attelage, la tête perdue, et remplissait le désert de ses imprécations.

Comme le docile cheval du *danneman* s'était arrêté court, on parla de mettre le malade dans le traîneau du paysan et de le transporter au château le plus vite possible. Stangstadius protesta que le malade arriverait mort. Le docteur, hors de lui, voulait courir après l'équipage du baron pour chercher sa trousse dans le traîneau. Enfin il la retrouva dans sa poche, où, grâce à son trouble, il l'avait touchée dix fois sans la sentir; mais, quand vint le moment d'ouvrir la veine, la main lui trembla tellement, que Stangstadius, parfaitement indifférent à tout ce qui n'était pas lui-même, et satisfait, d'ailleurs, d'avoir à prouver sa supériorité en toutes choses, dut prendre la lancette et pratiquer la saignée.

Christian, debout et fort ému intérieurement, contemplait ce tableau étrange et sinistre, éclairé des reflets livides du soleil couchant : cet homme aux formes puissantes et à la physionomie terrible, qui s'agitait convulsivement sur les cadavres des bêtes féroces bizarrement entassés ; ce bras gras et blanc d'où coulait pesamment un sang noir qui se figeait sur la neige; ce jeune médecin à la figure douce et pusillanime, à genoux auprès de son redoutable client, partagé entre la crainte de le voir mourir entre ses mains et la terreur puérile que lui causait le grognement des oursons vivants à côté de lui; le traîneau renversé, les armes éparses, la mien effarée et pourtant malignement satisfaite du jeune *danneman*; le maigre cheval fumant de sueur qui mangeait la neige avec insouciance, et par-dessus tout cela la fantastique figure de Stangstadius, illuminée d'un sourire de triomphe passé à l'état chronique, et sa voix aiguë pérorant sur la circonstance d'un ton tranchant et pédantesque. C'était une scène à ne jamais sortir de la mémoire, un groupe à la fois bouffon et tragique, peut-être incompréhensible à première vue.

— Mon pauvre docteur, disait Stangstadius, il ne faut pas vous le dissimuler, si votre malade en réchappe, il aura une belle chance! Mais ne vous imaginez pas que la chute soit pour beaucoup dans son état, le coup de sang était imminent depuis vingt-quatre heures. Comment n'aviez-vous pas prévu cela?

— Je l'avais tellement prévu, répondit le jeune médecin avec quelque dépit, que je vous le disais, il y a une heure, monsieur Stangstadius, quand il a reçu au pavillon de chasse cette lettre qui a bouleversé ses traits. Si vous l'avez oublié, ce n'est pas ma faute. J'ai fait tout au monde pour empêcher M. le baron d'aller à la chasse ; il n'a rien voulu écouter, et tout ce que j'ai pu obtenir, c'est de l'accompagner dans son traîneau.

— Pardieu! c'est une belle ressource qu'il s'était assurée là! Si je ne me fusse offert à rentrer avec vous deux, quand j'ai vu qu'il n'était pas en état de chasser, il aurait bien pu étouffer ici. Vous n'auriez pas eu la présence d'esprit...

— Vous êtes très-dur pour les jeunes gens, monsieur le professeur, reprit le médecin de plus en plus piqué. On peut manquer de présence d'esprit, quand on vient d'être lancé à dix pas, et que, à peine relevé, on se voit appelé à juger du premier coup d'œil un cas peut-être désespéré.

— La belle affaire qu'une chute dans la neige! dit M. Stangstadius en haussant celle de ses épaules qui voulut bien se prêter à ce mouvement. Si vous étiez tombé comme moi au fond d'un puits de mine! Une chute de cinquante pieds, sept pouces et cinq lignes, un évanouissement de six heures cinquante-trois...

— Eh! mordieu! monsieur le professeur, il s'agit de l'évanouissement de mon malade, et non pas du vôtre! Ce qui est passé est passé. Veuillez soutenir le bras, pour que je cherche une ligature.

— Non, c'est qu'il y a des gens qui se plaignent de tout, poursuivit Stangstadius en allant et venant, sans écouter son interlocuteur

Puis, oubliant qu'il venait de se mettre dans une terrible colère contre Christian, le bonhomme vif, mais sans rancune, ajouta gaiement en s'adressant à lui :

— Ai-je seulement pâli tout à l'heure, quand je me suis trouvé sous ces quatre animaux... sans compter les deux autres, vous et votre camarade? Deux insignes maladroits! Mais qu'est-ce, au bout du compte, que quelques contusions de plus ou de moins? Je n'ai pas seulement songé à moi! Je me suis trouvé tout prêt à juger l'état du malade, à faire la saignée. Le coup d'œil rapide et sûr, la main ferme!... Ah çà! où diable vous ai-je vu? continut-il en s'adressant toujours à Christian, sans songer davantage au malade. Est-ce vous qui avez tué toutes ces bêtes? Voilà une belle chasse, une ourse de la grande espèce, l'espèce bise aux yeux bleus! Quand on pense que cet imbécile de Buffon... Mais où avez-vous rencontré cela? C'est rare dans le pays!

— Permettez que je vous réponde une autre fois, dit Christian; le docteur réclame mon aide.

— Laissez, laissez le sang couler, reprit tranquillement le géologue.

— Non, non, c'est assez! s'écria le médecin. La saignée fait bon effet, venez, venez voir, monsieur le professeur; mais il ne faut pas abuser du remède : il est en ce moment aussi sérieux que le mal.

Christian avait pris dans ses mains, non sans une mortelle et inexplicable répugnance, le bras pesant et froid du baron, tandis que le médecin fermait la saignée. Le malade ouvrait les yeux, et il chercha bientôt à se reconnaître. Son premier regard fut pour l'étrange lit où il était couché, le second pour son bras ensanglanté, et le troisième pour son médecin tremblant.

— Ah! lui dit-il d'une voix faible et d'un ton méprisant, vous m'ôtez du sang! Je vous l'avais défendu.

— Il le fallait, monsieur le baron; vous voilà beaucoup mieux, grâce au ciel! répondit le docteur.

Le baron n'avait pas la force de discuter. Il promenait avec effort autour de lui des regards éteints où se peignait une sombre inquiétude. Il rencontra la figure de Christian, et ses yeux dilatés s'arrêtèrent sur lui comme hébétés; mais, au moment où Christian se penchait vers lui pour aider le médecin à le soulever, il le repoussa d'un geste convulsif, et la faible coloration qui lui était revenue fit place à une nouvelle pâleur bleue.

— Rouvrez la saignée, s'écria Stangstadius au docteur. Je voyais bien que vous la fermiez trop tôt. Ne l'ai-je pas dit? Et puis, laissez ensuite cinq minutes de repos au malade!

— Mais le froid, monsieur le professeur, dit le médecin en obéissant machinalement à Stangstadius : ne craignez-vous pas que le froid ne soit un agent mortel en de pareilles circonstances?

— Bah! le froid! reprit Stangstadius; je me moque bien du froid de l'atmosphère! Le froid de la mort est bien pire! Laissez saigner, vous dis-je, et ensuite laissez reposer. Il faut faire ce qui est prescrit, advienne que pourra.

Et il ajouta en se tournant vers Christian :

— Il est dans de mauvais draps, tenez, le gros baron! Je ne voudrais pas être dans sa peau pour le moment... Ah çà! où diable vous ai-je donc vu?

Puis, ramassant quelque chose sur la neige et changeant d'idée :

— Qu'est-ce, dit-il, que cette pierre rouge? Un fragment de porphyre? Dans une région de gneiss et de basaltes? Vous avez apporté cela de là-haut? ajouta-t-il en montrant les cimes de l'ouest. C'était dans vos poches? Ah! vous voyez que je ne serais pas facile à égarer, moi! Je connais toutes les roches à la forme, et à deux lieues de distance!

Le traîneau du baron était enfin de retour, et, quelques moments après, une nouvelle amélioration dans son état s'étant manifestée, on put arrêter le sang et remettre le malade dans son équipage, qui le ramena au pas jusqu'au château, tandis que Christian partait en avant avec le fils du *danneman*.

— Eh bien, lui dit le jeune garçon quand ils eurent dépassé l'équipage lugubre, qu'est-ce que je vous disais quand la chose est arrivée? Qu'est-ce qu'elle avait dit la tante Karine?

— Je n'ai pas bien compris la chanson, répondit Christian, absorbé dans ses pensées. Elle n'était pas gaie, ce me semble.

— « Il laisse son âme à la maison, repartit Olof, et, quand il viendra la reprendre, il ne la retrouvera plus. » N'est-ce pas bien clair cela, *herr* Christian? Le *iarl* était malade. Il a voulu secouer le mal; mais l'âme n'a pas voulu aller à la chasse, et peut-être bien qu'à présent elle est en route pour un vilain voyage!

— Vous haïssez le *iarl*? dit Christian. Vous pensez que son âme est destinée à l'enfer?

— Cela, Dieu le sait! Quant à le haïr, je ne le hais pas plus que ne font tous les autres. Est-ce que vous l'aimez, vous?

— Moi? Je ne le connais pas, répondit Christian frémissant intérieurement de sentir cette haine en lui-même plus vive peut-être que chez tout autre.

— Eh bien, s'il en réchappe, reprit l'enfant, vous le connaîtrez! Il apprendra bien par qui il a été culbuté, et vous serez sage si vous quittez le pays.

— Ah! c'est donc l'opinion de tout le monde, qu'il ne faut pas lui déplaire?

— Dame! il a fait mourir son père par le poison, son frère par le poignard et sa belle-sœur par la faim, et tant d'autres personnes que ma tante Karine sait bien, et que tout le monde saurait, si elle voulait parler; mais elle veut pas!

— Et vous ne craignez pas que la colère du baron ne se tourne contre vous, quand il apprendra que c'est le traîneau de votre père qui l'a fait verser?

— Ce n'est pas la faute du traîneau, et encore moins la mienne. Vous avez voulu conduire! Si j'avais conduit, ça ne serait peut-être pas arrivé; mais ce qui doit arriver arrive, et, quand le mal tombe sur les méchants hommes, c'est que Dieu le veut ainsi!

Christian, toujours obsédé de la supposition qui l'avait frappé si cruellement, frissonna encore à l'idée qu'il venait d'être l'instrument parricide de la destinée.

— Non, non! s'écria-t-il en se répondant à lui-même plus qu'il ne songeait à répondre au fils du *danneman*, ce n'est pas moi qui suis la cause de son mal; les médecins ont dit qu'il était condamné depuis vingt-quatre heures!

— Et ma tante Karine aussi, elle l'a dit! reprit Olof. Soyez donc tranquille, allez, il n'en reviendra pas.

Et Olof se remit à chanter entre ses dents son triste refrain, qui de plus en plus rappelait à Christian l'air monotone entendu la veille dans les galets du lac.

— Est-ce que la tante Karine ne va pas quelquefois au Stollborg? demanda-t-il à Olof.

— Au Stollborg? dit le jeune garçon. Je ne le croirais que si je le voyais.

— Pourquoi?

— Parce qu'elle n'aime pas cet endroit-là; elle ne veut pas seulement qu'on le nomme devant elle.

— D'où vient cela?

— Qui peut savoir? Elle y a pourtant demeuré autrefois, du temps de la baronne Hilda; mais je ne peux pas vous en dire davantage, parce que je n'en sais que ce que je vous dis là : on ne parle jamais chez nous du Stollborg ni de Waldemora !

Christian sentit qu'il y aurait quelque chose d'indélicat à questionner le jeune *danneman* sur les rapports que sa tante pouvait avoir eus avec le baron. D'ailleurs, son esprit devenait si triste et si sombre, qu'il ne se sentait plus le courage de chercher à en savoir davantage pour le moment.

Le changement brusque survenu dans l'atmosphère ne contribuait pas peu à sa mélancolie. Le soleil, couché ou non, avait entièrement disparu dans un de ces brouillards qui enveloppent parfois soudainement son déclin ou son apparition dans les jours d'hiver. C'était un voile lourd, morne, d'un gris de plomb, qui s'épaississait à chaque instant, et qui bientôt ne laissa plus rien de visible que le fond de la gorge, où il n'était pas encore tout à fait descendu. A mesure qu'il en approchait, il se développait en ondes plus ou moins denses, et refusait de se mêler à la fumée noire qui partait de grands feux allumés dans les profondeurs pour préserver quelques récoltes ou pour conserver libre quelque mince courant d'eau.

Christian ne demanda même pas à Olof quel était le but de ces feux; il se laissait aller au morne amusement de regarder poindre leurs spectres rouges, comme des météores sans rayonnement et sans reflet, sur les bords du *strœm*, et à suivre la lutte lente et triste de leurs sombres tourbillons avec la brume blanchie par le contraste. Le torrent glacé se montrait encore; mais, par d'étranges illusions d'optique, tantôt il paraissait si près du chemin, que Christian s'imaginait pouvoir le toucher du bout de son fouet, tantôt il s'enfonçait à des profondeurs incommensurables, tandis qu'en réalité il était infiniment moins loin ou infiniment moins près que les jeux du brouillard ne le faisaient paraître.

Puis vint la nuit avec son long crépuscule des régions du Nord, ordinairement verdâtre, et, ce soir-là, incolore et livide. Pas un être vivant dans la nature qui ne fût caché, immobile et muet. Christian se sentit oppressé par ce deuil universel, et peu à peu il s'y habitua avec une sorte de résignation apathique. Olof avait mis pied à terre pour descendre, en tenant le cheval par la bouche, presque à pic au bord du lac, lequel ne présentait qu'une masse de vapeurs sans limites. Christian s'imaginait descendre d'un versant escarpé du globe dans les abîmes du vide. Deux ou trois fois le cheval glissa jusqu'à s'asseoir sur ses jarrets, et Olof faillit lâcher prise et l'abandonner à son destin avec le traîneau et le voyageur. Celui-ci se sentait envahi par une mortelle indifférence. Le fils du baron! ces quatre mots étaient comme écrits en lettres noires dans son cerveau, et semblaient avoir tué en lui tout rêve d'avenir, tout amour de la vie. Ce n'était pas du désespoir, c'était le dégoût de toutes choses, et, dans cette disposition, il ne se rendait compte que d'un fait immédiat : c'est qu'il se sentait accablé de sommeil, et qu'il consentait à s'endormir pour jamais en roulant sans secousse au fond du lac. Il s'était même assoupi au point de ne plus savoir où il était, lorsqu'une voix aussi faible que le crépuscule, aussi voilée que le ciel et le lac, chanta près de lui des paroles qu'il écouta et comprit peu à peu.

— Voilà le soleil qui se lève, beau et clair, sur la prairie émaillée de fleurs. Je vois les fées toutes blanches, couronnées de saule et de lilas, qui dansent là-bas sur la mousse argentée de rosée. L'enfant est au milieu d'elles, l'enfant du lac, plus beau que le matin.

» Voilà le soleil au plus haut du ciel. Les oiseaux se taisent, les moucherons bourdonnent dans une poussière d'or. Les fées sont entrées dans un bosquet d'azalées pour trouver la fraîcheur au bord du *strœm*. L'enfant sommeille sur leurs genoux, l'enfant du lac, plus beau que le jour.

» Voilà le soleil qui se couche. Le rossignol chante à l'étoile de diamant qui se mire dans les eaux. Les fées sont assises au bas du ciel, sur l'escalier de cristal rose; elles chantent pour bercer l'enfant qui sourit dans son nid de duvet, l'enfant du lac, plus beau que l'étoile du soir.

C'était encore la voix des galets qu'entendait Christian, mais plus douce qu'il ne l'avait encore entendue, et chantant cette fois, sur un air agréablement mélodieux, des paroles correctes. Ceci était une chanson moderne que la sibylle pouvait avoir comprise et retenue exactement. C'est en vain cependant que Christian essaya de voir une figure humaine. Il ne voyait même pas le cheval qui le conduisait, ou qui, pour mieux dire, ne le conduisait plus, car le traîneau restait immobile, et Olof n'était plus là.

Loin de songer à s'inquiéter de sa situation, Christian écouta jusqu'au bout les trois couplets. Le premier lui parut chanté à quelques pas derrière lui, le second plus près, et le troisième plus loin, en se perdant peu à peu en avant du lieu où il se trouvait.

Le jeune homme avait failli s'élancer hors du traîneau pour saisir au passage la chanteuse invisible; mais, au moment de poser le pied à terre, il n'avait trouvé que le vide, et l'instinct de la conservation lui étant revenu avec les suaves paroles de la chanson, il avait allongé les mains pour savoir où il était. Il sentit la croupe humide du cheval et appela Olof à voix basse à plusieurs reprises, sans recevoir de réponse. Alors, comme il lui sembla que la chanteuse s'éloignait, il l'appela aussi en lui donnant le nom de *Vala Karina;* mais elle ne l'entendit pas ou ne voulut pas répondre. Il se décida alors à sortir du traîneau par le côté opposé à celui qu'il avait tâté d'abord, et se trouva sur le chemin rapide, qu'il explora pendant une vingtaine de pas, appelant toujours Olof avec une vive inquiétude. Pendant le court sommeil de Christian, l'enfant avait-il roulé dans le précipice? Enfin il vit poindre dans le brouillard un imperceptible point lumineux qui venait à sa rencontre, et bientôt il reconnut Olof portant une lanterne allumée.

— C'est vous, *herr* Christian? dit l'enfant effrayé, en se trouvant face à face avec lui tout à coup, sans l'avoir entendu approcher. Vous êtes sorti du traîneau sans voir clair, et vous avez eu tort; l'endroit est bien dangereux, et je vous avais dit de ne pas bouger pendant que j'irais allumer ma lanterne au moulin qui est par là. Vous ne m'avez donc pas entendu?

— Nullement; mais, vous, n'avez-vous pas entendu chanter?

— Oui, mais je n'ai pas voulu écouter. On entend souvent des voix au bord du lac, et il n'est pas bon de comprendre ce qu'elles chantent, car alors elles vous emmènent dans des endroits d'où l'on ne revient jamais.

— Eh bien, moi, j'ai écouté, dit Christian, et j'ai reconnu la voix de votre tante Karine. Elle doit être par ici... Cherchons-la, puisque vous avez de la lumière, ou appelez-la, elle vous répondra peut-être.

— Non, non! s'écria l'enfant, laissons-la tranquille. Si elle est dans son rêve, et que nous venions à la réveiller, elle se tuera!

— Mais elle risque également de se tuer en courant ainsi au bord de ce ravin qu'on ne voit pas!

— Ce que nous ne voyons pas, elle le voit; soyez en paix, à moins que vous ne vouliez lui porter malheur et l'empêcher de rentrer à la maison, où je suis bien sûr qu'elle sera de retour avant moi, comme à l'ordinaire.

Christian dut renoncer à chercher la voyante, d'autant plus que la clarté de la lanterne perçait si peu le brouillard, qu'à peine servait-elle à voir où l'on posait les pieds. Il aida Olof à descendre le traîneau avec précaution jusqu'au bord du lac, et, là, l'enfant, qui se dirigeait fort habilement au juger, lui demanda s'il voulait remonter en traîneau pour aller au bostœlle du major.

— Non, non, lui dit Christian, c'est au Stollborg que je dois aller. N'est-ce pas à droite qu'il faut prendre?

— Non, répondit Olof, tâchez de marcher droit devant vous en comptant trois cents pas. Si vous en faites deux de plus sans trouver le rocher, c'est que vous vous serez trompé.

— Et alors que faudra-t-il faire?

— Regardez de quel côté marchent les bouffées du brouillard. Le vent est du midi, et il fait presque chaud. Si le brouillard passe à votre gauche, il faudra marcher sur votre droite. Au reste, il n'y a pas de danger sur le lac, la glace est bonne partout.

— Mais vous, mon enfant, vous tirerez-vous d'affaire tout seul?

— Pour aller au bostœlle? J'en réponds. Le cheval reconnaît son chemin à présent, et vous voyez qu'il s'impatiente.

— Mais vous ne retournerez pas ce soir chez votre père?

— Si fait! le brouillard ne tiendra peut-être pas, et, d'ailleurs, la lune se lèvera, et, comme elle est pleine, on verra à se conduire.

Christian donna une poignée de main avec un daler au jeune *danneman*, et, se conformant à ses instructions, il arriva au Stollborg sans faire fausse route et sans rencontrer personne.

## XV

M. Goefle était en présence des apprêts de son quatrième repas, sérieusement occupé à donner une leçon de bonne tenue à M. Nils, qui, debout, la serviette sous le bras, ne montrait pas trop de mauvaise volonté.

— Eh! arrivez donc, Christian! s'écria le docteur

en droit, j'allais prendre mon café tout seul! Je l'ai fait moi-même pour nous deux. Je le garantis excellent, et vous devez avoir besoin de vous réchauffer l'estomac.

— J'arrive, j'arrive, mon cher docteur, répondit Christian en se débarrassant de sa veste déchirée et en se disposant à laver ses mains couvertes de sang.

— Eh! bon Dieu! reprit M. Goefle, n'êtes-vous pas blessé? ou bien auriez-vous par hasard égorgé tous les ours du Sevenberg?

— Il y a un peu de cela, répondit Christian; mais je crois qu'il y a aussi du sang humain sur moi. Ah! monsieur Goefle, c'est toute une histoire!

— Vous êtes pâle! s'écria l'avocat; il vous est arrivé quelque chose de plus grave qu'un exploit de chasse... Une querelle... un malheur?... Parlez donc vite... Vous m'ôtez l'appétit!

— Il ne m'est rien arrivé qui doive avoir ce résultat pour vous. Mangez, monsieur Goefle, mangez. J'essayerai de vous tenir compagnie, et je parlerai français à cause de...

— Oui, oui, répondit M. Goefle en français, à cause des oreilles rouges de ce petit imbécile; dites, j'écoute.

Pendant que Christian racontait avec détail et précision à M. Goefle ses aventures, ses imaginations, ses commentaires et ses émotions, on entendait au loin les sons de bruyantes fanfares. La disparition du baron s'était accomplie dans la forêt comme elle s'accomplissait si fréquemment dans ses salons. Après avoir tué un daim, se sentant réellement incapable de résister au froid et à la fatigue, et surtout à l'impatience de donner suite à l'affaire dont l'entretenait la missive de Johan, il était remonté en traîneau, sous prétexte d'aller se poster plus loin, en faisant dire aux autres chasseurs qu'ils n'eussent pas à s'occuper de lui, mais à poursuivre leur divertissement comme ils l'entendraient. Larrson et le lieutenant étaient venus se joindre à cette chasse, où, conformément à leurs prévisions, on n'avait point aperçu la moindre trace d'ours, mais où l'on avait abattu quelques daims blancs et force lièvres de grande taille.

A l'approche du brouillard, les gens prévoyants s'étaient hâtés de reprendre le chemin du château; mais une partie de la jeunesse, escortée de tous les paysans des environs, employés comme traqueurs, s'attarda en descendant les collines, et dut s'arrêter au pied du hogar, où Larrson émit le conseil d'attendre que la lune se montrât ou que les vapeurs du lac fussent enlevées par le coup de vent qui précède souvent son apparition. Quelques personnes firent allumer le fanal de leurs traîneaux et préférèrent rentrer tout de suite; une douzaine seulement demeura. Les paysans reçurent une abondante distribution d'eau-de-vie, et se dispersèrent dans la campagne. Les valets et piqueurs sonnèrent de la trompe et allumèrent un grand feu sur le tumulus, à côté des débris informes de la statue de neige, et la brillante jeunesse rassemblée dans la grotte, devant laquelle s'élevait une pyramide de gibier, se livra à des conversations animées, entremêlées de récits et de discussions sur les divers épisodes de la chasse.

Mais les narrations du major l'emportaient si bien sur toutes les autres en ce jour, que bientôt tout le monde fit silence pour l'écouter. Au nombre des auditeurs des deux sexes se trouvaient Olga, Martina et Marguerite, à qui sa tante avait permis de rester sur le hogar en compagnie de mademoiselle Potin et de la fille du ministre.

— Ainsi, messieurs, disait Olga au major et au lieutenant, vous avez été en sournois faire des exploits périlleux dont vous promettez de nous montrer la preuve demain, si nous acceptons une promenade à votre demeure?

— Dites *les preuves!* répondit le major: une pièce énorme, une ourse blanchâtre aux yeux bleus, un assez grand ours noir et deux oursons, que nous avons l'intention de faire élever pour avoir le plaisir de les lâcher et de les chasser quand ils seront grands.

— Mais qui a tué ou pris tout cela? demanda Martina Akerstrom, la blonde fiancée du lieutenant.

— Le lieutenant a pris un ourson, répondit le major avec un sourire expressif adressé à son ami. Le caporal Duff et moi avons pris l'autre; le paysan qui nous conduisait a blessé la grosse ourse et attaqué l'ours noir; mais ces deux bêtes furieuses l'auraient infailliblement mis en pièces, si un autre de mes amis, arrivant là tout seul, n'eût éventré la première et cassé d'une balle la tête de l'autre à un demi-pouce de la tête du pauvre diable.

On voit que, si le coup de fusil de Christian eût été raconté une troisième fois, la distance entre sa balle et la tête du *danneman* eût été inappréciable. Certes, le major ne croyait pas mentir; cependant les auditeurs se récrièrent; mais le lieutenant frappa du poing sur la table en faisant serment que, si le major exagérait la distance, c'était en plus, et non en moins. Le lieutenant ne croyait certainement pas mentir non plus: son cher Osmund pouvait-il se tromper?

— Quoi qu'il en soit, dit Marguerite, le tueur de monstres dont vous parlez a beaucoup de courage et de présence d'esprit, à ce qu'il paraît, et je serais aise de lui en faire mon sincère compliment. Est-ce par excès de modestie qu'il garde l'anonyme, ou n'est-il point ici?

— Il n'est point ici, répondit le major.

— Est-ce bien vrai? reprit Martina Akerstrom en regardant naïvement son fiancé.

— Ce n'est que trop vrai, répondit le gros garçon avec un soupir non moins ingénu.

— Mais a-t-il exigé, reprit Marguerite, que son nom fût un mystère pour nous?

— Nous n'aurions pas consenti à le lui promettre, répondit le major, nous l'aimons trop pour cela; mais, quand on tient un petit secret qui, par bonheur, excite la curiosité des dames, on se fait valoir, et nous ne dirons rien, n'est-ce pas, lieutenant, si l'on ne fait pas quelques efforts pour deviner le nom de notre héros?

— C'est peut-être M. Stangstadius? dit en riant mademoiselle Potin.

— Non, répondit quelqu'un, le professeur était à notre chasse, et il l'a quittée avec le baron de Waldemora.

— Eh bien, dit Olga, c'était peut-être pour se rendre à la chasse de ces messieurs. Qui sait si ce n'est pas le baron en personne?...

— Ces exploits-là ne sont plus de son âge, dit avec affectation un jeune homme qui eût volontiers fait la cour à Olga.

— Et pourquoi donc? reprit-elle.

— Je ne dis pas, observa Larrson, que de tels exploits ne seraient plus de son âge; mais je crois qu'ils n'ont jamais été de son goût. Je n'ai jamais ouï dire que le baron eût chassé l'ours à la nouvelle mode, c'est-à-dire sans être retranché derrière un filet de cordes solides et bien tendues.

— Comment, reprit Marguerite, vous avez chassé sans filets?

— A la manière des paysans de la montagne, répondit le major; c'est la bonne manière.

— Mais alors c'est très-dangereux!

— Le danger n'a pas été aujourd'hui pour nous, mais pour notre ami, dont nous vous montrerons demain le cafetan de cuir de renne; la façon dont les griffes de l'ours ont fait de cette espèce de cuirasse une espèce de dentelle vous prouvera de reste qu'il a vu l'ennemi de près.

— Mais s'exposer ainsi est une chose insensée! s'écria Marguerite. Pour rien au monde je ne voudrais voir un pareil spectacle!

— Et le nom de ce Méléagre! reprit Olga; on ne pourra donc pas le savoir?

— Avouez, dit le major, que vous n'avez pas fait beaucoup d'efforts pour le deviner.

— Si fait; mais je vois ici tous ceux des hôtes du château que je crois capables des plus hautes prouesses, et vous dites que votre héros n'est point parmi nous?

— Vous avez oublié quelqu'un qui était du moins au château hier au soir, reprit le lieutenant.

— J'ai beau chercher, répondit Olga, j'y renonce, et, à moins que ce ne soit le masque noir, l'homme mystérieux, le bouffon lettré, Christian Waldo!.

— Eh bien, pourquoi ne serait-ce pas lui? dit le major en regardant à la dérobée Marguerite, qui avait beaucoup rougi.

— Est-ce lui? s'écria-t-elle avec une vivacité candide.

— Eh! mon Dieu! lui dit la jeune Russe avec plus de brutalité que de malice, car ce n'était point une méchante personne, on dirait, ma chère enfant, que cela vous intéresse beaucoup...

— Vous savez bien, répondit avec à-propos la bonne Potin, que la comtesse Marguerite a peur de Christian Waldo.

— Peur? dit le major avec surprise.

— Eh! mais sans doute, reprit la gouvernante, et j'avoue que je suis un peu dans le même cas; un masque me fait toujours peur.

— Mais vous n'avez pas même vu le masque de Christian.

— Raison de plus, répondit-elle en riant. On a réellement peur de ce que l'on n'a jamais vu. Tous les récits que l'on fait sur ce spirituel comédien sont si étranges!... Et la tête de mort qu'on lui attribue! Croyez-vous qu'il n'y ait pas là de quoi rêver la nuit et trembler quand on entend son nom?

— Eh bien, dit le major, ne tremblez plus, mesdames; nous avons vu toute la journée la figure de Christian Waldo, et, quoi qu'en ait dit hier au soir M. le baron, sa prétendue tête de mort est la tête du jeune Antinoüs. N'est-il pas vrai, lieutenant, que c'est le plus beau jeune homme qu'on puisse imaginer?

— Aussi beau qu'il est aimable, instruit et brave, répondit le lieutenant.

Et le caporal Duff, qui se tenait dehors, la pipe à la bouche, écoutant la conversation, éleva la voix, comme malgré lui, pour vanter la cordialité, la noblesse et la modestie de Christian Waldo.

Marguerite ne fit ni questions ni réflexions; mais, tout occupée qu'elle semblait être d'agrafer sa pelisse, car on s'était levé pour partir, elle ne perdit pas un mot des éloges décernés à son ami de la veille.

— D'où vient donc? dit Olga, qui s'apprêtait à la suivre, qu'un homme instruit et distingué fasse un métier, je ne veux pas dire honteux, mais frivole, et qui, après tout, ne doit guère l'enrichir?

— Ce n'est pas un métier qu'il fait, répondit le major avec vivacité, c'est un amusement qu'il se donne.

— Ah! permettez, on le paye!

— Eh bien, nous autres militaires, on nous paye aussi pour servir l'État. Est-ce que nos terres et nos revenus ne sont pas le salaire de nos services?

— Il y a *salaire* et *récompense*, dit Marguerite avec une mélancolique douceur. Mais le froid se fait bien sentir : est-ce que nous ne partons pas? Il me semble qu'il n'y aurait aucun danger sur le lac.

Le major comprit ou crut comprendre que Marguerite avait un grand désir de causer avec lui, et il lui offrit le bras jusqu'à son traîneau, où il demanda à mademoiselle Potin de lui permettre de prendre place pour retourner au château. Quelques mots rapidement adressés au lieutenant firent comprendre à celui-ci qu'il serait agréable au major de voir Olga monter dans un autre traîneau avec lui et Martina Akerstrom, et le bon lieutenant, sans s'inquiéter de savoir pourquoi, obéissant comme à une consigne, fit accepter son offre à sa fiancée et à la jeune Russe.

Osmund put donc en toute liberté disculper chaudement Christian Waldo de la mauvaise opinion que Marguerite et mademoiselle Potin, sa discrète confidente, semblaient avoir de lui. Pour y parvenir, il n'eut qu'à raconter sa conversation avec Waldo et la résolution excentrique et généreuse que celui-ci avait prise d'embrasser une vie rude et misérable plutôt que de continuer une vie d'aventures qu'il condamnait lui-même. Marguerite écoutait avec une apparence de tranquillité, comme s'il se fût agi d'une appréciation générale sur une situation quelconque; mais elle n'était pas habile comédienne, et le major, qui eut la délicatesse de prendre la chose comme elle désirait qu'elle fût prise, ne se trompa guère sur l'intérêt qu'elle y portait dans le secret de son âme.

Cependant le baron Olaüs avait été porté dans son lit, où il paraissait calme; le médecin, interrogé par les héritiers, avait, selon sa coutume et conformément à sa consigne, éludé les questions On savait bien que le *respectable et cher oncle* était arrivé si faible, qu'il avait fallu le porter, le déshabiller et le coucher comme un enfant; mais, selon le médecin, ce n'était qu'un nouvel accident, passager comme

les autres. Johan donnait des ordres pour que *les ris et les jeux* allassent leur train. La comédie de marionnettes était annoncée pour huit heures. Le docteur Stangstadius eût pu révéler la gravité de la situation; mais il n'était rentré de la chasse que pour monter dans l'observatoire du château, afin d'étudier à loisir le phénomène du *brouillard sec*, qu'il attribuait, peut-être avec raison, à un passage d'exhalaisons volcaniques venant du lac Wettern.

La seule personne réellement inquiète, c'était Johan. Resté seul avec son maître, que le médecin avait bien recommandé de laisser reposer, pendant que lui-même allait changer de toilette et prendre quelque nourriture, Johan résolut de savoir à quoi s'en tenir sur l'état mental du baron.

— Voyons, mon maître, lui dit-il avec sa familiarité accoutumée, privilége exclusif dont il ne craignait jamais d'abuser, et pour cause, sommes-nous mort cette fois? Et votre vieux Johan ne réussira-t-il pas à vous arracher un de ces bons petits sourires qui signifient : « Je nargue la maladie, et j'enterrerai tous les sots qui voudraient me voir au diable? »

Le baron essaya en vain ce victorieux sourire, qui n'aboutit qu'à une grimace lugubre accompagnée d'un soupir profond.

— Vous m'entendez? reprit Johan; c'est déjà quelque chose.

— Oui, répondit le baron d'une voix faible; mais je suis bien mal cette fois! Cet âne de docteur...

Et il essaya de montrer son bras.

— Il vous a saigné? reprit Johan. Il dit vous avoir sauvé par là. Espérons-le; mais il faut que vous le vouliez... Vous savez bien que votre seul remède à vous, c'est votre volonté, qui fait des miracles!

— Je n'en ai plus!

— De volonté?... Allons donc! Quand vous dites cela, c'est que vous voulez fortement quelque chose, et ce que vous voulez, je vais vous le dire : c'est ces deux *ou trois* Italiens...

— Oui, oui, tous! reprit le baron avec un éclair d'énergie.

— A la bonne heure! reprit Johan. Je savais bien que je vous ferais revenir!... Vous avez vu la preuve?...

— Sans réplique.

— L'écriture de Stenson?

— Et sa signature... Tous les détails!... C'est étrange, c'est étrange! mais cela est.

— Où est-elle donc, cette preuve?

— Dans mon habit de chasse.

— Je ne la trouve pas.

— Tu ne cherches pas bien. Elle y est. N'importe! écoute : la fatigue m'accable... Stenson à la tour!
— Tout de suite?
— Non, pendant les marionnettes.
— Et les autres?
— Après.
— Dans la tour aussi?
— Oui, un prétexte.
— Bien facile. Un plat de vermeil glissé dans le bagage de ce batelours... Ils l'auront volé.
— Bien.
— Mais s'ils se méfient? si le vrai et le faux Christian ne viennent pas?
— Où sont-ils?
— Qui peut le savoir par ce brouillard? J'ai donné des ordres; mais on n'avait encore vu rentrer personne, il y a une heure, au Stollborg, qui est épié et cerné de tous côtés.
— Alors... que feras-tu?
— Morte la preuve, c'est-à-dire le portefeuille et l'homme qui vous l'a livré, mort est le secret. Puisque Christian Waldo ignore tout.
— Est-ce bien sûr?
— Quand nous le tiendrons, nous le confesserons.
— Mais nous ne le tenons pas!
— Peut-être... à présent. Je vais moi-même au Stollborg m'en assurer.
— Va vite... Mais, s'il refuse de venir ce soir au château?...
— Alors le capitaine Chimère ira là-bas, avec...
— Très-bien. Et l'avocat?
— Je lui dirai d'avance que vous le demandez. Seulement, il faut tout prévoir... S'il n'obéit pas?
— Ce sera la preuve...
— Qu'il s'entend avec vos ennemis. Et alors...?
— Tant pis pour lui !
— C'est grave, un homme si connu !
— Qu'on ne lui fasse rien ; qu'on l'empêche de s'en mêler.
— Oui, si c'est possible. N'importe, j'essayerai. Je vais tout de suite au Stollborg glisser votre gobelet d'or dans le bât de l'âne. Ce sera le prétexte pour là-bas ; mais tout cela fera peut-être du bruit, le Christian est batailleur, et le Stollborg est bien près.
— Tant mieux ! on fera toujours plus vite...
— Le major et son lieutenant ont pris ce batelour en amitié. Il s'agit de bien saisir le moment. On va faire beaucoup de musique de cuivre dans le château; on tirera des pétards et des boîtes dehors à chaque instant.
— Bien vu!

— Comment vous sentez-vous?
— Mieux... et même je crois me rappeler... Attends donc, Johan... J'ai revu aujourd'hui cette figure... Où donc? Attends, te dis-je!... Ai-je rêvé cela?... Malheur!... Je ne puis... Johan, ma tête refuse... mon cerveau se trouble comme avant-hier.
— Eh bien, ne vous tourmentez pas, je trouverai, moi, c'est mon affaire. Allons, soyez calme, vous surmonterez encore cette crise-là. Je vous envoie Jacob.

Johan sortit. Le baron, épuisé de l'effort qu'il venait de faire, perdit connaissance dans les bras de Jacob, et le médecin, précipitamment rappelé, eut beaucoup de peine à le faire revenir. Puis le malade recouvra une énergie fébrile.

— Otez-vous de là, docteur, dit-il, votre figure m'ennuie... Vous êtes laid! tout le monde est laid!... Il est beau, *lui*, à ce qu'on prétend; mais cela ne lui servira de rien... Quand on est mort, on devient vite affreux, n'est-ce pas?... Si je meurs avant *lui* pourtant... J'ai envie de lui léguer ma fortune... Ce serait drôle! mais, si je vis, il faut bien qu'il meure, il n'y a pas à dire! Répondez-moi donc, docteur; est-ce que vous me croyez fou?

Le baron, après avoir encore divagué pendant quelques instants, tomba dans une somnolence brûlante. Il était alors six heures du soir. La société du château venait de se mettre à table pour l'*aftonward*, ce léger repas qui précède le souper.

Nous sommes désolé de faire passer nos lecteurs par tant de repas, mais nous ne serions point dans la réalité si nous en supprimions un seul. Nous sommes forcé de leur rappeler que c'est l'usage général du pays, de manger ou de boire de deux en deux heures, et qu'au siècle dernier personne ne s'en écartait, surtout à la campagne et dans la saison froide. Les jolies femmes ne perdaient rien de leur poésie, aux yeux de leurs admirateurs, pour montrer un excellent appétit. La mode n'était pas d'être pâle et d'avoir les yeux cernés. L'éclatante et fine carnation des belles Suédoises n'ôtait rien à leur empire sur les cœurs et les imaginations, et, pour n'être pas romantique, la jeunesse des deux sexes n'en était pas moins romanesque. Donc, la petite Marguerite et la grande Olga, la blonde Martina et plusieurs autres nymphes de ces lacs glacés, après avoir pris le café dans la grotte du hogar, mangèrent du fromage à la crème dans la grande salle dorée du château, chacun rêvant l'amour à sa manière, aucune n'admettant le jeûne comme une condition du sentiment.

Les hôtes du château neuf n'étaient déjà plus aussi

nombreux que dans les premiers jours de Noël. Plusieurs mères avaient emmené leurs filles en voyant que le baron Olaüs n'y faisait aucune attention. Les diplomates des deux sexes qui avaient avec lui des relations d'intérêts, et les héritiers présomptifs, que le baron avait coutume d'appeler, quand il plaisantait en français sur leur compte, ses héritiers *présomptueux*, tenaient bon, en dépit de la tristesse qui se répandait autour de lui. La comtesse Elvéda s'impatientait de ne pouvoir avancer aucune affaire avec le mystérieux amphitryon; mais elle s'en dédommageait en établissant l'empire de ses charmes sur l'ambassadeur de Russie. Quand aux dames âgées, les matinées et les après-midi se passaient pour elles en visites reçues et rendues dans les appartements respectifs avec beaucoup de cérémonie et de solennité. Là, on s'entretenait toujours des mêmes choses : du beau temps de la saison, de la magnifique hospitalité du châtelain, de son grand esprit *un peu malicieux*, de son *indisposition*, qu'il supportait avec un si grand courage pour ne pas troubler *les plaisirs* de ses convives, et, en disant cela, on étouffait d'homériques bâillements. Et puis on parlait politique et on se disputait avec aigreur, ce qui n'empêchait pas que l'on ne parlât religion d'une manière édifiante. Le plus souvent on disait aux personnes qui venaient d'entrer tout le mal possible de celles qui venaient de sortir.

Les seuls esprits qui pussent lutter avec succès contre le froid de cette atmosphère morale, c'était une vingtaine de jeunes gens des deux sexes, qui, avec ou sans l'agrément de leurs familles, avaient vite noué entre eux des liaisons de cœur plus ou moins tendres, et qui, par leur libre réunion à presque toutes les heures du jour, se servaient de chaperons ou de confidents les uns aux autres. A cette bonne jeunesse se joignaient quelques personnes plus âgées, mais bienveillantes et d'un caractère gai, les gouvernantes comme mademoiselle Potin, la famille du pasteur, groupe choyé et considéré dans toutes les réunions champêtres, quelques vieux campagnards sans prétention et sans intrigue, le jeune médecin du baron, quand il pouvait s'échapper des griffes de son tyrannique et rusé malade; enfin l'illustre Stangstadius, quand on pouvait s'emparer de lui et le retenir par des taquineries sous forme de compliments hyperboliques, dont il ne suspectait jamais la sincérité, même quand ils s'adressaient aux agréments de sa personne.

La collation de l'*aftonward* fut donc aussi enjouée que les autres jours, bien que le géologue n'y parût pas, et le jeune monde, comme disaient les matrones, ne s'aperçut pas de la figure soucieuse et agitée des valets, lesquels n'étaient pas aussi dupes de la légère indisposition de leur maître qu'ils voulaient bien le laisser croire à ceux d'entre eux qui faisaient métier d'espionner les autres.

Après la collation, on déclara que c'était assez écouter les exploits des chasseurs, et Martina proposa de reprendre un amusement qui avait eu beaucoup de succès la veille, et qui consistait à se cacher et à se chercher les uns les autres dans une partie des bâtiments du château. Instinctivement, on fuyait certain pavillon réservé aux appartements isolés du châtelain, et peut-être, sans en rien faire paraître, n'était-on pas fâché d'avoir le prétexte de respecter son repos pour s'éloigner également des appartements de cérémonie occupés par les grands parents. Dans les longues galeries sombres et peu fréquentées qui couronnaient les bâtiments d'enceinte, et qui ouvraient diverses communications avec les étages inférieurs, consacrés à divers usages domestiques, celliers, blanchisseries, etc., on avait un libre parcours pour se chercher et beaucoup de recoins pour se cacher. On tira au sort les groupes qui devaient se donner la chasse les uns aux autres à tour de rôle; Marguerite se trouva avec Martina et son fiancé le lieutenant.

XVI

Pendant que le jeune monde du château neuf se livrait à d'innocents ébats, M. Goefle et Christian se livraient à tous les commentaires imaginables sur les découvertes que ce dernier croyait avoir faites relativement à sa naissance. M. Goefle ne partageait pas les idées de son jeune ami. Il les disait écloses dans une imagination plus ingénieuse que logique, et il paraissait plus que jamais tourmenté d'une idée sur laquelle il avait à la fois envie et crainte de s'expliquer.

— Christian, Christian, dit-il en secouant la tête, ne vous affligez pas à creuser ce cauchemar. Non, non ! vous n'êtes pas le fils du baron Olaüs, j'en mettrais ma main au feu !

— Et pourtant, reprit Christian, est-ce qu'il n'y a pas des traits de ressemblance entre lui et moi? Pendant qu'il était évanoui et que son sang coulait sur la neige, je le regardais avec effroi; sa figure cruelle et sardonique avait pris l'expression de calme suprême que donne la mort. Il me semblait, il est vrai, que nul homme, à moins qu'il n'ait passé sa vie devant une glace, ou qu'il ne soit point peintre de portraits, ne se fait une idée certaine de sa propre physionomie; mais enfin il me semblait que ce type était vaguement tracé dans ma mémoire, et que c'était précisément le mien. J'ai éprouvé la même chose en regardant cet homme pour la première fois. Je ne me suis pas dit : « Je l'ai vu quelque part; » je me suis dit : « Je le connais, je l'ai toujours connu. »

— Eh bien, eh bien, dit M. Goefle, moi aussi, parbleu! en vous voyant pour la première fois, et en vous regardant encore en ce moment-ci, où vous avez la figure sérieuse et absorbée, je trouve, sinon une ressemblance, du moins un rapport de type extraordinaire, frappant! et c'est justement là, mon cher, ce qui me fait vous dire : Non, vous n'êtes pas son fils!

— Pour le coup, monsieur Goefle, je ne vous comprends pas du tout.

— Oh! vous n'êtes pas le seul! je ne me comprends pas moi-même. Et pourtant j'ai une idée, une idée fixe!... Si ce diable de Stenson avait voulu parler! mais c'est en vain que je l'ai tourmenté aujourd'hui pendant deux heures, il ne m'a rien dit que d'insignifiant. Ou il commence à divaguer par moments, ou il fait résolûment le sourd et le distrait quand il ne veut pas répondre. Si j'avais su que cette Karine existât et qu'elle fût mêlée à nos affaires, j'aurais peut-être tiré quelque chose de lui, au moins à propos d'elle. Vous dites que le fils du *danneman* prétend qu'elle dirait bien des secrets, si elle voulait? Malheureusement, c'est encore, à ce qu'il paraît, une tête fêlée, ou un esprit terrifié qui ne veut pas se confesser! Pourtant il faut que nous venions à bout d'éclaircir nos doutes, car ou je suis fou, mon cher Christian, ou vous êtes ici dans votre pays, et peut-être sur le point de découvrir qui vous êtes. Voyons, voyons! cherchons donc, aidez-moi, c'est-à-dire écoutez-moi. Votre figure est également un grand sujet de trouble et d'inquiétude au château neuf, et il faut que vous sachiez...

En ce moment, on frappa à la porte, après avoir essayé d'entrer sans frapper; mais le verrou était poussé en dedans, précaution que M. Goefle avait prise sans que Christian y fît attention. Christian allait ouvrir, M. Goefle l'arrêta.

— Mettez-vous sous l'escalier, lui dit-il, et laissez-moi faire.

Christian, préoccupé, obéit machinalement, et M. Goefle alla ouvrir, mais sans laisser le survenant entrer dans la chambre. C'était Johan.

— C'est encore vous? lui dit-il d'un ton brusque et sévère. Que voulez-vous, monsieur Johan?

— Pardon, monsieur Goefle; je désirerais parler à Christan Waldo.

— Il n'est pas ici.

— Il est rentré pourtant, je le sais, monsieur Goefle.

— Cherchez-le, mais non pas chez moi. Je travaille et je veux être tranquille. C'est la troisième fois que vous me dérangez.

— Je vous demande mille pardons, monsieur Goefle; mais, comme vous partagez votre chambre avec lui, je croyais pouvoir m'y présenter pour transmettre à ce comédien les ordres de M. le baron.

— Les ordres, les ordres... Quels ordres?

— D'abord l'ordre de préparer son théâtre, ensuite celui de se rendre au château neuf à huit heures précises, comme hier, enfin celui de jouer quelque chose de très-gai.

— Vous vous répétez, mon cher; vous m'avez déjà dit deux fois aujourd'hui la même chose, dans les mêmes termes... Mais êtes-vous certain de bien savoir ce que vous dites? Le baron n'est-il pas gravement malade ce soir, et, pendant que vous rôdez comme une ombre dans le vieux château, savez-vous bien ce qui se passe dans le château neuf?

— Je viens de voir M. le baron il y a un instant, répondit Johan avec son éternel sourire d'impertinente humilité. M. le baron est tout à fait bien, et c'est parce qu'il m'envoie ici que je me vois forcé, à mon grand regret, d'être excessivement importun. Je dois cependant ajouter que M. le baron désire vivement causer avec l'honorable M. Goefle pendant la comédie des marionnettes.

— J'irai, c'est bien. Je vous souhaite le bonsoir. Et M. Goefle ferma la porte au nez de Johan désappointé.

— Pourquoi donc ces précautions? lui dit Christian sortant de sa retraite, d'où il avait écouté ce dialogue.

— Parce qu'il se passe ici quelque chose que j'étais en train de vouloir vous dire, et que je ne comprends pas, répondit le docteur en droit. Toute la journée, ce Johan, qui est bien, si j'en juge par sa mine et par l'opinion de Stenson, la plus détestable canaille qui existe, n'a fait autre chose que de rôder dans le Stollborg, et c'est vous qui êtes l'objet de sa curiosité. Il a interrogé sur votre compte d'abord Stenson, qui ne vous connaît pas, et qui ne sait que d'aujourd'hui (précisément par ce Johan) que nous demeurons ici, vous et moi. Ledit Johan a ensuite causé longtemps, dans l'écurie, avec votre valet Puffo, et, dans la cuisine du *gaard*, avec Ulphilas. Il eût fait causer Nils, si je ne l'eusse tenu près de moi toute la journée. Je crois même que ce mouchard a essayé de confesser votre âne!

— Heureusement, ce brave Jean est la discrétion même, dit Christian. Je ne vois pas ce qui vous inquiète dans les manœuvres de ce laquais pour voir ma figure : je suis habitué à exciter cette curiosité depuis que j'ai repris le masque ; mais je vais me débarrasser pour toujours de ce mystère puéril et de ces puériles persécutions. Puisqu'il faut retourner ce soir au château, j'y retourne à visage découvert.

— Non, Christian, ne le faites pas; je vous le défends. Encore deux ou trois jours de prudence! Il y a ici un gros secret à découvrir : je le découvrirai, ou j'y perdrai mon nom; mais il ne faut pas qu'on voie votre figure. Il ne faut même plus la montrer à Ulf. Je ne vous quitte pas, je vous garde à vue. Un danger vous menace très-certainement. L'oblique regard de Johan n'est pas le seul que j'aie vu briller dans les couloirs du Stollborg. Aujourd'hui, à la nuit tombée, ou je me trompe fort, ou j'ai aperçu un certain escogriffe, décoré par le baron son maître du nom fantastique de capitaine Chimère, qui se promenait autour du donjon sur la glace. Avec notre comédie d'hier au soir, nous avons peut-être mis le feu aux poudres. Le baron se doute de quelque chose relativement à vous, et, si vous m'en croyez, vous allez vous faire malade, et vous n'irez pas au château neuf.

— Oh! pour cela, je vous demande pardon, monsieur Goefle, mais rien de la part du baron ne saurait m'effrayer. Si j'ai le bonheur de ne point lui appartenir, je me sens tout disposé à le braver et à tordre vigoureusement la main qui se permettrait de soulever seulement la tapisserie de mon théâtre pour me voir, s'il me plaît encore de garder l'incognito. Songez donc que j'ai tué deux ours aujourd'hui, et que cela m'a un peu excité les nerfs. Allons, allons, pardon, cher oncle, mais il se fait tard, j'ai à peine deux heures pour préparer ma représentation. Je vais chercher un canevas dans ma bibliothèque, c'est-à-dire au fond de ma caisse, et vous me ferez bien le plaisir de le jouer tel quel avec moi.

— Christian, je n'y ai pas la tête aujourd'hui. Je ne me sens plus *fabulator*, mais avocat, c'est-à-dire chercheur de faits réels jusqu'à la moelle des os! Votre valet Puffo n'est pas trop gris, à ce qu'il m'a semblé; il doit être par là, dans le *gaard*. Tenez, je sors, et je vais en passant l'appeler pour qu'il vous aide, puisque vous voulez encore *fabulare* aujourd'hui... Il n'y a peut-être pas de mal... ça vous occupera, et ça peut détourner les soupçons. Puffo vous est dévoué, n'est-ce pas?

— Je n'en sais rien.

— Mais, si l'on vous cherchait querelle, il ne vous planterait pas là? il n'est pas lâche?

— Je ne crois pas; mais soyez donc tranquille monsieur Goefle. J'ai là le couteau norvégien que l'on m'a prêté pour la chasse, et je vous réponds que je me ferai respecter sans l'aide de personne.

— Méfiez-vous d'une surprise. Je ne crains que cela pour vous; moi, je ne peux plus rester en place! Depuis que vous m'avez parlé d'un enfant élevé en secret chez le *danneman*... d'un enfant qui avait les doigts faits comme les vôtres...

— Bah! dit Christian, j'ai peut-être rêvé tout cela, et il faut à présent que tout cela se dissipe. Je vois au fond de leur boîte mes pauvres petites marionnettes, que je vais faire parler pour la dernière ou l'avant-dernière fois, car il n'y a que cela de réel et de sage dans les réflexions de ma journée, monsieur Goefle. Je quitte la marotte, je prends le marteau du mineur, la cognée du bûcheron ou le fouet de voyage du paysan forain. Je me moque de tout le reste! Que je sois le fils d'un aimable sylphe ou celui d'un méchant *iarl*, peu importe! Je serai le fils de mes œuvres, et c'est trop se creuser la cervelle pour arriver à un résultat aussi simple et aussi logique.

— C'est bien, Christian, c'est bien! s'écria M. Goefle. J'aime à vous entendre parler ainsi; mais, moi, j'ai mon idée : je la garde, je la creuse, je la nourris... et je vais lui faire prendre l'air. Qu'elle soit absurde, c'est possible; je veux toujours voir Stenson, je lui arracherai son secret; cette fois, je sais comment m'y prendre. Je reviendrai dans une heure au plus, et nous irons ensemble au château. J'observerai le baron, j'irai chez lui savoir ce qu'il me veut. Il se croit fin; je le serai plus que lui. C'est cela, courage! Au revoir, Christian. — Allons, Nils, éclairez-moi. — Ah! tenez, Christian, voilà maître Puffo, à ce qu'il me semble.

M. Goefle, en effet, se croisa en sortant avec Puffo.

— Voyons, toi! dit Christian à son valet. Ça va-t-il mieux aujourd'hui?

— Ça va très-bien, patron, répondit le Livournais d'un ton plus rude encore que de coutume.

— Alors, mon garçon, à l'œuvre! nous n'avons pas une minute à perdre. Nous jouons *le Mariage de la*

*Folie,* la pièce que tu sais le mieux, que tu sais par cœur; tu n'as pas besoin de répétition.

— Non, si vous n'y mettez pas trop de votre cru nouveau.

— Pour cela, je ne te réponds de rien; mais je serai fidèle aux répliques, sois tranquille. Cours au château neuf avec l'âne et le bagage; monte le théâtre, place le décor. Tiens, le choix est fait : emporte ce ballot; moi, j'habille les personnages, et je te suis. S'il faut absolument relire le canevas, nous aurons encore le temps là-bas. Tu sais bien que le beau monde met un quart d'heure à se placer et à faire silence.

Puffo fit quelques pas pour sortir, et s'arrêta hésitant. Johan, tout en le retenant prisonnier à son insu au Stollborg, l'avait, en causant avec lui, excité contre son maître, et Puffo était impatient de chercher querelle à celui-ci; mais il le savait agile et déterminé, et peut-être aussi que, dans un recoin très-inexploré de son âme grossière et corrompue, il s'était glissé un sentiment d'affection involontaire pour Christian. Cependant il prit courage.

— Ce n'est pas tout, patron Cristiano, dit-il; mais je voudrais bien savoir quel est le maroufle qui a tenu les marionnettes hier au soir avec vous?

— Ah! ah! répondit Christian, tu commences à t'en inquiéter? Je croyais que tu ne soupçonnais pas qu'il y eût eu hier au soir une représentation?

— Je sais qu'il y en a eu une, et que je n'en étais pas!

— En es-tu bien sûr?

— J'étais un peu gris, dit Puffo en élevant la voix, j'en conviens; mais on m'a dit la vérité aujourd'hui, et je la sais, la vérité.

— La vérité! dit Christian en riant; ne dirait-on pas que je l'ai cachée à Votre Excellence? Je n'ai pas eu l'honneur de vous voir aujourd'hui, signor Puffo, et, quand je vous aurais vu, je ne sache pas avoir à vous rendre compte...

— Je veux savoir qui s'est permis de toucher à mes marionnettes !

— *Vos* marionnettes, qui sont à moi, vous avez l'air de l'oublier, vous le diront peut-être; questionnez-les.

— Je n'ai pas besoin de les questionner pour savoir qu'un *individu* s'est permis de me remplacer, et de gagner apparemment mon salaire à ma place.

— Quand cela serait? Étiez-vous en état de dire un mot hier au soir?

— Il fallait au moins m'essayer ou me prévenir.

— C'est un manque d'égards dont je me confesse, répondit Christian impatienté; mais je l'ai fait exprès pour résister à la tentation de vous corriger, comme vous le méritez, de votre ivrognerie.

— Me corriger ! s'écria Puffo en s'avançant sur lui d'une manière menaçante. Allons-y donc un peu! Voyons!

Et, en même temps, il brandit sur la tête de son patron une marionnette en guise de massue. L'arme, pour être comique, n'en était pas moins dangereuse, la tête du *burattino* étant faite d'un bois très-dur, pour résister aux batailles de la scène. En tenant la figurine par son jupon de peau et en la faisant voltiger comme un fléau, Puffo, en colère, pouvait et voulait peut-être briser le crâne de son adversaire. Christian saisit la marionnette au vol, et, de l'autre main, prenant Puffo à la gorge, il le renversa à ses pieds.

— Maudit ivrogne, lui dit-il en le tenant sous son genou, tu mériterais un solide châtiment; mais il me répugne de te frapper. Va-t'en, je te donne ton congé, je ne veux jamais plus entendre parler de toi. Je t'ai payé ta semaine d'avance et ne te dois rien; mais, comme tu l'as peut-être déjà bue, je vais te donner de quoi retourner à Stockholm. Lève-toi, et n'essaye plus de faire le méchant, ou je t'étrangle.

Puffo, un peu meurtri, se releva en silence. Ce n'était pas une nature d'assassin. Il était humilié et abattu. Peut-être sentait-il son tort; mais il avait surtout une préoccupation qui frappa Christian : c'était de ramasser une douzaine de pièces d'or qui s'étaient échappées de sa ceinture, et qui avaient roulé avec lui sur le plancher.

— Qu'est-ce que cela? dit Christian en lui saisissant le bras. De l'argent volé?

— Non! s'écria le Livournais en élevant la main avec un geste héroïque assez burlesque, je n'ai rien volé ici! Cet argent-là est à moi, on me l'a donné!

— Pourquoi faire? Allons, parle, je le veux !

— On me l'a donné, parce qu'on a voulu me le donner. Ça ne regarde personne.

— Qui te l'a donné? N'est-ce pas?...

Christian s'arrêta, craignant de montrer des soupçons qu'il était prudent de cacher.

— Va-t'en, dit-il, va-t'en vite; car, si je découvrais que tu es quelque chose de pis qu'un ivrogne, je t'assommerais sur la place. Va-t'en, et que je ne te revoie jamais, ou malheur à toi !

Puffo, effrayé, se retira précipitamment. Christian, pour le tenir à distance, avait mis exprès la main sur le large couteau norvégien du major. La vue de cette arme terrible suffit pour effrayer le bohémien, qui craignait surtout de voir Christian lui arracher son or, pour se livrer à une enquête sur la source de cette richesse inexpliquée.

Le Livournais sortit très-indécis du donjon. Johan, qui outre-passait quelquefois de son chef les intentions secrètes du baron, ne lui avait pas précisément donné de l'argent pour faire ce qu'en style de grand chemin Puffo appelait, un peu en tremblant, un *mauvais coup*, mais pour le décider à se tenir tranquille, si son maître était provoqué et entraîné dans une rixe fâcheuse. Johan l'avait confessé ; il savait par lui que Christian était bouillant et intrépide. Il lui avait fait entendre, sans compromettre le baron, que Christian avait déplu au château à quelqu'un de très-puissant, qu'on avait découvert en lui un espion français, un personnage dangereux, que sais-je? Puffo n'avait pas compris un mensonge qui n'était peut-être point encore assez grossier pour lui. Ce qu'il avait compris, c'était la somme glissée dans sa poche. Son intelligence s'était élevée jusqu'au raisonnement suivant : « Si l'on me paye pour laisser faire, on me payerait bien plus pour agir. » Il avait donc eu l'idée de prendre les devants ; il avait cru trouver Christian sans armes et sans défiance : le courage lui avait manqué, et un peu aussi la scélératesse. Christian était si bon, que la main avait tremblé au misérable : à présent qu'il était vaincu et humilié, qu'allait-il faire?

Tandis que Puffo se livrait à la somme très-minime de réflexion dont il était capable, Christian, ému et fatigué au moral plus qu'au physique, s'était assis sur son coffre, perdu dans une rêverie mélancolique.

— Triste vie! se disait-il en contemplant machinalement la marionnette étendue par terre, qui avait été si près de lui entamer le crâne. Triste société que celle des hommes sans éducation! Il faut pourtant, plus que jamais, que je m'y habitue : si je rentre dans les derniers rangs du peuple, d'où je suis probablement sorti, et dont j'ai vainement essayé de me séparer, il me faudra certainement plus d'une fois avoir raison, par la force du poignet, de certaines natures grossières que la douceur et le sentiment ne sauraient convaincre. O Jean-Jacques! avais-tu prévu cela pour ton Émile? Non, sans doute, et pourtant tu as été assailli à coups de pierre dans ton humble chalet, et forcé de fuir la vie champêtre pour n'avoir pas su te faire craindre de ceux dont tu ne pouvais te faire comprendre!

» Voyons, qui es-tu, toi qui as failli me tuer? dit encore Christian en parlant tout haut cette fois, pour se mettre en verve, et en ramassant la marionnette, qui gisait la face contre terre. O Jupiter! c'est toi, mon pauvre petit Stentarello! toi, mon favori, mon protégé, mon meilleur serviteur! toi, le plus ancien de ma troupe, toi, perdu à Paris et retrouvé si miraculeusement dans les sentiers de la Bohême! Non, c'est impossible, tu ne m'aurais pas fait de mal, tu te serais plutôt retourné contre les assassins. Tu vaux mieux que bon nombre de ces grandes marionnettes stupides et méchantes qui prétendent appartenir à l'espèce humaine, et dont le cœur est plus dur que la tête. Viens, mon pauvre petit ami, viens mettre une collerette blanche et recevoir un coup de brosse sur ton habit couvert de poussière. Toi, je jure de ne plus t'abandonner!... Tu voyageras avec moi, en cachette, pour ne pas faire rire les gens sérieux, et, quand tu t'ennuieras trop de ne plus voir les feux de la rampe, nous causerons tous les deux tête à tête ; je te confierai mes peines, ton joli sourire et tes yeux brillants me rappelleront les folies de mon passé... et les rêves d'amour éclos et envolés dans les sombres murs du Stollborg!

Un rire d'enfant fit retourner Christian : c'était M. Nils, qui était rentré sur la pointe du pied et qui sautait de joie en battant des mains à la vue de la marionnette animée et comme vivante dans les doigts agiles de Christian, qui s'exerçait avec elle.

— Oh! donnez-moi ce joli petit garçon! s'écria l'enfant enthousiasmé : prêtez-le moi un moment, que je m'amuse avec lui!

— Non, non, dit Christian, qui se hâtait d'arranger la toilette de Stentarello ; mon petit garçon ne joue qu'avec moi, et puis il n'a pas le temps. Est-ce que M. Goefle ne revient pas?

— Oh! faites-moi voir tout ça! reprit Nils avec transport en jetant un regard ébloui dans la boîte que Christian venait d'ouvrir, et où brillaient pêle-mêle les chapeaux galonnés, les épées, les turbans à aigrette et les couronnes de perles de son monde en miniature. Christian essaya de se débarrasser de Nils par la douceur ; mais l'enfant était si acharné dans son désir de toucher toutes ces merveilles, qu'il fallut lui parler fort et rouler de gros yeux pour l'empêcher de s'emparer des acteurs et de leur vestiaire. Il se mit alors à faire la moue, et s'en alla auprès de la table en disant qu'il se plaindrait à M. Goefle de ce que personne ne voulait l'amuser. Sa tante Gertrude lui avait promis qu'il s'amuserait en voyage, et il ne s'amusait pas du tout.

— Mais je me moque de toi, grand vilain! dit-il en faisant la grimace à Christian ; je sais faire de jolis bateaux en papier, et tu ne verras pas ceux que je vais faire!

— C'est bien, c'est bien ! répondit Christian, qui, comptant sur l'aide de M. Goefle, continuait lestement sa besogne de costumier; fais des bateaux, mon garçon, fais-en beaucoup, et laisse-moi tranquille.

Tout en clouant les chapeaux et les manteaux sur la tête et autour du cou de ses petits personnages, Christian regardait la pendule, et s'impatientait de ne pas voir revenir M. Goefle. Il essaya d'envoyer Nils au *gaard* pour le prier de se hâter; Nils boudait et faisait semblant de ne pas entendre.

— Pourvu, se dit Christian, que nous ayons le temps de lire le canevas !... C'est tout au plus si je me le rappelle, moi ! J'ai eu tant d'autres soucis aujourd'hui... Ah ! j'ai promis au major une scène de chasseurs... Où la placerai-je ? N'importe où ! Un intermède pillé de la scène de Moron avec l'ours, dans *la Princesse d'Élide*. Stentarello fera le brave ; il sera charmant...; il se moquera des gens qui tuent l'ours à travers un filet... comme M. le baron ! Mais pourvu que Puffo n'ait pas emporté le canevas de la pièce !... Je le lui avais mis dans les mains !...

Christian se mit à chercher son manuscrit autour de lui. En faire un autre, c'était encore une demi-heure de travail, et sept heures sonnaient à la pendule. Il fouilla dans la boîte qui contenait tout son petit répertoire. Il dérangea et retourna tout; il avait la fièvre. L'idée de ne pas aller au château neuf à l'heure dite et de paraître vouloir se soustraire à la haine du baron lui était insupportable. Il se sentait pris de rage contre son ennemi, et l'amour se mettait peut-être aussi de la partie. Il brûlait de braver ouvertement *l'homme de neige* en présence de Marguerite, et de lui montrer qu'un histrion avait plus de témérité que beaucoup des nobles hôtes du château.

En ce moment, il regarda Nils, qui faisait avec beaucoup de gravité et d'attention ce qu'il lui plaisait d'appeler des petits bateaux, c'est-à-dire des papillotes de diverses formes avec du papier plié, replié, déchiré, puis chiffonné, roulé et jeté par terre quand l'objet n'était pas réussi à son gré.

— Ah ! maudit bambin, s'écria Christian en lui arrachant des mains une poignée de paperasses, tu mets mon répertoire en bateaux ?

Nils se mit à pleurer et à crier en jurant que ces papiers n'étaient pas à Christian, et en essayant de lutter avec lui pour les ravoir.

Tout à coup Christian, qui dépliait précipitamment les *bateaux* pour tâcher de rassembler les feuillets de son manuscrit, devint sérieux et s'arrêta immobile. Ces papiers, en effet, n'étaient pas les siens, cette écriture n'était pas la sienne ; mais son nom, ou plutôt un de ses noms, tracé par une main inconnue, lui avait, pour ainsi dire, sauté aux yeux, et cette phrase, écrite en italien : *Cristiano del Lago a aujourd'hui quinze ans...* éveillait vivement sa curiosité.

— Tiens, tiens, dit-il à l'enfant, qui continuait à le tirailler en réclamant ce qu'il appelait *son papier*; joue avec les marionnettes, et laisse-moi en paix !

Nils, voyant une poignée de petits hommes sur la table, se plongea avec délices dans l'occupation de les regarder et de les toucher, tandis que Christian, prenant la chaise que l'enfant venait de quitter et attirant à lui la bougie, se mit à déchiffrer une écriture détestable, avec un style italien et une orthographe à l'avenant, mais dont chaque mot, lu ou deviné, était pour lui une surprise extraordinaire.

— Où as-tu pris ces papiers-là ? dit-il à l'enfant tout en continuant de déchiffrer et de rassembler les fragments déchirés et chiffonnés.

— Ah ! monsieur, que vous êtes donc beau avec vos grandes moustaches ! disait Nils à la marionnette qu'il contemplait avec extase.

— Répondras-tu ? s'écria Christian; où as-tu trouvé ces papiers-là ? Sont-ils à M. Goefle ?

— Non, non, répondit enfin Nils après avoir été sourd à plusieurs questions réitérées. Je ne les ai pas pris à M. Goefle ; c'est lui qui les a jetés, et les papiers qu'on jette, c'est pour moi. C'est pour faire des bateaux, M. Goefle l'a dit ce matin.

— Tu mens ! M. Goefle n'a pas jeté ces papiers-là ! Ce sont des lettres; on ne jette pas des lettres, on les brûle. Tu as pris ça dans les tiroirs de cette table ?

— Non !

— Ou dans la chambre à coucher ?

— Dame, non !

— Dis la vérité ? vite !

— Non !

— Je te tire les oreilles !

— Eh bien, moi, je vais me sauver.

Christian arrêta Nils, qui voulait fuir avec les marionnettes.

— Si tu veux me dire la vérité, lui dit-il, je te donne un beau petit cheval avec une housse rouge et or.

— Voyons-le ?

— Tiens, dit Christian en cherchant le jouet qui faisait partie de son matériel; parleras-tu, coquin ?

— Eh bien, dit l'enfant, voici ce qui est arrivé. J'ai été tout à l'heure éclairer M. Goefle chez M. Stenson, vous savez bien, le vieux qui n'entend pas ce qu'on lui dit, et qui demeure dans l'a tre cour ?

— C'est bon, je sais; dis vite, et ne mens pas, ou je reprends mon cheval.

— Eh bien, je suis resté à attendre M. Goefle dans la chambre de M. Stenson, où il y avait du feu, pendant que M. Goefle parlait fort avec lui dans le cabinet qui est à côté.

— Que se disaient-ils?

— Je ne sais pas, je n'ai pas écouté; je jouais à arranger le feu dans la cheminée. Et puis, tout d'un coup, il est venu dans le cabinet des hommes qui disaient comme ça : « Monsieur Stenson, il y a une heure que M. le baron vous attend. Pourquoi est-ce que vous ne venez pas? Il faut venir avec nous tout de suite. » Et puis on s'est disputé. M. Goefle disait : « M. Stenson n'ira pas; il n'a pas le temps. » Et M. Stenson disait : « Il faut que j'y aille; je ne crains rien. Je vais y aller. » Et puis M. Goefle a dit : « J'irai avec vous. » Alors je suis entré dans le cabinet, parce que j'avais peur qu'on ne fît du mal à M. Goefle, et il y avait là trois... ou six hommes bien habillés en domestiques.

— Trois... ou six?

— Ou quatre, je n'ai pas pu compter, j'avais peur; mais M. Goefle m'a dit : *Va-t'en !* et il m'a poussé dans l'escalier en me jetant dans les jambes ce paquet de papiers sans que personne le voie. Peut-être qu'il ne voulait pas qu'on sache qu'il me donnait cela, et, moi, j'ai ramassé, je me suis sauvé, et voilà tout!

— Et tu ne me dis pas, imbécile, si M. Goefle...

Christian, jugeant bien inutile de formuler sa pensée, rassembla les papiers à la hâte, les enferma dans sa caisse, dont il prit la clef, et s'élança dehors, inquiet de la situation de l'avocat, au milieu des événements incompréhensibles qui se pressaient autour de lui.

Nils criait déjà en se voyant seul avec les marionnettes, qui l'effrayaient un peu, malgré l'attrait qu'elles avaient pour lui, lorsque M. Goefle arrêta Christian au passage et rentra avec lui dans la salle de l'ourse. Il était pâle et agité.

— Oui, oui, dit-il à Christian, qui le pressait de questions, fermons les portes. Il se passe ici des choses graves. Où est Nils? Ah! te voilà, petit! Où as-tu mis les papiers?

— Il les mettait en bateaux, répondit Christian; je les ai sauvés : ils sont là, tout déchirés, mais rien ne manque. J'ai tout ramassé. Qu'est-ce donc, monsieur Goefle, que ces lettres singulières qui me concernent?

— Elles vous concernent? Vous en êtes sûr?

— Parfaitement sûr.

— Vous les avez lues?

— Je n'ai pas eu le temps. M. Nils a rendu la besogne difficile, outre que l'écriture est d'un maître chat; mais je vais les lire. Monsieur Goefle, le secret de ma vie est là !

— En vérité? Oui, je m'en doutais, j'en étais sûr, Christian, qu'il s'agissait de vous! Mais j'ai donné ma parole à Stenson, en recevant ce dépôt, de ne pas en prendre connaissance avant la mort du baron ou la sienne.

— Mais, moi, monsieur Goefle, je n'ai rien promis. Le hasard a mis les papiers dans mes mains, je les ai sauvés de la destruction : ils sont à moi.

— Vraiment? s'écria en souriant M. Goefle. Eh bien, moi, au bout du compte, je n'avais pas achevé mon serment quand on est entré... Non, non, j'ai bien juré hier quant à un autre dépôt; mais, quant à celui-ci, je n'avais pas fini de jurer, je m'en souviens. J'allais, d'ailleurs, obtenir toute la confiance de Sten. J'écrivais mes questions pour ne pas avoir à élever la voix avec le pauvre sourd. Je lui parlais de vous, de mes doutes, et je sentais que nous étions espionnés. Vous avez dû trouver des fragments de mon écriture au crayon sur des feuilles volantes?

— Oui, il m'a semblé que ce devait être cela. Lisez donc les lettres alors.

— Ce sont des lettres? Donnez... Mais non, il faudrait plutôt les cacher. Nous sommes entourés, surveillés, Christian. En ce moment, je suis sûr qu'on fouille et pille le cabinet de Stenson. On a emmené Ulphilas. Qui sait si on ne va pas nous attaquer?

— Nous attaquer? Eh bien, au fait, c'est possible ! Puffo vient de me chercher une querelle d'Allemand. Il a levé la main sur moi, et il avait de l'or dans ses poches. J'ai été obligé de jeter ce manant à la porte.

— Vous avez eu tort. Il fallait le lier et l'enfermer ici. Il est peut-être maintenant avec les coupe-jarrets du baron. Voyons, Christian, une cachette avant tout pour ces papiers !

— Bah ! une cachette ne sert jamais de rien.

— Si fait !

— Cherchez, monsieur Goefle; moi, j'apprête mes armes, c'est le plus sûr. Où sont-ils, ces coupe-jarrets?

— Ah ! qui sait? J'ai vu sortir Johan et ses acolytes avec Stenson, et j'ai fermé la porte du préau; mais on peut venir par le lac, qui est une plaine solide en ce moment; on est peut-être déjà venu. N'entendez-vous rien?

— Rien. Pourquoi donc viendrait-on chez vous? Raisonnons, monsieur Goefle, raisonnons la situation avant de nous alarmer.

— Vous ne pouvez pas raisonner, vous, Christian, vous ne savez rien!... Moi, je sais... ou je crois savoir que le baron veut absolument découvrir qui vous êtes, et, quand il l'aura découvert... qui peut dire ce qui lui passera par la tête? Il est possible qu'on nous retienne prisonniers jusqu'à nouvel ordre. On vient d'arrêter Stenson, oui, arrêter est le mot. C'était d'abord comme une invitation polie, par la bouche de cette canaille de Johan, et puis, comme le vieillard effrayé hésitait, comme je voulais le retenir, d'autres laquais sont entrés et l'eussent emmené de force, s'il eût résisté. Alors j'ai voulu le suivre. Je me disais qu'en ma présence on n'oserait rien contre lui, que je l'accompagnerais même devant le baron, que j'ameuterais, s'il le fallait, tous ses hôtes contre lui. J'étais même parti en avant; mais, à la faveur du brouillard, je suis revenu sur mes pas, parce que, d'un autre côté, vous laisser seul... je n'ai pu m'y décider. Je me suis dit que, si le baron voulait arracher quelque révélation à Stenson, il commencerait par l'amadouer, et que nous aurions le temps d'aller à son secours. Donc... allons-y, Christian; mais comme il nous faut absolument le mot de l'énigme avant d'agir... eh bien, faites le guet, gardez la porte, on n'osera pas l'enfoncer, que diable! Je suis chez moi ici; vous aviez raison. On n'a pas le droit de me conduire devant le maître, comme ce pauvre vieux intendant. Quel prétexte pourrait-on prendre?

— Soyez donc tranquille, monsieur Goefle. Cette grande porte est solide, celle de la chambre à coucher ne l'est pas moins. Je vous réponds de celle de l'escalier dérobé; j'y veille. Lisez, lisez vite. Nous aurons toujours un prétexte, nous autres, pour aller au château : on n'a pas décommandé les marionnettes.

— Oui, oui, certainement, il faut savoir où nous en sommes et *qui nous sommes!* s'écria M. Goefle, exalté par l'esprit d'investigation qui est la question d'art dans le métier de l'avocat. J'aurai plus tôt fait que vous, Christian, pour rassembler ces fragments et déchiffrer ce grimoire; c'est mon état. Cinq minutes de patience, je ne vous demande que cela. Quant à vous, monsieur Nils, silence! parlez bas avec les marionnettes.

Et M. Goefle, avec une promptitude remarquable, se mit à rajuster les déchirures, à ranger les lettres par ordre de date, lisant à mesure, et complétant le sens avec un véritable coup d'œil d'aigle, explorant chaque sillon, chaque détour de ce mystérieux dossier, tantôt questionnant Christian, tantôt s'interrogeant lui-même comme pour se rappeler certains faits.

— « ... Le jeune homme est fort heureux dans la maison Goffredi... on l'aime beaucoup... » J'espère que c'est bien de vous qu'il s'agit. Pourtant, en de certains endroits, il est dit : « Mon neveu, » et c'est de vous qu'il s'agit encore. « Mon neveu est parti pour la campagne, sur le lac de Pérouse, avec les Goffredi. Le jeune homme a aujourd'hui quinze ans... Il est grand et fort... Il ressemble à son père... » Oh! oui, certes, Christian, vous lui ressemblez!

— Mon père? Qui donc est mon père? s'écria Christian. Vous le savez donc?

— Tenez, dit M. Goefle ému en lui tendant un médaillon qu'il tira de sa poche, regardez! Voilà ce que Stenson vient de me confier. Ceci est un portrait ressemblant, authentique... N'est-ce pas vous à s'y méprendre?

— Ciel! dit Christian effrayé en regardant une fort belle miniature; je n'en sais rien, moi! Mais ce jeune homme richement habillé, n'est-ce pas là le baron Olaüs dans sa jeunesse?

— Non, non, vive Dieu! ce n'est pas lui!... Mais ne me dites rien, Christian, je lis, je commence à comprendre! Dans une autre lettre, vous êtes désigné sous le nom de *votre neveu*, et non plus *mon neveu;* dans une autre encore, *votre neveu*. Il devient évident pour moi que c'est une précaution pour détourner les soupçons dans le cas où les lettres seraient interceptées; car vous n'avez de parenté ni avec l'homme qui a écrit ces lettres, ni avec Stenson à qui elles sont adressées.

— Stenson! C'est donc à lui que l'on rendait ainsi un compte sommaire de ma santé, de mes progrès, de mes voyages? car j'ai vu cela en feuilletant. On parle de mon duel, voyez, à la date de Rome, juin mil sept cent...

— Attendez!... Oui, oui, j'y suis. Il y a une lettre par année. « Il a eu le malheur de tuer Marco Melfi, qui était... » Des réflexions... « Le cardinal ne voudra pas se venger... J'espère découvrir ce que notre pauvre enfant est devenu... » Ah! voici une lettre de Paris... « Impossible de le retrouver... Je pourrais vous tromper, mais je ne le veux pas. Je crains qu'il n'ait été arrêté en Italie. Pendant que je le cherche ici, il est peut-être enfermé au château Saint-Ange!... » Attendez, Christian; ne vous impatientez pas. Voici une lettre qui doit être plus récente. Elle est datée du 6 août dernier, de Troppau, en Moravie. « J'étais bien cette fois sur sa trace... C'est lui qui avait pris le nom de Dulac à Paris; mais il est parti pour un voyage, où malheureusement il a péri tout dernièrement. Je viens de dîner à l'auberge avec un nommé Guido Massarelli, que j'ai connu à Rome, qui le connaissait et qui m'a dit qu'on l'avait assassiné dans la forêt de... » Illisible! « Je renonce donc à le chercher, et, comme mon petit commerce me rappelle en Italie, je vais partir demain avant le jour. Ne m'envoyez plus d'argent pour m'aider dans mes voyages. Vous n'êtes pas riche... pour avoir été un honnête homme. C'est comme moi, votre serviteur et ami, Ma... Mancini... Manucci? »

— Inconnu ! dit Christian.

— Manassé ! s'écria M. Gœfle, celui que M. Guido a nommé hier, le petit juif qui prenait à vous un intérêt inexplicable?

— Il ne s'appelait pas ainsi, reprit Christian.

— C'est le même, j'en suis certain, dit M. Gœfle. Il s'appelait Taddeo Manassé. Stenson me l'a dit aujourd'hui. C'est la première fois que, dans cette correspondance, il a signé en entier un de ses noms, et c'est peut-être la dernière fois que le pauvre malheureux a trempé sa plume dans l'encre, car il est mort, au dire de Massarelli, et je mettrais ma main au feu que Massarelli l'a assassiné... Attendez! ne dites rien, Christian ! En annonçant cette mort à Stenson, Massarelli se disait en possession d'une preuve terrible qu'il voulait lui vendre, et qu'il menaçait de porter au baron ; nul doute que... Se laissait-il aller à boire ce pauvre juif?

— Non pas, que je sache.

— Eh bien, Guido l'aura assassiné pour lui prendre le peu d'argent qu'il pouvait avoir, et aura trouvé sur lui quelque lettre de Stenson, dont la signature et la date l'auront amené ici tout droit pour exploiter l'aventure. D'ailleurs, ce Massarelli aura pu verser au juif quelque narcotique, lorsqu'il a dîné avec lui à l'auberge... Non, pourtant, puisque Manassé a écrit depuis... Mais le soir ou le lendemain...

— Qu'importe, hélas ! monsieur Gœfle. Il est bien certain que Massarelli a tout découvert et tout révélé au baron ; mais, moi, je ne découvre encore rien sur mon compte, sinon que M. Stenson s'intéressait à moi, que Manassé ou Taddeo était son confident et lui a donné assidûment de mes nouvelles, enfin que mon existence est fort désagréable au baron Olaüs. Qui suis-je donc, au nom du ciel? Ne me faites pas languir davantage, monsieur Gœfle.

— Ah ! patience, patience, mon enfant, répondit l'avocat tout en cherchant une cachette pour les précieuses lettres. Je ne puis vous le dire encore. J'ai une certitude depuis vingt-quatre heures, une certitude d'instinct, de raisonnement; mais il me faut des preuves, et celles-ci ne suffisent pas. Il faut que j'en acquière... Où? comment? Laissez-moi réfléchir... si je peux ! car il y a ici de quoi perdre la tête... Des papiers à cacher, Stenson en danger... nous aussi peut-être ! Pourtant... Ah ! oui, tenez, Christian, je voudrais bien être sûr que c'est à vous que l'on en veut, car alors je saurais bien positivement qui vous êtes.

— Il est facile de s'assurer des intentions que vous supposez au baron. Je vais sortir, comme si de rien n'était, pour ma représentation, et, si l'on m'attaque, comme aujourd'hui je suis bien armé, je tâcherai de confesser mes adversaires.

— Je crois, en effet, dit M. Gœfle, qui avait enfin réussi à cacher les lettres, qu'il vaut mieux courir la chance d'une mauvaise rencontre sur le grand espace du lac que d'attendre ici qu'on nous prenne au gîte. l est déjà neuf heures ; nous devions être là-bas à huit! Et on ne vient pas savoir pourquoi nous sommes si en retard! C'est singulier ! Attendez, Christian ! Votre fusil est-il chargé? prenez-le; moi, je prends mon épée. Je ne suis ni un Hercule, ni un spadassin ; mais j'ai su autrefois me servir de cela comme tout autre étudiant, et, si on nous cherche noise, je ne prétends pas me laisser saigner comme un veau ! Promettez-moi, jurez-moi d'être prudent, c'est tout ce que je vous demande.

— Je vous le promets, répondit Christian ; venez.

— Mais ce maudit enfant, qui s'est endormi là en jouant, qu'allons-nous faire de lui?

— Portez-le sur son lit, monsieur Goefle ; ce n'est pas à lui qu'on en veut, j'espère !

— Mais on assomme un enfant qui crie, et celui-ci criera, je vous en réponds, s'il est réveillé par quelque figure inconnue.

— Eh bien, que le diable soit de lui ! Il nous faut donc l'emporter? Rien de plus facile, si nous ne rencontrons pas de gens mal intentionnés ; mais, s'il faut se battre, il nous gênera fort, et il pourra bien attraper quelque éclaboussure.

— Vous avez raison, Christian ; il vaut encore mieux le laisser dans son lit. Si on surveille nos mouvements, on saura bien que nous sortons, et on n'aura que faire d'entrer ici. Gardez toujours la porte. Cette fois, le petit coucher de M. Nils ne sera pas long. Il dormira tout habillé.

## XVII

M. Goefle venait à peine de porter son valet de chambre sur son lit qu'il appela Christian.

— Écoutez! lui dit-il. C'est par notre chambre que l'on vient. On frappe à cette porte.

— Qui va là? dit Christian en armant son fusil et en se plaçant devant la porte de la chambre de garde, qui donnait, on s'en souvient, sur la galerie intérieure du préau.

— Ouvrez, ouvrez, c'est nous! répondit en dalécarlien une grosse voix.

— Qui, vous? dit M. Goefle.

Et, comme on ne répondait plus, Christian ajouta :

— Avez-vous peur de vous nommer?

— Est-ce vous, monsieur Waldo? répondit alors une voix douce et tremblante.

— Marguerite! s'écria Christian en ouvrant la porte et en apercevant la jeune comtesse et une autre jeune personne qu'il avait vue au bal, mais dont il ne se rappelait pas le nom, escortées du fidèle domestique Péterson.

— Où sont-ils? demanda Marguerite en tombant, oppressée et défaillante, sur un fauteuil.

— Qui donc? De qui parlez-vous? lui dit-il, effrayé de sa pâleur et de son émotion.

— Du major Larrson, du lieutenant et des autres militaires, répondit l'autre jeune fille, tout aussi essoufflée et non moins émue que Marguerite. Est-ce qu'ils ne sont pas arrivés?

— Non... Ils doivent venir ici?

— Ils sont partis du château il y a plus de deux heures.

— Et... vous craignez qu'il ne leur soit arrivé quelque accident?

— Oui, répondit Martina Akerstrom, car c'était elle; nous avons craint... Je ne sais pas ce que nous avons craint pour eux, puisqu'ils sont partis tous ensemble; mais...

— Mais pour qui craigniez-vous alors? dit M. Goefle.

— Pour vous, monsieur Goefle, pour vous, répondit avec vivacité Marguerite. Nous avons découvert que vous couriez ici de grands dangers. Ne vous en doutiez-vous pas? Si fait, je vois que vous êtes armés. Est-on venu? Vous a-t-on attaqués?

— Pas encore, répondit M. Goefle. Il est donc certain que l'on doit nous attaquer?

— Oh! nous n'en sommes que trop sûrs!

— Comment! on me menace aussi, moi? reprit M. Goefle sans aucune intention malicieuse. Répondez donc, chère demoiselle : vous en êtes sûre? Cela devient fort étrange!

— Je ne suis pas sûre de ce dernier point, dit Marguerite, dont la pâleur se dissipa tout à coup, mais dont les yeux évitèrent ceux de Christian.

Alors, reprit M. Goefle, sans vouloir remarquer l'embarras de la jeune fille, c'est à lui, c'est bien à lui qu'on en veut?

Et il montrait Christian, que Marguerite s'obstinait à ne pas voir et à ne pas nommer, ce qui ne l'empêcha pas de répondre :

— Oui, oui, c'est bien à lui, monsieur Goefle. On veut se défaire de lui.

— Et le major avec ses amis, en sont-ils sûrs aussi? Comment ne viennent-ils pas?

— Ils en sont sûrs, dit Martina, et, s'ils n'arrivent pas, c'est qu'ils auront fait comme nous, ils se seront perdus dans le brouillard, qui va toujours augmentant.

— Vous vous êtes perdues dans le brouillard? dit Christian, ému de la sollicitude généreuse de Marguerite.

— Oh! pas bien longtemps, répondit-elle : Péterson est du pays, il s'est vite retrouvé; mais il faut que ces messieurs aient pris une rive du lac pour l'autre.

— Mettons une lumière sur la fenêtre de la salle de l'ourse, dit M. Goefle, cela servira à les diriger.

— Oh! oui-da, dit Péterson, il ne la verront pas plus qu'on ne voit les étoiles.

— N'importe, essayons toujours, dit Martina.

— Non, ma chère, répondit Marguerite; les assassins sont probablement égarés aussi, puisqu'ils ne sont pas encore venus. Ne les aidons pas à se retrouver avant que MM. les officiers...

— MM. les officiers seront les bienvenus, à coup sûr, reprit M. Goefle; mais, à présent, nous voilà trois hommes bien armés : je connais Péterson, c'est un vigoureux compère... Et puis, chères demoiselles, n'auriez-vous pas pris des curieux pour des assassins? Où les avez-vous vus?

— Racontez, Martina, dit Marguerite; racontez ce que nous avons entendu!

— Oui, oui, écoutez, monsieur Goefle, reprit Martina en prenant un petit air d'importance plein d'ingénuité. Il y a deux heures... deux heures et demie peut-être, le jeune monde du château, comme on nous appelle là-bas, jouait à se cacher dans les bâtiments de l'enceinte du château neuf. J'étais avec Marguerite et le lieutenant; on avait tiré au sort, et puis deux femmes, nous eussions eu trop peur pour courir dans des corridors sombres et dans des chambres que nous ne connaissions pas; il nous fallait bien un cavalier pour nous accompagner ! Le lieutenant ne connaissait pas plus que nous la partie du château où nous nous étions aventurés. C'est si grand ! Nous avions traversé une longue galerie déserte et descendu au hasard un petit escalier presque tout noir. Le lieutenant marchait le premier, et, ne trouvant rien d'assez embrouillé dans cet endroit-là pour nous bien cacher, il allait toujours, si bien qu'on ne voyait plus du tout, et que nous commencions à craindre de tomber dans quelque précipice, quand il nous dit :

» — Je me reconnais, nous sommes devant la grosse tour qui sert de prison. Il n'y a pas de prisonniers, car voici la porte ouverte. Si nous descendions dans les cachots, je vous réponds qu'on aurait de la peine à nous trouver là.

» Mais l'idée de s'enfoncer dans les souterrains, qu'on dit si grands et si affreux, fit peur à Marguerite.

» — Non, non, n'allons pas plus loin, dit-elle ; restons à l'entrée. Voilà une petite embrasure masquée par des planches, restons là et ne parlons plus, car vous savez bien qu'il y a des joueurs qui trichent et qui rôdent pour avertir les autres.

» Nous avons fait comme voulait Marguerite; mais à peine étions-nous là que nous avons entendu venir, et, pensant qu'on était déjà sur nos traces, nous nous retenions de rire et même de respirer. Alors nous avons entendu les propres paroles que je vais vous redire. C'étaient deux hommes qui sortaient de la tour et qui s'en allaient par la galerie qui nous avait amenés là. Ils parlaient bas, mais, quand ils ont passé devant nous, ils ont dit :

» — Est-ce que je vais encore être de faction pour garder l'Italien? Ça m'ennuie.

» — Non, tu viens avec nous au vieux château. A présent, l'Italien est des nôtres.

» — Ah ! qu'est-ce qu'il y a donc à faire?

» Alors l'autre a répondu des mots que nous n'avons pas compris et que je ne pourrais pas vous redire, des mots de brigand, à ce qu'il paraît ; mais on a dit le nom de Christian Waldo à plusieurs reprises, et on a parlé aussi de l'avocat, en disant :

» — L'avocat, ça ne fait rien ; un avocat, ça se sauve !

» — C'est ce que nous verrons ! s'écria M. Goefle. Et après?

» — Après, on a parlé d'un âne, d'une coupe d'or, d'une querelle à engager, c'était de plus en plus incompréhensible. Et puis ces deux hommes, qui s'étaient arrêtés pour s'expliquer, s'en allaient en disant :

» — C'est à huit heures, sur le lac, le rendez-vous.

» — Mais s'il ne passe pas ? disait l'autre.

» — Eh bien, on ira au Stollborg ; nous aurons des ordres.

» Aussitôt que ces deux coquins ont été partis, le lieutenant nous a fait sortir de notre cachette en nous disant tout bas :

» — Pas un mot ici !

» Et avec précaution il nous a ramenées dans la grande galerie des chasses, en nous disant alors :

» — Permettez-moi de vous quitter et de courir chercher le major.

» Le lieutenant avait compris l'argot de ces bandits : on devait attaquer M. Christian Waldo en l'accusant d'avoir volé quelque chose, l'emmener à la tour, le tuer même, s'il se défendait, et on avait ajouté :

» — Ce serait le mieux !

» Le lieutenant était indigné. Il nous disait en nous quittant :

» — Tout cela vient peut-être de plus haut qu'on ne pense... Il y a de la politique là-dessous ; il faut que Christian Waldo ait quelque secret d'État.

— Ah ! je vous jure que non ! répondit Christian, que la simplicité du lieutenant fit sourire.

— Je ne vous le demande pas, monsieur Christian, reprit l'ingénue et bonne Martina : ce que je sais, c'est que le lieutenant et le major, ainsi que le caporal Duff, ont juré de faire leur devoir et de vous protéger, quand même cela déplairait beaucoup à M. le baron; mais ils ont pensé qu'il fallait agir avec beaucoup de prudence, et, nous recommandant le plus profond secret, ils sont partis à pied, bien armés, sans bruit, et séparément, en se donnant rendez-vous ici, afin de se cacher et de s'emparer des assassins et de leur secret.

» — Continuez les jeux, nous ont-ils dit ; tâchez que l'on ne s'aperçoive pas de notre absence.

» En effet, nous avons fait semblant de les chercher, Marguerite et moi, jusqu'au moment où l'on s'est séparé pour aller faire la toilette du soir ; mais, au lieu de songer à nous faire belles, nous n'avons pensé qu'à regarder par la fenêtre de ma chambre et à tâcher de voir à travers le brouillard ce qui se passait sur le lac. Hélas! c'était bien impossible; on ne distinguait pas seulement la place du Stollborg. Alors nous écoutions de toutes nos oreilles: dans le brouillard épais on entend quelquefois les moindres bruits; mais on faisait, au château et autour des fossés, un vacarme de fanfares et de boîtes d'artifice, comme si on eût voulu justement nous empêcher d'entendre les bruits d'une querelle ou d'une bataille. Et le temps s'écoulait... lorsque tout à coup la peur a pris Marguerite...

— Et vous aussi, chère Martina, dit Marguerite confuse.

— C'est vous, chère amie, qui m'avez communiqué cette peur-là, reprit la fiancée du lieutenant avec candeur. Enfin, comme deux folles, nous voilà parties avec Péterson, persuadées que nous rencontrerions le major et ses amis qui nous rassureraient, et que, grâce à Péterson, qui ne se perd jamais, nous les remettrions sur la route du vieux château, s'ils l'avaient perdue. Nous sommes donc venues à pied, et nous n'avons pas trop erré au hasard, si ce n'est que nous nous sommes trouvées arriver par le côté du gaard, au lieu de pouvoir marcher droit par celui du préau. Péterson nous a dit :

» — C'est égal, nous entrerons bien par ici.

» Et, en effet, nous voilà, sans trop savoir par où nous sommes entrées; mais dans tout cela nous n'avons rencontré personne, et, rassurées sur votre compte, nous devons, je crois, commencer à nous inquiéter sérieusement du major... et des autres officiers.

— Ah! Marguerite! dit Christian bas à la jeune comtesse, pendant que M. Goefle, Martina et Péterson se consultaient pour savoir ce qu'il y avait à faire, vous êtes venue ainsi...

— Devais-je, répondit-elle, laisser assassiner un homme comme M. Goefle, sans essayer de lui porter secours?

— Non, certes, reprit Christian, dont la reconnaissance était trop sincère et trop vive pour manquer à la délicatesse par un mouvement de fatuité, vous ne le deviez pas; mais votre courage n'en est pas moins grand. Vous pouviez les rencontrer, ces bandits! Bien peu de femmes auraient poussé le dévouement, l'humanité... jusqu'à venir elles-mêmes...

— Martina est venue avec moi, répondit vivement Marguerite.

— Martina est la fiancée du lieutenant, reprit Christian. Elle n'aurait peut-être pas pu se résoudre à venir pour... M. Goefle?

— Je vous demande pardon, monsieur Christian, elle serait venue pour... n'importe qui, du moment qu'il s'agit de la vie de son semblable! Mais occupez-vous donc de savoir si ces messieurs arrivent, car enfin je ne vois pas que le danger soit passé.

— Oui, oui, dit Christian, rassemblant ses idées, il y a du danger. J'y songe à présent que vous êtes ici. Mon Dieu! pourquoi êtes-vous venue?

Et le jeune homme, en proie à des sentiments contraires, était à la fois bien heureux qu'elle fût venue et bien tourmenté de la voir exposée à quelque scène fâcheuse. D'ailleurs, la présence de ces deux jeunes filles au Stollborg n'était-elle pas faite pour aggraver la situation sous un autre rapport? Ne pouvait-elle pas précisément servir de prétexte à une invasion déclarée? La comtesse Elvéda, toute mauvaise gardienne qu'elle était de sa nièce, pouvait bien s'apercevoir, ou s'être déjà aperçue de son absence, la faire chercher ou l'avoir fait suivre. Que savait-on?

— Ce qu'il y a de certain, se disait Christian, c'est qu'il ne faut pas qu'elle soit vue ici.

Il pensa bien à la conduire avec sa compagne au gaard de Stenson, où personne n'aurait sans doute l'idée de la chercher; mais la demeure de Stenson servait peut-être, en ce moment, de poste d'observation à l'ennemi... Au milieu de toutes ces perplexités, Christian, qui ne répondait qu'avec distraction aux interpellations agitées de M. Goefle, prit une résolution dont il ne fit part à personne. Ce fut de sortir de l'appartement et d'aller, soit dans les cours du vieux château, soit sur le lac, affronter des périls dont, en somme, il était l'unique point de mire. Dans ce dessein, il se munit d'une lumière, afin de se faire voir autant que possible dans le brouillard, et sortit sans rien dire, espérant que M. Goefle ne ferait pas attention tout de suite à son absence; mais, avant qu'il eût franchi la porte principale de la chambre de l'ourse, Marguerite se leva en s'écriant :

— Où allez-vous donc?

— Où allez-vous, Christian? s'écria aussi M. Goefle en s'élançant vers lui. Ne sortez pas seul!

— Je ne sors pas, répondit Christian en se glissant rapidement dehors; je vais voir si la seconde porte, celle qui ouvre par ici, sur le préau, est fermée.

— Que fait-il? dit Marguerite à M. Goefle; vous ne craignez pas...?

— Non, non, répondit l'avocat, il m'a promis d'être prudent.

— Mais je l'entends qui tire les verrous de la seconde porte; il les ouvre!

— Il les ouvre? Ah! nos amis arrivent!

— Non, non, je vous jure qu'il s'en va!

Et Marguerite fit le mouvement involontaire de suivre Christian. M. Goefle l'arrêta, et, faisant signe à Péterson de ne pas quitter les femmes, il voulut s'élancer sur les traces de Christian. Déjà celui-ci avait fermé la porte en dehors pour l'empêcher de le suivre, et il courait vers la porte extérieure du préau, appelant Larrson à haute voix, et se tenant prêt à se défendre, s'il réussissait à attirer à lui les assassins, lorsqu'une balle dirigée sur lui vint faire sauter de sa main le flambeau qu'il tenait et le replonger dans les blanches ténèbres que ne pouvait percer l'éclat de la lune, et qui formaient comme un linceul sur la terre.

Au bruit du coup de pistolet, M. Gœfle, épouvanté pour son jeune ami, laissa échapper un juron terrible; Martina fit un cri, Marguerite tomba sur une chaise; Péterson courut à M. Gœfle. Leurs efforts combinés eussent peut-être réussi à ouvrir la porte; mais ils ne s'entendirent pas. Péterson, tout dévoué à sa jeune maîtresse, ne songeait qu'à empêcher les malfaiteurs d'entrer, et ne soupçonnait pas que M. Gœfle voulût au contraire sortir pour voler au secours de Christian.

Durant ce malentendu, où le bon avocat se donnait à tous les diables, Christian, enchanté d'avoir enfin la liberté d'agir, s'était élancé sur le premier qui s'était trouvé devant lui; mais celui-ci, qui, trompé par le brouillard, ne le croyait sans doute pas si près, prit la fuite, et Christian le poursuivit en le bravant et en l'injuriant, tandis qu'un autre bandit le suivait rapidement sans rien dire. Christian entendit derrière lui le bruit sec des pas de l'assassin sur la neige durcie, et il lui sembla entendre aussi, à travers le sang que la colère faisait gronder dans ses oreilles, d'autres pas et d'autres voix venant sur lui à droite et à gauche. Il comprit rapidement qu'il était traqué, et, conservant assez de présence d'esprit pour savoir ce qu'il faisait, il s'acharna à la poursuite du premier assaillant, jugeant qu'il ne devait pas se retourner avant de s'être débarrassé de celui-ci, qui pouvait venir l'attaquer par derrière lorsqu'il aurait à faire face aux autres. En outre, il ne perdait pas de vue sa résolution d'éloigner l'affaire du Stollborg.

Christian descendit ainsi le roidillon du préau, dont il trouva la porte ouverte, et, à vrai dire, la pente rapide que ses pieds rencontrèrent fut le seul indice certain qu'il pût avoir de la direction qu'il prenait. Mais, au moment où il se sentit sur la glace unie du lac, d'autres détonations partirent de derrière lui, des balles sifflèrent à son oreille, et il vit tomber à deux pas devant lui l'homme qu'il poursuivait. Le fugitif avait été pris pour lui par ses complices, ou bien ceux-ci avaient tiré au hasard sur tous deux, sans se soucier d'atteindre celui qui avait lâché pied.

L'homme que les balles venaient d'atteindre était Massarelli; Christian reconnut sa voix, qui exhalait un rugissement d'agonie, au moment où il enjamba son cadavre. Il courut encore, afin de se donner le temps de se reconnaître pendant que les assassins ramasseraient ou tout au moins regarderaient Massarelli pour savoir qui ils avaient abattu. Puis il s'arrêta pour écouter, et il entendit seulement ces mots:

— Laissez-le là; il est bien.

De quoi s'agissait-il? Prenait-on Massarelli pour lui, et les assassins allaient-ils se retirer? ou bien avait-on reconnu la méprise et allait-on continuer la poursuite? En faisant de rapides zigzags dans le brouillard, Christian espéra se défaire d'eux un à un. Il essayait de compter les voix et les pas. Il avait un immense avantage, qui était d'avoir gardé, sans y songer, les bottes de feutre sans couture et sans semelle qu'on lui avait prêtées le matin pour la chasse. Cette souple chaussure ne gênait pas plus ses mouvements que s'il eût couru nu-pieds, et lui permettait en outre de ne faire sur la neige qu'un bruit extrêmement léger, tandis qu'il entendait le moindre pas de ses adversaires chaussés avec moins de luxe et de précaution.

Il écouta encore. On venait à lui, mais on ne le voyait pas; la marche était incertaine. Il entendit à dix pas de lui, ces mots rapides:

— Hé? c'est moi!

Les bandits se rencontrant inopinément dans le brouillard, leur ordre était rompu. Rien de plus facile désormais que de leur échapper. Christian n'y songea pas. Il avait la rage au cœur; il ne voulait pas que ces scélérats pussent retourner le chercher au Stollborg. Il les appela d'une voix forte en se nommant et en les défiant, reculant peu, mais courant comme des bordées pour les irriter et les désunir, espérant en joindre un, sans se laisser envelopper par tous. Sa présence d'esprit était si complète, qu'il put bientôt les compter; ils étaient encore trois, Massarelli avait été le quatrième.

Malgré cette étonnante possession de lui-même, Christian éprouvait une surexcitation violente, mais qui n'était pas sans mélange d'un plaisir âpre comme l'ivresse de la vengeance. Aussi fut-il presque désappointé lorsque d'autres pas se firent entendre derrière lui, des pas aussi moelleux que les siens, et qui lui firent tout de suite reconnaître les bottes de feutre dont étaient chaussés ses compagnons de chasse. Il craignait que les bandits ne prissent la fuite sans combattre. Il courut au-devant de ses amis, et leur dit bas et rapidement :

— Ils sont là, ils sont trois, il faut les prendre !... Suivez-moi et taisez-vous !

Et aussitôt, se retournant en droite ligne à la rencontre des ennemis, il s'arrêta au lieu où il les jugea à peu près rassemblés en se nommant de nouveau et en raillant leur maladresse et leur poltronnerie. A l'instant même, un des bandits l'atteignit au bras d'un coup de poignard, et tomba à ses pieds, étourdi et suffoqué par un coup du manche du couteau norvégien, que Christian lui porta en pleine poitrine. Christian n'avait été que blessé légèrement, grâce à sa veste de peau de renne ; il remercia le ciel de n'avoir pas cédé au désir d'éventrer le bandit comme il avait éventré l'ours de la montagne. Il était très-important de prendre vivant un des *bravi* du baron. Les deux autres, le croyant mort, jugèrent qu'avec leur chef ils avaient perdu la partie, et, se rapprochant l'un de l'autre à l'instant même, ils échangèrent, en un seul mot de leur argot, la formule désespérée du sauve qui peut ; mais ils avaient compté sans le major et le lieutenant, qui les guettaient et qui s'emparèrent de l'un, tandis que l'autre prenait la fuite.

— Pour l'amour du ciel ! êtes-vous blessé, Waldo ? dit le major, que Christian aidait à désarmer les bandits.

— Non, non, répondit Christian, qui ne sentait sa blessure qu'à la chaleur du sang qui remplissait sa manche. Avez-vous des cordes ?

— Oui, certes, de quoi les pendre tous, si nous en avions le droit. Nous avions bien compté les faire prisonniers, ces beaux messieurs ! Mais, si vous n'êtes pas trop essoufflé, Christian, donnez donc un son de trompe pour tâcher d'amener ici nos autres amis que nous attendons et cherchons depuis une heure. Tenez, voici l'instrument.

— Mieux vaut décharger vos armes, dit Christian.

— Non pas ; il y a eu assez de coups de feu comme cela ; sonnez la trompe, vous dis-je.

Christian fit ce qu'on lui demandait ; mais on ne fut rejoint que par le caporal.

— Voyez-vous, dit le major à Christian, il faut que ceci ait l'air d'une partie de promenade durant laquelle nous nous serions perdus et retrouvés.

— Je ne vous comprends pas.

— Il faut qu'il en soit ainsi, vous dis-je, pendant quelques heures, afin que le baron ne se doute pas trop tôt de l'issue de l'affaire et ne soit pas en mesure de mettre sur pied, contre nous, les autres coquins qu'il a sans doute en réserve. Quant à lui, ajouta-t-il en baissant la voix, son tour viendra, soyez tranquille !

— Son tour est tout venu, répondit Christian ; je m'en charge.

— Doucement, doucement, cher ami ! vous n'avez pas mission pour cela. Ce soin me regarde, et je suis bien décidé à sévir, maintenant que nous avons une certitude et des preuves. Seulement, nous ne pouvons agir contre un noble et un membre de la diète qu'en vertu d'ordres supérieurs ; nous les obtiendrons, n'en doutez pas. Ce que nous avons à faire pour le moment, c'est que vous m'obéissiez, mon ami, car je vous requiers, au nom des lois et au nom de l'honneur, de me prêter main-forte comme je l'entends et selon les ordres que j'aurai à vous donner.

En ce moment, M. Goefle accourait tête nue, le flambeau d'une main, l'épée de l'autre. Il avait fait le tour par la porte de la chambre à coucher, après avoir décidé, non sans peine, les deux femmes à se tenir enfermées sous la garde de Péterson, car toutes deux montraient un égal courage pour elles-mêmes et une égale sollicitude pour les absents.

— Christian ! Christian ! s'écria-t-il, est-ce ainsi que vous gardez votre parole ?

— J'ai tout oublié, monsieur Goefle, répondit Christian à voix basse : c'était plus fort que moi... Pouvais-je attendre que l'on vînt enfoncer les portes et tirer sur les femmes ?... Tenez, nous sommes délivrés ; retournez auprès de Marguerite, rassurez-la.

— J'y cours, répondit l'avocat en éternuant, d'autant plus que je m'enrhume affreusement... J'espère, ajouta-t-il tout haut, que ces messieurs vont venir nous voir !

— Oui, certes, c'était convenu, répondit le major ; mais il nous faut d'abord vaquer à nos devoirs.

M. Goefle alla rassurer les dames, et les autres hommes procédèrent à l'enlèvement du cadavre de Massarelli, que l'on fit transporter par les deux prisonniers, le pistolet sur la gorge, dans un des celliers du *gaard*. Ceux-ci, bien liés, furent conduits ensuite dans la cuisine de Stenson, où le lieutenant et le caporal rallumèrent le feu et s'installèrent pour les garder à vue, tandis que le major se préparait à les interroger en confrontation avec Christian.

Christian s'impatientait de voir procéder si régulièrement dans une affaire que le major paraissait connaître mieux que lui-même ; mais le major, qui lui parlait en français, lui fit comprendre qu'avec un adversaire comme le baron, il n'était pas aussi facile qu'il le pensait de prouver même un fait patent et avéré.

— Et puis, ajouta-t-il, je vois avec regret que nous manquons un peu de témoins. M. Goefle n'a rien vu, que le résultat de l'affaire. On ne retrouve ici ni M. Stenson, ni son neveu, ni votre valet. J'espérais que nous serions plus nombreux pour vous défendre à temps et constater les faits *de visu*. Le sous-lieutenant et les quatre soldats que j'avais envoyé chercher n'ont pas encore paru. Malgré le rapprochement de nos bostœlles et des *torps* des soldats, il se passera peut-être, grâce au brouillard, plusieurs heures avant que nous ayons ici huit hommes sous les armes.

— Mais qu'est-il besoin de huit hommes pour en garder deux?

— Croyez-vous donc, Christian, que le baron, en voyant, pour la première fois, échouer une de ses diaboliques combinaisons, va se tenir tranquille? Je ne sais pas ce qu'il pourra imaginer, mais à coup sûr il imaginera quelque chose, dût-il essayer de faire mettre le feu au Stollborg. C'est pourquoi je suis résolu à y passer la nuit, afin de m'emparer, avec aide, des autres bandits qui nous seront probablement dépêchés soit avec des offres de service, soit autrement. C'est toute une bande de voleurs et d'assassins que la majeure partie de cette valetaille étrangère, et il faut tâcher de les prendre tous en flagrant délit. Alors je vous réponds que la magistrature osera sévir contre le seigneur, réduit à invoquer en vain l'assistance de ses paysans. Si nous ne procédons pas ainsi, soyez sûr que c'est nous qui perdrons la partie. Tout le monde aura peur; le baron trouvera le moyen de désavouer la responsabilité de l'événement, ou de nous faire enlever les prisonniers. Vous passerez pour un assassin, et nous passerons pour des visionnaires, ou tout au moins pour de jeunes officiers sans expérience, prenant parti pour le coupable et arrêtant les honnêtes gens; car vous pouvez bien compter que les deux *bravi* que nous tenons sont bien stylés. Je vais les interroger, et vous verrez qu'ils sauront arranger leur affaire. Je parie bien que la leçon leur est faite on ne peut mieux.

En effet, les deux bandits répondirent avec impudence qu'ils étaient venus, par l'ordre du majordome, avertir l'*homme aux marionnettes*, qui était en retard pour la représentation; que celui-ci, en voyant parmi eux un de ses anciens camarades, à qui il en voulait, s'était élancé à sa poursuite, et l'avait tué. Il avait ensuite injurié et provoqué les autres, et celui qui avait blessé Christian jura qu'il l'avait blessé par mégarde en voulant s'emparer d'un furieux.

— Tellement furieux, ajoutait-il, qu'il m'a enfoncé la poitrine et que je crache le sang!

— Vous verrez, dit Christian au major, que c'est moi qui ai manqué d'égards envers monsieur en ne me laissant pas assassiner!

— Et vous verrez, répondit Larrson que les assassins se sauveront de la corde! Nos lois n'appliquent la peine capitale qu'aux criminels qui avouent. Ceux-ci le savent bien, et, quelque absurde que soit leur défense, ils s'y tiendront. Votre cause sera peut-être moins bonne que la leur. Voilà pourquoi, de notre côté, nous tiendrons ferme pour vous et auprès de vous, Christian, n'en doutez pas.

— Oh! la cause de Christian est très-bonne! dit M. Goefle, qui était venu écouter l'interrogatoire, et qui ramenait ses hôtes vers ce qu'il appelait son manoir de l'ourse. Nous aurons bien des armes contre le baron, si nous pouvons venir à bout de délivrer le vieux Stenson, qui a été emmené, bon gré mal gré, au château. Il faut, messieurs, que vous en trouviez le moyen avec nous.

— Quant à cela, monsieur Goefle, dit le major, il n'y faut pas songer. Le châtelain est justicier sur son domaine, et, par conséquent, dans sa propre maison. J'ignore ce que l'affaire de M. Stenson peut avoir de commun avec celle de Christian, mais mon avis n'est pas de compliquer celle-ci. Avant tout, je voudrais savoir si, en effet, Christian a trouvé dans le bât de son âne un gobelet d'or, que le baron avait ordonné de glisser là, comme autrefois Joseph voulant éprouver ses frères, mais, je suppose, dans des intentions beaucoup moins pacifiques.

— Ma foi, dit Christian, je n'en sais rien. Venez avec moi vous en assurer.

On se porta à l'écurie, où l'on trouva Puffo dans un coin, pâle et demandant grâce. On le fouilla; le gobelet d'or était sur lui. Il se confessa à sa manière. Il avait vu, une heure auparavant, maître Johan apporter là cet objet précieux dans des intentions qu'il avait devinées, et, ne se croyant pas surveillé, il avait résolu de s'en emparer pour le reporter au château, disait-il, et empêcher que l'on n'accusât son maître d'un vol dont il était innocent; mais, au moment où il allait fuir, il s'était trouvé enfermé dans l'écurie, dont la porte avait résisté à tous ses efforts, lorsqu'au bruit du combat il avait essayé de porter secours à Christian. En raison de ces aveux forts suspects, le major fit lier maître Puffo comme les autres, et on le conduisit au *gaard*, où Péterson, requis de prêter main-forte, fut chargé de seconder le caporal dans le soin de garder les trois prisonniers. La coupe d'or fut portée en triomphe par M. Goefle sur la table de la salle de l'ourse.

Cependant Martina Akerstrom était accourue au-devant de son fiancé, sans la moindre crainte du qu'en dira-t-on, et sans éprouver aucun embarras de la présence du major et du caporal. La bonne et candide personne ne se tourmentait plus que de deux choses : l'inquiétude que son absence devait commencer à inspirer à ses parents, et le manque de sucre pour offrir le thé « à ces pauvres messieurs qui devaient avoir si froid ! » Elle demandait à envoyer quelqu'un au château neuf pour rassurer les auteurs de ses jours et pour rapporter du sucre.

Quant au dernier point, Nils, que le mouvement fait autour de lui avait réveillé, et que la présence des officiers rassurait, put satisfaire la bonne Martina, vu qu'il savait très-bien, et pour cause, où se trouvait la provision de sucre apportée par Ulphilas le matin; mais, quant au premier, on manquait de courriers, et le major tenait, d'ailleurs, à enregistrer, séance tenante, la déposition de Martina avec celle du lieutenant Osburn, relativement aux paroles des bandits, entendues, deux heures auparavant, à l'entrée de la tour du château neuf. Comme pour lui tout le nœud de l'affaire était là, il se fit rendre un compte détaillé du fait, écrivant à mesure, et regrettant que le troisième témoin, la comtesse Marguerite, ne fût pas présente pour y apposer sa signature.

Marguerite était dans la chambre de garde, où Christian l'avait à la hâte priée de rentrer, pour qu'elle ne fût pas vue des jeunes officiers, vis-à-vis desquels elle n'avait pas l'excuse, plausible et sacrée en Suède, d'être venue par sollicitude pour les jours d'un fiancé; mais la comtesse, qui se tenait près de la porte, entendit que l'on réclamait son concours, et, s'étant assurée, à l'audition des voix, qu'elle n'avait rien à craindre de la médisance des personnes présentes, elle ouvrit vivement et se montra. Elle avait à cœur de jurer et de signer, elle aussi, que le vol infâme imputé à Christian, dans les conseils et desseins du baron, avait été annoncé d'avance devant elle.

En la voyant, le major et le lieutenant ne purent retenir une exclamation de surprise; mais M. Goefle, avec sa présence d'esprit accoutumée, se chargea de tout expliquer.

— Mademoiselle Akerstrom, dit-il, n'eût pas pu venir seule. Elle n'avait personne pour l'accompagner, et vous lui aviez tellement recommandé le silence, qu'elle ne pouvait choisir d'autre escorte que le domestique de la comtesse Marguerite, initiée au même secret. Naturellement, la comtesse Marguerite a voulu accompagner son amie, à laquelle Péterson eût peut-être fait quelques objections sur le mauvais temps.

M. Goefle trouva encore de bonnes raisons pour démontrer combien le fait s'était *naturellement* accompli. Martina eût pu dire, avec sa simplicité primitive, que les choses ne s'étaient pas absolument passées comme l'expliquait M. Goefle, et elle était si loin de soupçonner la prédilection de Marguerite pour Christian, qu'elle n'y eût même pas manqué, si elle n'eût été absorbée par le soin de servir le thé et même le gruau avec Nils, qui avait, en outre, découvert au *gaard* les mets destinés par Ulphilas absent au souper de son oncle et des hôtes du Stollborg. La lugubre salle de l'ourse offrait donc en ce moment une de ces scènes tranquilles que, par suite des nécessités de la nature et des éternels contrastes de la destinée, notre vie présente à chaque instant : tout à l'heure des angoisses, des luttes, des périls; l'instant d'après, un intérieur, un repas, une causerie. Cependant M. Goefle et Martina furent les seuls qui s'assirent pour manger. Les autres ne firent qu'avaler debout et à la hâte, attendant avec impatience, ou de nouveaux événements, ou un renfort qui leur permît de prendre de nouvelles résolutions.

Certes, chacun des personnages d'une réunion si insolite avait un vif sujet d'inquiétude. Marguerite se demandait si, à la suite du changement nécessité dans le programme des plaisirs du château neuf par l'absence des *burattini*, sa tante ne se mettrait pas à sa recherche, et si mademoiselle Potin elle-même ne partagerait pas son étonnement et sa frayeur en constatant l'absence de Martina, avec qui elle l'avait laissée. Martina se tourmentait moins des angoisses de sa famille. Positive en ses raisonnements, elle se disait que le château était bien grand; que sa mère, parfaitement sûre d'elle et aimant le jeu, n'avait pas l'habitude de la chercher quand elle courait avec ses jeunes compagnes de salle en salle; qu'enfin, d'un instant à l'autre, l'arrivée des autres officiers allait la délivrer; mais, quand elle songeait au petit nombre des défenseurs du Stollborg, elle s'inquiétait pour son fiancé et trouvait le secours bien lent à venir.

Christian s'inquiétait pour Marguerite, sans trop songer désormais à sa propre destinée. Le major s'inquiétait pour Christian et pour lui-même; il ne cessait de répéter tout bas au lieutenant qu'il trouvait l'affaire mal engagée pour être portée devant un tribunal. Le lieutenant s'inquiétait de voir le major inquiet. Quant à M. Goefle, il s'alarmait pour le vieux Stenson, et cela le conduisait à retomber dans ses commentaires intérieurs sur la naissance et la destinée de Christian.

La situation n'était en somme rassurante pour personne, lorsque enfin on entendit sonner et frapper à la porte du préau. Ce pouvait être l'officier avec les soldats attendus; mais ce pouvait être aussi une nouvelle bande dépêchée pour assister ou délivrer la première. Le major et le lieutenant armèrent leurs pistolets et s'élancèrent dehors, en ordonnant à Christian, avec le droit et l'autorité dont ils étaient revêtus en cette circonstance, de rester derrière eux, et de n'attaquer qu'à leur commandement. Puis Larrson ayant ouvert lui-même résolûment la porte du préau sans faire de questions, et au risque de tomber sous les coups de ceux dont il voulait s'emparer, reconnut avec joie le sous lieutenant son ami et les quatre soldats les plus voisins de son cantonnement. Dès lors pour lui tout était sauvé. Il était bien impossible que le baron, ne recevant pas de nouvelles de l'événement, dont il devait attendre l'issue avec impatience, n'envoyât pas une partie de son *mauvais monde* à la découverte.

Le sous-lieutenant fit son rapport, qui ne fut pas long. Il s'était perdu avec ses hommes; il n'avait trouvé le Stollborg que par hasard, après avoir longtemps erré dans la brume. Il n'avait rencontré personne, ou, s'il avait rencontré quelqu'un, il n'en savait absolument rien.

— Cependant, ajoutait-il, le brouillard commence à s'éclaircir sur les bords du lac, et, avant un quart d'heure, il sera possible de faire une ronde. Le bruit des fanfares et des boîtes ayant entièrement cessé du côté du château, on pourra désormais se rendre compte des moindres bruits du dehors.

— La ronde sera d'autant plus possible, répondit le major, que nous avons ici un homme du pays, un certain Péterson, qui a le sens divinatoire des paysans, et qui, dès à présent, saurait vous mener partout; mais attendons encore un peu. Postez-vous autour des deux entrées, dans le plus profond silence et en vous cachant bien. Fermez les portes du pavillon du *gaard*. Que les prisonniers soient toujours gardés à vue et menacés de mort s'ils disent un seu mot, mais que ce soit une simple menace! Nous n'avons que trop d'un mort, qui nous sera peut-être bien reproché!...

## XVIII

Le brave et prudent major venait à peine de prendre ces dispositions, qu'une ombre passa près de lui, au moment où il retournait à tâtons à la salle de l'ourse pour continuer son instruction à laquelle manquait l'avis très-important de M. Goefle sur tout ce qui s'était passé relativement à Christian. Cette ombre semblait incertaine, et le major se décida à la suivre jusqu'à ce que, rencontrant le mur du donjon, elle se mît à jurer d'une voix assez douce, que Christian, alors sur le seuil du vestibule, reconnut aussitôt pour celle d'Olof Bœtsoï, le fils du *danneman*.

— A qui en avez-vous, mon enfant? lui dit-il en lui prenant le bras. Et comment se fait-il que vous veniez ici au lieu de retourner chez vous?

Et ils entrèrent tous trois dans la salle de l'ourse.

— Ma foi, si vous ne vous étiez pas trouvé là, dit Olof à Christian, j'aurais cherché longtemps la porte. Je connais bien le dehors du Stollborg, j'y viendrais les yeux fermés; mais le dedans, non! je n'y étais jamais entré. Vous pensez bien que, par ce temps maudit, je ne pouvais pas retourner tout de suite dans la montagne. Enfin j'ai vu un peu d'éclaircie, et, après deux heures passées au bostœlle de M. le major, j'y ai laissé mon cheval, et me voilà parti à pied pour ne pas causer de crainte à mon père; mais, auparavant, j'ai voulu vous rapporter un portefeuille que vous avez oublié dans le traîneau, *herr* Christian. Le voilà. Je ne l'ai pas ouvert. Ce que vous avez mis dedans y est comme vous l'avez laissé. Je n'ai voulu le confier à personne; car mon père m'a dit que les papiers, c'était quelquefois plus précieux que de l'argent.

En parlant ainsi, Olof remit à Christian un portefeuille de maroquin noir que celui-ci ne reconnut en aucune façon.

— C'est peut-être à vous? dit-il au major. Dans les habits que vous m'aviez prêtés?...

— Nullement, je ne connais pas l'objet, répondit Larrson.

— Alors, c'est au lieutenant?

— Oh! non, certainement, dit Martina; il n'a pas d'autres portefeuilles que ceux que je brode pour lui.

— On peut toujours s'en assurer, dit le major ; il est par là dans le *gaard*.

— Attendez donc ! s'écria M. Goefle, qui était toujours sur la brèche devant son idée fixe ; ne m'avez-vous pas dit, Christian, que vous aviez fait verser le baron, ce soir, au moment de la chasse?

— C'est-à-dire que le baron m'a culbuté et s'est culbuté lui-même par contre-coup, répondit Christian.

— Eh bien, reprit l'avocat, tous les objets que contenaient vos voitures ont roulé pêle-mêle sur le chemin, depuis les ours jusqu'aux portefeuilles, et celui-ci est...

— La trousse de son médecin, je le parierais ! dit Christian. Laissez-la ici, Olof ; nous la lui renverrons.

— Donnez-moi cela ! reprit M. Goefle d'un ton décidé et absolu. La seule manière de savoir à qui appartient un portefeuille anonyme, c'est de l'ouvrir, et je m'en charge.

— Vous prenez cela sur vous, monsieur Goefle? dit le scrupuleux major.

— Oui, monsieur le major, répondit M. Goefle en ouvrant le portefeuille, et je vous prends à témoin de la chose, vous qui êtes ici pour instruire les faits d'un procès que j'aurai peut-être mission de plaider. Tenez, voici une lettre de M. Johan à son maître. Je connais l'écriture, et, du premier coup, j'y vois : « L'homme aux marionnettes... Guido Massarelli... La chambre des roses?... » Ah oui ! le baron se permet, comme le sénat, d'avoir la sienne ! Major, cette pièce est fort grave, et peut-être l'autre, car il y en a deux, est-elle plus grave encore ; votre mandat exige que vous en preniez connaissance.

— Puis-je m'en aller? dit le jeune *danneman*, qui, comprenant confusément l'instruction d'une affaire judiciaire, éprouvait, comme les paysans de tous les pays, la crainte d'avoir à se compromettre par un témoignage quelconque.

— Non, répondit le major, il faut rester et écouter.

Et, s'adressant à Marguerite et à Martina, qui se consultaient à voix basse sur la possibilité de s'en retourner au château :

— Je vous prie et vous demande, leur dit-il, d'écouter aussi. Nous avons affaire à forte partie, et nous serons peut-être accusés d'avoir fabriqué de fausses preuves. Or, en voici une qui nous est remise en votre présence, et dont il est nécessaire que vous ayez connaissance en même temps que nous.

— Non, non ! s'écria Christian, il ne faut point que ces dames soient mêlées à un procès...

— J'en suis désolé, Christian, répondit le major ; mais les lois sont au-dessus de nous, et je ferai ici rigoureusement mon devoir. Il a été tué, ce soir, un homme qu'il vaudrait mieux certes tenir vivant. Je sais bien que vous n'y êtes pour rien et que vous avez été blessé... Vous êtes vif, vous êtes brave et généreux ; mais vous n'êtes pas prévoyant quand il s'agit de vous-même. Moi, je dis que cette affaire-ci peut vous mener à l'échafaud, parce que vous avouerez loyalement le fait de provocation à vos ennemis, tandis que les drôles nieront tout effrontément !... Lisons donc, et ne négligeons aucun moyen pour faire triompher la vérité.

— Oui, oui, major, lisez, j'écoute, s'écria Marguerite, qui était devenue pâle en regardant la manche ensanglantée de Christian ; je témoignerai, dussé-je y perdre l'honneur !

Christian ne pouvait accepter le dévouement de cette noble fille, et il supportait impatiemment l'autorité que le major s'arrogeait sur elle. Le major avait pourtant raison, et Christian le sentait, puisqu'en cette affaire l'honneur de l'officier n'était pas moins en jeu que le reste. Il s'assit brusquement, et couvrit sa figure de ses mains pour cacher et retenir les mouvements impétueux qui l'agitaient, tandis que le major faisait lecture à haute voix du journal de maître Johan, écrit par lui-même et envoyé au baron durant la chasse.

— Cette pièce est très-mystérieuse pour moi, dit le major en finissant ; elle prouve un complot bien médité contre Christian ; mais...

— Mais vous ne pouvez comprendre, dit M. Goefle, qui, pendant la lecture de cette pièce, avait rapidement parcouru l'autre, tant de haine contre un inconnu sans nom, sans famille et sans fortune, de la part du haut et puissant seigneur le baron de Waldemora? Eh bien, moi, je comprends fort bien, et, puisque nous avons la preuve de l'effet, il est temps de connaître la cause ; la voici... Relève la tête, Christian de Waldemora, ajouta M. Goefle en frappant la table avec énergie, le ciel t'a conduit ici, et le vieux Stenson avait raison de le dire : « Les richesses du pêcheur sont réservées au juste ! »

Un silence de stupeur et d'attente permit à M. Goefle de lire ce qui suit :

« Déclaration confiée par moi, Adam Stenson, à Taddeo Manassé, commerçant, natif de Pérouse,

» Pour être remise à *Cristiano* le jour où les circonstances ci-dessous mentionnées le permettront.

» Adelstan-Christian de Waldemora, fils de noble seigneur Christian-Adelstan, baron de Waldemora, et de noble dame Hilda de Blixen, né le 15 septembre 1746, au donjon du Stollborg, en la chambre dite de l'ourse, sur le domaine de Waldemora, province de Dalécarlie ;

» Secrètement confié aux soins d'Anna Bœtsoï, femme du *danneman* Karl Bœtsoï, par moi soussigné Adam Stenson, et par Karine Bœtsoï, fille des ci-dessus nommés, et femme de confiance de la défunte baronne Hilda de Waldemora, née de Blixen.

» Ledit enfant nourri par une daine apprivoisée, en la maison dudit *danneman* Karl Bœtsoï, sur la montagne de Blaakdal, jusqu'à l'âge de quatre ans, passant pour le fils de Karine Bœtsoï, laquelle, par dévouement pour sa défunte maîtresse, a consenti à se laisser croire ensorcelée et mise à mal par un inconnu, et a ainsi préservé l'enfant, dont elle se disait mère, de la recherche de *ses ennemis* ;

» Ledit enfant, emmené par moi, Adam Stenson, pour le soustraire à des soupçons qui commençaient à le compromettre, en dépit des précautions prises jusqu'alors ;

» A été conduit, par moi soussigné, en Autriche, où j'ai une sœur mariée, laquelle pourra témoigner m'avoir vu arriver chez elle avec un enfant nommé Christian, parlant la langue dalécarlienne ;

» Et, sur l'avis du très-fidèle ami et confident Taddeo Manassé, de la religion de *l'Ancien Testament*, autrefois bien connu en Suède sous le nom de Manassé, et très-estimé de feu M. le baron Adelstan de Waldemora pour homme de parole, de discrétion et de probité dans son commerce d'objets d'art, dont était fort amateur ledit baron ;

» Je soussigné me suis rendu en la ville de Pérouse, en Italie, où résidait alors mondit ami Taddeo Manassé, et où, me présentant aux jours de carnaval, sous un masque, aux très-honorables époux Silvio Goffredi, professeur d'histoire ancienne en l'université de Pérouse, et Sofia Negrisoli, sa femme légitime, de la famille de l'illustre médecin de ce nom,

» Leur ai remis, confié et comme qui dirait *donné* ledit Cristiano de Waldemora, sans aucunement leur faire connaître son nom de famille, son pays, et les raisons particulières qui me déterminaient à me séparer de lui.

» En donnant cet enfant bien-aimé aux susdits époux Goffredi, j'ai cru remplir le vœu de la défunte baronne Hilda, laquelle désirait qu'il fût élevé loin de *ses ennemis*, par des gens instruits et vertueux, lesquels, sans aucun motif d'intérêt, l'aimeraient comme leur propre fils, et le rendraient propre à soutenir un jour dignement le nom qu'il doit porter et le rang qu'il doit recouvrer après la mort de *ses ennemis*, laquelle mort, d'après l'ordre de la nature, doit précéder de beaucoup la sienne.

» Et, dans le cas où la mort du soussigné arriverait avant celle *desdits ennemis*, le soussigné a chargé le susdit Taddeo Manassé de prendre telles informations qui conviendraient pour que, à la mort de *ses ennemis*, Christian de Waldemora en fût averti et mis en possession de la présente déclaration... En foi de quoi, — après avoir fait contrat de bonne amitié avec Taddeo Manassé, lequel ne doit jamais perdre de vue ledit Christian de Waldemora, résider où il résidera, et lui venir en aide si autre protection venait à lui manquer, mettre en sa propre place à cette fin, en cas de maladie grave et danger de mort, une personne sûre comme lui-même ; enfin, donner une fois par an de ses nouvelles au soussigné ; — le soussigné, voulant conserver sa place d'intendant au château de Waldemora, afin de ne pas éveiller de soupçons et de gagner l'argent nécessaire aux déplacements présumés de Taddeo ou aux besoins éventuels de l'enfant, a quitté, non sans douleur, la ville de Pérouse pour retourner en Suède le 16 mars 1750, croyant et espérant avoir fait son possible pour préserver de tout danger et placer dans une situation heureuse et digne le fils de ses défunts maîtres.

» Adam Stenson.
» *Contre-signé* :
» Taddeo Manassé,
» Gardien juré des peintures del Cambio,
à Pérouse. »

— Parlez, Christian, dit M. Goefle à son jeune ami stupéfait et silencieux. Tout doit être vérifié. Ce Manassé était-il réellement un honnête homme ?

— Je le crois, répondit Christian.

— Ne vous offrit-il pas une fois des secours, de la part de votre famille ?

— Oui. Je refusai.

— Connaissez-vous sa signature ?

— Très-bien. Il fit plusieurs affaires avec M. Goffredi.

— Regardez-la ; est-ce son écriture ?

— C'est son écriture.

— Quant à moi, reprit M. Goefle, je reconnais parfaitement dans le corps de la pièce la main et le style d'Adam Stenson. Veuillez ouvrir ce carton, monsieur le major, et constater la similitude. Ce sont des comptes de gestion dressés et signés par le vieux intendant, à peu près à la même époque, c'est-à-dire en 1751 et 1752. Au reste, son écriture n'a pas changé, et sa main est toujours ferme. En voici la preuve : trois versets de la Bible écrits hier, et dont le sens, appliqué à la situation de son esprit, est ici fort clair et fort utile à constater.

Le major fit la constatation ; mais pour lui l'énigme restait, sinon entière, du moins assez obscure encore. Le baron avait-il fabriqué de fausses pièces pour établir que sa belle-sœur n'avait pas laissé d'héritiers à lui opposer? Il en était fort capable ; mais M. Goefle les avait vues, ces pièces. Il devait même les avoir entre les mains, comme un dépôt confié à son père, auquel il avait succédé.

— J'ai ces pièces chez moi, à Gœvala, en effet, répondit M. Goefle. Elles ont été vérifiées par des experts, elles sont authentiques ; mais ne tombe-t-il pas maintenant sous le sens qu'elles ont été arrachées au consentement de la baronne Hilda par la contrainte ou par la terreur? Calmez-vous, Christian ; tout s'éclaircira. Tenez, major, voici une autre découverte, faite hier dans un vêtement, que je vais vous montrer : une lettre du baron Adelstan à sa femme ; lisez, et supputez les dates. L'espérance de la maternité était confirmée le 5 mars, après deux ou trois mois d'incertitude peut-être ! l'enfant naissait le 15 septembre ; la baronne s'était réfugiée ici dans les premiers jours dudit mois. Elle y était probablement retenue prisonnière, et elle y mourait le 28 de la même année. Encore une preuve : voyez ce portrait en miniature ! Regardez-le, Marguerite Elvéda. C'est le comte Adelstan, qui certes n'a pas été peint pour les besoins de la cause ; le peintre est célèbre, et il a daté et signé son œuvre. Ce portrait est pourtant celui de Christian Waldo ! La ressemblance est frappante. Enfin regardez le portrait en pied du même personnage. Ici, même ressemblance, bien que ce soit l'œuvre d'un artiste moins habile ; mais les mains ont été rendues naïvement, et vous voyez bien ces doigts recourbés : montrez-nous les vôtres, Christian !

— Ah ! s'écria Christian, qui marchait dans la chambre avec exaltation, et qui laissa M. Goefle saisir ses mains tremblantes, si le baron Olaüs a martyrisé ma mère, malheur à lui ! Ces doigts crochus lui arracheront le cœur de la poitrine !

— Laissez parler la passion italienne, dit M. Goefle au major, qui s'était levé, craignant que Christian ne s'élançât dehors. L'enfant est généreux ; je le connais, moi ! Je sais toute sa vie. Il a besoin d'exhaler sa douleur et son indignation, ne le comprenez-vous pas? Mais attendez, mon brave Christian. Peut-être le baron n'est-il pas aussi criminel dans le passé qu'il nous le semble. Il faut connaître les détails, il faut revoir Stenson. Délivrer Stenson, et l'amener ici, major, voilà ce qu'il faudrait, et ce que vous ne voulez pas faire.

— Vous savez bien que je ne le peux pas ! s'écria le major, très-ému et très-animé. Je n'ai aucun droit devant l'autorité seigneuriale, surtout en matière de répression domestique, et, si le baron veut faire souffrir ce vieillard, il ne manquera pas de prétextes.

Ici, le major fut interrompu par Christian, qui ne pouvait plus contenir son impétuosité. Il voulait aller seul au château neuf ; il voulait délivrer Stenson ou y laisser sa vie.

— Quoi ! disait-il, ne voyez-vous pas que, dans ce repaire, on ne recule devant rien? Je comprends trop ce que, par une amère et horrible dérision, on appelle ici la *chambre des roses*! Et ce pauvre vieillard qui n'a plus que le souffle, ce fidèle serviteur qui m'a sauvé de *mes ennemis*, comme il le dit dans sa déclaration, et qui, après les fatigues d'un long voyage, m'a consacré une longue vie de silence et de travail, c'est pour moi encore qu'à l'heure où nous sommes il expire peut-être dans les tourments ! Non, cela est impossible ; vous ne me retiendrez pas, major ! Je ne reconnais pas votre autorité sur moi, et, s'il faut se frayer un passage ici l'épée à la main... eh bien, tant pis, c'est vous qui l'aurez voulu.

— Silence ! s'écria M. Goefle en arrachant des mains de Christian son épée, que le jeune homme venait de saisir sur la table, silence ! Écoutez ! on marche au-dessus de nous dans la chambre murée.

— Comment cela serait-il possible, dit le major, si elle est murée en effet? D'ailleurs, je n'entends rien, moi.

— Ce ne sont point des pas que j'entends, répondit M. Goefle ; mais taisez-vous et regardez le lustre.

On regarda et on fit silence, et non-seulement on vit trembler le lustre, mais encore on entendit le léger bruit métallique de ses ornements de cuivre, ébranlés par un mouvement quelconque à l'étage supérieur.

— Ce serait donc Stenson? s'écria Christian. Nul autre que lui ne peut connaître les passages extérieurs...

— Mais en existe-t-il? dit le major.

— Qui sait? reprit Christian. Moi, je le crois, bien que je n'aie pu m'en assurer, et que l'ascension par les rochers m'ait paru impossible. Mais... n'entendez-vous plus rien?

On écouta encore, on entendit ou on crut entendre

ouvrir une porte et frapper ou gratter de l'autre côté de la partie murée de la salle de l'ourse. Stenson s'était-il échappé des mains de ses ennemis, et, n'osant revenir par le *gaard* ou par le préau, qu'il pouvait supposer gardés par eux, était-il entré dans le donjon par un passage connu de lui seul? Appelait-il ses amis à son aide, ou leur donnait-il un mystérieux avertissement pour qu'ils eussent à se méfier d'une nouvelle attaque? Le major trouvait ces suppositions chimériques, lorsque le lieutenant entra avec le *danneman* Bœtsoï, en disant :

— Voici un de nos amis qui arrive de nos bœstelles où il cherchait son fils. N'est-il point ici ?

— Oui, oui, mon père ! répondit Olof, qui était fort effrayé de tout ce qu'il venait d'entendre et qui fut très-content de voir arriver le *danneman*. Étiez-vous inquiet de moi?

— Inquiet, non! répondit le *danneman*, qui venait de faire la route par un temps affreux pour retrouver son enfant, mais qui trouvait contraire à la dignité paternelle de lui avouer sa sollicitude. Je pensais bien que nos amis ne t'auraient pas laissé partir seul; mais, à cause du cheval, qui pouvait s'estropier!...

Tandis que le *danneman* expliquait ainsi son inquiétude, le lieutenant faisait au major une communication dont celui-ci parut frappé.

— Qu'y a-t-il donc? lui demanda M. Goefle.

— Il y a, répondit Larrson, que nous sommes tous sous l'empire d'idées noires qui nous rendent fort ridicules. Le lieutenant, en faisant sa ronde, a entendu comme une plainte humaine traverser les airs, et nos soldats sont si effrayés de tout ce que l'on raconte de la *dame grise* du Stollborg, que, sans le respect de la discipline, ils auraient déjà déguerpi. Il est temps d'en finir avec ces rêveries, et, puisqu'il n'y a pas moyen de pénétrer par ici dans cette chambre murée, il faut explorer le dehors avec attention, et voir si cette fantasmagorie ne sert pas de prétexte aujourd'hui aux bandits de là-bas pour nous tendre un piége. Venez avec nous, Christian, puisque vous avez cru découvrir un moyen de grimper.

— Non, non! répondit Christian; ce serait trop long et peut être impossible. Je trouve bien plus sûr et plus prompt d'ouvrir ce mur. Il ne s'agit que d'avoir la première brique.

En parlant ainsi, Christian arrachait de ses anneaux la grande carte de Suède, et, armé de son marteau de minéralogiste, il entamait la cloison avec une vigueur désespérée, tantôt frappant avec le bout carré de l'instrument sur la brique retentissante, tantôt passant la pointe aiguë et tranchante dans les trous qu'il avait pratiqués, et amenant avec violence de larges fragments liés ensemble par le mortier, et qui tombaient avec fracas sur l'escalier sonore. Il eût été bien inutile de vouloir s'opposer à son dessein. Une sorte de rage le poussait à sortir de l'inaction à laquelle on voulait le réduire. Les idées étranges qu'il avait conçues sur la présence d'une personne enfermée dans cette masure lui revenaient dans l'esprit comme un cauchemar. Il était même tellement surexcité, qu'il était prêt à admettre les idées superstitieuses que M. Goefle avait subies en ce lieu, et à penser qu'un avertissement surnaturel l'appelait à découvrir le secret infernal qui pesait sur les derniers moments de sa mère.

— Otez-vous, ôtez-vous de là! criait-il à M. Goefle, qu'une anxiété analogue, mêlée d'une vive curiosité, poussait à chaque instant au pied de l'escalier; si le travail s'écroule en bloc, je ne pourrai pas le retenir.

En effet, la cloison artificielle, qui s'étendait sur une assez grande surface, et que Christian attaquait avec fureur, s'en allait de plus en plus en ruines, couvrant de poussière l'intrépide démolisseur, qui semblait protégé par miracle au milieu d'une pluie de pierres et de ciment. Personne n'osait plus lui parler ; personne ne respirait, croyant à chaque instant le voir enseveli sous les débris, ou frappé mortellement par la chute de quelque brique. Un nuage l'enveloppait lorsqu'il s'écria :

— J'y suis ! voilà la continuation de l'escalier. De la lumière, monsieur Goefle !...

Et, sans l'attendre, il s'élança dans les ténèbres. Mais le peu de temps qu'il lui fallut pour chercher des mains une porte qui se trouva entr'ouverte devant lui avait suffi au major pour le rejoindre.

— Christian, lui dit-il en le retenant, si vous avez quelque amitié pour moi et quelque déférence pour mon grade, vous me laisserez passer le premier. M. Goefle suppose qu'il y a ici des preuves décisives de vos droits, et vous ne pouvez témoigner dans votre propre cause. D'ailleurs, prenez-y garde ! ces preuves sont peut-être de nature à vous faire reculer d'horreur !

— J'en supporterai la vue, répondit Christian, exaspéré par cette pensée, qui était déjà la sienne. Je veux savoir la vérité, dût-elle me foudroyer ! Passez le premier, Osmund, c'est votre droit; mais je vous suis, c'est mon devoir.

— Eh bien, non! s'écria M. Goefle, qui, avec le *danneman* et le lieutenant, venait de monter rapidement l'escalier derrière le major, et qui se jeta résolûment devant la porte. Vous ne passerez pas, Christian; vous n'entrerez pas sans ma permission !

Vous êtes violent, mais je suis obstiné. Porterez-vous la main sur moi?

Christian recula vaincu. Le major entra avec M. Goefle; le lieutenant et le *danneman* restèrent sur le seuil, entre eux et Christian.

Le major fit quelques pas dans la chambre mystérieuse, que n'éclairait guère la lueur de la bougie apportée par M. Goefle. C'était une grande pièce boisée, comme celle de l'ourse, mais entièrement vide, délabrée, et cent fois plus lugubre. Tout à coup le major recula, et, baissant la voix pour n'être pas entendu de Christian, qui était si près de l'entrée :

— Voyez! dit-il à M. Goefle, voyez, là! par terre!

— C'était donc vrai! répondit M. Goefle du même ton : voilà qui est horrible! Allons, major, courage! il faut tout savoir.

Ils s'approchèrent alors d'une forme humaine qui gisait au fond de l'appartement, le corps plié et comme agenouillé par terre, la tête appuyée contre la boiserie, du moins autant qu'on en pouvait juger sous les voiles noirs et poudreux dont cette forme ténue était enveloppée.

— C'est elle, c'est le fantôme que j'ai vu, dit M. Goefle en reconnaissant, sous ces voiles, la robe grise avec ses rubans souillés et traînants. C'est la baronne Hilda, morte ou captive!

— C'est une personne vivante, reprit le major fort ému en relevant le voile; mais ce n'est pas la baronne Hilda. C'est une femme que je connais. Approchez, Joë Bœtsoï. Entrez, Christian. Il n'y a rien ici de ce que vous imaginiez. Il n'y a que la pauvre Karine, évanouie ou endormie.

— Non, non, dit le *danneman* en s'approchant doucement de sa sœur, elle ne dort pas, elle n'est pas évanouie; elle est en prières, et son esprit est dans le ciel. Ne la touchez pas, ne lui parlez pas avant qu'elle se relève.

— Mais comment est-elle entrée ici? dit M. Goefle.

— Oh! cela, répondit le *danneman*, c'est un don qu'elle a d'aller où elle veut et d'entrer, comme les oiseaux de nuit, dans les fentes des vieux murs. Elle passe, sans y songer, par des endroits où je l'ai quelquefois suivie en recommandant mon âme à Dieu. Aussi je ne m'inquiète plus quand je ne la vois point à la maison; je sais qu'il y a en elle une *vertu*, et qu'elle ne peut pas tomber; mais, voyez! la voilà qui a fini de prier en elle-même : elle se lève, elle s'en va vers la porte. Elle prend ses clefs à sa ceinture. Ce sont des clefs qu'elle a toujours gardées comme des reliques, et nous ne savions pas d'où elles lui venaient...

— Observons-la, dit M. Goefle, puisqu'elle ne paraît pas nous voir, ni nous entendre. Que fait-elle en ce moment?

— Ah! cela, dit le *danneman*, c'est une habitude qu'elle a de vouloir trouver une porte à ouvrir, quand elle rencontre certains murs. Voyez! elle y pose sa clef et elle la tourne, puis elle voit qu'elle s'est trompée, elle va plus loin.

— Ah! dit M. Goefle, voilà qui m'explique les petits cercles tracés sur le mur, dans la salle de l'ourse.

— Puis-je lui parler? dit Christian, qui s'était approché de Karine.

— Vous le pouvez, répondit le *danneman*; elle vous répondra si votre voix lui plaît.

— Karine Bœtsoï, dit Christian à la voyante, que cherches-tu ici?

— Ne m'appelle pas Karine Bœtsoï, répondit-elle; Karine est morte. Je suis la *vala* des anciens jours, celle qu'il ne faut point nommer!

— Où veux-tu donc aller?

— Dans la chambre de l'ourse. Ont-ils déjà muré la porte?

— Non, dit Christian; je vais t'y conduire. Veux-tu me donner la main?

— Marche! dit Karine, je te suivrai.

— Tu me vois donc?

— Pourquoi ne te verrais-je pas? Ne sommes-nous pas dans le pays des morts? N'es-tu pas le pauvre baron Adelstan? Tu me redemandes la mère de ton enfant?... Je viens de prier pour elle et pour lui. Et à présent... viens, viens... je te dirai tout!

Et Karine, qui sembla tout à coup se reconnaître, franchit la porte et descendit l'escalier, non sans causer une vive terreur à Marguerite et à Martina, bien que le jeune Olof, qui s'était approché de l'escalier et qui avait tout entendu, les eût prévenues qu'elles n'avaient rien à craindre de la pauvre extatique.

— N'ayez pas peur, leur dit Christian, qui suivait Karine, et que suivaient les deux officiers, M. Goefle et le *danneman*; examinez tous ses mouvements; tâchez, avec moi, de deviner la pensée de son rêve. Ne fait-elle pas le simulacre de rendre les derniers devoirs à une personne qui vient de mourir?

— Oui, répondit Marguerite, elle lui ferme les yeux, elle lui baise les mains et les lui croise sur la poitrine. Et, maintenant, elle tresse une couronne imaginaire.

qu'elle lui pose sur la tête. Attendez, elle cherche quelqu'un...

— Est-ce moi que tu cherches, Karine? dit Christian à la voyante.

— Es-tu Adelstan, le bon *iarl*, répondit Karine. Eh bien, écoute et regarde : voilà qu'elle a cessé de souffrir, ta bien-aimée ! Elle est partie pour le pays des elfes. Le méchant *iarl* avait dit : « Elle » mourra ici, » et elle y est morte ; mais il avait dit aussi : « Si un fils vient à naître, il mourra le pre- » mier. » Il avait compté sans Karine. Karine était là; elle a reçu l'enfant, elle l'a sauvé, elle l'a donné aux fées du lac, et l'homme de neige n'a jamais su qu'il fût né. Et Karine n'a jamais rien dit, même dans la fièvre et dans la douleur ! A présent, elle parle, parce que le beffroi du château sonne la mort. Ne l'entendez-vous pas?

— Serait-il vrai? s'écria le major en ouvrant précipitamment la fenêtre : non, je n'entends rien. Elle rêve.

— S'il ne sonne pas, il ne tardera guère, répondit le *danneman*. Elle l'a déjà entendu ce matin, de notre montagne. Nous savions bien que cela ne se pouvait pas ; mais nous savions bien aussi qu'elle entendait d'avance, comme elle voit d'avance les choses qui doivent arriver.

Karine, sentant la fenêtre ouverte, s'en approcha.

— C'est ici! dit-elle, c'est par ici que Karine Bœtsoï a fait envoler l'enfant.

Et elle se mit à chanter le refrain de la ballade que Christian avait entendue dans le brouillard : « L'enfant du lac, plus beau que l'étoile du soir... »

— C'est une chanson que votre maîtresse vous a apprise? lui demanda M. Goefle.

Mais Karine ne semblait entendre que la voix de Christian.

Martina Akerstrom se chargea de la réponse.

— Oui, oui, dit-elle, je la connais, moi, cette ballade : elle a été composée autrefois par la baronne Hilda. Mon père l'a trouvée dans des papiers saisis au Stollborg, et laissés au presbytère par son prédécesseur. Il y avait aussi des poésies scandinaves, traduites en vers et mises en musique par cette pauvre dame, qui était fort savante et très-grande artiste en musique. On avait voulu faire de cela des preuves contre elle, comme si elle eût pratiqué le culte des dieux païens. Mon père a blâmé la conduite de l'ancien ministre, et il a précieusement gardé les manuscrits.

— A présent, Karine, dit M. Goefle à la voyante, qui était retombée dans une sorte d'extase tranquille, ne nous diras-tu plus rien?

— Laissez-moi, répondit Karine, qui était entrée dans une autre phase de son rêve, laissez-moi ! il faut que j'aille sur le hogar, au-devant de celui qui va revenir.

— Qui te l'a dit? lui demanda Christian.

— La cigogne qui perche sur le haut du toit, et qui apporte aux mères assises sous le manteau de la cheminée des nouvelles de leur fils absent. C'est pourquoi j'ai mis la robe que la bien-aimée m'a donnée, afin qu'il vît au moins quelque chose de sa mère. Il y a trois jours que je l'attends et que je chante pour l'attirer ; mais le voici enfin, je le sens près de moi. Cueillez des bluets, cueillez des violettes, et appelez le vieux Stenson, afin qu'il se réjouisse avant de mourir. Pauvre Stenson !...

— Pourquoi dites-vous : *Pauvre Stenson?* s'écria Christian effrayé. Vous apparaît-il dans votre vision?

— Laissez-moi, répondit Karine. J'ai dit, et à présent la *vala* retombe dans la nuit!

Karine ferma les yeux et chancela.

— Cela signifie qu'à présent elle veut dormir, dit le *danneman* en la recevant dans ses bras. Je vais l'asseoir ici; car il faut qu'elle dorme où elle se trouve.

— Non, non, dit Marguerite, nous allons la conduire dans l'autre chambre, où il y a un grand sofa. Elle paraît brûlée de fièvre et brisée de fatigue, cette pauvre femme. Venez.

— Mais que faisait-elle là-haut? dit M. Goefle en retournant vers l'escalier et en s'adressant au major, pendant que les deux jeunes filles conduisaient la famille du *danneman* vers la chambre de garde. Rien ne m'ôtera de l'idée qu'il y a dans cette chambre, murée avec tant de soin par Stenson, un secret plus grave encore, une preuve plus irrécusable que les souvenirs de Karine et la déclaration de Stenson. Voyons, Christian, il faut... Mais où êtes-vous donc?

— Christian? s'écria Marguerite en revenant précipitamment de la chambre de garde : il n'est pas avec nous; où est-il?

— Il est donc déjà remonté là-haut? dit le major en s'élançant sur l'escalier de bois.

— Malédiction ! s'écria M. Goefle, qui remonta avec Osmund dans la chambre murée; il est parti ! Il a passé par cette brèche comme une couleuvre ! N'est-ce pas lui que je vois courir sur ce mur? Christian !...

— Pas un mot, dit le major. Il court sur le bord d'un abîme !... Laissez-le tranquille... A présent, je ne le vois plus; il est entré dans le brouillard. Je voudrais le suivre ; mais je suis plus gros que lui, je ne passerai jamais là.

— Écoutez! reprit M. Goefle. Il a sauté!... Il parle!... Écoutez!...

On entendit la voix de Christian, qui disait aux soldats :

— C'est moi ! c'est moi ! le major m'envoie au château !

— Ah! le fou! le brave enfant! s'écria M. Goefle. Il ne prend conseil que de lui-même; il s'en va, seul contre tous, à la recherche de Stenson !

En effet, Christian s'était envolé, selon l'expression du *danneman*, comme l'oiseau de nuit à travers la fente du vieux mur. Le nom de Stenson, prononcé par Karine, lui avait déchiré le cœur.

— Qu'il se réjouisse avant de mourir! avait-elle dit en achevant son rêve prophétique.

Stenson allait-il mourir, en effet, sous les coups de ses bourreaux, ou bien y avait-il, dans ces navrantes paroles, une de ces cruelles dérisions que nous apporte l'espérance?

Christian se voyait enfermé et paralysé par la prudence du major. Une querelle entre eux à ce sujet était imminente, et, bien qu'il sût combien était dangereuse l'évasion par la brèche, Christian aima mieux se mesurer avec l'abîme qu'avec un des excellents amis que la Providence lui avait envoyés. Il n'avait vu cette issue fortuite de la tour que de trop loin et avec trop de préoccupation pour l'étudier. Le brouillard se dissipait lentement, et les objets étaient encore assez confus ; mais Karine y avait passé.

— Mon Dieu ! dit-il, donnez au dévouement les facultés surnaturelles que vous donnez quelquefois au délire!

Et, bien convaincu qu'ici l'adresse et la précaution ne lui serviraient de rien, puisqu'il ne voyait pas à trois pieds au-dessous de lui, l'enfant du lac, se confiant au miracle permanent de sa destinée, descendit en courant l'abîme qu'il n'avait pas osé gravir durant le jour.

## XIX

Christian arriva au manoir de Waldemora avant que le major, ayant un parti à prendre et des ordres à donner à sa petite troupe, eût pu franchir la moitié de cette même distance pour le rejoindre. Il trouva les portes des cours ouvertes et éclairées comme d'habitude, durant les fêtes. Un grand mouvement régnait toujours dans les escaliers et dans les galeries, mais un mouvement insolite. Ce n'étaient plus de belles dames parées et de beaux messieurs poudrés qui, au son de la musique de Rameau, échangeaient, en se rencontrant, de grandes révérences ou de gracieux sourires; c'étaient des valets affairés, portant des malles et courant charger des traîneaux. Presque tous les hôtes du manoir se préparaient au départ, les uns causant à voix basse dans les corridors, les autres enfermés chez eux, prenant quelque heures de repos après avoir donné leurs ordres pour le voyage.

Que se passait-il donc? On était si agité, que Christian, botté, tête nue, la veste déchirée et ensanglantée, le couteau de chasse à la ceinture, ne fit aucune sensation. On lui fit instinctivement place, sans se demander quel était ce chasseur attardé qui semblait monter à l'assaut, résolu à tout renverser plutôt que de subir une seconde d'attente.

Christian traversa ainsi la galerie des Chasses, dans laquelle il vit errer des figures singulièrement agitées. Parmi ces figures, il reconnut quelques-uns de ceux qui lui avaient été désignés, au bal, comme les héritiers *présomptueux* du châtelain. Ils paraissaient très-émus, se parlaient bas, et se tournaient à chaque instant vers une porte par laquelle ils semblaient attendre avec anxiété une nouvelle importante.

Sans leur donner le temps de l'examiner et de comprendre ce qu'il faisait, Christian franchit cette porte, se disant que par là probablement il arriverait aux appartements du baron ; mais, en suivant un assez long couloir, il entendit pousser d'horribles gémissements. Il se mit à courir de ce côté, et entra dans une chambre ouverte, où il se trouva tout à coup en présence de Stangstadius, qui, tranquillement assis, lisait une gazette auprès d'une petite lampe à chapiteau, sans paraître le moins du monde ému des plaintes effrayantes qu'on entendait de plus en plus rapprochées et distinctes.

— Qu'est-ce que cela? lui dit Christian en lui saisissant le bras. N'est-ce point par ici que l'on donne la torture?

Sans doute Christian, le couteau à la main, avait une physionomie peu rassurante, car l'illustre géologue bondit effrayé en s'écriant :

— Qu'est-ce que c'est? qu'est-ce que vous voulez? qu'est-ce que vous parlez de...?

— L'appartement du baron? répondit laconiquement le jeune homme, d'un si absolu, que Stangstadius ne songea pas à discuter.

— Par là! répondit-il en lui montrant la gauche.

Et, très-content de le voir s'éloigner, il reprit sa lecture, en se disant que le châtelain avait d'étranges bandits à son service, et qu'on rencontrait dans ses appartements des gens que l'on ne voudrait pas rencontrer au coin d'un bois.

Christian traversa encore un cabinet, et trouva une dernière porte fermée. Il la fit sauter d'un coup de poing. Il eût enfoncé, en ce moment, les portes de l'enfer.

Un spectacle lugubre s'offrit à sa vue. Le baron, en proie aux convulsions d'une terrible agonie, se débattait dans les bras de Johan, de Jacob, du médecin et du pasteur Akerstrom. Ces quatre personnes avaient à peine la force d'empêcher qu'il ne se jetât hors de son lit pour se rouler sur le plancher. La crise qu'il subissait était si poignante, et les gens qui l'entouraient si absorbés, qu'ils ne s'aperçurent pas du bruit que Christian avait fait pour entrer, et ne se retournèrent qu'au moment où le moribond, dont la figure était tournée vers lui, s'écria avec un accent de terreur impossible à rendre :

— Voilà... voilà... voilà mon frère!

En même temps, sa bouche se contracta, ses dents coupèrent sa langue, d'où le sang jaillit. Il se rejeta en arrière par un mouvement si brusque et si violent, qu'il échappa aux mains qui le soutenaient, et tomba, la tête en arrière, contre le mur de son alcôve, avec un bruit affreux. Il était mort.

Tandis que le ministre, le médecin et l'honnête Jacob échangeaient, terrifiés, la parole suprême : *C'est fini!* Johan, conservant une présence d'esprit extraordinaire, avait regardé et reconnu Christian. L'attentat du Stollborg, dont il attendait depuis une heure le résultat avec tant d'impatience, sans pouvoir quitter le mourant, avait donc échoué. Johan se sentit perdu. Il n'y avait pour lui, en ce moment, de salut que dans la fuite, sauf à faire plus tard sa soumission au nouveau maître, ou à tenter de s'en défaire à l'aide des complices qui lui restaient. Quoi qu'il dût résoudre, il ne songea qu'à s'échapper; mais Christian le serrait de trop près pour que cela fût possible, et il le prit au collet, sur le seuil de la porte, d'une si vigoureuse façon, que le misérable, pâle et suffoqué, tomba à genoux en lui demandant grâce.

— Stenson! lui dit Christian, qu'as-tu fait de Stenson?

— Qui êtes-vous, monsieur, et que faites-vous? s'écria le ministre d'un ton sévère. Est-ce dans un moment aussi solennel que celui-ci, est-ce en présence d'un homme dont l'âme comparaît au tribunal suprême, que vous devez vous livrer à un acte de violence?

Pendant que le ministre parlait, Jacob essayait de dégager Johan de l'étreinte de Christian ; mais l'état de surexcitation où se trouvait le jeune homme décuplait sa force naturelle, et les trois personnages présents n'eussent pu lui faire lâcher prise.

Presque aussitôt Stangstadius, accouru au bruit, était entré, livrant passage aux héritiers, avides de connaître la vérité sur l'état du baron, et aux domestiques, qui étaient aux écoutes et qui venaient d'entendre le dernier râle du mourant.

— Qui êtes-vous, monsieur? répétait le ministre, par qui Christian s'était laissé volontairement désarmer, mais sans lâcher sa proie.

— Je suis Christian Goefle, répondit-il autant par pitié pour les pauvres héritiers que par prudence en leur compagnie; je viens ici de la part de M. Goefle, mon parent et mon ami, réclamer le vieux Adam Stenson, que ce misérable a peut-être fait assassiner.

— Assassiner? s'écria le ministre en reculant d'effroi.

— Oh! il en est capable! s'écrièrent à leur tour les héritiers, qui haïssaient Johan.

Et, sans se préoccuper davantage de l'incident, ils se pressèrent autour du *cher défunt*, étouffant le médecin sous leur nombre, l'accablant de questions avides, et repaissant leurs yeux du spectacle de cette face hideusement défigurée, qui les effrayait encore en dépit de leur joie.

Ils ne s'ouvrirent avec déférence que devant l'impassible Stangstadius, qui venait, avec une glace, faire la dernière épreuve, disant que le médecin était un âne incapable de constater le décès. Si Christian eût été moins occupé de son côté, il eût entendu plusieurs voix dire : « Ne reste-t-il plus d'espérance? » sur un ton qui disait clairement : « Pourvu qu'il soit bien trépassé! » Mais Christian n'avait pas une pensée pour son héritage ; il voulait voir Stenson, et il exigeait que Johan le fît paraître sur l'heure ou le conduisît lui-même auprès du vieillard.

— Lâchez cet homme, lui dit le ministre ; vous l'étranglez, et il est hors d'état de vous répondre.

— Je ne l'étrangle pas du tout, répondit Christian, qui, en effet, avait grand soin de ne pas compromettre la vie de celui auquel il voulait arracher des révélations.

Cependant le rusé Johan avait fait son profit des bonnes intentions de M. Akerstrom. Ne voulant pas parler, il feignit de s'évanouir, et le ministre blâma Christian de sa brutalité, tandis que les valets, inquiets du sort qui leur était réservé si les *redresseurs de torts* commençaient leur office, se montrèrent beaucoup plus disposés à défendre Johan qu'à céder devant un inconnu.

Quand Johan se vit assez entouré et assez appuyé pour reprendre son audace, il recouvra lestement la parole, et s'écria d'une voix retentissante qui domina le tumulte de l'appartement :

— Monsieur le ministre, je vous dénonce un intrigant et un imposteur, qui, à l'aide d'un infernal roman, prétend se faire passer ici pour l'unique héritier de la baronnie ! Abandonnez-moi donc à sa vengeance, vous qui me haïssez, ajouta-t-il en s'adressant aux héritiers, et, à présent que le maître n'est plus, vous n'aurez plus personne pour déjouer les infâmes machinations de M. Goefle ; car c'est lui qui a inventé ce chevalier d'industrie et qui se vante de faire prévaloir son droit sur tous les vôtres.

Si la foudre fût tombée au milieu de l'assistance, elle n'aurait pas produit plus d'effroi et de stupeur que les paroles de Johan ; mais, comme il s'y attendait bien, une réaction subite s'opéra, et un chœur d'injures et de malédictions couvrit la voix de Christian, que le ministre appelait à se justifier ou à s'expliquer.

— Chassez-le ! qu'il soit honteusement chassé ! disaient avec véhémence les cousins et neveux du défunt.

— Non, non ! criait Johan, aidé de ses complices, qui comprenaient fort bien que le jour des révélations était venu, et qu'il fallait réduire les vengeurs au silence ; faisons-le prisonnier. A la tour ! à la tour !

— Oui, oui, à la tour ! hurla le baron de Lindenwald, un des héritiers les plus âpres à la curée.

— Non, tuez-le ! s'écria Johan risquant le tout pour le tout.

— Oui, oui, jetez-le par la fenêtre ! répondit le chœur de ces passions diaboliques.

Et la chambre du défunt devint le théâtre d'une scène de tumulte et de scandale, les valets s'étant précipités sur Christian, qui ne pouvait se défendre, car le ministre s'était mis devant lui pour lui faire un rempart de son corps, en jurant qu'on le tuerait lui-même avant d'accomplir un meurtre en sa présence.

Le médecin, Jacob et deux des héritiers, un vieillard et son jeune fils, se mirent du côté de Christian, par respect pour le ministre et par loyauté naturelle ; Stangstadius, espérant calmer les passions par l'autorité de son nom et de son éloquence, s'était jeté entre les combattants, qui n'en tenaient compte et le refoulaient sur Christian, si bien que le jeune homme, plus empêché que secouru par ce petit groupe de faibles champions, se voyait repoussé pas à pas vers la fenêtre, que Johan, l'œil en feu et la bouche baveuse de rage, venait d'ouvrir en vociférant, pour ne pas laisser refroidir l'ivresse de la peur chez ses acolytes.

En regardant cet homme affreux, qui jetait enfin le masque de son hypocrite douceur et laissait voir le type et les instincts d'un tigre, le ministre et le médecin, frappés de terreur, eurent comme un moment de vertige et tombèrent, plus qu'ils ne reculèrent, sur Christian, tandis que deux des plus déterminés coquins saisissaient adroitement ses jambes pour le soulever et le jeter dehors à la renverse. C'en était fait de lui, lorsque le major Larrson, le lieutenant, le caporal, M. Goefle et les quatre soldats se précipitèrent dans la chambre.

— Respect à la loi ! s'écria le major en se dirigeant sur Johan. Au nom du roi, je vous arrête !

Et, le remettant au caporal Duff, il ajouta en s'adressant au lieutenant :

— Ne laissez sortir personne !

Alors, au milieu d'un silence de crainte ou de respect, car personne n'osait en ce moment méconnaître l'ascendant d'un officier de l'indelta, Larrson, promenant ses regards autour de lui, vit le baron immobile sur son lit. Il approcha, le regarda attentivement, ôta son chapeau en disant :

— La mort est l'envoyé de Dieu !

Et le remit sur sa tête en ajoutant :

— Que Dieu pardonne au baron de Waldemora !

Plusieurs voix s'élevèrent alors pour invoquer l'assistance du major contre les intrigants et les imposteurs ; mais il requit le silence, déclarant ne vouloir entendre que de la bouche du ministre la première explication de l'étrange scène qu'il avait surprise en entrant.

— Ne convient-il pas, répondit M. Akerstrom, que cette explication ait lieu dans une autre pièce ?

— Oui, dit le major, à cause de ce cadavre, passons dans le cabinet du baron. Caporal, faites défiler une à une les personnes qui sont ici, et qu'aucune ne reste ou ne se retire par une autre porte. Monsieur le ministre, veuillez passer le premier avec M. le docteur Stangstadius et le médecin de M. le baron.

Puis, Christian lui désignant le vieux comte de Nora et son fils, qui avaient manifesté l'intention loyale de le protéger, le major les invita à passer librement, et leur témoigna de grands égards en les interrogeant à leur tour.

L'instruction des faits fut très-minutieuse ; mais le major n'attendit pas longtemps qu'elle fût complétée pour céder au désir impatient de Christian et de M. Goefle, en donnant l'ordre d'aller délivrer le vieux Stenson, que Jacob déclarait avoir vu avec douleur conduire à la tour une heure auparavant. Christian voulait y courir aussitôt ; le major s'y opposa, et, sans lui donner l'explication de sa conduite, il ordonna que Stenson fût immédiatement ramené au Stollborg et réintégré dans sa résidence avec tous les égards possibles, mais sans communiquer avec personne, et cela sous les peines les plus sévères contre quiconque enfreindrait cette consigne. Puis, à la place de Stenson, il fit conduire à la prison du château Johan et quatre laquais qui furent déclarés par le ministre avoir voulu attenter à la vie de Christian. Ceux qui s'étaient contentés de l'injurier, et qui s'empressèrent de nier le fait, furent admonestés et menacés d'être déférés à la justice, s'ils tombaient en récidive.

Ils n'en avaient nulle envie. Malgré le petit nombre d'hommes que le major avait en ce moment autour de lui, on sentait qu'il avait la loi et le droit pour lui, en même temps que le courage et la volonté. On devinait bien aussi, à son attitude, qu'il avait fait avertir le reste de sa compagnie, et que, d'un moment à l'autre, l'indelta se trouverait en force au château.

En l'absence de tout autre magistrat, puisque le défunt châtelain avait assumé sur lui, par ses priviléges, toute l'autorité du canton, et qu'il se trouvait sans successeur jusqu'à nouvel ordre, le major se fit assister du ministre de la paroisse comme autorité civile et morale, et de M. Goefle comme conseil. Il se fit apporter toutes les clefs et les remit à Jacob, qu'il constitua majordome et gardien de toutes choses, en lui attribuant l'assistance spéciale de deux soldats pour se faire respecter des autres serviteurs de la maison, en cas de besoin. Il confia au médecin le soin de veiller aux funérailles du baron, et déclara qu'il allait, avec le ministre, M. Goefle,
le lieutenant et quatre témoins nommés à l'élection des héritiers, procéder à la recherche du testament, bien que Johan eût déclaré que le baron n'avait pas testé.

Les héritiers, d'abord très-effrayés et très-irrités, s'étaient calmés en voyant que ni le major, ni M. Goefle, ni Christian ne parlaient d'un nouveau compétiteur. Ils étaient environ une douzaine, tous fort mal intentionnés les uns pour les autres, bien qu'ils eussent associé leurs inquiétudes autour du châtelain et leur surveillance sur la proie commune. Le vieux comte de Nora, le plus pauvre de tous, avait seul conservé sa dignité au milieu d'eux et son franc parler avec le baron.

Aucun testament du baron ne pouvant porter atteinte aux droits de Christian, celui-ci avait compris, aux regards et à quelques mots de M. Goefle, qu'on allait se livrer à cette recherche seulement pour apaiser la bande rapace des héritiers et gagner du temps, jusqu'à ce que l'on se vît en mesure d'agir ouvertement. Christian avait également compris, au silence expressif de ses amis sur son compte, que le moment n'était pas venu de se faire connaître, et que, jusqu'à nouvel ordre, l'accusation jetée par Johan sur ses prétentions devait être considérée comme non avenue.

Les héritiers avaient, on le pense bien, accepté avec joie cette situation, que semblaient établir la pantomime dénégative de M. Goefle et l'air de parfaite sécurité très-naturellement pris par Christian à partir du moment où il s'était vu rassuré sur le sort de Stenson. Donc Christian seconda les intentions de ses amis en ne les accompagnant pas dans la recherche du testament, et il ne songeait plus qu'à s'enquérir discrètement de Marguerite, lorsqu'il se trouva en présence de la comtesse Elvéda, dans la galerie.

Elle le reconnut du plus loin qu'elle le vit, et, venant à sa rencontre :

— Ah! ah! dit-elle gaiement, vous n'étiez donc point parti, où vous êtes revenu, monsieur le fantôme? Et dans quel costume êtes-vous là? Arrivez-vous de la chasse en plein minuit?

— Précisément, madame la comtesse, répondit Christian, qui vit, à l'air enjoué de la tante de Marguerite, combien peu il était question, dans son esprit, de l'escapade de sa nièce. J'ai été chasser l'ours fort loin, et j'arrive pour apprendre l'événement...

— Ah! oui, la mort du châtelain! dit la comtesse d'un ton léger. C'est fini, n'est-ce pas? et on peut respirer maintenant. J'ai eu du malheur, moi! De mon appartement, on entendait tous les gémissements de son agonie, et j'ai été obligée de me réfugier dans celui de la jeune Olga, qui m'a régalée d'une autre musique. Cette pauvre fille est très-nerveuse, et quand je lui ai appris qu'au lieu de voir les marionnettes, il nous fallait ou partir à travers le brouillard, ou rester dans la maison d'un moribond jusqu'à ce qu'il lui plût de rendre l'âme, elle est tombée dans des convulsions effrayantes. Ces Russes sont superstitieuses! Enfin, nous voilà tranquilles, j'espère, et je vais me mettre en route, car il est, je crois, question de sonner une grosse cloche que l'on ne met ici en branle qu'à la mort ou à la naissance des seigneurs du domaine. Donc, je me sauve, moi, car il n'y aurait pas moyen de dormir, et cette cloche des morts me donnerait les idées les plus noires. Tenez, n'est-ce pas cela que j'entends?

— Je crois bien que oui, répondit Christian; mais vous n'emmenez donc pas la comtesse... votre nièce?

Et il ajouta fort hypocritement:

— Je suis un grand sot de ne pas me rappeler son nom.

— Vous êtes un grand fourbe! répondit en riant la comtesse. Vous lui avez fait la cour, puisque vous avez provoqué le baron pour l'amour d'elle. Eh bien, je ne m'en scandalise pas : c'est de votre âge, et, après tout, vous avez montré, en tenant tête à ce pauvre baron, qui était un fort méchant homme, une témérité qui ne m'a pas déplu. Il y a du bon en vous, je m'y connais, et je vois maintenant combien peu convenaient à votre caractère les leçons de souplesse et de prudence que je vous avais données ce jour-là. Vous êtes dans un autre chemin; car il y en a deux pour parvenir, l'adresse ou la témérité. Eh bien, vous êtes peut-être dans le plus court, celui des mauvaises têtes et des audacieux. Il faut aller en Russie, mon cher. Vous êtes beau et hardi; j'ai parlé de vous avec l'ambassadeur; il vous a remarqué, et il a des desseins sur vous. Vous m'entendez bien?

— Pas le moins du monde, madame la comtesse!

— Oh! que si fait! Le crédit d'Orlof ne peut pas être éternel, et certains intérêts peuvent vouloir combattre les siens... A présent, vous m'entendez de reste? Donc, ne pensez pas à ma nièce; vous pouvez prétendre à une plus belle fortune, et, comme, pour le moment, vous n'êtes rien, pas même le neveu de M. Goefle, qui ne vous avoue même pas pour son bâtard, je vous avertis que je vous mettrais à la porte, si vous vous présentiez chez moi dans la sotte intention de plaire à Marguerite; tandis que je vous attends à Stockholm pour vous présenter à l'ambassadeur, qui vous prendra à son service. Donc, au revoir!... ou plutôt, attendez, je vous emmène!

— Vraiment?

— Vraiment, oui. Je laisse ici ma nièce, qui, effrayée des rugissements du moribond, a été passer la nuit au presbytère avec mademoiselle Akerstrom, son amie, du moins à ce que prétend sa gouvernante. En quelque lieu que cette poltronne se soit réfugiée, mademoiselle Potin partira aujourd'hui avec elle pour Dalby, sous la conduite de Peterson, un homme de confiance. M. Stangstadius m'a promis de les accompagner. Ce sera un grand crève-cœur pour la petite, qui se flattait de venir avec moi à Stockholm; mais elle est trop jeune encore : elle ne ferait que des sottises dans le monde. Son début est remis à l'année prochaine.

— Ainsi, dit Christian, elle passera encore une année toute seule dans son vieux manoir?

— Ah! je vois qu'elle vous a conté ses peines. C'est fort touchant, et voilà pourquoi je vous emmène dans mon traîneau. Tenez, je vous donne une heure pour vous préparer, et je reviens vous prendre ici. C'est convenu?

— Je n'en sais rien, répondit Christian payant d'audace; je suis très-amoureux de votre nièce, je vous en avertis!

— Eh bien, tant mieux, si cela dure! reprit la comtesse. Quand vous aurez passé quelques années en Russie et que vous vous y serez fait donner beaucoup de roubles et de paysans, je ne dirai pas non, si vous persistez.

Et la comtesse se retira, persuadée que Christian serait exact au rendez-vous.

Elle n'eut pas plus tôt disparu que mademoiselle Potin, qui la guettait, se glissa près de Christian pour lui faire une sévère remontrance. Elle avait été fort inquiète de Marguerite, et l'avait cherchée partout.

— Heureusement, ajouta la gouvernante, elle vient de rentrer avec son amie Martina, dont la mère ne s'inquiétait pas, la croyant attardée dans notre appartement; mais il m'en coûte de mentir si souvent pour couvrir les imprudences de Marguerite, et je déclare que je vais tout révéler à la comtesse, si vous ne me donnez votre parole d'honneur de quitter le château et le pays à l'instant même.

Christian rassura la bonne Potin en lui disant que c'était convenu, et, bien résolu à ne rien faire de ce qu'elle souhaitait, il attendit les événements.

A une heure du matin, la troupe arriva sans bruit,

et avis en fut donné au major, qui déclara les recherches terminées; elles n'avaient eu aucun résultat, à la grande satisfaction de la plupart des héritiers, qui aimaient mieux s'en remettre à leurs droits qu'à la bienveillance fort douteuse du défunt.

— Maintenant, messieurs, dit le major, je vous prie de me suivre au Stollborg, où j'ai quelque raison de croire qu'un testament a été confié à M. Stenson.

Et, comme tous s'élançaient vers la porte de l'appartement:

— Permettez, leur dit-il; une grave responsabilité pèse ici sur M. le ministre, sur M. Goefle et sur moi. Je dois procéder très-scrupuleusement et très-officiellement, rassembler le plus grand nombre possible de témoins sérieux, et ne pas permettre que les choses se passent sans ordre et sans surveillance. Veuillez vous rendre avec moi dans la galerie des Chasses, où les autres témoins doivent être rassemblés.

En effet, conformément aux ordres donnés par le major, tous les hôtes du château neuf avaient été priés de se rendre dans la galerie, au grand dépit de quelques-uns, qui avaient déjà le pied levé pour partir; mais l'indelta parlait au nom de la loi, on s'y rendit.

La comtesse Elvéda, pressée d'en finir et toujours fort active, y était arrivée la première. Elle trouva Christian endormi sur un sofa.

— Eh bien, s'écria-t-elle, vous n'êtes pas plus prêt que cela?... Et que venez-vous faire ici? ajouta-t-elle en s'adressant à Marguerite, qui arrivait avec sa gouvernante.

— Je n'en sais rien, répondit Marguerite; j'obéis à un ordre général.

Olga arriva bientôt, en effet, ainsi que la famille du ministre, M. Stangstadius, l'ambassadeur et son monde, enfin tous les hôtes de Waldemora, en habit de voyage, et la plupart fort maussades d'être retenus au moment de partir, ou empêchés de continuer leur somme. On murmura beaucoup, on maudit la lugubre cloche, qui eût pu attendre, disait-on, que tout le monde fût en route.

— Mais qu'y a-t-il? que nous veut-on? disaient les douairières; le baron a-t-il donné l'ordre qu'on dansât encore ici après sa mort, ou bien sommes-nous condamnées à le voir sur son lit de parade? Je n'y tiens pas, moi; et vous?

— Quel est donc ce jeune homme qui sort d'ici? dit l'ambassadeur à la comtesse Elvéda: n'est-ce pas notre jeune drôle?

— Oui, c'est notre aventurier, répondit-elle. Il vient de recevoir un billet. Il paraît que la consigne qui nous retient ici ne le concerne pas.

En effet, Christian venait de recevoir un mot de M. Goefle, qui lui disait:

« Allez-vous-en au Stollborg, et habillez-vous vite comme vous étiez au bal d'avant-hier; vous nous attendrez dans la salle de l'ourse. Faites dégager l'escalier et cacher la brèche sous les grandes cartes. »

On apporta le thé et le café dans la galerie des Chasses, et, un quart d'heure après, toutes les personnes désignées par le major et le ministre, ainsi que les héritiers et une partie des serviteurs et des principaux vassaux du domaine, se mirent en route pour le Stollborg, dont Christian, convenablement vêtu, fit les honneurs avec l'aide de Nils, des *dannemans* père et fils, et d'Ulphilas, qui avait été mis en liberté après quelques heures de prison. Disons ici qu'il n'a jamais su pourquoi M. Johan lui avait infligé cette peine, n'ayant compris, ni avant, ni pendant, ni après, les événements accomplis au Stollborg.

## XX

Quand toute l'assistance fut réunie, le major donna lecture et communication de toute l'affaire relative à l'assassinat projeté sur la personne de Christian, et les prisonniers appelés à comparaître, se voyant perdus par l'emprisonnement de Johan et la mort du baron, se défendirent si mal que leurs dénégations équivalurent à des aveux. Puffo avoua franchement qu'on l'avait chargé de mettre la coupe d'or dans le bagage de son maître, et que, pour ce fait, il avait reçu de l'argent de M. Johan.

— A présent, dit l'avare et orgueilleux baron de Lindenwald, qui était le cousin le plus proche du défunt, nous ne demandons pas mieux que de signer le procès-verbal de tout ce que nous venons d'entendre sur le compte de M. Johan, si l'on veut bien nous tenir quittes de juger la conduite et les intentions du baron, son maître. Il y a quelque chose de barbare et d'impie à instruire ici le procès d'un homme qui n'est pas encore descendu dans la tombe, et qui, couché sur son lit de mort, ne peut plus répondre aux accusations. A mon avis, messieurs, c'est trop tard ou trop tôt, et nous devons refuser d'en entendre davantage. Que nous importe l'individu qui prend de telles précautions pour assurer sa vengeance, devant les tribunaux, contre des valets dont personne ne se soucie, et contre la mémoire d'un homme que chacun ici, j'espère, est libre d'apprécier intérieurement, sans être appelé à le maudire en public? On nous avait parlé d'un testament dont il n'est plus question, et, comme il est aisé de voir qu'on a voulu nous mystifier, je suis, quant à moi, résolu à me retirer et à ne pas m'incliner devant les usurpations de pouvoir d'un petit officier de l'indelta. Je ne suis pas le seul ici dont les priviléges soient méconnus en cet instant, et, quand de pareilles choses arrivent, vous savez aussi bien que moi, messieurs, ce qu'il nous reste à faire.

En achevant sa phrase, le baron de Lindenwald mit la main sur la garde de son épée, et, les autres héritiers suivant son exemple, un combat allait s'engager, lorsque le ministre, avec une grande vigueur de parole et de fierté ecclésiastique, s'interposa en invoquant l'appui des personnes désintéressées et loyales, lesquelles, par leur attitude et leurs réflexions, condamnèrent tellement la tentative du baron, que les récalcitrants se soumirent et dispensèrent le major du devoir pénible de sévir contre eux.

Il devenait bien évident, pour lui et pour tous les témoins de cette scène, que les héritiers se refusaient à connaître les motifs de haine du baron contre Christian parce qu'ils pressentaient la vérité. M. Goefle l'avait fait placer, sans affectation, au-dessous du portrait de son père, et la ressemblance frappait déjà tous les regards; mais il n'y avait pas assez de sarcasmes dans la langue suédoise pour exhaler l'aversion des *présomptueux* contre le bateleur que Johan avait dénoncé, et que M. Goefle (dont il était le bâtard) voulait produire à l'aide d'un roman invraisemblable et de preuves fabriquées.

M. Goefle resta impassible et souriant, Christian eut un peu plus de peine à se contenir; mais le regard tendre et suppliant de Marguerite produisit ce miracle.

— A présent, dit le ministre, quand le silence fut établi, introduisez M. Adam Stenson, que nous tenons au secret dans son appartement depuis sa sortie de prison.

Adam Stenson comparut. Il s'était habillé avec soin; sa douce et noble figure, altérée de fatigue, mais digne et sereine, produisit beaucoup d'émotion. M. Goefle le pria de s'asseoir, et lui donna lecture de la déclaration écrite de sa main et confiée à Manassé, à Pérouse. Cette pièce, qui n'avait pas encore été produite à l'assemblée, fut accueillie avec un grand mouvement de surprise et d'intérêt par les uns, avec un silence de stupeur par les autres.

L'ambassadeur de Russie, qui n'avait peut-être pas sur Christian les vues que lui attribuait ou que voulait lui susciter la comtesse Elvéda, mais qui s'intéressait véritablement à sa figure et à son air déterminé, commença à témoigner de son approbation pour la manière dont cette instruction était conduite, à l'effet de prévenir un débat judiciaire, ou d'y apporter, si l'on y était conduit, toutes les lumières de la conscience. Il faut dire aussi que les amis de Christian avaient amené là le personnage par la douceur et la prière. Les égards que lui témoignait adroitement M. Goefle, en dépit de ses préventions contre son rôle politique, flattaient l'ambassadeur, qui aimait à se mêler des affaires particulières comme des affaires publiques de la Suède.

Quand la pièce fut lue, le ministre, s'adressant à Stenson, lui demanda s'il était en état d'entendre les questions qui lui seraient adressées...

— Oui, monsieur le ministre, répondit Stenson; j'ai l'oreille affaiblie, il est vrai, mais pas toujours, et j'entends souvent des choses auxquelles je ne veux pas répondre.

— Voulez-vous répondre aujourd'hui?

— Oui, monsieur, je le veux.

— Reconnaissez-vous dans cette pièce votre écriture?

— Oui, monsieur, parfaitement.

— Les raisons de votre long silence y sont indiquées, reprit le ministre; mais la vérité exige plus de détails. La manière dont le baron vous a traité jusqu'à ce jour ne semble pas motiver la crainte que vous aviez de lui, ni les terribles intentions que votre déclaration lui attribue envers d'autres personnes.

Pour toute réponse, Stenson releva les manches de son habit, et, montrant, sur ses bras maigres et tremblants, les traces de la corde qui avait serré ses poignets jusqu'à en faire jaillir le sang:

— Voilà, dit-il, quels jeux s'amusait à regarder le baron quand l'agonie a éteint ses yeux et terminé mon supplice; mais je n'ai rien avoué. On eût pu briser tous mes vieux os! je n'aurais rien dit. Qu'importe de mourir à mon âge?

— Vous vivrez encore, Stenson! s'écria M. Goefle; vous vivrez pour avoir une grande joie. Vous pouvez parler maintenant, le baron Olaüs a cessé de vivre.

— Je le sais, monsieur, dit Stenson, puisque je suis ici; mais je n'aurai plus de joie en ce monde, car celui que j'avais sauvé n'existe plus!

— En êtes-vous bien sûr, Stenson? dit M. Goefle.

Stenson promena ses regards autour de la chambre, qui était très-éclairée. Ses yeux s'arrêtèrent sur Christian, qui se contenait pour ne pas avoir l'air de solliciter son attention, et qui affectait même de ne pas le voir, bien qu'il brûlât de se jeter dans ses bras.

— Eh bien, dit M. Goefle au vieillard, qu'est-ce que vous avez, Stenson? Pourquoi les larmes couvrent-elles votre figure?

— Parce que je crains de rêver, dit Stenson, parce que j'ai déjà cru rêver en le voyant ici il y a deux jours, parce que je ne le connais plus, moi, et que je le reconnais pourtant.

— Restez là, M. Stenson; dit le ministre au vieillard, qui voulait s'approcher de Christian : une ressemblance peut n'être qu'un hasard insidieux. Il faut établir les faits avancés par vous dans la pièce qui vient d'être lue.

— C'est bien facile, dit Stenson, M. Goefle n'a qu'à vous lire l'écrit que je lui ai confié avant-hier, et il pourra ensuite établir l'identité de Cristiano Goffredi avec Christian de Waldemora, au moyen des lettres de Manassé, que je lui ai également remises hier.

— J'avais juré, dit M. Goefle, de n'ouvrir cet écrit qu'après la mort du baron. Je l'ai donc ouvert il y a deux heures, et voici le peu de mots qu'il contient :

« Crevez le mur derrière le portrait de la baronne Hilda, au Stollborg, à droite de la croisée de la chambre de l'ourse. »

— Ah! ah! dit le major à l'oreille de M. Goefle, pendant que le ministre faisait enlever le portrait et procéder, sous la direction de Stenson, à l'ouverture de la cachette, j'aurais cru que la preuve se trouverait dans la chambre murée.

— Dieu merci, non, répondit du même ton l'avocat, car il eût fallu faire voir que nous y avions pénétré, chose dont, grâce aux grandes mappes remises en place, personne ici ne se préoccupe et ne s'aperçoit, et on eût pu nous accuser d'avoir mis là nous-mêmes de fausses preuves. C'est parce que j'ai pris connaissance, au château neuf, de l'avis mystérieux de Sten, que je vous ai dit d'amener ici sans crainte beaucoup de témoins.

La cachette ouverte, le ministre y prit lui-même un coffret de métal, où se trouvait une pièce décisive dont il donna lecture.

C'était un récit très-net et très-détaillé, écrit en entier de la main de la baronne Hilda, des tristes jours qu'elle avait passés au Stollborg sous la garde de l'odieux Johan, et des persécutions exercées contre elle et contre ses fidèles amis et serviteurs, Adam Stenson et Karine Bœtsoï.

La malheureuse veuve déclarait et jurait, « sur son salut éternel et sur l'âme de son mari et de son premier enfant, tous deux assassinés par l'ordre d'un homme qu'elle ne voulait pas nommer, mais dont les forfaits seraient connus un jour, » qu'elle avait donné naissance à un second fils, fruit de sa légitime union avec le baron Adelstan de Waldemora, le 15 septembre 1746, à deux heures du matin, dans la salle de l'ourse, au Stollborg. Elle racontait, d'une façon à la fois modeste et dramatique, le courage qu'elle avait eu de ne pas faire entendre la moindre plainte à ses geôliers, installés auprès d'elle, dans la chambre dite *chambre de garde*. Karine l'avait assistée dans ses souffrances, tout en chantant auprès d'elle pour couvrir le bruit des vagissements du nouveau-né. Stenson n'avait pas quitté la chambre pendant la naissance de l'enfant, et, aussitôt après, il avait tenté de l'emporter par la porte secrète ; mais cette porte se trouva fermée en dehors et gardée. (A cette époque, la brèche de l'appartement situé au-dessus de la chambre de l'ourse n'existait pas, puisque Stenson n'avait point essayé d'en profiter.) Stenson, après avoir été fouillé, réussit pourtant à sortir du donjon pour chercher une barque, qu'à la faveur de la nuit il parvint à amener sous les rochers ou galets du lac, et Karine lui descendit l'enfant par la fenêtre au moyen d'une corde et d'une corbeille. Tout cela avait pris du temps, et le jour paraissait. La fenêtre de la chambre de garde s'ouvrit au moment où Stenson recevait l'enfant dans ses mains tremblantes ; mais, heureusement protégé par la voûte de rochers, il avait pu se tenir caché là et attendre que les gardiens se fussent rassurés, pour traverser, en se recommandant à Dieu, le court espace entre le lac et la rive, derrière le *gaard*.

Christian, en explorant ce site bizarre, avait donc deviné et reconstruit sa propre histoire.

L'enfant avait été confié à Anna Bœtsoï, mère de Karine et du *danneman* Joë. Il avait été nourri, par une daine apprivoisée, dans les chalets du Blaackdal, et, de temps en temps, la baronne captive recevait de ses nouvelles au moyen de certains signaux de feux allumés à l'horizon.

Rassurée sur le sort de son enfant, la baronne avait espéré pouvoir le rejoindre et s'enfuir avec lui en Danemark ; mais le baron avait mis à sa liberté la condition qu'elle signerait la déclaration d'une grossesse simulée ; et, comme elle s'y refusait, disant qu'elle voulait bien s'accuser d'erreur, mais non d'imposture, on lui avait laissé voir de graves soupçons sur l'événement qu'elle avait tant à cœur de cacher. Dès lors, tremblant qu'on ne vînt à découvrir la naissance et la retraite de son fils et à le faire périr, elle signa cette pièce, rédigée par le pasteur Mickelson.

« Mais, devant Dieu et les hommes, disait-elle dans sa nouvelle déclaration, je proteste ici contre ma propre signature, et fais serment qu'elle m'a été arrachée par la violence et la terreur. Si, en cette circonstance, j'ai, pour la première fois de ma vie, trahi la vérité, toutes les mères comprendront ma faute et Dieu me la pardonnera. »

Une fois en possession de cette terrible pièce, le baron, craignant une rétractation ou la révélation de ses violences, avait formellement refusé la liberté à sa victime, déclarant qu'elle était folle, et faisant son possible pour qu'elle le devînt par un système d'étroite captivité, de privations, d'insultes et de terreurs. Quelques paysans ayant eu le courage de lui témoigner de la sympathie et d'essayer de la délivrer, il les avait fait battre, *à la russe*, dans la chambre de garde, et elle avait entendu leurs cris. Il avait menacé Stenson et Karine du même traitement, s'ils insistaient encore pour que la liberté fût rendue à la baronne, et ces fidèles amis avaient dû feindre de vouloir lui complaire pour n'être pas séparés de leur infortunée maîtresse.

Enfin la souffrance et la douleur avaient vaincu les forces de la victime. Elle avait décliné rapidement, et, se sentant mourir, elle avait écrit pour son fils le récit de ses maux, en le conjurant de ne jamais chercher à en tirer vengeance, si des circonstances *impossibles à prévoir* lui faisaient découvrir le mystère de sa naissance avant la mort du baron. Elle était convaincue qu'en quelque lieu de la terre que son fils fût caché, cet homme implacable, riche et puissant, saurait l'atteindre. Elle faisait des vœux pour qu'il vécût longtemps « dans la médiocrité, dans l'ignorance de ses droits, et pour qu'il eût l'amour des arts ou des sciences bien plutôt que celui des richesses et du pouvoir, source de tant de maux et de cruelles passions sur la terre. » La pauvre mère ajoutait néanmoins, dans la prévision de futurs éclaircissements, que son fils, à qui elle avait donné le nom d'Adelstan-Christian, avait, en naissant, les cheveux noirs et les doigts « faits comme ceux de son père et de son aïeul. » Puis, en lui donnant sa suprême bénédiction, elle lui recommandait de regarder comme sacrée la parole de Stenson et de Karine sur la vérité de tous les faits qu'ils pourraient lui transmettre, sur les souffrances de sa captivité et la constante et inaltérable lucidité de son esprit, en dépit des bruits calomnieusement répandus sur son prétendu état d'aliénation et de fureur.

« Mon âme est calme, disait-elle, aux approches de la mort. Je m'en vais, pleine de résignation, d'espoir et de confiance, dans un monde meilleur. Je pardonne à mes bourreaux. Je n'emporte qu'un regret de cette triste vie, celui d'abandonner mon fils; mais le succès inespéré de son évasion m'a appris à compter sur la Providence et sur la sainte amitié de ceux qui l'ont déjà sauvé. »

La signature était ferme et large, comme si un dernier effort de la vie eût réchauffé le cœur de la pauvre mourante à cette heure suprême. La date portait : « Aujourd'hui, 15 décembre 1746. »

A la date du 28 décembre de la même année, Stenson avait dressé une sorte de procès-verbal des derniers moments et de la mort de son infortunée maîtresse.

« On l'a privée de sommeil jusqu'à sa dernière heure, disait-il; Johan et sa séquelle, installés dans la chambre voisine, jurant, criant et blasphémant jour et nuit à ses oreilles, et M. le baron, son beau-frère, venant chaque jour, sous prétexte de voir si elle était bien traitée, lui dire qu'elle était folle et l'accabler de reproches outrageants sur la prétendue ruse qu'il avait fait échouer. Toute la ruse, et Dieu l'a protégée! fut d'amener ce persécuteur, à force de patience et de silence, à croire qu'en effet madame s'était trompée sur son état, et qu'il n'avait rien à craindre de l'avenir.

» De son côté, le pasteur Mickelson, non moins cruel et non moins importun, vint jusqu'au pied du lit de mort de madame, lui dire qu'ayant vécu dans les pays du papisme, elle était imbue de mauvaises doctrines, et il la menaça cent fois de l'enfer, au lieu de lui donner les consolations et les espérances auxquelles a droit toute âme chrétienne.

» Enfin il est sorti une heure avant qu'elle rendît le dernier soupir, et elle a expiré dans nos bras, le quatrième jour de Noël, à quatre heures du matin, en disant ces paroles :

» — Mon Dieu! rendez une mère à mon fils!

» Nous attestons qu'elle est morte comme une sainte, sans avoir eu un seul instant de colère, de délire, ou seulement de doute religieux.

» Après lui avoir fermé les yeux, nous avons arrêté la pendule et soufflé la bougie de Noël qui brûlait dans le lustre, en demandant à Dieu qu'il nous permît de voir pousser cette aiguille et rallumer cette flamme par la main de notre futur jeune maître.

» Après quoi, nous avons rédigé cet écrit, que nous allons cacher et sceller, avec celui de notre dame bien-aimée, dans le mur de sa chambre, à la place qu'elle-même nous avait désignée, toutes choses étant préparées à cette fin.

» Et, versant bien des larmes, avons signé tous deux ici, faisant encore serment de n'avoir certifié que l'exacte vérité.

» ADAM STENSON, KARINE BŒTSOÏ. »

Le pasteur avait lu ces simples pages avec tant de franchise et d'onction, que les femmes pleuraient, et que les hommes, touchés et convaincus, acclamèrent par trois fois le nom de Christian de Waldemora, et s'empressèrent autour de lui pour le féliciter et lui serrer les mains; mais les héritiers (il faut toujours excepter de cette mauvaise bande le vieux comte de Nora et son fils) déclarèrent qu'ils exigeaient la comparution de Karine Bœtsoï, ayant peut-être recueilli, on ne sait d'où, l'avis que cette femme existait encore et qu'elle était folle. C'était pour eux un témoignage à récuser; aussi le major redoutait-il beaucoup sa présence, et se hâta-t-il de dire qu'elle était malade et demeurait fort loin. Une voix rude, quoique bienveillante, l'interrompit : c'était celle du *danneman* Joë Bœtsoï.

— Pourquoi dire ce qui n'est point, monsieur le major? s'écria le brave homme. Karine Bœtsoï n'est ni si malade ni si loin que tu crois. Elle a dormi ici, et, à présent qu'elle est reposée, son esprit est aussi clair que le tien. Ne crains pas de faire venir Karine Bœtsoï. Il est bien vrai que la pauvre âme a souffert, surtout depuis le jour où il a fallu se séparer de l'enfant; mais, si elle dit des choses que l'on ne peut pas comprendre, elle n'en a pas moins la tête bonne et la volonté sûre; car jamais personne n'a pu lui arracher son secret, pas même moi, qui ai connu l'enfant, et qui viens d'apprendre son nom et son histoire pour la première fois de ma vie. Or, une femme qui sait garder un secret n'est pas une femme comme une autre, et, quand elle parle, on doit croire ce qu'elle dit.

Puis, ouvrant la porte de la chambre de garde :

— Viens, ma sœur, dit-il à la voyante; on a besoin de toi ici.

Karine entra au milieu d'un mouvement de curiosité. Sa pâleur et sa précoce vieillesse, son regard étonné, sa démarche incertaine et brusque causèrent d'abord plus de pitié que de sympathie. Cependant, à la vue de tout ce monde, elle se redressa et s'affermit. Sa physionomie prit une expression d'enthousiasme et d'énergie. Elle avait ôté de dessus ses vêtements de paysanne la pauvre robe grise, ce haillon précieux avec lequel elle ne s'endormait jamais, et ses cheveux, blancs comme la neige, étaient rigidement relevés par des cordons de laine rouge qui lui donnaient je ne sais quel air de sibylle antique.

Elle s'approcha du ministre, et, sans attendre qu'on l'interrogeât, elle lui dit :

— Père et ami des affligés, tu connais Karine Bœtsoï; tu sais que son âme n'est ni coupable ni trompeuse. Elle te demande pourquoi sonne le beffroi du château neuf; ce que tu lui diras, elle le croira.

— Le beffroi sonne la mort, répondit le ministre; tes oreilles ne t'ont pas trompée. Depuis longtemps, Karine, je sais qu'un secret te pèse. Tu peux parler maintenant, et peut-être tu peux guérir : le baron Olaüs n'est plus!

— Je le savais, dit-elle : le grand *iarl* m'est apparu cette nuit. Il m'a dit : « Je m'en vais pour toujours... » et j'ai senti mon âme renaître. A présent, je parlerai, parce que l'enfant du lac doit revenir. Je l'ai vu aussi en songe!

— Ne nous parle pas de tes songes, Karine, reprit le ministre ; tâche de recueillir tes souvenirs. Si tu veux que l'esprit de lumière et de tranquillité revienne en toi par la grâce du Seigneur, fais un effort pour revenir toi-même à la soumission et à l'humilité; car, je te l'ai dit souvent, il y a de l'orgueil dans ta démence, et tu prétends lire dans l'avenir, quand tu es incapable peut-être de raconter le passé.

Karine resta interdite et rêveuse un instant; puis elle répondit :

— Si le bon pasteur de Waldemora, aussi doux et aussi humain que celui d'auparavant était farouche et cruel, m'ordonne de dire le passé, je dirai le passé!

— Je te l'ordonne et je te le demande, dit le pasteur; dis-le avec calme, et songe que Dieu entend et pèse chacune de tes paroles.

Karine se recueillit encore et dit :

— Nous voici dans la chambre où s'est endormie pour toujours la maîtresse bien-aimée!

— Est-ce Hilda de Waldemora que tu appelles ainsi?

— C'est elle, c'est la veuve du bon jeune *iarl* et la mère de l'enfant qui se nomme Christian, et qui doit revenir bientôt pour rallumer la chandelle de Noël au foyer de ses pères. Elle a donné le jour à cet enfant au milieu de la lune de *hœst*, ici, dans ce lit, où elle est morte à la fin de la lune de *jul* \*. Elle l'a béni ici, auprès de cette fenêtre par où il

---

\* *Jul*, décembre; *hœst*, septembre.

14

s'est envolé, car il était né avec des ailes! Et puis elle a menti en disant dans son cœur : « Que Dieu me pardonne de tuer mon fils par ma parole! mais il vaut mieux qu'il vive parmi les elfes que parmi les hommes. » Elle l'a ensuite chanté sur la harpe, et, quand elle est morte, elle a dit : *Que Dieu rende une mère à mon fils!*

Ici, Karine, ramenée au souvenir de la réalité, se prit à pleurer ; puis ses idées se troublèrent, et le ministre, voyant qu'elle ne semblait plus comprendre les questions qui lui étaient adressées, fit signe au *danneman*, qui emmena doucement la pauvre voyante, en jetant sur l'assemblée un regard de triomphe pour la manière dont sa sœur avait répondu.

— Que voulez-vous de plus? dit M. Goefle à l'assistance ; cette femme enthousiaste ne vous a-t-elle pas dit, en quelques mots de sa poésie rustique, les mêmes choses que Stenson a écrites ici avec la netteté méthodique de son esprit? Et l'espèce de délire où elle vit n'est-il pas une preuve de ce qu'elle a souffert pour ceux qu'elle a tant aimés ?

L'occasion de plaider était trop belle pour que M. Goefle pût se retenir de la prendre aux cheveux. Il parla d'inspiration, résuma les faits rapidement, raconta en partie la vie de Christian, après avoir établi son identité par les lettres de Manassé à Stenson, éclaircit les circonstances romanesques des deux journées qui venaient de s'écouler, et sut si bien porter la conviction dans les esprits, qu'on oublia l'heure avancée et la fatigue pour lui adresser des questions, afin d'avoir le plaisir de l'entendre encore ; après quoi, chacun apposa sa signature sur le procès-verbal de la séance.

Le baron de Lindenwald fit une dernière tentative pour relever le courage abattu des autres héritiers.

— N'importe, dit-il en se levant, car les portes étaient ouvertes, et l'on était libre de se retirer ; nous aurons raison de toutes ces fictions ridicules : nous plaiderons !

— J'y compte bien, répondit M. Goefle fort animé, et j'attends les arguments de pied ferme.

— Moi, je ne plaiderai pas, dit le comte de Nora ; je suis convaincu, et je signe.

— Ces messieurs ne plaideront pas non plus, dit l'ambassadeur avec intention.

— Si fait, reprit M. Goefle ; mais ils perdront.

— Nous attaquerons la validité du mariage, s'écria le baron ; Hilda de Blixen était catholique !

Christian, irrité, allait répondre ; M. Goefle l'interrompit précipitamment :

— Qu'en savez-vous, monsieur? dit-il au baron.

Où en trouvez-vous la preuve? Où est cette prétendue chapelle de la Vierge qu'elle avait fait ériger? A présent que le Stollborg n'a plus de mystères pour personne, soutiendra-t-on encore ce conte ridicule, qui a servi ici de prétexte à plusieurs pour abandonner cette malheureuse femme à la persécution et à la mort?

— Mais M. Christian Goffredi, élevé en Italie, n'est-il pas catholique lui-même? murmuraient les héritiers en s'éloignant. Patience ! nous le saurons bien, et nous verrons si un homme qui ne peut siéger à la diète, ni occuper aucun emploi, peut hériter d'un domaine qui comporte tous les priviléges de la noblesse.

— Taisez-vous, Christian, taisez-vous ! disait tout bas M. Goefle en retenant de force Christian, qui voulait suivre dehors ses adversaires et les braver en face. Restez ici, ou tout est perdu ! Soyez dissident, si bon vous semble, quand vous aurez hérité ; mais, à présent, ne levez pas ce lièvre. Personne n'a remarqué que la chambre où nous sommes est redevenue carrée !

— Que voulez-vous dire? demanda le major à M. Goefle. On pourrait ouvrir à tout le monde la chambre murée, puisque la prétendue chapelle n'existe pas !

— Sans doute, si nous ne l'eussions point ouverte, répondit M. Goefle, auquel cas on n'eût pas pu nous accuser d'en avoir fait disparaître les signes du culte prohibé.

La comtesse Elvéda s'approcha alors de Christian, et lui dit de son air le plus gracieux :

— A présent, j'espère, monsieur le baron, que j'aurai le plaisir de vous revoir à Stockholm...

— Sera-ce encore à la condition, répondit-il, que je partirai pour la Russie?

— Non, reprit-elle, je laisse votre cœur libre de choisir l'objet de ses vœux.

— La comtesse Marguerite vous accompagne-t-elle à Stockholm? dit Christian à voix basse.

— Elle y viendra peut-être quand vous aurez gagné votre procès, si procès il y a. En attendant, elle retourne à son château. C'est décidé, la prudence le veut, et je vous offre toujours une place dans mon traîneau pour vous rendre à Stockholm, où vos affaires vont se décider.

— Je vous en remercie, madame la comtesse ; je suis dans l'entière dépendance de mon avocat, qui a encore besoin de moi ici.

— Au revoir donc, répliqua la comtesse prenant le bras de l'ambassadeur, qui lui dit en sortant :

— J'aime bien autant que ce beau jeune baron ne voyage pas avec vous !

Marguerite fit ses adieux à sa tante à la porte du Stollborg, et partit avec sa gouvernante et la famille Akerstrom pour le bostœlle du ministre, où elle devait prendre du repos avant de songer au départ. Elle n'échangea pas un mot ni même un regard avec Christian; mais il n'en fut pas moins convenu tacitement entre eux qu'elle ne quitterait pas le pays sans qu'ils se fussent revus.

Le major retourna avec sa troupe et ses prisonniers au château neuf, où il devait attendre l'arrivée d'ordres supérieurs pour continuer ou déposer l'exercice de son autorité. Le *danneman* et sa famille retournèrent dans leur montagne, sans que Karine eût voulu comprendre qu'elle voyait dans Christian l'enfant du lac. Son esprit ne pouvait admettre aussi vite la notion du présent, et même, par la suite, bien que son état moral fût amélioré, et qu'elle se sentît instinctivement délivrée d'un grand trouble, elle ne le reconnut pas toutes les fois qu'elle le vit, et très-souvent elle le confondit avec son père, le jeune baron Adelstan.

Il était quatre heures du matin, et, malgré l'habitude que l'on a de se coucher tard à une époque de l'année où les nuits sont si longues, tant d'émotions avaient brisé de fatigue les personnages principaux de notre histoire, que tous dormirent profondément, excepté peut-être Johan et sa séquelle, enfermés dans la tour du château neuf, où ils avaient enfermé et torturé tant de monde.

Mais, avant que le jour parût, Stenson se glissa doucement près du lit de Christian, et, après l'avoir regardé quelques instants avec ivresse, il l'éveilla sans éveiller M. Goefle.

— Levez-vous, mon maître, lui dit-il à l'oreille, j'ai à vous parler, à vous seul ! Je vous attends dans la chambre murée.

Christian s'habilla sans bruit et à la hâte, et, refermant les portes derrière lui, il suivit Stenson dans la salle déserte et délabrée où il avait déjà pénétré la veille. Alors Stenson, se découvrant, lui dit :

— Ici, monsieur le baron, derrière cette boiserie où vous voyez une colombe sculptée, existe un mystère auquel vous seul devez être initié... C'est là que madame votre mère avait fait ériger en secret un autel à la Vierge; car elle était catholique, le fait n'est que trop certain. L'exercice de son culte n'étant point autorisé dans le pays de son mari, madame dut s'en cacher, dans la crainte d'attirer des persécutions sur lui.

Le pasteur Mickelson ne put jamais rien constater, l'autel ayant été apporté et posé dans cette cachette par des ouvriers italiens de passage, qui avaient exécuté d'autres travaux en marbre et en bois au château neuf. J'étais seul dans la confidence. Il y avait au château un vieux savant français qui était prêtre catholique à l'insu de tout le monde, et qui disait en secret la messe ici ; mais il était mort, et les ouvriers italiens étaient partis, à l'époque de la persécution de votre pauvre mère. Il faut que vous voyiez l'autel, monsieur le baron, et que, quelle que soit votre religion, vous le regardiez avec respect. Aidez-moi à faire jouer le ressort de la boiserie, qui est probablement bien rouillé.

— C'est-à-dire que vos pauvres bras sont enflés et brisés, dit Christian en portant à ses lèvres les mains torturées du vieillard.

— Ah ! ne me plaignez pas, dit Stenson, mes mains guériront ; je ne les sens pas, et ce que j'ai souffert est bien peu de chose au prix du bonheur que je goûte à présent !

Christian, dirigé par Stenson, ouvrit la boiserie et tira ensuite un rideau de cuir doré, derrière lequel il vit un autel de marbre blanc en forme de sarcophage. Et, comme Stenson, fort ému, s'était agenouillé :

— Êtes-vous donc catholique aussi, mon ami ? lui dit-il.

Stenson secoua la tête négativement, mais sans paraître offensé de ce doute ; des larmes coulaient lentement sur ses joues blêmes.

— Stenson ! s'écria Christian, ma mère repose là ? Cet autel est devenu sa tombe !

— Oui, dit le vieillard, étouffé par les sanglots ; c'est Karine qui l'a ensevelie dans sa robe blanche et couronnée de verdure de cyprès, car ce n'était pas la saison des fleurs. Nous l'avons mise dans un coffre rempli d'aromates, et le coffre, nous l'avons déposé dans ce sépulcre sans tache, qui est comme une représentation de celui du Christ. Je l'ai scellé moi-même, et ensuite j'ai muré la chambre, pour que la tombe de la victime ne fût point profanée. Votre ennemi n'a jamais su pourquoi je tenais à supprimer la porte. Il a cru que j'avais peur des revenants. Il a cru que, d'après son ordre et le refus du ministre d'inhumer religieusement une *païenne*, j'avais jeté la nuit ce pauvre corps au fond du lac ; mais, quoi qu'en ait pu dire le ministre Mickelson, ce corps était celui d'une sainte. Quel que fût son culte, la baronne aimait Dieu, faisait le bien et respectait la religion des autres. Elle est au ciel et prie pour nous, et son âme se réjouit de voir son fils où il est, et tel qu'il est maintenant.

— Ah! dit Christian, le bonheur n'est donc pas de ce monde, car je l'aurais rendue heureuse, et elle n'est plus!

Christian baisa le tombeau avec respect et avec foi, et, l'ayant renfermé derrière le rideau et le panneau de boiserie, il redescendit avec Stenson dans la salle de l'ourse. Là, Stenson lui dit :

— Je ne sais pas s'il vous faudra beaucoup de peine et de temps pour faire reconnaître vos droits; mais autorisez-moi à faire rétablir la cloison de cette chambre. Dès que vous serez le maître, nous transporterons la tombe dans la chapelle du château neuf.

— La tombe de ma mère à côté de celle où l'on va déposer le baron Olaüs? Non, non, jamais! Puisque la Suède lui a refusé un coin de terre pour abriter ses os, après lui avoir refusé l'air et la liberté, j'emporterai sous un ciel plus clément ses précieux restes. Riche ou pauvre, je saurai bien me procurer de quoi retourner avec cette relique au bord du lac d'Italie où repose mon autre mère, celle qui a exaucé son dernier vœu, et qui, bien malheureuse aussi, hélas! a eu du moins un fils pour lui fermer les yeux.

— Agissez avec calme et prudence, répondit Stenson, ou bien vos droits seront méconnus. Vous ferez un jour votre volonté; mais, à présent, laissez ignorer, même à vos meilleurs amis, même au digne M. Goefle, que votre mère était dissidente. Il plaidera avec plus de conviction qu'elle ne l'était pas, et vous-même, si vous êtes dissident, ne le faites point paraître, ou vous ne pourrez pas triompher de vos ennemis!

— Hélas! dit Christian, la richesse vaut-elle les peines que je vais prendre, la dissimulation que l'on me recommande, et les indignations qu'il me faudra contenir? Je n'avais rien, Stenson, pas même une obole en entrant ici, il y a trois jours! J'avais le cœur léger, j'avais l'esprit libre! Je ne haïssais personne, personne ne me haïssait, et à présent...

— A présent, vous serez moins libre et moins heureux, je le sais, répondit gravement le doux et austère vieillard; mais beaucoup de gens qui ont souffert peuvent être consolés et soulagés par vous. Si vous songez à cela, vous aurez le courage de lutter.

— Bien dit, mon cher Stenson! s'écria M. Goefle, qui venait de se lever et d'entendre les dernières paroles du pieux serviteur : quiconque accepte des devoirs prête ses pieds à des chaînes et son âme à des amertumes. Reste à savoir si l'homme qui s'est trouvé en face du devoir au plus beau moment de sa force, et qui s'est détourné pour le fuir, peut encore être heureux par l'insouciance et se dire content de lui-même.

— Vous avez raison, mon ami, dit Christian, faites de moi ce que vous voudrez. Je vous jure de suivre tous vos conseils.

— Et puis, ajouta M. Goefle en baissant la voix, Marguerite sera, je crois, une compensation assez douce à la vie de grand seigneur!

Il fut décidé par M. Goefle que Christian quitterait Waldemora, où il n'avait aucun droit à faire valoir avant la décision du comité secret de la diète, pouvoir mystérieux, spécial et privilégié, qui s'attribuait le droit d'évoquer les causes pendantes aux cours ordinaires, et spécialement les affaires de la noblesse; Christian suivrait son avocat à Stockholm pour faire sa demande et solliciter une décision.

Tous deux se rendirent au presbytère, où Christian, après avoir fait ses remercîments affectueux et respectueux au ministre Akerstrom, le nomma curateur de ses biens, autant qu'il dépendait de lui, et dans la prévision très-juste que ce choix serait ratifié par le tribunal de la noblesse. Il ne put être seul un instant avec Marguerite, et, quand même il eût pu lui parler librement, il n'eût pas voulu lui demander de s'engager à lui avant d'être sûr de ne pas redevenir Christian Waldo; mais Marguerite ne douta ni de ses intentions ni de son succès, et partit pour sa retraite avec les espérances de la jeunesse et la foi d'un premier amour.

Christian refusa d'aller déjeuner au château neuf avec le major et ses amis. Ils comprirent sa répugnance, et vinrent dîner au *gaard* de Stenson avec lui et M. Goefle. Le soir, ils furent tous invités à souper chez le ministre. Marguerite ne devait partir que le lendemain. Le lendemain, Christian partit de son côté avec M. Goefle, s'amusant à conduire Loki, ce qui permit à M. Nils de dormir et de ne s'éveiller que pour manger tout le long du voyage.

Après deux semaines passées à Stockholm, où Christian ne se montra qu'avec beaucoup de prudence, de réserve et de dignité, M. Goefle, qui était fort impatient de retourner à Gevala, l'invita à le suivre, en attendant la décision du tribunal suprême, qui pouvait bien se faire attendre, la mort du roi et l'avénement du prince Henri (devenu Gustave III) ayant apporté de graves préoccupations dans les hautes régions de l'État; mais Christian, voyant s'ouvrir devant lui une phase d'incertitude illimitée, ne voulut pas rester tout ce temps à la charge de M. Goefle, et résolut de suivre son projet de rude voyage avec le *danneman* Bœtsoï dans les régions glacées de la Norvége. Pour n'être pas non plus à la charge de ce brave paysan, il accepta de M. Goefle une très-modeste avance sur son héritage ou sur son travail à venir, et alla embrasser ses amis de Waldemora et du Stollborg; après quoi, il partit avec Bœtsoï, laissant de nouveau son cher Jean à la garde de Stenson.

## CONCLUSION

Christian eut tout le loisir de voyager. La reconnaissance de ses droits, malgré toutes les précautions prises par ses amis et les incessantes démarches de M. Goefle, fut tellement travaillée en sens contraire par le parti des *bonnets*, auquel appartenait le baron de Lindenwald, qu'un moment vint où l'actif et courageux avocat regarda comme perdue la cause de son client. L'ambassadeur de Russie, qui s'était montré favorable, vira de bord, on ne sait pour quel motif, et la comtesse Elfride fit pour sa nièce d'autres projets de mariage. M. Goefle porta la cause jusque dans les conseils secrets du jeune roi; mais Gustave III, qui préméditait, avec une incroyable prudence, la grande révolution d'août 1772, fit conseiller la patience, sans s'expliquer sur les espérances qu'il était permis de concevoir. De fait, le roi ne pouvait rien encore.

Après avoir voyagé avec le *danneman* jusqu'à la fin de février, Christian reçut de M. Goefle des nouvelles qui le décidèrent à poursuivre seul son exploration dans les régions du Nord. M. Goefle, voyant les ennemis de Christian très-appuyés, craignait avec raison que, s'il se montrait à Stockholm, on ne lui cherchât querelle. Il savait Christian facile à exciter, et se disait que, s'il tuait un ou deux champions, il pourrait bien être tué par le troisième. Trop de gens avaient intérêt à lui faire perdre patience et à l'entraîner sur le terrain du duel. Il se gardait bien de lui donner cette raison, mais il l'engageait à ne pas compter sur un prompt succès.

Christian reçut, en même temps que la lettre de M. Goefle, une nouvelle somme qu'il résolut de ne pas ajouter au chiffre de la première dette. Dans la position incertaine où il se trouvait, il s'enrôla pour la pêche aux îles Loffoden, et, au commencement d'avril, il écrivait à M. Goefle :

« Me voici dans une bourgade des Nordlands, où il me semble entrer dans la terre de Chanaan, bien que le *torp* du *danneman* Bœtsoï soit un Louvre en comparaison de mon logement actuel, et son *kakebroë* de la brioche auprès du pain de *bois pur* dont je fais aujourd'hui mes délices. C'est vous dire que j'ai eu beaucoup de misère, sans parler de la fatigue et des dangers; mais j'ai vu les plus terribles spectacles de l'univers, les scènes de la nature les plus austères et les plus grandioses, des gouffres sous-marins où les navires et les baleines sont entraînés comme des feuilles d'automne dans un tourbillon de vent, des rivières qui ne gèlent jamais au milieu de la glace qui ne fond jamais, des cascades dont le rugissement s'entend de plusieurs lieues, des abîmes où le vertige s'empare du renne et de l'élan, des neiges plus dures que le marbre de Paros, des hommes plus laids que des singes, des âmes angéliques dans des corps immondes, un peuple hospitalier au sein d'une misère inouïe, patient, doux et pieux, dans une lutte éternelle contre la plus formidable et violente nature qui se puisse imaginer. Je n'ai point éprouvé de déceptions. Tout ce que j'ai vu est plus sublime ou plus surprenant que tout ce que j'avais imaginé.

» Donc, je suis un voyageur heureux! Ajoutez que ma santé a résisté à tout, que ma bourse s'est remplie si bien, que je suis à même de m'acquitter envers vous, et d'avoir encore de l'argent devant moi; enfin qu'après avoir pu étudier la formation géologique d'une longue chaîne de montagnes, je rapporte des trésors, en fait d'échantillons rares et précieux, de quoi faire sécher d'envie l'illustre docteur Stangstadius, et des observations utiles, de quoi devenir, avec un peu d'intrigue, si le goût m'en vient, chevalier de l'Étoile polaire.

» Vous me demanderez comment je me suis enrichi de la sorte. C'est en me fatiguant beaucoup, en risquant mille fois de me noyer ou de me casser le cou, en côtoyant beaucoup d'abîmes sur des patins immenses dont j'ai appris à me servir, empêchant beaucoup de poisson dans l'archipel norvégien, en vendant ma charge de pêche sur place, très-bon marché, à ceux qui ont le génie du trafic, et en risquant pour ce fait de me faire assommer par mes confrères, qui ont renoncé pourtant à cette velléité en voyant que j'avais le bras leste et la main lourde.

» Enfin je pars pour Bergen, où il faut que j'arrive avant le dégel, si je ne veux être enfermé ici pendant six semaines par des tourmentes et des avalanches qu'il n'est pas au pouvoir de l'homme de surmonter.

» Ne vous désolez pas, ô le meilleur des hommes et des amis, si je perds mon procès. Je viendrai à bout d'être quelque chose, et, puisque Marguerite est pauvre, du moment que je suis *bien né*, je pourrai encore prétendre à elle. Et puis, n'ai-je pas votre amitié? Je ne demande au ciel que d'être à même de soigner les vieux jours de mon cher Stenson, s'il perd sa place et son asile au château de Waldemora. »

M. Goefle reçut plusieurs autres lettres du même genre durant l'été et l'hiver suivants. Le procès n'avançait pas, bien qu'il n'y eût pas de procès proprement dit, les *présomptueux* faisant une guerre sourde bien plus funeste et apportant d'insaisissables obstacles à la décision du comité.

Christian commençait cependant à être rassasié de hasards, de fatigues et de durs travaux. Il n'en avouait rien à son ami, mais l'exubérance de sa curiosité était apaisée. Les besoins du cœur, éveillés par des espérances peut-être trompeuses, réclamaient souvent le bonheur entrevu. La *vie terrible*, comme il l'appelait, ne dépassait pas l'héroïsme de ses résolutions et l'énergie enjouée de son caractère; mais l'âme souffrait bien souvent en silence, et le moment était venu où, selon les expressions du major Larrson, l'oiseau, fatigué de traverser l'espace, s'inquiétait de trouver un ciel doux et un lieu sûr pour bâtir son nid.

La misère visita plusieurs fois Christian, en dépit de son intelligence et de son activité. La vie du voyageur est un enchaînement de trouvailles et de pertes, de succès inespérés et de désastres désespérants. Il gagna de quoi vivre au jour le jour, en trafiquant de sa chasse, de sa pêche, et d'un échange de denrées transportées à de grandes distances avec un courage et une résolution incroyables; mais, facile, confiant et généreux, le jeune baron n'était pas né commerçant, et son incognito ne pouvait déguiser l'aristocratique libéralité de son caractère.

Et puis le chapitre des accidents fit souvent échouer ses plus sages prévisions, et, un jour, il fut réduit à réaliser le rêve d'héroïque désespérance dont il avait entretenu le major sur la montagne de Blaackdal, c'est-à-dire qu'il dut, comme Gustave Wasa, travailler dans les mines, et, comme à ce héros d'une épopée romanesque, il lui arriva d'être reconnu pour un *ouvrier extraordinaire*, moins *au collet brodé de sa chemise* qu'à l'autorité de sa parole et au feu de ses regards.

Christian était alors dans les mines de Roraas, dans les plus hautes montagnes de la Norvége, à dix lieues de la frontière suédoise. Il travaillait de ses mains, depuis huit jours, avec une adresse et une vigueur qui lui avaient mérité l'estime de ses compagnons, lorsqu'il reçut de M. Goefle une lettre qui lui disait :

« Tout est perdu. J'ai vu le roi, c'est un homme charmant; mais, hélas! je lui ai fait savoir qui vous êtes : j'ai mis toutes nos preuves sous ses yeux; je lui ai dit comment vous pensiez sur l'abus des priviléges nobiliaires, *et combien vous pourriez être utile aux desseins d'un prince philosophe et courageux qui voudrait rétablir l'équilibre dans les droits de la nation.* Après m'avoir écouté avec une attention et compris avec une lucidité que je n'ai jamais rencontrées chez aucun juge, il m'a répondu :

» — Hélas ! monsieur l'avocat, rendre justice aux opprimés est une grande tâche; elle est au-dessus de mes forces. J'y serais brisé, comme mon pauvre père, qu'*ils* ont fait mourir de lassitude et de chagrin !

» Gustave est faible et bon; il ne veut pas mourir! Nous nous flattions en vain qu'il porterait de grands coups au sénat. La Suède est perdue, et notre procès aussi !

» Revenez près de moi, Christian. Je vous aime et vous estime. J'ai un peu de fortune et point du tout d'enfants. Dites un mot, et je partage avec vous ma clientèle. Vous parlez le suédois à ravir, vous avez de l'éloquence. Vous apprendrez notre code, et vous me succéderez. Je vous attends. »

— Non ! s'écria Christian en portant à ses lèvres l'écriture de son généreux ami : je connais mieux qu'il ne pense le peu de ressources de ce pays et les sacrifices auxquels une pareille association condamnerait ce digne homme ! Et puis, il faut des années pour apprendre un code, et, pendant des années, il me faudrait vivre, moi, jeune et fort, des bienfaits de celui qui, après tant de luttes et de fatigues, a désormais besoin de bien-être et de repos? Non, non ! j'ai des bras, et je saurai m'en servir en attendant que la destinée me fasse rencontrer l'emploi de mon intelligence.

Et il rentra dans la galerie où il devait, de l'aube à la nuit, creuser, à la lueur d'une petite lampe, et à travers les émanations sulfureuses de l'abîme, le filon de cuivre ramifié dans les entrailles de la terre.

Mais, au bout de quelques jours, le sort de Christian était amélioré. Les chefs l'avaient remarqué et lui confiaient la direction de certains travaux pour lesquels son instruction et sa capacité s'étaient révélées, à un moment donné, sans aucune affectation de sa part. Savant, modeste et laborieux, il occupait les heures du repos à instruire les ouvriers. Un soir, il ouvrit pour eux un cours gratuit de minéralogie élémentaire, et fut écouté de ces hommes rudes qui voyaient en lui un laborieux camarade en même temps qu'un esprit original et cultivé. La salle de ses séances fut une de ces grandes cavernes métalliques auxquelles les mineurs aiment à donner des noms pompeux. Sa chaire fut un bloc de cuivre brut.

Christian essayait d'être heureux par le travail et le dévouement, car c'est toujours le bonheur que l'homme cherche, même au fond du sacrifice de lui-même. Il soignait les malades et les blessés de la mine. Courant toujours le premier aux accidents avec un courage héroïque, il apprenait, en outre, aux ouvriers à se préserver de ces terribles dangers par le raisonnement et la prudence. Il essayait d'adoucir leurs mœurs et de combattre leur funeste passion pour l'eau-de-vie, mère trop féconde des affreux duels au couteau. On l'aimait, on l'estimait ; mais sa paye passait tout entière au soulagement des estropiés, des orphelins ou des veuves.

— Décidément, se disait-il souvent en entrant dans le tonneau qui le descendait au fond du puits incommensurable, j'étais né seigneur, c'est-à-dire à mon sens, protecteur du faible, et, à cause de cela, je ne pourrai donc pas vivre à la lumière du soleil !

— Christian, lui cria un jour l'inspecteur avec le porte-voix du haut de la gueule effroyable de la mine, laisse là ton marteau un instant, et va recevoir, au bas des pentes, une société qui veut visiter les grandes salles. Fais les honneurs, mon enfant ; je n'ai pas le loisir de descendre.

Comme de coutume, Christian fit allumer les grandes torches de résine dans l'intérieur des excavations, et alla à la rencontre des visiteurs ; mais, en reconnaissant le ministre Akerstrom avec sa famille, et le lieutenant Osburn qui donnait le bras à sa jeune épouse Martina, Christian passa la torche qu'il portait à un vieux mineur de ses amis, en lui disant qu'il était pris d'une crampe et qu'il le priait de promener les visiteurs à sa place. Puis, rabaissant son bonnet goudronné sur ses yeux, il se tint en arrière, repaissant son cœur du plaisir de voir ses amis heureux, mais ne voulant pas être reconnu, dans la crainte de les affliger et de faire savoir à Marguerite dans quelle situation il se trouvait.

Il allait s'éloigner après avoir écouté un instant leur entretien joyeux et animé, lorsque madame Osburn se retourna en disant :

— Mais Marguerite n'arrive donc pas ? La poltronne n'aura jamais osé traverser le petit pont !

— Où vous avez eu grand'peur vous-même, ma chère Martina ! répondit le lieutenant ; mais que craignez-vous ? M. Stangstadius n'est-il pas avec elle ?

Christian, oubliant la crampe qu'il s'était promis d'avoir, s'élança sous les voûtes en pente rapide qui conduisaient au pont de planches, véritablement effrayant, que Marguerite devait franchir en compagnie de M. Stangstadius, l'homme du monde qui savait le mieux tomber pour son compte, mais non pas celui qui était le plus capable de protéger les autres.

Marguerite était là, en effet, hésitante et prise de vertige, avec mademoiselle Potin, qui traversait plus bravement sur les pas de M. Stangstadius, afin d'encourager sa jeune amie. Le lieutenant remontait pour l'aider et pour tranquilliser sa femme ; mais, avant qu'il fût arrivé, Christian s'élançait, prenait Marguerite dans ses bras, et traversait en silence le torrent souterrain.

Certes, Marguerite ne le vit pas, car elle ferma les yeux tant qu'elle put pour ne pas apercevoir l'abîme ; mais, au moment où il la déposait auprès de ses amis, avec l'intention de s'enfuir au plus vite, Marguerite, encore épouvantée, chancela, et il dut lui saisir la main pour l'éloigner du précipice. Ses doigts, noircis par le travail, laissèrent leur empreinte sur le gant vert tendre de la jeune fille, et il la vit l'essuyer avec soin, un instant après, avec son mouchoir, tout en disant à sa gouvernante :

— Donnez donc vite quelque argent à ce pauvre homme qui m'a portée !

Le pauvre homme s'était enfui le cœur un peu gros, n'en voulant point à la jeune comtesse d'avoir le goût des gants propres, mais se disant qu'il ne lui était plus possible, quant à lui, d'avoir les mains blanches.

Il s'en retourna à la forge, où il faisait confectionner des outils perfectionnés d'après ses idées et approuvés par les inspecteurs ; mais, au bout d'une heure de travail, car il mettait souvent la main à l'œuvre, il entendit revenir les promeneurs, et il ne put résister au désir de revoir passer la jeune comtesse. Elle lui avait paru un peu grandie, embellie à rendre fou le plus aveugle et le plus maussade des cyclopes.

Comme il entendait les voix encore éloignées, il approchait sans précaution de la galerie où le groupe devait repasser, lorsqu'il se trouva, dans une salle très-éclairée, face à face avec Marguerite, qui, maintenant rassurée et presque habituée déjà aux bruits formidables et aux aspects grandioses de ce séjour austère, venait seule en avant des autres. Elle tressaillit en le voyant. Elle crut le reconnaître ; il enfonça vite son bonnet ; elle le reconnut tout à fait au soin qu'il prenait de cacher sa figure.

— Christian ! s'écria-t-elle, c'est vous, j'en suis sûre ! Et elle lui tendit la main.

— Ne me touchez pas, lui dit Christian ; je suis tout noir de poudre et de fumée.

— Ah! cela m'est bien égal, reprit-elle, puisque c'est vous! Je sais tout maintenant! Les mineurs qui nous conduisent nous ont longuement parlé d'un Christian qui est grand savant et grand ouvrier, qui ne dit pas son nom, mais qui a la force d'un paysan et la dignité d'un *iarl*, qui est courageux pour tous et dévoué à tous. Eh bien, nos amis n'ont pas songé que ce pouvait être vous : il y a tant de Christian sous le ciel scandinave! mais, moi, je me suis dit : « Il n'y en a qu'un, et c'est lui! » Voyons, donnez-moi donc la main; ne sommes-nous pas toujours frère et sœur comme là-bas?

Comment Christian n'eût-il pas oublié la petite insulte du gant essuyé? Marguerite lui tendait sa main nue.

— Vous ne rougissez donc pas de me voir ici? lui dit-il; vous savez donc bien que ce n'est pas l'inconduite qui m'y a amené? et que, si je travaille aujourd'hui, ce n'est pas pour réparer des jours de paresse et de folie?

— Je ne sais rien de vous, répondit Marguerite, sinon que vous avez tenu la parole donnée *autrefois* au major Larrson, d'être mineur ou chasseur d'ours plutôt que de continuer un état qui me déplaisait.

— Et moi, Marguerite, je ne sais rien de vous non plus, reprit Christian, sinon que votre tante doit vouloir vous faire épouser le baron de Lindenwald, contre qui j'ai, à ce qu'il paraît, perdu mon procès.

— C'est vrai, dit Marguerite en riant. Ma tante veut me consoler par là de la mort du baron Olaüs; mais, puisque vous devinez si bien les choses, vous devez savoir aussi que je ne compte pas me marier du tout.

Christian comprit cette résolution, qui lui laissait son espérance entière. Il jura dans son cœur qu'il ferait fortune, fallût-il devenir égoïste. Quoi qu'il pût dire, Marguerite ne voulut jamais consentir à protéger son incognito auprès du lieutenant et de la famille du ministre, qui arrivaient au milieu de leur tête-à-tête.

— C'est lui! s'écria-t-elle en courant vers eux; c'est notre ami du Stollborg, vous m'entendez bien! c'est ce Christian, cet ami des pauvres, le héros de la mine; c'est le baron sans baronnie, mais non pas sans honneur et sans cœur, et, si vous n'êtes pas aussi heureux que moi de le revoir...

— Nous le sommes tous! s'écria le ministre en serrant les mains de Christian. Il donne ici un grand exemple de vraie noblesse et de saine religion.

Christian, accablé de caresses, d'éloges et de questions, dut promettre d'aller souper dans le village avec ses amis, qui comptaient y passer la nuit avant de retourner à Waldemora, où Marguerite était en visite d'une quinzaine au presbytère.

On voulait emmener Christian tout de suite; mais, d'une part, il n'était pas aussi libre de l'emploi de ses heures qu'on le supposait; de l'autre, il tenait, plus qu'il ne convenait peut-être à un homme aussi raisonnable, à se revêtir d'un habillement grossier, mais irréprochablement propre. On se donna rendez-vous pour le soir, et Christian, ému et heureux, retourna à ses travaux.

Là, pourtant, des pensées tumultueuses se combattirent en lui-même. Devait-il donc s'obstiner à nourrir l'espoir chimérique d'un amour partagé? Marguerite avait trop d'élan et de franchise dans son affection pour lui; ce ne pouvait être là que de l'amitié paisible, sans trouble dans l'âme et sans rougeur au front. L'amour pouvait-il être si spontané, si courageux, si expansif? Il s'accusait de présomption et de folie. Et puis, tout aussitôt, il s'accusait d'ingratitude : une voix intérieure lui disait que, quel que fût son sort, il trouverait toujours Marguerite résolue à le partager.

Il quittait définitivement son travail, et, préférant de beaucoup le tonneau et la poulie, qui ne lui causaient aucun vertige, au long trajet des escaliers et des pentes, il s'apprêtait à remonter, en un instant du sombre abîme à l'entrée par où l'on apercevait un coin du ciel encadré de sorbiers et de lilas, lorsqu'il se trouva en présence d'un mineur qu'il avait déjà rencontré la veille dans sa circonscription, et qui n'appartenait point à la brigade dont il avait fait partie d'abord et qu'il dirigeait maintenant.

Cet homme n'était pas connu des compagnons de Christian. Noirci avec excès, soit par négligence, soit par affectation, et coiffé d'une guenille de chapeau pendant de tous les côtés autour de sa tête, il n'était pas aisé de se faire une idée de sa figure; Christian n'avait pas cherché à la voir. Il pouvait être de ceux qu'on appelle les travailleurs honteux (comme on dit les *pauvres honteux*, pour exprimer précisément le contraire de la honte, qui est la fierté silencieuse). Il respecta donc l'air mystérieux de cet inconnu, et, après avoir donné le coup de sifflet d'usage pour avertir ceux qui manœuvraient la poulie, il se contenta de lui montrer une place à côté de lui dans le tonneau, supposant qu'il voulait remonter aussi; mais l'inconnu sembla hésiter. Il mit ses mains sur le bord du tonneau, comme s'il eût voulu s'y élancer, puis il s'arrêta en ayant l'air de chercher quelque chose.

— Vous avez perdu un outil? lui dit Christian, qui remarqua qu'il était assez gros et lourd et qu'il n'avait rien de la tournure dégagée d'un mineur habitué à se servir du tonneau.

A peine eût-il parlé, que l'inconnu, comme s'il eût voulu entendre sa voix avant de prendre un parti, monta auprès de lui avec plus de résolution que d'adresse, et attendit en silence le second coup de sifflet.

Christian supposa que cet homme n'entendait pas le norvégien, et, comme il connaissait désormais presque tous les dialectes du Nord, il essaya de l'interroger, mais en vain; l'inconnu demeura muet, comme si l'effroi de se voir suspendu à mi-chemin de l'abîme eût paralysé ses facultés. Le tonneau, ou seau des mines, est, comme on le sait, formé de douves épaisses cerclées de fer, et qu'il faut pourtant diriger dans les grandes excavations. Christian, déjà très-habitué à ce mode de transport, manœuvrait très-adroitement. Debout sur le rebord, un bras passé dans la corde, il frappait légèrement du pied les parois du puits quand le balancement menaçait d'y briser le seau, et, renonçant à arracher un mot à son camarade de voyage, il s'était mis à chanter tranquillement une barcarolle vénitienne, quand le seul de ses pieds qui portât en ce moment sur le bord du véhicule fut traîtreusement poussé avec assez de vigueur pour perdre son point d'appui et se trouver lancé dans le vide.

Heureusement, Christian, qui était, par habitude, aussi prudent que hardi, avait le bras gauche solidement passé dans la corde, et il glissa à peu près comme ferait un panier pris par son anse, sans lâcher prise; mais l'inconnu, élevant son marteau tranchant, se mit en devoir de frapper d'abord sur la main droite de Christian, qui avait assuré son salut en saisissant le bord du tonneau. C'en était fait, sinon de lui, du moins d'une de ses mains, sans le balancement et l'inclinaison subite que le poids de son corps imprima au tonneau. Ses pieds pendants vinrent frapper un second seau qui descendait auprès de lui, et il put donner au premier une telle secousse, que l'assassin fut forcé de se prendre lui-même aux cordes pour n'être pas lancé dehors.

Ce moment d'effroi suffit à Christian pour se cramponner à l'autre corde et sauter dans l'autre tonneau, qui remonta avec rapidité, tandis que celui où l'assassin restait seul disparaissait à ses yeux avec une rapidité plus grande encore. Christian, arrivé au bord du puits, venait de sauter sur les planches qui le surplombent, lorsqu'un sourd rugissement monta vers lui des profondeurs de l'abîme, tandis que la fantastique figure de Stangstadius apparaissait toute souriante à ses côtés pour lui dire :

— Eh! mon cher baron, venez donc vite! On ne veut pas souper sans vous là-bas, et je meurs d'inanition!

— Mais que s'est-il donc passé? s'écria Christian, sans lui répondre, en s'adressant aux ouvriers qui manœuvraient la poulie. Où est l'autre tonneau? où est l'homme?...

— La corde s'est cassée, lui répondit l'un d'eux en jurant très-haut et en feignant de déplorer l'événement, tandis que l'autre, se penchant à son oreille, disait à Christian :

— Silence! nous l'avons lâchée!

— Quoi! vous avez précipité ce malheureux... ce fou...?

— Ce malheureux n'était pas fou, répondit le manœuvre. Il cherchait depuis trois jours l'occasion de se trouver seul auprès de toi. Nous le guettions, nous avons vu ce qu'il voulait faire. Nous t'avons descendu à tout hasard un autre tonneau, et, quant à celui où il est, c'est un tonneau gâté, voilà tout!

Christian savait que, dans les mines, à cette époque, on pratiquait la justice expéditive et directe. Il n'en avait que plus de regret et d'inquiétude de ce qui venait de se passer, parce qu'il savait aussi que les gens qui entrent, à un certain âge, dans ce monde souterrain sont quelquefois pris d'accès de fureur involontaire. Il se fit redescendre avec Stangstadius, qui prétendait avec raison connaître ces accidents-là, *ex professo*. Deux mineurs se firent descendre aussi pour constater le fait, disaient-ils, mais en réalité pour faire disparaître le cadavre sans avoir d'explication à donner aux inspecteurs de la mine.

— Ma foi! dit Stangstadius dès qu'à la lueur des torches il eut examiné le misérable corps, son affaire est faite! Il a eu moins de bonheur que moi; mais, par le ciel! je jure de dresser un rapport sur l'emploi des cordes dans la descente des tonneaux de mine. Ces accidents-là sont trop fréquents... Quand je songe que moi-même...

— Monsieur Stangstadius! s'écria Christian, regardez cet homme... Ne le connaissez-vous pas?

— C'est pardieu vrai! répondit M. Stangstadius, c'est maître Johan, l'ex-majordome de Waldemora. Voilà une plaisante rencontre, hein?... Alors, il n'y a pas grand mal. Il avait fait des aveux en prison; c'est lui qui a assassiné autrefois ce pauvre baron Adelstan... à propos! oui, votre père, mon cher Christian. Ce Johan est un ancien mineur de Falun, un scélérat... Il paraît qu'il s'était évadé de sa dernière prison; mais il était écrit dans sa destinée qu'il périraitpar la corde.

Enchanté de ce bon mot, M. Stangstadius entraîna Christian hors de la mine, tandis que les mineurs, après avoir jeté le cadavre dans une sorte d'*in pace* bien connu d'eux, au plus profond des puits, s'occupèrent tranquillement à réparer le tonneau. Christian, qui avait un petit logement dans le village, courut s'habiller. Il trouva chez lui une lettre qu'un exprès venait d'apporter; elle était de M. Goefle :

« Tout est sauvé, disait-il; le roi est bon comme je vous le disais, mais non pas faible, comme je le croyais. C'est un gaillard qui... Mais il ne s'agit pas de cela. Accourez ! soyez à Waldemora le 12; un de mes amis vous donnera de bonnes nouvelles.

» A bientôt, mon cher baron. »

Christian ne parla pas de cette lettre aux amis qui l'attendaient pour souper chez le ministre de Roraas, où nécessairement celui de Waldemora recevait, pour lui et ses amis, une cordiale hospitalité. Christian put être seul, quelques instants ensuite, avec Marguerite et sa gouvernante. Il fut plus hardi qu'il ne l'avait encore été. Il osa parler d'amour. Mademoiselle Potin voulut l'interrompre; mais Marguerite à son tour interrompit son amie.

— Christian, dit-elle, je ne sais pas bien ce que c'est que l'amour, et quelle différence vous voulez me faire comprendre entre ce sentiment-là et celui que j'ai pour vous. Ce que je sais, c'est que je vous respecte et vous estime, et que, si jamais je suis libre et que vous le soyez encore, je partagerai votre fortune, quelle qu'elle soit. J'ai beaucoup travaillé depuis que nous nous sommes quittés; je saurais maintenant donner des leçons, ou tenir des écritures, comme tant d'autres jeunes filles pauvres qui travaillent, et qui ont le bon esprit de n'en pas rougir, comme mademoiselle Potin de Gerville elle-même, qui est de famille noble, et qui, pour avoir été forcée de tirer parti de ses talents, n'a déchu aux yeux de personne et n'a fait que grandir à ceux des gens de cœur... à preuve, ajouta-t-elle avec une tendre malice en regardant sa gouvernante, qu'elle est fiancée en secret avec le digne major Larrson, et qu'elle n'attend que mon mariage pour célébrer le sien.

Mademoiselle Potin fut bien embarrassée de contredire Marguerite. Elle en voulait à Christian d'insister pour être aimé au moment où sa cause était perdue; elle fut tout à fait fâchée contre lui quand elle vit qu'il se mettait à la suite de la petite caravane pour traverser les montagnes, et rentrer en Suède par Idre et les montagnes du Blaackdal.

Le lendemain, 19 juin 1772, Christian vit venir audevant de lui, sur la route des montagnes, l'ami que M. Goefle lui avait annoncé, et qui n'était autre que M. Goefle lui-même, escorté du major Larrson. On s'embrassa, on échangea quelques mots d'ivresse affectueuse, et on arriva pour dîner au chalet du *danneman*, qui était tout pavoisé de fleurs sauvages. Karine était sur le seuil, comprenant à demi ce qui se passait et s'habituant difficilement à voir l'enfant du lac sous les traits du beau jeune *iarl*.

Le repas fut servi en plein air, sous un berceau de feuillage, en vue de cette magnifique perspective de montagnes dont Christian avait admiré, par un jour de décembre, la mâle et mélancolique beauté. La belle saison est courte dans cette région élevée, mais elle est splendide. La verdure est aussi éblouissante que les neiges, et la végétation prend un si rapide développement, que Christian croyait voir un autre site et un autre pays.

On resta dans la montagne jusqu'à six heures du soir. Il ne fut pas question de chasser l'ours, mais de cueillir sentimentalement des fleurs au bord des eaux courantes, et d'écouter le doux murmure ou les roulades impétueuses de toutes ces voix qui semblaient se hâter de chanter et de vivre avant le retour de la glace, où elles devaient encore être changées en cristal par les elfes du sombre automne.

Christian était bien heureux, et cependant il lui tardait de revoir Stenson : mais M. Goefle ne voulait pas que l'on se remit en route, à cause de la chaleur. Le soleil ne devait se coucher qu'après dix heures, pour reparaître trois heures après, dans un crépuscule étoilé qui ne permet pas aux ténèbres d'envahir le ciel d'été. C'était une surprise que le bon avocat ménageait à Christian. Aussitôt que la fraîcheur commença, on vit arriver en carriole le vieux Stenson triomphant et rajeuni; grâce à la chaleur de la saison, et peut-être aussi à la joie et à la confiance, il n'était presque plus sourd. Il apportait le décret du comité de la diète qui reconnaissait les droits de Christian, et une lettre de la comtesse Elvéda, qui autorisait secrètement M. Goefle à disposer de la main de sa nièce en faveur du nouveau baron de Waldemora.

En revenant au château avec *son oncle* Goefle, Christian, qui voyait avec délices la joyeuse réunion de ses dignes amis se dérouler en voiture sur les méandres du chemin pittoresque, fut pris, au milieu de sa joie, d'un accès de mélancolie.

— Je suis trop heureux, dit-il à l'avocat; je voudrais mourir aujourd'hui. Il me semble que la vie où je vais entrer sera une agression perpétuelle au bonheur simple et pur que je rêvais.

— C'est fort possible, mon enfant, répondit M. Goefle. Il n'y a que les romans qui finissent par l'éternelle formule : « Ils moururent tard et vécurent heureux. » Vous souffrirez au contact de la vie publique, terriblement agitée en ce temps-ci, surtout dans les hautes régions sociales où vous entrez. Je ne sais quels événements étranges se préparent. J'en ai senti comme une révélation dans la dernière entrevue que le roi m'a accordée. Ce jour-là, il m'est apparu à la fois grand et redoutable. Je crois qu'il médite une explosion qui remettra bien des gens à leur place; mais pourra-t-il et voudra-t-il les y maintenir? Les révolutions qui devancent le travail du temps et des idées peuvent-elles fonder quelque chose de durable?

— Pas toujours, dit Christian; mais elles plantent des jalons dans l'histoire, et, des progrès qui avortent, il reste toujours quelque chose d'acquis.

— Alors, vous seriez véritablement pour le roi contre le sénat?

— Oui, certes!

— Vous voyez donc bien que votre pensée n'est pas de fuir la tempête, mais de la chercher. Allons, c'est l'instinct de la jeunesse et la fatalité de l'intelligence! Moi, je dirai *amen* à tout ce qui nous affranchira de la Russie et de l'Angleterre... Mais comment diable siégerez-vous aux états, si vous ne voulez pas reconnaître la religion du pays?... Ne dites rien; vous verrez plus tard ce que vous dictera votre conscience, et ce que vous imposeront vos devoirs de père et de citoyen.

— Mes devoirs de père! s'écria Christian. Ah! monsieur Goefle, mon bonheur est là, je le sens! Mon Dieu! comme je les aimerai, les enfants que me donnera cette brave et loyale créature, qui leur transmettra le désintéressement et la franchise avec la grâce et la beauté!

— Oui, oui, Christian, vous serez heureux par la famille. Cela vous est dû pour les soins que vous avez donnés à la pauvre Sofia Goffredi! Vous vivrez à la manière suédoise, dans vos terres, au sein du bien-être, en face de la grande et rude nature du Nord! Vous ferez des heureux de tous ceux dont votre prédécesseur avait fait des misérables. Vous cultiverez la science et les beaux-arts. Vous élèverez vos enfants vous-mêmes. Ces coquins-là seront entourés, en naissant, d'amour et de soins; ils grandiront avec les enfants d'Osmund et d'Osburn. Moi, je travaillerai le plus longtemps possible, parce que je deviendrais trop bavard et trop nerveux, si je ne plaidais pas; mais, tous les ans, je viendrai passer avec vous les vacances. Nous gâterons, à l'envi l'un de l'autre, le vieux Sten et la pauvre Karine; nous ferons en politique des châteaux en Espagne : nous rêverons l'alliance sans nuages avec la France et la résistance à l'ambition russe au moyen de l'union scandinave. Puis, le soir, nous exhumerons les *burattini*, et nous donnerons à toute la chère marmaille rassemblée au château des représentations où je prétends devenir l'égal du fameux Christian Waldo, de joyeuse et douce mémoire.

FIN

# EN VENTE
## CHEZ MICHEL LÉVY FRÈRES, LIBRAIRES ÉDITEURS
### Rue Vivienne, 2 bis, et boulevard des Italiens, 15
### A LA LIBRAIRIE NOUVELLE

## PUBLICATIONS IN-4°, A 10 CENTIMES LA LIVRAISON
### MUSÉE LITTÉRAIRE DU SIÈCLE ET MUSÉE CONTEMPORAIN

**ROGER DE BEAUVOIR** fr. c.
- Le Chev. de St-Georges . » 90
- Le Chevalier de Charny . . » 90

**CH. DE BERNARD**
- Un Acte de vertu . . . . . » 50
- L'Anneau d'argent . . . . » 50
- Une Avent. de Magistrat . . » 30
- La Cinquantaine . . . . . . » 50
- Le Gendre . . . . . . . . . » 50
- L'Innocence d'un Forçat . » 30
- La Peine du talion . . . . » 30
- Le Persécuteur . . . . . . » 30
- La Femme de 40 ans . . . » 50

**CHAMPFLEURY**
- Grands bourg. du ruisseau » 60

**COMTESSE DASH**
- Les Galanteries de la cour de Louis XV . 3 »
- La Régence . . . . . . . . » 90
- La Jeunesse de Louis XV » 90
- Les Maîtresses du roi . . . » 90
- Le Parc aux Cerfs . . . . » 90

**ALEXANDRE DUMAS**
- Acté . . . . . . . . . . . . » 90
- Amaury . . . . . . . . . . » 90
- Ange Pitou . . . . . . . . 1 30
- Ascanio . . . . . . . . . . 1 50
- Aventures de John Davis 1 80
- Les Baleiniers . . . . . . 1 30
- Le Bâtard de Mauléon . . 2 »
- Black . . . . . . . . . . . . » 90
- La Boule de neige . . . . » 90
- Bric-à-Brac . . . . . . . . 1 20
- Le Capitaine Paul . . . . » 70
- Le Capitaine Richard . . » 90
- Catherine Blum . . . . . . » 70
- Causeries.—Les 3 Dames . 1 30
- Cécile . . . . . . . . . . . » 70
- Charles le Téméraire . . 1 30
- Le Château d'Eppstein . 1 50
- Chevalier d'Harmental . . 1 50
- Chev. de Maison-Rouge . . 1 50
- Le Collier de la Reine . 2 50
- La Colombe.— Murat . . » 90
- Les Compagnons de Jéhu . 1 80
- Comte de Monte-Cristo . 4 »
- La Comtesse de Charny 4 50
- La Comtesse de Salisbury 1 50
- Les Confes. de la Marq . 1 70
- Conscience l'Innocent . . 1 30

**ALEX. DUMAS** (suite) fr. c.
- La Dame de Monsoreau . 2 50
- La Dame de Volupté . . . 1 30
- Les Deux Diane . . . . . 2 20
- Les deux Reines . . . . . 1 50
- Dieu dispose . . . . . . . 1 80
- Les Drames de la Mer . . » 70
- Fem. au coll. de velours » 70
- Fernande . . . . . . . . . » 90
- Une Fille du Régent . . . » 90
- Les Frères corses . . . . » 60
- Gabriel Lambert . . . . . » 90
- Gaule et France . . . . . » 90
- Georges . . . . . . . . . . » 70
- Gil Blas en Californie . » 70
- La Guerre des Femmes . 1 65
- Hist. d'un Casse-Noisette » 80
- L'Horoscope . . . . . . . » 90
- Impressions de voyage :
- Une Année à Florence » 90
- L'Arabie heureuse . 2 10
- Les Bords du Rhin . . » 90
- Le Capitaine Aréna . . » 90
- Le Corricolo . . . . . . 1 65
- De Paris à Cadix . . . 1 65
- En Suisse . . . . . . . 2 20
- Le Midi de la France . 1 30
- Quinze Jours au Sinaï . » 90
- Le Spéronare . . . . . 1 65
- Le Véloce . . . . . . . 1 45
- La Vie au Désert . . . 1 30
- La Villa Palmieri . . . » 90
- Ingénue . . . . . . . . . . 1 80
- Isabel de Bavière . . . . 1 30
- Italiens et Flamands . . » 70
- Jehanne la pucelle . . . » 90
- Les Louves de Machecoul 2 50
- Madame de Chamblay . . 1 50
- La Maison de glace . . . 1 50
- Le Maître d'armes . . . » 90
- Mariages du père Olifus . » 70
- Les Médicis . . . . . . . » 90
- Mémoires d'une Aveugle . 1 50
- de Garibaldi(Comp.) . 1 30
- 1re série (Séparément) . » 70
- 2e série (  »  ) . . » 70
- Mém. d'un Méd. (Balsamo) 4 »
- Le Meneur de Loups . . » 90
- Les Mille et un Fantômes » 70
- Les Mohicans de Paris . 3 60

**ALEX. DUMAS** (suite) fr. c.
- Les Morts vont vite . . . 1 50
- Une Nuit à Florence . . » 70
- Nouvelles . . . . . . . . . » 50
- Olympe de Clèves . . . 2 60
- Pascal Bruno . . . . . . . » 70
- Le Page du duc de Sav . 1 70
- Pauline . . . . . . . . . . » 50
- La Pêche aux filets . . . » 50
- Le Père Gigogne . . . . . 1 50
- Le Père la Ruine . . . . » 90
- La Princesse Flora . . . » 70
- La Reine Margot . . . . 1 65
- La Route de Varennes . » 70
- El Salteador . . . . . . . » 70
- Salvator . . . . . . . . . 2 »
- Souvenirs d'Antony . . . » 90
- Sylvandire . . . . . . . . » 90
- Le Test. de M. Chauvelin . 75
- Les Trois Mousquetaires . 1 65
- Le Trou de l'Enfer . . . » 90
- Le Vie de Bragelonne . . » 70
- Une Vie d'Artiste . . . . » 90
- Vingt Ans après . . . . 2 20

**ALEX. DUMAS FILS**
- Césarine . . . . . . . . . » 50
- Le Prix de Pigeons . . . » 50
- La Dame aux Camélias . » 90
- Un paquet de lettres . . » 50

**XAVIER EYMA**
- Fem. du nouv. monde . » 90

**PAUL FÉVAL**
- Les Amours de Paris . . 1 30
- Le Bossu ou le petit Parisien . . . . . . . . . 2 50
- Le Fils du Diable . . . 3 »
- Le Tueur de Tigres . . . » 70

**LÉON GOZLAN**
- Nuits du Pere-Lachaise . » 90

**CHARLES HUGO**
- La Bohème dorée . . . . 1 50

**CH. JOBEY**
- L'Amour d'un Nègre . . » 90

**ALPHONSE KARR**
- Fort en thème . . . . . . » 70
- La Pénélope normande . » 70
- Sous les Tilleuls . . . . » 90

**A. DE LAMARTINE** fr. c.
- Les Confidences . . . . » 90
- L'Enfance . . . . . . . . » 50
- Geneviève . . . . . . . . » 70
- Graziella . . . . . . . . . » 60
- La Jeunesse . . . . . . . » 60
- Régina . . . . . . . . . . » 50

**FÉLIX MÉNARD**
- L'insurrection de l'Inde » 70

**MÉRY**
- Un Acte de désespoir . . » 50
- Bonheur d'un Millionn . » 50
- Château des trois Tours . » 70
- Le Château d'Udolphe . » 50
- Conspiration au Louvre . » 70
- Histoire de ce qui n'est pas arrivé . . . . . » 90
- Diam. aux mille facettes . » 90
- Les Nuits anglaises . . . » 90
- Les Nuits italiennes . . . » 90
- Simple histoire . . . . . » 70

**EUGÈNE DE MIRECOURT**
- Confessions de Ninon de Lenclos . . . . . . . 3 70

**HENRY MURGER**
- Les Amours d'Olivier . . » 50
- Le Bonhomme Jadis . . » 30
- Madame Olympe . . . . » 50
- Maîtresse aux mains roug . » 30
- Scèn. de la vie de Bohème » 90
- Le Manchon de Francine » 30
- Le Souper des Funérailles » 50

**JULES SANDEAU**
- Sacs et Parchemins . . . » 90

**EUGÈNE SCRIBE**
- Carlo Broschi . . . . . . » 50

**FRÉDÉRIC SOULIÉ**
- Au jour le jour . . . . . » 70
- Avent. de Saturnin Fichet 1 30
- Le Banaster . . . . . . . » 50
- La Comtesse de Monrion . » 70
- Confession générale . . 1 80
- Les Deux Cadavres . . . » 70
- Les Drames inconnus . . 2 50
- La Maison n° 3 de la rue de Provence . . . . . . » 70
- Aventures d'un Cadet . . » 70
- Amours de Vict. Bonsenne » 70

**FRÉDÉRIC SOULIÉ** (suite) fr. c.
- Olivier Duhamel . . . . » 70
- Eulalie Pontois . . . . . » 30
- Les Forgerons . . . . . . » 50
- Huit Jours au château . » 70
- Le Lion amoureux . . . » 30
- La Lionne . . . . . . . . » 50
- Le Maître d'École . . . » 50
- Marguerite . . . . . . . . » 30
- Les Mémoires du Diable . 2 »
- Les Quatre Napolitaines . 1 30
- Le Port de Créteil . . . » 70
- Les Quatre Sœurs . . . . » 50
- Si Jeunesse savait, si Vieillesse pouvait . . . . . 1 30

**ÉMILE SOUVESTRE**
- Deux Misères . . . . . . » 90
- L'Homme et l'Argent . . » 70
- Le Mendiant de St-Roch . » 50
- Pierre Landès . . . . . . » 50
- Les Réprouvés et les Élus . 1 50
- Souven. d'un Bas-Breton 1 50

**EUGÈNE SUE**
- Les Sept Péchés capitaux 5 »
- L'Orgueil . . . . . . . . 1 »
- L'Envie . . . . . . . . . » 50
- La Colère . . . . . . . . » 70
- La Luxure . . . . . . . . » 50
- La Paresse . . . . . . . » 50
- L'Avarice . . . . . . . . » 50
- La Gourmandise . . . . » 50
- La Bonne Aventure . . . 2 »
- Gilbert et Gilberte . . . 2 »
- Le Diable médecin . . . 2 »
- La Femme séparée de corps et de biens . . . » 90
- La Grande Dame . . . . 1 »
- La Lorette . . . . . . . . » 70
- La Femme de lettres . . » 50
- La Belle-Fille . . . . . . » 50
- Les Mémoires du Mari . 2 »
- Mariage de convenance . 1 »
- Un Mariage d'argent . . » 50
- Mariage d'inclination . . 1 »
- Les Fils de famille . . . 2 70

**VALOIS DE FORVILLE**
- Le Conscrit de l'an VIII » 90

## DERNIÈRES PUBLICATIONS

**Collection Michel Lévy**
A 1 FRANC LE VOLUME.

**A. DE LAMARTINE** vol.
- Le Conseiller du Peuple . . 4
- Werther } GOETHE

**ÉMILE SOUVESTRE**
- La Maison Rouge . . . . 1

**Bibliothèque nouvelle**
A 2 FRANCS LE VOLUME

**ALEX. DUMAS**
- La San Felice, t. IX . . . 1
- Souvenirs d'une Favorite.
- Tomes I à III . . . . . . 3

**ARSÈNE HOUSSAYE**
- Le Repentir de Marion . . 1

**JOACHIM DUFLOT**
- Les Secrets des Coulisses des théâtres de Paris . 1

**Théâtre contemporain**
fr. c.
- La Gitane . . . . . . . . » 50
- Le Mousquetaire du Roi . » 50
- Le Cabaret de la Grappe dorée . . . . . . . . » 50
- Les Mohicans de Paris . » 50
- Les Cabotins . . . . . . » 50
- Les Vaudangés du Clos Tavannes . . . . . . . » 50
- Séries Nos 139, 140 . . . 4 »

**Bibliothèq. contemp.**
A 3 FR. LE VOLUME.
**GEORGE SAND** vol.
- Les Maîtres sonneurs . . 4

**PRÉVOST-PARADOL** vol.
- Essais de polit. et de litt. 1

**ALEX. DUMAS**
- Théâtre, t. XIII et XIV . 2

**DAVESIÈS DE PONTÈS**
- Études sur l'hist. de Paris. 1
- ***
- Le Péché de Madeleine . . 1

**EDGARD POE**
- Hist. grotesq. et sérieuses . 1

**A. DE PONTMARTIN**
- Nouveaux Samedis . . . 1

**CUVILLIER-FLEURY**
- Études et Portraits . . . 1

**CHARLES CLÉMENT**
- Études sur les Beaux-Arts. 1

**EDMOND SCHERER**
- Mélanges d'hist. religieuse . 1

**LE COMTE DE GASPARIN**
- La Famille . . . . . . . 2

**ÉDOUARD OURLIAC**
- Marquise de Montmirail . 1

**JULES NORIAC**
- Mademoiselle Poucet . . 1

**COMTESSE DELLA ROCCA**
- Correspondance de la duchesse de Bourgogne et de la reine d'Espagne . 1

**HENRI RIVIÈRE**
- Les Méprises du cœur . . 1

**ED. SCHERER** vol.
- Nouvelles Études sur la littérature contemp . . . 4

**CH. HUGO**
- Le Cochon de saint Antoine 1

**C. A. SAINTE-BEUVE**
- Nouveaux Lundis, t. IV . 1

**ÉMILE DESCHANEL**
- Christophe Colomb et Vasco de Gama . . . . . . . 1

**THÉOPHILE GAUTIER**
- Quand on voyage . . . . 1

**A. DE LATOUR**
- Saynètes de Ramon de la Cruz 1

**SAINT GERMAIN LEDUC**
- Un mari . . . . . . . . . 1

**A. CALMON**
- William Pitt . . . . . . 1

**ERNEST DAUDET**
- Les Duperies de l'amour . 1

**ALPHONSE ROYER**
- Théâtre flabesque de Carlo Gozzi . . . . . . . . . 2

**Volumes in-8°**
**A. DE LAMARTINE** fr. c.
- Vie de César . . . . . . 5

**MAURICE SAND**
- Raoul de la Chastre . 4 »

**A. DE TOCQUEVILLE**
- Mélanges, fragments . 4 » 6 »

**CHARLES LAMBERT**
- L'Immortalité selon la Christ. 4 vol . . . . . . 7 50

**LE COMTE DE PONTÉCOULANT**
- Souvenirs, t. IV, 4 vol . . 6 »

**A. DUMAS FILS** fr. c.
- Hist. du supplice d'une femme . . . . . . . . 3 »

**LORD MACAULAY**
- Essais littéraires . . . 6 »

**STRECKEISEN-MOULTOU**
- J.-J. Rousseau, ses Amis et ses Ennemis. 2 v . 15 »

**DUVERGIER DE HAURANNE**
- Histoire du gouvernem. parlement., t. VII. 1 v . 7 50
- ***
- Les trois Filles de la Bible. 4 vol . . . . . . 5 »

**LE PRINCE CZARTORISKI**
- Alexandre Ier et le prince Czartorisky. 1 vol . . . 7 50

**LOUIS DE VIEL-CASTEL**
- Histoire de la Restauration, t. VIII. 1 vol . . 6 »

**BOURGOING**
- Histoire diplomatique de l'Europe. 4 vol . . . . 7 50

**VICTe LE CLERC ET ERNEST RENAN**
- His. litt. de la France au XIVe siècle. 2 vol . . . 16 »

**BARON DE NERVO**
- Les Finances françaises sous la Restaur., t. I . 7 50

**SAINT-RENÉ TAILLANDIER**
- Maurice de Saxe. 1 vol . 6 »

**Pièces de Théâtre**
- La Belle au Bois dorm . 2 »
- Madame Aubert . . . . 2 »
- Le Suppl. d'une Femme 2 »

- La Voleuse d'enfants . 2 »
- Monsieur de St-Bertrand 2 »
- La Fatin enchantée . . 1 »
- Les vieux Glaçons . . . 1 »
- Lantara . . . . . . . . 1 »
- Une veng. de Pierrot . 1 »
- La Comédie de salon . 1 »
- Avant la noce . . . . . 1 »
- Macbeth . . . . . . . . 1 »
- Le Saphir . . . . . . . 1 »
- Le Bœuf Apis . . . . . 1 »
- L'Œillet blanc . . . . . 1 »
- M. et Mme Crusoé . . . 1 »
- Un Drame en 1812 . . 1 »
- Le Ménétrier de St-Waast 1 »
- C'est pour ce soir . . . 1 »
- Le Mariage de Lope . 1 »
- Les Enfants de la Louve 1 »
- Le Clos-Pommier . . . 1 »

**MUSÉE**
littéraire contempor.
Format in-4°
- Les Confes. de Ninon de Lenclos . . . . . . . 2 70

**Publications hebdom.**
- Univers ill. Nos 442 à 445. »
- Bons Romans. Séries 89 à 92 . . . . . . . . . »
- Grandes Usines. Livraisons 89 à 96 . . . . . »
- Diction. des Noms propres. Liv. 9 à 13 . . . »

www.ingramcontent.com/pod-product-compliance
Lightning Source LLC
Chambersburg PA
CBHW061959180426
43198CB00036B/1642